Studien zur Wissenschafts- und zur Religionsgeschichte

Abhandlungen
der Akademie der Wissenschaften
zu Göttingen

Neue Folge, Band 10
Sammelband 2

De Gruyter

Studien zur Wissenschafts- und zur Religionsgeschichte

Herausgegeben von der
Akademie der Wissenschaften zu Göttingen

Redaktion
Werner Lehfeldt

De Gruyter

ISBN 978-3-11-025175-3
e-ISBN 978-3-11-025372-6
ISSN 0930-4304

Bibliografische Information der Deutschen Nationalbibliothek
Die Deutsche Nationalbibliothek verzeichnet diese Publikation
in der Deutschen Nationalbibliografie; detaillierte bibliografische Daten
sind im Internet über http://dnb.d-nb.de abrufbar.

© 2011 Walter de Gruyter GmbH & Co. KG, Berlin/New York

Satz: Michael Peschke, Berlin
Druck: Strauss GmbH, Mörlenbach
∞ Gedruckt auf säurefreiem Papier

Printed in Germany

www.degruyter.com

Inhalt

Vorbemerkung

Der vorliegende Sammelband enthält vier Abhandlungen aus den Bereichen Religions- und Wissenschaftsgeschichte. Gegenstand der Abhandlung „Martin Luthers Reise nach Rom – neu datiert und neu gedeutet" von Hans Schneider ist die Romreise, die Martin Luther noch als Augustinermönch unternommen hat. Die Kenntnisse über Anlaß, Auftraggeber, Reiseroute und Verhandlungen in Rom sind bis heute äußerst lückenhaft, nicht einmal das Jahr der Reise steht fest. Gerade die Frage nach diesem Jahr erweist sich aber als Schlüssel für das Verständnis der Reise, da das Reisejahr über Auftraggeber und Zweck des Unternehmens entscheidet. Auf dem Hintergrund einer breiten Diskussion der wissenschaftlichen Literatur zu Luthers Romreise und gestützt auf eine neue Quellenlage, entwickelt der Verfasser eine neue These über Luthers Rolle auf der Reise, über deren Zeit und Zweck, über den römischen Aufenthalt, über das Problem der Rückreise und das Ende der Mission.

Ludwig Uhligs Abhandlung „Hominis historia naturalis – Georg Forsters Vorlesung von 1786/87 im Zusammenhang seiner Anthropologie" von Ludwig Uhlig versteht sich als Ergänzung des verbreiteten Bildes von Georg Forster, dessen Leben und Wirken nur selten in der ganzen Breite ihres Gesamtumfangs zur Kenntnis und von dessen Werk zu oft nur isolierte Einzelstücke unter eine meist stark verzerrende Lupe genommen werden. Tatsächlich sind ausgedehnte Bereiche dieses Werks noch unerforscht. Konkret geht es um die Erschließung einer zoologischen Vorlesung, die Forster 1786/87 in Wilna in lateinischer Sprache gehalten hat. Dieser Text ist Forsters ausführlichste und gründlichste Arbeit zur Anthropologie, in der Forster sich in den wissenschaftlichen Diskurs seiner Zeit einordnet und zugleich seinen wohlbedachten eigenen Standort darin markiert. Es wird deutlich, daß es in der fraglichen Zeit die Anthropologie war, die Forsters Interesse überwiegend in Anspruch nahm.

Der Beitrag „Ein neues Blatt in Eulers Lorbeerkranz, durch Carl Friedrich Gauß eingeflochten" von Karin Reich wirft neues Licht auf das Verhältnis von Carl Friedrich Gauß zu Leonhard Euler, „summus Euler", wie sich Gauß auszudrücken pflegte. 1844 bat Paul Heinrich Fuß, ein Enkel Eulers und Ständiger Sekretär der Petersburger Akademie, den

Göttinger Gelehrten, ihm für die geplanten „Opera omnia" Eulers einen
Aufsatz zu besorgen, der im „Journal littéraire de l'Allemagne, de Suisse
et du Nord" erschienen war. Gauß kam dieser Bitte unverzüglich nach
und stieß dabei auf einen bis dahin völlig unbekannt gebliebenen Aufsatz Eulers aus dem Jahre 1743 „Démonstration De la somme de la Sui-
te. $1 + \frac{1}{4} + \frac{1}{9} + \frac{1}{16} + \frac{1}{25} + \frac{1}{36} + $ etc." Er verfertigte eine Abschrift
dieses Aufsatzes und entledigte sich damit einer „Pietätspflicht gegen
meinen grossen Lehrer". Bei dieser Gelegenheit beseitigte er „Druckfehler und Monstrositäten in den Formeln", die bei der Drucklegung
aufgetreten waren. Gauß' Abschrift, die lange als verschollen gegolten
hatte, wurde 2009 von Elena Roussanova im Petersburger Archiv der
Rußländischen Akademie wiederentdeckt. In der vorliegenden Abhandlung wird sie als Faksimile und in Transkription publiziert sowie unter
mathematikhistorischem Gesichtspunkt analysiert.

In Werner Lehfeldts Beitrag „Carl Friedrich Gauß und die russische
Sprache" wird anhand bereits bekannter, v.a. aber auf der Grundlage
bisher unbeachtet gebliebener Dokumente die Geschichte von Gauß'
Beschäftigung mit der russischen Sprache nachgezeichnet. Es wird gezeigt, welcher Hilfsmittel sich Gauß beim Erlernen dieser Sprache bediente, und es werden seine umfangreichen Aufzeichnungen zum Russischen analysiert. Ferner wird aufgezeigt, welche Art von russischer belletristischer und wissenschaftlicher Natur Gauß gelesen hat und wie er
dabei vorging. Im zweiten Kapitel werden die im Nachlaß von Gauß
vorhandenen Rossica aufgeführt und werden die z.T. ausführlichen
Spuren untersucht, die Gauß in zahlreichen dieser Werke hinterlassen
hat. Es wird deutlich gemacht, daß Gauß' Interesse für die russische
Sprache und die russische Literatur sowie seine zeitweise intensive, gründliche Beschäftigung mit diesen Gegenständen eine unbedingt zu beachtende Facette der geistigen Physiognomie des „princeps mathematicorum" ausmachen.

W.L.

Martin Luthers Reise nach Rom – neu datiert und neu gedeutet

Hans Schneider

Vorgelegt von Hans Schneider
in der Sitzung vom 17. Juli 2009

Inhalt

Vorwort

„Keine Episode in der Geschichte der Entwicklung Luthers zu seinem reformatorischen Beruf übt eine solche Anziehungskraft auf uns aus, als die von seiner Pilgerfahrt nach Rom," schrieb einst der Luther-Forscher Gustav Kawerau.[1] Meine Beschäftigung mit diesem Detail der Biographie des jungen Luther war freilich kein geplantes Forschungsvorhaben. (Erst im Laufe der Zeit bemerkte ich, dass es sich gewissermaßen um ein Marburger Thema handelt; hatten doch Theodor Kolde 1878/79 als Marburger Privatdozent die grundlegenden Forschungen zum ordensgeschichtlichen Hintergrund vorgelegt und Heinrich Boehmer 1914 als Marburger Ordinarius die Monographie geschrieben, die seither als das Standardwerk über Luthers Romreise galt.) Mein Interesse für das Thema geht auf einen Urlaub in Umbrien zurück. In der Stadt Spoleto besichtigten meine Frau und ich das ehemalige Augustinereremitenkloster San Nicolò und stießen im Kreuzgang auf eine schon etwas verwitterte Informationstafel für Touristen, die knapp über die Geschichte des Klosters unterrichtete. Mein Auge blieb an einem Satz hängen: „vi dimorò nel 1512 un illustre ospite straniero, Martin Lutero" (hier hielt sich 1512 ein berühmter ausländischer Gast auf, Martin Luther). Ich stutzte: Hatte nicht Luthers Romreise im Winterhalbjahr 1510/11 stattgefunden? Und von einer Reisestation Spoleto war mir aus der Lektüre der gängigen Lutherbiographien auch nichts in Erinnerung. Um diese Fragen zu klären, habe ich nach der Rückkehr aus dem Urlaub begonnen, mich intensiver mit jener Episode zu beschäftigen, und das Thema hat mich seither über etliche Jahre begleitet, während deren ich „nebenbei" suchte, sammelte und sichtete. Im Laufe der Zeit habe ich wohl fast alles gelesen, was über Luthers Romreise geschrieben wurde. Ich merkte, je

---

1   Gustav Kawerau, Von Luthers Romfahrt, in: DEBl 26 (1901) 79–102, hier 79.

tiefer ich eindrang, auf welch unwegsamem Gelände ich mich bewegte. Mehr und mehr wurde mir die bisherige *opinio communis* der Forschung fraglich, und ich begann, eine neue Deutung zu entwickeln. Zwar hat sich die Hoffnung, neue Quellen zum Ordensstreit zu finden, der den Hintergrund der Reise bildete, erfüllt, aber ein Dokument, das Luthers Rolle eindeutig zu erkennen gibt, habe ich bisher – auch in Spoleto (s.u. Anm. 559) nicht entdeckt. Immerhin besitzt meine Rekonstruktion inzwischen so viel Beweiskraft, dass ich sie für publikationsfähig halte.

Der Göttinger Akademie der Wissenschaften bin ich zu außerordentlichem Dank verpflichtet, dass ich in der Sitzung vom 17. Juli 2009 die wesentlichen Ergebnisse meiner Forschungen vorstellen durfte und dass sie den vorliegenden Beitrag in ihre Veröffentlichungen aufgenommen hat.

Dank schulde ich auch vielen Personen, die meine Arbeit mit Interesse verfolgt und durch Diskussionsbeiträge gefördert haben. Genannt seien stellvertretend die Patres Dr. Dr. Adolar Zumkeller OSA und Prof. Dr. Dr. Willigis Eckermann OSA, beide Würzburg, die von Anfang an meine Forschungen zur Romreise ihres Ordensbruders mit Anteilnahme und freundlichen Auskünften begleitet haben. Die Besuche in der Würzburger Bibliotheca Augustiniana mit ihrer reichen ordensgeschichtlichen Literatur und die Hilfsbereitschaft ihrer Leiterin, Frau Dr. Carolin Oser-Grote, haben mir manche aufwändige Fernleihe erspart. Mein Dank gilt ebenso den Archivarinnen und Archivaren in zahlreichen Archiven, die ich besuchte oder schriftlich konsultierte. Wiederum stellvertretend für sie alle nenne ich P. Prof. Dr. Fernando Rojo OSA, den langjährigen Generalarchivar des Archivio generale del ordine agostiniano in Rom.

Besonders dankbar bin ich meinem akademischen Lehrer Prof. Dr. Dr. Bernd Moeller. Ohne ihn hätte die Abhandlung jetzt noch nicht das Licht der Öffentlichkeit erblickt. Er hat seinen alten Schüler erfolgreich gedrängt und ermutigt, nicht noch länger auf etwaige neue Quellenfunde zu warten, sondern die nunmehr gewonnenen Einsichten zu publizieren. Auch hat er das Manuskript gelesen und eine Reihe von Vorschlägen zu seiner Gestaltung gemacht.

Schließlich danke ich meiner Frau, die nicht nur toleriert hat, dass unsere Urlaube in Deutschland, Italien und Frankreich sich oft zu „Augustiner-Exkursionen mit Beiprogramm" entwickelten, sondern selbst daran Freude gefunden und mich bei meinen Recherchen unterstützt hat.

Marburg, 2010,
im 499. Jahr nach Luthers Aufbruch nach Rom

Einleitung

Luthers Romreise ist eine in mehrfacher Hinsicht bedeutsame Episode seiner frühen Biographie, in mancher Hinsicht sogar eine Schlüsselepisode. Für ihn, dessen bisheriger Lebensweg nicht über den thüringisch-sächsischen Raum hinausgeführt hatte, war es die erste große Reise, und es blieb die weiteste und längste seines Lebens. Es öffnete sich ihm die weite Welt, unbekannte Landschaften, fremde Sitten und ausländische lebende Sprachen begegneten ihm, so dass die Romreise „für Luthers allgemeine geistige Entwicklung, für seine Welt- und Menschenkenntnis, von wesentlichem Nutzen gewesen ist und zur Erweiterung seines Horizontes viel beigetragen hat, also dass er schon in dieser Beziehung mehr gesehen, gehört, gelernt hat, als zuvor in Jahren".[2] Luther reiste in Ordensangelegenheiten, und dass gerade er – zusammen mit einem Ordensbruder – nach Rom geschickt wurde, zeigt die Reputation, die sich der noch recht junge Mönch, dessen Profess erst wenige Jahre zurücklag, bereits erworben hatte. Für Luther war die Reise aber nicht nur eine ›Dienstreise‹, sondern zugleich eine Pilgerfahrt in die heilige Stadt, deren ›Mirabilia‹[3] er bestaunen und an deren geistlichen Gnadenschätzen der angefochtene Mönch Anteil gewinnen wollte. Luther plauderte später gern über mancherlei Reiseimpressionen, und man kann die tiefen Eindrücke, die er empfing, noch nach Jahrzehnten in seinen rückblickenden Äußerungen erkennen.[4] Allerdings waren die Wahrnehmun-

---

2   Gustav Türk, Luthers Romfahrt in ihrer Bedeutung für seine innere Entwicklung, in: Jahresbericht der Fürsten- und Landesschule St. Afra in Meissen vom Juli 1896 bis Juni 1897, Meissen 1897, 1–39, hier 10.

3   Die sog. *Mirabilia Romae* werden oft als Sammelbegriff für mittelalterliche Pilgerführer verwendet, die nicht nur die eigentlichen *Mirabilia* enthielten, sondern auch die *Mirabilia Romae vel potius historia et descriptio urbis Romae* sowie auch die *Indulgentiae ecclesiarum urbis Romae* und die *Stationes ecclesiarum urbis Romae* mit umfassten. Vgl. die Einleitungen in: Nine Robijntje MIEDEMA, Die Mirabilia Romae. Untersuchungen zu ihrer Überlieferung mit Edition der deutschen und niederländischen Texte, Tübingen 1996; DIES., Die römischen Kirchen im Spätmittelalter nach den „Indulgentiae ecclesiarum urbis Romae", Tübingen 2001; und DIES., Rompilgerführer in Spätmittelalter und Früher Neuzeit. Die Indulgentiae ecclesiarum urbis Romae (deutsch / niederländisch), Edition und Kommentar, Tübingen 2003.

4   Eine nützliche, aber unvollständige Zusammenstellung findet sich in WA 58/1, 29–33. Vgl. BOEHMER, Romfahrt 82ff.; Herbert VOSSBERG, Im Heiligen Rom. Luthers Reiseeindrücke 1510-11, Berlin-Ost 1966; Peter MAIER, Aussagen Luthers über die Stadt Rom seiner Zeit, in: AWA 5 (1984) 281-290; Stefan Bernhard EIRICH, „Ich wolt nich gros geldt nemen, das ich zu Roma nicht gewesen war". Martin Luther und seine römischen Erinnerungen, Korrespon-

gen, die er einst in Rom gemacht hatte, inzwischen für ihn in ein neues Licht gerückt und gaben nun seiner Kritik an der römischen Kirche manche Konkretion, so dass er sagen konnte: *Ich wolt nicht 1000 fl. nehmen, das ich Rom nicht gesehen hett, denn ich hett solch ding nicht kunnen gleuben, wenn mirs einer gesagt hett, wenn ichs nicht selbs gesehen hett.*[5]

I. Skizze der Problem- und Forschungsgeschichte

1. Die Problemlage

Bei der Lektüre der zuweilen recht vollmundigen Schilderungen der Romreise in manchen Luther-Biographien wird der Leser kaum gewahr, dass unsere Kenntnisse darüber höchst lückenhaft sind; fällt die Reise doch in jene Jahre, für die nur spärlich Quellen zur Verfügung stehen. Was Theodor Kolde einst formulierte, gilt noch heute: „Ueber keinen Abschnitt in Luthers Leben sind wir weniger unterrichtet als über die Zeit vom März 1509, wo er baccalaureus biblicus wurde, bis zu seiner Promotion zum Doctor der Theologie (19. Oct. 1512)."[6] Und von der Romreise im besonderen gilt, dass „der Hergang selbst so undeutlich wie wenige andere Episoden in Luthers Leben" bleibt[7]: Wir besitzen weder über den genauen Anlass noch den oder die Auftraggeber eindeutige Nachrichten; wir wissen nicht, in welcher Funktion Luther reiste – ob als Verhandlungsführer (*litis procurator*) oder nur als Begleiter (*socius itinerarius*) – und wer sein Reisegefährte war;[8] wir haben keine Kenntnisse über die Verhandlungen in Rom und ihre Ergebnisse, wir erfahren auch nichts über die Reaktionen bei dem oder den Auf-

---

denzblatt. Collegium Germanicum et Hungaricum 101 (1992) 77–97; Italo Michele BATTAFARANO, Luthers Romreise in den erinnernden „Tischreden", in: Stephan FÜSSEL und Klaus A. VOGEL (Hgg.), Deutsche Handwerker, Künstler und Gelehrte im Rom der Renaissance, Wiesbaden 2001 (Pirckheimer Jahrbuch 15/16 [2000/01]), 214–237.

5   WA.TR 5, 5484, ähnlich 3, Nr. 3478 und 3582A; 5, Nr. 6059 und 6427.

6   Theodor KOLDE, Innere Bewegungen unter den deutschen Augustinern und Luthers Romreise, ZKG 2 (1877) 460–480, hier 460.

7   Karl August MEISSINGER, Der katholische Luther, München 1952, 47.

8   Gemäß den Konstitutionen durften die Augustinermönche nur zu zweit reisen: *Statuimus, ne ullus nostri ordinis frater extra septa loci solus vadat, id est absque fratre socio novicio aut professo eiusdem ordinis, etiam iussus, sive subditus sit sive prior. Nec aliquis prior subditum suum solum ire permittat aut cogat* (Constitutiones, cap. 8). Vgl. dazu LUTHER, WA.B 1, 203,4f.: Luther konnte einen Brief nicht eher schicken *defectu socii itinerarii.*

traggeber(n). Bei allen diesen Fragen sind wir auf mehr oder weniger begründete Vermutungen und hypothetische Kombinationen angewiesen. Das gilt in gleicher Weise für die historische Rekonstruktion der Reise selbst, die mit vielfältigen Unsicherheiten behaftet ist; diese betreffen nicht allein die Reiseroute, sondern selbst die Chronologie: nicht einmal das Jahr der Reise steht fest. Gerade diese letzte Frage nach dem Jahr der Reise erweist sich aber als der Schlüssel zum Verständnis, da das Reisejahr über Auftraggeber und Zweck der Reise entscheidet.

Für alle diese Fragestellungen sind Luthers eigene Aussagen wenig hilfreich. Er plauderte zwar später noch gern über mancherlei Eindrücke und Erlebnisse, doch handelt es sich meist um anekdotenhafte Impressionen. Berichte, wie sie etwa Luthers Ordensbruder Nikolaus Besler[9] über seine Reise nach Rom 1505 und zurück 1509 oder der Franziskaner Konrad Pellikan[10] über seine Romreise im Jahre 1517 hinterlassen haben, besitzen wir von Luther leider nicht. Aus seiner Feder gibt es auch keine anderen zeitnahen Äußerungen über die Ereignisse. Die weitaus meisten finden sich in den Tischreden der 1530er und 1540er Jahre und in späten Schriften, sind also in einem Abstand von mehreren Jahrzehnten nach dem Geschehen formuliert, als sich Luthers Lebenswelt und –perspektiven grundlegend gewandelt hatten. Sein einstiges Leben als Mönch betrachtete Luther nur noch aus der kritischen Rückschau des Reformators. Die Ordensangelegenheiten gehörten der „überholten" Vergangenheit an.[11] Bei der Auswertung seiner rückbli-

---

9   Die autobiographischen Aufzeichnungen Beslers liegen in zwei Fassungen vor. Die Kurzfassung aus einer Genter Handschrift veröffentlichte Augustin FEUTRY (Hg.), P. Nicolai Beslerii nurimbergensis biographia, AAug 4 (1911 /12) 293-294. Die längere Version wurde schon im 18. Jahrhundert gedruckt: Vita Nicolai Besleri Augustiniani ab ipso conscripta, in: FSANTS 1732, Leipzig 1732, 356-371, Die Schilderung der Romreise findet sich hier 359ff. Die zugrunde liegende Handschrift befindet sich heute in der Universitätsbibliothek Leipzig, Rep. II, 162, fol. 216–221. Ich zitiere nach dem Abdruck in FSANTS, vermerke aber Lesefehler, die sich dort an einigen Stellen eingeschlichen haben. Eine von mir vorbereitete kommentierte Edition wird in Aug(L) erscheinen. – Die Leipziger Handschrift enthält auch eine von Besler in Rom angefertigte Abschriften-Sammlung von wichtigen Privilegien und anderen den Augustinerorden betreffenden Urkunden (zitiert: Besler, Mare magnum).

10   Das Chronikon des Konrad Pellikan, hg. v. Bernhard RIGGEBACH, Basel 1877, 56-65; Übersetzung: Konrad Pellikans Hauschronik, hg. v. Theodor VULPIUS, Straßburg 1892.

11   Wenn Luther etwa einmal auf drei Phasen der Ordenspolitik von Staupitz während dreier Wahlperioden hinweist, so geschieht das nur, weil er den Skopus auf sich bezieht; die inhaltliche Charakteristik der drei Phasen bleibt für den Hörer bzw. Leser recht änigmatisch: *Staupicius vir fuit prudentissimus,*

ckenden Aussagen gilt es daher, mit unseren Erwartungen, was Luther hätte erwähnen müssen, und folglich mit Argumenten e silentio besonders vorsichtig umzugehen.

Aber es fehlen nicht nur genauere Aussagen Luthers zum Hintergrund seiner Reise, sondern auch die Ordensüberlieferung über die hier in Rede stehenden Vorgänge ist äußerst dürftig.[12] Bis vor kurzem waren aus keinem deutschen Augustinereremiten-Konvent Quellen über jene Auseinandersetzungen im Orden bekannt, die den Anlass für Luthers Romreise bildeten. Zumal in den evangelisch gewordenen Gebieten sind große Teile der Klosterarchive als nunmehr unnütze Relikte der „papistischen" Zeit entsorgt oder bestenfalls, wenn es sich etwa um Pergamenturkunden handelte, als Bucheinbände o.ä. einer neuen Verwendung zugeführt worden. Meist wurden nur solche Quellen, die weiterhin von juristischer oder ökonomischer Relevanz waren, weiter aufbewahrt. Diese schmerzlichen Quellenverluste betreffen in besonderem Maße die ehemaligen Klöster der Augustinereremiten, da sich sowohl die sächsische Ordensprovinz als auch die observante Reformkongregation infolge der Reformation auflösten.

Auch die Quellenlage in der römischen Ordenszentrale erweist sich als weniger ergiebig, als man erhoffen könnte. Die Manualregister des Ordensgenerals[13], also die „Amtstagebücher" mit Kurzregesten der ausgehenden Schreiben sowie tagebuchartigen Notizen über empfangene Besucher, gehaltene Predigten und andere Ereignisse, sind gerade für den uns besonders interessierenden Zeitraum von Ende 1510 bis 1512 verloren; es existieren nur fragmentarische Kopien und Auszüge, die im

---

studiosorum magnus amator et promotor. Electus [scil. in vicarium] primo triennio volebat hoc negotium fidei gar ausrichten consilio suo. Altero triennio volebat hoc negotium fidei gar ausrichten consilio patrum, rem tentare, sed non processit. Tertio rem totam Deo commisit; da gings viel weniger fort. Ideo dixit: Mitte vadere, sicut etc.; es kan wider ich noch die patres noch Gott schaffen, es mus ein ander triennium vnd vicariat komen. Da kam ich darein vnd habs anders angefangen (WA.TR 3, 3143).

12 Die Behauptung, Luthers Romreise werde „in unterschiedlichen Dokumenten seitens der Kurie und des Ordens erwähnt" (BATTAFARANO, Luthers Romreise 214; vgl. auch 215 „den Ordens- und Kuriendokumenten"), trifft leider nicht zu. Schön wär's!

13 Zur Registerüberlieferung vgl. Alphons Viktor MÜLLER, Der Augustinerobservantismus und die Kritik und Psychologie Luthers, ARG 18 (1921) 1–35; Hubert JEDIN, Die römischen Augustinerquellen zu Luthers Frühzeit, ARG 25 (1928) 256–270; Francis Xaver MARTIN, The registers of Giles of Viterbo. A source on the reform before the Reformation, 1506–1518, Aug(L) 12 (1962) 142–160. Inzwischen liegt eine kritische Edition vor: Aegidii Viterbiensis O.S.A. Resgestae Generalatus, I: 1506–1514, ed. Albericus de MEIJER, Rom 1988.

einzelnen nicht fehlerfrei zu sein scheinen. Weitere Quellen (etwa Korrespondenzen) zu dieser Angelegenheit haben sich im Generalarchiv des Ordens nicht erhalten. Wichtige Dokumente über die Ordenspolitik wie auch zur frühen Reformationsgeschichte dürfte der Nachlass des Generalvikars der deutschen Reformkongregation der Augustinereremiten, der Schlüsselfigur des Ordenskonflikts, Johann von Staupitz, enthalten haben; diese Papiere ließ der Benediktinerabt Martin von St. Peter in Salzburg leider im Jahre 1584 verbrennen.[14]

2. Luthers Romreise in der älteren Historiographie

Die hier skizzierten Probleme sind freilich erst im Laufe der Entwicklung einer historisch-kritischen Lutherforschung bemerkt und virulent geworden. Zwar hat Luthers Romreise schon immer die Beachtung seiner Biographen gefunden, doch galt das Interesse der altprotestantischen Historiographie vorrangig den negativen Eindrücken, die Luther in der späteren Rückschau über Rom als *sedes Diaboli*[15] formuliert hatte, und der Frage, wie diese Wahrnehmungen wohl Luther auf seinem Werdegang zum Reformator geprägt haben mochten. Schon Luthers Sohn Paul hat, an Erzählungen seines Vaters anknüpfend, dessen reformatorische Erkenntnis über die Glaubensgerechtigkeit mit einem Erlebnis auf der Pilatustreppe (Scala santa) in Rom verknüpfen wollen.[16] Demgegenüber fanden die nähere Zeitbestimmung und die Hintergründe von Luthers Reise zunächst wenig Interesse, so dass es etwa völlig unbestimmt heißen konnte: „Es geschah zu ebendieser Zeit, dass er wegen gewisser Angelegenheiten nach Rom reisen musste."[17] Erst die

---

14 Wolfgang GÜNTER, Johann von Staupitz (ca. 1468–1524), in: Erwin ISERLOH (Hg.), Katholische Theologen der Reformationszeit, 5, Münster 1988, 11–31, hier: 28.

15 WA.TR 5, Nr. 5347.

16 Abgedruckt bei Otto SCHEEL, Dokumente zu Luthers Entwicklung (Bis 1519), Tübingen ²1929, 210, Nr. 539. So erlebt Luther auch nach Georg MYLIUS seinen reformatorischen Durchbruch auf der Pilatustreppe (In epistolam D. Pauli ad Romanos, Jena 1595, praefatio, abgedr. bei SCHEEL, Dokumente 212, Nr. 541). Den Hintergrund bildet offenbar Luthers eigene Erzählung in einer Predigt aus dem Jahre 1545, dass ihm auf der Pilatustreppe Zweifel an der Wirksamkeit des Gebets für die Seelen im Fegfeuer gekommen seien (WA 51, 89,20–24).

17 *Contigit eodem tempore, ut Romam ipsi excurrendum esset quorundam negotiorum gratia* (MYLIUS, ebd.). Die Zeit wird auch zuvor nicht näher bestimmt; nach Mylius erfolgte die Romreise, als Luther schon in Wittenberg über den Römerbrief las!

Historiker des 18. Jahrhunderts haben begonnen, „Absicht und Zeit der Reise nach Rom"[18] als Problem zu erkennen und genauer zu erörtern, obwohl ihnen noch dessen Tragweite verborgen blieb.

„Es scheinet das Jahr, wenn D. Luther nach Rom gereiset, zweifelhaftig zu seyn," schrieb Johann Georg Walch 1753 in seiner Werkausgabe Luthers.[19] Da Luthers eigene Angaben[20] variierten, wurden sogar mehrfache Reisen in Erwägung gezogen![21] Überwiegend hielt man sich entweder an Luthers Aussagen, der meist 1510 genannt, und die Lutherpredigten (1566) seines einstigen Famulus Johann Mathesius, der dasselbe Datum angegeben hatte.[22] Oder aber man folgte Melanchthons Kurzvita Luthers in der Vorrede zu Band II der lateinischen Schriften in der Wittenberger Lutherausgabe (1546), dessen Angabe, Luther sei drei Jahre nach seiner Übersiedlung nach Wittenberg im Herbst 1508 nach Rom aufgebrochen,[23] auf das Jahr 1511 führte.[24]

---

18   Johann Theodor LINGKE, D. Martin Luthers merkwürdige Reisegeschichte zu Ergaenzung seiner Lebensumstaende und Erlaeuterung der Reformationsgeschichte aus bewaehrten Schriften und zum Theil ungedruckten Nachrichten beschrieben, Leipzig 1769, 14–18 (§ 8).

19   Dr. Martin Luther's sämmtliche Schriften, 24, Halle 1753, 101. Zum ersten Mal wurden hier in einer Gesamtausgabe Luthers Tischreden aufgenommen (Johannes SCHILLING, Lutherausgaben, in: TRE 21 [1991] 594–599, hier 597).

20   Die Quellenbelege werden unten angeführt und erörtert.

21   Friedrich Siegemund KEIL, Des seligen Zeugen Gottes, D. Martin Luthers, merkwürdige Lebens-Umstände, I, Leipzig 1764, 19: „Die erste Reise nach Rom ist geschehen 1509. […] Ich erwähne nur die erste, so D. Luther Ao 1509 vorgenommen."

22   Als willkürliche Beispiele aus den geschichtlichen Darstellungen seien genannt: Gottfried ARNOLD, Das Leben der Gläubigen oder Beschreibung solcher Gottseligen Personen/ welche in denen letzten 200. Jahren sonderlich bekandt worden, Halle 1701, 415f.; Veit Ludwig von SECKENDORFF, Ausführliche Historie des Lutherthums und der heilsamen Reformation […], Leipzig 1714, 54; Moritz MEURER, Luthers Leben für christliche Leser insgemein aus den Quellen erzählt, Leipzig und Dresden 1861, 18.

23   *Post triennium Romam profectus propter monachorum controversias, cum eodem anno reversus esset, usitato more scholarum, duce Saxoniae electore Friderico praebente sumptus, ornatus est gradu doctorum, ut usitate loquimur* (CR 6, 160; abgedr. bei SCHEEL, Dokumente 200, Nr. 532).

24   Nikolaus SELNECKER, Historica Oratio, Vom Leben vnd Wandel des Ehrwirdigen Herrn / vnd thewren Mannes Gottes / D. Martini Lutheri […], [Leipzig] 1576 [Faks.-Ndr. Fürth 1992], 8ᵛf.: „Drey Jar hernach wird Luther aus begeren seines Conuents gen Rom geschickt ins Klosters geschefften/ da findet er den Bapst Leonem [!] selber/ vnnd gibt achtung auff die Römische breuche vnd sitten. […]. Da er wider gen Wittemberg kompt/ wird er in der heiligen Schrifft Doctor im Jar 1512. […]." Die Angaben Melanchthons (nach

Die abweichenden Datierungen 1510 und 1511 versuchte man so zu
harmonisieren, dass Luther „im erstern ausgereiset, und im letztern wieder nach Hause gekommen".[25] Doch hier blieben ungelöste Probleme,
denn nach Melanchthon fand die Abreise nach Rom 1511 statt, und
zudem sprach er von der Rückkehr Luthers *eodem anno*, in dem er dann
Doktor wurde. Die Doktorpromotion fand aber, wie allgemein bekannt
war, im Oktober 1512 statt. Konnte die Wendung *eodem anno* zur Not
als „binnen Jahresfrist", „innerhalb eines Jahres" gedeutet werden,[26] so
gelang es damit zwar, die Angaben Melanchthons zu harmonisieren,
nicht jedoch, sie mit Luthers Datierung der Reise in das Jahr 1510 in
Einklang zu bringen. Der Historiker Otto Waltz resümierte 1877: „Es
ist noch keinem geglückt, die Zeit der Romreise mit Sicherheit zu bestimmen".[27]

Die Datierung blieb vorerst ein wenig bedeutendes Detail, solange
der Anlass der Reise nicht präziser erfasst und in diesem Zusammenhang
die Relevanz der Datierung für die Deutung der Reise erkannt war.
Doch auch der Beweggrund der Reise Luthers fand in den alten Darstellungen nur geringe Aufmerksamkeit, weil darüber genauere Nachrichten fehlten. „Ueber das, was Luther nach Rom geführt, scheint man
von jeher nicht viel gewusst zu haben."[28] Luther selbst hatte zweimal als
Grund seiner Reise den Wunsch angegeben, er habe in Rom (erneut)
eine Generalbeichte ablegen *vnd from werden* wollen,[29] und dieses Bestreben ließ sich von den Biographen gut in seine religiöse Entwicklung
einfügen.[30] Nur einmal hatte er in den Tischreden einen dienstlichen
Grund erwähnt: *Romam profectus sum causa contentionis Staupitii*[31] – wobei
wohl schon seinen studentischen Tischgenossen, jedenfalls aber den

drei Jahren) werden mit Wendungen von Mathesius (auf Begehren seines Konvents in Klostergeschäften) aufgefüllt.

25 LINGKE, Reisegeschichte 17.

26 So noch KÖSTLIN, Luther I, 93.

27 Otto WALTZ, Zur Kritik der Lutherlegende, ZKG 2 (1877) 622-632 [II. Luthers Romreise, 626f.], hier: 626.

28 KOLDE, Bewegungen 460.

29 *Principalis autem status meae profectionis in Romam fuit, das ich wolde eyne gantze
beychte von jugent auf geschehen thuen vnd from werden, quamvis ego talem
confessionem Erfordiae bis feceram* (WA.TR 3, Nr. 3582). *Causa profectionis erat
confessio, quam volebam a pueritia usque texere, vnd from werden. Erphordiae bis talem
feci confessionem* (WA.TR 2, Nr. 2717).

30 In aufgeklärter Paraphrase klingt das 1769 so: Luther „hoffete, er würde durch
die daselbst anzustellende Andachtsübungen, und durch den Trost, den er sich
von gelehrten und gottseligen Männern versprach, sein Gewissen zufrieden
stellen können" (LINGKE, Reisegeschichte 15).

31 WA.TR 2, Nr. 2717.

späteren Lesern ganz dunkel bleiben musste, um was für eine Auseinandersetzung es sich dabei gehandelt haben mochte. Auch Philipp Melanchthon hatte in seiner biographischen Skizze über Luthers Leben nur vage von Streitigkeiten unter den Mönchen gesprochen, deretwegen Luther nach Rom gezogen sei,[32] und ähnlich unbestimmt vermerkte Luthers einstiger Famulus Johann Mathesius, dass *jhn sein Konvent ins Klosters gescheffen gen Rom* gesandt habe.[33] Manche Autoren wie der Leipziger Humanist und Geschichtsprofessor Matthäus Dresser (1536–1605)[34] konnten sich aus protestantischer Sicht solche Mönchsquerelen nur als ein Feilschen um Dispense von Fastenvorschriften oder Ähnliches vorstellen.[35]

Aus einem polemischen Werk des Luthergegners Johann Cochläus und von dem polnischen Dominikaner Abraham Bzovius, dem Fortsetzer der ›Annales ecclesiastici‹ des Baronius, sowie von anderen katholischen Kirchenhistorikern wie dem Jesuiten Louis Maimbourg übernahmen manche protestantische Gelehrte die Nachricht, „daß ein Streit, den sieben Augustinerklöster wider den Generalvicarium [scil. Staupitz] erhoben, Ursache gewesen, daß Luther zu Beylegung dieser Streitigkeit nach Rom abgesendet worden".[36] Doch Konkreteres über diesen Konflikt war auch bei jenen Autoren nicht zu erfahren. Dem genaueren Sachverhalt kamen dann Luther-Biographen in der ersten Hälfte des 19. Jahrhunderts schon ein wenig näher, die eine von Staupitz geplante neue Provinzialeinteilung als Ursache für die mönchischen Streitigkeiten angaben, jedoch keine Quellen für ihre Behauptung anführten.[37]

---

32 MELANCHTHON, CR 6, 160.

33 Johannes MATHESIUS, Lutherpredigten (1566), abgedr. bei SCHEEL, Dokumente 208.

34 Vgl. Heinrich Julius KÄMMEL, ADB 5 (1877), 398–401.

35 DRESSER, Narratio 140: Luther wurde „von den Obern und übrigen Brüdern des Klosters nach Rom geschickt, daß er bei dem römischen Papste Dispensation und Freiheit für die übrigen Conventualen auswirke, an den gewöhnlichen Fasttagen im Fall der Noth Fleisch zu essen".

36 LINGKE, Reisegeschichte 14f. Dort wird Anm. 3 ein Zitat von MAIMBOURG angeführt: „Lutherus inter fratres suos monachos eam adeptus est auctoritatem, ut Romam ad transigendum de litibus deputaretur, propter quas Ordo tunc in partes inerat."

37 Georg H.A. UKERT, Dr. Martin Luther's Leben, I, Gotha 1817, 83; Karl JÜRGENS, Luthers Leben, I,2, Leipzig 1846, 270.

3. Der ordensgeschichtliche Hintergrund (Theodor Kolde)

Erst die Forschungen des damaligen Marburger Privatdozenten Theodor Kolde[38] haben den ordensgeschichtlichen Hintergrund von Luthers Romreise gründlich aufzuhellen vermocht. In seinem Aufsatz ›Innere Bewegungen unter den deutschen Augustinern und Luthers Romreise‹ (1878)[39] und in seiner grundlegenden Monographie ›Die deutsche Augustiner-Kongregation und Johann von Staupitz‹ (1879)[40] stellte er nach ausgedehnten Forschungen erstmals den Konflikt um die Ordenspolitik des Generalvikars Staupitz zusammenhängend dar.

Kolde schildert,[41] wie sich im Zuge der Bestrebungen zu Ordens- und Klosterreformen im Laufe des 15. Jahrhunderts auch bei den Augustinereremiten verschiedene Zusammenschlüsse (Kongregationen) gebildet hatten, die sich auf eine strengere Beachtung (Observanz) der Ordensregel verpflichteten. In Deutschland war neben den vier Ordensprovinzen (bayerische, kölnische, rheinisch-schwäbische und sächsisch-thüringische) eine solche Reformkongregation entstanden, die nach ihrem Ursprung die sächsische oder – da sie die einzige in Deutschland war – die deutsche Kongregation genannt wurde und die unter der Leitung eines Generalvikars stand. Trotz der häufigen Gegnerschaft der Ordensgenerale, die in den Reformbestrebungen „kaum etwas anderes als Emancipationsgelüste sahen",[42] und des Widerstands der Provinziale als der Leitern der Ordensprovinzen, die über die Eingriffe in ihre Rechte klagten, war während der Amtszeit des Generalvikars Andreas Proles (erstes Vikariat 1461–1467, zweites Vikariat 1473–1503) die Zahl der reformierten Klöster, die nun zur Kongregation zählten, erheblich angewachsen. Als Nachfolger von Proles führte dessen Nachfolger, der 1503 auf dem Kapitel der Kongregation in Eschwege gewählte Johann von Staupitz, die Politik seines Vorgängers fort, die Reform auf immer

---

38   Zu KOLDE vgl. Hans-Josef OLSZEWSKY, BBKL 4 (1992) 339–345 (Lit.); Catalogus Professorum Academiae Marburgensis. Die Akademischen Lehrer der Philipps-Universität zu Marburg 1527-1910, bearb. v. Franz GUNDLACH, Marburg 1927 (VHKHW 15,1), 60 Nr. 93.

39   Theodor KOLDE, Innere Bewegungen unter den deutschen Augustinern und Luthers Romreise, in: ZKG 2 (1878) 460-472.

40   Theodor KOLDE, Die deutsche Augustiner-Kongregation und Johann von Staupitz. Ein Beitrag zur Ordens- und Reformationsgesch. nach meistens ungedruckten Quellen, Gotha 1879.

41   Hier kann nur eine Skizze der Ausführungen Koldes gegeben werden. Eine Reihe von Details werden später bei der ausführlichen Erörterung der Vorgänge zur Sprache kommen.

42   KOLDE, Bewegungen 461.

mehr Konvente auszudehnen. Durch bald erlassene Konstitutionen suchte er den inneren Zusammenhalt der Kongregation zu festigen und durch eine Verbindung mit der bedeutendsten italienischen Reform-kongregation, der lombardischen, weiteren Rückhalt zu gewinnen. Da Staupitz' Emissär Nikolaus Besler unter Umgehung des Generals Augustinus de Interamna 1506 die Bestätigung direkt an der päpstlichen Kurie erlangt hatte und der General zudem durch Klagen über die ungestüme Expansion der deutschen Observanten in der rheinisch-schwäbischen Provinz alarmiert war, richtete sich der ganze Groll der Ordensleitung gegen die Kongregation. Erst unter dem neuen General Aegidius von Viterbo, der für die Reformbestrebungen aufgeschlossen war, trat noch im selben Jahr eine Wende ein.

Staupitz erlangte am 15. Dezember 1507[43] von dem päpstlichen Legaten Bernhardin Carvajal eine Bulle, die den Generalvikar ermächtigte, die ca. 30 noch unreformierten Klöster der sächsisch-thüringischen Provinz mit den gleichfalls etwa 30 Klöstern der Kongregation zu einer Union zu vereinigen, d.h. überall die Observanz einzuführen. Künftig sollte dieser Gesamtverband durch eine Person geleitet werden, die in Personalunion Generalvikar und sächsischer Provinzial sein sollte. Obwohl der Erzbischof von Magdeburg sowie die Bischöfe von Freising und Bamberg die Bulle veröffentlichen sollten, geschah dies erst durch Staupitz am 30. September 1510. Den Grund dafür sieht Kolde in dem Widerstand, der sich gegen Staupitz erhob. Sieben Konvente der Kongregation, darunter als die bedeutendsten Nürnberg sowie Luthers Heimatkonvent Erfurt, widersetzten sich dem Vorhaben einer Union, da sie befürchteten, es könne die erreichte Observanz durch den Zusammenschluss mit den unreformierten Konventualen beeinträchtigt werden. Trotz der Unterstützung, die Staupitz von seiten des Generals Aegidius erfuhr, der ihm am 26. Juni 1510 ein „Anerkennungsschreiben" sandte, distanzierten sich sieben Klöster der Opposition. Der Rat der Stadt Nürnberg teilte deren Bedenken, schrieb an den Ordensgeneral und ersuchte ihn, die Vereinigung nicht zuzulassen. „Während des Sommers 1511 nahm die Unzufriedenheit grössere Dimensionen an und führte zu offenem Zwiespalt".[44] Die sieben Konvente widersetzten sich unter ihrem Wortführer, dem Distriktvikar Simon Kaiser, der geplanten Verfassungsänderung. Bei einer Zusammenkunft beider Seiten in Jena kam man überein, in einem schriftlichen Rezess den sieben Oppositionskonventen „gewisse uns nicht näher präcisirte Vorschläge" zu machen, zu

---

43 KOLDE hat seine Jahresangabe „1506" (Bewegungen 463) selbst korrigiert (Augustiner-Congregation 232, Anm. 5).

44 KOLDE, Bewegungen 466.

denen diese innerhalb von zwei Monaten Stellung nehmen sollten. Die
Renitenten verharrten jedoch in ihrem Widerstand und wurden von
dem Rat der Stadt Nürnberg massiv unterstützt, der den Gegenvor-
schlag machte, ein Kongregationskapitel über die Sache beraten zu lassen und gegebenenfalls einem unparteiischen Richter in deutschen Landen die Entscheidung zu übertragen. Beides schien für Staupitz unan-
nehmbar, und da zu befürchten stand, dass die Nürnberger mit Hilfe des
Generals oder gar des Papstes ihre Ansicht durchzusetzen versuchen
könnten, schickte Staupitz selbst Abgesandte nach Rom, um den Ma-
chenschaften der Gegner vorzubeugen.

In diesen Kontext gehört nach Kolde die Romreise Luthers. Da
Kolde mit dem offenen Ausbruch des Konflikts erst 1511 rechnet, sei
„über das Jahr nicht mehr zu streiten". Allenfalls könne noch fraglich
sein, ob Luther sogleich nach Beginn des Streits oder erst nach der
Nürnberger Erklärung im Herbst abgereist sei. Letztere Möglichkeit
favorisiert Kolde, da nach den erfolgversprechenden Jenaer Vereinbarungen kein Grund für eine Sendung nach Rom bestanden habe. Als
weiteres Argument führt Kolde eine bis dahin übersehene Notiz in den
Aufzeichnungen des Nürnberger Augustiners Nikolaus Besler an. Dieser
Zeitzeuge hatte berichtet, dass am 25. Februar 1512 der Augustiner
Johann von Mecheln, der „eben von einer Sendung nach Rom zurückgekehrt war, durch Staupitz von Salzburg aus nach Köln geschickt
(wurde), um das dort abzuhaltende Kapitel zu beschleunigen". Das
spricht nach Kolde für die Vermutung, dass „beide Männer zusammen
gereist sind". Für die Rückkehr nach Deutschland stehe somit ein Datum fest, und da Johann von Mecheln am 16. September in Wittenberg
zum Doktor der Theologie promoviert und am 4. Oktober in den Senat
aufgenommen wurde, könne man mit der Abreise nach Rom im Oktober rechnen. Gegen die Annahme, dass Luther und Johann von
Mecheln gemeinsam gereist seien, spreche auch nicht der Umstand, das
Besler Luther nicht nenne, da Besler die Rückkehr jenes nur deshalb
erwähne, weil er mit ihm zusammen nach Köln entsandt worden sei.

Die Ergebnisse von Koldes aufwändigen Forschungen haben die Erörterungen über Luthers Romreise auf ein neues Niveau gehoben. Erst
durch seine Darstellung, die hier nur verkürzt skizziert werden konnte,
wurde verständlich, was Luther mit der *contentio Staupitii* meinte, von
der er in den Tischreden gesprochen hatte, und was sich hinter
Melanchthons Rede von *controversiae* der Mönche verbarg, deretwegen
Luther nach Rom gezogen sei. Wenngleich sich seine Ausführungen in
vieler Hinsicht als ergänzungs- und korrekturbedürftig erweisen sollten,
hat Kolde doch zum ersten Mal Luthers Reise in den weiten Horizont
eines gravierenden Konflikts gestellt, der die deutschen Augustinerere-

miten zu Beginn des 16. Jahrhunderts erschütterte. Seine Darstellung bildete den Rahmen für die Diskussionen, die sich, beflügelt durch den Aufschwung der Lutherforschung nach dem Jubiläum 1883, auch diesem biographischen Thema zuwandten.

4. Diskussionen um die Romreise am Ende des 19. Jahrhunderts

Die Erörterungen der Romreise und ihrer Einordnung in den Ordensstreit erhielten noch durch eine biographische Nuance eine besondere Zuspitzung, durch die jene nebensächlich erscheinende Frage nach dem Jahr der Reise erst in ihrer Bedeutung erkannt wurde und ihre Brisanz erhielt. Im Zuge der intensiveren Beschäftigung mit Luthers Briefen stieß man auf seine Notiz, dass er nach seiner Lehrtätigkeit in Wittenberg 1508 noch einmal nach Erfurt zurückberufen worden war, bevor er endgültig nach Wittenberg übersiedelte.[45] „Schon Melanchthon hat diesen zweiten, kürzeren Erfurter Aufenthalt Luthers unbeachtet gelassen, und weiterhin ist er bis auf unsere Zeit ganz übersehen und vergessen worden," stellte Julius Köstlin erstaunt fest.[46] Dieses Detail, das den Biographen entgangen war, erwies sich für die Einordnung der Romreise jetzt als höchst relevant. Da man bisher angenommen hatte, dass Luther seit 1508 dauerhaft in Wittenberg geblieben sei, war man auch stets selbstverständlich davon ausgegangen, dass er nach Rom von dort aus aufgebrochen und dorthin zurückgekehrt sei. Auf dem Hintergrund der inzwischen bekannten Tatsache, dass Erfurt zu jenen sieben Konventen gehört hatte, die in Opposition gegen Staupitz standen, bekam die Entdeckung, dass Luther sich während der kritischen Phase des Konflikts dort aufgehalten hatte, ein erhebliches Gewicht. Das in Luthers Zeugnissen meist genannte Reisejahr 1510 erwies sich somit geradezu als Schlüssel zur Einordnung der Romreise.

---

45 Der Brief an den Dekan und die theologische Fakultät in Erfurt, in dem Luther seine Rückberufung nach Erfurt erwähnt (WA.B 1, Nr.10), wurde erstmals 1829 an abgelegener Stelle publiziert: Programm der öffentlichen Prüfungen der Gymnasialschüler zu Trier zu Ende des Schuljahres 1829. Auswahl von Briefen berühmter Personen aus der Sammlung von Autographen in hiesiger Stadtbibliothek hg. von Johann Hugo WYTTENBACH, Trier 1829, S. 6–8. Mehr als zwei Jahrzehnte später wurde er dann in die Briefausgaben von Ludwig ENDERS und Johann Karl SEIDEMANN aufgenommen. Der entsprechende Eintrag im Dekanatsbuch der Wittenberger theologischen Fakultät wurde durch Karl Eduard FÖRSTEMANNS Edition des Liber decanorum im Jahre 1838 bekannt.

46 KÖSTLIN, Luther I, 87.

Zumeist angestoßen durch Koldes Forschungen, teils unabhängig von ihm entspann sich in den letzten Jahrzehnten des 19. Jahrhunderts eine lebhafte Diskussion um Luthers Romreise, die sich vor allem auf das Reisejahr und den Anlass fokussierte. Wie Kolde, der seine Sicht in seiner Lutherbiographie wiederholte und in manchen Aspekten vertiefte,[47] plädierten auch andere namhafte Lutherforscher wie Julius Köstlin[48] und Gustav Kawerau[49] mit ähnlichen Argumenten für eine Reise im Jahre 1511/12 von Wittenberg aus. Rudolf Buddensieg meinte sogar, diese Zeitbestimmung „nahezu bis zur Gewißheit erheben zu können“, und zwar anhand der Frage, ob Luther den Papst gesehen habe. Wenn Luther, wie sich aus Bemerkungen in den Tischreden und dem Zeugnis von Mathesius ergebe,[50] den Papst in Rom zu Gesicht bekommen habe, könne dies nur im Winterhalbjahr 1511/12 geschehen sein, da sich Julius II. von Mitte September 1510 bis Ende Juni 1511 gar nicht in Rom aufgehalten habe.[51] Doch Theodor Brieger hielt Buddensieg entgegen, dass die Beweisführung keineswegs stichhaltig sei, da die beiläufige Bemerkung des Mathesius kein Gewicht verdiene und man sich auf die Tischreden, „solange sie nach ihren Ursprüngen nicht kritisch untersucht und gesichtet sind,“ in solchen Fragen nicht stützen dürfe.[52] Der katholische Forscher Nikolaus Paulus pflichtete ebenfalls der Datierung 1511/12 bei, indem er auf die Darstellung des augustinischen Ordenshistorikers Felix Milensius rekurrierte, der in seinem ›Alphabetum de Monachis et Monasteriis Germaniae et Sarmatiae‹ den Ordensstreit bis zum Oktober 1511 schildert, danach Luthers Romreise erwähnt und für seinen Aufenthalt in Rom das Jahr 1512 nennt.[53] Paulus verband mit der Datierung aber die Nachricht des Cochläus, dass Luther als Abgesandter der gegnerischen Partei die Reise von Erfurt aus angetreten habe, wohin er 1509 zurückberufen worden war. In einem zweiten Aufsatz unter demselben Titel präzisierte Paulus 18 Jahre später seine frühere Sicht

---

47   KOLDE, Luther I, 75ff.
48   KÖSTLIN, Luther I, 89–101.
49   Gustav KAWERAU, Von Luthers Romfahrt, Deutsch-evangelische Blätter 26 (1901)
50   Die einschlägigen Zeugnisse werden unten S. 129-134 erörtert.
51   Rudolf BUDDENSIEG, Zu Luthers römischem Aufenthalt, in: ThStKr 1879, 335–346, hier: 339. Zu dem als Wyclif-Forscher bekannt gewordenen Buddensieg vgl. Georg MÜLLER, RE³ 23 (1913) 277–279.
52   Theodor BRIEGER, Zu Luther's Romreise (1511/12), in: ZKG 3 (1878) 197f. Zu Brieger vgl. GUNDLACH, Catalogus Professorum Academiae Marburgensis, 49f., Nr. 76.
53   Nikolaus PAULUS, Zu Luthers Romreise, in: HJ 12 (1891) 68-75. Zu Paulus vgl. Klaus-Gunther WESSELING, BBKL 15 (1999) 1122–1131.

und setzte sich nun energisch für 1510/11 als Reisezeit ein.[54] Viele Argumente, die Boehmer wenige Jahre später vortrug, sind bei Paulus schon vorbereitet.

Neben den Bemühungen, das Jahr der Reise zu bestimmen, gab es auch Versuche, die Jahreszeit genauer festzulegen. Abgesehen von Überlegungen, die aus dem Verlauf des Ordensstreites resultierten, hielt man Ausschau nach Details in Luthers Erzählungen, die vielleicht darüber Aufschluss geben könnten. Schon Lingke hatte den – allerdings misslungenen – Versuch, einer genaueren Zeitbestimmung gemacht, indem er auf eine Reminiszenz Luthers hinwies: *Selig ist die Mutter, deren Sohn am Sonnabend zu St. Johannis eine Messe hält; Wie gerne hätte ich da meine Mutter selig gemacht! Aber es war zu drange, und konnte nicht hinzu kommen [...]*.[55] Lingke schloss daraus: „Seine Ankunft zu Rom muß gegen das Johannisfest 1510 erfolget seyn".[56] Allerdings ist hier überhaupt nicht vom Johannistag (24. Juni) die Rede, sondern von San Giovanni in Laterano![57] Überzeugender war dagegen eine Beobachtung Köstlins. Luther berichtet nämlich, wie er und sein Reisebegleiter nach einem Fieberanfall durch das Essen von Granatäpfeln Linderung verspürt hätten.[58] Da Granatäpfel im Herbst reif werden und noch eine gewisse Zeit während der Wintermonate gelagert werden können, ist das ein Anhaltspunkt für Luthers Hin- oder Rückreise.[59]

Koldes Forschungen hatten bereits Berücksichtigung finden können in den beiden monographischen Darstellungen der Romreise Luthers, die noch am Ende des 19. Jahrhunderts erschienen waren: ›Martin Luthers Romfahrt‹ (1894) aus der Feder des Heidelberger Kirchenhistorikers Adolf Hausrath (1837–1909)[60] und ›Luthers Reise nach Rom‹ (1899), verfasst von dem Pfarrer der evangelischen Gemeinde in Venedig, Theodor Elze (1823–1900).[61] Beide Monographien waren freilich weniger an dem Aspekt der Dienstreise interessiert, sondern hatten andere Schwerpunkte. Hausrath versuchte, wie der Untertitel anzeigte, die Rom-Eindrücke Luthers „Nach einem gleichzeitigen Pilgerbuche", den ›Mirabilia Urbis Romae‹, zu erläutern. Elze wollte vor allem die Reise-

---

54 Nikolaus PAULUS, Zu Luthers Romreise, HPBl 142 (1908) 738–752.
55 LINGKE, Reisegeschichte 21. Das Zitat (bei Lingke nach der Ausgabe WALCHS V, 1646f.) findet sich WA 31 I, 226b, 14–17.
56 LINGKE, Reisegeschichte 21.
57 Zur Messe am Altar vor der Kapelle Sancta sanctorum, auf die sich Luthers Bemerkung bezieht, vgl. VOSSBERG, Rom 95f.
58 WA.TR 4, Nr. 667.
59 KÖSTLIN, Luther I, 91, mit Präzisierungen von Buddensieg 342f.
60 Vgl. Friedrich Wilhelm BAUTZ, BBKL 2 (1990) 610f.
61 Vgl. Österreichisches Biographisches Lexikon 1815–1950, 1, Wien ²1993, 244.

wege Luthers durch seine Kenntnisse der italienischen Geographie, die
er als Pfarrer in Venedig gewonnen hatte, erhellen. Während Hausrath
in Hinsicht auf Zeit, Veranlassung und Reisebegleiter ganz der Deutung
Koldes folgte, ließ Elze dessen Erkenntnisse über den Ordensstreit zu-
rücktreten und versuchte, die Ansichten der älteren Historiographen
damit zu harmonisieren. Der Widerwille der Observanten habe sich
„gegen die Wiedereinführung [!] der alten Fastengebote und anderer
Vorschriften" gerichtet, Staupitz sei aber nicht in der Lage gewesen,
ohne Erlaubnis aus Rom eigenmächtig Konzessionen zu machen. Daraufhin habe sich „das Wittenberger Kloster, vielleicht auf Rath, jedenfalls im Einverständniß und mit Zustimmung Staupitzens", entschlossen,
Luther nach Rom zu schicken, bei dem das „Vertrauen des Ordens-
vicars, die Wahl seiner Ordensbrüder und sein eigener sehnlicher
Wunsch" zusammengetroffen seien.[62] Luthers Mission sei also weder im
Auftrag des Ordens noch – gegen Cochläus – in dem der sieben reni-
tenten Konvente[63] erfolgt, sondern bloß im Auftrag seines eigenen Kon-
vents, nur in Klostergeschäften (Mathesius, Selnecker, Dresser), und,
wenigstens teilweise, um eine Milderung der Fastengebote zu erwirken
(Dresser).[64] Luther könne nicht untergeordneter Reisebegleiter oder
Mitgesandter des Johann von Mecheln gewesen sein, denn von einem
Oberen hätte er anders gesprochen,[65] und zudem hätte er Johann von
Mecheln nach Salzburg begleiten müssen, anstatt den Rückweg über
Augsburg zu nehmen. Luther sei nicht „ein Begleiter eines Gesandten,
sondern selbst Gesandter" gewesen.[66] Elzes Darstellung entsprach zwar
in verschiedener Hinsicht nicht dem damaligen Stand der Diskussion,[67]
brachte aber einige Argumente vor, die auch in den späteren Erörterungen wieder aufgegriffen wurden.

So war zu Beginn des 20. Jahrhunderts das Ergebnis der neuen Bemühungen um Luthers Romreise, dass alle Versuche, „die viel umstrit-
tene Frage" nach ihrem zeitlichen Ansatz und damit nach ihrer histori-

---

62 ELZE, Reise 9f.
63 ELZES Begründung: „der Wittenberger Convent und Luther gehörten ja der
    Observanz an" (10, Anm. 5), zeigt, dass er nicht verstanden hat, dass es sich um
    einen Konflikt innerhalb der Observanz handelte.
64 ELZE, Reise 10f., Anm. 5.
65 Er hätte sich „nicht mit Worten ausgedrückt wie ›Mihi hoc cum fratre accidit‹,
    ›da ich mit meinem Bruder wollte Messe halten‹. Bei diesen Zitaten handelt es
    sich um WA.TR 4, Nr. 4104 und 5, 6360.
66 ELZE, Reise 11, Anm. 6.
67 Vgl. die Kritik KAWERAUS, Romfahrt 80f.

schen Einordnung „endgiltig zu bestimmen"[68], nicht zu einem allgemein akzeptierten Ergebnis geführt hatten. Es entsprach daher dem Forschungsstand, wenn Gustav Kawerau und Heinrich Hermelink in den beiden gängigsten Lehrbüchern der Kirchengeschichte die Frage in der Schwebe ließen: „Entweder muß L. als Vertreter der 7 renitenten Konvente Herbst 1510 von Erfurt aus geschickt worden sein [...] oder er ging 1511/12 nach erfolgter Rückversetzung von Wittenberg aus als Vertrauensmann von Staupitz [...]."[69]

5. Die Monographie Heinrich Boehmers über ›Luthers Romfahrt‹

Grundlegend für die gesamte neuere Erörterung der Romreise und der damit zusammenhängenden Fragen wurde die gründliche Monographie über ›Luthers Romfahrt‹, die Heinrich Boehmer 1914, damals Ordinarius für Kirchengeschichte in Marburg, veröffentlichte.[70] Obwohl er in der Darstellung des ordensgeschichtlichen Rahmens weitgehend Kolde folgt, gelangt er im Blick auf Anlass und Zeit der Romreise zu zwei ganz konträren Hauptergebnissen:

1. Luther reiste im Auftrag der sieben renitenten Klöster der observanten Reformkongregation der Augustinereremiten. Der Auftrag der Delegation war es, dieses Unionsprojekt durch eine Appellation beim Papst zu verhindern.
2. Als Zeit der Romreise sind die Monate zwischen Spätherbst 1510 und Frühjahr 1511 anzunehmen.

Die Hauptetappen des Streits schildert Boehmer in Anlehnung an Kolde, ergänzte sie aber durch neue Aspekte und setzte z. T. andere Akzente: Es war Staupitz gelungen, im Dezember 1507 in Memmingen eine Bulle des Kardinallegaten Carvajal zu erlangen, in der die Vereinigung von Kongregation und sächsischer Provinz bewilligt wurde, ge-

---

68 So PAULUS in seinem früheren Aufsatz, Zu Luthers Romreise, HJ 12 (1891) 73.
69 Heinrich HERMELINK, Reformation und Gegenreformation (Handbuch der Kirchengeschichte, hg. v. Gustav KRÜGER, III), Tübingen 1911, § 8, Anm. 2, doch mit Präferenz im Text: „wahrscheinlich im Jahre 1511/12". Ähnlich Gustav KAWERAU, Reformation und Gegenreformation (Lehrbuch der Kirchengeschichte, hg. v. Wilhelm MOELLER, III), Tübingen ³1907, 8.
70 Heinrich BOEHMER, Luthers Romfahrt, Leipzig 1914; Zusammenfassung in: DERS., Der junge Luther, Leipzig 1925 [Ndr. Stuttgart ⁶1971], 59–76. Zu Boehmer vgl. Catalogus Professorum Academiae Marburgensis, II. Die akademischen Lehrer an der Philipps-Universität Marburg von 1911-1971, bearb. v. Inge AUERBACH, Marburg 1980, 9f.

nauer gesagt: der Anschluß der sächsischen Provinz an die Kongregation. Ein Unionskapitel sollte aus den Reihen der Kongregation einen
gemeinsamen Oberen wählen. Danach sollten die Konventualen die
Lebensweise der Observanten übernehmen. Der Versuch, die Kongregation für diesen Plan zu gewinnen, sei jedoch zunächst wegen der Opposition einiger observanten Klöster fehlgeschlagen, die eine Aufwei-
chung ihrer klösterlichen Strenge und den Verlust ihrer Privilegien
befürchteten.

Trotz aller Bemühungen von Staupitz und massiver Drohungen des
römischen Ordensgenerals seien sieben Klöster bei ihrem Widerstand
geblieben, darunter als bedeutendste Erfurt und Nürnberg. Eine Konferenz dieser sieben renitenten Klöster in Nürnberg habe den Beschluss
gefasst, eine Gesandtschaft nach Rom zu schicken und beim Papst gegen
die Unionspolitik von Staupitz zu appellieren. Zu dieser Delegation
habe Luther gehört. Den Abgesandten sei aber in Rom durch den Ordensprokurator die Appellation verboten worden, und so sei ihnen
nichts anderes übrig geblieben, als unverrichteter Dinge wieder nach
Deutschland zurückzukehren. Im Sommer 1511 hätten der General und
Staupitz dann eingelenkt. Bei einer Verhandlung in Jena habe Staupitz
einen Kompromiss (Jenaer Rezess) vorgeschlagen, nach dem die Union
praktisch auf eine Personalunion (Generalvikar der Kongregation zugleich Provinzial der sächsischen Provinz) beschränkt sein sollte. Im
Erfurter Konvent sei es darüber zu Auseinandersetzungen gekommen.
Anders als die Mehrheit ihrer Mitbrüder seien Luther und sein Freund
Johannes Lang nun auf die Seite von Staupitz übergewechselt und nach
Wittenberg gegangen. Die sieben renitenten Konvente und der Nürn-
berger Rat hätten aber weiterhin in ihrer ablehnenden Haltung verharrt.
Nun habe Staupitz das ganze Unternehmen für verloren angesehen und
die Unionspläne fallen gelassen. Auf dem Kapitel der Kongregation in
Köln im Mai 1512 sei der Friede besiegelt worden.

Wie gelangt Boehmer zu seiner Einordnung der Romreise Luthers
im Auftrag der Opposition? Sein Ausgangspunkt ist folgender: Er hat
alle Quellen, die eine Jahresangabe bieten, einem Verhör unterzogen.
Dabei zeigt sich, dass Luther selbst fast immer das Jahr 1510 angibt.
Auch sein einstiger Famulus Johann Mathesius nennt in seinen Luther-
predigten dieses Jahr. Demgegenüber wird 1511 nur von Melanchthon,
Luthers Gegner Johann Cochläus sowie dem augustinischen Ordenshis-
toriographen Felix Milensius angeführt. Diese Zeugnisse für das Jahr
1511 sucht Boehmer sodann als unglaubwürdig zu erweisen: Melanchthon sei ein schlechter Gewährsmann, da er in seiner Vorrede „eine ganze Menge großer und kleiner Irrtümer" begehe, z. B. hinsichtlich

der Lehrtätigkeit Luthers.[71] Cochläus sei hinsichtlich der Zeitangabe von Melanchthon abhängig. Über die Ausführungen des Ordenshistoriker Milensius, jenes „geschwätzigen und überaus flüchtigen Neapolitaners", urteilt Boehmer, er habe zwar wichtige Urkunden in der Hand gehabt, aber „so außerordentlich liederlich gearbeitet, daß auf seine Angaben absolut kein Verlaß" sei, denn er schreibe „einen Unsinn zusammen, der aller Beschreibung spottet".[72] Als Resultat seiner Quellensichtung haben in Boehmers Augen nur diejenigen Aussagen von Luther und Mathesius Bestand, die das Jahr 1510 nennen. Folglich steht für Boehmer fest, dass die Romreise 1510 angetreten wurde.

Damit ist aber die grundlegende Weichenstellung vollzogen. Denn: „1510 war Luther nun nachweislich noch Mitglied des Erfurter Konventes. Also ist aus dieser Angabe zu schließen: der Erfurter Konvent hat den Reformator nach Rom gesandt. Der Erfurter Konvent aber gehörte [...] zu den 7 Klöstern, die damals gegen die von Staupitz betriebene Aggregation der 25 nicht observantischen sächsischen Konvente Einspruch erhoben [...]." Daraus ergibt sich: „Luther ist im Jahre 1510 als Gesandter der Opposition gegen Staupitz nach Rom gegangen."[73] Es handelt sich um einen logischer Dreischritt, der aber an der Voraussetzung hängt, dass das Jahr 1510 stimmt.

Boehmer stützt seine Beweisführung noch durch eine Reihe zusätzlicher Argumente, von denen die drei wichtigsten genannt werden sollen.

1. Der Luthergegner Johann Cochläus hatte in seinen polemischen Schriften dreimal Luthers Romreise erwähnt. Er behauptet, dass Luther gegen seinen Vikar (Staupitz) nach Rom gezogen sei, und zwar im Auftrag von sieben gegen Staupitz opponierenden Klöstern, ja sogar als Verhandlungsführer der Delegation (Letzteres wird freilich von Boehmer bezweifelt). Luther habe aber dann die Seiten gewechselt und sei zu „seinem Staupitz abgefallen".

2. Anfang des 20. Jahrhunderts hatte die Berliner Staatsbibliothek eine wohl im 18. Jahrhundert angefertigte Handschrift erworben (Ital.

---

71 BOEHMER, Romfahrt 7f.
72 BOEHMER, Romfahrt 23. Als Beispiele nennt er, dass nach Milensius der Ordensstreit seinen Höhepunkt in der Rebellion der sieben Konvente „nicht gegen Staupitz, sondern gegen den Ordensgeneral" erreicht habe; dass die Folge „die Verhängung der Exkommunikation über die Widerspenstigen seitens des Ordensgenerals und des Kardinalprotektors Raffael Riario am 1. Oktober 1511 und die weitere Folge die Sendung Luthers nach Rom" gewesen sei. – Dieser vermeintliche „Unsinn" wird sich uns in der weiteren Untersuchung als völlig zutreffend erweisen.
73 BOEHMER, Romfahrt 3.

Fol. 173), die Deutschland betreffende Auszüge aus dem verlorenen
Teil des Register des Ordensgenerals enthielt. Unter den von Gustav Kawerau veröffentlichten Eintragungen[74] fand sich auch eine
Notiz des Ordensgenerals vom Januar 1511, dass den Deutschen
aufgrund der Rechtslage verboten werde zu appellieren (*Appellare ex
legibus Germani prohibentur*).[75] Diesen Eintrag hat Boehmer zu der
Reise einer Delegation der oppositionellen Konvente in Beziehung
gesetzt; die Entscheidung des Generals setze voraus, dass im Winterhalbjahr 1510/11 eine Delegation der Opposition in Rom gewesen
sei, deren Versuch, in Rom zu appellieren, am Verbot der Ordensleitung gescheitert sei.[76]

3.   Wie schon vor ihm Julius Köstlin[77] und Nikolaus Paulus[78] bringt
Boehmer eine Reise Luthers in Begleitung seines Erfurter Lehrers
und Ordensbruders Johannes Nathin nach Halle, die der Luthergegner Hieronymus Dungersheim in einer polemischen Schrift erwähnt, mit dem Ordensstreit in Verbindung und ordnet sie in die
Vorgeschichte der Romreise ein. Dungersheim wirft Luther vor,
dass *dhu mith samt dem selbigen Doctore* [Nathin], *zu vordedigen dy
observantz ewrs vicariats zu Halle vorm dhumpropst des stiffts zu
Maydenburg, herrn Adolfum, Principem zu Anhalt, Hernoch Bischoff zu
Merseburg* […] *nyder filest, hulff vnd roth, auch vorschrifft begerist durch
yhn von dem Ertzbischoff genannten stiffts, herrn Ernstum hertzogen, auch
seyliger gedechtnus, zu erwerben.*[79] Die *vorschrifft*, die man durch Ver-

---

74   Gustav KAWERAU, Aus den Actis generalatus Aegidii Viterbiensis, ZKG 32
     (1911), 603–606, wieder abgedruckt von Boehmer, Romfahrt 29f. Seit 1945
     galt die Handschrift als verschollen (Adolar ZUMKELLER, Manuskripte von
     Werken des Augustiner-Eremitenordens in mitteleuropäischen Bibliotheken,
     Würzburg 1966, 49 und 565, Nr. 79). Vgl. dazu unten S. 34.

75   KAWERAU, Aus den Actis 604; danach in Resgestae I, 811 (Originalregister
     verloren).

76   BOEHMER, Romfahrt 32.

77   KÖSTLIN I, 91, formuliert vorsichtig: „Vielleicht in ebenderselben Angelegen-
     heit".

78   PAULUS, Zu Luthers Romreise, HPBl 142 (1908) 743–745. Auf PAULUS beruft
     sich Franciscus Dominicus Xaverius Petrus DUIJNSTEE, Maarten Luther en zijn
     orde. Bijdrage tot de geschiedenis der Reformatie naar oudere en nieuwere
     bronnen en handschriften bewerkt, I, Leiden 1924, bei seiner Schilderung der
     Romreise 78–82.

79   Hieronymus DUNGERSHEIM, Dadelung des […] bekenntnus oder untuchtigen
     Lutherischen Testaments, Leipzig 1530, fol. 14. Abgedruckt bei BOEHMER,
     Romfahrt 57, Anm. 2; SCHEEL, Dokumente 53 (Nr. 136); und neuerlich in:
     Hieronymus DUNGERSHEIM, Schriften gegen Luther, hg. u. eingel. v. Theo-
     bald FREUDENBERGER, München 1987, 246f.

mittlung des Dompropsts vom Magdeburger Erzbischof erlangen wollte, wird als Genehmigung für eine Appellation in Rom gedeutet. Boehmer vermutet, dass der Vorstoß in Halle erfolglos geblieben und dass nun auf einer Konferenz der Renitenten in Nürnberg ein Beschluss zur Appellation gefasst worden sei.

Konnte es noch am Beginn des 20. Jahrhundert so scheinen, dass über Luthers Romreise wohl keine Einigkeit zu erzielen sein werde, so änderte sich das Bild nach dem Erscheinen von Boehmers Monographie. Seine Ergebnisse haben in der Lutherforschung eine breite Zustimmung gefunden; auf Boehmer fußen seither nahezu alle biographischen Darstellungen Luthers[80] sowie andere Untersuchungen, die seine Romreise berühren[81]. Auch die Darstellungen der augustinischen Ordensgeschichte bieten diese Sicht der Romreise.[82]

---

80 Vgl. etwa Otto SCHEEL, Martin Luther. Vom Katholizismus zur Reformation, II, Tübingen [3/4]1921-1930, § 11-12; Karl August MEISSINGER, Der katholische Luther, München 1952, 56f.; Heinrich BORNKAMM, RGG[3] 4 (1960) 483; Franz LAU, Luther, Berlin [2]1966, 38–41; Erwin ISERLOH, in: Hubert JEDIN (Hg.), Handbuch der Kirchengeschichte, IV, Freiburg [3]1979, 21f.; Roland BAINTON, Martin Luther, Göttingen [7]1980, 32; Martin BRECHT, Martin Luther. I. 1483–1521, Stuttgart 1981, 105.109; Heiko A. OBERMAN: Luther. Mensch zwischen Gott und Teufel, Berlin 1981, 148–151; Walther VON LOE-WENICH, Martin Luther. Der Mann und das Werk, München 1982, 64; Bernhard LOHSE, Martin Luther. Eine Einführung in sein Leben und Werk, München 1982, 39; Peter MANNS, Martin Luther, Freiburg 1982, 61; Hellmut DIWALD, Luther, Bergisch Gladbach 1982, 44–55; Horst HERRMANN, Martin Luther, Berlin [1983] [5]2009, 120–135; Joachim ROGGE, Der junge Luther 1483–1521. Der junge Zwingli 1484–1523, Berlin 1983, 91–94; Reinhard SCHWARZ, Luther, Göttingen 1986, 22; Richard MARIUS, Martin Luther. The Christian between God and Death, Cambridge, Mass. / London 1999, 79–85; Karl-Heinz ZUR MÜHLEN, Reformation und Gegenreformation, I, Göttingen 1999, 37; Volker LEPPIN, Martin Luther, Darmstadt 2006, 57–61. 120–135; Albrecht BEUTEL, Martin Luther, Leipzig 2006, 49-56.

81 Vgl. etwa JEDIN, Augustinerquellen 108f., Kurt ALAND, Luther und die römische Kirche, in: Erwin ISERLOH / Gerhard MÜLLER (Hgg.), Luther und die politische Welt, Stuttgart 1984, 125-172, hier 125; Christoph BURGER, Der Augustinereremit Martin Luther in Kloster und Universität bis zum Jahre 1512, in: Gerhard RUHBACH / Kurt SCHMIDT-CLAUSEN, Kloster Amelungsborn 1135–1985, Hermannsburg 1985, 161-186, hier 171f.; Ulrich KÖPF, Martin Luthers Lebensgang als Mönch, ebd., 187-208, hier 192.

82 Winfried HÜMPFNER, Äußere Geschichte der Augustiner-Eremiten in Deutschland. (Von den Anfängen bis zur Säkularisation), in: St. Augustin 430-1930, Würzburg 1930, 147–196, hier 159f. (ohne Erwähnung Boehmers); KUNZELMANN V, 453–467; Adolar ZUMKELLER, Martin Luther und sein Orden, AAug 25 (1962) 254–290, hier 265–267; ders., in: David GUTIÉRREZ, Die Augustiner vom Beginn der Reformation bis zur katholischen Restaurati-

6. Boehmers Darstellung auf dem Prüfstand

Doch zuweilen lohnt sich, wie Boehmer selbst feststellte, ein Wieder-
aufnahmeverfahren,[83] und zwar, wenn neue Zeugenaussagen vorliegen
oder bekannte Tatbestände neu bewertet werden können. Trotz aller
bewundernswerten Gelehrsamkeit Boehmers und seiner Fähigkeit, Details zu einer eindrücklichen Gesamtschau zu verknüpfen, die viele Forscher überzeugte, lassen sich doch gegenüber seiner Sicht der Dinge
eine Reihe kritischer Einwände vorbringen. Abgesehen von etlichen
inneren Spannungen und Inkonsistenzen seiner Darstellung, die noch im
Laufe der weiteren Untersuchung bei den jeweiligen Details behandelt
werden müssen, sollen hier schon einige Hauptpunkte erörtert werden.

Boehmers Beobachtung ist zutreffend, dass Luther in den wenigen
Äußerungen zum Zeitpunkt seiner Romreise meist das Jahr 1510[84] (und
1511 für seine Rückreise[85]) nennt, nur einmal 1509[86] und einmal 1511[87].
Die Angaben stammen aus den Tischreden der 1530er und 40er Jahre
sowie aus Schriften der Jahre 1544 und 1545. In einem der genannten
Zeugnisse fügt er der Jahresangabe aber ausdrücklich eine Einschränkung hinzu: *Anno Domini (i s t m i r r e c h t) 1510 war ich zu Rom,*[88] d.h.,
wenn ich mich nicht irre. Chronologische Ungenauigkeiten in Luthers
rückblickenden Äußerungen sind bekannt und machen der Forschung
gerade mit Blick auf die Frühzeit einige Mühe.[89] Fehlerhafte Jahresanga-
ben finden sich bei ihm öfter, selbst bei wichtigen Ereignissen seines
Lebens. So behauptet er später mehrfach, er sei vom Papst bereits 1519
exkommuniziert worden,[90] während doch erst Mitte 1520 die Bannan-
drohung erfolgte und der Bann erst Anfang 1521 verhängt wurde.

---

on 1518–1648, Rom 1975, 11f.; Michael WERNICKE, Die deutschen Augustiner von 1500 bis 1520, in: Egidio da Viterbo, O.S.A. e il suo tempo, Rom
1983, 9–25, hier 22–25.

83 So auch BOEHMER, Romfahrt 1, im Blick auf sein eigenes Vorhaben.

84 WA 54, 166,12; 54, 219,3; WA.TR 5, Nr. 5344, Nr. 5347, Nr. 6059.

85 WA.TR 6, Nr. 7005: *als er Anno 1511. wäre von Rom kommen, und durch Augsburg gezogen.*

86 WA.TR 2, Nr. 2717.

87 Luthers Aussage aus dem Jahr 1545: *Denn so hab ich selbs zu Rom gehoert sagen fur
34. jaren* (WA 26; 198 III, 2. Abs.) führt auf 1511. Dieses Jahr steht auch in der
tabellarischen Liste zu Luthers Leben WA.TR 3, Nr. 3459.

88 WA 54, 219,3.

89 Ich erinnere an die Interpretationsprobleme seines großen Selbstzeugnisses von
1545 (WA 54, 179–187).

90 WA.TR 1, Nr. 409, Nr. 884; 2, Nr. 2250. In Nr. 884 und 2250 auch die
Behauptung, dass er *Anno 16.* begonnen habe, gegen das Papsttum zu schreiben.

Eine weitere Beobachtung verdient besondere Beachtung: Luther erwähnt im Zusammenhang seiner Romreise n i e m a l s seine Erfurter Zeit zwischen dem ersten und zweiten (dann dauerhaften) Aufenthalt in Wittenberg. Das ist vor allem bemerkenswert in der einzigen Tischrede, in der er – mit der unmöglichen Jahresangabe 1509 – den dienstlichen Anlass seiner Reise nennt: *Anno octavo veni Wittembergam, nono Romam profectus sum causa contentionis Staupitii, 12. promotus sum in doctoratum.*[91] Diese bei ihm auch sonst begegnende Abfolge, bei der er die Zwischenzeit in Erfurt ignoriert,[92] weist darauf hin, dass die Romreise in Luthers Erinnerung nicht mit Erfurt verbunden ist, und legt somit nahe, dass die Reise tatsächlich von Wittenberg aus angetreten wurde. Auch Melanchthon und Mathesius wissen nichts von dem Zwischenaufenthalt in Erfurt 1509–1511 und schließen in ihren Darstellungen an die (erste) Übersiedlung nach Wittenberg im Jahre 1508 als nächste Etappe die Romreise an.

Neben der Jahresangabe 1510 stützt sich Boehmer für seine These, dass Luther im Auftrag der gegen Staupitz opponierenden Konvente nach Rom gereist sei, auf die entsprechenden Bemerkungen des Cochläus. In dessen Schrift ›Von der Apostasey und von Gelübden der Klosterleute‹ heißt es über Luther, dass *er gehn Rom wider seinen Vicarium zoge,*[93] und in den ›Commentaria de actis et scriptis Martini Lutheri‹ weiß Cochläus dann zu berichten, dass Luther von den sieben gegen Staupitz opponierenden Konventen gar zum *litis procurator* erwählt worden und in dieser Funktion nach Rom gegangen sei, und nennt als Grund: *eo quod esset acer ingenio et ad contradicendum audax ac vehemens.*[94]

Diese Behauptungen, auf die Boehmer rekurriert, finden sich freilich noch nicht in der ersten polemischen Schrift des Cochläus, der ›Paraklesis‹ aus dem Jahre 1524. Dort berichtet er: *Audivi autem crebrius nusquam satis pacifice vixisse eum, sed neque Romam [...] pacis gratia ivit.* Er erwähnt die *gravis discordia,* die damals in den Klöstern von Luthers Orden geherrscht habe, und erinnert an (den Nürnberger Propst an St. Lorenz) Anton Kreß, der einmal *arbiter aut judex* bei der Beilegung des Streits gewesen sei. Cochläus vermerkt dabei ausdrücklich, dass ihm

---

91 WA.TR 2, Nr. 2717.
92 In WA.TR 5, Nr. 5346 erzählt Luther von seinen Studien in Erfurt und führt fort: *Non ita longe post transferebar huc* [scil. Wittenbergam] *per Staupitium.* Hierzu steht in einer Handschrift lakonisch am Rande: *Lutherus Wittenbergam venit anno 1508.*
93 Johannes COCHLÄUS, Von der Apostasey und von Gelübden der Closterleüt [...], Mainz 1549 [VD16 C 4418], fol. 8ʳ, abgedr. bei BOEHMER 9.
94 Johannes COCHLÄUS, Commentaria de actis et scriptis Martini Lutheri, Mainz 1549 [VD16 C 4278], 2, abgedr. bei BOEHMER 9.

damals Luther nicht einmal dem Namen nach bekannt gewesen sei. Dann setzt er in seinem Bericht mit einem zweiten *Audivi* neu ein: *Audivi vero a fratribus ejus eum a septem monasteriis, quibus tum contra alios fratres adhaeserat, ad Staupitium suum defecisse.*[95]

Diese erste Erwähnung der Romreise Luthers in einer polemischen Schrift des Cochläus ist in mehrfacher Hinsicht aufschlussreich. Denn offenbar hat er einst, als er von 1510 bis 1515 Rektor der Lateinschule von St. Lorenz war,[96] mitbekommen, dass der Propst von St. Lorenz, Anton Kreß (1478–1513), zeitweise eine Schlichterrolle in dem Ordensstreit spielte – eine Nachricht, die sich uns noch bestätigen wird.[97] Im Unterschied zu den Äußerungen in seinen späteren Schriften sagt Cochläus hier aber noch nichts darüber, in wessen Auftrag Luther nach Rom ging. Wenn dessen Name damals Cochläus noch ganz unbekannt blieb, spricht das allerdings nicht dafür, dass Luther nach einer angeblichen Konferenz der Opposition in Nürnberg von den Renitenten mit der wichtigen Rolle eines *litis procurator* betraut und nach Rom gesandt worden wäre. Luther wurde vielmehr Cochläus erst bekannt und für ihn interessant in der Entwicklung des Ablass-Streits. Nun erst hat er Erkundigungen eingezogen[98] und von Ordensbrüdern Luthers erfahren – vielleicht kürzlich, als er 1524 im Gefolge des Kardinals Campeggio zum Reichstag wieder nach Nürnberg kam[99] –, dass Luther zunächst Anhänger der sieben Klöster der Opposition gewesen, dann aber „zu seinem Staupitz abgefallen" sei. Doch warum betonen Cochläus bzw. seine mönchischen Gewährsleute, dass Luther „nicht um des Friedens willen" nach Rom gezogen sei? Damit scheinen doch die (Nürnberger?) Informanten des Cochläus einem gegenteiligen Anspruch, nämlich dass die einstige Reise um des Friedens willen erfolgt sei, widersprechen zu wollen. Dann kann er aber nicht als *litis procurator* der Opposition in Rom gewesen sein, der dort appellieren sollte, sondern als Abgesandter Staupitz', um die Möglichkeiten einer friedlichen Beilegung des Konflikts auszuloten.

Zum Streitführer mit den entsprechenden Eigenschaften (*acer ingenio et ad contradicendum audax ac vehemens*[100]), der *wider seinen Vicarium* nach

---

95 Johannes COCHLÄUS, Ad semper victricem Germaniam […] paraklesis, Köln 1524 [VD16 C 4239], fol. C 2; abgedruckt bei BOEHMER, Romfahrt 8f.

96 Vgl. Remigius BÄUMER, Cochläus, in: TRE 8 (1981) 140–146, hier 140.

97 S.u. S. 82.

98 So auch Adolf HERTE, Die Lutherbiographie des Johannes Cochläus. Eine quellenkritische Untersuchung, Münster 1915, 191: „erst in späterer Zeit".

99 BÄUMER, Cochläus 141.

100 MILENSIUS, Alphabetum 223, bezeichnet Luther im Gefolge des Cochläus als einen *monachum frontosum ac linguacissimum*. Luther wird schon von Eck als

Rom zog, ist Luther dann erst in Cochläus' späten polemischen Schriften geworden; von dem Abfall zu Staupitz ist nun nicht mehr die Rede. Wie schon Boehmer zutreffend beobachtet hat, ist Cochläus in seinen ›Commentaria‹ von Melanchthons Darstellung abhängig.[101] Er erwähnt Luthers Übersiedlung nach Wittenberg im Jahre 1508, worauf dann *post triennium* (Melanchthons Formulierung!) überhaupt erst der Ordensstreit ausbricht (!) und Luther als Wortführer der sieben Klöster nach Rom zieht. Nach der Beilegung des Streits, über die Cochläus, wie die vagen Formulierungen zeigen, ebensowenig Genaues weiß wie über den Inhalt jener *discordia*,[102] lässt er (wieder Melanchthon folgend) Luther nach Wittenberg (!) zurückkehren, wo er Doktor der Theologie wird.[103] Es ergibt sich also, dass Cochläus in den von Melanchthon übernommenen Zeitrahmen seine Bemerkungen über den Ordensstreit (an ganz unpassender Stelle!) und über Luther als *litis procurator* der sieben Oppositionskonvente eingefügt hat. Während Cochläus in der früheren Schrift aus dem Jahre 1524 nur wusste, dass Luther nach Rom gezogen und dass er irgendwann einmal Anhänger der sieben Konvente gewesen war, bevor er zu „seinem Staupitz" abfiel, wird aus der Reise nach Rom zunächst eine Reise gegen Staupitz, dann sogar eine Reise als Wortführer der Opposition. Über neue Nachrichten scheint Cochläus jedoch nicht zu verfügen, sondern die alten Informationen sind jetzt lediglich „fortgeschrieben".[104]

Selbst Boehmer, der sich auf die Aussage des Cochläus stützt, dass Luther im Auftrag der sieben Konvente reiste, räumt ein, dass er wohl kaum der Verhandlungsführer war. „Denn er war in solchen Geschäften noch völlig unerfahren und noch nie in Rom gewesen, kannte also weder den Reiseweg, noch auch, was sehr nötig war, die Verhältnisse an der Kurie."[105] Damit wird aber die Aussage des Cochläus in der letzten Fassung überhaupt zweifelhaft.

---

frontosus monachus bezeichnet: Joannis Eckii pro Hieronymo Emser contra malesanam Luteri venationem responsio, Leipzig 1519, C III^r.

101 Boehmer, Romfahrt 9. Vgl. auch Herte, Lutherbiographie 148f., mit synoptischem Abdruck der Texte.

102 Boehmer, ebd.

103 *Ea autem lite inter partes transactionibus nescio quibus composita et finita ille Wittenbergam reversus in theologia factus est consueta celebritate doctor* (Cochläus, Commentaria 2).

104 Ich unterstelle Cochläus keine bewusste Fälschung, sondern nehme an, dass er sich die früheren Informationen in dem Licht der inzwischen eingetretenen Ereignisse so zusammenreimte.

105 Boehmer, Romfahrt 58.

Um die Hauptstützen seiner Argumentation miteinander zu vernetzen, hat Boehmer einige Verbindungsglieder konstruieren müssen.

a) Dazu gehört jene Reise Nathins[106] und Luthers nach Halle, die Boehmer in die Vorgeschichte der Romreise einordnet und der er eine entsprechende Deutung gibt: Er lässt die beiden Abgesandten um eine Genehmigung des Magdeburger Erzbischofs zur Appellation nachsuchen. In der Memminger Bulle war aber jede Appellation gegen deren Entscheidungen untersagt worden. Folgt man Boehmer, so hätte sich der Erfurter Konvent gegen dieses Verbot bemüht, bei einem der Exekutoren der Bulle gleichwohl eine Genehmigung zur Appellation zu erlangen. Einen solchen Dispens durfte der Magdeburger Erzbischof freilich gar nicht erteilen. In der Erzählung über die Reise nach Halle ist jedoch überhaupt nicht von einer Erlaubnis zur Appellation, sondern von einer *vorschrifft*, einer schriftlichen Empfehlung, die Rede.

   Zudem erscheint es überhaupt problematisch, die bei Dungersheim nicht datierte Episode mit dem Konflikt um Staupitz' Unionspläne zu verbinden. Es ist viel plausibler, dass sie in einen früheren Kontext gehört, nämlich in das Jahr 1506, und sich der Zweck, *zu vordedigen dy observantz ewrs vicariats*, auf die Gefährdung der Kongregation bezieht, die Staupitz durch seine Verbindung mit der lombardischen Kongregation unter Umgehung der Ordensleitung heraufbeschworen hatte.[107]

b) Boehmer nimmt ferner an, dass die Reise Nathins und Luthers nach Halle ergebnislos geblieben sei. Doch über einen Erfolg oder Misserfolg der Mission wird in der Quelle gar nichts gesagt. Im Jahre 1506, in dem diese Reise wahrscheinlich stattfand und der Erfurter Konvent noch gemeinsame Ziele mit Staupitz verfolgte, gehörte sie zu einer ganzen Reihe diplomatischer Aktionen, durch die es gelang, die Fürsprache von Fürsten und Städten *pro maiori valitudine et conservatione* der Reformkongregation zu erhalten.[108]

c) Nach dem angeblichen Fehlschlag des Bittgangs nach Halle fand nach Boehmers Darstellung eine Konferenz der Renitenten in Nürnberg statt, die nunmehr den Beschluss gefasst haben soll, eine

---

106 Zu Nat(h)in vgl. KUNZELMANN V, 443–446 und Anm. 540; Adolar ZUMKELLER, Neu entdeckte Schriften des Erfurter Theologieprofessors Johannes Nathin OSA, in: Augustiniana 54 (2004) 653–658.

107 Vgl. Hans SCHNEIDER, Episoden aus Luthers Zeit als Erfurter Mönch, in: Luther 81 (2010) 133–148.

108 Vgl. dazu Hans SCHNEIDER, Eine hessische Intervention in Rom für Johannes von Staupitz und die deutschen Augustinerobservanten (1506), in: ZKG 115 (2004) 295–317.

Gesandtschaft nach Rom zu schicken und beim Papst zu appellieren. Nachdem in der Bulle selbst jede Appellation verboten war und der Magdeburger Erzbischof davon nicht dispensiert hätte, wäre auf dieser Konferenz gleichwohl ein Entschluss zur Appellation gefasst worden, die sogar durch eine Delegation in Rom vorgenommen werden sollte. Doch diese Nürnberger Konferenz, eine Gelenkstelle der Darstellung Boehmers, die von ihm wie eine Tatsache vorgetragen wird, hat nicht die Spur eines Quellenbelegs für sich. Eine Zusammenkunft der Renitenten im Herbst 1510 in Nürnberg ist reine Spekulation.

Boehmer hat erstmals die Reise nach Rom im Auftrag der Renitenten mit dem Zweck einer Appellation an der päpstlichen Kurie verknüpft. Diese Verbindung legte sich ihm durch jenen Eintrag im Register(-auszug) nahe, demzufolge der General den Deutschen verboten hatte zu appellieren. Doch Boehmer stellte sich nicht die Frage, ob es zur Durchführung einer Appellation in Rom überhaupt nötig gewesen wäre, eine Delegation dorthin zu entsenden, und ob dies in der damaligen Situation als opportun erscheinen konnte. In zahllosen bekannten Fällen sind die Appellanten nicht persönlich in Rom erschienen. Erinnert sei nur an Luthers eigenes Verhalten einige Jahre später. Als er im Herbst 1518 nach dem Verhör vor Kardinal Cajetan an den Papst appellierte,[109] ist er auch nicht nach Rom gezogen.

Es stellt sich noch ein anderes, grundsätzliches Problem. Es betrifft die persönlich-seelsorgerlichen Beziehungen Luthers zu Staupitz. Ist nicht, wie schon Köstlin betonte, die Annahme, dass Luther als Delegierter der Opposition nach Rom gezogen sei, „schlechthin unverträglich mit dem Verhältnis Luthers zu Staupitz, wie es vorher und nachher bestanden hat"?[110] Kann man sich vorstellen, dass er sich „von den sieben Konventen als Sturmbock gegen Staupitz brauchen ließ"?[111] Oder hat Luther „trotz seiner Verehrung für Staupitz gegen dessen verfassungsrechtliche Neuerung auftreten können"?[112] Doch gegen Staupitz' Unionspläne auftreten hieß doch nicht nur, eine entgegengesetzte Meinung zu verfechten, sondern – falls die These von Luther als Abgesandtem der Renitenten zuträfe – gegen Staupitz in Rom bei der höchsten kirchlichen Instanz Klage zu führen! Auch die Nachricht des Cochläus über Luthers „Abfall", als deren Quelle er Angehörige der Opposition

---

109 Vgl. dazu die Lutherbiographien.
110 KÖSTLIN, Luther I, 93.
111 Gustav BOSSERT, Rez. von Kawerau, Lehrbuch der Kirchengeschichte, III, in: ThLZ 32 (1908) 124.
112 PAULUS, Zu Luthers Romreise, HPBl 142 (1908) 742f.

angibt, enthält eine Charakterisierung des Verhältnisses Luthers zum
Generalvikar („sein" Staupitz), das Luthers eigenen Aussagen entspricht.[113] Dies bestärkt noch einmal den Zweifel, dass Luther zuvor
gegen „seinen" Staupitz nach Rom gereist sein sollte.

Diesen Schwierigkeiten kann man nur entgehen, wenn man wie
Leppin annimmt, dass sich ein engeres Verhältnis zwischen Staupitz und
Luther erst während dessen zweitem Wittenberger Aufenthalts entwickelt habe: „Erst von jetzt an wird Staupitz zu der Figur, die sein Denken und seine Frömmigkeit prägt."[114] Hingegen sei Luthers „erste inten-
sivere Berührung mit Staupitz" noch als „dessen ordenspolitische[r]
Gegner, und dies in exponierter Rolle", erfolgt.[115] Erst nach der Romreise habe ein „Wechsel der Vaterfigur" stattgefunden; von dem Erfurter
gelehrten Scholastiker Nathin sei Luther „nun in den Einflussbereich des
souveränen Ordensmanagers, der zugleich von einer zutiefst innerlichen
Frömmigkeit und Theologie geprägt" war, gekommen.[116]

Leider macht sich auch bei der Erörterung dieser schwierigen Frage
nach dem Verhältnis zu Staupitz[117] die eingangs erwähnte desolate Quellenlage hinsichtlich der Frühzeit Luthers bemerkbar. Nicht nur über
Zeitpunkt, Ort und Anlass der ersten Begegnungen, sondern vor allem
auch über die Entwicklung der Beziehungen beider fehlen genauere
Angaben. Vermutlich hat der Generalvikar von dem Neuzugang im
Erfurter Konvent, dem wunderbar bekehrten „zweiten Paulus",[118] früh
Kenntnis erhalten und diesen bei einem sicher nachweisbaren Aufenthalt
in Erfurt am 3. April 1506 auch persönlich kennengelernt.[119] Die Beru-

---

113 Auch Luther selbst spricht in den Tischreden von *Staupitio meo* (WA.TR 2, Nr.
    1288 und 1490).
114 LEPPIN, Luther 60.
115 LEPPIN, Luther 57.
116 LEPPIN, Luther 61.
117 „The relationship between Luther an Staupitz has long been a stumbling block
    for Reformation scholars" (Eric L. SAAK, High Way to Heaven. The Augus-
    tinian platform between reform and reformation 1292–1524, Leiden / Boston /
    Köln 2002, 641). Vgl. dazu die bei SAAK 641, n. 168, genannte Literatur, fer-
    ner Richard WETZEL, Staupitz und Luther, in: Volker PRESS / Dieter STIE-
    VERMANN (Hgg.), Martin Luther. Probleme seiner Zeit, Stuttgart 1987, 75–87;
    GÜNTER, Staupitz 24–29; HAMM, Staupitz, TRE 21, 124f.
118 Vgl. dazu SCHNEIDER, Episoden.
119 Alfred OVERMANN, Urkundenbuch der Erfurter Stifter und Klöster, III: Die
    Urkunden des Augustinereremitenklosters, Magdeburg 1934, 255. Diese Nach-
    richt über einen Besuch Staupitz in Erfurt ist auch für die Frage der Bekannt-
    schaft Luthers mit dem Vikar von Bedeutung; sie gibt der Vermutung Alphons
    Viktor MÜLLERS, Luthers Werdegang bis zum Turmerlebnis, Gotha 1920,
    45f., gegen SCHEEL, Luther II, 30, recht.

fung nach Wittenberg zur Lehrstuhlvertretung geht höchstwahrscheinlich auf Staupitz' Initiative zurück. Von Herbst 1508 bis Herbst 1509
lebte Luther dann im Wittenberger Kloster, bevor er nach Erfurt zurückberufen wurde. Staupitz war in diesem Jahr Dekan der theologischen Fakultät.[120] Obwohl wir noch kein genaueres Itinerar seiner
Dienstreisen als Generalvikar besitzen (und vielleicht nie besitzen werden), hat er sich allem Anschein nach seit der Rückkehr vom Kapitel
der Kongregation (das am 18. Oktober 1508 in München abgehalten
worden war und wo wohl auch Luthers Vertretung in Wittenberg beschlossen wurde) bis nach Pfingsten 1509 (als er in Köln den dortigen
Konvent in die Kongregation aufnahm[121]) in Wittenberg aufgehalten. In
diesen Monaten bot sich reichlich Gelegenheit für die Anbahnung jenes
Vertrauensverhältnisses, das Luther im Rückblick so oft beschreibt. Die
Vorstellung, dass Luther im folgenden Jahr als Delegierter der Anti-
Staupitz-Opposition nach Rom gezogen sein soll, bleibt deshalb psy-
chologisch schwierig. Und wenn man schon mit Luthers zweitem Umzug nach Wittenberg einen „Wechsel der Vaterfigur" von Nathin (falls
wirklich zu diesem jemals ein so enges Verhältnis bestanden hat) zu
Staupitz postuliert, böte ein vorher entstandenes Vertrauensverhältnis
eine gute Erklärung für die Hinwendung zu „seinem" Staupitz.

7. Mit der zuletzt erörterten Frage hängt eine weitere zusammen: Ist es
vorstellbar, dass Staupitz einen Exponenten der gegen ihn gerichteten
Opposition dann in Wittenberg zu seinem Nachfolger auf dem theologischen Lehrstuhl gemacht hätte? Einen Wortführer, der ihn durch die
Appellation in Rom eines schweren Rechtsbruchs bezichtigt und mit
dazu beigetragen hätte, das Unionsprojekt schließlich zum Scheitern zu
bringen? Das schiene doch bei aller mönchischen Selbstverleugnung von
dem so Beschädigten zuviel verlangt, selbst nachdem Luther dann die
Aussichtslosigkeit des Widerstandes eingesehen und die Fronten gewechselt hätte.

8. Ein letzter nicht belangloser Punkt soll noch am Ende dieser vorläufigen kritischen Anfragen genannt werden. Zwar hat Boehmer als erster
protestantischer Kirchenhistoriker das (fragmentarische) Manualregister
des Ordensgenerals aus den Jahren 1508–1513 im römischen Generalarchiv der Augustiner durchgesehen und die Deutschland betreffenden
Stellen exzerpiert. Doch konnte er nach seinen eigenen Worten das
Register „nur 6 Stunden benutzen an einem ziemlich dunkeln Tage und
mit stark durch die Vatikanischen Supplikenregister geschwächten Au-

---

120 Vgl. Liber decanorum 4.
121 Vgl. KOLDE, Augustiner-Congregation 237.

gen".[122] Doch es geht nicht um kleinere Lesefehler, die ihm unterlaufen sind. Vielmehr sind seine Exzerpte falschen Jahreszahlen zugeordnet! Alphons Viktor Müller hat schon wenige Jahre nach dem Erscheinen von Boehmers Untersuchung bemerkt, dass einzelne überprüfbare Daten nicht stimmen konnten und daraufhin an der Zuverlässigkeit der Register als historischer Quelle gezweifelt.[123] Demgegenüber konnte Hubert Jedin nach Autopsie des Bandes richtigstellen, dass nur ein Versehen Boehmers vorliegt, der sich durch die von späterer Hand hinzugefügten Jahreszahlen am Kopf der Seiten hat irreleiten lassen.[124] Doch durch dieses Versehen erscheint die Chronologie des Ordensstreites in den Jahren 1508 bis 1510 bei Boehmer erheblich verschoben.

7. Die neue Quellenlage

Entgegen der pessimistischen Prognose Boehmers, der „weiteres Suchen" nach Quellen „für vergebliche Liebesmüh" hielt,[125] konnte die recht dürftige Quellenlage in den letzten Jahrzehnten erfreulicherweise deutlich verbessert werden: Die Register des Ordensgenerals Aegidius von Viterbo liegen inzwischen in einer sorgfältigen Edition durch Albéric de Meijer vor,[126] der für den teilweise lückenhaften Textbestand die erhaltenen Kopien und Auszüge ausgewertet hat.[127] Als heutige Besitzerin der auch von ihm noch für „verschollen" gehaltenen Berliner Handschrift konnte ich inzwischen die Biblioteka Jagielonska in Krakau ermitteln.[128] Durch die Register-Edition lassen sich nun auch endgültig

---

122 „Manches habe ich, zumal ich zu einer Kollation keine Zeit mehr hatte, nicht entziffern können." BOEHMER, Romfahrt 27, Anm. 1.

123 A.V. MÜLLER, Augustinerobservantismus 20–24. Auch Otto SCHEEL, Ausklang 118, hielt Müllers Kritik für stichhaltig.

124 JEDIN, Augustinerquellen 256–262. Vgl. dazu auch MARTIN, Source 149f.

125 BOEHMER, Romfahrt 58, Anm.1.

126 Aegidii Viterbiensis O.S.A. Resgestae Generalatus, I: 1506–1514, ed. Albericus DE MEIJER, Rom 1988; Aegidii Viterbiensis O.S.A. Registrum Generalatus 1514–1518, ed. Albericus DE MEIJER, Rom 1984. Die für unseren Zusammenhang relevanten Passagen habe ich durch Autopsie überprüft und nur seltene geringfügige Versehen festgestellt (s.u. Anm. 247).

127 Zur Textüberlieferung vgl. Francis Xaver MARTIN, The registers of Giles of Viterbo. A source on the reform before the Reformation, 1506-1518, in: Aug(L) 12 (1962), 142-160; DERS., The registers of Giles of Viterbo: their recovery, reconstruction and editing, in: Egidio da Viterbo e il suo tempo, Rom 1983, 43-52, sowie die Einleitungen zur Edition von Albericus DE MEIJER.

128 Die Bibliothek hat mir freundlicherweise einen Mikrofilm angefertigt. Über die von Kawerau zuverlässig abgedruckten Passagen hinaus enthalten die Re-

die Jahresdaten in Boehmers Exzerpten als irrig erweisen. Ebenfalls steht inzwischen eine von Wolfgang Günter vortrefflich eingeleitete und kommentierte Edition der Konstitutionen der deutschen Reformkongregation zur Verfügung, die bisher nur in wenigen Exemplaren des Drucks greifbar war, den Staupitz in seinen ersten Amtsjahren herausgebracht hat.[129]

Vor allem aber sind zu den altbekannten Quellen neue hinzugetreten. Ein bereits 1956 von Emil Reicke in Band II der Ausgabe von Willibald Pirckheimers Briefen ediertes Schreiben an Staupitz ist in seiner Bedeutung für die Geschichte des Ordensstreits erst spät und ganz singulär bemerkt worden.[130] Da der Editor das Stück aufgrund des damaligen Forschungsstandes unzutreffend datierte und kommentierte, konnte sein Rang als früheste Quelle des Konflikts nicht erkannt werden.[131] Ein Jahr später brachte Reinhold Weijenborg „Neuentdeckte Dokumente im Zusammenhang mit Luthers Romreise" ans Licht.[132] Dabei handelt es sich um ein von Staupitz 1510 in den Druck gegebenes Büchlein, das wichtige Urkunden zum Ordensstreit enthält.[133] Doch trotz des Verdienstes um die Erschließung und Interpretation neuer Quellen ist seine Studie „durch unbegründete und sich aus den Quellen nicht ergebende Verzeichnungen überfremdet" und durch Polemik, die sich mehr noch gegen Staupitz als gegen Luther richtet, verzerrt.[134] Dies führt dazu, dass die Dokumente teils polemisch missdeutet werden. In einer ausführlichen Würdigung und kritischen Auseinandersetzung mit Weijenborg schrieb Franz Lau: „Nachdem Weijenborg einmal neue Dokumente

---

gisterauszüge der Handschrift aber keine für unsere Fragestellung relevanten Eintragungen.

129 Constitutiones fratrum Eremitarum sancti Augustini ad Apostolicorum privilegiorum formam pro reformatione Alemanniae, ed. v. Wolfgang GÜNTER, in: Lothar GRAF ZU DOHNA et al. (Hgg.), Johann von Staupitz. Sämtliche Schriften, V, Berlin/New York 2001, 103–360.

130 Willibald Pirckheimers Briefwechsel, II, hg. v. Emil REICKE, Berlin 1956, Nr. 187. Soweit ich sehe, hat in der bisherigen Literatur nur Manfred SCHULZE, Fürsten und Reformation. Geistliche Reformpolitik weltlicher Fürsten vor der Reformation, Tübingen 1991, 177f., den Brief im Zusammenhang des Ordensstreits zur Kenntnis genommen.

131 Vgl. nunmehr unten S. 49f.

132 Reinhold WEIJENBORG, Neuentdeckte Dokumente im Zusammenhang mit Luthers Romreise, in: Antonianum 33 (1957) 147–202.

133 Bisher ist nur ein einziges Exemplar in der Vatikanischen Bibliothek bekannt: Biblioteca Apostolica Vaticana, Raccolta Generale. Teologia IV 2137.

134 Zu Weijenborgs Luther-Deutung vgl. Franz LAU, Père Reinoud und Luther. Bemerkungen zu Reinhold Weijenborgs Lutherstudien, in: LuJ 27 (1960) 64–122, zum Aufsatz über die neuen Dokumente 85–107.

gefunden hat, ist die Möglichkeit nicht von der Hand zu weisen, daß sich irgendwann einmal noch weitere neueste Dokumente finden werden. Nur mit Hilfe solcher wird in der Klärung des ganzen Ordensstreites noch weiterzukommen sein."[135] Tatsächlich konnte zwei Jahrzehnte nach Weijenborgs Veröffentlichung Willigis Eckermann noch einmal „Neue Dokumente zur Auseinandersetzung zwischen Johann von Staupitz und der sächsischen Reformkongregation" publizieren, die er mit sorgfältigen Erläuterungen versah.[136] Er wies hin auf unbeachtete Nachrichten in der handschriftlichen Chronik des Kölner Konvents (1676), verfasst durch den Augustiner Arnold Neelsbach, dem heute nicht mehr erhaltene Urkunden zur Verfügung standen.[137] Ferner edierte Eckermann ein Notariatsinstrument über eine Appellation der Renitenten aus einer Madrider Handschrift. Die Bedeutung gerade dieser Quellen für den Gesamtzusammenhang des Ordensstreites wurde von der Forschung aber nicht hinreichend erkannt und für die Einordnung von Luthers Romreise nicht gebührend gewürdigt.

Bei meiner eigenen Suche nach zusätzlichem Quellenmaterial zum Ordensstreit konzentrierte ich mich auf Kommunalarchive in Orten, die einst Augustinereremitenklöster der deutschen Kongregation und der sächsischen Provinz beherbergt hatten – in der Hoffnung, hier eher als in den von den Reformationshistorikern schon eifrig durchforsteten Staatsarchiven neue Quellen finden zu können.[138] Nach manchen vergeblichen Nachforschungen gelang es mir, sieben bzw. (da eines der Dokumente fünf Einzelstücke enthält) elf unbemerkt gebliebene Quellen zu ermitteln, die aus dem einstigen Klosterarchiv des Augustinereremiten-Konvents Sangerhausen stammen, sich aber heute nicht mehr unter den Augustiner-Urkunden im dortigen Stadtarchiv befinden, sondern auf verschlungenen Wegen – teils im Original, teils in Abschriften – in die Universitäts- und Landesbibliothek Halle sowie in die Thürin-

---

135 LAU, Père Reinoud und Luther 106.

136 Willigis ECKERMANN, Neue Dokumente zur Auseinandersetzung zwischen Johann von Staupitz und der sächsischen Reformkongregation, in: AAug 40 (1977) 279-296.

137 Arnold Neelsbach, Monasterii Coloniensis fratrum Eremitarum Sancti Patris Augustini Historiae quinque-saecularis libri sex, 1676. Die Chronik befindet sich heute in der Bonner Universitätsbibliothek (Ms. S 350, 477). Die von Neelsbach herangezogenen Urkunden aus dem ehemaligen Klosterarchiv waren 2005 im Historischen Archiv der Stadt Köln nicht mehr nachweisbar.

138 Ich kann KOLDES Bemerkung gut nachempfinden: „Tage lang kann man suchen, ohne auch nur eine brauchbare Notiz, vielleicht hie und da einen Priorennamen zu finden." KOLDE, Augustiner-Congregation VII.

gischen Staatsarchive Rudolstadt bzw. Weimar gelangt sind.[139] Sie beleuchten neben den Anfängen vor allem eine bislang unbekannte Phase des Konflikts und lassen darüber hinaus Rückschlüsse auf die Strategie der gegen Staupitz opponierenden Konvente zu. Unter den Quellen ist auch der Text des Appellationsverbots des Ordensgenerals aus dem Januar 1511, das bisher nur als aus einem Satz bestehendes Kurzregest und nur in einem Exzerpt aus dem verlorenen Register bekannt war. Ohne greifbaren Erfolg blieben hingegen Archiv- und Bibliotheksanfragen sowie persönliche Suche an italienischen und französischen Orten, in denen es nicht nur Lokaltraditionen über Aufenthalte Luthers während seiner Reise gibt, sondern wo auch schriftliche Quellen existiert haben sollen.[140]

Vor kurzem ist nun auch eine von Jun Matsuura besorgte, sehr sorgfältige Neuedition von Luthers ›Erfurter Annotationen 1509–1510/11‹ herausgekommen, deren Auswertung für unsere Fragestellung ebenfalls einen Beitrag zu leisten vermag.[141]

Zurecht hat Gustav Kawerau schon vor einem Jahrhundert die methodische Forderung erhoben, dass „die eigentliche Entscheidung über das Jahr der Romreise", von der so viel für ihr Verständnis abhängt, auf zweifache Weise gewonnen werden müsse: „Es ist einmal zu fragen, wo in dem Handel Staupitz' mit den opponierenden Konventen der rechte Zeitpunkt für eine Gesandtschaft nach Rom sich bietet, und andererseits wo in Luthers damaligen akademischen Verhältnissen freier Raum für eine mehrmonatliche Abwesenheit sich zeigt: trifft man für beides auf den gleichen Zeitraum, so wird man mit Sicherheit den Termin gefunden haben."[142] Die inzwischen deutlich verbesserte Quellenlage ermöglicht es, ein detailliertes und in wesentlichen Aspekten korrigiertes Gesamtbild des Ordensstreites zu gewinnen und auf diesem Hintergrund die Frage nach Luthers Romreise und ihrer Einordnung in den Konflikt neu zu stellen. Ebenso wird mit Blick auf den chronologischen Rahmen noch einmal neu Luthers Zwischenaufenthalt in Erfurt und seine dortige Lehrtätigkeit zu betrachten sein.

---

139 Vgl. zu den Einzelheiten Hans SCHNEIDER, Neue Quellen zum Konflikt in der deutschen Reformkongregation der Augustinereremiten zu Beginn des 16. Jahrhunderts, in: AAug 71 (2008) 9–37.

140 Vgl. dazu unten S. 122f.

141 S.u. S. 108–110.

142 KAWERAU, Romfahrt 88.

II. Der „Staupitz-Streit" in der Observanz
der deutschen Augustinereremiten[143]

Trotz der weitgehenden Zustimmung, die Boehmers Monographie in den Fachkreisen gefunden hatte, ist doch vereinzelt und schon lange vor der Entdeckung neuer Quellen das Bedürfnis empfunden worden, vor allem den Ordensstreit in der deutschen Reformkongregation noch einmal neu zu untersuchen. 1922 meinte Otto Scheel, damals Tübinger Ordinarius für Kirchengeschichte, der wenige Jahre zuvor in seinem zweibändigen Werk über den jungen Luther und seine Entwicklung ›Vom Katholizismus zur Reformation‹ Boehmers Sicht der Romreise in den wesentlichen Punkten übernommen hatte,[144] dass es sich lohnen würde, „den heftigen Kämpfen um Observanz und Union aufs neue nachzugehen". „Von einem Abschluss der Forschung kann hier noch keineswegs gesprochen werden. Die einzelnen Phasen des Streites, die Rolle, die Staupitz gespielt hat, Beweggründe und Anlässe der Widerstände und Kämpfe, dies und anderes nochmals zu untersuchen wäre nicht überflüssig."[145] Im Lichte der neuen Quellen erscheint diese Aufgabe noch verlockender und lohnender.

1. Das Projekt einer Union zwischen deutscher Kongregation und sächsischer Provinz

Johann von Staupitz,[146] der die deutsche Reformkongregation der Augustinereremiten seit 1503 leitete, hatte mit seinem in den Jahren 1505/06 unternommenen Versuch, die deutschen Observanten durch

---

143 Ich übernehme hier weitgehend meinen Aufsatz: Contentio Staupitii. Der „Staupitz-Streit" in der Observanz der deutschen Augustinereremiten 1507-1512, in: ZKG 118 (2007) 1–44, füge aber eine Reihe von Ergänzungen und neuen Beobachtungen ein.

144 Otto Scheel, Martin Luther. Vom Katholizismus zur Reformation, I–II, Tübingen ¹1916–1917; ³/⁴1921–1930, hier II, § § 11: Die Romfahrt. – Zu Scheel vgl. Marc Zirlewagen, BBKL (nur Internet-Version) (Lit.).

145 Otto Scheel, Luther und der angebliche Ausklang des „Observantenstreites" im Augustinerorden, in: Festgabe von Fachgenossen und Freunden Karl Müller zum 70. Geburtstag dargebracht, Tübingen 1922, 118–131, hier 118.

146 Über die Literatur informieren Rudolf K. MARKWALD / Franz POSSET, 125 Years of Staupitz Research (since 1867). An Annotated Bibliography of Studies on Johannes von Staupitz (ca. 1468–1524), St. Louis, Mo. 1995; Klaus KIENZLER, Staupitz, Johann von, in: BBKL 10 (1995), 1250–1253; Berndt HAMM, Staupitz, Johann von, in: TRE 32 (2000), 119–127. Zu seinen Amtsperioden als Generalvikar vgl. KUNZELMANN V, 434–482.

die Verbindung mit der lombardischen Kongregation zu stärken und
vom Generalat unabhängig zu machen, seinen Ordensverband in eine
schwere, dessen Existenz bedrohende Krise geführt.[147] Erst durch den
Wechsel in der römischen Ordensleitung war eine Entspannung eingetreten. Mit dem neuen Generalprior Aegidius von Viterbo, der selbst
einer observanten Kongregation entstammte und sich nach seinem
Amtsantritt sogleich der Ordensreform annahm, eröffneten sich für
Staupitz auch neue Perspektiven. Seine Ordenspolitik trat nun in eine
weitere Phase. Unter den veränderten Rahmenbedingungen musste er
freilich seine Ziele und die Mittel ihrer Durchführung modifizieren. In
seinen weitgesteckten Plänen war der Spielraum durch eine Entscheidung des Papstes vom 24. März 1506 erheblich eingeschränkt worden.
An eine Exemtion der deutschen Kongregation vom Gehorsam gegenüber dem Ordensgeneral war nicht mehr zu denken. Staupitz musste
einsehen, dass er bei künftigen Unternehmungen nur in Zusammenarbeit mit der Ordensleitung etwas erreichen konnte. Die Bereitschaft zur
Kooperation konnte ihm aber nun unter dem Generalvikar und künftigen Generalprior Aegidius von Viterbo leichtfallen, der selbst der Observanz entstammte. Bei ihm konnte Staupitz Unterstützung für seine
Pläne zur Ausweitung der Ordensreform in Deutschland finden.

Der nächste Schritt auf dem Wege zur Verwirklichung dieser Pläne
erfolgte Ende des Jahres 1507. Im August hatte Papst Julius II. den Kardinal Bernardino López de Carvajal[148] als *legatus a latere*[149] mit außeror-
dentlichen Vollmachten zu Kaiser Maximilian geschickt.[150] Auf seiner
Reise durch Süddeutschland stellte der Kardinallegat am 15. Dezember
1507[151] in Memmingen eine Bulle aus, in der eine Entscheidung getrof-

---

147 Vgl. SCHNEIDER, Intervention.

148 Vgl. Konrad EUBEL / Wilhelm VAN GULIK / Ludwig SCHMITZ-KALLENBERG,
     Hierarchia catholica medii et recentioris aevi, III, Münster 1923, 4f. (Nr. I,14);
     Arsenio PACHECO, Bernardino López de Carvajal, in: Contemporaries of
     Erasmus. A Biographical Register of the Renaissance and Reformation, I, To-
     ronto/Buffalo/London 1985, 274f.

149 *Legati a latere (scil. Pontificis)* waren nach dem Dekretalenrecht (die Stellen bei
     Paul HINSCHIUS, Das Kirchenrecht der Katholiken und Protestanten in
     Deutschland, Bd. I, Berlin 1869 [Ndr. Graz 1959], 511-516) Kardinäle, die mit
     umfassenden Vollmachten in Stellvertretung des Papstes zu besonderen Missio-
     nen entsandt wurden.

150 Vgl. Ludwig von PASTOR, Geschichte der Päpste seit dem Ausgang des Mittel-
     alters, III/2, Freiburg [11]1956, 750f.

151 *Datum Memmingen Augustensis Dioecesis Anno Incarnationis Dominicae Millesimo
     Quingentesimo Septimo Decimo Octavo Kalendas Januarii, Pontificatus praefati Domini
     Nostri Papae Anno quinto.* Datiert ist nach dem *calculus Florentinus* (so richtig
     BOEHMER, Romfahrt 53, Anm. 2, gegen KOLDE, Bewegungen 463, der sich

fen wurde, die für die Geschichte des Augustinerordens in Deutschland folgenreich werden sollte: der Zusammenschluss von Reformkongregation und sächsischer Ordensprovinz.[152]

Die Vorgeschichte dieses Vorgangs kann nur zum Teil, anhand der in der Bulle selbst erwähnten Fakten, erhellt werden. Es gibt aber Indizien, dass längere Planungen vorausgegangen waren. Mit großer Wahrscheinlichkeit sind bereits bei dem Zusammentreffen Staupitz' mit Aegidius in Bologna um den Jahreswechsel 1506/07 die Pläne erörtert worden, die nun zur Verwirklichung gebracht werden sollten.[153]

Die Bulle entscheidet über eine von Staupitz als Generalvikar der Observantenkongregation sowie von dem Provinzial, den Prioren und Brüdern der sächsischen Ordensprovinz kürzlich (*nuper*) vorgelegte Petition. Nach einem geschichtlichen Überblick über die Entwicklung der Observanz von den fünf Urkonventen bis zum Zusammenschluss mit der lombardischen Kongregation wird der Inhalt der Bittschrift referiert. Demnach wünschten Provinzial[154], Prioren und Brüder der sächsischen Ordensprovinz, vom Eifer für das Ordensleben (*religionis zelo*) geleitet, einmütig (*unanimiter*), fortan unter der Observanz zu leben und der deutschen Kongregation angeschlossen zu werden. Vikar und Brüder der Kongregation stimmten dem zu, sofern dies ohne Teilung der Kongregation, Verminderung ihrer Privilegien und ohne Nachteil für die Ordensdisziplin geschehen könne. Eine Übereinkunft beider Seiten sehe vor, dass die Konvente der sächsischen Provinz künftig der Kongregation angeschlossen und deren Privilegien auf die anzugliedernden Konvente ausgedehnt werden sollten. Auf einem gemeinsamen Kapitel solle jemand gewählt werden, der zugleich sächsischer Provinzial und Generalvikar der Observanz in ganz Deutschland sein solle. Wählbar solle aber nur ein bisheriger Angehöriger der Observanz sein. Das

---

aber selbst korrigiert hatte: Augustiner-Congregation 232, Anm. 5), der in der päpstlichen Kanzlei seit Martin V. wieder herrschte. Das ergibt auch der Vergleich mit der Zählung nach den Pontifikatsjahren: das fünfte Pontifikatsjahr Julius' II. begann am 31. Oktober (Wahl) bzw. 26. November (Krönung) 1507.

152 Ausfertigungen scheinen nicht mehr erhalten zu sein. Abdruck bei Antonius HÖHN, Chronologia Provinciae Rheno-Sueviae F.F. S.P. Augustini, [Würzburg] 1744, 142–148; danach BOEHMER, Romfahrt 161-166. Korrektur einiger Druckfehler bei WEIJENBORG. – Zur diplomatischen Gattung der Legatenurkunden, die den Papsturkunden nachgebildet sind, vgl. Thomas FRENZ, Papsturkunden des Mittelalters und der Neuzeit, Stuttgart 1986, § 157.

153 Vgl. SCHNEIDER, Intervention 311.

154 Eine Schwierigkeit bietet die Lesung *ipsi provinciales*. Die schon von SCHEEL, Luther II, 414, Anm. 11, vorgeschlagene Konjektur *ipse provincialis* erscheint mir plausibel.

Definitorium solle mit je zwei Definitoren aus der sächsischen Provinz und aus der deutschen Kongregation paritätisch besetzt werden. Die bisher noch unzureichend reformierten Konvente der sächsischen Provinz sollten sich den übrigen angleichen. Andernfalls sei der Vikar-und-Provinzial gehalten, im Auftrag des Kapitels oder des Definitoriums einen Konvent nach dem andern gründlich zu reformieren und gegebenenfalls Personen einzusetzen oder zu versetzen. Der künftige Vikar-und-Provinzial dürfe aber vom Gehorsam gegenüber dem jeweiligen Ordensgeneral unter keinem Vorwand eines Privilegs oder einer Exemtion abweichen; er solle den General als Haupt des ganzen Ordens demütig ehren und ihm die üblichen Dienste und Abgaben vollständig leisten und ihm, soweit er Erlaubtes befehle, immer ergebenst gehorchen. Innerhalb von drei Jahren solle der Vikar-und-Provinzial alle Konvente einmal visitieren. In Ordensangelegenheiten sollten die Definitoren keinen Beschluss ohne den Rat der ältesten Brüder und besonders der Lehrer der Heiligen Schrift fassen.

Soweit wird die Petition referiert, die dem Legaten als Vertreter des Apostolischen Stuhls zur Entscheidung vorlag. Sie enthält ein durchdachtes Unionsprojekt, genauer gesagt: den Plan einer Ausweitung der Observanz auf alle Konvente der sächsische Provinz durch deren Eingliederung in die Reformkongregation. Das kommt einmal darin zum Ausdruck, dass die bisherigen Rechtsverhältnisse der Kongregation uneingeschränkt fortbestehen und nach der Vereinigung auf die Konvente der Provinz ausgedehnt werden sollten. Zum andern sollte für das Leitungsamt des vereinigten Ordensverbandes nur ein Angehöriger der Kongregation wählbar sein. Es liegt nahe, dass von Anfang an dabei an Staupitz gedacht war. Der Plan, der dieser Petition zugrunde lag, trug aber auch den Konflikten der vergangenen Jahre Rechnung. Ausdrücklich wurde für die Gegenwart und Zukunft eine Exemtion der Kongregation ausgeschlossen und der notwendige Gehorsam gegenüber dem Ordensgeneral betont.[155] Die Konzeption enthielt auch eine klare Abfolge einzelner Schritte: 1. Durchführung eines gemeinsamen Kapitels von Kongregation und Provinz. 2. Wahl eines Oberen des neu geschaffenen Verbandes, der in Personalunion Vikar der Kongregation und Provinzial der bisherigen Provinz sein sollte. 3. Einführung der Observanz in den bisherigen Provinz-Konventen mit Hilfe von Visitationen.

Diese Petition wird in der Urkunde vom Kardinallegaten kraft apostolischer Autorität in allen Punkten bewilligt. Die Konvente der sächsi-

---

155 Die Formulierung: „sofern er Erlaubtes befiehlt", ist kein Versuch Staupitz', doch noch eine Hintertür offen zu lassen, sondern entspricht allgemeinen Rechtsauffassungen.

schen Provinz, die der Reformkongregation angeschlossen werden sollen, führt die Bulle einzeln auf, doch sind nicht alle sicher zu identifizieren. Genannt werden: Alsfeld[156], Einbeck[157], Helmstedt[158], Quedlinburg[159], Königsberg in der Neumark (heute: Chojna)[160], Stargard (heute: Stargard Szczeciński)[161], Anklam[162], Friedeberg in der Mark (heute: Strzelce Krajeńskie)[163], Gartz in Pommern[164], Mariathron bei Neustettin[165], Konitz (heute: Chojnice)[166], Heiligenbeil (heute: russ. Mamonowo, poln. Święta Siekierka)[167], Rössel im Ermland (heute: Reszel)[168], Herford[169], Osnabrück[170], Lippstadt[171], Appingedam[172], Münnerstadt in

---

156 Zu Alsfeld vgl. KUNZELMANN V, 259–264.

157 Zu Einbeck vgl. KUNZELMANN V, 256–259.

158 Zu Helmstedt vgl. KUNZELMANN V, 183–187.

159 Zu Quedlinburg vgl. KUNZELMANN V, 217–220.

160 Zu Königsberg in der Neumark vgl. KUNZELMANN V, 229–232; Michael WERNICKE in: Brandenburgisches Klosterbuch I, 676–685.

161 Zu Stargard vgl. KUNZELMANN V, 237–240.

162 Zu Anklam vgl. KUNZELMANN V, 249–255.

163 So auch KUNZELMANN V, 234. Der Augustinerkonvent Friedberg in der Wetterau kommt nicht in Frage, da er nicht zur sächsischen Provinz gehörte. Für Friedeberg in der Mark spricht auch die Einordnung zwischen geographisch benachbarte Klöster. Zum Kloster vgl. KUNZELMANN V, 232–235; WERNICKE in Brandenburgisches Klosterbuch I, 475–479.

164 Zu Gartz vgl. KUNZELMANN V, 235–240; WERNICKE in: Brandenburgisches Klosterbuch I, 500–505.

165 Zu Mariathron vgl. KUNZELMANN V, 269–271.

166 Zu Konitz vgl. KUNZELMANN V, 271f.

167 Zu Heiligenbeil vgl. KUNZELMANN V, 288–290.

168 Zu Rössel vgl. KUNZELMANN V, 276–282; A. POSCHMANN, Das Augustinerkloster in Rößel, in: Zeitschrift für Geschichte und Altertumskunde Ermlands 24 (1932) 81–189.

169 Zu Herford vgl. KUNZELMANN V, 195–202.

170 Zu Osnabrück vgl. KUNZELMANN V, 123–125.

171 Zu Lippstadt vgl. KUNZELMANN V, 187–195.

172 Appingedam bei Groningen. Zu Appingedam vgl. KUNZELMANN V, 291–296.

Franken[173], Würzburg[174], Schmalkalden[175] und Zerbst[176]. Unklar sind *Dam*[177], *Sanctae Trinitatis*[178], *Novi Ortus*[179], *Labosius*[180].

Schließlich werden der Erzbischof von Magdeburg und die Bischöfe von Freising und Bamberg beauftragt, wenn es nötig sei oder sie von dem Vikar-und-Provinzial oder den Brüdern der Kongregation darum gebeten würden, die Bulle des Legaten und ihren Inhalt zu publizieren und die Ausführung der einzelnen Bestimmungen nach Kräften zu fördern. Eine Appellation dagegen sei nicht zu gestatten.

Bereits Theodor Kolde hat herausgestellt, „welche ungeheure Umwälzung jene Bulle, wenn sie wirklich zur Ausführung kam, allenthalben hervorrufen musste".[181] Angesichts der „mehr als fünfzigjährigen Streitigkeiten mit den Oberen der sächsischen Provinz" hat er bezweifelt, dass die Petition wirklich von dem Provinzial und den Prioren dieser Provinz ausgegangen sei. Vielmehr meint Kolde, dass hier ein „frommer Betrug" Staupitz' vorliege, der „auf eigene Faust" gehandelt und die Zustimmung der Sachsen nur vorgegeben habe, in der Hoff-

---

173 Zu Münnerstadt vgl. HEMMERLE, Klöster 57–61; KUNZELMANN V, 146–151.

174 Zu Würzburg vgl. HEMMERLE, Klöster 96–100; KUNZELMANN V, 125–146.

175 Zu Schmalkalden vgl. KUNZELMANN V, 264–268.

176 Zu Zerbst vgl. Gottfried WENTZ, Das Augustinereremitenkloster in Zerbst, in: Gustav ABB / Gottfried WENTZ (Bearb.), Das Bistum Brandenburg, II, Berlin 1941, 430–440; KUNZELMANN V, 296–299.

177 KUNZELMANN V, 291 und 295 nimmt eine Dittographie (Dam Appingedam) an; WEIJENBORG, Dokumente 160, Anm. 2, denkt an das Kloster Damme bei Brügge; BOEHMER, Romfahrt 53, Anm. 4, lässt beide Möglichkeiten offen.

178 Von KOLDE, Augustiner-Congregation 234, Anm. 1, und BOEHMER, Romfahrt 53, nicht identifiziert. Es handelt sich um das Kloster Patollen (Patuly), das ein S. Trinitatis-Patrozinium besaß; so KUNZELMANN V, 305.

179 Um Neustadt an der Orla kann es sich kaum handeln, da es sich um einen zur Observanz gehörigen Konvent handelte. Da im Druck zwischen Sanctae Trinitatis und Novi Ortus kein trennendes Satzzeichen steht, will WEIJENBORG es als einen Namen deuten: „Heilige Dreifaltigkeit des Neuen Entstehens, vielleicht im Unterschied zu einem älteren Dreifaltigkeitskloster der Provinz", und verbindet diese Angabe mit dem folgenden Ortsnamen Labosius.

180 KOLDE, Augustiner-Congregation 234, Anm. 1 und BOEHMER, Romfahrt 164 geben den Namen als Labosig wieder. Der originale Druck sowie die Wiedergabe bei HÖHN, Chronologia 146 bieten aber ein hochgestelltes –us-Kürzel. – Von KOLDE und BOEHMER nicht identifiziert. Ob Lippehne in der Neumark (heute poln. Lipiany) gemeint ist (zum Kloster vgl. WERNICKE in: Brandenburgisches Klosterbuch II, 828f.), ist zweifelhaft, denn das Kloster ist zuletzt 1290 erwähnt, und die Mönche scheinen nach Friedeberg und Königsberg in der Neumark umgesiedelt zu sein (WERNICKE 829). WEIJENBORG nimmt einen Lesefehler an und denkt an Patollen.

181 KOLDE, Augustiner-Congregation 234.

nung, dass diese „sich schließlich ins Unvermeidliche fügen würden"; dass er von deren Vereinigungswillen keineswegs überzeugt gewesen sei, zeige auch die hinausgezögerte Veröffentlichung der Bulle.[182]

Dieser Deutung stehen aber schwere Bedenken entgegen. Denn in den Streitigkeiten der folgenden Jahre spielt nur die Opposition aus den Reihen der Observanz eine Rolle; von Widerständen der sächsischen Provinz gegen die Unionspolitik Staupitz' hören wir hingegen überhaupt nichts, was bei einem Überrumpelungsversuch kaum denkbar wäre. Dies wird – trotz der dürftigen Quellenlage – kaum auf Zufälle der Überlieferung zurückzuführen sein. Ebenso gewichtig erscheint aber ein anderes Argument: Staupitz war wegen seines Vorgehens bei der Verbindung mit den Lombarden schon einmal bei der Ordensleitung und an der päpstlichen Kurie in Misskredit geraten, so dass sogar die Existenz der deutschen Observanz gefährdet schien.[183] Er hätte es nicht wagen können, durch die Fingierung einer gemeinsamen Petition das wiedergewonnene Vertrauen erneut aufs Spiel zu setzen. Entgegen Koldes Deutung wird man also davon ausgehen können, dass tatsächlich eine gemeinsame Petition von Staupitz und dem sächsischen Provinzial Gerhard Hecker[184] vorlag. Die gleichzeitige Anwesenheit von Staupitz und einem Abgesandten der sächsischen Provinz in Bologna ließ die Vermutung einer konzertierten Aktion aufkommen.[185] Es bliebe schließlich die Möglichkeit, dass die Pläne zu einer Vereinigung von deutscher Kongregation und sächsischer Provinz auf Aegidius von Viterbo zurückgingen. Doch dies ist unwahrscheinlich; er hielt sich während einer Einarbeitungsphase zu Beginn seines Generalats mit ordenspolitischen Initiativen deutlich zurück[186] und war auch mit den Verhältnissen in Deutschland wohl noch zu wenig vertraut.

---

182 KOLDE, Augustiner-Congregation 235.

183 Vgl. SCHNEIDER, Intervention 300–302.

184 Wer 1507 das Amt des Provinzials innehatte, galt bisher als ungewiß. Hecker war für 1508 urkundlich als Provinzial bezeugt. Ein Eintrag im Kollektenbuch des Generals zum Jahr 1506 belegt jetzt, dass Hecker in der Amtsperiode 1506 bis 1509 Provinzial war. Generalarchiv OSA, Ll B, (Bononiae, 24 dec 1506): *Recepimus a magistro Gerardo Hecker provincialis huius provinciae* [Saxoniae et Turingiae] *per manus fratris Helye cursoris florenos renenses triginta duos pro parte collecti presentis anni.* Vgl. Resgestae Nr. 15.

185 Vgl. SCHNEIDER, Intervention 313f.

186 Zur Ordensreform bei Aegidius vgl. John W. O'MALLEY, Giles of Viterbo and Church Reform, Leiden 1968, 149–151; Anna Maria VOCI-ROTH, Aegidius von Viterbo als Ordens- und Kirchenreformer, in: Hartmut BOOCKMANN / Bernd MOELLER / Karl STACKMANN u.a. (Hg.), Lebenslehren und Weltentwürfe im Übergang vom Mittelalter zur Neuzeit, Göttingen 1989, 520–538.

Auf jeden Fall kann es sich bei der Bulle des Kardinallegaten nicht
um die kurzfristig vor Ort getroffene Bewilligung einer Petition handeln, die ihm erst während seines Aufenthalts in Deutschland vorgetragen worden wäre. Eine so einschneidende und folgenschwere Entscheidung in einer Ordensangelegenheit hätte selbst ein mit außerordent-
lichen Vollmachten ausgestatteter *legatus a latere* nicht ohne vorherige
Absprachen mit der Ordensleitung und nicht ohne kuriale Rückendeckung getroffen. Der Inhalt der Bulle muss zuvor in Rom beraten und
genehmigt worden sein. Diese Vermutung lässt sich durch eine Beobachtung untermauern: Der Augustiner Nikolaus Besler, der seinerzeit
für Staupitz die Verhandlungen in Rom und der Lombardei geführt
hatte[187] und sich noch in Rom aufhielt, trägt in zwei Indulgenzbriefe,
die er im Januar 1508 für sein Münchner Kloster erwirkte (dessen Prior
er rechtlich noch immer war[188]), den Amtstitel „Generalkommissar und
Generalprokurator der reformierten Union[189] des Augustinereremiten-
Ordens in Deutschland".[190]

2. Schritte zur Verwirklichung der Union

Die bisherige Forschung war der Meinung, dass sich der Vollzug des
verordneten Zusammenschlusses verzögert habe, weil Staupitz vorerst
die Bulle vom 15. Dezember 1507 gar nicht publiziert, sondern dies erst
im Herbst 1510 zu tun „gewagt" habe. Doch wird sich noch zeigen,
dass ihre Veröffentlichung im D r u c k – zusammen mit anderen Dokumenten –, die Staupitz im Oktober 1510 vornahm, eine andere
Funktion hatte, als deren Inhalt überhaupt erstmals bekannt zu machen.

---

187 Vgl. SCHNEIDER, Intervention, und DERS., Ein Franke in Rom. Römische
    Wanderungen des Nürnberger Augustinereremiten Nikolaus Besler im Jahre
    1507, in: Prüft alles, und das Gute behaltet. Zum Wechselspiel von Kirchen,
    Religionen und säkularer Welt. Festschrift für Hans-Martin Barth zum 65. Ge-
    burtstag, Frankfurt a.M. 2004, 239–270.
188 „Wie lange Besler das Amt des Priors innehatte", ist nach KUNZELMANN, VI,
    338, angeblich „nicht genau festzustellen"; er folgt der Annahme von Gottfried
    WENTZ, Das Augustinereremitenkloster in Wittenberg, in: Gustav ABB /
    Gottfried WENTZ (Bearb.), Das Bistum Brandenburg, II, Berlin 1941, 440–
    499, hier 460, dass auf dem Kapitel der Kongregation am 18. Okt. 1508 in
    München ein Nachfolger bestimmt worden sei. Dies ist aber keine bloße Ver-
    mutung, sondern geht aus Beslers eigener Angabe hervor: Vita 362.
189 Die Bezeichnung *unio* meint hier wie oft den observanten Ordensverband, ist
    synonym mit *congregatio* oder *vicariatus*.
190 Vgl. Josef HEMMERLE, Archiv des ehemaligen Augustinerklosters München,
    München 1956, 43f., Urkunden Nr. 86 und 87.

Bei einer genaueren Untersuchung und sorgfältigen Interpretation der Quellen, besonders der inzwischen durch Weijenborg und Eckermann publizierten Stücke[191], lässt sich aufweisen, dass Staupitz keineswegs fast drei Jahre zauderte, sondern *prudentissime*[192], sehr zielstrebig, aber umsichtig, die Realisierung der Vereinigung vorantrieb.

Die in der Bulle des Kardinallegaten getroffenen Bestimmungen sind schon bald bekannt geworden. Von ersten – negativen – Reaktionen hören wir aus Nürnberg. Wie schon in dem früheren Konflikt um die deutschen Observanten[193] war es der Rat der Reichsstadt, der hier Stellung bezog. Hatte er 1506 ganz auf der Seite von Staupitz gestanden, so zeigte er sich jetzt über die neue Entwicklung alarmiert, machte Bedenken gegenüber der Unionspolitik geltend und entwickelte Gegenvorstellungen. Der Rat übte sogar massiven Druck auf das Nürnberger Augustinerkloster aus, indem er den Mönchen die Trinkwasserversorgung sperrte und sie nur unter der Bedingung wieder gewährte, dass sich der Konvent bei Staupitz um den Fortbestand seiner Privilegien bemühte, die durch dessen Unionspolitik gefährdet schienen.[194] „Nicht die Konvente, sondern die Stadträte befanden über die Klosterpolitik. Der diplomatische Schriftverkehr wurde im Rathaus abgewickelt, und dort wurde über die Annahme oder Ablehnung der Unionsmodalitäten entschieden."[195]

Doch Staupitz setzte unbeirrt den eingeschlagenen Weg fort. Am 18. Oktober 1508 fand in dem observanten Konvent in München[196] ein Kapitel der deutschen Kongregation statt.[197] Man erwartete vergeblich den Besuch des Generalpriors,[198] der vielleicht schon bei jenem ersten Treffen zwischen Aegidius und Staupitz in Bologna verabredet worden war. Unter der Autorität des persönlich anwesenden Generals hätte

---

191 S.o. Anm. 132f. und 133f.

192 Vgl. die Bemerkung im Schreiben des Generals Aegidius von Viterbo an Staupitz vom 25. Juni 1510: *Omnia tamen agas (ut soles) prudentissime.* WEIJENBORG, Dokumente 156, Dokument V.

193 Vgl. SCHNEIDER, Intervention 302.

194 Bayer. StA Nürnberg, Ratsverlässe 1508, Nr. 5; vgl. KOLDE, Bewegungen 465.

195 SCHULZE, Fürsten und Reformation 173. Vgl. die dort Anm. 224 genannten Beispiele aus anderen Städten.

196 Vgl. Josef HEMMERLE, Geschichte des Augustinerklosters in München, München 1956; DERS., Die Klöster der Augustiner-Eremiten in Bayern, München 1958, 50–57.

197 BESLER, Vita 362: *Anno deinde 1508 ad festum S. Luce in capitulo Monachi celebrato* [...].

198 BESLER, Vita 362: *ubi etiam, frustra licet, magistro Egidius generalis antedictus, expectabatur.*

wohl die Union in die Wege geleitet werden sollen. Koldes bloße Vermutung[199], dass auf dem Münchner Kapitel über die Vereinigung gesprochen worden sei, lässt sich inzwischen zur Gewissheit erheben; es
wurde sogar ein Beschluss gefaßt, der den geplanten Zusammenschluss
billigte.[200] Staupitz sandte im Winter 1508/09 den Münchner Lektor
Georg Mayr nach Rom.[201] Zweck der Mission war wahrscheinlich, den
Ordensgeneral über den Stand der Dinge zu unterrichten und das weitere Vorgehen mit ihm abzustimmen. Staupitz bediente sich dabei eines
Vertrauensmannes, denn Mayr war ihm seit der gemeinsamen Studien-
zeit in Tübingen[202] bekannt und 1504 Prior des Wittenberger Augustinerkonvents gewesen.[203] Offenbar ließ Staupitz den General dringend
um sein persönliches Erscheinen in Deutschland bitten. Denn am 23.
April 1509, als Mayr von Aegidius die Erlaubnis zur Rückkehr erhielt,[204]
teilte dieser am selben Tag Staupitz mit, dass er – wohl angesichts der
gefährlichen politischen Lage in Oberitalien[205] – nicht kommen könne,
und kündigte seinen Besuch für ruhigere Zeiten an. Wahrscheinlich
hatte Mayr den General ausführlich darüber informiert, wie sich Staupitz
das weitere Vorgehen dachte. Denn dieser erhielt die Anweisung, dafür
zu sorgen, dass *omnia pacifice et sancte* ins Werk gesetzt werden solle.[206]
Mayr nahm wohl dieses Schreiben mit nach Deutschland, als er am 5.
Mai zusammen mit Besler aus Rom abreiste; schon am 31. Mai trafen
sie in München ein.[207] Dass sie den Weg ausnahmsweise zu Pferde zu-

---

199 KOLDE, Augustiner-Congregation 236.

200 In den Artikeln des Neustädter Kapitels vom 8. Sept. 1510 (s.u.) heißt es: *sicut
in unionem fiendam capitulariter congregati in conventu Monacensi conclusive
consensimus* (WEIJENBURG, Dokumente 154).

201 BESLER, Vita 362f.

202 In Tübingen immatrikuliert am 31. Mai 1497, einen Tag nach Staupitz (Heinrich HERMELINK [Hg.], Die Matrikel der Universität Tübingen, I: 1477–1600,
Stuttgart 1906 [Repr. Tübingen 1976], 116, Nr. 21).

203 WENTZ, Augustinereremitenkloster Wittenberg 460.

204 *Fratri Gregorio qui ex congregatione ad nos missus est facta est facultas redeundi*
(Resgestae Nr. 210; dort ohne Identifizierung der Person).

205 Genau ein Monat zuvor, am 23. März 1509, hatte Papst Julius II. seinen Bei-
tritt zur antivenezianischen Liga von Cambrai erklärt, am 27. April verhängte
er das Interdikt. Inzwischen hatten schon die ersten Kriegshandlungen begonnen. Vgl. PASTOR III/2, 762–764. – BOEHMER, Romfahrt 27, Anm. 2, und
55, hat infolge der falsch zugeordneten Jahreszahlen aus dem Generalregister
die Ereignisse des Jahres 1508 vor Augen.

206 *Vicario reformate congregationis Alamanie, ut, quoniam nos illuc ire non potuimus,
curaret omnia pacifice et sancte agi, pollicentes ut cum tranquilla erunt tempora, nos illuc
ituros* (Resgestae Nr. 210).

207 BESLER, Vita 363.

rücklegen durften[208] und *cum equis defatigatis* die Isar erreichten, weist darauf hin, dass der General die schnelle Benachrichtigung Staupitz' für dringlich hielt.

Aus dem weiteren Gang der Ereignisse lässt sich schließen, für welche konkreten Schritte sich Staupitz durch seinen Emissär der Zustimmung des Generals versichert hatte. Denn am 9. September 1509[209] tagte ein Kapitel der sächsischen Provinz in Münnerstadt, das die Union mit den Observanten billigte.[210] Das war nach dem gleichstimmigen Beschluss, den das Kapitel der Kongregation bereits im Herbst 1508 in München getroffen hatte, eine weitere wichtige Etappe auf dem Wege zur Verwirklichung des Zusammenschlusses. Denn mit der Zustimmung ihrer Entscheidungsgremien hatten beide Ordensverbände alle Voraussetzungen für den entscheidenden Schritt geschaffen, der im Stufenplan der Bulle von 1507 vorgesehen war: ein gemeinsames Kapitel von Kongregation und Provinz, auf dem die Vereinigung vollzogen werden sollte.

Das Münnerstädter Provinzialkapitel traf aber neben seiner Zustimmung zur Union noch eine weitere, höchst folgenschwere Entscheidung; es wählte nämlich Staupitz zum neuen Provinzial[211] der sächsischen Provinz. Diese Wahl konnte auf den ersten Blick als eine besonders geschickte Aktion erscheinen, und sie ist gewiss nicht ohne Zustimmung oder Mitwirkung Staupitz' – der von nun an auch als Provinzial auftrat – zustande gekommen. Vielleicht war sie sogar als geschickter Schachzug von ihm selbst eingefädelt worden. Es konnte scheinen, als würden die nächsten Schritte, die Durchführung des Unionskapitels und die Wahl eines gemeinsamen Oberen, dadurch wesent-

---

208 Vgl. Constitutiones, cap. 20,27: *Nulli porro sine licentia vicarii in scriptis habita equitare liceat.*

209 In einem von mir neu gefundenen Schreiben von 1510 (s.u. Anm. 231) heißt es: *anno preterito dominica post nativitatem beate virginis festum.* Das Datum war bislang unbekannt. KUNZELMANN (V, 148) gibt unter Berufung auf einen Eintrag im Register des Generals vom 1. Mai 1510 eben diesen Tag als Datum des Provinzialkapitels an. In der Eintragung wird der in Münnerstadt zum Provinzial gewählte Staupitz als *provincialis electus* bezeichnet. Der Vermerk stellt aber nur den *terminus ante quem* für das Provinzialkapitel dar. An anderen Stellen vermutet KUNZELMANN im selben Band (V, 374 und 455) jedoch zu Recht, dass das Provinzialkapitel wahrscheinlich noch im Laufe des Jahres 1509 stattfand. Dafür sprach auch, dass die dreijährige Amtsperiode Gerhard Heckers, der seit 1506 Provinzial war, 1509 ablief.

210 Die einzige Nachricht über das Kapitel boten bisher die Beschlüsse des Kapitels in Neustadt / Orla vom 8. September 1510 (s.u.).

211 Nicht „Ordens g e n e r a l der sächsisch-thüringischen Provinz" (LEPPIN, Luther 57).

lich erleichtert. Die dann fällige Neuwahl konnte geradezu als vorweg-
genommen erscheinen, indem bereits jetzt, durch die Wahl der Münnerstädter Väter, eine Personalunion in der Leitung beider Ordensverbände hergestellt worden war. In der Doppelfunktion als Vikar der
Kongregation und Provinzial der sächsischen Provinz konnte Staupitz
nun darangehen, die nächsten Maßnahmen zur beiderseitigen Zusam-
menführung einzuleiten.

3. Die Formierung der Opposition

So friedlich, wie es der General in Rom gewünscht hatte und Staupitz
es plante, ließ sich die weitere Durchführung der Union allerdings nicht
bewerkstelligen. Bald stellte sich nämlich heraus – und Staupitz bekam
es binnen kurzem zu spüren –, dass die Münnerstädter Wahl ein schwerer taktischer Fehler gewesen war, gegen die sich aus den Reihen der
Kongregation und interessierter Obrigkeiten massive Widerstände erhoben. Sie begannen schon bald nach dem Bekanntwerden der
Münnerstädter Vorgänge.

Das früheste Zeugnis ist ein – leider undatiertes – Schreiben des
Nürnberger Humanisten Willibald Pirckheimer an Staupitz, das sehr
wahrscheinlich noch in den September oder Oktober 1509 gehört.[212]
Der Brief zeigt, wie sich die Kunde von der Wahl Staupitz' rasch verbreitete, Aufsehen und Kritik erregte. Pirckheimer berichtet, er habe an
den vergangen Tagen (*diebus elapsis*) von vielen Seiten (*multorum
relacione*) erfahren, dass Staupitz zum sächsischen Provinzial gewählt
worden sei.[213] Habe er dies zunächst für eine höchst verwunderliche
Nachricht gehalten, über die auch der Nürnberger Prior der Augustiner
nichts zu wissen vorgegeben habe,[214] so sei die Sache nun ganz öffent-

---

212 Willibald Pirckheimers Briefwechsel, II, Nr. 187 (zwei Konzepte). Der Editor
Emil REICKE schlägt die Datierung „1510/1511?" vor, da der Forschung
Staupitz' Münnerstädter Wahl nicht bekannt war und von einer vermeintlichen
Ernennung durch den Ordensgeneral am 26. Juni 1510 ausgegangen wird (vgl.
dazu unten S. 57-59). Doch die neuen Einsichten in die *contentio Staupitii* nötigen zu einer früheren Datierung: Staupitz war am 9. September in Münnerstadt
zum sächsischen Provinzial gewählt worden. Pirckheimer hat diese Neuigkeit
vor wenigen Tagen gehört, inzwischen erwies sie sich als zutreffend.

213 Die korrigierende Kommentierung des Editors „Der Ausdruck ist ungenau.
Staupitz wurde ernannt" (Anm. 2) ist unzutreffend.

214 [...] r[everendum] patrem priorem urbis huius conveni eumque hac de re sciscitatus sum,
qui, quamvis mihi subterfugere videretur nilque hac de re se scire simularet, deprehendi
tamen aliquid ocultius latere. Prior war 1509 Andreas Lupf, ab 1510 Johannes
Rücker; vgl. KUNZELMANN III, 279.

lich und das, was er für ein Gerücht gehalten habe, als völlig zutreffend
(*verissimum*) bestätigt. Pirckheimer äußert scharfe und grundsätzliche
Kritik an den Unionsplänen. Er ist überzeugt, dass Staupitz' Bemühungen nicht zu dem gewünschten Erfolg führen werden. Jeder vernünftige
Mensch sehe, dass eine Union die Quelle größter Zwietracht sein werde. Die Konventualen in den Provinzen seien nicht reformierbar, die
Reformierten (Observanten) könnten durch die Vereinigung beeinträchtigt werden. *Quod enim consorcium Christi et Belial?* [II Kor
6,15!]. Pirckheimer weist auf persönliche Folgen für Staupitz hin, dessen Gegner eine sehr erwünschte Gelegenheit erhielten, sich von ihm
abzuwenden. Pirckheimer, der als einer der „Acht Genannten" und
Viertelsmeister Mitglied des Rates der Reichsstadt war, macht in diesem, wohl offiziösen Brief zugleich auch auf politische Konsequenzen
der Unionspolitik aufmerksam: Weder ein Fürst noch eine Stadt werde
es dulden, dass die mit soviel Mühen und Ausgaben eingeführte Klosterreform durch eine solche Union wieder zunichte gemacht werde. Daher
fordert er Staupitz dringend auf, sein Projekt nicht hartnäckig weiter zu
verfolgen, sondern seine Pläne zu ändern.

   Da, wie jetzt ermittelt werden konnte, das Münnerstädter Provinzialkapitel bereits Anfang September 1509 stattfand, könnte damit auch
ein Vorgang in Verbindung stehen, der von der Forschung bislang nicht
befriedigend geklärt werden konnte: Luthers plötzliche Rückkehr von
Wittenberg nach Erfurt.[215] Denn wie sich zeigen wird, bildete die Wahl
von Staupitz zum Provinzial der sächsischen Provinz auf jenem Münnerstädter Kapitel den Hauptanstoß für sieben ›renitente‹ Klöster, die
sich zur Opposition gegen seine Unionspolitik formierten, darunter
Luthers Mutterkloster Erfurt. Die Rückberufung des im Vorjahr nach
Wittenberg versetzten[216] Bruders Martinus könnte eine Reaktion des
Erfurter Konvents auf die Nachricht von Staupitz' Wahl darstellen und
somit ein früher, indirekter Protest gegen dessen Unionspolitik sein.[217]

---

215 Der genaue Zeitpunkt seiner Rückkehr ist nicht bekannt. Die Angabe „Herbst
     1509" in den Luther-Biographien ist nur eine hypothetische Kalkulation auf-
     grund von Luthers vager Bemerkung in WA.B 1, 30,35f. Ein handschriftlicher
     Eintrag Luthers in einem Augustin-Druck belegt, dass die Rückkehr nach Er-
     furt jedenfalls noch im Jahre 1509 erfolgte. Vgl. dazu unten den Abschnitt über
     Luthers Erfurter Lehrtätigkeit.
216 Wahrscheinlicher als nur zur Behebung eines personellen Engpasses (vgl. die
     folgende Anm. sowie BRECHT, Luther I, 97f.) scheint mir, dass Staupitz von
     vornherein Luther dauerhaft in Wittenberg behalten wollte.
217 SCHEEL, Luther II, 215 erwägt den Observantenstreit als Hintergrund für die
     Rückberufung Luthers, verwirft diese Möglichkeit aber dann doch: „Das die
     Pläne Staupitz' bekämpfende Erfurter Kloster könnte den Wunsch gehabt ha-

Diese Deutung wird durch eine weitere Beobachtung untermauert: Der Nürnberger Augustinerkonvent schickte jahrelang keine Mönche mehr zum Studium nach Wittenberg; erst nachdem der Streit beigelegt war, kamen schon im Wintersemester 1512/13 wieder zwei Brüder aus Nürnberg an die Elbe.[218]

Die Ereignisse im folgenden Frühjahr 1510 lassen jedenfalls erkennen, dass der Konflikt inzwischen ein fortgeschrittenes Stadium erreicht hatte und dass sich schon eine Opposition innerhalb der Kongregation organisiert hatte. Diesen Vorgängen müssen gescheiterte Bemühungen von Staupitz' Seite vorausgegangen sein, die widerstrebenden Konvente von seinen Plänen zu überzeugen.

Lässt sich die Fraktion der Renitenten näher bestimmen? Ein Brief des Nürnberger Rates vom 19. September des folgenden Jahres erwähnt eine Gruppe von sieben Klöstern.[219] Auch Johannes Cochläus weiß von *septem monasteria* der Opposition.[220] Felix Milensius, der Geschichtsschreiber des Augustinereremitenordens im 17. Jahrhundert, spricht ebenfalls von *septem coenobia* und teilt – z. T. in verderbter Form – ihre Namen mit.[221] Doch erst durch ein von Eckermann aufgefundenes Notariatsinstrument[222] sind alle rätselnden Konjekturen[223] überflüssig geworden. Es handelte sich um: 1. Himmelpforten im Harz[224], 2. Erfurt[225],

---

ben, sein auswärtiges Mitglied den Wittenberger Einflüssen zu entziehen. Aber warum musste denn die Rückkehr so plötzlich erfolgen, wie es geschah? Wahrscheinlicher ist doch, dass das Generalstudium der Erfurter Augustiner seine Kraft brauchte. Vor einem Jahr dem bedrängten Wittenberger Kloster auf Widerruf überlassen, wurde er jetzt von dem offenbar selbst in Verlegenheit geratenen Mutterkloster zurückgefordert. [...] Lehrermangel ist es wohl gewesen, der Luthers Rückkehr nötig machte." Scheel war freilich die Bedeutung der Münnerstädter Wahl für den Ordensstreit noch nicht bekannt. Vgl. auch BRECHT, Luther I, 98. OBERMAN, Luther 148, vermutet einen Todesfall im Erfurter Lehrkörper als Grund für die Rückberufung.

218 Hans VOLZ, Der Nürnberger Augustinermönch Martin Glaser und seine Beziehungen zu Martin Luther, in: ZBKG 40 (1971) 38–45, hier 38, Anm. 1.
219 Text bei KOLDE, Bewegungen 470–472.
220 Johannes COCHLÄUS, Ad semper victricem Germaniam paraklesis, Köln 1524, fol. C 2; abgedruckt bei BOEHMER 8f.
221 Felix MILENSIUS, Alphabetum de Monachis et Monasteriis Germaniae et Sarmatiae citerioris Ordinis Eremitarum Sancti Augustini, Prag 1613, 223.
222 ECKERMANN, Dokumente. Vgl. dazu unten S. 76f. mit Anm. 343.
223 Vgl. BOEHMER, Romfahrt 24f.
224 Zum Kloster Himmelpforten vgl. KUNZELMANN V, 220–228.
225 Vgl. KUNZELMANN V, 4–104.

3. Nürnberg[226], 4. Kulmbach[227], 5. Nordhausen[228], 6. Sangerhausen[229] und 7. Sternberg in Mecklenburg[230]. Diese sieben Konvente machten zwar nur ein Viertel der damals etwa 30 Konvente umfassenden Reformkongregation aus, doch mit Erfurt und Nürnberg gehörten zwei der bedeutendsten Klöster zu dieser Gruppierung, die Staupitz und seinen Plänen in der Folgezeit schwer zu schaffen machen sollte.

Der früheste Beleg für die bereits formierte Opposition ist eine von mir neu aufgefundene Quelle, ein Schreiben der Prioren der fünf Konvente Himmelpforten, Nürnberg, Kulmbach, Erfurt und Sternberg an Prior und Kapitulare des Konvents Sangerhausen, ausgestellt in Erfurt am 5. April 1510.[231] Die Absender bildeten schon eine feste Gruppe, die weitere Konvente – hier: Sangerhausen – zu gewinnen suchte. (Tatsächlich schlossen sich dann noch Sangerhausen wie auch Nordhausen der Opposition an.) Die Argumentation des Schreibens ist grundlegend für den Widerstreit der renitenten Klöster: Der bisherige Vikar Staupitz habe entgegen den Rechten der Kongregation und gegen seine eidliche Verpflichtung bei der Amtsübernahme auf dem Kapitel in Eschwege (1503) nun auf dem Kapitel der sächsischen Provinz in Münnerstadt die Wahl zum Provinzial angenommen und übe dieses Amt auch schon aus. Dadurch habe er sich von der Kongregation getrennt und sich seines Amtes als Vikar entäußert. Somit sei es nötig, die Kongregation mit einem neuen Oberen zu versehen.[232] Zur Beratung der Lage und zur Wahl eines neuen Vikars solle am Sonntag Cantate (28. April 1510) ein Kapitel im Kloster Himmelpforten stattfinden. Hervorgehoben wird in

---

226 Vgl. Julie Rosenthal-METZGER, Das Augustinerkloster in Nürnberg, in: MVGN 30 (1931); Josef HEMMERLE, Die Klöster der Augustiner-Eremiten in Bayern, München 1958, 66–70.

227 Zum Kloster Kulmbach vgl. HEMMERLE, Klöster 33–36; KUNZELMANN III, 4–6. 194–200.

228 Zum Kloster Nordhausen vgl. KUNZELMANN V, 241–249.

229 Zum Kloster Sangerhausen vgl. KUNZELMANN V, 214–217.

230 Zum Kloster Sternberg vgl. KUNZELMANN V, 490–493.

231 Thür. StA Rudolstadt, A VIII Hessesche Collectaneen 1d Nr. 11 Bd. 4, S. 237–239; abgedr. SCHNEIDER, Quellen 25f. (Nr. 1).

232 *Cum nuper anno preterito dominica post nativitatem beate virginis festum* [9. Sept. 1509] *in capitulo provinciali provincie Thuringie et Saxonie in Munderstat Franconie celebrato Reverendus Pater Magister Johann de Staupitz annis precedentibus quondam noster vicarius preter et contra privilegia vicariatus nostri et fedus medio juramento in capitulo Eschwegensi initum provincialatus suscepit officium, in cujus officii provincialatus etiam existit possessione pacifica, seu quasi ac per hoc sese a nobis et nostri vicariatus gremio alienaverit cesseritque et renunciaverit aut cessisse et renunciavisse videtur dicto officio vicariatus, expedit certe ob id nobis et nostre congregacioni reformate de alio superiore seu capite ac presidente providere.*

der Absenderangabe, dass das Schreiben der Prioren mit einstimmiger Billigung der Kapitularen und Magistri erfolge, unter denen auch zwei Definitoren des Münchner Kapitels seien[233] – also jenes Kapitels, das 1508 die Union prinzipiell gebilligt und Staupitz als Generalvikar der Kongregation bestätigt hatte.

Noch bevor die oppositionellen Konvente zusammentraten, lud Staupitz die Vertreter aller observanten Konvente zu einer Zusammenkunft nach Neustadt/Orla ein, die auf den 15. Juni anberaumt wurde.[234] Der dringliche Charakter der Einladung zeigte jedenfalls, dass Staupitz der Versammlung eine sehr hohe Bedeutung beimaß. Er befahl nämlich den Prioren zu erscheinen *sub oboedientia salutari, et poena absolutionis ab officiis et 20 florenos Rhenensium, nec non excommunicationis latae sententiae*.[235] Die Androhung von derart schweren Strafen im Falle des Nichterscheinens – Amtsenthebung, hohe Geldstrafe und gegebenenfalls sogar Exkommunikation! – lässt zugleich auf die massiven Widerstände zurückschließen, die sich gegen Staupitz in der Kongregation erhoben hatten und einen Boykott der Versammlung durch einige Konvente befürchten ließen. Diese Sorge erwies sich als durchaus berechtigt. Denn trotz der drohenden Sanktionen widersetzte sich die Opposition dem Befehl. Hatte Staupitz schärfste Strafen angedroht, um den Ordensgehorsam zu erzwingen und alle Konvente zur Teilnahme zu bewegen, so griffen auch seine renitenten Gegner zu einer drastischen Maßnahme. Sie artikulierten ihre Gegenwehr, indem sie am 21. April 1510 gegen den Befehl von Staupitz an den Ordensgeneral bzw. den Papst (*ad generalem aut Pontificem*) appellierten.[236] Sie bedienten sich also des Rechtsmittels der Appellation, um gegen das ihnen unrechtmäßig erscheinende Auftreten Staupitz' Einspruch einzulegen. Die Wendung *ad generalem a u t pontificem* beschreibt den Instanzenweg: wenn der Appellation an den General (*ad generalem melius informandum*) kein Erfolg beschieden sein würde, sollte der Papst angerufen werden.[237]

---

233 *de unanimi consensu suorum capitularium et magistrorum, inter quos et duo difinitores capituli Monacensis.*

234 Dies geht hervor aus den Nachrichten bei Arnold Neelsbach, Monasterii Coloniensis fratrum Eremitarum S. P. Augustini Historiae quinque-saecularis libri sex, 1676 (Bonn, Universitätsbibliothek, Ms. S 350, f. 477). Auf dieses wichtige Werk, das auf heute verlorenen urkundlichen Quellen fußt, hat ECKERMANN, Dokumente 291, Anm. 37, aufmerksam gemacht.

235 Neelsbach 477.

236 Neelsbach, ebd.

237 Auch der frühere Vikar der Kongregation Andreas Proles hatte 1476 mit dem Erfurter Konvent im Konflikt mit dem General *an yn selbs, besser und warhafftiger berichtunge zu thunde, oder ab not sin wurde, an unsern heiligsten vater den babst nach*

Diese Appellation, die erst 1977 durch die Veröffentlichung Eckermanns bekannt geworden ist, macht deutlich, wie sehr sich die Fronten
schon verhärtet hatten. Eine Appellation – jedoch erst im Herbst 1510 –
war zwar von Boehmer und der ihm folgenden Forschung vermutet
worden, doch fehlten dafür eindeutige Quellenbelege. Nun wird erkennbar, dass die Opposition bereits erheblich früher aktiv wurde und
schon im April 1510 appellierte.

Das Datum der Appellation liegt eine Woche vor dem außerordent-
lichen Kapitel der renitenten Konvente in Himmelpforten. Wahrscheinlich ist schon hier von ihnen der Kulmbacher Prior Simon Kaiser[238] zum
Vikar anstelle von Staupitz, dem die sieben Konvente den Gehorsam
aufkündigten, gewählt worden. Kaiser, der in der Folgezeit stets als
Wortführer der Opposition begegnet, war in den Augen der Renitenten
der wahre Leiter der Observanz, obwohl dieser Anspruch nur von einer
Minderheit der Kongregationsklöster anerkannt wurde.

Die neuen Quellen beweisen, dass Weijenborg die Einstellung der
Observanten völlig falsch einschätzt, wenn er meint, es sei ihnen
„gleichgültig" gewesen, „ob er [Staupitz] persönlich auch Provinzial von
Sachsen war oder nicht".[239] Wie schon das Schreiben der Prioren lässt
nämlich auch die Begründung der Appellation erkennen, dass für die
Renitenten gerade hier der Stein des Anstosses lag: Da Staupitz Provinzial von Sachsen geworden sei, er aber von Rechts wegen nicht zwei
Ämter gleichzeitig innehaben könne, sei er des Generalvikariats der
Reformkongregation verlustig gegangen – mit der Folge, dass er nichts
mehr anordnen könne.[240] Staupitz hatte also nach der Rechtsauffassung
seiner Gegner durch die Wahl zum Provinzial sein Amt als Generalvikar
der Kongregation *ipso iure* verloren, und es war daher nur konsequent,
dass sie sich sogleich anschickten, einen neuen Vikar zu wählen.

---

rechts form sich beruffen und appelliret (Proles an Herzog Wilhelm III. von Sachsen;
KOLDE, Augustiner-Congregation 420); vgl. auch den Bericht Herzog Wil-
helms an den Rat von Gotha: Proles habe *an denselben general selbs uf beßer
underwissunge oder wo er die gutlich uf zu nehmen wegerte, dan an unßen heiligsten vater den Babst, wie recht ist,* appelliert (KOLDE, Augustiner-Congregation 426).

238 Über ihn vgl. KOLDE, Augustiner-Congregation 466f., Anm. 5; WENTZ,
Augustinereremitenkloster Wittenberg 490. KUNZELMANN V, 275, Anm.
1436.

239 WEIJENBORG, Dokumente 172.

240 *non obstante se, eo quod esset simul provincialis provinciae Saxoniae et Thuringiae, ipso
iure communi, non patiente quem simul habere duo beneficia regularia, privatum esse
Vicariatu Congregationis Reformatae.* Neelsbach 477.

4. Die Entscheidung des Ordensgenerals

Eine Appellation hatte nach kanonischem Recht Übergangs- (Devolutiv-) Wirkung; die Gewalt der bisherigen Instanz galt als erschöpft, die der höheren wurde wirksam. Zugleich hatte eine Appellation aufschiebende (Suspensiv-) Wirkung; die angefochtene Entscheidung wurde nicht rechtswirksam und konnte nicht vollstreckt werden.[241] So sah sich Staupitz genötigt, das Kapitel in Neustadt zunächst zu verschieben.[242] Die gefährliche Zuspitzung der Situation veranlasste ihn, sich persönlich zum Ordensgeneral nach Rom zu begeben.

Staupitz muss sich zu dieser Reise entschlossen haben, noch bevor seine Gegner die Appellation vollzogen hatten, die ihm aber vermutlich von den Renitenten zugleich mit der Verweigerung ihrer Teilnahme an dem einberufenen Kapitel angekündigt worden war. Noch im Frühjahr 1510 trat er die Romreise an, wie aus einem Registereintrag des Generals vom 1. Mai hervorgeht. Diese Notiz verdient besondere Beachtung: *Vicarius congregationis Alamaniae et provincialis electus provinciae Saxoniae Romam se confert.*[243] Die Wendung *se confert* meint nicht, dass Staupitz schon in Rom eingetroffen sei[244], sondern der Vermerk hält eine empfangene briefliche Ankündigung des Besuchs fest. Erst in dem Schreiben des Generals vom 25. Mai ist seine Ankunft vorausgesetzt.[245] Wichtiger als dieses chronologische Detail ist aber, dass Staupitz in der Notiz vom 1. Mai nicht nur als *vicarius congregationis Alamaniae*, sondern zugleich als *provincialis electus provinciae Saxoniae* bezeichnet wird, was sich auf die erfolgte Wahl zum Provinzial auf dem Kapitel der sächsischen Provinz in Münnerstadt bezieht. Nach den Provinzialkapiteln pflegte man deren Akten an den General zu schicken, der dann jeweils die Beschlüsse und die Wahl des neuen Provinzials bestätigte. Das war bisher offenbar noch nicht erfolgt, und daher wird Staupitz *provincialis electus* genannt.[246]

---

241 Zur Appellation vgl. A. AMANIEU, Art. „Appel", in: DDC 1 (1935), 764-807, sowie die Lehrbücher des katholischen Kirchenrechts.

242 Das geplante Kapitel fand dann erst am 8. September nach Staupitz' Rückkehr aus Rom statt.

243 Resgestae Nr. 588.

244 So BOEHMER, Romfahrt 31.

245 Resgestae Nr. 612: *dum vicarius est Rome.* Vgl. aus das Schreiben an Staupitz vom 25. Juni: *tu [...] in urbem [...] te conferre curasti. Vidimusque [...].* WEIJENBORG 155 (Dokument IV).

246 Die bisherige Forschung kannte den Registereintrag vom 1. Mai nur in dem Wortlaut, den der Berliner Registerauszug bietet: *Germaniae congregationis vicarius Romam se confert, congregationis colla religionis jugo subjecturus* (KAWERAU, Aus den Actis 603). Wie der Vergleich mit dem oben mitgeteilten originalen

Nachdem Staupitz in Rom eingetroffen war, unterrichtete er den General über die Entwicklung der Lage in Deutschland. Einen Hinweis auf die Opposition unter den deutschen Observanten enthält ein Registereintrag des Generals vom 25. Mai 1510, der den Inhalt eines Schreibens wiedergibt, das er an die Brüder der deutschen Kongregation richtete. Aegidius von Viterbo ermahnte sie zum Frieden und befahl ihnen, während des Romaufenthalts des Vikars keine Neuerungen vorzunehmen.[247] Das Verbot betrifft höchstwahrscheinlich das Vorgehen der Renitenten, an Staupitz' Stelle einen neuen Vikar zu wählen; diese – inzwischen wohl schon verwirklichte – Absicht muss Staupitz also gekannt und dem General mitgeteilt haben.

Aus den Monaten Juni und Juli liegen mehrere Registereinträge des Generals vor, die sich auf Staupitz und den Ordensstreit beziehen. Ihr historischer Zusammenhang, der bisher schwer durchschaubar erschien, wird jetzt auf dem Hintergrund der inzwischen genauer bekannten Widerstände in der Kongregation verständlich. Es war die Wahl Staupitz' zum Provinzial der sächsischen Provinz, die Irritationen und heftige Gegenwehr ausgelöst hatte. Die Opposition wandte sich formal gegen das Doppelamt, das Staupitz in seiner Person vereinigte, doch damit richtete sie sich zugleich grundsätzlich gegen die eingeleitete Verbindung von Kongregation und Provinz. Es widersprach dem Selbstverständnis der renitenten Observanten, dass ein Provinzial der unreformierten Konventualen zugleich als Vikar die Reformkongregation leitete. Durch die Wahl zum Provinzial der sächsischen Ordensprovinz war Staupitz in den Augen der Opposition kompromittiert und hatte sein Amt als Vikar der Kongregation verwirkt.

Gegen diese Bestreitung der Legalität des Doppelamtes richtete sich die Entscheidung des Generals. Nach der Notiz im Berliner Registerauszug wurde Staupitz am 14. Juni 1510 erneut (*iterum*) zum Vikar der deutschen Kongregation und zugleich der Provinz Sachsen „kreiert".[248] Die merkwürdige Ausdrucksweise hat Anlaß zu mancherlei Hypothesen

---

Text des Registerbandes Dd 11 im römischen Generalarchiv der Augustiner ergibt, handelt es sich bei dem Zusatz, dass Staupitz den Hals der Kongregation dem Joch des Ordens unterwerfen werde, um eine Interpretation, die offenbar auf den Verfasser der Auszüge im 18. Jahrhundert zurückgeht.

247 Dd 11, 47r: *Hortamur fratres Congregationis Alemaniae ad pacem et charitatem mandamusque, ut dum vicarius est Romae nihil innovent* (in den edierten Resgestae Nr. 612 finden sich zwei Lese- bzw. Druckfehler: *patres* statt recte *fratres* und *madamusque* statt recte *mandamusque*).

248 Berliner Registerauszug (KAWERAU, Aus den Actis: *Magister Joh. Stupiz vicarius iterum creatur tam congregationis quam Saxonum.* Danach auch BOEHMER, Romfahrt 29).

gegeben. Worauf bezieht sich *iterum*? Welche Bedeutung hat *creatur*? Als Vikar brauchte Staupitz vom General überhaupt keine Ernennung noch Bestätigung; als Provinzial bedurfte er zwar der Bestätigung, wurde aber nicht „kreiert". Weijenborg hat in dem Wortlaut eine von Aegidius bewusst gewählte, für Staupitz zutiefst demütigende Formulierung sehen wollen.[249] Doch im Registerband Dd 11 des Augustiner-Generalarchivs fehlt dieser Eintrag! Wir werden wie bei dem oben besprochenen Text auch hier eine Interpretation des Exzerpisten zu sehen haben, die zudem unter falschem Datum eingeordnet ist. Denn im Registerband findet sich – allerdings unter dem 25. Juni 1510 – ein Eintrag, demzufolge der General Johann von Staupitz als Vikar und als Provinzial bestätigt (*confirmamus*).[250]

Ein Schreiben des Ordensgenerals an Staupitz vom folgenden Tag, dem 26. Juni 1510[251], gibt näheren Aufschluss darüber, wie die im Register festgehaltene Entscheidung vom Vortag zu verstehen ist. Es handelt sich dabei nicht um eine neuerliche Entschließung, sondern der Eintrag bietet nur das Regest der urkundlichen Ausfertigung des Entscheids vom Vortag, der wohl in einer *Minuta* festgehalten worden war.[252] Weijenborg hat dieses Schreiben so verstanden, dass der General darin Staupitz „in einer merkwürdigen Weise zum Provinzial von Sachsen bestellte".[253] Schon die demütigende Anrede, in der Staupitz nicht

---

249 WEIJENBORG, Dokumente 174.

250 Resgestae Nr. 644. Hier ist auf ein Problem einzugehen, das der Wortlaut des Registereintrags bietet und das der Forschung viel Kopfzerbrechen bereitet hat. Denn Staupitz wird als Provinzial der Provincia *Reni* bezeichnet: *Confirmamus in vicarium Congregationis Alemaniae et provincialem provinciae Reni Magistrum Johannem Staupitz.* BOEHMER, Romfahrt 55, hat hieran weitgehende Überlegungen geknüpft und vermutet, dass Staupitz auch zum Provinzial der rheinisch-schwäbischen Provinz ausersehen gewesen sei. Diese Folgerung ist jedoch abwegig. Es handelt sich vielmehr ganz offensichtlich um ein bloßes Schreibversehen (*Reni* für *Saxoniae*; auch Albericus DE MEIJER korrigiert in seiner Edition der Resgestae [Nr. 644] in *Saxoniae*). Das beweist nicht nur das Schreiben des Generals an Staupitz vom folgenden Tag, sondern auch ein weiteres vom 30. Juli, in dem von dem rheinisch-schwäbischen Provinzial als von einer nicht mit Staupitz identischen Person die Rede ist (Resgestae Nr. 679). Als Provinzial der rheinisch-schwäbischen Provinz war am 28. Oktober 1509 Sigfried Calciatoris bestätigt worden (Resgestae Nr. 400). Siegfried Calciatoris war 1509 auf dem Provinzialkapitel der rheinisch-schwäbischen Provinz in Hagenau wiedergewählt worden, der auch noch am 17. Mai 1510 als solcher begegnet.

251 WEIJENBORG, Dokumente 155f. (Dokument IV). BOEHMER, Romfahrt 31, Anm. 1.

252 So schon JEDIN, Augustinerquellen, 259f.

253 WEIJENBORG, Dokumente 174.

als Generalvikar, sondern nur als Magister angeredet werde, suggeriere, dass dieser „wie ein amtsloser Untertan vor ihm stehe und von ihm alle seine Aemter zu empfangen habe".[254] Die Formulierung „dezernieren wir dich [...] als Provinzial von Sachsen und als Vikar der Kongregation von Deutschland" sei „ein diplomatisches Meisterstück". Sie erwecke den Eindruck, „dass der Ordensgeneral Staupitz jetzt für beide Ämter angestellt habe, ohne dass dies jedoch klar behauptet" werde; denn die Bestätigung des Vikars der Kongregation stand dem General nicht zu, wohl aber die des Provinzials.[255] Diese Deutung des Schreibens lässt sich aber nicht aufrecht erhalten. Schon sein Gesamttenor spricht dagegen. Denn der General würdigt ja gerade die Bemühungen um den Ausgleich der früheren Streitigkeiten zwischen Kongregation und Provinz, hebt ausdrücklich Staupitz' Anteil daran hervor und zollt dessen mühevollem Einsatz seine Anerkennung. Die dann folgende Entscheidung wird mit der Hoffnung begründet, dass Staupitz dies alles künftig noch wirkungsvoller und eifriger erreichen könne.[256]

Der von Weijenborg in den Mittelpunkt seiner Deutung gestellte Passus lautet: *per has nostras litteras te Provincialem Saxoniae et Vicarium congregationis Alamaniae decernimus, declarantes te potiri utraque auctoritate et potestate, sicut hactenus tam provincialis praedictae provinciae quam vicarius praedictae congregationis potiti sunt: In nomine patris et filii et spiritus sancti, Amen.*[257] Wie die Verben decernere und declarare sowie die Invocatio Trinitatis zeigen, handelt es sich um einen feierlichen Rechtsentscheid des Generals. Dies wird unterstrichen durch die anschließende Sanctio: Der General befiehlt allen Angehörigen der Provinz und der Kongregation unter Androhung der auf Rebellion stehenden Strafe und bei Verlust des aktiven und passiven Wahlrechts, Staupitz denselben Gehorsam zu leisten wie ihm, dem General, selbst.[258] Aus der Vorgeschichte, die erst anhand der von Eckermann veröffentlichten Quellen und des von mir gefundenen Schreibens vom April 1510 genauer rekonstruiert werden kann, die Weijenborg noch nicht bekannt waren, lässt sich klar erkennen, worauf sich die Entscheidung des Generals bezieht. Die renitenten Konvente hatten in ihrer Appellation die Rechtsauffassung vertreten, dass Staupitz durch die Annahme der Wahl zum Provinzial sein

254 Ebd.
255 WEIJENBORG, Dokumente 175.
256 [...] *tu post longos labores in urbem ad omnia componenda et pacanda non sine tuo quam maximo incommodo te conferre curasti. Vidimusque, quantum laboris quotque incommoda passus sis, dum haec agitares, et animum tuum ad ea omnia peragenda, quae paci omnium ac quieti conducere viderentur* (WEIJENBORG, Dokument IV, Abs. 3).
257 WEIJENBORG, Dokument IV, Abs. 4–5.
258 WEIJENBORG, Dokument IV, Abs. 6.

Amt als Vikar verloren habe und dessen Rechte nicht mehr ausüben könne.[259] Um diesen Einspruch gegen die Legalität des Doppelamtes ging der Rechtsstreit, und auf diese offene Frage bezieht sich das Urteil, das Aegidius fällte. Daher ist es formal-rechtlich ganz korrekt – und keineswegs eine beabsichtigte Demütigung –, wenn die Amtsbezeichnungen Staupitz', die doch gerade Gegenstand des Verfahrens waren, in der Adresse nicht genannt werden. Der General „dezerniert" nicht Staupitz z u m Provinzial und Vikar, sondern er entscheidet in dem anhängigen Streit, d a s s Staupitz zu Recht sächsischer Provinzial u n d Vikar der deutschen Kongregation i s t[260] und deshalb die Ausübung der autoritas und potestas b e i d e r Ämter rechtens ist. In diesem Sinne ist die Bestätigung (confirmamus), von der in dem Registereintrag vom Vortag die Rede ist, zu verstehen.

Es ist nicht sicher, ob Staupitz den Generalprior, der sich seit dem 12. Juni in seiner Sommerresidenz bei Soriano nel Cimino[261] aufhielt, dort aufgesucht und die Entscheidung aus dessen Händen empfangen hat. Doch wird Staupitz wohl darauf bedacht gewesen sein, mit einer urkundlichen Ausfertigung nach Deutschland zurückkehren zu können.

Einen Monat später, am 25. Juli 1510, richtete Aegidius von Viterbo ein weiteres Schreiben an Staupitz.[262] Darin reagiert er auf Nachrichten, dass viele Brüder sich unerlaubt außerhalb der Kongregation (extra congregationem) aufhielten. Weijenborg meint, es handele sich „um Kongregationsangehörige, die der Meinung waren, dass Staupitz durch seine Unionspolitik seine Befugnisse überschritten habe, und die deswegen aus dem Generalvikariat geflohen waren".[263] Doch es geht nicht nur um „vereinzelte Gegner und Flüchtlinge".[264] Das extra congregationem esse ist hier grundsätzlicher zu verstehen; wenn von multi fratres die Rede ist, so zielt das auf jene Konvente, die sich einer von dem Provinzial (und

---

259 S.o. S. 52f.

260 Der Satz ist also als ein um den Infinitiv verkürzter AcI zu verstehen: *te Provincialem Saxoniae et Vicarium congregationis Alamaniae* [esse] *decernimus.*

261 Soriano nel Cimino bei Viterbo. Am Abhang des Monte Cimino bildete das bescheidene Kloster zur Hl. Dreifaltigkeit die „Sommerresidenz" des Aegidius. Von der kleinen Klosterkirche sind heute nur noch die Umfassungsmauern erhalten. Vgl. Eutizio PERETTI, L'eremo, il convento e la chiesa della Santissima Trinità di Soriano nel Cimino e l'antica immagine della Madonna ivi venerata, Roma 1945; Paolo GIANNINI, L'amore per la solitudine del cardinale Egidio Antonini ed il Convento della SS. Trinità a Soriano, in: Biblioteca e società 4 (1982) 35–41.

262 WEIJENBORG, Dokumente 156 (Dokument V).

263 WEIJENBORG, Dokumente 176.

264 WEIJENBORG, Dokumente 178.

daher ihrer Meinung nach Nicht-mehr-Vikar) Staupitz geleiteten Kongregation nicht länger zugehörig fühlten und schon einen neuen Vikar
gewählt hatten. Der General ermächtigt Staupitz, gegen diese vorzugehen und sie – notfalls mit Hilfe des weltlichen Arms – zu zwingen, in
die Kongregation, d.h. unter die Jurisdiktion Staupitz' als des rechtmäßigen Vikars, zurückzukehren.

Diese Deutung wird gestützt durch das Schreiben des Ordensgene-
rals vom 29. Juli 1510, in dem er sich an alle Mitglieder der deutschen
Kongregation wandte. Daraus ist erkennbar, dass sich schon das vorherige Schreiben an Staupitz gegen die Opposition unter den deutschen
Observanten richtete. Denn hier befiehlt der General, Streit und Auf-
lehnung aufzugeben und dem Vikar Gehorsam zu leisten. Im Falle der
Nichtbefolgung seines Befehls müsse er gegen die Ungehorsamen als
Rebellen und Feinde des Ordens vorgehen.[265] Unter dem 30. Juli ist im
Register des Generals der Befehl an Staupitz vermerkt, die Brüder, *qui
extra congregationem sunt*, zur Rückkehr zu zwingen. Um jede Aus-
weichmöglichkeit abzuschneiden, wird zugleich den Provinzialen der
bayerischen und der rheinischen Provinz die Aufnahme von Angehörigen der Kongregation untersagt.[266]

Staupitz konnte also mit der Bilanz seiner Romreise zufrieden sein.
Der General hatte sich voll und ganz auf seine Seite gestellt und ihm für
das weitere Vorgehen die nötige Rückendeckung verschafft. Wann
Staupitz nach Deutschland zurückkehrte, ist nicht sicher, und es steht
auch nicht fest, ob er neben der Ausfertigung der Entscheidung des
Generals vom Juni auch die Schreiben von Ende Juli mitbrachte oder ob
sie ihm nachgesandt wurden.[267] Das ist auch von geringerer Bedeutung
als die Tatsache, dass er alle diese Dokumente zur rechtlichen Basis seines weiteren Vorgehens machte.

5. Das Neustädter Unionskapitel

Offenbar hat Staupitz nun Anfang August erneut zu der verschobenen
Versammlung in Neustadt an der Orla eingeladen und sich dabei auf die

---

265 WEIJENBORG, Dokumente 157 (Dokument VI).
266 Resgestae Nr. 679.
267 KUNZELMANN (V, 458) nimmt an, dass Staupitz bis Anfang August bei dem
    General in dessen Sommerresidenz Soriano blieb und Ende August wieder in
    Deutschland eintraf. Er habe die Briefe wohl persönlich in Empfang genom-
    men, da er sie schon im September in Neustadt/Orla habe vorzeigen können;
    dies sei aber im Fall der Nachsendung kaum möglich gewesen.

Entscheidung des Generals berufen. Denn am 16.[268] August erfolgte
bereits eine zweite Appellation der renitenten Konvente *contra mandatum
tam ipsius generalis quam Staupitii*[269], die eine Reaktion auf die erneute
Aufforderung zur Teilnahme darstellte. Die Renitenten akzeptierten also
das Urteil des Generals nicht, sondern wandten sich nun – wie bereits in
der ersten Appellation angekündigt – an die höchstrichterliche Instanz
des Papstes.

Staupitz hat diese erneute Appellation nach der erfolgten Rückendeckung durch den General ignoriert. Am 8. September 1510 trat die
verschobene *convocatio patrum* im Konvent der Augustinereremiten in
Neustadt an der Orla zusammen, der zur Reformkongregation gehörte.[270] An dieser Zusammenkunft unter Leitung von Staupitz[271] nahmen
die Appellanten selbstverständlich nicht teil. Auffällig ist die Bezeichnung der Versammlung als *convocatio patrum*. Kolde vermutet, dass dort
ein Kapitel der Reformkongregation stattgefunden habe;[272] nach
Weijenborgs Ansicht handelte es sich „nicht um ein eigentliches Kapitel,
weil ein solches erst für 1511 vorgesehen war, sondern nur um eine
Sitzung, bei der nur eine beschränkte Anzahl der kapitelberechtigten
Amtsträger anwesend war",[273] und ähnlich meint Kunzelmann, es habe
sich wohl nur um eine Versammlung der führenden Köpfe, vor allem
der Prioren, gehandelt.[274] Doch Staupitz' Einladung war eine solche *ad
Capitulum*. Auch das dort verabschiedete Dokument, die Neustädter
Artikel[275], legen diese Deutung nahe. Mehr noch: Offensichtlich war die

---

268 Als Datum gibt Neelsbach in seiner Chronik (477) *die veneris 19 Augusti* an.
    Der 19. August war 1510 aber ein Montag. Da sich eher bei der Ziffer als bei
    dem Wochentag ein Schreib- oder Lesefehler eingeschlichen haben kann, ist
    wohl zu lesen: *die veneris 16. Augusti*.
269 Neelsbach, ebd. Auch diese Appellation wurde erst durch die Veröffentlichung
    ECKERMANNS bekannt.
270 Vgl. Rudolf GROSSKOPF, Das Augustiner-Eremiten-Kloster in Neustadt (Orla)
    im Rahmen der Heimatgeschichte, Neustadt/Orla 1925; KUNZELMANN V,
    162–168; Enno BÜNZ, Martin Luthers Orden in Neustadt an der Orla. Das
    Kloster der Augustiner-Eremiten und seine Mönche, Jena 2007.
271 Der Rat von Neustadt verehrte Staupitz bei dieser Gelegenheit ein Geldge-
    schenk. Neustädter Chronik, I, hg. von Hermann BESSER und Rudolf HERR-
    MANN, Neustadt 1910 [Reprint 2010], 14, zit. bei BÜNZ 83.
272 KOLDE, Augustiner-Congregation 239; ihm folgt GROSSKOPF 84f.
273 WEIJENBORG, Dokumente 179.
274 Darauf weise der terminologische Gegensatz zu dem erwähnten *capitulum
    Monacense* hin; KUNZELMANN V, 166, Anm. 896.
275 WEIJENBORG, 154f. (Dokument II). Vgl. auch Adolar ZUMKELLER, Urkunden
    und Regesten zur Geschichte der Augustinerklöster Würzburg und
    Münnerstadt, II: Augustinerkloster Münnerstadt, Würzburg 1967, Nr. 1101.

Versammlung in Neustadt das in der Bulle von 1507 vorgesehene Unionskapitel, an dem sowohl Observante als auch Konventuale teilnahmen. Denn die Beschlüsse verweisen gleichermaßen sowohl auf das Münchner Kapitel der Kongregation als auch auf das Kapitel der Provinz in Münnerstadt: *Item probamus et observari disponimus definitiones capitulorum Monacensis et Minnerstadensis.*[276] Auf ein Unionskapitel weist auch hin, dass von den Versammelten das Vorgehen (*processus*) Staupitz', „uns gegenseitig zu vereinen" (*nos m u t u o uniendo*), gebilligt wurde.[277] Nur ein Kapitel, nicht aber eine Konferenz von Vertretern der Kongregation konnte ratifizieren (*ratificamus*), wollen und befehlen (*volumus et mandamus*), gutheißen (*probamus*), verfügen (*disponimus*); nur ein Unionskapitel konnte Anordnungen über die Anpassung der KonventualenKonvente geben.

Die Deutung der Neustädter Versammlung als abschließendes Unionskapitel erfährt ihre Bestätigung durch eine längst veröffentlichte, aber in unserem Zusammenhang unbeachtet gebliebene Quelle. Herzog Georg von Sachsen teilte am 28. Oktober 1510 seinem Amtmann in der Stadt Sangerhausen, wo sich eines der renitenten Augustinerklöster befand, folgendes mit: *Wir sein von den wirdigen u.l.a.* [unseren lieben Andechtigen] *den vetern s. Augustins einsidelerordens irsucht mit bericht, das sye neben andern iren clostern itzt vorschynner zeit ein gemeyn capitel zur Newestat an der Orlaw des vicariats und provicialats halben, wie es hinfurder dem orden zu gut domit sul furgenommen und gebraucht werden, gehalten und e y n e n t l i c h e m e y n u n g e beslossen haben.*[278]

War die Neustädter *convocatio* also ein gemeinsames Kapitel von Vikariat und Provinz, das vorgesehene Unionskapitel, so erscheinen die Neustädter Artikel in einem neuen Licht. Alle schweren Vorwürfe, die Weijenborg gegen das angeblich unrechtmäßige Vorgehen der Neustädter Väter erhoben hat, sind dann völlig grundlos. Denn Weijenborg geht von der falschen Voraussetzung aus, dass sie die Ernennung Staupitz' zum Provinzial und die dabei erhaltenen Vollmachten als „eine rechtsgültige Herbeiführung der Union" betrachtet, andererseits sich aber – im Widerspruch dazu – auf die Memminger Bulle berufen hätten. Dies sei „ein Musterbeispiel eines herabgekommenen Rechtsdenkens".[279] Tatsächlich entsprach das Vorgehen aber durchaus dem in der Bulle vorgesehenen Ablauf. Indem nämlich von den Anwesenden die Kapitelsbeschlüsse von München und Münnerstadt ratifiziert wurden, in

---

276 WEIJENBORG, Dokument II, Abs. 8.
277 WEIJENBORG, Dokument II, Abs. 5.
278 GESS I, XXVf., Anm. 2.
279 WEIJENBORG, Dokumente 179 (zu Art. I), und passim.

denen die Kongregation und die Provinz je für sich den Unionsplan gebilligt hatten, wurde der Zusammenschluss beider Verbände durch die *convocatio* aus Vertretern beider Teile bestätigt und die Union vollzogen. Die versammelten Väter bezeugen feierlich, dass sie so, wie sie der zu vollziehenden Union (*in unionem fiendam*) auf dem Kapitel in München (bzw. die Provinz in Münnerstadt) zugestimmt haben, nun auch der vollzogenen (*in factam* [*unionem*]) zustimmen gemäß den Artikeln der Memminger Bulle.

Ausdrücklich wird betont, dass die Absicht des Zusammenschlusses nicht die Vernichtung des Vikariats ist, sondern das Wachstum der Observanz. Bei den künftigen Wahlen soll die Empfehlung und Bestätigung durch den Präsidenten des Kapitels ausreichend sein, wie es in der Kongregation üblich ist (d.h., sie bedürfen keiner Approbation durch den General); dies gilt unbeschadet des sonstigen Gehorsams gegenüber dem General. Das Vorgehen von Staupitz bei der gegenseitigen Vereinigung wird ratifiziert, alle etwaigen rechtlichen Fehler und Mängel sollen als behoben gelten. Den Distrikt- (Provinzial-) Vikaren[280] wird aufgetragen, für die Beachtung der Vereinigungsartikel getreu zu sorgen, die einzelnen Brüder darüber zu informieren und mit höchster Sorgfalt über die wesentlichen Punkte zu wachen. Die Neustädter Väter verlangen ferner, dass die Mitglieder der Union den Brüdern, die vom Gehorsam gegenüber dem Vikar-und-Provinzial abgefallen sind und vor Laien und Außenstehenden übel reden, ruhig und affektlos (*absque passione*) die Unschuld von Staupitz und der Union erklären. Die Entscheidungen der Kapitel von München und Münnerstadt werden gebilligt und zu beobachten befohlen. Die (Provinzial-) Vikare sollen sie den Konventen übermitteln und verpflichtend machen.

Im letzten Artikel wird gefordert, *quod consuetudines singulorum conventuum, quantum sine scandalo fieri poterit, pro dispositione legum observantiae moderentur vel omnino deponantur.*[281] Es ist völlig klar, dass es sich bei den consuetudines der einzelnen Konvente, die den Gesetzen der Observanz entweder angeglichen oder gänzlich aufgehoben werden sollen, um die Klöster der K o n v e n t u a l e n in der sächsischen Provinz handelt. Sonst ergäbe die Formulierung *pro dispositione legum observantiae* gar keinen Sinn; denn in den Konventen der Kongregation galten ja bereits die leges observantiae. Dieser Artikel entspricht vollkommen den

---

280 Die Amtsbezeichnung lautet hier *vicarii districtuum*. Vgl. dazu Wilhelm Ernst WINTERHAGER, Martin Luther und das Amt des Provinzialvikars in der Reformkongregation der deutschen Augustiner-Eremiten, in: Vita Religiosa im Mittelalter. Festschrift für Kaspar Elm, hg. v. Franz J. FELTEN und Nikolaus JASPERT, Berlin 1999, 707-738.

281 WEIJENBORG, Dokument II, Abs. 9.

Bestimmungen der Memminger Bulle, die vorsahen, dass die noch nicht hinlänglich reformierten Konvente der sächsischen Provinz sich den übrigen (nämlich denen der Observanz) angleichen sollten.[282] Es ist hingegen eine völlige Missdeutung und die Folge arger Voreingenommenheit, wenn Weijenborg aus dieser Bestimmung herauslesen will, dass die Neustädter Väter „die Konvente ihrer o b s e r v a n t e n R i c h t u n g auf(forderten), ihre althergebrachten frommen Sondergewohnheiten zugunsten einer totgeborenen Union auf das Mindestmass zu beschränken".[283]

In der Memminger Bulle war die Neuwahl eines Oberen der Union (eines Vikars-und-Provinzials) vorgesehen, doch war dies überflüssig geworden; hatte doch der General schon Staupitz in diesem Doppelamt bestätigt. Jedenfalls trat dieser in der Folgezeit als Vikar-und-Provinzial auf.

Nach diesen Neustädter Beschlüssen ließ Staupitz nun im Herbst 1510 bei dem Wittenberger Drucker Johannes Rhau-Grunenberg[284] eine Dokumentensammlung drucken.[285] Sie enthielt außer der Bulle des päpstlichen Kardinallegaten aus dem Jahre 1507 sowie den Artikeln der Neustädter *convocatio* die Schreiben des Generals vom 26. Juni, 25. Juli und 29. Juli 1510. In dem Begleitschreiben, datiert zu Wittenberg am 30. September 1510[286], bezeichnet sich Staupitz als Vikar-und-Provinzial. Dieser Druck enthielt somit alle rechtlich relevanten Unionsdokumente. Es handelt sich bei dem Vorgang also nicht, wie die bisherige Forschung meinte, um die erst jetzt von Staupitz veranlaßte Bekanntmachung der Bulle von 1507 als A u f t a k t zur Durchführung der Unionspläne, sondern um die Publikation der Rechtsgrundlagen für die soeben v o l l z o g e n e Union.

6. Die Fortdauer der Opposition und die angebliche(n) Gesandtschaft(en) der Renitenten nach Rom

Über ablehnende Reaktionen bei den Konventualen der sächsischen Provinz ist überhaupt nichts bekannt. Dagegen erfahren wir, dass in der

---

282 *permittantur domus seu conventus ipsius Provinciae Saxoniae non satis reformati sese propositis Capitulis componere et caeteris conformare.*

283 WEIJENBORG, Dokumente 182; meine Hervorhebung.

284 So die begründete Vermutung bei WEIJENBORG, Dokumente 151.

285 Offenbar ist nur noch ein einziges Exemplar in der Vatikanischen Bibliothek vorhanden. Druckbeschreibung bei WIEJENBORG, Dokumente 151f.

286 WEIJENBORG, Dokumente 153f. (Dokument I). Der Druck wird demnach im Oktober 1510 erfolgt sein.

Kongregation die sieben renitenten Konvente auch weiterhin ihren
Widerstand fortsetzten. In dem zitierten Schreiben Herzog Georgs vom
28. Oktober 1510 wird die andauernde Opposition des Sangerhauser
Konvents, der zu den sieben renitenten Klöstern gehörte, erwähnt: *Uber
dyeselbige ufgerichte und beslossene ordenunge, so durch die veter obgnant dem
orden zu nutz und gedeyen irkant, sollen sich dye samplunge* [der Konvent]
*obgedachts ordens zu Sangerhusen neben andern iren anhengern understehen,
derselbigen ufgerichten ordenunge, zu Newestat beslossen, aus mutwilligem
furnehmen zu widerstreben entkegenzusetzen* [...].[287] Der Orden – also wohl
Staupitz[288] – habe die Hilfe des Herzogs erbeten, damit der Konvent in
Sangerhausen den Neustädter Beschlüssen Folge leiste. Daher weist
Herzog Georg seinen Amtmann an, die Brüder im Namen des Fürsten
aufzufordern, dass sie sich nach dem, was das Neustädter Kapitel beschlossen habe, *gehorsamlich halten und nicht widerstrebelich irzeigen, uf das
uns nicht ursach gegeben, in ander wege dareynzusehen.* Für den Fall, dass der
Widerstand fortgesetzt werde, wird dem Amtmann aufgetragen, die
Kleinodien des Klosters *uf furder ansuchen des vicarien*, also Staupitz', zu
inventarisieren, damit die Brüder diese nicht etwa zur Finanzierung
ihres Ordens-„Krieges" verwenden könnten.[289]

Boehmer und die ihm folgenden Forscher haben angenommen, dass
die oppositionellen Klöster (erst!) im Herbst 1510 – nämlich unmittelbar
nach der angeblichen „Veröffentlichung" der Bulle durch Staupitz –
aktiv geworden seien, um die Durchführung der Pläne zu verhindern.
Nach einem vergeblichen Vorstoß, von dem Magdeburger Erzbischof
eine Genehmigung zur Appellation zu erreichen, hätten die sieben renitenten Konvente sich nunmehr auf einer Konferenz in Nürnberg entschlossen, gleichwohl an den Papst zu appellieren und zu diesem Zweck
zwei Abgesandte nach Rom zu schicken: einen namentlich nicht bekannten Mönch[290] und Martin Luther. Diese ganz hypothetische Konstruktion ist durch die genauere Kenntnis der Streitigkeiten nun hinfällig
geworden. Denn die renitenten Klöster sind nicht erst nach Staupitz'
Publikation der Unionsdokumente tätig geworden. Wie inzwischen
bekannt ist, hatten sie bereits am 21. April 1510 und erneut am 16. August 1510 appelliert; der Vorstoß beim Magdeburger Erzbischof gehört

---

287 Sächs. HStA Dresden, Kop. 112, fol. 136; Auszug: GESS I, XXVf., Anm. 1.
288 S.u. die Formulierung *uf furder ansuchen des vicarien*!
289 GESS I, XXVf., Anm. 1.
290 BOEHMER, Romfahrt 58, denkt an Anton Kreß, der aber kein Augustinererere-
    mit, sondern Propst von St. Lorenz war.

in einen früheren Kontext, und eine Nürnberger Konferenz der Renitenten hat es nicht gegeben.[291]

Auch die weitere Schilderung Boehmers ist in sich nicht spannungs-
frei. Die Abgesandten der renitenten Konvente hätten sich nun auf die
Reise nach Rom begeben, um dort ihre Klage an der Kurie vorzubringen. Boehmer nimmt dabei ein grob ungesetzliches Verhalten an: „Diese Beschwerde war nach der Bulle Carvajals zweifellos rechtlich nicht
mehr zulässig. Sie ließ sich weiter kaum mit den Statuten der Kongregation vereinbaren, welche den Gliedern derselben ausdrücklich verboten,
ohne spezielle Erlaubnis des Generalvikars irgendeine Gesandtschaft zu
übernehmen, und endlich war sie auch, wie die Renitenten sich bei
einiger Überlegung im voraus hätten sagen können, vollkommen aus-
sichtslos, da die zentralen Ordensbehörden notorisch auf der Seite des
Vikars standen."[292] Dennoch sei die Delegation, „sicherlich ohne erst die
hierzu von Staupitz nötige Spezialerlaubnis einzuholen",[293] nach Rom
gezogen. (Auch diese Argumentation lässt sich nach dem jetzigen
Kenntnisstand nicht mehr aufrecht erhalten, denn die Renitenten betrachteten Staupitz gar nicht mehr als ihren Vikar, sondern Simon Kaiser!)

In den Augen der Ordensleitung wäre ein solches Verhalten der
Renitenten jedenfalls ein schwerer Verstoß gegen die Ordensdisziplin
gewesen – zumal nach der vorhergehenden Entscheidung des Generals,
der die Ungehorsamen mit der auf Rebellion stehenden Strafe bedroht
hatte. Wären also Abgesandte in Rom erschienen, hätte es ihnen teuer
zu stehen kommen können.

Auf die Anwesenheit einer Delegation der renitenten Konvente in
Rom bezieht Boehmer eine Notiz im Register des Generals, derzufolge
dieser im Januar 1511 ein Appellationsverbot aussprach. Der Eintrag, der
nur nach dem Wortlaut des Berliner Registerauszugs bekannt ist, lautet
dort: *Appellare ex legibus Germani prohibentur. Ut res Germanae ad amorem
et integram oboedientiam redigerentur, Fr. Johannes Germanus ad Vicarium
missus est.*[294] Boehmer deutet: „Die Opponenten versuchten im Januar
1511 in Rom zu appellieren. Aber es ward ihnen die hierzu nötige Erlaubnis versagt."[295] Er entwirft folgenden Ablauf der Ereignisse: „Im
Januar 1511 langten die beiden Delegierten in der ewigen Stadt an. Sie

---

291 S.o. S. 30f.
292 BOEHMER, Romfahrt 57f.
293 BOEHMER, Romfahrt 58.
294 So im Berliner Registerauszug (KAWERAU, Aus den Actis 604; danach in
    Resgestae I, 811; Originalregister hierzu verloren).
295 BOEHMER, Romfahrt 31.

hielten sich bei der Ausrichtung ihrer Mission streng an den in den Ordensstatuten vorgeschriebenen Instanzenzug. D.i. sie suchten gleich am
zweiten Tage nach ihrer Ankunft den Ordensprokurator in San Agostino auf, präsentierten ihm ihre Beglaubigungsschreiben und baten um die
Erlaubnis, ihre Sache an der Kurie weiter zu verfolgen. Aber der Prokurator wies sie ab. Es blieb ihnen daher nichts anderes übrig, als nach
vierwöchigem Aufenthalte in Rom wieder nach Deutschland zurückzukehren."[296] Die anschauliche Schilderung ist allerdings vollständig das
Produkt historischer Fantasie!

Inzwischen ist bekannt, wie oben dargestellt, dass eine – von Boehmer nur vermutete – Appellation tatsächlich stattfand, jedoch schon
Mitte August; es war zudem bereits die zweite Appellation der Renitenten (und zwei weitere sollten noch folgen). Wenn die Delegation aber
erst im Januar in Rom eingetroffen wäre, hätte die Abreise aus Deutschland erst geraume Zeit nach der August-Appellation stattgefunden. Oder
man müsste annehmen, dass die Abgesandten zwar schon früher in Rom
eingetroffen wären, die Entscheidung über ihre Appellation sich aber
länger hinausgezögert hätte. Bei genauerem Hinsehen weist die hypothetische Rekonstruktion Boehmers noch eine Reihe von weiteren
Inkonsistenzen auf: Er nimmt an, dass die Delegierten, die nach seiner
Meinung bislang ihr ganzes Unternehmen ohne die Genehmigung des
Generalvikars Staupitz, vielmehr gegen ihn, durchgeführt hätten, die
sich über das Appellationsverbot der Memminger Bulle und den nicht
erhaltenen Dispens des Magdeburger Erzbischofs hinweggesetzt, also die
Ordensstatuten ignoriert und gegen den Ordensgehorsam verstoßen
hätten, sich j e t z t strikt an die Ordensstatuten und den darin vorge-
schriebenen Instanzenweg gehalten hätten! Er lässt sie nicht beim General, sondern beim Ordensprokurator[297] vorstellig werden, wie es die
Vorschriften vorsahen,[298] und er lässt diesen sie abweisen. Nun ist das
Appellationsverbot im Register zwar – wie die meisten dort festgehalte-
nen Entscheidungen – passivisch formuliert; doch wird hier nicht eine
Entscheidung des Generalprokurators referiert, sondern das Subjekt der
Entscheidung ist zweifellos der General selbst. Entschließungen des Pro-
kurators sind, soweit ich sehe, niemals in dem Register vermerkt. Der

---

296 BOEHMER, Romfahrt 58f.
297 Generalprokurator des Ordens war (bis 1518) Ioannes Antonius de Chieti
    OESA. Vgl. GUTIÉRREZ, Reformation 40. 42–45; LACZANO, Generales 113.
298 Constitutiones, c. 51, 43–47: *Eidem procuratori omnes et singuli fratres ad locum
    curiae declinantes litteras oboedientiae praesentent et infra secundum diem post eorum
    adventum causam totam, pro qua iverunt, aperiant et exponant et tam in his quam in
    aliis ipsi procuratori oboediant et secundum eins consilium et mandatum se regant.*

General und nicht der Prokurator war es ja auch, der einen deutschen Augustiner aus Rom zu Staupitz schickte.

Es ist auch nicht plausibel, warum die Gesandtschaft überhaupt bei der Ordenskurie die Genehmigung zur Appellation hätte einholen sollen, wollte sie doch auch gegen den General selbst und gegen dessen Entscheidungen appellieren. Es wäre doch von vornherein klar gewesen, dass sie eine solche Erlaubnis niemals erhalten hätten. Obendrein wäre es völlig überflüssig gewesen, überhaupt bis nach Rom zu wandern, wenn sie die Appellation beim Papst vorzubringen gedachten; denn den Winter 1510/11 verbrachten Papst Julius II. und die päpstliche Kurie in Bologna.[299] Auch Staupitz war, als er einige Jahre zuvor Geschäfte an der Kurie zu erledigen hatte und der Papst sich damals ebenfalls in Bologna aufhielt, nicht nach Rom gezogen, sondern *tunc illuc* [scil. Bononiam] *ad papam venerat*.[300]

Gegen Boehmers Darstellung lässt sich vor allem ein grundsätzlicher Einwand vorbringen. Im Appellationsverbot des Generalpriors wird nicht erwähnt, dass Vertreter jener *Germani* in Rom erschienen seien. Es ist ein bloßes Postulat Boehmers, dass die Appellation der Renitenten von Abgesandten in Rom persönlich überbracht wurde. Diese Annahme ist allein dadurch motiviert, Luthers Romreise mit einer Appellation der Renitenten in Verbindung zu bringen. Doch war ein persönliches Erscheinen in Rom rechtlich gar nicht nötig. Wie das Beispiel Luthers bei seiner Appellation an den Papst im Herbst 1518 zeigt, genügte eine Erklärung vor einem Notar und Zeugen.[301]

Das Verbot der Appellationen kann durch ein von mir neu aufgefundenes Schreiben des Generals vom 17. Januar 1511 an die sieben renitenten Konvente aufgeklärt werden.[302] Zweifellos handelt es sich um das Dokument, das in dem Kurzregest des Registers resümiert wird. Aegidius von Viterbo skizziert darin als den Zweck der Union die Beendigung der Streitigkeiten zwischen Kongregation und Provinz. Zur Befriedung habe der General die geschlossene Union und die Verträge gebilligt und schriftlich bestätigt. Um alles umso friedlicher und ruhiger zu gestalten, habe er „eurem Vikar auch die Last der Provinz auferlegen" wollen. Nun aber sei ihm die Appellation zu Gesicht gekommen, die ihn höchst verwundert habe. Dem Argument, dass der Vikar nicht

---

299 Julius II. hatte am 17. August 1510 Rom verlassen und kehrte erst am 26. Juni 1511 dorthin zurück. Den ganzen Winter verbrachte er in Bologna. Vgl. ausführlicher unten S. 129-134.

300 Besler, Vita 361. Vgl. SCHNEIDER, Intervention 309–311.

301 Vgl. das Appellationsinstrument WA 2, 28–33.

302 Thür. StA Rudolstadt, A VIII Hessesche Collectaneen 1d Nr. 11 Bd. 4, S. 261–263 (Abschrift), abgedruckt bei SCHNEIDER, Neue Quellen 26f. (Nr. 2).

zwei Ämter bekleiden könne, hält Aegidius entgegen, dass nach ge-
schlossener Union auch einem Amtsinhaber alle Vollmachten zu geben
seien, da durch zwei Ämter leichter Zwietracht und Streitigkeiten ent-
stünden. Damit nicht die Union beschädigt und die Anordnung des
Generals beeinträchtigt werde, befiehlt Aegidius unter Hinweis auf den
Ordensgehorsam und unter Androhung der Strafe für Rebellion, „dass
ihr von derartigen Appellationen gänzlich Abstand nehmt und die Union und die früheren Verträge haltet,"[303] zumal es keinen Grund für ein
anderes Verhalten gäbe. Nochmals droht der General an, sonst mit
schwereren Strafmaßnahmen gegen Zuwiderhandelnde vorzugehen.

Zweifellos bezieht sich das Schreiben des Generals auf die zweite
Appellation der Renitenten. Da schon in der Memminger Bulle Appellationen nicht gestattet worden waren und nachdem Aegidius nach der
ersten Appellation vom April 1510 bereits im Sommer desselben Jahres
über den anhängigen Streitfall sein Urteil gefällt hatte, erklärte er jetzt
aufgrund der Rechtslage (das meint der Registereintrag mit *ex legibus*)
Appellationen für unzulässig.

Der General schickte nun einen deutschen „Bruder Johannes" an
Staupitz, der diesen wohl über die Entscheidung informieren sollte. Bei
dem hier genanten *Johannes Germanus*, der mit dieser wichtigen Mission
betraut wurde, handelt es sich um einen Vertrauensmann des Generals,
Johannes Klein (Parvus), den deutschen Subprior des römischen Klosters
Sant'Agostino,[304] in dem die Ordenskurie ihren Sitz hatte. Er stammte
aus der sächsischen Provinz, war also mit den deutschen Verhältnissen
vertraut. Hätte, wie Boehmer annimmt, sich eine Delegation der Renitenten in Rom befunden, um die Appellation persönlich vorzubringen,
wäre es über den ablehnenden Bescheid an diese hinaus kaum nötig
gewesen, noch einen Gesandten abzuordnen. Boehmers Beschreibung
der Absicht des Generals, durch die Entsendung eines deutschen Ordensbruders aus Rom „die Mißvergnügten zu versöhnen", weckt zudem verkehrte Assoziationen. Zum einen wurde Johannes Klein nicht
zu den Renitenten geschickt, sondern zu Staupitz, zum andern war es

---

303   *ut ab hujusmodi appellacionibus omnino cessetis et unionem atque prima pacta teneatis.*
304   So schon die Vermutung von W̄EIJENBORG, Dokumente 193f. Dieser wird in
      anderen Eintragungen, in denen er im Register erscheint, meist *Joannes Parvus*
      genannt (Resgestae Nr. 304.587.663.874.1236); anders: 644 (*Germanus*).
      680.730 (nur *Iohannes* und Titel *subprior*). Die Identifizierung hat auch deshalb
      große Wahrscheinlichkeit für sich, da Johannes Klein im Herbst des Jahres mit
      der Kollekte von Staupitz nach Rom zurückkehrte (Generalarchiv OSA Rom,
      Ll 2, fol. 57ᵛ; abgedruckt: Resgestae I, Nr. 874). Zu Johannes Klein vgl. KUN-
      ZELMANN VI, 19–23.

erklärtes Ziel des Generals, die Rebellen zurückzuführen *ad amorem et integram oboedientiam*.

Zu diesem Zweck leitete Aegidius im Frühjahr 1511 flankierende Maßnahmen ein, indem er sich an Kaiser Maximilian und an deutsche Fürsten wandte. Diese Aktionen lassen deutlich werden, wie ernst der Ordensgeneral die Lage einschätzte. Einem Registervermerk vom 18. März 1511 zufolge schrieb Aegidius an den Kaiser und bat ihn um Hilfe bei der Befriedung der deutschen Kongregation.[305] Es handelt sich dabei um eine Antwort auf ein Schreiben Maximilians. Da beide Dokumente nicht erhalten sind,[306] lässt sich leider nicht mit Sicherheit feststellen, ob der Kaiser sich in der Angelegenheit des Ordensstreites an den General gewandt hatte; es spricht aber einiges dafür, weil die Registernotiz außer diesem Thema keine anderen Inhalte nennt. Trifft dies zu, so zeigt sich, welche Kreise die Auseinandersetzung inzwischen schon gezogen hatte. Am ehesten ließe sich vermuten, dass der Kaiser von Seiten beunruhigter Reichsstände wie etwa Nürnbergs um Intervention gebeten worden war.

Diese Annahme lässt sich auch durch eine weitere Eintragung im Register des Generals stützen. Danach sandte Aegidius am 1. April verschiedene Schreiben nach Deutschland, deren Adressaten *tam fratres, tam principes* waren; der Ordensgeneral ermahnte sie zum Frieden und zum Gehorsam gegenüber Staupitz.[307] Zugleich schickte er jetzt einen deutschen Bruder Dietrich (Theodoricus)[308] zum Kaiser, um die Angelegenheit durch einen persönlichen Abgesandten zu betreiben.[309] Schon im Vorjahr, als Aegidius Staupitz aufgefordert hatte, die Renitenten unter Strafandrohung zur Rückkehr in den Verband der Kongregation zu

305 Resgestae I, Nr. 815: *Mart. 18 ad Imperatorem Maximilianum literae missae sunt. Responsumque his, quae ipse miserat, actaeque gratiae sunt, quod adeo familiariter scripsisset, tot etiam ac tanta promisisset. Oratusque est, ut id unum faceret, ut Germana Congregatio tanti principis auctoritate pacata ordini capitique attutum pareret.*

306 Wie mir Herr Kollege Hermann Wiesflecker, Graz, freundlicherweise mitteilte, sind Korrespondenzstücke zwischen Kaiser Maximilian und dem Ordensgeneral aus den Jahren 1510–1512 nicht erhalten. Auch im römischen Generalarchiv der Augustiner sind diese Schreiben nicht nachweisbar.

307 Resgestae I, Nr. 819: *Ad Germanos scriptum est, tam fratres, tam principes, ut paci studentes vicario subsint.*

308 Nicht identifiziert. Es muss sich um einen deutschen Ordensbruder in dem römischen Konvent S. Agostino handeln. Von dem von Boehmer in Erwägung gezogenen Dietrich Kaltoffen (vgl. KUNZELMANN V, 90f. und Anm. 511) ist kein römischer Aufenthalt bekannt.

309 Resgestae I, Nr. 819: *Ad rem efficiendam frater Theodoricus Germanus ad Imperatorem destinatur.* Vgl. BOEHMER, Romfahrt 30.

bewegen, hatte ihm der General gestattet, *ut brachio saeculari utaris*.[310] Nun bemühte der General selbst den weltlichen Arm, wandte sich an den Kaiser und an Fürsten, um der Opposition Herr zu werden. Diese Beobachtung ist von Bedeutung, wenn man nach Gründen für den schließlichen Ausgang des Konflikts im Jahre 1512 sucht.

Bevor diese Briefe ihre Empfänger erreichten, hatte der Nürnberger Rat am 2. April 1511 eine Eingabe an den Ordensgeneral gerichtet, die von Pirckheimer konzipiert war.[311] Nach einer Darstellung der großen Verdienste der Reichsstadt um den Augustinereremitenorden kommt das Schreiben auf den gegenwärtigen Streit zu sprechen. Die Ursache der Zwietracht sieht der Rat in dem Versuch einiger, unter dem Vorwand einer guten Sache den Orden zu untergraben. Es sei zu befürchten, dass – und nun wird der konkrete Anlaß genannt – durch die Vereinigung (der observanten Klöster) mit der sächsischen Provinz verderbliche Ärgernisse folgten und die Gefahr drohe, dass *regularis vita ac honesta conversatio* gänzlich vernichtet und beseitigt würden. Daher bittet der Rat den Generalprior, dies nicht zu dulden, sondern die Sache gütlich beizulegen. Sollte dies dem General wegen der *importunitas* der gegnerischen Seite nicht möglich sein, möge wenigstens den (Nürnberger) Brüdern der Rechtsweg nicht verschlossen werden, sondern offenstehen.

Boehmer deutet dieses Dokument so, dass im April des Jahres 1511 eine z w e i t e Gesandtschaft nach Rom gegangen sei, die dort dieses Protestschreiben des Rates gegen die Union übergeben habe.[312] „Dass die Gesandten Ordensleute waren, wird nicht ausdrücklich gesagt, aber versteht sich von selbst."[313] Das Schreiben verlange – nach dem (angeblichen) Scheitern der ersten Delegation – die Gewährung der Appellationsmöglichkeit für die Renitenten. Der Rechtsweg dürfe ihnen nicht – wie durch das Appellationsverbot des Generals geschehen – verwehrt werden, sondern müsse ihnen offen stehen.[314] Boehmer lässt die Frage in der Schwebe, ob an der Unternehmung „alle Konvente beteiligt waren oder nur der Nürnberger".[315] Gegen diese Deutung erheben sich aber mehrere Bedenken: Es geht aus dem Schreiben nicht hervor, dass der

310 S.o. S. 60.
311 Bayer. StA Nürnberg, Briefbücher des Rates Nr. 66, f. 186; Abdruck bei BOEHMER, Romfahrt 166f., und Pirckheimers Briefwechsel II, Nr. 189 bis. Zur Korrektur des Datums vgl. schon ECKERMANN, Dokumente 286, Anm. 14.
312 So auch REICKE, in: Pirckheimers Briefwechsel II, 189 bis, Anm. 4f.
313 BOEHMER, Romfahrt 32.
314 BOEHMER, Romfahrt 32.60.
315 BOEHMER, Romfahrt 60.

Brief durch eine Gesandtschaft überbracht werden sollte. Und dass es
sich dabei um Ordensangehörige gehandelt habe, ist schon gar nicht
„selbstverständlich", war es doch – wie Boehmer in anderem Zusammenhang selbst anmerkt[316] – den Mönchen durch die Konstitutionen
der Kongregation verboten, *ambasiatam alicuius personae ecclesiasticae vel
saecularis seu communitatis [...] sine vicarii licentia speciali* zu übernehmen.[317]
Es handelte sich ferner um eine Aktion des Nürnberger Rates, nicht des
Augustinerkonvents, so dass die Überlegung Boehmers, ob noch weitere
renitente Konvente daran beteiligt gewesen sein könnten, abwegig ist.
Überdies hatte der Nürnberger Rat einen Syndikus in Rom, der solche
Schreiben übermitteln konnte; er war schon bei dem von Staupitz aus-
gelösten früheren Konflikt als römischer Mittelsmann in Anspruch ge-
nommen worden.[318]

Vor allem aber lässt sich aus dem Schreiben des Nürnberger Rates
durchaus nicht schließen, dass es sich um eine zweite Gesandtschaft
gehandelt hätte. Der Brief bietet dem General weitere Auskünfte durch
die *consignatores* des Schreibens an,[319] was Boehmer zur Stützung seiner
These als „Überbringer" deutet.[320] Doch die *consignatores* sind die Absender (Siegler), d.h. der Nürnberger Rat. Aus dem Schriftstück geht
auch keineswegs hervor, „dass die Nürnberger [...] die in Rom im Januar gefällte Entscheidung als eine Rechtsverletzung betrachteten".[321]
Denn von einer bereits getroffenen Entscheidung ist gar nicht die Rede.
Vielmehr wird der Generalprior überhaupt erst gebeten, *ut non tam
nefandum accidere patiatur, sed benigne (ut vestram decet reverentiam) causam
hanc sedare ac discutere velit.* Nur für den Fall (*sin vero*), dass dies wegen der
importunitas der Gegner nicht möglich sei, möge doch der Rechtsweg
den genannten Brüdern (des Nürnberger Konvents) nicht verschlossen
werden, sondern offenstehen. Aus diesen Formulierungen lässt sich nicht
erkennen, ob die Nürnberger Ratsherren von einem Appellationsverbot
des Generals überhaupt Kenntnis hatten. Wenn dies der Fall war, so

---

316 BOEHMER, Romfahrt 58.
317 Constitutiones, cap. 20.
318 Dr. iur. utr. Kaspar Wirt(t), Mitglied des Passauer Domkapitels, war Passauer
    Geschäftsträger bei der Kurie; vgl. Ludwig H. KRICK, Das ehemalige Domstift
    Passau und die ehemaligen Kollegiatstifte des Bistums Passau, Passau 1922, 58.
    Über seine Tätigkeit als Syndikus der Stadt Nürnberg vgl. Aloys SCHULTE, Die
    Fugger in Rom 1495-1523, 2 Bde, Leipzig 1904, hier I, 291; II, 153. Zu seiner
    Rolle im Jahre 1506 vgl. SCHNEIDER, Intervention, Anm. 39.
319 [...] *quemadmodum Paternitas vestra ex harum literarum consignatoribus latius informari
    poterit.*
320 So deuten BOEHMER und ihm folgend REICKE in der Pirckheimer-Edition.
321 So SCHEEL II, 299.

haben sie bewusst vermieden, darauf Bezug zu nehmen. Vollends lässt sich damit Boehmers Annahme, dass schon eine Delegation der renitenten Konvente aus Rom zurückgekehrt war und bereits eine erste abschlägige Antwort des Generals mitgebracht hatte, nur schwer in Einklang bringen. So kann das Schreiben des Nürnberger Rates weder als Beleg für eine noch gar für zwei Gesandtschaften herangezogen werden.

7. Kompromiss oder Verurteilung?

Über eine Reaktion des Generals, den das Generalkapitel in Viterbo am 27. Mai 1511 in seinem Amt bestätigte,[322] auf das Schreiben der Stadtväter ist nichts bekannt.[323] Sie lässt sich aber als Hintergrund für das weitere Vorgehen von Staupitz vermuten. Dieser hatte im Sommer 1511 in Begleitung Nikolaus Beslers eine Visitationsreise durch Holland, Brabant, Westfalen und Sachsen durchgeführt.[324] Nach seiner Rückkehr unternahm er noch einen Vermittlungsversuch bei einer Zusammenkunft mit den Renitenten in Jena.

Der langwierige, zermürbende Konflikt blieb im Lager der Renitenten nicht ohne Erosionen. Schon v o r dem Jenaer Treffen war es offenbar im Erfurter Konvent, der bisher auf Seiten der Opposition gestanden hatte, zu Kontroversen um die künftige Haltung in dem Ordensstreit gekommen. Es scheint, dass damals Johannes Lang[325] und auch Luther für Staupitz Partei ergriffen und dass der Wechsel beider nach Wittenberg im Spätsommer / Herbst 1511 damit in direktem Zusammenhang stand. Langs[326] Immatrikulation in Wittenberg am 24.

322 Vgl. Eustasio ESTEBAN, De capitulis generalibus ordinis tempore Aegidii Viterbiensis celebratis, in: AAug 9 (1919) 171–182, hier 173f.

323 BOEHMER, Romfahrt 60, will den Erfolg der Demarche aus einem Schreiben des Nürberger Rates an Staupitz vom 19. September 1511 herauslesen; darin wird aber die frühere Intervention beim General mit keinem Wort erwähnt. Vgl. dazu unten S. 78.

324 BESLER, Vita 363. Am 12. April (vigilia Palmarum) war Staupitz in Mühlheim (Ehrenbreitstein) eingetroffen; von dort brach er mit Besler auf.

325 Martin BURGDORF, Johann Lange der Reformator Erfurts, Kassel 1911; SCHEEL II, 416.419ff.; Reinhold WEIJENBORG, Luther et les cinquante et un Augustins d'Erfurt, in: RHE 55 (1960) 819–875, hier 849; WENTZ, Augustinereremitenkloster Wittenberg 482f.

326 In der Matrikel steht Frater Johannes Langkerur (Carl Eduard FÖRSTEMANN, Album Academiae Vitebergensis, I, Leipzig 1841, 38). Nach der plausiblen Erklärung von Hermann HERING, Epistolae Langianae, Halle 1886, 2, ist der verballhornte Eintrag als frater Joh. Langk Erfur[dianus] zu lesen; zustimmend WENTZ, Augustinereremitenkloster Wittenberg 482.

August 1511[327] lässt sich mit der Parteinahme gegen seinen Erfurter Heimatkonvent in Verbindung bringen. Denn der Erfurter Augustiner-Theologe Bartholomäus Arnoldi von Usingen hat Lang später daran erinnert, dass er ihn aus dem Wittenberger „Exil" zurückgerufen habe „nach der anfänglichen Abpaltung von unserer Kongregation, der du angehangen hast gegen deinen Heimatkonvent – ob aber zu Recht oder zu Unrecht will ich hier nicht entscheiden".[328] Lang war aber nicht der einzige, der Erfurt verließ; dort sprach man später im Rückblick von einem großen Personalwechsel (*magna patrum mutacio*), der 1511 stattgefunden habe.[329] Für Luthers (zweiten und diesmal endgültigen) Wechsel nach Wittenberg steht kein Datum fest; wohl weil er bereits 1508 in Wittenberg immatrikuliert worden war,[330] wurde er nicht nochmals eingeschrieben. Die Vermutung, dass er ebenfalls während der Zuspitzung des Ordenskonflikts im Spätsommer 1511, etwa zur selben Zeit wie Lang, von Erfurt nach Wittenberg wechselte, kann aus Luthers Angabe hergeleitet werden, dass er nach der Rückkehr von seinem ersten Wittenberger Aufenthalt in Erfurt eineinhalb Jahr geblieben sei.[331] Damit lässt sich eine bei Johannes Cochläus überlieferte Nachricht verbinden: Er habe von Mitbrüdern Luthers gehört, „dass dieser von den sieben Klöstern, denen er damals gegen die anderen Brüder angehangen hatte, zu seinem Staupitz abgefallen sei".[332] Dass mit Luthers „Abfall zu

---

327 Die Immatrikulation erfolgte *Dominica decima* (FÖRSTEMANN, ebd.). OERGEL, Vom jungen Luther, 132, interpretiert: „d.h. Ende August"; Scheel (II, 428, A. 14) errechnet den „17. August". Der 17. August war der 10. Sonntag n a c h Pfingsten, der aber nicht gemeint sein kann, da das in der Matrikel vo r a u f g e h e n d e Datum *Dominica post Assumpcionis* ist und dies 1511 der 17. August war, dem dann erst *Dominica decima* folgt. Es muss sich also um den 10. Sonntag n a c h Trinitatis handeln, den 24. August 1511. Das richtige Datum nennt Carl BERTHEAU in seinem Artikel über Heinrich von Zütphen in RE³ 22 (1908) 737–742, hier 737, Z. 54.

328 *Ab exilio te revocavi post primariam nostrae unionis factionem, cui tu adhaesisti contra nativum conventum tuum, an autem probe vel improbe nolo hic definire.* Bartholomäus ARNOLDI VON USINGEN, Sermo de sancta cruce, Erfurt 1524; zit. bei OERGEL 132.

329 OVERMANN, Urkundenbuch III, 404, Anhang Nr. 14 (nach 1519).

330 FÖRSTEMANN, Album 28.

331 Vgl. Luthers Bemerkung in WA.B 1, 30,35f.

332 *Audivi vero a fratribus ejus eum* [Luther] *a septem monasteriis, quibus tum contra alios fratres adhaeserat, ad Staupitium suum defecisse* (Johannes COCHLÄUS, Ad semper victricem Germaniam paraklesis, Köln 1524, fol. C 2; abgedruckt bei BOEHMER, Romfahrt 8f.).

seinem Staupitz" sein endgültiger Wechsel nach Wittenberg in Verbindung stand, hat hohe Wahrscheinlichkeit für sich.[333]

Am 1. September[334] fand eine Zusammenkunft der streitenden Parteien in Jena statt[335], wo es zwar kein Augustinerkloster, aber eine Erfurter Terminei gab.[336] An dem Treffen nahmen Staupitz mit seinen Parteigängern einerseits und sein Gegenspieler, der Vikar Simon Kaiser[337] mit den Vertretern der sieben renitenten Konvente andererseits teil. Das Ergebnis der Zusammenkunft war ein schriftlicher Rezess, dessen genauen Inhalt wir leider nicht kennen.[338] Ihm stimmten alle Anwesenden unter dem Vorbehalt der Billigung durch ihre jeweiligen Konvente zu;

---

333 Bei der Annahme, Luther wäre im Auftrag der Renitenz 1510/11 nach Rom gezogen, hätte dieser „Abfall zu Staupitz" ein halbes Jahr nach der Rückkehr aus Rom stattgefunden. Bei einer Datierung in das Winterhalbjahr 1511/12 hat Luther erst nach dem „Abfall" zu Staupitz von Wittenberg aus dessen in Auftrag die Romreise angetreten.

334 Das Datum war bis zur Veröffentlichung des Appellationsinstrument vom 10. September durch ECKERMANN unbekannt. BOEHMER, Romfahrt 60f. nahm „etwa Mitte Juli" an. In dem Appellationsinstrument heißt es: *nondum decem diebus elapsis.*

335 War früher das einzige Zeugnis über diese Konferenz der genannte Brief des Nürnberger Rates vom 19. September 1511, so tritt nun das von Eckermann edierte Notariatsinstrument hinzu. BESLER, Vita, schweigt in seiner Autobiographie leider über das Jenaer Treffen wie auch über den gesamten Ordensstreit.

336 So schon die Vermutung KOLDES, Bewegungen 467. Eine Terminei in Jena (die erste des Erfurter Klosters) lässt sich urkundlich belegen; vgl. KUNZELMANN V, 11.

337 Kaiser wird in einem Schreiben des Nürnberger Rates, das auf die Jenaer Zusammenkunft Bezug nimmt, *vicarius* genannt. Damit soll er aber nicht als Distriktsvikar (KOLDE, Bewegungen 466f., Anm. 5, der auf Luther als Distriktvikar nach 1515 hinweist; vgl. auch BOEHMER, Romfahrt 57 und KUNZELMANN V, 275, Anm. 1436: „fränkischer Distriktvikar") bezeichnet werden. Vielmehr hatten die renitenten Konvente ja schon im Frühjahr 1510 Kaiser zum – nach ihrer Meinung rechtmäßigen – Vikar der Kongregation gewählt.

338 Vgl. WEIJENBORG, Dokumente 195ff.; danach KUNZELMANN, V, 464–466. Zu Weijenborg bemerkt BRECHT, Luther I, 468, Anm. 11, zu Recht: „Seine Angaben über den Jenaer Rezeß lassen sich den Quellen schwerlich entnehmen." Auch SCHULZE spricht von Weijenborgs „zu weitreichenden Spekulationen über den tatsächlich unbekannten Inhalt des ›Jenaer Rezesses‹"; trotz der Kritik Laus an Weijenborg habe KUNZELMANN (V, 465) „die weitäufigen Erörterungen Weijenborgs straff zu nüchterner Berichterstattung zusammengefaßt und so auf die Höhe von Fakten gebracht" (Fürsten und Reformation 174f.).

innerhalb von zwei Monaten sollten alle ihre Stellungnahme mitteilen.[339]

Boehmer will aus einem Brief des Nürnberger Rates auf eine Reaktion des Generals und einen von Staupitz initiierten Kompromissvorschlag bei den Jenaer Verhandlungen schließen. Er meint, dass der General „es für angezeigt hielt, den Rückzug anzutreten". Er habe „den wichtigsten Punkt des Unionsprojektes, die Vereinigung der Observanten und der aggregierten Klöster zu e i n e m Kapitel und e i n e r Kongregation" aufgegeben und „statt dessen nur mehr eine Art Personalunion zwischen dem deutschen Generalvikariat und dem Provinzialat Saxoniae" gefordert.[340] Dies sei auch der Inhalt des Jenaer Rezesses gewesen. Die Opposition habe damit eigentlich zufrieden sein können, da der Hauptanstoß, die Verschmelzung von Kongregation und Provinz, aufgegeben worden sei; „dass aber ihr Oberhaupt zugleich Provinzial von Sachsen bleiben sollte, konnte ihr gleichgültig sein".[341] Dieses Urteil erweist sich angesichts der inzwischen bekannten Vorgeschichte als völlige Fehleinschätzung, da doch gerade diese Personalunion der Stein des Anstoßes war und blieb. Aber in eben dieser Grundsatzfrage machte Staupitz in Jena keine Konzessionen und hielt an seinem Rechtsstandpunkt fest, wie die weitere Verwendung beider Titel, Vikar und Provinzial, beweist.[342]

Simon Kaiser und seine Anhänger haben das Ergebnis der Jenaer Zusammenkunft nicht akzeptiert. Staupitz' Gegenspieler begab sich von Jena aus in das zur Opposition gehörende Augustinerkloster Nordhausen und appellierte am 10. September 1511 in einem feierlichen Akt vor

---

339 *welchs aber der gedacht prior sampt den andern seins tails allein biss auf ein hinder sich pringen ir jedes convent angenommen und sich verfangen, inwendigs zwaier monat den nechsten Ew. Erwirde darauff irer maynung und willens zu berichten* (Nürnberger Rat an Staupitz, 19. September 1511, abgedr. bei KOLDE, Bewegungen 432).

340 BOEHMER, Romfahrt 60 (Boehmers Hervorhebungen).

341 BOEHMER, Romfahrt 61.

342 Im Dekanatsbuch der Wittenberger juristischen Fakultät wird er am 1. September 1511 *vicarius et provincialis heremitarum* genannt (WENTZ, Augustinereremitenkloster Wittenberg 447). Die doppelte Amtsbezeichnung begegnet auch in einem Bruderschaftsbrief für Christoph Scheurl vom 6. Oktober 1511 (vgl. KOLDE, Bruderschaftsbrief 296). Dass Staupitz an der Verbindung mit dem Amt als sächsischer Provinzial festhielt, geht auch hervor aus einem noch zu besprechenden Schreiben des Nürnberger Rates vom 19. September sowie aus einem bisher unbeachteten Eintrag im Kollektenbuch des Ordensgenerals vom 28. November.

einem Notar und zwei Zeugen *pro seipso ac sibi adhaerentibus* erneut an den Papst.[343]

In der im Wortlaut erhaltenen Appellation legt Kaiser im Namen der renitenten Konvente ausführlich deren Rechtsauffassung dar. Er stellt heraus, dass zu den durch päpstliche Vollmacht verliehenen Privilegien zum Schutz der Observanz auch die Leitung der Kongregation durch einen Vikar gehöre, dessen Wahl keiner weiteren Bestätigung (durch den General) bedürfe. Diese vom Apostolischen Stuhl gewährten Rechte seien sowohl durch den General als auch durch Staupitz verletzt worden. Der General dürfe nämlich nicht einen Provinzial, der die unreformierten Konvente leite (scil. Staupitz nach seiner Wahl durch die sächsische Provinz), als Vikar über die observante Kongregation einsetzen und diese seinem Gehorsam unterwerfen; daraus entstehe sowohl Verwirrung der Unreformierten als auch Ruin der (observanten) Ordensreform (*et irreformatorum et reformatorum confusionem inquietam et reformationis ruinam*). Durch die Entscheidung, dass der Provinzial Staupitz auch Vikar sein solle, habe sich der Generalprior rechtswidrig in die Verfügung über das Vikariat eingemischt (*se huiusmodi vicariatum disponendo intromisisse*). Staupitz habe durch seine vorgebliche ordentliche Autorität die sieben Konvente zu einem (in den Augen der Renitenten: unrechtmäßigen) Gehorsam nötigen wollen. Ausdrücklich verweist Kaiser auf eine frühere Appellation gegen Staupitz, die aufrecht erhalten werde. Es werden „Aposteln"[344] erbeten, durch die der Papst als angerufener Richter von der Appellation zu unterrrichten war.

Sechs Tage nach der Appellation der Renitenten hielt Staupitz am 16. September 1511 im Wittenberger Kloster eine Zusammenkunft (*sinodus*) von Augustinern ab. Dass die Versammlung im Dekanatsbuch der juristischen Fakultät vermerkt wurde,[345] lässt darauf schließen, dass

---

343 Ausführliche Inhaltsangabe und Text des Notariatsinstruments bei ECKERMANN, Dokumente 288–292, 292–295. – Unter den Urkunden des Augustinerklosters im Stadtarchiv Nordhausen befinden sich weder eine Kopie dieses Dokuments noch andere auf den Ordensstreit bezügliche Quellen.

344 Apostelbrief ist im mittelalterlichen Verfahrensrecht der Bericht, den die untere richterliche Instanz (*iudex a quo*) bzw. ein Notar auf die Bitte einer Partei, die gegen eine Entscheidung appelliert, an die höhere Instanz (*iudex ad quem*) sendet. Er enthält eine Schilderung des bisherigen Verfahrensablaufes und eine Beurteilung der Berechtigung der Appellation sowie ggf. auch die bisherigen Prozessakten. Vgl. Johann Baptist SÄGMÜLLER, Lehrbuch des katholischen Kirchenrechts, II, Freiburg/Br. ⁴1934, 342.

345 *Reverendissimus pater Johannes de Staupitz, vicarius et provincialis heremitarum, Wittenbergae in monasterio per eum constructo celebravit sinodum suorum fratrum* (abgedruckt bei WENTZ, Augustinereremitenkloster Wittenberg 447. Wentz ver-

Staupitz in dieser kritischen Situation bei den Rechtsgelehrten fachkundigen Rat einholte. Wahrscheinlich wurde schon auf der Wittenberger Zusammenkunft beschlossen, Delegierte zum Ordensgeneral nach Rom zu schicken.

Unterstützung erhielten die Renitenten aber erneut aus Nürnberg. Am 19. September 1511 wandte sich der Rat der Stadt an Staupitz, um noch einmal seine Vorbehalte gegen die Union und gegen die Jenaer Vereinbarungen darzulegen.[346] Der Nürnberger Prior habe über die Zusammenkunft und seine Ergebnisse unterrichtet. Der Rat machte Vorbehalte gegen den Jenaer Rezess geltend, weil darin die Verbindung des Vikariats mit dem sächsischen Provinzialat aufrecht erhalten wurde. Er verwies auf die päpstlichen Freiheiten, die dem Nürnberger Augustinerkloster gewährt worden seien, und auf die Gefahr für die geistliche Disziplin, die durch die Union drohe. Der Rat machte seinerseits einen Vorschlag zur Beilegung der Streitigkeiten: Ein Kapitel allein der Kongregation solle über die Angelegenheit beraten. Falls dies aber erfolglos bleibe, schlägt der Rat ein letztes Mittel vor, dass *alssbald von inen ain verständiger unpartheyischer richter in teutschen landen erkorn und angenommen, vor dem diese geprechen in der gut mit wissen* [in Güte mit Gewissenhaftigkeit] *oder rechtlich* [auf dem Rechtsweg] *ertragen und geendet werden sollte*.

Diese Vorschläge und vor allem die letzte Alternative sind für die Haltung des Nürnberger Rates höchst aufschlussreich, und sie unterscheiden sich von dem Vorgehen, das Simon Kaiser gewählt hatte. Es entsprach der allgemeinen Tendenz der Politik der Reichsstände – wie sich auch wenige Jahre später wiederum im Luther-Prozess zeigen sollte –, wenn die Regierung der Reichsstadt sich für eine Lösung des Konflikts durch Richter *in teutschen landen* einsetzte. Schon hundert Jahre zuvor, im Konstanzer Konkordat Martins V. mit der deutschen Nation (1418), war das Zugeständnis erreicht worden, dass die Entscheidungen über Appellationen an den Papst nicht in Rom, sondern durch *iudices in partibus* entschieden werden sollten,[347] und in der Folgezeit hatte man sich stets darum bemüht, dass Streitfälle, die Deutsche oder deutsche Angelegenheiten betrafen, auch in Deutschland entschieden wurden. Die Appellationen Simon Kaisers, die ja auf eine höchstrichterliche Entscheidung durch den Papst in Rom abzielten, waren demnach nicht im Sinne des Nürnberger Ratspolitik. Auch von dieser Erwägung her wird

---

mutet freilich zu Unrecht, dass bereits damals Staupitz' Unionspläne liquidiert worden seien).

346 Bayer. StA Nürnberg, Briefbücher des Rates Nr. 67, f. 34; abgedr. bei KOLDE, Bewegungen 470–472.

347 Angelo MERCATI (ed.), Raccolta di concordati su materie ecclesiastiche tra la S. Sede e le autorità civili, I: 1898–1914, Rom ²1954, 157–165.

die Rolle, die Boehmer in seiner hypothetischen Rekonstruktion den Nürnbergern bei angeblichen Gesandtschaften der Appellanten zuschreibt, durchaus zweifelhaft.

Die Nürnberger Vorschläge, die das gesamte Unionsprojekt zur Disposition stellten, konnten freilich für Staupitz kaum annehmbar erscheinen. Doch verschärfte der hartnäckige Widerstand des Nürnberger Rates noch zusätzlich die Opposition der sieben renitenten Konvente. Der Augustiner-Historiograph Felix Milensius berichtet, dass bereits am 1. Oktober der Ordensgeneral und der Kardinal Raffaele Riario[348] als Ordensprotektor[349] über die Widerspenstigen *ut saepius monitos semperque contumaces* die Exkommunikation verhängten und Staupitz mit der Verkündung beauftragten.[350] Während Scheel vermutet, dass „wir es mit einer der vielen Phantasien des Milensius zu tun" haben,[351] will Boehmer die Nachricht „nicht einfach beiseite werfen", obwohl auch er Milensius als einen sehr schlechten Gewährsmann beurteilt und ein Versehen in der Jahreszahl und in der Adresse nicht ausschließt.[352] Mit der Antwort der renitenten Konvente auf den Jenaer Rezess könne die Exkommunikation aber nicht zusammenhängen, da die Nachricht über die Ablehnung – Boehmer geht von dem Brief des Nürnberger Rates aus – nicht in so kurzer Zeit nach Rom gelangt sein könne. Daher ließen sich Anlass und Absicht des Generals bei dieser Maßnahme nicht mehr feststellen.[353]

Die genauere Einsicht in die Vorgänge, vor allem die neu erlangte Kenntnis der Appellation Simon Kaisers vom 10. September, erhärtet aber die Glaubwürdigkeit der Nachricht des Milensius. Die Exkommunikation wird auch durch das Schreiben des Magdeburger Erzbischofs vom folgenden Frühjahr ausdrücklich bestätigt, indem er schreibt,

---

348 Es handelt sich um Raffaele (Sansonus) Riario, vgl. Alphonsus CIACONIUS, Vitae et Res Gestae Pontificum Romanorum et S.R.E. Cardinalium Ab initio nascentis Ecclesiae vsque ad Clementem IX. P.O.M., III, Rom 1677, 70–76; EUBEL, Hierarchia III, 3 (Nr. I,6). Armando SCHIAVO, Profilo e testamento di Raffaele Riario, Studi Romani 8 (1960) 414–429; Michael SCHAICH, BBKL 8 (1994) 162–166.

349 Nicht Ordens p r o k u r a t o r, wie es bei BOEHMER, Romfahrt 61 heißt; Ordensprokurator war vielmehr Ioannes Antonius de Chieti (s.o. Anm. 297). Zum Amt des Ordensprotektors vgl. Philipp HOFMEISTER, Die Kardinalprotektoren der Ordensleute, in: ThQ 142 (1962) 425–464, zu den Augustinereremiten: 432–434, und David GUTIÉRREZ, Die Augustiner im Mittelalter, Würzburg 1985, 101–103.

350 MILENSIUS, Alphabetum 223; vgl. ECKERMANN, Dokumente 286, Anm. 16.

351 SCHEEL, Luther II, 428, Anm. 10.

352 BOEHMER, Romfahrt 61.

353 BOEHMER, Romfahrt 61f.

Staupitz habe *eyn Excommunicacion widder sie* [die Partei Kaisers] *und seine vorwantten im hofe zcu Rome erlangt, dovon sie widder appelliret.*[354] Es ist wahrscheinlich, dass der gescheiterte Vermittlungsversuch in Jena der Grund der Exkommunikation war. Aber wie ist diese überaus schnelle Reaktion der Ordensleitung vorstellbar? Zeitlich nur schwer möglich wäre, dass Staupitz sofort nach der Jenaer Zusammenkunft die Ordensleitung – etwa durch berittene Boten[355] – über den fortdauernden Widerstand der Renitenten unterrichtet hätte. Doch der Bericht von Milensius zeigt, dass es sich anders verhielt; er fährt nämlich fort: *Ipsi vero Staupitio excommunicationis publicatio committitur, qui Romam* [...] *accesserat.*[356] Das heißt nicht, dass „Staupitz mit der Publikation der ›Bannbulle‹ beauftragt wurde, w e i l   e r   d a m a l s   i n   R o m   w a r“.[357] Das Plusquamperfekt im Relativsatz ist zu beachten: „der in Rom gewesen war“ oder „der sich an Rom gewandt hatte“. Das heißt, offenbar war Staupitz schon bei dessen Romaufenthalt im Sommer 1510, als der anhaltende Widerstand der renitenten Konvente erkennbar war, eine Exkommunikationsurkunde ausgehändigt worden – für den Fall, dass die Gegner auch weiterhin in ihrer „Rebellion“ verharrten.[358] Nachdem nun dieser Fall eingetreten war und auch die Jenaer Ausgleichsverhandlungen nicht zu einer Verständigung mit der Opposition geführt, diese sogar erneut appelliert hatte, konnte Staupitz die Exkommunikation verkünden.

Gleichwohl war die Situation für Staupitz, wie nicht zuletzt das Schreiben des Nürnberger Rates zeigte, äußerst prekär. Daher entschloss er sich, Abgesandte nach Rom zum General zu schicken. Einer der beiden war, wie wir von Nikolaus Besler später beiläufig erfahren,[359] Johann von Mecheln, ein früherer Wittenberger Student und Prior von Enkhuizen.[360] Am 16. September 1511, dem Tag der Wittenberger Zu-

---

354 S.u. S. 86.

355 Besler benötigte für die Reise von Rom bis München zu Pferde 27 Tage.

356 MILENSIUS, Alphabetum 223.

357 So SCHEEL, Luther II, 428, Anm. 10, der kommentiert: „Das ist notorisch falsch.“

358 Die prophylaktische Ausstattung mit Urkunden für verschiedene denkbare Fälle ist nicht ungewöhnlich. Erinnert sei etwa an die päpstlichen Legaten auf dem Basler Konzil, die im März 1433 sogar fünf Bullen für unterschiedliche Entscheidungsmöglichkeiten mitbrachten, derer sie sich nach Bedarf bedienen konnten (Charles HEFELE / Henri LECLERQ, Histoire des Conciles d'après les documents originaux, VII/2, Paris 1916, 792f.).

359 Besler, Vita 363 über seine Rückkehr: *Romam missus redierat.*

360 Über Johannes de Rathem (Ratheim), meist Johann von Mecheln genannt, vgl. WENTZ, Augustinereremitenkloster Wittenberg 473f.; Alberic DE MEYER,

sammenkunft, war er mit drei anderen Augustinern zum Doktor der
Theologie promoviert und am 4. Oktober 1511 in den Senat der theologischen Fakultät aufgenommen worden.[361] Dass seine Entsendung
nach Rom durch den Ordensstreit motiviert war, ergibt sich daraus, dass
er nach seiner Rückkehr von Staupitz nach Köln weitergeschickt wurde, um das Kapitel vorzubereiten, das dann den Konflikt beilegen sollte.
Für den Reisebeginn nach Rom bildet der 4. Oktober also den terminus post quem.

Der Ordensgeneral Aegidius von Viterbo hielt sich im Winter
1511/12 nicht in Rom auf. Etwa Ende November 1511 schickte ihn
der Papst in diplomatischer Mission in die Toskana, wo er bis Anfang
April 1512 blieb.[362] Wenn Johann von Mecheln und sein Begleiter den
General in Rom aufsuchten, müssen sie vor Ende November dort angekommen sein. Das ist bei einer Reisezeit von etwa acht Wochen durchaus realistisch. Am 28. November ist die Anwesenheit des Generals in
Rom zuletzt nachweisbar. An diesem Tag kehrte Johannes Klein
(Parvus), der sich seit etwa März 1511 in Deutschland aufgehalten hatte,[363] nach Rom zurück und überbrachte im Namen des Provinzials
Staupitz die Jahresabgaben der sächsischen Provinz für die Jahre 1510
und 1511.[364] Es erscheint durchaus als möglich, dass er gemeinsam mit
Johannes von Mecheln und dessen Begleiter nach Rom zog. Das hätte
den Vorteil geboten, dass Klein den Hin- und Rückweg schon einmal
bewältigt hatte und somit eine gewisse Routenkenntnis besaß, vor allem
aber war er als römischer Subprior zweifellos der italienischen Sprache

---

Adriaan Florisz van Utrecht in zijn contacten met de Augustijnen, in: AGKKN
2 (1960) 7, Anm. 2.

361 Liber Decanorum 10; Christoph Scheurl's Briefbuch, hg. v. Franz VON SODEN
und J[oachim] K[arl] F[riedrich] KNAAKE, I, Potsdam 1867 [Ndr. Aalen 1962],
78.

362 Resgestae I, Nr. 875: *Circa huius mensis finem mittit nos in Thusciam Iulius 2. ubi
usque ad mensem Aprilis moram fecimus. Nihil in registro apparet ad mensem Maii in-
clusive.* Erst am 5. April 1512 ist Aegidius wieder in Rom nachweisbar; vgl.
Egidio da Viterbo OSA. Lettere familiari, II, ed. Anna Maria VOCI ROTH,
Roma 1990, 169f.

363 S.o. Anm. 304.

364 Das Kollektenbuch des Generalats enthält unter diesem Datum folgenden
Eintrag: *Collectae duae allatae pro annis duobus 1510* [et] *1511 nomine provincialis
magistri Ioanni* [sic !] *de Stupiz per magistrum Ioannem Parvum aurei de camera
quadraginta octo lati − a. 48.* Generalarchiv OSA Rom, Ll 2, fol. 57ᵛ; vgl.
Resgestae, Nr. 874.

mächtig. Johann von Mecheln benötigte aber gleichwohl noch einen anderen Begleiter, da Klein wieder in Rom bleiben würde.[365]

8. Ein reichsstädtischer Vermittlungsversuch

Unterdessen waren aber in Deutschland die Fronten ein wenig in Bewegung geraten. Neu gefundene Quellen geben Aufschluss über bislang unbekannte Vorgänge in dieser Phase des Streites. Auf Initiative des Nürnberger Rates fand am 28. Oktober 1511 eine erneute Zusammenkunft beider Parteien im dortigen Augustinerkloster statt. Sie war offenbar kurzfristig auf Druck der Stadt Nürnberg anberaumt worden. In einem Ratsverlass vom Vortag, dem 27. Oktober, wird festgestellt: *Wann D. Staupitz Vicari herkommen wird, sollen zwischen ihm und den Augustinern hie gutlich handeln und versuchen, sie ihrer geprechen zu vertragen Propst Laurentii, A. Tuchen, Wilbot Pirckheimer.*[366] Als Schlichter hatte der Rat also den Propst von St. Lorenz, Dr. Anton Kreß[367], sowie die Ratsherren Anton Tucher und Willibald Pirckheimer delegiert. Diese hochrangige Besetzung zeigt wie das ganze Unternehmen das große Interesse der Reichsstadt an einer Beilegung der Ordensstreitigkeiten.[368] Von Seiten der Renitenten nahmen nur die fränkischen Konvente Nürnberg und Kulmbach teil.[369] Das Ergebnis der Verhandlungen war ein bis zum nächsten Kapitel befristeter Kompromiss in fünf Punkten, der von Pirckheimer abgefasst wurde:

1. Der Vikar der sieben Konvente (Simon Kaiser) soll anerkennen, dass er Vikar durch apostolische Autorität und (die Autorität) von Staupitz ist, der gleichwohl Vikar ist.
2. Die sieben Konvente wollen der Union mit der sächsischen Provinz zustimmen.

---

365   Er ist – mit einer Unterbrechung – noch bis 1516 in Rom nachweisbar. Vgl. Resgestae, Nr. 1236; Registrum, Nr. 267 und 590.

366   Bayer. StA Nürnberg, Ratsverlässe 1511 Okt 27.

367   Über ihn vgl. Friedrich MERZBACHER, Dr. Anton Kreß, Propst von St. Lorenz (1478–1513), in: MVGN 58 (1971) 121–138. Auf diesen Vermittlungsversuch bezieht sich die oben erörterte Bemerkung von Cochläus: *Antonium Cressum* [...] *arbitrum aut judicem in ea lite componenda quandoque fuisse* (Paraklesis C 2).

368   Zu den möglichen Motiven solcher Interessen vgl. die verschiedenen Beiträge in Dieter BERG (Hg.), Könige, Landesherren und Bettelorden. Konflikt und Kooperation in West- und Mitteleuropa bis zur frühen Neuzeit, Werl 1998.

369   Das geht aus der späteren Korrespondenz mit den mitteldeutschen Konventen hervor.

3. Dies geschieht ohne Präjudiz und Zeitverzug; die Streitigkeiten, Appellationen, Kontroversen zwischen beiden Parteien ruhen bis zum künftigen Kapitel.

4. Wenn der Vikar der sieben Konvente sich nicht Vikar durch apostolische Autorität nennen mag, soll er (seinem Titel Vikar) hinzufügen: auch durch Autorität des Magisters von Staupitz. Wenn er sich aber ohne Zusatz (*absolute*) Vikar nennen will, soll ihm das freistehen.

5. Innerhalb eines Monats sollen die sieben Konvente Staupitz mitteilen, ob sie diesen Bestimmungen zustimmen wollen, und wenn sie diese Übereinkunft billigen, sollen sie *cum pleno mandato* ihre Zustimmung erteilen. Staupitz soll unterdessen seinen Mittelsmännern (*procuratoribus*) nach Rom schreiben, dass sie in der Streitsache nichts unternehmen sollen.

Dieser Nürnberger Schlichtungsvorschlag löste bei den Renitenten eine rege Aktivität aus. Die mitteldeutschen Konvente wurden von dem Nürnberger Prior Joannes Rücker[370] informiert und um ihre Stellungnahme gebeten.[371] Die Erfurter arbeiteten unter Federführung von Johannes Nathin[372] eine Zustimmungserklärung aus, die eine präzisierend-einschränkende Interpretation des Nürnberger Rezesses darstellte. Immerhin wird die Union mit der sächsischen Provinz gebilligt, ohne dass in diesem Punkt ein kommentierender Vorbehalt erfolgt. Alle anderen Punkte der Nürnberger Vereinbarung erhielten restriktive oder Sicherheitsklauseln. Hieß es dort, Staupitz sei gleichwohl Vikar, so fügten die Erfurter hinzu: des hochwürdigsten Generalpriors. Das war zwar formal zutreffend, da die (General-) Vikare aller Kongregationen rechtlich als Vertreter des Generals galten; in der Konfliktsituation bedeutete dies aber, dass die Renitenten Staupitz nach wie vor nicht mehr als Vikar der K o n g r e g a t i o n , sondern nur als vom General eingesetzten Bevollmächtigten ansahen. Aus dieser Anerkennung, so wird mit juristisch absichernden Klauseln weiter festgestellt, dürften keine Maßnahmen gegen die Privilegien der Kongregation hergeleitet werden, da sonst die Zustimmung als nicht erfolgt und daraus folgende Ernennungen als nichtig gelten sollen. Dem Stillhalteabkommen bis zum nächsten Kapitel wolle man beitreten, wenn auch der General sich in dieser Angelegen-

---

370 Vgl. KUNZELMANN III, 279, Anm. 1071.

371 Erhalten ist das Schreiben an den Prior Andreas Lör von Sangerhausen. Universitäts- und Landesbibliothek Halle, Stolb.-Wern. Zh 92 l, Nr. 32, abgedruckt bei SCHNEIDER, Neue Quellen 32 (Nr. 3).

372 Das ergibt sich aus einem Schreiben Simon Kaisers an den Prior in Nordhausen (s.u.).

heit ruhig verhalte. Sollte Staupitz der Nürnberger Übereinkunft zufolge
seine Prokuratoren in Rom anweisen, nichts in der Streitsache zu unternehmen, so fügen die Erfurter hinzu, dass er auch nicht dafür sorgen
dürfe, dass durch den General die sieben Konvente oder irgendeiner
ihrer Brüder behelligt würden.

Ein Formular für die Anforderung eines Notariatsinstruments[373] enthält noch einige wertvolle Nachrichten über die bisherigen Vorgänge.
In dem Dokument werden nämlich Bevollmächtigte angegeben, denen
die Vertretung der Streitsache in Rom und überhaupt nach außen (in
Urbe et foris) obliegt. Eine bisherige Vollmacht für den (wohl inzwischen
verstorbenen) einstigen Erfurter Prior Winand von Dietenhofen[374] wird
revoziert, hingegen der Dekan des Erfurter Marienstifts Dr. Johannes
Weidemann[375] sowie Simon Kaiser und der Nürnberger Prior Johannes
Rücker[376] in dieser Funktion bestätigt. Da Weidemann sich in jener Zeit
überwiegend in Rom aufhielt, konnte er als Prozessbevollmächtigter in
Urbe agieren.

Die Aktivitäten der renitenten Konvente zeigen, dass sie der Nürnberger Vermittlungsvorschlag unter einen erheblichen Zugzwang gesetzt
hatte. Simon Kaiser wies in einem Brief an den Prior von Nordhausen
darauf hin, dass optimi fautores nostri, die Nürnberger Ratsherren, die
Übereinkunft angeraten und abgefasst hätten, so dass man diese ohne
großes Risiko und ohne Unwillen bei ihnen zu erregen nicht abschla-
gen könne.[377] So gaben denn offenbar nach dem Muster der in Erfurt
konzipierten Erklärung mit all ihren Kautelen die renitenten Konvente
ihre Zustimmung ab – erhalten ist die der Sangerhäuser Augustiner vom
13. Dezember 1511.[378]

---

373 Universitäts- und Landesbibliothek Halle, Stolb.-Wern. Zh 92 l, Nr. 32, abgedruckt bei SCHNEIDER, Neue Quellen 30f. (Nr. 3d).

374 Zu Winand von Dietenhofen vgl. KUNZELMANN V, 91–93.

375 Zu Johann Weidemann vgl. Erich KLEINEIDAM, Das Stiftskapitel der Marien-
kirche zu Erfurt am Beginn der Reformation, in: Einheit in Vielfalt. Festgabe
für Hugo Aufderbeck, hg. v. Wilhelm ERNST und Konrad FEIEREIS, Leipzig
1974, 27–34; ders., Universitas Studii Erffordensis, Bd. III: Reformation und
Gegenreformation, Leipzig 1980, 10–12.

376 S.o. Anm. 370.

377 Universitäts- und Landesbibliothek Halle, Stolb.-Wern. Zh 92 l, Nr. 32, abgedruckt bei SCHNEIDER, Neue Quellen 31 (Nr. 3e).

378 Thür. StA Rudolstadt, A VIII Hessesche Collectaneen 1d Nr. 11 Bd. 4, S.
253–258 (Abschrift), abgedruckt bei SCHNEIDER, Neue Quellen 32–34 (Nr.
4).

9. Die Beilegung des Streits und ihre Hintergründe

Vielleicht wartete Staupitz noch die vereinbarte Frist von einem Monat ab, innerhalb derer sich die Parteien erklären sollten, bevor er über Regensburg[379] und München nach Salzburg reiste,[380] wo er den Winter verbrachte und bis in die Fastenzeit 1512 blieb.[381] Hier wartete er auf die Rückkehr seiner nach Rom entsandten Delegierten und auf die Nachrichten, die sie vom Ordensgeneral mitbrächten.

Doch noch von München aus ließ Staupitz am 27. Januar 1512 die Einberufung für das nächste Kapitel ausgehen, das am Sonntag Jubilate, dem 2. Mai, im Kölner Kloster[382] des Ordens beginnen sollte. In dem von mir neu entdeckten Ausschreiben[383] kündigt Staupitz an, dass die bevorstehende Zusammenkunft nach den Jahren des Streits ein Kapitel des Friedens und der Eintracht sein solle. Ausdrücklich verlangte Staupitz, dass über die ordentlichen Kapitulare hinaus auch diejenigen Ordensangehörigen bei den Verhandlungen anwesend sein sollten, die an den Vorgängen der Vergangenheit aktiv beteiligt gewesen seien, da sie die beste Kenntnis über die Ursprünge der Streitigkeiten hätten.

Ende Februar 1512 traf Johann von Mecheln auf der Rückreise von Rom bei Staupitz ein, der sich in Salzburg aufhielt. Über die Verhandlungen, die er und sein Begleiter[384] an der Ordenskurie geführt hatten, und über die Weisungen, die er vom General mitbrachte, wissen wir nichts, können nur aus der Beilegung des Streits gewisse Rückschlüsse ziehen. Staupitz sandte ihn am 24. Februar[385] zusammen mit Nikolaus Besler zur Vorbereitung des bevorstehenden Kapitels nach Köln.[386]

---

379 Zum Regensburger Augustinerkloster vgl. Josef HEMMERLE, Die Klöster der Augustiner-Eremiten in Bayern, München 1958, 76–80.

380 BESLER, Vita 363.

381 Vgl. Johann SALLABERGER, Johann von Staupitz. Luthers Vorgesetzter und Freund und seine Beziehung zu Salzburg, in: Aug(L) 28 (1978) 108–154. – Ernst WOLF, Staupitz und Luther. Ein Beitrag zur Theologie des Johannes von Staupitz und deren Bedeutung für Luthers theologischen Werdegang, Leipzig 1927, 276, teilt aus einer Salzburger Handschrift die Nachricht mit, dass Staupitz in der Fastenzeit eine Reihe von zwölf Predigten hielt, die er „am erychtag (6. April) nach letare angefangen". WOLF hat das Datum allerdings falsch aufgelöst; Dienstag (*erychtag*) nach Laetare 1512 war der 23. März.

382 Zum Kölner Kloster vgl. KUNZELMANN IV, 8–47; V, 455f. und VII, 554f.

383 Thür. StA Rudolstadt, A VIII Hessesche Collectaneen 1d Nr. 11 Bd. 4, S. 291–293 (Abschrift), abgedruckt bei SCHNEIDER, Neue Quellen 34f. (Nr. 5).

384 Besler, dem wir die Nachricht über die Rückkehr der römischen Delegation verdanken, notiert leider nicht, wer Johann von Mechelns Reisegefährte war.

385 *in carnisprivio.* KOLDES Umrechnung: (25. Februar), der BOEHMER, Romfahrt 62, und andere folgen, ist unzutreffend. *Carnisprivium* ist der Dienstag vor

Am 17. März wandte sich Vikar Simon Kaiser an die Konvente der Renitenz.[387] Das Schreiben ist in Nordhausen abgefasst und lässt somit vermuten, dass Kaiser die Klöster seiner mitteldeutschen Anhängerschaft bereiste, um sich mit ihnen über die weitere Strategie zu beraten. Da die Renitenten dem Nürnberger Kompromiss zugestimmt hätten, müssten sie dem Ausschreiben von Staupitz Folge leisten. Er fordert aber die Kapitulare der sieben Konvente auf, sich schon am 24./25. April (*dominica Misericordia Domini vel sabbato precedenti*), also eine Woche vor dem von Staupitz einberufenen Kölner Kapitel, in der Kartause zu Koblenz[388] einzufinden. Dort sollten offenbar vor der Teilnahme an dem Kapitel letzte Absprachen über das gemeinsame Auftreten getroffen werden.

Trotz des versöhnlichen Tons in Staupitz' Einberufungsschreiben war den Vertretern der Renitenz wohl nicht recht klar, was sie in Köln erwartete. Sie kannten die genauen Absichten der Gegenseite nicht, wussten nicht, ob Staupitz seine Mittelsmänner in Rom im Sinne der Nürnberger Vereinbarung instruiert hatte und welche Anweisungen von Seiten des Generals ergangen waren. Nicht zuletzt galten Simon Kaiser und seine Anhänger offiziell noch als exkommuniziert. Angesichts dieser unsicheren Situation traf Kaiser zwei Vorsichtsmaßnahmen. Er besorgte sich von dem Magdeburger Erzbischof Ernst von Sachsen eine schriftliche Fürsprache zur Vorlage bei dem Kölner Erzbischof Philipp II. von Daun-Oberstein; sie ist ausgestellt in der Residenz Moritzburg in Halle am 21. März.[389] Von der Gunst des Kölner Erzbischofs durfte sich Kaiser während des Kapitels einen gewissen Schutz für sich und die Seinen erhoffen. Und zwei Wochen später, am 5. April 1512, appellierte Kaiser ein letztes Mal an den Papst.[390] Der Text ist nicht erhalten, doch vermutlich stellte diese Appellation eine vorsorgliche Rechtsverwahrung

---

Aschermittwoch bzw. nach Estomihi. An diesem Tag traf Johann von Mecheln nicht in Salzburg ein (KOLDE), sondern wurde nach Köln weitergeschickt (richtig BOEHMER).

386 BESLER, Vita 363: *Unde* [scil. Salzburg] *postea anno 1512 in carnisprivio a p*[*aternitate*] *sua missus sum Coloniam ob capituli ibi celebrandi praeparationem cum P. Magistro Jo. Mechlinia, qui tunc Romam missus redierat.*

387 Erhalten ist die Kopie des Schreibens an den Konvent in Sangerhausen. Thür. StA Rudolstadt, A VIII Hessesche Collectaneen 1d Nr. 11 Bd. 4, S. 297–299 (Abschrift), abgedruckt bei SCHNEIDER, Neue Quellen 35f. (Nr. 6).

388 Von dem 1331 bis 1802 bestehenden Kartäuserkloster hat noch heute der Stadtteil Karthause im Süden von Koblenz seinen Namen.

389 Thür. StA Rudolstadt, A VIII Hessesche Collectaneen 1d Nr. 11 Bd. 4, S. 287–289 (Abschrift), abgedruckt bei SCHNEIDER, Neue Quellen 36f. (Nr. 7).

390 Neelsbach 477: *Tertia denique* [*appellatio*] *de Anno 1512, 5. Aprilis, in qua apparet Vicarium* (*ut puto Congregationis*) *fuisse Simonem Caesarem. Latius contenta non scribo, quia inter Conventus appellantes non invenitur hic noster Coloniensis* […].

für alle negativen Eventualitäten dar, die sich in Köln ereignen konnten. Aber die Befürchtungen sollten sich bald als unbegründet erweisen.

Wenige Tage vor dem Beginn des Kapitels wandte sich der Nürnberger Rat am 26. April 1512 an die in Köln zusammentretenden Kapitulare.[391] Es ist auffällig, dass dieses Schreiben auf den vor einem halben Jahr in Nürnberg ausgehandelten Vergleich überhaupt nicht mehr eingeht, sondern wieder die Position der anfänglichen Fundamentalopposition einnimmt. Hatte der Kompromiss eine Anerkennung der Union mit der sächsischen Provinz vorgesehen, so hießt es nun, diese Vermengung der Observanten mit der Provinz Saxonia sei nicht nur für die Augustinereremiten in Nürnberg äußerst verdrießlich, sondern auch für den Rat gänzlich intolerabel. In scharfer Form verlangte der Rat den Fortbestand der bisherigen Observanz.[392]

Am Sonntag Jubilate, dem 2. Mai 1512, trat in Köln das angekündigte Kapitel zusammen, auf dem der langjährige Streit endlich beigelegt wurde. Das Einberufungsschreiben war von Staupitz als Generalvikar an die Mitglieder der Kongregation gerichtet, doch erschienen neben deren Kapitularen[393] offenbar auch solche aus der sächsischen Provinz wie der Zerbster Prior Wilhelm,[394] die wohl vom Fortbestand der geschlossenen Union ausgingen. Schon die Dauer des Kapitels, das vier Tage (vom 2.

---

391 Bayer. StA Nürnberg, Briefbücher des Nürnberger Rates, Nr. 68, f. 131; abgedr. bei BOEHMER, Romfahrt 167 (Beilage Nr. 3). Pirckheimers Briefwechsel II, Nr. 206 bis.

392 [...] *hanc permixtionis seu fratrum sub vicariatu viventium cum provincia Saxonie confusionem non solum fratribus in Urbe nostra degentibus molestissimam, sed etiam nobis omnino fore intollerandam. Rogamus igitur ac in Domino vos hortamur, i m o r e q u i r i m u s [...], ut Regularis vita in suo esse perduret n o s q u e   i l l e s i a b s q u e   o f f e n s a   m a n e a m u s.*

393 Nach einem Schreiben des Augustiners Peter Wechmann an den Zerbster Rat aus dem Jahre 1525 sind in Köln u.a. *dabey gewesen doctor Yssleben* [Johann Vogt], *doctor Martinus* [Luther], *doctor Wenslaus* [Link] (zit. bei Gottfried WENTZ, Das Augustinereremitenkloster in Zerbst 437). Die Teilnahme Luthers wurde bisher lediglich indirekt erschlossen durch seine späteren Bemerkungen über die schlechte Akustik des Kölner Doms (WA.TR 3, Nr. 3781), die Reliquien der Heiligen Drei Könige und einen besonderen Wein (WA 34/I, 22,1–7), die auf seinen, nur 1512 möglichen Aufenthalt in der Stadt zurückgeführt wurden. Vgl. Gustav KAWERAU, Luther in Köln, in: ThStKr (1908) 348f.; Otto CLEMEN, Luther in Köln, in: ders., Kleine Schriften zur Reformationsgeschichte (1897–1944), hg. v. Ernst KOCH, Bd. VI, Leipzig 1985, 201–203.

394 Seine Teilnahme an dem *capitel zu Collon* wird erwähnt in dem Schreiben des Zerbster Augustiners Peter Wechmann (s. die vorige Anm.).

bis zum 5. Mai[395]) währte, lässt die Schwierigkeit der Verhandlungen ahnen. Da die Akten nicht erhalten und bisher auch keine anderen Nachrichten über die Ergebnisse bekannt sind, bleibt dem historischen Betrachter nur ein Rückschlussverfahren übrig, das von den Verhältnissen der Folgezeit seinen Ausgang nimmt.

Demnach erfolgte die Beilegung des Streites in der Weise, dass die Union zwischen Kongregation und sächsischer Provinz aufgegeben wurde. Sichere Indizien dafür sind, dass von dieser Verbindung in den nächsten Jahren keine Rede mehr ist und Staupitz zuletzt am 9. April 1512,[396] nach dem Kölner Kapitel aber nicht mehr in dem Doppelamt als Vikar-und-Provinzial erscheint,[397] sondern nur noch als Generalvikar der Kongregation.[398] Vermutlich noch 1512 erhielt die sächsische Provinz wieder einen eigenständigen Provinzial, und wahrscheinlich war das erneut Gerhard Hecker.[399]

---

395   Vgl. den Schuldbrief Staupitz' für den Nürnberger Rat: *Actum in capitulo nostro triennali Coloniensi die Mercurii quinta Maii Anno a reconciliata divinitate millesimo quingentesimo duodecimo* (KOLDE, Augustiner-Congregation 439f.). Die üblichen Personalentscheidungen wurden erst am letzten Tag getroffen; vgl. BESLER, Vita 363: *In eo capitulo denuo confirmatus fui Nurnbergensis prior 5. Maii, que erat dies Mercurii post Dominicam Jubilate 1512.*

396   In einer Gebetsverbrüderung: *Frater Joannes de Staupitz, divinarum litterarum humilis professor, Thuringiae et Saxoniae ordinis fratrum Eremitarum Sancti Augustini Prior provincialis ac sacrae unionis reformatae per Allemaniam eiusdem ordinis Apostolica auctoritate generalis vicarius.* Wolfram SCHNEIDER-LASTIN (Hg.), Staupitz. Salzburger Predigten 1512, Tübingen 1990, 5, Anm. 18; Johann SALLABERGER, Johann von Staupitz, die Stiftsprediger und die Mendikanten-Termineien in Salzburg, in: SMGB 93 (1982) 218–269, hier 257.

397   Nach einer Eintragung im Kollektenbuch des Generalats überbrachte Staupitz 1513 bei einem nicht genauer datierten Besuch in Rom allerdings die Abgaben der sächsischen Provinz für das Jahr 1512, wird aber – anders als früher – nur als *vicarius* bezeichnet: *Romae 1513. Haec provincia* [Saxoniae] *solvit collectam per manus vicarii magistri Ioannis Stupiz pro anno MDXII aureos viginti quatuor – a. 24* (Generalarchiv OSA Rom, Ll 2, f. 57ʳ).

398   Erstmals in dem noch in Köln ausgefertigten Darlehensvertrag mit den Nürnbergern; s.o. Anm. 395.

399   KUNZELMANN (V, 375f.), dessen Argumentation nicht konsistent ist, rechnet mit einer Amtsperiode Hermann Dreiers von 1511 (!) bis 1514 und lässt Gerhard Heckers Amtszeit 1514 beginnen. Für ein Provinzialat Dreiers gibt es aber keinen eindeutigen Beleg. In einer lippischen Urkunde vom 9. Juli 1511 wird er zwar Provinzial und Prior genannt (Otto PREUSS / August FALKMANN [Bearb.], Lippische Regesten aus gedruckten und ungedruckten Quellen, Bd. IV, Lemgo / Detmold 1868 [Ndr. Osnabrück 1975], S. 266f. Nr. 2988), doch scheint dies sich auf sein einstiges Amt zu beziehen; denn noch im Herbst 1511 ist Staupitz in seinem Doppelamt als Vikar-und-Provinzial sicher belegt. Wenn Gerhard Hecker bereits 1514 als Provinzial erwähnt wird, das nächste

Letztlich hatten also die Renitenten über Staupitz gesiegt, obwohl sie in der Kongregation nur eine Minderheit darstellten. Wie ist es zu dieser überraschenden Wendung gekommen? Gewiss war es nicht nur die Hartnäckigkeit der Opposition. Ohne die politische Unterstützung durch den Nürnberger Rat, die schon Boehmer und die ihm folgende Forschung zu Recht betonten, wäre dieser Ausgang nicht möglich gewesen. Die neuen Quellen über die vom Nürnberger Rat initiierte Vermittlungsaktion unterstreichen noch einmal die Bedeutung der Reichsstadt in diesem Konflikt. Allein, es darf nicht übersehen werden, dass nicht nur der Ordensgeneral auf Staupitz' Seite stand und drei Viertel der Konvente seiner Kongregation zu ihm hielten, sondern dass Staupitz auch gewichtige politische Unterstützer wie die wettinischen Fürsten hatte.[400]

Ein Umstand, auf den bereits Hausrath hinwies,[401] hat in der neueren Forschung keine Beachtung gefunden. Die Bulle vom 15. Dezember 1507, in der die Union von deutscher Kongregation und sächsischer Ordensprovinz gebilligt worden war und die Staupitz am 30. September 1510 als grundlegendes Unionsdokument hatte drucken lassen, war von dem Kardinallegaten Bernhardin Carvajal ausgefertigt worden. Carvajal hatte aber in der Folgezeit zu den Gegnern der Politik Julius' II. gehört, die sich mit dem Papst überwarfen.[402] Im September 1510, als Staupitz die Bulle als Rechtsgrundlage der Union zum Druck brachte, verließ Carvajal mit vier anderen oppositionellen Kardinälen Bologna, den damaligen Aufenthaltsort der Kurie, und reiste nach Mailand in französisches Gebiet. Dort stellten sie am 16. Mai 1511 die Einberufungsbulle für das gallikanische Konzil von Pisa aus, das im September zusammentreten sollte.[403] Am 24. Oktober 1511 verhängte Julius II. über ihn und die anderen abtrünnigen Kardinäle die Exkommunikation, die ebenso

---

Provinzialkapitel, auf dem der Provinzial gewählt wurde, aber erst 1515 stattfand – KUNZELMANN, V, 375f., Anm. 1914; vgl. jetzt die Ernennung des Präsidenten durch den General am 5. Februar 1515 in Registrum Nr. 295 –, muss Hecker schon im voraufgehenden Triennium 1512–1515 Provinzial gewesen sein.
400 S.o. S. 62.
401 HAUSRATH, Romfahrt 74.
402 Vgl. Hugo ROSSBACH, Das Leben und die politisch-kirchliche Wirksamkeit des Bernardino Lopez de Carvajal, Cardinals von S. Croce in Gierusalemme in Rom, und das schismatische Concilium Pisanum, Erster Theil, Diss. Breslau 1892.
403 Vgl. Olivier DE LA BROSSE, Lateran V, in: ders. / Joseph LECLER / Henri HOLSTEN / Charles LEFEBVRE, Lateran V und Trient, Mainz 1978, 41f. Zu den kirchenrechtlichen Fragen vgl. Walter ULLMANN, Julius II and the Schismatic Cardinals, in: Studies in Church History 9 (1972) 177–193.

wie die Schreiben des Papstes an Könige, Herzöge und Fürsten im Druck verbreitet wurde.[404] Der Papst beeilte sich nun seinerseits, ein Konzil für 1512 in den Lateran einzuberufen. An der Vorbereitung dieses V. Laterankonzils war der Ordensgeneral Aegidius von Viterbo maßgeblich beteiligt.[405] Dieser Aspekt ist auch bei der überraschenden Wendung im Ordensstreit mit zu bedenken. In der neuen kirchenpolitischen Situation musste es aus der Sicht von Staupitz als höchst inoppurtun erscheinen, sich auf ein von dem gebannten Carvajal ausgefertigtes Dokument zu berufen.[406]

Weitaus wichtiger erscheint ein anderer Gesichtspunkt: Durch das Pisaner Konzil war eine äußerst kritische kirchenpolitische Lage entstanden. Neben dem französischen König unterstützte zunächst auch Kaiser Maximilian die Veranstaltung. Es war anfangs keineswegs absehbar, ob dem Pisanum Erfolg beschieden sein würde und ob gar ein Schisma drohte. Der militärische Konflikt zwischen der Heiligen Liga (Papst, Venedig, Spanien) und Frankreich unterstrich den Ernst der Lage. Die Erfolge der Franzosen, die noch am 11. April 1512 dem spanisch-päpstlichen Heer bei Ravenna eine schwere Niederlage beibrachten, boten Anlass zur Sorge.[407] Wie sehr das Kriegsgeschehen in Oberitalien das Leben der Orden beeinträchtigte, beleuchtet etwa das wenige Tage danach ausgefertigte päpstliche Breve an Vikar und Visitatoren der lombardischen Kongregation, in dem er für den Fall, dass deren Kapitel wegen der Kriegswirren in diesem Jahr nicht stattfinden könne, die Amtszeit aller Amtsträger um ein Jahr verlängerte.[408] Weitaus bedrohlicher als die Kriegsnöte erschien aber die Gefahr einer Kirchenpaltung, die das das Pisanum heraufbeschworen wurde. Wie die zeitgenössische Publizistik zeigt,[409] standen die Verhältnisse während des Großen Abendländischen Schismas und während des Konflikts um das Basler Konzil warnend vor aller Augen; waren doch damals auch die meisten

---

404 PASTOR III/2, 820 mit Anm. 1; DE LA BROSSE 47f. Die Exkommunikation wurde erst im Sommer 1513 von Leo X. aufgehoben (DE LA BROSSE 69f.).

405 Vgl. Resgestae I, Nr. 858 und 860.

406 Wie spätere Äußerungen Luthers zeigen, war ihm die Rolle Carvajals bei dem Zustandekommen des Pisaner Conciliabulum durchaus bekannt. Vgl. WA.TR 4, Nr. 4785, auch WA.TR 2, Nr. 2246.

407 Vgl. dazu Aegidius' Bemerkungen in seiner Eröffnungspredigt auf dem V. Lateranense; s.u. Anm. 411 und 415f.

408 Generalarchiv OSA, Bull. D-IV-13; vgl. Bullarium IV, Nr. 199.

409 Vgl. PASTOR III/2, 828–830; Hubert JEDIN, Geschichte des Konzils von Trient, I, Freiburg ³1977, 86f.; Remigius BÄUMER, Nachwirkungen des konziliaren Gedankens in der Theologie und Kanonistik des frühen 16. Jahrhunderts, Münster 1971, 6ff. 33ff. u.ö.

Orden in verschiedene Oboedienzen gespalten gewesen.[410] In dieser Situation musste es aus der Sicht der Kurie und des Generals, der bei der Vorbereitung des Laterankonzils vom Papst mit verschiedenen Aufgaben betraut worden war, als höchst gefährlich erscheinen, die Zerwürfnisse in der deutschen Augustinerkongregation zu vertiefen. Die Unionspläne von Staupitz, so lässt sich vermuten, wurden den höheren Zielen der päpstlichen Politik geopfert. Am 3. Mai 1512, als in Rom das V. Laterankonzil – mit einer Predigt des Augustinergenerals Aegidius[411] – eröffnet wurde, war in Köln das Kapitel der deutschen Augustiner-Kongregation versammelt, auf dem der Streit beigelegt wurde.

Obwohl wir über die Details kaum etwas wissen, gibt es doch einige sprechende Indizien für die Befriedung der Lage. Simon Kaiser, der Wortführer der Renitenten, wurde zum Studium an die Kölner Univer-sität abgeordnet, wo er im August immatrikuliert wurde;[412] damit war der hartnäckige Gegenspieler Staupitz' zunächst ruhig gestellt und aus der aktiven Ordenspolitik fern gehalten. Der Nürnberger Konvent ge-währte Staupitz und der Kongregation ein Darlehen von 200 Goldgul-den *in publicam communemque ordinis et fratrum nostrorum utilitatem*,[413] das wohl auch zur Begleichung jener „unnützen Ausgaben" dienen sollte, die Staupitz als Begleiterscheinung des Konflikts im Ausschreiben des Kölner Kapitels beklagt hatte. Es ist aber recht unwahrscheinlich, dass ein Bettelordenskloster derart vermögend war, um eine so hohe Summe verleihen zu können. Plausibler erscheint, dass der Nürnberger Rat oder wohlhabende Patrizierkreise die eigentlichen Darlehensgeber waren und der Augustinerkonvent nur als Vermittler fungierte. Voraussetzung für den großzügigen Kredit war höchstwahrscheinlich der Ausgang des Kapitels entsprechend den Nürnberger Wünschen.[414] Hatte der Ordens-general in dem nun beigelegten Konflikt die längste Zeit auf der Seite von Staupitz gegen die Renitenten gestanden, so konnte es nun als ver-

---

410 Zu den Augustinereremiten vgl. Adolar ZUMKELLER, Die Augustinereremiten in der Auseinandersetzung mit Wyclif und Hus, ihre Beteiligung an den Kon-zilien von Konstanz und Basel, in: AAug 28 (1965) 5–56.

411 MANSI 32, 669-676. Übersetzung in Auswahl bei de la Brosse 457–469. Vgl. Resgestae I, Nr. 885. Vgl. dazu Clare O'REILLY, Without Councils We Cannot Be Saved. Giles of Viterbo Adresses the Fifth Lateran Council, in: Aug (L) 27 (1977) 166–204.

412 Hermann KEUSSEN, Die Matrikel der Universität Köln, II: 1476-1559, Bonn 1919, 698, Nr. 20.

413 Abgedruckt bei KOLDE, Augustiner-Congregation 438f.

414 So schon die Vermutung bei BOEHMER, Romfahrt 63, Anm. 3.

söhnliches Zeichen erscheinen, wenn nicht nur in Wittenberg,[415] sondern auch in dem reichsstädtischen Zentrum der Opposition die Ansprache nachgedruckt wurde, die Aegidius von Viterbo bei der Eröffnung des Laterankonzils gehalten hatte.[416] Und schließlich wurde Staupitz selbst im Herbst des Jahres 1512 freundlich in Nürnberg empfangen, wo er unter großem Zulauf predigte.[417]

Der langwierige Konflikt hatte somit einen friedlichen, aber nicht wirklich befriedigenden Ausgang gefunden. Das Projekt eines Anschlusses der sächsischen Provinz an die Kongregation war gescheitert. Doch hat Staupitz die Pläne zur Expansion der Observanz in die Provinzen hinein keineswegs aufgegeben, wie etwa seine fortdauernden Aktivitäten im Südwesten oder die Reformierung einiger Konvente in der kölnischen Provinz dokumentieren.[418] Die vielfach spürbaren Nachwirkungen des Ordenskonflikts, auf die hier nicht eingegangen werden kann, reichen hinüber bis zu jener viel tiefer greifenden Auseinandersetzung, die dann einige Jahre später um die rechte *observantia religiosa* entbrannte und die nicht nur die Kongregation, sondern den ganzen Orden in Deutschland vor eine Zerreißprobe stellte.

10. Zwischenbilanz

Versuchen wir also, nach der Darstellung des Ordensstreits eine Zwischenbilanz zu ziehen.

Die während der letzten fünf Jahrzehnte neu zutage geförderten Quellen haben es möglich gemacht, ein differenzierteres Bild der *contentio Staupitii* zu rekonstruieren, als es die ältere Forschung vermochte. Gleichwohl bleiben noch immer empfindliche Lücken: nach wie vor kennen wir etwa nicht den Inhalt des Jenaer Rezesses und bleiben leider auch im Hinblick auf die Schlussphase des Konflikts einschließlich der Beschlüsse des Kölner Kapitels auf (begründete) Mutmaßungen angewiesen.

---

415 Oratio prima synodi sive concilij lateranensis habita per P. Egidium Viterbiensum Augustiniani Ordinis generalem, Wittenberg : Gronenbergk, 1512 [UB München, SStB Augsburg].

416 Oratio prima Synodi Lateranensis habita per Egidium Viterbiensem Augustiniani ordinis Generalem, Nürnberg : Stuchs, 1512 [UB München, UB Eichstätt, UB Würzburg]. Vorlage ist der römische Druck: Oratio prima synodi Lateranensis [...], Rom 1512 [SB München].

417 Scheurl's Briefbuch 101 und 104. Zu der sich wohl erst später bildenden Sodalitas Staupitziana vgl. Berndt HAMM, Humanistische Ethik und reichsstädtische Ehrbarkeit in Nürnberg, in: MVGN 76 (1989) 65–147, hier 133–143.

418 Vgl. die (ergänzungsbedürftige) Darstellung bei KUNZELMANN V, 468–470.

Den bedeutendsten Erkenntnisforschritt stellt die durch Eckermanns Beitrag bekannt gemachte Entdeckung dar, dass die sieben renitenten Klöster bzw. ihr Wortführer Simon Kaiser mehrfach appellierten. Boehmer hatte eine b e a b s i c h t i g t e Appellation der Opposition in Rom nur aus dem (in dem Registerauszug überlieferten) Appellationsverbot erschlossen und vermutet, dass dieser Versuch im Herbst 1510 unternommen worden sei. Die Appellation ist nach Boehmer aber nicht erfolgt, da der General bzw. der Ordensprokurator sie nicht gestattete. Inzwischen ist durch die neuen Quellen bekannt, dass die Renitenten tatsächlich appellierten, und zwar insgesamt viermal (!).

Boehmers stillschweigende Voraussetzung, dass die (von ihm nur erschlossene) Appellation an der Kurie durch eine Delegation vorgetragen werden sollte, ist allein durch das Bestreben motiviert, Luthers Romreise mit einer Appellation der Renitenten und dem Appellationsverbot des Generals in Verbindung zu bringen. Doch war ein persönliches Erscheinen von Appellanten rechtlich nicht erforderlich. Es sei noch einmal an Luthers Appellation *ad Papam melius informandum* im Herbst 1518 nach dem Verhör vor Kardinal Cajetan erinnert. Es genügte eine Erklärung vor einem Notar und Zeugen, um der Rechtsverwahrung Gültigkeit zu geben.[419] Der Notar fertigte ein Notariatsinstrument an und stellte sog. „Apostel" (Apostelbriefe)[420] aus, die an die angerufene Instanz befördert wurden. Ein solches Notariatsinstrument hat sich von der dritten Appellation der Renitenten im September 1511 erhalten und ist von Eckermann publiziert worden.[421] Sie erfolgte nicht in Rom, sondern in Nordhausen/Harz. Wie sich aus einem der von mir neu gefundenen Texte ergibt, besaßen die Renitenten überdies einen Prozessbevollmächtigten, der sich in Rom aufhielt.[422] Zudem verfügte etwa die Stadt Nürnberg durch ihren römischen Syndikus[423] über eine geeignetere und effizientere Möglichkeit, um auf römische Instanzen einzuwirken.

Eckermanns Publikation mit den Nachrichten über vier Appellationen und mit dem Abdruck eines Notariatsinstrument hätten eigentlich sogleich Zweifel an der hypothetischen Konstruktion Boehmers wecken müssen, dass eine Delegation zum Zweck der Appellation in Rom erschienen sei. In dem Registereintrag ist denn davon auch nicht die Rede. Mehr noch: Es gibt in den Quellen überhaupt keinen Hinweis da-

---

419 Vgl. das Appellationsinstrument WA 2, 28–33.
420 S.o. Anm. 344.
421 S.o. S. 36 und 77, Anm. 343.
422 Dr. Johannes Weidemann, s.o. S. 84.
423 S.o. S. 72 mit Anm. 318.

rauf, dass Bevollmächtigte der Opposition irgendwann nach Rom gezogen wären, um eine der vier Appellationen zu überbringen, und abgesehen von jener problematischen Notiz bei Cochläus fehlt jeder Anhaltspunkt dafür, dass sich überhaupt jemals Vertreter der Renitenten nach Rom gewagt hätten.

Das Schweigen der Quellen beruht wohl kaum auf einem Zufall der Überlieferung. Ich halte es für schlechterdings ausgeschlossen, dass z u irgendeinem Zeitpunkt des Konflikts eine Gesandtschaft der oppositionellen Konvente nach Rom gegangen sein könnte. Es wäre den Abgesandten sehr schlecht bekommen! Aegidius hatte im Sommer 1510 den Streitfall entschieden und hatte bei Ungehorsam die auf Rebellion stehenden Strafen angedroht. Hätten solche Rebellen es gewagt, in Rom zu erscheinen, wären sie in den Klosterkerker gewandert! Das ist nun keine bloße Spekulation, sondern läßt sich aus einem Vorfall aus der Geschichte der deutschen Kongregation belegen, der erst wenige Jahre zurücklag.[424] Als nämlich 1505 Nikolaus Besler als Abgesandter von Staupitz während einer Vakanz des Generalats direkt mit der Kurie verhandelt hatte, war er anschließend von dem neuen General, dem Vorgänger des Aegidius, und dem Generalprokurator des Ordens deswegen „förmlich wie ein Verbrecher behandelt"[425] worden.[426] Das Trauma saß so tief, dass Besler noch zehn Jahre später, als er zum Generalkapitel nach Italien delegiert werden sollte, mit der Begründung ablehnte, dass er sich „fürchte wegen der Dinge, die er dort einst erlitten" habe.[427] Die damaligen Vorgänge waren in der Kongregation zweifellos gut bekannt und haben den Gedanken an eine Gesandtschaft der Opposition wohl gar nicht erst aufkommen lassen, zumal es die erwähnten weniger riskanten und effektiveren Möglichkeiten gab.

Wenn es gar keine Gesandtschaft der renitenten Konvente nach Rom gegeben hat, kann auch Luthers Romreise nicht 1510/11 von

---

424 Zum Ganzen vgl. SCHNEIDER, Intervention.

425 BOEHMER, Romfahrt 52.

426 BESLER, Vita 361: *Quantas autem inter haec ego a P. generale, tunc magistro Augustino de Interamna, et Ordinis Procuratore, magistro Petro [sic!] Antonio, qui inprimis vitae regularis esse promotores debuissent, molestias pertulerim, quo negotio religionis, pro quo Romae versabar, impediretur, quoties coram eis vocatus et de punctis diversis ab eis confictis examinatus, quoties mihi carcer praeparatus, quoties sub paena excommunicationis latae sententiae, ne urbem exirem, prohibitus fuerim, etiam sub 100 ducatorum paena, quo item periculo, ne clam captus extinguerer, per urbem tanto tempore incesserim, novit Dominus et conscientia mea.*

427 *Anno deinde 1515 in capitulo Gotensi volebant me patres mittere ad capitulum generale ordinis, quod recusavi propter ea, quae antea in Italia expertus timui.* BESLER, Vita 364.

Erfurt aus im Auftrag der Opposition erfolgt sein. Diese Feststellung lässt sich durch eine Reihe weiterer Argumente unterstützen.

Luther wäre 1510 für eine Reise nach Rom als Vertreter der Opposition in einer so hoch bedeutsamen ordenspolitischen Angelegenheit auch gar nicht qualifiziert gewesen, schon gar nicht als Verhandlungsführer (*litis procurator*). Er besaß bisher noch keinerlei administrative Erfahrungen in seinem Orden, hatte noch keine Ämter innegehabt, war auch noch nie über den engeren thüringisch-sächsischen Raum hinausgekommen. Anders als bei der einstigen Reise Nathins nach Halle im Jahre 1506, als der neubekehrte Vorzeige-Novize oder -Professe mitreisen durfte,[428] hätte es sich jetzt um eine hochrangige Mission gehandelt. Zum Vergleich: Nikolaus Besler, der von Staupitz 1505 nach Rom Abgesandte, war in seinem Nürnberger Heimatkonvent Prokurator, dann Novizenmeister und von 1495 bis 1500 Prior gewesen, hatte danach dieses Amt von 1500 bis 1503 im Kloster Eßlingen bekleidet, war 1503 Prior in München geworden und hatte Staupitz auf dessen erster mehrmonatige Visitationsreise begleitet. Gregor Mayer,[429] der Besler als Emissär folgte, war 1504–1505 Prior in Wittenberg, 1508–1510 Prior in München gewesen und reiste als solcher nach Rom. Derartige Erfahrungen konnte Luther nicht vorweisen.

Eine Reise im Auftrag der Opposition, um beim Papst zu appellieren, hätte Luther und seinen Begleiter gar nicht bis nach Rom geführt, da Papst und Kurie sich, wie erwähnt, im Winter 1510/11 in Bologna aufhielten.[430] Wenn man den Zweck der Dienstreise in Bologna hätte erledigen können, warum sollte man dann überhaupt noch nach Rom ziehen? Nur, um noch eine private Pilgerreise (mit einem vierwöchigen Aufenthalt in Rom!) an die Dienstreise anzuschließen? Der Einwand, dass der Ordensgeneral unverändert seine Residenz im Rom hatte und es den Ordensleuten strengstens verboten war, sich unmittelbar mit

---

428 Vgl. dazu meinen oben Anm. 107 genannten Beitrag.

429 Vgl. WENTZ, Augustinereremitenkloster Wittenberg 460; KUNZELMANN V, 495, Anm. 2409.

430 Den Papst hätten Durchreisende freilich in Bologna kaum zu Gesicht bekommen. Denn am 22. September 1510 war Julius II. bereits krank in Bologna angelangt, und er blieb bis Ende des Jahres meist bettlägerig, erschien also nicht in der Öffentlichkeit. Selbst zu Weihnachten konnte er nur sitzend und in seiner Privatkapelle die Messe lesen. Lediglich am 20. Oktober ließ er sich einmal auf den Balkon des Palastes tragen, um die nach ihm rufende Volksmenge zu segnen. Auch beim Wechsel vom Palast in das Haus seines Freundes Giulio Malvezzi am 6. November und seiner Rückkehr in den Palast am 15. Dezember hätte man einen Blick auf den kranken Papst erhaschen können. Vgl. die Darstellung bei PASTOR III/2, 785–791.

päpstlichen Behörden in Verbindung zu setzen,[431] verkennt die Situation. Wie wir inzwischen wissen, appellierten die Renitenten jeweils
sowohl gegen Staupitz als auch gegen den General. Ein loyales Verhalten, wie es schon Boehmer für die angebliche Delegation bei ihrem
Romaufenthalt unterstellt, wäre also völlig abwegig gewesen.

Vom Herbst 1508 bis Herbst 1509 war Luther im Wittenberger
Kloster gewesen und wohl damals schon in eine enge persönlich-
seelsorgerliche Beziehung zu Staupitz getreten. Die Annahme, dass Luther im folgenden Jahr als Delegierter der Anti-Staupitz-Opposition
nach Rom gegangen sein soll, bereitet erhebliche psychologische
Schwierigkeiten. Ebenso wenig plausibel wäre es, dass Staupitz einen
ehemaligen Exponenten der Opposition, der gegen ihn in Rom hätte
prozessieren wollen, selbst nachdem er dann die Seiten gewechselt hatte,
zu seinem Lehrstuhl-Nachfolger in Wittenberg erkoren hätte.

So ergibt sich nach dieser Zwischenbilanz, dass die bereits in der älteren Forschung vertretene Meinung den Vorzug verdient: Luther kann
demnach nur im Winterhalbjahr 1511/12 nach Rom gezogen sein, d.h.
nach seinem endgültigen Wechsel nach Wittenberg und von dort aus.

III. Luthers Erfurter Lehrtätigkeit 1509–1511

Erinnern wir uns noch einmal an Gustav Kaweraus Forderung, auf
zweifache Weise die Zeit der Romreise Luthers einzugrenzen. Neben
der Ermittlung der passenden Stelle im Verlauf der Streitigkeiten gelte es
herauszufinden, „wo in Luthers damaligen akademischen Verhältnissen
freier Raum für eine mehrmonatliche Abwesenheit sich zeigt".[432] Ein
Blick auf die Erfurter Lehrtätigkeit soll eine Art Gegenprobe zu den
bisherigen Beobachtungen darstellen.

1. Der chronologische Rahmen

Wir versuchen zunächst, den zeitlichen Rahmen von Luthers Aufenthalt
in Erfurt zwischen seiner Rückkehr aus Wittenberg und seiner zweiten
und endgültigen Übersiedlung dorthin abzustecken. In beiden Fällen
kennen wir die genauen Termine nicht, so dass es nicht einmal möglich
ist, die Eckdaten exakt festzulegen.

Die beiden Anhaltspunkte für eine absolute Chronologie sind in unserem Zusammenhang wenig hilfreich: In mehreren Tischreden er-

---

431 VOSSBERG, Rom 27.
432 KAWERAU, Romfahrt 88.

wähnt Luther ein Ereignis, das damals die Gemüter in der Stadt bewegte: die Hinrichtung des Obervierherrn Heinrich Kellner, die am 28. Juni 1510 stattfand.[433] Das zweite Zeugnis ist ein Brief, den der Humanist Peter Eberbach (Petreius Aperbacchus) am 10. September 1510 an den Augustiner Johann Lang in Erfurt richtete und in dem er Grüße an Luther bestellte.[434] Eberbach, der sich damals aber nicht in Erfurt aufhielt, ging also von Luthers Anwesenheit in der Stadt aus. Doch für unsere Fragestellungen ist auch das zweite Datum nur bedingt brauchbar. Denn selbst wenn Luther zu seiner Romreise im Herbst 1510 von Erfurt aus aufgebrochen wäre, böte es keinen sicheren *terminus post quem*. Denn Eberbach hielt sich seit 1505 nicht mehr in Erfurt auf und setzte nur voraus, dass Luther in der Stadt sei.

Nach allgemeiner Ansicht wechselte Luther im Herbst 1511 zum zweiten Mal und diesmal für immer von Erfurt nach Wittenberg. Eindeutige Belege für den Zeitpunkt gibt es freilich auch hier nicht. Sein Ordensbruder und Freund Johann Lang wurde am 24. August 1511 in Wittenberg immatrikuliert, und der Verlauf des Ordensstreites macht es wahrscheinlich, dass auch Luther damals „zu seinem Staupitz abfiel" und ebenfalls nach Wittenberg wechselte.[435] Das erste Zeugnis über Luthers dortige Anwesenheit stammt erst aus dem Mai 1512. Auch hierfür bietet die Korrespondenz Peter Eberbachs mit Johann Lang den Anhaltspunkt. Am 8. Mai 1512 schrieb Petreius einen Brief an Lang in Wittenberg, in dem er zugleich Luther anredet; er setzt also dessen Anwesenheit in Wittenberg voraus.[436] Die humorige Anrede *Sancte Joanne et sancte Martine* könnte eine Anspielung auf ihren Weggang aus Erfurt aus religiöser Überzeugung (Gehorsam gegenüber dem Oberen) sein. Wenige Tage, bevor Petreius den Brief schrieb, hatte am 5. Mai 1512 das Kapitel der Kongregation in Köln stattgefunden, an dem Luther teilgenommen

---

433 WA.TR 1, Nr. 487; 2, Nr. 2494a, 2709, 2800. Die Ausschreitungen am 4. August 1510, die zur Zerstörung des Großen Kollegs führten, erwähnt Luther nicht. Zu den Hintergründen vgl. Friedrich BENARY, Die Vorgeschichte der Erfurter Revolution von 1509, Mitteilungen des Vereins für die Geschichte und Altertumskunde von Erfurt 32 (1911) 127–161.

434 Theodor KOLDE, Analecta lutherana, Gotha 1883, 10; OERGEL, Vom jungen Luther 117, Anm. – Petreius hatte Erfurt 1505 verlassen; vgl. Horst Rudolf ABE, Die Frequenz der Universität Erfurt im Mittelalter (1392–1521), in: Beiträge zur Geschichte der Universität Erfurt (1392–1816), I, Erfurt 1956, 34, Tabelle II; KLEINEIDAM II, 194. Zum Erfurter Humanistenkreis, zu dem Lang und Eberbach gehörten, vgl. Robert W. SCRIBNER, The Erasmians and the Beginning of the Reformation in Erfurt, in: JRH 9 (1976), 3–31, hier 8–11. 14–16.

435 S.o. S. 73f.

436 KOLDE, Analecta Lutherana 4, vgl. auch SCHEEL, Luther II, 303.

hatte[437] – doch wohl von Wittenberg aus.[438] Das erste Zeugnis aus Wittenberg, das von Luther selbst stammt, ist erst sein Brief vom 22. September 1512 an sein Erfurter Mutterkloster, in dem er die Einladung zu seiner bevorstehenden Doktorpromotion ausspricht.[439]

2. Luthers Versetzung nach Wittenberg

Feststeht, dass Luther zu Anfang des Winterhalbjahres 1508/1509 nach Wittenberg versetzt worden war. An der dortigen Universität hatten die Augustinereremiten die Verpflichtung übernommen, *ordinaria in biblia* und *ein lection in morali philosophia* in der Artistenfakultät zu versehen.[440] Während Staupitz die Bibelprofessur innehatte, war Inhaber der letzteren seit 1504 Wolfgang Ostermair gewesen.[441] Dieser sollte offenbar – hier beginnen die Vermutungen – zur Vorbereitung auf seine theologische Doktorpromotion freigestellt werden, die dann im August 1509 erfolgte. Die Dozentur für Moralphilosophie sollte nun der Erfurter Ordensbruder Martin Luther übernehmen, der durch seine Promotion zum Magister artium Anfang 1505 für diese Stelle qualifiziert war. Entgegen der verbreiteten Forschungsmeinung war wohl nicht an eine bloß vorübergehende „Lehrstuhlvertretung" gedacht, sondern eher waren damit längerfristige Pläne verbunden. Zusammen mit Luther kamen sechs andere Augustiner zum Studium nach Wittenberg; sie wurden gemeinsam mit ihm immatrikuliert.[442] Beides waren wohl Maßnahmen, mit denen der Generalvikar und Wittenberger Professor Staupitz, damals zugleich Dekan der theologischen Fakultät,[443] „seine" jungen Wittenberger Institutionen, Universität, Generalstudium und Kloster, stärken wollte. Es ist wahrscheinlich, dass diese Personalentscheidungen auf dem Kapitel der deutschen Kongregation in München am 18. Oktober

---

437 S.o. Anm. 393 und unten S. 127f.

438 So auch SCHEEL, Luther II, 303.

439 WA.B 1, Nr. 6.

440 Walter FRIEDENSBURG (Hg.), Urkundenbuch der Universität Wittenberg I: 1502–1611, Magdeburg 1926, Nr. 14. – Zur Frage der theologischen Professur *in biblia* vgl. BURGER, Augustinereremit 176f.

441 Zu Ostermair vgl. WENTZ, Augustinereremitenkloster Wittenberg 460f.; Adolar ZUMKELLER, Der Münchener Augustiner und Wittenberger Theologieprofessor Wolfgang Ostermair und seine Karfreitagspredigt vom Jahre 1514, in: AAug 29 (1966) 213–234; KUNZELMANN V, 462.495.521, Anm. 2410.

442 Carl Eduard FÖRSTEMANN, Album Academiae Vitebergensis ab anno 1502 usque ad annum 1560, Leipzig 1840 [Ndr. Halle 1906], 28.

443 Liber decanorum 4.

1508[444] getroffen wurden.[445] Dann könnte die Übersiedlung von Erfurt nach Wittenberg etwa zum Semesterbeginn Anfang November 1508 erfolgt sein. Die Immatrikulation Luthers und der anderen Augustiner lässt leider keine genaue zeitliche Festlegung zu.[446] Immerhin gibt Luthers Brief an seinen Eisenacher Freund Braun vom 17. März 1509[447] zu erkennen, dass der Ortswechsel schon geraume Zeit zurücklag.[448] Zudem hatte Luther, der neben seiner Lehrtätigkeit in der Artistenfakultät das Theologiestudium fortsetzte, am 9. März 1509, wenige Tage vor der Abfassung dieses Briefes, in Wittenberg bereits den ersten theologischen Grad eines Baccalaureus biblicus erworben,[449] was ebenfalls dafür spricht, dass er sich schon seit Anfang des Winterhalbjahres in der Stadt an der Elbe aufhielt. Als solcher musste er nun ein Semester lang kursorisch einzelne biblische Kapitel auslegen.[450]

3. Die Rückberufung nach Erfurt

Die nächste Etappe in der akademischen Laufbahn war der Grad eines Sententiars (*baccalaureus sententiarius*). Wie Luther später in einem Brief an die Erfurter Fakultät[451] erwähnt, hatte er in Wittenberg bereits für den Grad eines Sententiars „respondiert", d.h. die erforderliche Zulassungsdisputation absolviert,[452] als er nach Erfurt zurückberufen wurde; daher hatte er in Wittenberg die feierliche Eröffnungsvorlesung

444 S.o. S. 46.

445 So schon KOLDE, Luther I, 72 und 368 (Anm. zu S. 72); WEIJENBORG, Dokumente 186.

446 Aus der Matrikel geht nur hervor, dass die Einschreibung unter dem Rektor Nikolaus Fabri (Viridimontanus) erfolgte, der sein Rektorat am Lukastag (18. Oktober) 1508 angetreten hatte (FÖRSTEMANN, Album 27).

447 WA.B 1, Nr. 5.

448 So auch KÖSTLIN, Luther I, 85, Anm. 1.

449 Carl Eduard FÖRSTEMANN, Liber Decanorum Facultatis Theologicae Academiae Vitebergensis, Leipzig 1838, 4; WA 9, 306.

450 FÖRSTEMANN, Urkundenbuch I, 35. Im Unterschied zu anderen Kandidaten ist von Luther nicht bekannt, über welche biblischen Bücher er las.

451 [1514] Jun 16, WA.B 1, 30,13ff.

452 Der Liber decanorum verzeichnet allerdings weder ein Gesuch Luthers um Zulassung noch eine erfolgte Zulassungsdisputation. Da jedoch die Eintragungen häufig nicht gleichzeitig, sondern rückblickend für den Zeitraum eines Dekanats vorgenommen wurden, lassen sich daraus keine Schlussfolgerungen ziehen. Bei der Eintragung der Zulassung zur *biblia* heißt es: *Die nona de Marcio magister martinus ad bibliam est admissus, sed vocatus Erphordiam adhuc non satisfecit facultatj.* Luther hat später hinzugefügt: *Nec faciet. Quia tunc pauper et sub oboedientia nihil habuit. Soluet ergo Erffordia.* (Liber decanorum 4 und Anm. 3).

(*principium*), mit der man die Stellung des Sententiarius antrat, aufge-
schoben.[453]

Doch wann ist diese Rückberufung nach Erfurt erfolgt? Da Luther
als Baccalaureus biblicus in Wittenberg den einsemestrigen biblischen
Kursus im Sommersemester durchgeführt hat, wird vor Beginn des
Wintersemesters die Zulassungsdisputation *ad sententias* stattgefunden
haben.[454] Das legt auch ein Vergleich mit dem akademischen Werdegang anderer Wittenberger Augustiner nahe: Wenzel Link und Johannes
Spangenberg[455] waren am 9. Februar 1509, einen Monat vor Luther,
Baccalaurei biblici geworden, bekamen am 25. Oktober ihre Zulassung
als Sententiarii, hielten die Eröffnungsvorlesung und begannen mit Semesterbeginn ihre Kurse.[456] Luther hätte also regulär etwa gleichzeitig
mit ihnen im November 1509 die Sentenzenvorlesungen in Wittenberg
aufnehmen können. Doch es kam anders. Luther wurde (von seinem
Mutterkonvent) nach Erfurt (zurück-) gerufen,[457] und zwar plötzlich;
seine Antrittsvorlesung als Sententiar konnte er in Wittenberg nicht
mehr halten.[458]

Die Hintergründe dieser überraschenden Entscheidung sind nicht
bekannt, sondern können nur vermutet werden. Dass in Erfurt „Lehrermangel"[459] herrschte und der Augustinerkonvent „für das eigene

---

453 *Verum cum et hic* [scil. in Wittenberg] *pro sententiarum respondissem et vocatus ad
      Erfordiam principium distulissem, fui quidem a facultate vestra, imo nostra cum omni
      difficultate admissus et susceptus* (WA.B 1; 30,16–18). Bei KÖSTLIN (Luther I,
      94f.) ist das *hic* missverstanden: „Nachdem Luther im Spätherbst 1509 nach Er-
      furt zurückgekehrt war, hat er hier seinen Eintritt in die Tätigkeit eines
      Sententiars erst noch ›aufgeschoben‹ und darüber große Schwierigkeiten mit
      der Fakultät gehabt". So auch OERGEL, Luther 114. *Hic* ist aber aus der Wit-
      tenberger Perspektive 1514 geschrieben.

454 KOLDE, Luther I, 368 (Anm. zu 73), vermutet, dass Luther kaum vor Mitte
      Oktober für den Grad eines Sententiars disputiert haben wird.

455 Diese beiden Augustiner, sollten später wichtige Funktionen im Orden beklei-
      den. Zu Lin(c)k vgl. Wolf-Friedrich SCHÄUFELE, BBKL 15 (1999) 864–870, zu
      Spangenberg WENTZ, Augustinereremitenkloster Wittenberg 466f. und KUN-
      ZELMANN V, 175 mit Anm. 941 und 514f.

456 Liber decanorum 5f.

457 *Erfordiam vocatus.*

458 „Die mit der Verleihung des Grades eines Sententiars verbundenen letzten
      Formalitäten zu erledigen wurde ihm keine Zeit gelassen. So plötzlich, wie er
      vor ungefähr einem Jahr nach Wittenberg geschickt worden war, mußte er
      nach Erfurt zurückkehren" (SCHEEL, Luther II, 193).

459 SCHEEL, Luther II, 215. Scheel unterscheidet nicht zwischen Sentenzenvor-
      lesungen der Professoren und denen der Sententiare.

›Studium‹ einen Sententiarius brauchte"[460] ist wohl recht unwahrscheinlich. Und die Vermutung, dass Luther gar als Ersatz für Johannes Paltz
als Lector secundarius und Subregens nach Erfurt zurückgeholt worden
sei, ist „haltlos".[461] Eher könnte man daran denken, dass die Wittenberger ein Überangebot bei ihren Kursen verhindern wollten. Denn im
Wintersemester 1509/10 lasen schon Wenzel Link und Johannes Spangenberg über die Sentenzen. Da beide gleichzeitig ihre Vorlesungtätigkeit begannen, bestimmte die Fakultät, dass Spangenberg in seinen Vorlesungen das I. Buch der Sentenzen behandeln, Wenzel Link aber seine
Vorlesungtätigkeit ausnahmsweise mit dem II. Buch beginnen sollte;
am 1. März wechselten dann beide: Spangenberg las jetzt über das II.
Buch, Link über das I. Buch.[462] Luther hätte als dritter Sententiar diese
organisatorischen Probleme noch vergrößert. Doch dies alles war seit
Anfang des Jahres 1509 absehbar und hätte keine plötzliche Abberufung
Luthers begründet. Zudem ging nach Luthers Worten die Initiative von
Erfurt aus: er wurde nach Erfurt (zurück-) gerufen (*vocatus ad Erfordiam*),
nicht von Wittenberg zurückgeschickt. Es handelte sich auch nicht um
eine Rückversetzung, die von Staupitz angeordnet worden wäre[463] (der
sich damals in Süddeutschland aufhielt[464]), sondern eine Rückholaktion
seines Mutterkonvents.

Trifft hingegen meine Vermutung zu,[465] dass der Rückruf Luthers
ein früher Protest des Erfurter Konvents gegen die Wahl Staupitz' zum
sächsischen Provinzial im September 1509 darstellte, lässt sich dadurch
die überstürzte Aktion verständlich machen. Offenbar sollten vor der
Rückkehr des Generalvikars nach Wittenberg vollendete Tatsachen
geschaffen werden, damit Staupitz die Abberufung Luthers nicht verhindern konnte. Auf dessen Situation vor Abschluss seines Promotions-
verfahrens zum Sententiar nahmen die Erfurter ebenso wenig Rücksicht
wie auf die Wittenberger Universität, die vor Beginn des Semesters
ohne den Magister für Moralphilosophie dastand und auch auf die Augustinereremiten, die diesen Lehrstuhl in der Artistenfakultät zu besetzen

---

460 MEISSINGER, Der katholische Luther 44.

461 A.V. MÜLLER, Werdegang 57.

462 Liber decanorum 7.

463 OBERMAN meint (Luther 148): „Im Herbst 1509 holte ihn Nathin, gewiß nach
    Rücksprache mit Staupitz, wieder nach Erfurt."

464 Am 8. September 1509 hielt er sich in München auf (BESLER, Vita 363), da-
    nach nahm er wohl persönlich an dem Provinzialkapitel der sächsischen Pro-
    vinz in Münnerstadt teil, das ihn zum Provinzial wählte (s.o. S. 48).

465 S.o. S. 50f.

hatte.[466] Dann ist Luther aber kaum schon zu Anfang des Semesters in Erfurt gewesen, das dort bereits am 1. Oktober begann. Setzt man für die Verbreitung der Nachricht von der Wahl Staupitz' in den Klöstern der Kongregation, die nötigen Beratungen in Erfurt und die Übermittlung des Rückrufs insgesamt einige Wochen an, so lässt sich eher Anfang November 1509 als Zeit der Rückkehr Luthers nach Erfurt schätzen. Dieser *terminus ad quem* legt sich auch von der Überlegung her nahe, dass Luther sonst, wäre er nicht zuvor zurückgerufen worden, wohl bald nach Semesterbeginn (in Wittenberg am 3. November) seine Antrittsvorlesung gehalten hätte, ähnlich wie Link und Spangenberg, die das *principium* schon am 25. Oktober absolviert hatten und am 4. November die Lektionen begannen.[467]

Ein handschriftlicher Eintrag Luthers in einem Augustin-Druck belegt, dass die Rückkehr nach Erfurt jedenfalls noch im Jahre 1509 erfolgte. Auf dem Titelblatt eines Exemplars von *Augustini opuscula plurima*, das aus dem Besitz des Erfurter Augustinerklosters stammt, findet sich folgende Eintragung von Luthers Hand: *Moritur Aug[ustin]us Anno domini .433. Et nunc sc. .1509. fuit mortuus ad .1076. annos.*[468]

4. Luther als Erfurter Sententiar

Luther war zwar von seinem Erfurter Konvent zurückgerufen worden; die Aufnahme der Lehrtätigkeit an der theologischen Fakultät ging aber keineswegs reibungslos vonstatten, sondern stieß nach seiner Rückkehr auf beträchtliche Hindernisse. Auch dies spricht noch einmal dafür, dass die plötzliche Rückholaktion durch das Kloster nicht in Bedürfnissen des Erfurter Lehrbetriebs begründet und auch keineswegs mit der Fakultät abgestimmt war. In seinem Brief an die Erfurter Fakultät aus dem Jahre 1514 erinnert Luther daran: *fui quidem a facultate vestra, imo nostra cum omni difficultate admissus et susceptus.*[469] Von seiten der Fakultät wurde Luther also erst nach erheblichen Schwierigkeiten (als Sententiar) zugelassen und (in die Fakultät) aufgenommen. Die Gründe dafür nennt er nicht. Sie sind wohl am ehesten darin zu suchen, dass er sein Theologiestudium in Wittenberg fortgesetzt und nicht in Erfurt den Grad eines Baccalaureus biblicus erworben und auch in Wittenberg die Zulassungsdisputation zum Sententiar abgelegt hatte. Die Erfurter Universitätssta-

466 Urkundenbuch der Universität Wittenberg, I: 1502 - 1611, bearb. v. Walter FRIEDENSBURG, Magdeburg 1926, Nr. 14.
467 S.o. Anm. 456.
468 Annotationen, AWA 9, 153,3f.
469 WA.B 1; 30,17f.

tuten sahen bei Kandidaten, die akademische Grade an anderen Univer-
sitäten erlangt hatten, gründliche Nachprüfungen vor. Ein an einer
fremden Hochschule Graduierter, der sich in Erfurt zur Aufnahme meldete, musste nicht nur seine Zeugnisse vorlegen, sondern auch eine
Untersuchung über sich ergehen lassen, die nach den Gründen für den
Hochschulwechsel forschte sowie die Art und Dauer seiner bisher besuchten Vorlesungen und somit ihre Vergleichbarkeit mit den Erfurter
Veranstaltungen evaluierte. Hatten sich die Angaben als wahrheitsgetreu
und der Kandidat sich als geeignet erwiesen, konnte er in Erfurt angenommen werden.[470] Wir wissen nicht, wie lange es dauerte, bis in Luthers Fall die Probleme geklärt waren und er mit seinen Vorlesungen
über den Lombarden anfangen konnte. Da man ihm beträchtliche
Schwierigkeiten machte (*cum omni difficultate*) und die Universitätsgremi-
en damals kaum schneller arbeiteten als heute, können Wochen oder gar
Monate vergangen sein, bis er mit seiner Lehrtätigkeit beginnen durfte.
Es erscheint daher als „sehr zweifelhaft, ob er seine akademische Tätig-
keit in Erfurt noch 1509 aufgenommen hat".[471]

In Erfurt mussten die Baccalaurei biblici einen Eid leisten, an keiner
anderen Universität als Erfurt den Doktorgrad zu erwerben. In Wittenberg, wo Luther jenen Grad erlangt hatte, enthielten die Statuten keine
vergleichbare Bestimmung. Durch ein Versehen wurde es dann in Erfurt
auch bei Luthers Verpflichtung als Sententiar unterlassen, diesen Eid
nachzuholen. Das sollte später, als Luther Wittenberger Doktor wurde,
zu Zerwürfnissen mit der Erfurter Fakultät führen. In seinem Brief an
die Erfurter Fakultät, in dem er sich gegen deren Vorwürfe verteidigt,
erwähnt er den damals amtierenden Dekan Sigismund Thomae von
Stockheym, der begonnen habe, die Statuten vorzulesen, aber von Johannes Nathin unterbrochen worden sei.[472] Doch diese Erwähnung des
Dekans hilft in der Frage, wann Luther Sententiar wurde, nicht weiter.

---

470 Statuten der theologischen Fakultät, in: Acten der Erfurter Universität, II, ed.
Hermann WEISSENBORN, 52, § 40. Der nicht ganz befriedigende Text ist
durch eine Neuedition überboten, die an etwas versteckter Stelle publiziert
wurde: Die Statuten der theologischen Faultät der Universität Erfurt, ed. von
Ludgerus MEIER, in: Scholastica ratione historico-critica instauranda. Acta
congressus scholastici internationalis Romae anno sancto MCML celebrati,
Rom 1951, 79–130. Die entsprechende Bestimmung ed. MEIER 106.

471 So zu Recht KOLDE, Luther I, 368 (Anm. zu S. 73).

472 WA.B 1, (Nr. 10) 30,18–22: *ubi cum Decanus eximius vir Stockheim statuta
inciperet mihi proponere, D. Doctor interceptus est a R. P. Magistro Ioanne
Nathin, qui ex schedula quadam magna distinctim notata habuit, quae biblicis
quaeve sententiariis proprie legenda et servanda sunt.* Vgl. SCHEEL, Luther II,
217.

Denn der Dekan wurde in Erfurt am Tag des hl. Hieronymus (30. September) gewählt und begann seine Amtszeit mit Semesterbeginn am 1. Oktober;[473] diese dauerte ein Jahr; Sigismund Thomae von Stockheym versah das Amt des Dekans vom 1. Oktober 1509 bis zum 30. September 1510.[474] Der 1. Oktober 1509 ist also lediglich der *terminus post quem*.

Aus Luthers eigener Aussage geht hervor, dass er nach seiner Aufnahme als Sententiar noch „fast eineinhalb[475] Jahre lang" die Verlesung der Fakultätsstatuten mit angehört hat,[476] er sich demnach so lange in Erfurt aufgehalten hat. Rechnete man mit seiner Aufnahme in die Fakultät noch im Herbst 1509 und dem Beginn seiner Lehrtätigkeit als Sentenziar mit dem Wintersemester, wäre Luther bis etwa Frühjahr 1511 in Erfurt geblieben. Die von Luther erwähnten großen Schwierigkeiten sprechen jedoch gegen diese Möglichkeit. Nimmt man hingegen die Zulassung als Sententiar und die Aufnahme der Vorlesung erst für das Frühjahr 1510 an, reichte die Erfurter Zeit bis in den Sommer 1511.[477]

Diese Bemerkung ist für die Datierung der Romreise von nicht geringem Interesse. Setzt man nämlich die Reise in das Winterhalbjahr 1510/11, muss man die „eineinhalb Jahre" in jedem Fall auf die Erfurter Zeit v o r   u n d   n a c h der Romreise a u f t e i l e n; das deutet der Wortlaut von Luthers Bemerkung aber nicht an. Setzt man die Reise jedoch in das Winterhalbjahr 1511/12, umfassen die eineinhalb Jahre die Zeit b i s   z u r Übersiedlung nach Wittenberg und v o r der Romreise, die dann nicht von Erfurt, sondern von Wittenberg ihren Ausgang nahm.

Lassen sich diese Überlegungen auch in Einklang bringen mit dem, was wir über die Organisation der Sentenzenvorlesungen wissen? Laut den Statuten der theologischen Fakultät gab es zwei Möglichkeiten der

---

473 Statuten, ed. MEIER 94; ed WEISSENBORN § 10.

474 OERGEL, Luther 128.

475 Die in WA.B 1, 32 beigegebene (Teil-) Übersetzung („fast ein halbes Jahr lang") ist falsch; *sesquiannum* = einhalb Jahre, nicht *semiannum*!

476 Von Luther als möglicher Einwand der Erfurter formuliert: *At esto, non audisti, non iurasti, quid de praesumptione iuris? imo quid, qui postea ferme per sesquiannum non semel audisti?* (WA.B 1, 30,35f.). Unter *praesumptio iuris* versteht man eine rechtlich vorgesehene Annahme eines bestimmten (an sich zweifelhaften) Umstands aufgrund des Vorliegens eines anderen Umstands. Hier ist gemeint: Selbst wenn Luther den Eid nicht geleistet habe, so müsse er doch durch das mehrfache Anhören der Statuten von seinem Inhalt Kenntnis gehabt haben.

477 Für die letztere Möglichkeit plädiert KOLDE, Luther I, 368 (Anm. zu S. 73).

Durchführung der Lektur über die vier Bücher des Lombarden. Entweder konnte sie wöchentlich an mindestens drei Tagen gehalten werden und sich dann über zwei Jahre erstrecken oder in einer Art Intensivkurs bereits innerhalb eines Jahres abgeschlossen werden, wenn der Sententiar an allen Vorlesungstagen las.[478] Die vier Bücher Sentenzen enthalten insgesamt 182 Distinktionen (Buch I 48, Buch II 44, Buch III 40 und Buch IV 50). Nach den Erfurter Statuten sollte in jeder Vorlesung nicht mehr als eine Distinctio behandelt werden.[479] Bei einem zweijährigen Kursus mit Vorlesungen an drei Wochentagen benötigte ein Sentenziar für die einzelnen Bücher also jeweils 13-16 Wochen, für das Gesamtwerk insgesamt 60 Wochen. Da die Vorlesungszeit aber einerseits immer wieder von Feiertagen unterbrochen wurde und andererseits die Behandlung umfangreicherer Distinktionen wohl mehr als eine Vorlesungsstunde beanspruchte, wird ein zusätzlicher Zeitraum von zwei oder drei Wochen einzukalkulieren sein. Zudem müssen die dreimonatigen Sommerferien vom 28. Juni bis zum 30. September berücksichtigt werden, wobei allerdings bis zum 1. August und ab dem 14. September Lehrveranstaltungen gestattet waren.[480] Bei einem zweijährigen Kurs wird demnach jeweils ungefähr ein Buch pro Semester behandelt worden sein. Bei einem einjährigen Kurs mit Vorlesungen an allen Wochentagen verdoppelte sich das Pensum, und es mussten in jedem Semester zwei Bücher geschafft werden. Der Sentenziar begann jedes Buch mit einer besonderen Eröffnungsvorlesung (*principium*).[481] Bevor er zur Auslegung des III. und IV. Buches fortschritt, musste er zur ›Halbzeit‹ eine Zirkulardisputation absolvieren, die als Zulassungsbedingung für den Grad eines Sententiarius formatus galt.[482]

Wenn Luther etwa eineinhalb Jahre die Statuten verlesen gehört hat, so wird er doch wohl auch selbst über einen Zeitraum von eineinhalb Jahren Vorlesungen gehalten, d.h. den längeren Kurs dargeboten haben. Das von Luther benutzte Exemplar eines Sentenzendrucks mit seinen Glossen zur Vorlesungsvorbereitung ist erhalten geblieben und im Sommer 1889 von Georg Buchwald in der Zwickauer Ratsschulbiblio-

---

478 *Item statuimus, quod Baccalaureus lecturus Sententias per biennium ad minus in septimana legat tres lectiones, si tot legibiles dies habuerit. Lecturus vero per unicum annum continuet lectiones suas per omnes dies legibiles* […]. (Statuten, ed MEIER 115; vgl ed. WEISSENBORN 55f. [§ 64]).

479 Statuten, ed MEIER 115; fehlt ed WEISSENBORN.

480 *a Vigilia Sanctorum Apostolorum Petri et Pauli usque ad festum S. Hieronymi   festum S. Petri ad Vincula   festum Exaltationis S. Crucis.*

481 Statuten, ed MEIER 116; vgl ed. WEISSENBORN 56 [§ 66]).

482 Ebd.

thek entdeckt worden.[483] Bei der Untersuchung des Bandes fand seither stets Beachtung, dass die ersten drei Bücher des Sentenzenwerkes Glossen Luthers aufweisen, während das vierte Buch kaum Bearbeitungen von Luthers Hand enthält. Genauer betrachtet: Die ersten beiden Bücher (vor allem das Buch I) sind von Luther regelmäßig und dicht mit Annotationen versehen worden, während sich in Buch III nur unregelmäßig und vor allem zu den ersten Distinktionen (Dist 2–7, 10, 12, 14–16; ferner dann zu Dist. 23, 25, 29–31, 34 und 39) Notizen finden und in Buch IV nur noch eine Bemerkung zur falschen Heftung von zwei Blättern und in Dist 44 sechs Stellennachweise zu Zitaten aus Augustins ›Enchiridion‹ begegnen.[484]

Setzt man die Romreise in das Winterhalbjahr 1510/11, ergeben sich etliche Erklärungsschwierigkeiten: Warum sollte der Erfurter Konvent einen Mönch, der erst vor nicht allzu langer Zeit von der theologischen Fakultät mit erheblichen Schwierigkeiten als Sentenziar zugelassen worden war, wieder aus dem Lehrbetrieb herausreißen und in ordenspolitischen Angelegenheiten nach Rom schicken? Für die Teilnahme an einer solchen Mission gab es nichts, das Luther, der noch keinerlei administrative Erfahrungen im Orden hatte, qualifiziert und die Unterbrechung der Lehrtätigkeit begründet hätte. Ferner muss man in diesem Fall nicht nur die von Luther angegebenen „eineinhalb Jahre" auf die Zeit vor und nach der Romreise aufteilen, sondern auch annehmen, dass Luther „wahrscheinlich [...] vor Antritt seiner Romreise nicht ganz mit der Sentenzenvorlesung fertig geworden" ist.[485] „Er muß dann nach der Rückkehr aus Rom die Vorlesung [scil. in Erfurt] zu Ende gebracht haben. Davon ist jedoch nichts erhalten."[486] Bei dieser Hypothese muss man zudem einräumen: „Insbesondere bleibt weithin dunkel, womit sich Luther in den Jahren 1511/12 beschäftigt hat."[487] Gerhard Ebeling spricht mit Blick auf diesen Sachverhalt von einer „Überlieferungslücke 1511/12".[488]

Nimmt man hingegen das Winterhalbjahr 1511/12 als Zeit der Romreise an, so bietet sich eine plausible Erklärung für diese Beobach-

---

483 Ratsschulbibliothek Zwickau XIX,5,7. Vgl. dazu BUCHWALD in der Einleitung zu seiner Edition WA 9,1f. und MATSUURA in der Einleitung zur Neuedition AWA 9, XIXf.

484 MATSUURA XLIXf.

485 BRECHT, Luther I, 99.

486 BRECHT ebd., vgl. auch 101: „Bedauerlicherweise sind Luthers Anmerkungen zum vierten Buch der Sentenzen, über das er wohl im Frühsommer 1511 gelesen hat, nicht erhalten."

487 BRECHT, Luther I, 101; vgl. schon A.V. MÜLLER, Werdegang 60.

488 EBELING, Luther II. Theologie, in: RGG³ 4 (1960) 499.

tungen: Luther hat demnach in Erfurt, nachdem die anfänglichen Schwierigkeiten seiner Zulassung als Sententiarius behoben waren, im Frühjahr 1510 seine Vorlesung begonnen und ungefähr einenhalb Jahre, also bis in den Sommer 1511, über die ersten drei Bücher des Lombarden gelesen. Danach ist seine Übersiedlung nach Wittenberg erfolgt. Der Umstand, daß das vierte Buch so gut wie keine Bearbeitung aufweist, erfährt dann durch den Wechsel nach Wittenberg im Spätsommer 1511 eine einsichtige Erklärung. Denn das von Luther benutzte Exemplar, in dem sich seine Annotationen erhalten haben, war ja nicht sein privates Eigentum, sondern ein Buch aus der Erfurter Klosterbibliothek, das er nicht einfach nach Wittenberg mitnehmen konnte − zumal der Weggang aus Erfurt nicht im Einvernehmen mit dem dortigen Konvent erfolgte.

Im Herbst hat Luther in Wittenberg jedenfalls keine Lehrtätigkeit mehr begonnen, sondern muss bald zur Romreise aufgebrochen sein, wie die Überlegungen zu deren zeitlichem Rahmen ergeben.[489] Die Hinreise, der dortige Aufenthalt und die Rückreise nahmen das Winterhalbjahr 1511/12 voll in Anspruch. Die Frage, womit sich Luther in den Jahren 1511/12 beschäftigt hat, erfährt jedenfalls durch die Romreise teilweise eine Antwort. Als Luther im Frühjahr 1512 nach Wittenberg zurückkehrte, hätte er dort seine Lehrtätigkeit wieder aufnehmen können. Während des Sommerhalbjahrs hätte er die Gelegenheit gehabt, vor seiner Doktorpromotion über die noch ausstehenden Teile der Sentenzen (Buch IV, eventuell III und IV) zu lesen − falls der komplette Vorlesungskurs als Voraussetzung für die Promotion betrachtet wurde. Doch wieder kam etwas dazwischen: das Kongregationskapitel in Köln, das dort Anfang Mai stattfand. Für die Hin- und Rückreise muss man von Wittenberg einen Monat einkalkulieren. So hätte Luther für eine Vorlesung nur knapp ein halbes Semester zur Verfügung gestanden. Wahrscheinlich ist ihm aber im Rahmen der Vergünstigungen, die studierenden Religiosen im akademischen Betrieb gewährt wurden, der Rest der Sentenzenvorlesungen erlassen worden. In den Wittenberger Universitätsakten ist jedenfalls von einer Lehrtätigkeit Luthers im Sommer 1512 nicht die Rede. Erst am 4. Oktober wird er anlässlich der Übertragung der *licentia magistrandi* zum ersten Mal im Dekanatsbuch der theologischen Fakultät wieder erwähnt,[490] der dann 14 Tage später die feierliche Promotion zum Doktor der Theologie folgte.[491]

---

489 S. dazu das folgende Kapitel.

490 *In die S. Francisci collata est licencia magistrandi in sacra theologia religioso patri Martino Lüder arcium magistro et fratri Augustiniano.* Liber decanorum 12.

491 Liber decanorum 13.

5. Das Zeugnis der Erfurter Annotationes

Lassen sich diese Erwägungen auch in Einklang bringen mit den Ergebnissen, die Jun Matsuura kürzlich bei seiner Neuedition der Annotationen Luthers zu den Sentenzen und anderen theologischen Werken während seiner Erfurter Zeit erzielt hat? Matsuura hat subtile
paläographische Beobachtungen (Buchstabenformen, Tintenfärbung)
angestellt und vier Schreib-Phasen ermittelt, die er in einer relativen
Chronologie anzuordnen versucht. Es ergibt sich folgendes Bild:[492]

„Phase I: Von der Rückkehr aus Wittenberg bis zur Zeit um den Beginn
der Sentenzenlektur (Herbst 1509):

ANSELMUS/TRITHEMIUS; BONAVENTURA; von *Augustini opuscula*
plurima die Schriften *De triplici habitaculo, Scala paradisi* (nur Unterstreichungen und Anstreichungen), *De duodecem abusionum gradibus* (nur eine Unterstreichung [Lu?]), *De assumptione Virginis Marie, De honestate mulierum* (nur
Unterstreichungen [Lu?]), *De contemptu mundi* (nur eine Anstreichung und
Unterstreichung [wohl nicht Lu],) *De conuenientia decem preceptorum, De fide*
ad Petrum (nur zwei Unterstreichungen), *De vita et moribus clericorum, De vita*
christiana (nur Unterstreichungen und Anstreichungen), *De decem Chordis,*
De ebrietate (nur eine Unterstreichung mit hinweisender Hand; wohl nicht
Lu), POSSIDONIUS *De vita et moribus sancti Augustini,* sowie die früheren
Notizen zu den Schriften *De cura agenda pro mortuis, Confessiones* und *De*
doctrina christiana; vom *Sentenzenbuch* das Vorblatt und Prolog (Teile), *Sent*
III dist 23 (Teile), *dist 25, dist 30, dist 34, dist 39* (Teile), *Sent IV dist 11.*

Phase II: Im Winterhalbjahr 1509/10:

Buch I der *Sentenzen;* AUGUSTINUS *De Trinitate;* in der Schlußphase
vermutlich bereits *Enchyridion*

Phase III Im Sommerhalbjahr 1510:

Buch II der *Sentenzen;* von *Augustini opuscula plurima* die Schriften
Enchyridion, De cognitione vere vite, Ex libro retractationum beati Augustini in
librum de vera religione eiusdem, De vera religione, De spiritu et anima, De
diffinitionibus orthodoxe fidei, die späteren Notizen zu *De cura agenda pro*
mortuis, Confessiones und *De doctrina christiana; (De Trinitate,) De civitate Dei;*
Sent III Dist 23 (Teile); *Sent IV Dist 44.*

---

492 Es wird hier darauf verzichtet, die von MATSUURA vorgetragenen Begründun-
gen der Details zu referieren.

Phase IV: Herbst 1510 – Frühjahr/Sommer 1511:

Buch III der *Sentenzen* außer *dist 23* (Teile), *dist 25, dist 30, dist 34* und *dist 39* (Teile); OCKHAM; VALLA (möglicherweise in Wittenberg zwischen Sommer 1511 und Februar 1516)."[493]

Die vorgeschlagene Chronologie ist von dem allgemeinen zeitlichen Rahmen abhängig, in den sie eingepasst ist. Einen Fixpunkt bildet nur der oben erwähnte Eintrag auf dem Titelblatt der *opuscula omnia* Augustins, der das Jahr 1509 angibt. Alle anderen Annahmen sind relativ. Eine deutliche paläographische Zäsur stellt aber der Wechsel der Schreibformen des kleinen „p" (von Matsuura p[1] und p[2] genannt) dar, die vor dem Beginn der Bearbeitung von Buch I der Sentenzen erfolgte.

Mit unserer oben begründeten Annahme, dass Luther seine Sentenzenvorlesung erst im Frühjahr aufgenommen hat, lassen sich die Ergebnisse Matsuuras in Einklang bringen und einige Beobachtungen sogar besser deuten. Um die der Phase I zugeordneten Werke durchzuarbeiten, bedurfte es eines nicht geringen zeitlichen Aufwandes. Es ist leichter vorstellbar, dass Luther dieses stattliche Pensum im Winterhalbjahr 1509/10 ohne Belastung durch eine Vorlesungsverpflichtung bewältigt hat. Phase II entspricht dann dem Sommerhalbjahr 1510, in dem er ganz von der Vorlesung über das erste Buch der Sentenzen beansprucht war und daneben i.w. nur Augustins ›De Trinitate‹ studiert hat. Mit dem Anfang der Sentenzen-Vorlesung fällt auch der Wechsel der p-Schreibweise zusammen. Ohne sich allzu sehr auf das Feld psychologischer Spekulation zu begeben, wird man vielleicht eine Verbindung zur Lebenssituation Luthers herstellen dürfen:[494] Die Schwierigkeiten der Zulassung waren behoben, es begann die Lehrtätigkeit als Sententiar, die gegenüber dem Lektürekurs eines baccalaureus biblicus deutlich höhere Ansprüche stellte, dem Lehrenden aber auch ein größeres Ansehen einbrachte. Im folgenden Winterhalbjahr 1510/11 hatte Luther – inzwischen in die Auslegung der Sentenzen eingearbeitet – wieder mehr Zeit, sich erneut intensiver mit anderen theologischen Werken (Augustins) zu

---

493 MATSUURA LVII.

494 Man kann an Beobachtungen Walther KÖHLERS (Huldrych Zwingli, [1943] Ndr. Zürich/ Einsiedeln/ Köln 1984) zur Entwicklung von Zwinglis Schrift erinnern: „In der Zeit vor 1516 schreibt Zwingli fast zaghaft, dünnstrichig, die Buchstaben, etwa das A, hinmalend; mit dem Einstrom des Erasmus wird die Schrift fester, auch verbundener, auffallend ist der lang herabgezogene Balken des kleinen D. Seit Juli 1519 hört diese Besonderheit auf; fest und bestimmt fortschreitend sind die Buchstaben aufgesetzt. Seitdem hat sich die Schrift nicht mehr geändert. Zwingli ist ›fertig‹. Aber 1519 ist der Monat von Luthers Leipziger Disputation."

beschäftigen (Phase III). Die Zuordnungen zu den Winter- und Sommersemestern sind natürlich nur Hilfskonstruktionen, denn wir wissen nicht, ob Luther jeweils mit der Lektur eines Buches fertig wurde oder die Behandlung der restlichen Distinktionen in das folgende Semester hinübernehmen musste.[495] Bei der Gewissenhaftigkeit, mit der er die Messe las[496] und später in Wittenberg seine Vorlesungen über einzelne biblische Bücher über mehrere Jahre hin hielt,[497] ist Letzteres durchaus vorstellbar. Jedenfalls scheint Luther in Erfurt nach Absolvierung der ersten beiden Bücher der Sentenzen *sententiarius formatus* geworden zu sein[498] und mit den Vorbereitungen zur Auslegung des dritten Buches begonnen zu haben (Phase IV).

6. Zwischenbilanz

Als Ergebnis unserer Überlegungen zu Luthers Erfurter Aufenthalt nach seiner Rückkehr aus Wittenberg und vor seiner zweiten und endgültigen Übersiedlung dorthin ergibt sich:

Die Rückkehr erfolgte noch im Jahre 1509, nach dem 30. September.

Die anfänglichen großen Schwierigkeiten, die Luther bei seiner Zulassung als Sententiar durch die theologische Fakultät erfuhr, lassen es plausibler erscheinen, dass er seine Lehrtätigkeit erst im Frühjahr 1510 aufnahm.

Nachdem Luther erst mit derartigen Schwierigkeiten als Sententiar in Erfurt zugelassen worden war, hätte es keinen plausiblen Grund gegeben, ihn für ein halbes Jahr aus dem Lehrbetrieb zu reißen, dadurch seine Studien- und Lehrverpflichtungen zu unterbrechen und sein reguläres Fortkommen erneut zu beeinträchtigen – nur, um gerade ihn nach Rom zu schicken.

---

495 Die Statuten bestimmten: *Item statuimus, quod nullus Baccalaureus Sententiarius faciat secundum principium, tertium aut quartum, nisi librum praecedentem totaliter compleverit ordinate legendo* (ed. MEIER 117, ed WEISSENBORN § 69).

496 Luther erzählt später über seinen Aufenthalt in Rom: *Vnd zwar eckelt mich seher daneben, das sie so fein rips raps kunthen messe halten, alß triben si ein gauckel spiel. Den ehe ich zum euangelium kam, hatte mein neben pfaffe eine messe außgerichtet vnd schrei zu mir: Passa, Passa, immer weg, kom dauon etc.* (WA.TR 3, Nr. 3428). *Jch weis, da ir wol 6 oder 7 meß hielten, ehe ich eine* (WA.TR 5, Nr. 5484, vgl. auch Nr. 6463).

497 Vgl. Jens WOLFF, Vorlesungen, in: Albrecht BEUTEL (Hg.), Luther Handbuch, Tübingen 2005, 322–328.

498 Die entsprechenden Bestimmung finden sich in den Statuten, ed. MEIER 117, ed. WEISSENBORN § 68.

Die Rede von „eineinhalb Jahren", die Luther zwischen seinem ersten und zweiten Wittenberg-Aufenthalt in Erfurt verbrachte, legt eher
eine zusammenhängende, d.h. nicht durch eine längere Abwesenheit
unterbrochene Lehrtätigkeit nahe. Demnach hat Luther vom Frühjahr
1510 bis in das Sommerhalbjahr 1511 als Sententiar in Erfurt gelehrt.

Der Befund, den Matsuuras Analyse der Glossierung in dem von
Luther benutzten Exemplar der Sentenzen sowie der anderen Erfurter
Annotationen ergibt, lässt sich gut in diesen chronologischen Rahmen
einfügen.

Die Erwägungen zu Luthers Erfurter Lehrtätigkeit stimmen mit den
Beobachtungen über den Verlauf des Ordensstreites sowie dem allge-
mein und zu Recht angenommenen Zeitpunkt von Luthers „Abfall zu
Staupitz" im Spätsommer 1511 überein.

So unterstützen auch diese Überlegungen noch einmal die These,
dass die Romreise nicht im Winterhalbjahr 1510/11 von Erfurt aus erfolgte.

IV. Die Reise nach Rom. Luther als der zweite Mann

1. Luthers Rolle auf der Reise

Versuchen wir nun nach dem langen Anmarschweg, Luthers Romreise
auf dem Hintergrund der behandelten Zusammenhänge zu betrachten.

Ausgangspunkt aller Überlegungen bleibt der feststehende Umstand,
dass sie überhaupt in den Kontext des Ordenskonflikts gehört. Wenngleich Luther später (auch) private religiöse Beweggründe (Generalbeichte, Frömmigkeitsgewinn) für eine Reise in die Heilige Stadt anführt, die diese zur Pilgerfahrt machten, sind dies zweifellos Nebenmoti-
ve. Denn der hauptsächliche Grund und Anlass für die Reise geht aus
seiner Aussage hervor, dass er „wegen des Staupitz-Streits" (*causa contentionis Staupitii*) nach Rom gezogen sei. Wenn Luther aber, wie wir
sahen, die Reise nicht von Erfurt aus unternommen hat, muss er sie
nach seiner – von den Renitenten als „Abfall zu seinem Staupitz" ge-
schmähten – Übersiedlung nach Wittenberg von dort aus angetreten
haben. Das heißt aber: Die Reise erfolgte n i c h t im Auftrag der O p -
p o s i t i o n g e g e n Staupitz (wie Cochläus die Forschung erfolgreich
glauben gemacht hat), sondern sie kann nur im E i n v e r n e h m e n mit
dem Generalvikar, ja auf seine W e i s u n g hin, zustande gekommen
sein. Die Entsendung Luthers spiegelt dann die enge Vertrauensbezie-
hung, die zwischen Staupitz und ihm bestand.

Doch treffen nicht die Einwände, die sich gegen Luther als Mitglied einer Erfurter Gesandtschaft nach Rom erheben ließen, auch auf ihn als Wittenberger Abgesandten zu? Denn neue Kompetenzen, die ihn als Delegierten zu einer ordenspolitischen Mission befähigt hätten, hatte er inzwischen nicht erworben. Gleichwohl stellt sich die Sachlage nun etwas anders dar. Zwar fehlten ihm auch jetzt die Voraussetzungen für einen Verhandlungsführer, doch verfügte er über eine andere Qualifikation: Luther hatte über eineinhalb Jahre in dem renitenten Erfurter Kloster gelebt und besaß genaue Kenntnisse von den Motiven und Argumenten der Opposition. Schließlich hatte er nach Konflikten seinen Heimatkonvent verlassen und sich durch den Wechsel nach Wittenberg offen auf die Seite von Staupitz gestellt. Daher kann es als ein diplomatisch geschickter Schachzug des Generalvikars betrachtet werden, gerade Luther nach Rom zu schicken. Musste er doch als besonders geeignet erscheinen, aus eigenem Erleben die Halsstarrigkeit der renitenten Konvente zu beschreiben.

Nach diesen grundsätzlichen Überlegungen ist nun die Reise selbst ins Auge zu fassen. Folgende vier Fragen sind zu klären: An welcher Stelle im Verlauf des Ordensstreits ist die Reise einzuordnen, d.h. wann genau fand sie statt, welchem Zweck diente sie, und wer war Luthers Begleiter bzw. wen begleitete Luther?

Beginnen wir mit dem letztgenannten Punkt. Über seinen Mitreisenden, den Luther nie nennt, ist viel gerätselt worden.[499] Abgesehen von Luther selbst wissen wir von zwei Reisenden, die im Winterhalbjahr 1511/12 im Auftrag von Staupitz nach Rom zogen. Der eine ist Johannes von Mechel, Angehöriger der Kongregation und Wittenberger Doktor der Theologie, der am 25. Februar 1512 auf seiner Rückrei-

---

[499] Philipp Jakob SPENER hat in einer Leichenpredigt für den Frankfurter Pfarrer Johann Balthasar Ritter d. Ä. (Christliche Leichenpredigten, II, Frankfurt 1685, 371f.) erzählt, dass dessen Vorfahre Matthias Ritter d. Ä. der Reisegefährte Luthers gewesen sei. Doch nach allem, was über diesen frühen evangelischen Prediger in Frankfurt († 1536) bekannt ist, war er jedenfalls kein ehemaliger Augustinereremit. Vgl. Hermann DECHENT, ADB 28 (1889) 666. Vgl. auch den fingierten Brief Luthers vom 19. November 1503 (!) an Matthias Ritter bei Wilhelm Martin Leberecht DE WETTE/ Johann Karl SEIDEMANN (Hgg.), Dr. Martin Luthers Briefe, Sendschreiben und Bedenken, VI, Berlin 1856, 1f. Im Wittenberger Konvent gab es nur einen Georg Ritter, der dann von 1523 bis 1525 evangelischer Kaplan in Jessen, sodann bis mindestens 1555 Pfarrer in Dubro (Ephorie Herzberg) war (WENTZ, Augustinereremitenkloster Wittenberg 499). Aufgrund einer missdeuteten Notiz bei Cochläus (s.o. S. 27) hat man auch öfter den Nürnberger Anton Kreß als Luthers Reisebegleiter vermutet (so auch BOEHMER, Romfahrt 58), der allerdings gar kein Augustinereremit war.

se bei Staupitz in Salzburg eintraf und von hier aus zur Vorbereitung des Kapitels nach Köln vorausgeschickt wurde. Der zweite bekannte Romfahrer ist Johann Klein (Parvus), der aus der sächsischen Provinz stammende damalige Subprior des römischen Konvents Sant'Agostino, den der Ordensgeneral im Januar 1511 wegen des Ordensstreits zu Staupitz geschickt hatte und der am 28. November des Jahres wiederum mit den von Staupitz empfangenen Abgaben der sächsischen Provinz in Rom eintraf.

Will man nicht annehmen, dass Luthers Romfahrt eine dritte, von diesen beiden Unternehmungen unabhängige Reise im Auftrag von Staupitz gewesen sei, so liegt es nahe, dass Luther zusammen mit seinem observanten Mitbruder Johann von Mecheln loszog. Das aber wirft zugleich ein Licht auf seine eigene Rolle. In dieser Konstellation war der ehemalige Enkhuizener Prior und soeben zum Doktor der Theologie Promovierte der Höherrangige und Erfahrenere und fungierte zweifellos als Verhandlungsführer. Luther reiste demnach als *socius itinerarius*. Er war also seinem damaligen Status entsprechend nur „der zweite Mann". Freilich war eine solche Entsendung – selbst in der untergeordneten Funktion – eine Auszeichnung, die dem 28jährigen Pater Martinus zuteil wurde. Es war nicht eine beliebige Wahl, die Staupitz traf, sondern offensichtlich wohlüberlegt. In ihm sandte der Generalvikar nicht nur einen leibhaftigen Kronzeugen für die anhaltende Rebellion der sieben renitenten Konvente nach Rom, sondern verband damit wohl die Absicht, den begabten Mönch als Nachwuchskraft weiter zu fördern, indem er ihn als Teilnehmer an einer bedeutenden Mission auf eine so weite Reise schickte, die seinen Horizont beträchtlich erweitern würde. Als seelsorgerliches Motiv mag noch hinzugekommen sein, dem von seinen Anfechtungen umgetriebenen Luther zugleich eine Pilgerreise in die Heilige Stadt zu ermöglichen, damit er dort die ersehnte (neuerliche) Generalbeichte ablegen und vielleicht sonstigen geistlichen Gewinn erlangen könnte.

Was den Romreisenden Johannes Klein angeht, so wissen wir nicht, welches sein Heimatkonvent in der sächsischen Provinz war oder wo sonst er sich vom Frühjahr bis Herbst des Jahres 1511 aufgehalten hat. Man könnte erwägen, ob er, der vom General mit Instruktionen zu Staupitz gesandt worden war und nun wiederum im Auftrag von Staupitz mit den Jahresabgaben der sächsischen Provinz nach Rom zurückkehrte, sich mit Johannes von Mecheln und dessen Begleiter Luther

zu einer Reisegruppe zusammenschloss.[500] Doch dem widerspricht, dass
es in Luthers Erinnerung nur einen zweiten Reisenden gab.[501]

2. Zeit und Zweck der Reise

Das Zeitfenster für die Durchführung der Reise ist ziemlich deutlich
umrissen. Denn da Luther wahrscheinlich zusammen mit seinem Erfurter Ordensbruder und Freund Johann Lang in der zweiten Augusthälfte
1511 in Wittenberg eingetroffen war, Anfang Mai 1512 aber schon das
Kapitel in Köln stattfand, das den Streit beendete, lässt sich die in Frage
kommende Zeit für eine Reise von Wittenberg aus zunächst einmal auf
die Monate von September 1511 bis April 1512 eingrenzen. Ein weiterer chronologischer Anhaltspunkt resultiert aus den Daten, die von Johann von Mecheln bekannt sind. Da dieser sich noch am 4. Oktober
1511, an dem er in den Senat der theologischen Fakultät aufgenommen
wurde,[502] in Wittenberg aufhielt, bildet dieses Datum den terminus a
quo für den Reiseantritt. Bei einer zu bewältigenden Wegstrecke von
etwa 1.600 km[503] und einer durchschnittlichen Tagesleistung von 30 bis
40 km[504] wird man mit einer reinen Wanderzeit (ohne Ruhetage) von

---

500 S. oben S. 81. Dafür könnte sprechen, dass auch Johann von Mecheln keine
　　Rom-Erfahrung besaß, während Klein den Hin- und Rückweg schon (min-
　　destens) einmal gewandert war und somit über die nötige Routenkenntnis ver-
　　fügte, zudem als römischer Subprior gewiss die italienischen Sprache beherrsch-
　　te. Johann von Mecheln und Luther müssen etwa Ende November in Rom
　　angekommen sein (s.u.); Johannes Klein übergab am 28. November die Abga-
　　ben in der Ordenskurie.

501 Luther erzählt von einem Reiseerlebnis, das er *cum fratre*, also im Singular,
　　gehabt hatte: *Mihi hoc cum fratre [comite] accidit in Italia […]* (WA.TR 4, Nr.
　　4104); deutsche Version: *Mir und meinem Bruder widerfuhr das, da wir gen Rom
　　zogen in Jtalien […]* (WA.TR 2, Nr. 1327).

502 S.o. S. 81.

503 Die Schätzung des zurückgelegten Weges ist abhängig von der eingeschlagenen
　　Route (s. dazu unten S. 120ff.). Anhaltspunkte bieten (neben den nur mit Vor-
　　sicht heranzuziehenden heutigen Straßen-Entfernungen) vor allem die Anga-
　　ben auf der um 1500 gedruckten Rom-Wege-Karte des Erhard Etzlaub, die
　　mit Distanzangaben in deutschen Meilen (= 7,4 km) versehen ist, die freilich
　　auf- oder abgerundet werden müssen. Vgl. dazu Arnold ESCH, Deutsche Pilger
　　unterwegs ins mittelalterliche Rom. Der Weg und das Ziel, in: DERS., Wege
　　nach Rom. Annäherungen aus zehn Jahrhunderten, München 2003, 9–29.
　　205f. (Lit.).

504 Vgl. Norbert OHLER, Reisen im Mittelalter, München 1986, 140. Zu beden-
　　ken ist, dass die Wanderleistung nicht immer gleichmäßig war, sondern vom
　　Zustand der Straßen, den jahreszeitlichen Witterungsverhältnissen und anderen

mindestens 40 bis 50 Tagen rechnen müssen, realistischerweise wohl insgesamt mit zwei Monaten.[505] Demnach sind die Reisenden vor Ende November in Rom angekommen, haben also den Generalprior Aegidius von Viterbo noch antreffen können, bevor dieser die Stadt für die nächsten Monate verließ. Was die Dauer des Aufenthalts betrifft, so spricht Luther von vier Wochen, die er in Rom zugebracht habe.[506] Mit Blick auf die Rückreise steht nur fest, dass Johann von Mecheln in der zweiten Februarhälfte bei Staupitz in Salzburg eintraf und am 24. d. M. mit Nikolaus Besler nach Köln weiterreiste.[507] Für die ca. 1000 km von Rom bis Salzburg dürften ein bis eineinhalb Monate zu veranschlagen sein, so dass die Abreise in Rom um den Jahreswechsel 1511/12 erfolgt wäre.[508]

Was war der Zweck der Reise? Welchen Auftrag hatten die beiden Abgesandten von Staupitz erhalten? Boehmers Vermutung, Johann von Mecheln habe im Auftrag von Staupitz dessen Verzicht auf das Provinzialat von Sachsen dem Ordensgeneral melden sollen,[509] hat sich als verfehlt erwiesen, denn Staupitz hat im Herbst 1511 keineswegs resigniert, sondern noch bis zum April 1512 an seinem Doppelamt als Vikar-und-Provinzial festgehalten.[510] Betrachten wir den Verlauf des Ordensstreits, so lässt sich von der Zeit, zu der Staupitz' Abgesandte in Wittenberg abreisten, auf den Zweck ihrer Reise zurückschließen: Der Ausgleich mit seinen Gegnern, den Staupitz zuletzt durch das Treffen in Jena angestrebt hatte, war gescheitert. Simon Kaiser hatte für die Renitenten am 10. September zum dritten Mal an den Papst appelliert, kurz darauf hatte die Reichsstadt Nürnberg der Opposition noch einmal den Rücken gestärkt und gegenüber Staupitz die eigene Unnachgiebigkeit bekundet. Am 1. Oktober war die Exkommunikation über die reniten-

---

Faktoren abhing. Wie Luther selbst erzählt, legten er und sein Mitbruder einmal infolge einer fiebrigen Erkrankung an einem Reisetag nur eine einzige Meile zurück (WA.TR 2, Nr. 1327; 4, Nr. 4104).

505 Nikolaus Besler benötigte für seine Reise von München nach Rom im Jahre 1505 etwa sechs Wochen, vom 22. Januar bis 6. März 1505 (BESLER, Vita 359f.).

506 WA.TR 3, 3479a: *Deinde fecit mentionem situs Romae, quam per quatuor hebdomadas in summo periculo perlustrasset.* WA.TR 4, Nr. 4785: *Ego tantum quatuor hebdomadas Romae fui.* Vgl. auch in der chronologischen Übersicht WA.TR 3, Nr. 3459: *Anno 1511. Romae fuit per integrum mensem.*

507 S.o. S. 85.

508 Zu der Frage, warum Luther nicht gemeinsam mit Johann von Mecheln erwähnt wird, s.u.

509 Boehmer, Romfahrt 62.

510 S.o. S. 88.

ten Konvente verhängt worden. So stellte sich dringlich die Frage: Wie
sollte es nun weitergehen? In dieser Situation schickte Staupitz seine
Gesandten auf den Weg nach Rom – doch wohl, um vom Ordensgeneral eine Antwort auf diese Frage einzuholen.

3. Der römische Aufenthalt

Von den mannigfaltigen Eindrücken, die Luther in Rom gewann, hat er
in der Retrospektive allerlei erzählt.[511] Doch über die dienstlichen Ver-
richtungen verliert er kein Wort. Selbst wenn damit wohl vorrangig
Johann von Mecheln befasst gewesen sein wird, hängt Luthers Schweigen nicht nur mit seiner Rolle als „zweiter Mann" zusammen. Auch
seine spätere dreijährige Amtstätigkeit als Provinzialvikar (1515–1518)
hat er rückblickend nie erwähnt. Diese ordensinternen Angelegenheiten
fanden nicht mehr sein Interesse und wären seinen Hörern und Leser
auch schwer verständlich gewesen. Leider erfahren wir auch aus Or-
densquellen über die römischen Beratungen und Resultate überhaupt
nichts. Wie schon mehrfach erwähnt, ist das Manualregister des Ordensgenerals in dessen Abwesenheit (Dezember 1511 bis April 1512) nicht
geführt worden, und andere einschlägige Dokumente sind bislang nicht
aufgetaucht. Nur aus den nachfolgenden Vorgängen in der deutschen
Kongregation lassen sich Rückschlüsse auf die römischen Instruktionen
ziehen.

Immerhin dauerte der Aufenthalt in Rom nach Luthers eigener
Aussage vier Wochen.[512] Dieser Umstand verwundert zunächst. Als
Pilger mochte ihm zwar ein längerer Aufenthalt gelegen kommen; denn
so hatte er die Möglichkeit, *als ein toller heiliger*, wie er später selbstiro-
nisch im Rückblick erzählt, *durch alle kirchen und klufften* [Katakomben]
zu laufen.[513] Wie aber reimt sich ein einmonatiger Aufenthalt mit den
Dienstgeschäften zusammen? Wenn es nur um Beratungen mit der Ordensleitung ging, warum war dann ein so langes Verweilen erforderlich?
Ließ die Dringlichkeit der Angelegenheit einen vierwöchigen Aufenthalt zu, d.h. konnte man Staupitz so lange auf Antwort aus Rom warten
lassen? Und mit wem beriet man, wenn der Generalprior Aegidius von
Viterbo doch schon Ende November die Stadt verlassen hatte und erst
im April 1512 zurückkehrte?

---

511 S. dazu die in Anm. 4 genannte Literatur. Dieser Aspekt seiner Romreise bleibt
    in unserem Zusammenhang außer Betracht.
512 S.o. Anm. 506.
513 WA 31 I, 226b,9f.

Nun kann man darauf hinweisen, dass römische Entscheidungsprozesse sich damals wie heute länger hinziehen können. Und natürlich ist es möglich, dass den beiden Abgesandten aufgetragen war, auch noch andere dienstliche Geschäfte in Rom zu erledigen.[514] Doch wird das kaum der Hauptgrund für die einmonatige Anwesenheit in der Stadt gewesen sein. Der Aufschub der Rückreise wird eher in der politischen und kirchenpolitischen Situation Ende des Jahres 1511 seine Ursache haben. Die Auseinandersetzungen des Papstes und seiner in der Heiligen Liga verbündeten Mächte (Spanien, Venedig) mit Frankreich hatten eine Zuspitzung erfahren, als die von Julius II. abgefallenen Kardinäle ein antipäpstliches Konzils einberufen hatten, das nicht nur vom französischen König unterstützt, sondern zunächst auch von Kaiser Maximilian gefördert wurde. Das Konzil, am 5. November im Dom zu Pisa eröffnet und einen Monat später nach Mailand verlegt, war zwar vorerst schwach besucht, doch stellte es auf dem Hintergrund der militärischen Auseinandersetzungen zwischen der Liga und Frankreich einen erheblichen kirchenpolitischen Risikofaktor dar. In Rom registrierte man besorgt die wechselhaften Neuigkeiten, die täglich aus Oberitalien eintrafen, und Julius II. entfaltete eine hektische Betriebsamkeit, suchte durch Rüstung des päpstlichen Heeres, durch die Vorbereitung eines Konzils im Lateran sowie durch andere diplomatische und kirchenpolitische Aktivitäten die Entwicklung in seinem Sinn zu beeinflussen. Die Entsendung des Ordensgenerals der Augustiner in die Toskana ist ebenfalls auf diesem Hintergrund zu sehen; er sollte durch Verhandlung mit den abtrünnigen Kardinälen dem Schisma entgegenwirken.[515] Durch ihn war man in S. Agostino, dem Sitz der Ordenskurie, gewiss über den Ernst

---

514 Im Kontext der vermeintlichen Reise im Auftrag der Renitenten hat man gelegentlich auf WA.TR 3, Nr. 3700, hingewiesen: *Nihil laudabat* [Lutherus] *quam consistorium et curiam rothae, ubi optime procederetur in causis.* Doch solche Urteile kann Luther von einem häufigen Gast seiner Tischgespräche, dem Lizentiaten Liborius Magdeburgensis, gehört haben, denn *is novem annos Romae fuerat notarius rotae* (WA.TR 4, Nr. 4785).

515 Eine Handschrift in der Biblioteca Angelica in Rom (S 8,2) aus Aegidius' Besitz, die Rufins Übersetzung von Origenes' ›De principiis‹ enthält, bietet folgenden Eintrag auf der letzten Seite: *Frater Aegidius Viterbiensis rescribi Florentiae iussit MDXII cum contra schisma a Iulio secundo pontifice maximo missus est quatuor privatis cardinalibus qui ab eo ad Gallorum regem desciverant.* (Hinweis auf diese Handschrift bei PASTOR III/2, 848, Anm. 1). Zu Aegidius Aufenthalt in Florenz und Siena vgl. Giuseppe SIGNORELLI, Il Cardinale Egidio da Viterbo. Agostiniano, umanista e riformatore (1469–1532), Florenz 1929, 168, n. 77. Marino Sanuto berichtet am 3. Dezember: *Fra Egidio zeneral di heremitani va a Milan* (I diarii di Marino Sanuto, ed. Federico STEFANI / Guiglielmo BERCHET / Nicolò BAROZZI, XII-XIII, Venedig 1886 [Ndr. 1970], 322).

der politischen Lage informiert. Der Generalprokurator, für die Ordens-angelegenheiten gegenüber den päpstlichen Behörden zuständig,[516] er-hielt durch diese Kontakte ebenfalls aktuelle Nachrichten.[517] Prokurator des Ordens war ein erfahrener Mann, Johannes Antonius von Chieti, der seit 1505 dieses Amt innehatte.[518] Wie so oft während der Abwesen-heit des Generalpriors leitete er zusammen mit anderen Offizialen kommissarisch dessen Amtsgeschäfte[519] und war wohl in dieser Zeit auch für die deutschen Abgesandten zuständig. Auch der Kardinalprotektor des Ordens, der einflussreiche Kardinal Raffaele Riario,[520] war mit dem Ordensstreit befasst; zusammen mit ihm hatte der General die Exkom-munikation über die Renitenten verhängt.[521] Daher ist davon auszuge-hen, dass er wie bei früheren Verhandlungen, die Staupitz in Rom hatte führen lassen,[522] auch jetzt in die Beratungen über die künftige Strategie, die gegenüber den widerspenstigen Observanten eingeschlagen werden sollte, involviert gewesen ist. Wie aus einem späteren Schreiben hervor-geht, hat er Luther aber nicht persönlich kennengelernt[523] – ein Indiz, dass Luther wirklich nur der zweite Mann war.

---

516 Philipp HOFMEISTER, Die General-Prokuratoren der Ordensleute beim Hl. Stuhl, in: Im Dienste des Rechtes in Kirche und Staat. Festschrift für Franz Ar-nold, Wien 1963, 235–260.

517 Das Register des Ordensgenerals enthält, wie erwähnt, in den Monaten der Abwesenheit des Aegidius leider keine Einträge. Lediglich im Codex Ff 1 des Generalarchivs ist zum (3.) Dezember 1511 die Nachricht notiert: *Moniti sunt prelati qui conciliabulo Pisano intererant per Bullam publicam, etc.* (Ff 1, f. 3). Zu die-ser päpstlichen Bulle vgl. Pastor III/2, 835.

518 Vgl. GUTIÉRREZ, Reformation 40. 42–45; LACZANO, Generales 113.

519 Die Zusammensetzung der Ordenskurie im Spätmittelalter und deren Aufga-benverteilung ist insgesamt noch wenig erforscht. Zu den Mitarbeitern des Ge-neralpriors (*socii* oder *adiutores* genannt) vgl. David GUTIÉRREZ, Die Augustiner im Mittelalter, Würzburg 1985, 99–101. Einige Aufschlüsse geben die im Re-gister verzeichneten Anweisungen des Generals während seiner jährlichen Auf-enthalte in seinem Sommersitz am Monte Cimino an seine Mitarbeiter in Rom.

520 Zum Amt und zur Person s.o. Anm. 348f.

521 S.o. S. 79.

522 Nikolaus Besler, der sich von 1505 bis 1509 als Abgesandter von Staupitz in Rom aufhielt, notierte in seinem römischen Wegeverzeichnis die Entfernung seiner Dienstwege von S. Maria del Popolo, wo er wohnte, bis zum Palazzo des Kardinals, der späteren Cancelleria: *Ad domum reverendissimi Car*[dinalis] *pro-tectoris nostri quae ad S. Laurentium in Damaso 2400 passus.* Vgl. dazu SCHNEI-DER, Franke 259f., Zitat: 268.

523 In einem Brief an Kurfürst Friedrich den Weisen vom 3. April 1520 schreibt der Kardinal mit Blick auf Luther: *Ego non novi hominem, magno tamen aiunt praeditum esse ingenio, singulari doctrina ornatum et multo acumine multiplicium*

Es erscheint am einleuchtendsten, dass die allgemeine Unsicherheit der politischen und kirchenpolitischen Situation mit fast täglich eintreffenden Nachrichten über neue Entwicklungen den Hauptgrund für die sich verzögernde Abreise der Delegierten bildete. Als sie sich um die Jahreswende 1511/12 auf den Rückweg machten, hatte sich die Lage freilich auch noch keineswegs stabilisiert, im Gegenteil, die Ereignisse hatten durch die militärischen Operationen in Oberitalien an Dramatik gewonnen. Niemand wusste, wie sich die Dinge entwickeln würden. Solange die von Seiten Frankreichs und des von ihm protegierten Konzils drohenden Gefahren nicht abgewendet waren, konnte jedenfalls das Interesse sowohl der päpstlichen Kurie als der Ordensleitung nur dahin gehen, regionale Konflikte in Diözesen oder Orden einzudämmen und zu befrieden. So werden die Abgesandten die Weisung aus Rom mitgenommen haben, dass Staupitz den eskalierten Streit in der deutschen Reformkongregation beilegen solle. Das war aber angesichts der festgefahrenen Fronten nur möglich, wenn er seine Unionspläne aufgab. Mit dieser Botschaft dürften die beiden Delegierten zurückgekehrt sein.

4. Das Problem der Rückreise

Gegen die schon in der älteren Forschung erwogene Reisegemeinschaft von Johann von Mecheln und Luther, die hier von neuen Voraussetzungen ausgehend wieder vorgetragen wird, ist eingewandt worden, dass Nikolaus Besler in seinen Aufzeichnungen nur die Ankunft des Johann von Mecheln bei Staupitz in Salzburg erwähnt, während Luther Augsburg als Station auf seiner Rückreise angibt; folglich könnten beide nicht zusammen unterwegs gewesen sein.[524] Dass Besler nur Johann von Mecheln, nicht aber dessen Begleiter nennt, kann verschiedene Gründe haben: a) Lediglich Johannes von Mecheln wurde gemeinsam mit Besler zur Vorbereitung des Kölner Kapitels weitergesandt, so dass er nur jenen

---

scripturarum scientia pollere (Ausfertigung in ThürHStA Weimar, Ernestinisches Gesamtarchiv, Reg. N 10, abgedruckt bei Paul KALKOFF, Zum Lutherprozess, in: ZKG 25 [1904] 587–591, hier 589). Wenngleich der Satz *non novi hominem* an die Verleugnung des Petrus (Mt 26,72) anklingt, scheint die Aussage des Kardinals zuzutreffen, dass er Luther nicht persönlich kannte. Jedenfalls hat Luther, dem der Brief von Spalatin zur Kenntnis gebracht wurde, diese Bemerkung nicht kritisiert (vgl. Luthers Brief an Spalatin vom 9. Juli 1520, WA.B 2, Nr. 309). Ob hinter dem *aiunt* römische Informanten zu suchen sind, die Luthers Fähigkeiten lobten, oder ob es sich nur um eine captatio benevolentiae gegenüber Friedrich dem Weisen mit Blick auf den Professor der kurfürstlichen Universität handelt, muss dahingestellt bleiben.

524 S.o. S. 16 und 20.

für namentlich erwähnenswert hielt. b) Besler hat in seinen autobiographischen Aufzeichnungen aus dem Jahre 1525 niemals den – inzwischen zum Ketzer gewordenen – Luther genannt, obwohl er ihm mehrfach persönlich begegnet ist, sondern in späteren Zusammenhängen nur dessen häretische Anhänger angeführt.[525] c) Eine dritte Möglichkeit besteht in der Annahme, dass Johann von Mechel und Luther auf dem Rückweg eine unterschiedliche Route eingeschlagen haben.[526]

Um diese letzte Alternative zu klären, wenden wir uns der Frage der Reiseroute zu.

Exkurs: Die Reiseroute

Luther hat leider kein Itinerar seiner Romreise hinterlassen, und seine Reminiszenzen in den Tischreden geben nur ganz wenige sichere Anhaltspunkte. Daher sind alle Bemühungen, den Reiseweg zu ermitteln, schwierig und bleiben mit sehr großen Unsicherheiten behaftet, so dass das breite Spektrum von höchst disparaten Vorschlägen nicht verwundert.[527] Zuletzt hat Dietrich Denecke mit dem Instrumentarium der historischen Geographie einen sehr diskutablen Rekonstruktionsversuch der Reiseroute Luthers vorgelegt, in dem er mit den heutigen Kenntnissen über die spätmittelalterlichen Pilger- und Handelswege Luthers spärliche Angaben über einzelne Reisestationen verbindet.[528] Obwohl Denecke auf Boehmers Darstellung der Romreise fußt und somit Erfurt als Ausgangsort der Reise betrachtet, behalten seine Erwägungen zum weiteren Routenverlauf durch Süddeutschland, die Schweiz und Italien ihren Wert.

Die – von Lutherforschern[529] schon zuvor ganz ähnlich rekonstruierte – Hinreise führte demnach über Nürnberg, Ulm, Chur, Septimerpass,

---

525 Vgl. SCHNEIDER, Franke 242 mit Anm. 15.

526 S. dazu unten S. 122ff.

527 Die methodischen und inhaltlichen Fragen können hier nicht erörtert werden; eine ausführlichere Behandlung der Reiseroute soll an anderem Ort erfolgen.

528 Dietrich DENECKE, Wege und Städte zwischen Wittenberg und Rom um 1510. Eine historisch-geographische Studie zur Romreise Martin Luthers, in: Wolfgang Pinkwart (Hg.), Genetische Ansätze in der Kulturlandschaftsforschung. Festschrift für Helmut Jäger, Würzburg 1983, 77–106. Schon zuvor hatte Herbert VOSSBERG, Im Heiligen Rom. Luthers Reiseeindrücke 1510–11, Berlin-Ost 1966, die Romwegkarte von Etzlaub zur Rekonstruktion der Reiseroute herangezogen und Materialien zu den möglichen oder belegten Reisestationen zusammengetragen.

529 Vgl. BRECHT, Luther I, 105; SCHWARZ, Luther 22; vgl. VOSSBERG, Rom 13–35.

Chiavenna, Mailand (als Reisestation erwähnt), Bologna, Florenz (als Reisestation erwähnt), Siena (als Reisestation erwähnt) nach Rom. Spärlicher sind die Anhaltspunkte für die Rückreise. Augsburg ist der einzige Ort, den Luther als Station selbst genannt hat.[530] Hier suchte er das berühmte Wundermädchen Anna (Ursula) Lamenit auf, das sich angeblich nur von der Hostie bei der sonntäglichen Kommunion ernährte.[531] Diese Stadt bietet also den Fluchtpunkt für die Rekonstruktion des Rückweges. Auch ein von Luther erwähntes sehr reiches Benediktinerkloster am Po,[532] bei dem es sich wohl nicht um S. Sisto in Piacenza,[533] sondern wahrscheinlich um San Benedetto Po (Polirone)[534] südöstlich von Mantua handelt, ist auf der Route des Hinwegs schwer unterzubringen[535] und könnte daher für die Rückkehr in Anspruch genommen werden. Dann wird aber meist angenommen, dass er bis Bologna die gleiche Strecke wie auf dem Hinweg gewählt hat. Wenn man ferner eine Bemerkung Luthers über die Architektur Innsbrucks[536] als Reiseerinnerung ansieht, so wäre er über Verona, Trient und den Brenner gezogen und von dort aus weiter nach Augsburg gewandert.[537] Während er also auf der Reise nach Rom den westlichen der beiden

---

530 WA.TR 6, Nr. 7005: *als er Anno 1511. wäre von Rom kommen, und durch Augsburg gezogen.*

531 WA.TR 4, Nr. 4925 und WA.TR 6, Nr. 7005. Vgl. Friedrich ROTH, Die geistliche Betrügerin Anna Laminit von Augsburg, ZKG 43 (1924) 355–417; Waltraud PULZ, Nüchternes Kalkül – Verzehrende Leidenschaft. Nahrungsabstinenz im 16. Jahrhundert, Köln 2007.

532 *In Lombardia apud Padum est monasterium S. Benedicti locupletissimum, das alle jar 36000 ducaten hat, in quo tantae sunt deliciae, das sie jerlich 12000 ducaten auf die gastung wenden, 12000 ducaten auff gebeu, tertiam partem ad conventum. In quo ego Martinus Lutherus fui honorifice tractatus* (WA.TR 4, Nr. 6042).

533 Dieser Meinung war ELZE, Reise 70. Zu S. Sisto vgl. Ersilio Fausto FIORENTINI, Le chiese di Piacenza, 1976, 26–40; Giovanni SPINELLI (ed.), Monasteri Benedettini in Emiglia Romagna, 1980, 120–132.

534 Vgl. Paolo PIVA (Hg.), I secoli di Polirone. Committenza e produzione artistica di un monatero benedettino, I–II, Mantua 1981. Dort heißt es mit Blick auf Luthers Aussage: „entro la fine del secolo XV il complesso monastico raggiunge la sua massima, e pressoché definitiva, espansione; e sarà così grandioso da costuire ragione di scandalo per Martin Lutero, e prova evidente, col suo sfarzo esteriore, del degrado spirituale della chiesa" (I, 177).

535 So jedoch BOEHMER, Romfahrt 82, SCHEEL, Luther II, 419, Anm. 74.

536 *Inspruck parva est, sed aequalibus aedificiis composita, ac si esset una continua domus* (WA.TR 5, Nr. 6392). Luther konnte diese Beschreibung auch vom Hörensagen kennen oder von einer Abbildung wie in Münsters Cosmographia.

537 BRECHT, Luther I, 109; SCHWARZ, Luther 22; VOSSBERG, Rom 112–119.

Hauptverkehrswege nach Italien beschritten hatte, wäre er nach dieser Rekonstruktion auf der östlichen Route heimwärts gezogen.

Allerdings hätte diese Strecke mitten durch das oberitalienische Kriegsgebiet geführt, in dem die Auseinandersetzungen zwischen den französischen Truppen und den Heeren der Heiligen Liga ausgetragen wurden. Mitte November 1511 war ein eidgenössisches Heer von 20.000 Mann über den Gotthard gezogen und hatte Mailand bedroht. Im Dezember begann Julius II. mit Rüstungen seiner Armee, um die Romagna, Bologna und Ferrara zurückzuerobern. Im Januar setzten die Heere der Liga gleichzeitig an verschiedenen Stellen mit ihren kriegerischen Operationen ein. So eröffneten päpstliche Truppen die Belagerung Bolognas, es konnte aber durch französische wieder entsetzt werden. Brescia wurde *con grandissima crudellitate* von französischer Herrschaft befreit, am 18. Februar aber von den Franzosen in blutigen Straßenkämpfen zurückerobert.[538] Die Kämpfe in Oberitalien dauerten an; am 11. April kam es bei Ravenna zu einer großen Schlacht zwischen päpstlichen und französischen Truppen, „der größten, die Italien seit den Tagen der Völkerwanderung gesehen".[539]

Ist es wirklich plausibel, dass die beiden Mönche durch diese unruhigen Gebiete gereist sind? Was Johann von Mecheln angeht, so hat er ohnehin höchstwahrscheinlich einen anderen Weg gewählt. Da er zu Staupitz nach Salzburg gelangen wollte, hätte die Strecke über den Brenner einen riesigen Umweg dargestellt. Es lag näher, der Route in umgekehrter Richtung zu folgen, die Nikolaus Besler auf seiner Reise nach Rom gewählt hatte: von Rom nach Narni, Terni, Spoleto, Tolentino, Macerata, Loreto, Osimo, Pesaro, Rimini, von dort (mit dem Schiff) nach Chioggia und Venedig, sodann nach Treviso abbiegen. Diese auch als Pilgerweg belegte Strecke hätte den Vorteil geboten, dass sie das militärische Aufmarsch- und Kampfgebiet weiträumig umging. Von Treviso konnte er durch das Friaul nach Arnoldstein, Villach und über die alte Tauernstraße nach Salzburg ziehen.

Wie aber sah es nun mit Luthers Reiseweg aus? Hat er angesichts der Lage in Oberitalien womöglich eine ganz andere Strecke gewählt?

Angeregt durch Nachrichten über mehrere Lokaltraditionen in süd-französischen Städten, die von einem Aufenthalt Luthers auf der Rück-reise aus Rom berichten, bin ich diesen Überlieferungen nachgegangen

---

538 VIGNATI 612f.

539 Moritz BROSCH, Papst Julius II. und die Gründung des Kirchenstaates, Gotha 1878, 357, vgl. 244.

und habe eine Alternativroute zur Diskussion gestellt, und zwar durch Südfrankreich.[540]

Es handelt sich um Lokalüberlieferungen in Nizza, Aix-en-Provence und Pernes-les-Fontaines (östl. von Avignon), denen zufolge sich Luther in den dortigen Augustinerklöstern aufgehalten haben soll. In Nizza und Pernes gab es heute verschollene schriftliche Zeugnisse (eine handschriftliche Bemerkung in einem Missale und eine Notiz aus einer Klosterrechnung), deren Wortlaut aber überliefert ist. Die Nachrichten sind je für sich nicht ohne Probleme: Beide Texte aus Nizza und Pernes bieten die Namensform *Luther(us)*, während der Pater Martinus bis Herbst 1517 noch den Familiennamen *Luder* gebrauchte. Doch ist dieses Problem nicht unlösbar.[541] Zudem hat der paläographisch ungeschulte Tradent der Notiz aus Nizza offensichtlich das Datum seiner Vorlage verlesen (das völlig anachronistische 20 Jun. 1534 [!] anstatt 20. Jan. 1512). Ist letztere Konjektur zutreffend, so passt dieses Datum gut zu den bisherigen chronologischen Überlegungen.

Eine frappierende Tatsache ist die Häufung von solchen Lokaltraditionen allemal, da sie unabhängig voneinander sind und mit ehemaligen Augustinerkonventen verbunden, darunter einem so wenig bekannten wie Pernes-les-Fontaines. Will man Legendenbildungen oder bewusste Fälschungen annehmen, so muss man erklären, wie und aus welchen Motiven diese an drei Orten unabhängig voneinander zustande kommen konnten – zumal im katholischen Frankreich.[542]

In einer Gegenprobe lassen sich in Luthers Tischreden auffällige Äußerungen über Frankreich finden: über den Aberglauben der Franzosen, der dem der Italiener gleich sei,[543] die Unbildung der französischen

---

540 Hans SCHNEIDER, Luther en France, in: Positions luthériennes 58 (2010) 231-250; dort auch die Belege für die Einzelheiten.

541 Ein ungeübtes Auge kann Luthers offenes d mit Abstrich in seinen frühen Unterschriften leicht für ein th lesen; vgl. etwa die Unterschrift in dem jüngst wieder aufgetauchten Brief(fragment) Luthers an N.N. vom 28.3.1517 (WA.B 18, Nr. 4341), jetzt im Lutherhaus Wittenberg ausgestellt.

542 Anders als etwa bei Lokaltraditionen über angebliche Aufenthalte von Gustav Adolf von Schweden in protestantischen Gebieten Deutschlands oder Garibaldis an vielen italienischen Orten lässt sich kaum ein Motiv vorstellen, warum in katholischen Regionen Nachrichten über eine Durchreise Luthers entstanden sein sollten – zumal in Südfrankreich, mit dem sonst Luthers Biographie überhaupt keine Berührung hatte. Anders läge der Fall, wenn es sich um polemische Anekdoten über irgendwelche Schandtaten des späteren Ketzers handelte. Doch hier wird ganz Normales gemeldet: dass ein Mönch in einem Kloster seines Ordens beköstigt wird (Pernes), übernachtet (Aix-en-Provence), Messe liest (Nizza).

543 WA.TR 5, Nr. 6041.

Messpriester, die er mit den italienischen zusammenstellt,[544] und auch sprachliche Reminiszensen wie *Gremmerze* (= grand merci) begegnen noch in Erinnerungen des alten Luther.[545] Besonders aufschlußreich erscheint aber eine Tischrede, in der Luther über das legendäre Schicksal des Pontius Pilatus spricht: *Er mus aber wol bezalen, nam relegatus est in Gallias; hat bei Leon* [Lyon] *circa Rhodanum* [Rhone] *in deserto mussen wohnen. Et adhuc est hodie turris instar pyramidis in Gallia, quae dicitur habitatio Pilati; dabei leid ein dorf nomine Pons.*[546] Diese Stelle bei Lyon in der Nähe der Rhône lässt sich identifizieren. Es handelt sich um ein noch vorhandenes Bauwerk in Vienne, einer mit Pilatus-Legenden besonders verbundenen Stadt. Im Süden des heutigen Stadtgebietes, aber weit außerhalb der mittelalterlichen Stadtmauern, in einem bis ins 19. Jahrhundert unbebauten Gelände nahe der Rhone (*circa Rhodanum in deserto*), kann man noch heute eine Pyramide auf einem vierfüßigen Steinsockel besichtigen. Sie stand in römischer Zeit anstelle eines Obelisken in der Mitte der Spina des Circus, galt aber im Mittelalter entweder als Grabmal des Pilatus („le mausolée de Pilate") oder als dessen Haus („la maison de Pilate"). Auch in der Umgebung von Vienne gibt es viele Hinweise auf den römischen Prokurator; so soll der Name des Dorfes Ponsas südlich von Vienne nach einer Volksetymologie sich von „Pontius" herleiten. Gerade der letzte Satz der Tischrede erweckt den Eindruck, dass Luther hier eigene Erinnerungen mitteilte (*adhuc est hodie ...; dabei leid ein Dorf ...*), zumal m.W. in der deutschen Literatur des Mittelalters im Zusammenhang mit dem legendären Schicksal des Pilatus nie jene seltsame Pyramide erwähnt wird.[547]

Sind die lokalen Traditionen zutreffend und spiegeln sich in der Tischrede über Lyon/Vienne Reiseeindrücke Luthers wider, so lässt sich eine Reiseroute durch Frankreich gut rekonstruieren. Darüber, wie Luther nach Nizza, der ersten bekannten Station in der Provence, gelangte, lassen sich nur Vermutungen anstellen. Von Rom aus gab es verschiedene Möglichkeiten.[548] So hätte er etwa bis Siena auf der ihm

---

544 WA.TR 4, Nr. 4195, ähnlich 4, Nr. 4585; vgl. 2, Nr. 1327.

545 WA 54, 283,4f.

546 WA.TR 4, Nr. 4350.

547 Vgl. Bettina MATTIG-KRAMPE, Das Pilatusbild in der deutschen Bibel- und Legendenepik des Mittelalters, Heidelberg 2001; Andreas SCHEIDGEN, Die Gestalt des Pontius Pilatus in Legende, Bibelauffassung und Geschichtsdichtung vom Mittelalter bis in die frühe Neuzeit. Literaturgeschichte einer umstrittenen Figur, Frankfurt 2002.

548 Vgl. die Routenangaben bei den Romreisenden in: Werner Paravicini (Hg.), Europäische Reiseberichte des späten Mittelalters. Eine analytische Bibliogra-

schon bekannten Strecke ziehen können, dann aber in Poggibonsi nicht nach Florenz, sondern weiter auf der Via francigena nach Lucca reisen und schließlich der Küstenstraße über Genua und Savona folgen. Als Alternative wäre auch möglich gewesen, eine Teilstrecke von einem Mittelmeerhafen aus mit dem Schiff zurückzulegen.[549] Von Nizza wäre Luther dann nach Aix-en-Provence, von dort nach Pernes-les-Fontaines gewandert und von dort aus auf der östlichen Rhone-Seite Richtung Lyon gezogen. Dies entspricht einer alten Fernstraße, die französische Pilger und Kaufleute benutzten, wenn sie nach Rom zogen oder von dort zurückkehrten.[550] Von Pernes aus kommend hätte Luther weitere Augustinerklöster in Vaison und Beaurepaire aufsuchen können. In Vienne gab es kein Kloster der Augustinereremiten, wohl aber in Lyon, sofern Luther nicht nach Crémieu oder Morestel weitergezogen wäre. Denn sie lagen am Weg, der bald nach Vienne in Richtung Genf abbog und den er nun einschlagen musste.

Augsburg ist, wie gesagt, der einzige Ort, den Luther als Station auf seiner Rückreise selbst genannt hat.[551] Von daher liegt es nahe, dass er vom oberen Rhonetal aus durch die Schweiz gereist wäre und dem Bodensee zustrebte. Auf dieser Route gab es wiederum eine Reihe von Augustinerklöstern wie in dem (auch auf der Etzlaub-Karte aufgeführten) Städtchen Seyssel, in Bellegarde-Seurre, Genf, Fribourg und Zürich sowie dann im Allgäu in Mindelheim und Memmingen.

Doch warum sollte Luther diesen Umweg über Frankreich gewählt haben? Schon Hartmann Grisar, der erstmals die Lokaltraditionen aus Nizza und Pernes ernsthaft in Erwägung gezogen hat, vermutet die Kriegswirren in Oberitalien als Grund für den Rückweg über Südfrankreich, doch geht er von 1511 als Jahr der Rückreise aus.[552] Allerdings bleibt der angeführte Grund auch für das Jahr 1512 bestehen, ja er er-

---

phie, Teil 2: Französische Reiseberichte, bearb. von Jörg WETTLÄUFER in Zusammenarbeit mit Jacques PAVIOT, Frankfurt am Main 1999.

549 Vgl. zahlreiche Bemerkungen Luthers in seinen Schriften und Tischreden über das *mare mediterraneum*, die Inseln Korsika und Sardinien sowie die Schiffe im Ozean *extra mundum*, die angeblich so groß seien, dass sie das Mittelmeer nicht zu tragen vermöge (WA.TR 4, Nr. 4351).

550 Vgl. Bernard GUILLEMAIN, La cour pontificale d'Avignon, Paris 1966, carte 1, sowie die Angaben in den Reiseberichten. Die Strecke Rhone-aufwärts ist auch auf Etzlaubs Karte der Rom-Wege eingetragen, allerdings ohne Distanzangaben.

551 WA.TR 6, Nr. 7005: *als er Anno 1511. wäre von Rom kommen, und durch Augsburg gezogen.*

552 Hartmann GRISAR, Lutheranalekten, HJ 39 (1918/19) 487–515, [Teil I: Zu Luthers Romfahrt. Neues über den Reiseweg, 487–496], hier 488.

scheint dafür, wie oben dargestellt, noch weit einleuchtender.[553] In Rom hatte man die sich seit November zuspitzende Lage aufmerksam und mit Sorge beobachtet. Für die beiden Abgesandten von Staupitz konnte es deshalb wenig ratsam erscheinen, auf dem Rückweg die gleiche Strecke zu benutzen, die sie auf der Hinreise gekommen waren, also von Florenz über den Apennin nach Bologna und weiter nach Mailand zu ziehen. Abgesehen von den Gefahren für Leib und Leben waren Bologna und ebenso Mailand, wo das antipäpstliche Konzil seit Anfang Dezember tagte, von Julius II. mit dem Interdikt belegt worden.[554]

Die Erinnerung an jene dramatischen Ereignisse ist bei Luther noch in späteren Jahren lebendig. Mehrfach kommt er in Tischreden auf die kriegerische Politik Julius' II. zu sprechen und erwähnt die Schlacht von Ravenna im Jahre 1512.[555] Auch das antipäpstliche Konzil von Pisa und das V. Laterankonzil finden in seinen Rückblicken Beachtung.[556]

Die Praxis, bei wichtigen Angelegenheiten mehrere Boten auf getrennten Wegen zu schicken, damit mindestens einer sicher das Ziel erreichte und die Nachricht überbringen konnte, war im späten Mittelalter durchaus geläufig.[557] Sie könnte eine mögliche Erklärung dafür sein, dass Johann von Mecheln und Luther auf dem Rückweg unterschiedliche Routen genommen haben. Ob sie zunächst eine Wegstrecke gemeinsam wanderten[558] und sich dann trennten oder ob sie von Anfang

---

553 Über die militärischen Ereignisse der Jahre 1511 und 1512 berichtet sehr anschaulich die Chronik des Alberto Vignati aus Lodi, der den Feldzug des französischen Feldherrn Gaston de Foix mitmachte: C. VIGNATI, Gaston de Fois e l'esercito francese a Bologna, a Brescia, a Ravenna dal Gennaio 1511 all'Aprile 1512, in: Archivio storico Lombardo 9 (1884) 593–622.

554 Vgl. die Angaben bei PASTOR III/2, 828ff.

555 WA.TR 2, Nr. 2733; 3, Nr. 2964. 3717; 4, Nr. 4388. 4488. 4785; 5, Nr. 6459.

556 WA.TR 2, Nr. 2246; 4, Nr. 4785 u.a. Vgl. Carl STANGE, Luther und das Konzil zu Pisa von 1511, in: ZSTh 10 (1933) 681–710; DERS., Luther und das V. Laterankonzil, Gütersloh 1928.

557 Matthias PUHLE, Das Gesandten- und Botenwesen der Hanse im späten Mittelalter, in: Deutsche Postgeschichte. Essays und Bilder, hg. von Wolfgang LOTZ, Berlin 1990, 43–55, hier 52f. mit 55, Anm. 43–45. Frdl. Hinweis meines Marburger Kollegen Wilhelm Ernst Winterhager.

558 Eine Lokaltradition (unbekannten Alters) in Spoleto weiß von einem Aufenthalt Luthers im dortigen Augustinerkloster S. Nicolò. Der spoletinische Historiker Achille SANSI, Degli edifici e dei frammenti storici delle antiche età di Spoleto, Foligno 1889 [Reprint: Perugia 1972], 243, schreibt: „V´e una tradizione che Martino Lutero alloggiasse in questo convento, nel suo viaggio a Roma." Im Staatsarchiv Spoleto sind über das Augustinerkloster im frühen 16. Jahrhundert leider keine Dokumente mehr erhalten.

an verschiedene Straßen zogen, ist unbekannt. Die Vorschrift der Konstitutionen, dass Brüder nur zu zweit reisen durften,[559] konnte nun
durch Brüder, die von einer Etappe zur nächsten die Reisenden beglei-
teten, erfüllt werden. Solche Begleiter waren für beide auf den unbekannten Routen des Rückwegs besonders hilfreich.

Wir wissen nicht, ob Luther von Augsburg aus ebenfalls – wie Johann von Mecheln von Salzburg aus – sofort nach Köln weiterzog. Der
Tagungsort des nächsten Kapitels wurde üblicherweise schon auf dem
vorausgehenden verabredet, so dass er allgemein bekannt war. Ob aber
auf dem letzten Kapitel der Kongregation in München im Jahre 1508
bereits Köln ins Auge gefasst wurde, erscheint zweifelhaft, da damals der
Vereinigungsprozess mit der sächsischen Provinz bevorstand. Vielleicht
war der Ort aber von Staupitz bereits vor der Abreise der Abgesandten
im Herbst 1511 festgesetzt worden, wenngleich sein Einladungsschrei-
ben erst am 27. Januar 1512 versandt wurde. Wäre es nötig gewesen, so
hätte Luther unterwegs aktualisierte Nachrichten über Tagungsort und
Termin sowie andere Informationen in den süddeutschen Klöstern der
Kongregation, in Mindelheim und Memmingen, erhalten können.
Wahrscheinlicher aber ist, dass ihn die Heimreise zunächst zurück nach
Wittenberg führte.[560] Von dort aus ist er dann wohl wiederum nach
Köln aufgebrochen. Rechnet man für die Entfernung von Wittenberg
nach Köln etwa 550 km und somit eine Reisezeit von ca. 15 Tagen, so
müsste Luther Mitte April von Wittenberg losmarschiert sein,[561] um bis
zum 2. Mai in Köln einzutreffen. Das heißt aber, dass er spätestens bis
Mitte April von seiner Romreise nach Wittenberg zurückgekehrt sein
muss.

---

559 S.o. Anm. 8.

560 Peter Eberbach scheint in seinem Brief vom 8. Mai 1512 (s.o. Anm. 436) von
der Rückkehr Luthers nach Wittenberg bereits Kenntnis zu haben. Da dieser
sich aber bis zum 5. Mai auf dem Kapitel in Köln befand, kann es sich nicht
um seine Rückkehr von Köln aus handeln, so dass die Nachricht von Luthers
Rückkehr Eberbach noch vor dem Kölner Kapitel erreicht haben muss.

561 Sofern er den Weg zu Fuss machte. Bei solchen Anlässen wurden aber vielfach
Erleichterungen gewährt. So berichtet Luther (WA.B 1, Nr. 75), dass er auf
dem Rückweg vom Heidelberger Kapitel 1518 im Pferdewagen bei den
Nürnberger, dann Erfurter und schließlich Eislebener Kapitularen mitfahren
konnte.

5. Das Ende der Mission

Es steht jedenfalls fest, dass Luther Anfang Mai 1512 an dem denkwürdigen Kapitel in Köln teilnahm,[562] auf dem der langjährige Streit beigelegt wurde. Aber in welcher Funktion war er dort? Er hatte damals noch kein Amt im Orden inne. Wittenberger Prior war zu dieser Zeit Wenzel Link, der in dieser Funktion beim Kölner Kapitel zugegen war.[563] Luther könnte allenfalls als Diskret[564] des Wittenberger Konvents am Kapitel teilgenommen haben,[565] doch war er im dortigen Konvent noch gar nicht richtig „angekommen", um gleich als Delegierter für das Triennalkapitel gewählt zu werden. Die Anwesenheit Luthers in Köln ist jedoch dann völlig einleuchtend, wenn er erst vor kurzem von der Romreise zurückgekehrt war. Dann war es nötig, dass diejenigen, die in Rom gewesen waren, vor dem Kapitel berichteten. Staupitz hatte in seinem Ausschreiben ausdrücklich gefordert, dass außer den regulären Kapitularen auch diejenigen Ordensangehörigen bei den Verhandlungen anwesend sein sollten, die an den Vorgängen der Vergangenheit aktiv beteiligt gewesen seien.[566] Die von den beiden Abgesandten mitgebrachten Weisungen der römischen Ordensleitung wurden in Köln umgesetzt. Die Vereinigung von Kongregation und sächsischer Provinz wurde aufgegeben.

Damit war der Streit zwischen Staupitz und der treu gebliebenen Fraktion auf der einen und den sieben renitenten Konventen auf der anderen Seite zwar beigelegt, aber die Wunden, die der heftige Konflikt geschlagen hatte, verheilten nur langsam. Besonders die Spannungen zwischen dem Erfurter Konvent und den zu Staupitz „abgefallenen" Brüdern Johannes Lang[567] und Luther sind in der Folgezeit noch deutlich erkennbar.[568] Die Vertrauensstellung aber, die Luther bei Staupitz innehat-

---

562 S.o. Anm. 393.
563 S. ebd. zu Links Anwesenheit in Köln.
564 Jeder Konvent wählte einen Bruder, der neben dem Prior am Kapitel teilnahm. Zur Wahl dieses „Diskrets" vgl. Constitutionen, cap. 30.
565 Das vermutet ZUMKELLER, Martin Luther und sein Orden 268.
566 S.o. S. 85.
567 S.o. Anm. 328.
568 Vgl. die beiden erhaltenen Briefe Luthers an den Erfurter Konvent vom 22. September 1512 (WA.B 1, Nr. 6) und vom 16. Juni 1514 (WA.B 1, Nr. 8) sowie an die Erfurter theologische Fakultät vom 21. Dezember 1514 (WA.B 1, Nr. 10). Mit diesen Spannungen steht wahrscheinlich auch Luthers Predigt auf dem nächsten Kapitel der Kongregation in Gotha 1515 in Verbindung, wenngleich der konkrete Hintergrund unklar bleibt. In ihr wendet sich Luther äußerst scharf gegen das Laster der üblen Nachrede (WA 1, 44–52 / WA 4, 675–683). Zur Wirkung vgl. WA.B 1, Nr. 14 mit Anm. 2; ein Jahr später ließ Lu-

te, kam darin zum Ausdruck, dass er auf dem Kölner Kapitel zum Subprior des Wittenberger Klosters bestimmt wurde[569] und ein halbes Jahr später Staupitz' Professur *in biblia* erhielt. War er noch während der Romreise nur der zweite Mann gewesen, so wurde er als Wittenberger Professor schon bald der erste Mann.

V. Anhang: Detailaspekte

1. Hat Luther den Papst gesehen?

Schon die ältere Forschung hatte nach chronologischen Anhaltspunkten Ausschau gehalten, um eine Entscheidung über das Jahr der Romreise treffen zu können. Dabei stieß man auf ein brauchbares und zweckdienliches Beweismittel. Es besteht in der Beantwortung der Frage, ob Luther den Papst gesehen hat, genauer: ob er ihn *in Rom* gesehen hat.[570] Denn im Winter 1510 /11 hielt sich Julius II. nicht in Rom auf; wohl aber war er im Winter 1511/12 nahezu ununterbrochen dort anwesend. Im August 1511 war Julius II. zwar schwer krank, so dass man seinen Tod erwartete; doch er erholte sich und war am 28. August wieder fast völlig genesen.[571] Abgesehen von einem kurzen Erholungsaufenthalt in Ostia und Civitavecchia blieb der Papst dann im Herbst und Winter 1511/12 ständig in Rom.

Es ist ganz verständlich, dass damals wie heute jeder Rompilger versucht, den Papst zu sehen. Und im Winterhalbjahr 1511/12 war dies Luther bei verschiedenen Anlässen auch möglich. Doch hat er ihn tatsächlich zu Gesicht bekommen? Die Aussagen Luthers sind nicht so eindeutig, dass sie die Forscher überzeugt hätten. Gewiss, so anschauliche Beschreibungen, wie sie etwa der Augsburger Kaplan Johannes Vetterlin[572] oder Konrad Pellikan geliefert hat,[573] sucht man bei Luther

---

ther in seinem Bekanntenkreis eine Abschrift der Predigt verbreiten (vgl. WA.B 1, Nr. 20). Vgl. auch unten zu seinen Bemerkungen über die Observanz in seinen frühen Vorlesungen.

569 WENTZ, Augustinereremitenkloster Wittenberg 477. Nach BOEHMER, Romfahrt 118, und SCHEEL, Luther II, 550, ging auch die Leitung des Generalstudiums an Luther über, doch erscheint das vor seiner Doktorpromotion eher unwahrscheinlich.

570 Rudolf BUDDENSIEG, Zu Luthers römischem Aufenthalt, ThStKr (1879) 335–346.

571 PASTOR III/2, 815f.

572 Vgl. Bernhard SCHIMMELPFENNIG, Ein Provinzler erlebt den Papst. Die Notizen des Augsburger Kaplans Johannes Vetterlin aus dem Heiligen Jahr 1450, in:

vergeblich. Hätte er nicht bei einer seiner Erwähnungen von Papst Julius II.[574] hinzufügen können: „den ich selbst gesehen habe"? Doch auch Nikolaus Besler, der sich über vier Jahre in Rom aufhielt und während dieser Zeit Julius II. ganz gewiss mehrmals zu Gesicht bekommen hat, erwähnt in seinen Aufzeichnungen an keiner einzigen Stelle, dass er den Papst gesehen habe.

Bei der Erörterung der in Frage kommenden Texte ist also darauf zu achten, ob Luther sie mit Rom verknüpft. Wenn er dort den Papst gesehen hat, kann dies nur 1511/12 geschehen sein. Ferner stellt sich jeweils die Frage, ob die Schilderungen den Eindruck eigener Anschauung erwecken oder ob sie auf Berichten anderer Romfahrer[575] beruhen. Eine Reihe von einschlägigen Stellen ist bereits in der älteren Forschung erörtert worden; ihre Zahl kann aber noch vermehrt werden.

Eine eindeutige Aussage, dass Luther Julius II. gesehen habe, findet sich in der Luther-Vita von Johannes Mathesius: *Da* [in Rom] *sihet er*

Kurie und Region. Festschrift für Brigide Schwarz zum 65. Geburtstag, hg. v. Brigitte FLUG, Stuttgart 2005, 255–261.

573 [...] *alia processio in aedem Sancti Petri et ad palatium Papae, qui collectos videbat contemplando specillo suo in loco, qui est Bellvidere, circum adstantibus in editis locis quibusdam cardinalibus. Tandem ipse cruce facta manibus benedixit filiis suis et plenaria indulgentia donavit obsequentissimos filios sanctae sedis. vicissim fratres mille, qui adstabant in curia, canebant antiphonam: "Sacerdos et Pontifex et virtutum opifex, pastor bone in populum, ora pro nobis Dominum"* (PELLIKAN, Chronikon 61). [...] *in vigilia Pentecosten cum socio Ulmense interfui primis vesperis Papae, in quibus officiabatur ipse, canens capitulum et collectam, choro repleto cardinalibus et episcopis in capella Sixti apud S. Petrum, praesentibus curtisanis et cardinalium ministris, et mulis stantibus auro ornatis et serico ante templum* (PELLIKAN, Chronikon 63).

574 WA.TR 2, Nrr. 1611, 2147, 2733 b; 3, Nr. 3726; 4, Nrr. 4388, 5078; 5, Nrr. 5558, 6163, 6323, 6472.

575 Vgl. etwa WA.TR 3, Nr. 3478 (346,38ff.): *Ein alter Pfarrherr aß aufn Abend mit Doctor Martin Luthern; der sagete viel von Rom, denn er hätte zwey Jahr lang da gedienet, und wäre vier Mal dahin gegangen* [...]. Vgl. auch WA.TR 2, Nr. 2621 b: *Wolffgangus Calixti retulit Luthero historiam de disputatione Romana, cui plus triginta magistris interfuissent disputantes contra autoritatem papae, quem iactarunt dextra manu imperare Angelis in coelis, sinistra animas extrahere purgatorio; illiusque personam divinitate mixtam; econtra ipsum disputasse Papae tantum autoritatem datam in terris ligandi et solvendi. Matth. 16. Postquam fortiter oppugnasset, conclusisse se talia disputative, non assertative pronuntiasse.* In einem Beitrag, der auch sonst voll von Missdeutungen ist, hat Ignazio CIAMPI, Lutero a Roma, in: Nuova Antologia di scienze, lettere ed arti, 2. ser./ 8 (1878) 197–227, hier 210, diese Notiz (ohne Quellenangabe) als vermeintliche Teilnahme Luthers an einer Disputation in Rom missdeutet. Mancherlei über Rom hörte Luther auch von dem Lic. Liborius Magdeburgensis, der neun Jahre als Notar an der Rota gearbeitet hatte; vgl. WA.TR 3, Nr. 3478. 3517. 3716; 4, Nr. 4388. 4785; 6, Nr. 6059. 6459.

den heyligsten Vatter den Bapst und sein guldene Religion.[576] Doch die Zuverlässigkeit dieser Aussage hat Boehmer, für den Mathesius sonst einer
seiner Kronzeugen ist, bestritten, sehr wohl dessen eingedenk, welche
Konsequenz sie hätte: „In der Tat, das sagt er, und, wenn er damit
Recht hätte, dann wäre allerdings der Ansatz 1510/1 nicht aufrecht zu
erhalten. [...] Allein Luther selbst hat nie behauptet, daß er den Papst in
Rom gesehen habe."[577]

Es gilt also, ein weiteres Mal Luthers einschlägige Bemerkungen zu
betrachten.

In der Adelsschrift kritisiert Luther den Pomp des Papstes wie etwa
sein zahlloses Gefolge, so dass *der Bapst, wen er nur spatzieren reyt, bey drey
oder vier tausent maul reytter vmb sich hat,* wo doch Christus und Petrus zu
Fuß gingen.[578] Er fordert, *das fuszkussen des Bapsts* abzuschaffen[579]; im
Kontrast zu Christus, der seinen Jüngern die Füße gewaschen habe, lasse
der Papst *es ein grosz gnade seinn, yhm seine fusse zukussenn.*[580] Ferner
beanstandet Luther, dass der Papst, *ob er wol starck und gesund ist, sich von
menschen, als ein abtgot mit unerhorter pracht, tragen lessit.*[581] Es findet ebenso sein Mißfallen, *das der Bapst, wen er sich wil lassen communiciern, stille
sitzt als ein gnad Jungher*[582]*, und lessit yhm [sich] das sacrament von einem
knienden gebeugten Cardinal mit einem gulden rohr reychen.*[583] Luther beschreibt auch, wie es zugeht, *wen er das sacrament in der procession vmbtregt,
yhn musz man tragen, aber das sacrament stet fur yhm wie ein kandel weynsz
auff dem tisch.*[584]

---

576 J. MATHESIUS, Historien von des Ehrwirdigen in Gott seligen theuren Manns
   Gottes Doctoris Martini Luthers, anfang, lere, leben und sterben [...], Nürnberg
   1566. Abgedruckt bei SCHEEL, Dokumente 208 (Nr. 538).

577 BOEHMER, Romfahrt 35.

578 WA 6, 420,23–25.

579 WA 6, 435,25ff. Luther könnte den Fußkuss in einem Papsthochamt, in dem
   er üblich war, gesehen haben. Vgl. zum Fußkuss Emil LENGELING, LThK² 6
   (1961) 697f. Eine bildliche Darstellung (Holzschnitt Lucas Cranachs d.Ä.) im
   Passional Christi et Antichristi, 1521.

580 WA 6, 435,25–436,9.

581 WA 6, 436,10–21. Zur *sedia gestatoria* vgl. Claudia MÄRTL, Papst Pius II.
   (1458-1464) in der Kapelle des Palazzo Medici Riccardi zu Florenz. Ein Beitrag zu Ikonographie und Zeremoniell der Päpste in der Renaissance, in:
   Concilium medii aevi. Zeitschrift für Geschichte, Kunst und Kultur des Mittelalters und der Frühen Neuzeit 3 (2000) 155–183, bes. 161ff. und Abb. 7a.

582 Gnädiger Junker.

583 WA 6, 436,22–31.

584 WA 6, 436,32–34.

Solche Beschreibungen finden sich auch sonst in der reformatorischen Polemik.[585] Luthers Äußerungen in der Adelsschrift sind nicht ausdrücklich mit Rom verknüpft, obwohl das vorausgesetzt zu sein scheint. Das ist aber in einigen Tischreden der Fall. So vergleicht Luther den vergangenen Glanz des alten Rom mit dem ruinösen Bild des jetzigen:

Dicebat varia de Roma et eius pompa, quomodo illa civitas iam plane sit cadaver priorum monumentorum: Das die jetzigen heuser stehen, da vorhin die decher gestanden sindt, so dieff ligt der schut, ut facile apparet versus Tyberim et pontem[586], do sie 2 landsknecht spiße hohe hat von eittel schutt. Attamen aliquid de pompa retinuit, quomodo papa ornatissimis equis praecedentibus triumphet et sacramentum in equo ornato vehat.[587]

Die deutsche Version lautet:

Denn da jetzt Häuser stehen, sind zuvor Dächer gewest, so tief liegt der Schutt, wie man bei der Tiber wol siehet, da sie zween Landsknechts Spieß hoch Schutt hat. Jtzund hat es sein Gepräng. Der Papst triumphiret mit hübschen geschmückten Hengsten, die für ihm herziehen, und er führet das Sacrament (ja das Brot) auf einem hübschen weißen Hengst.[588]

Da diese Bemerkung unmittelbar auf eigene Beobachtungen folgt, erweckt sie den Eindruck, dass es sich ebenfalls um eine AugenzeugenReminiszenz handelt. Der hier beschriebene Brauch, bei bestimmten feierlichen Anlässen in päpstlichen Prozessionen Pferde voranziehen zu lassen, deren eines eine Monstranz trägt, ist aus den Zeremonienbüchern

---

585 So etwa im Passional Christi et Antichristi (1521), bei Ulrich VON HUTTEN, Gesprächsbüchlein (1519/20) und Wenzel LINK, Bapsts Gepreng (1539). Vgl. die Einzelnachweise in Karl BENRATHS Ausgabe der Adelsschrift (1884) und in den Fußnoten zu WA 6, 404ff.

586 Welche der damaligen Brücken Roms gemeint ist, lässt sich nicht entscheiden. Vielleicht denkt Luther an den *Pons Aemilius*, die älteste Steinbrücke Roms, die während des Mittelalters durch mehrere Einstürze schwer beschädigt worden war und bei der noch Trümmerschutt im Tiber zu sehen war. (Trotz mehrerer Restaurierungsversuche wurde die Brücke später, 1598, durch ein Hochwasser weitgehend zerstört. Seit 1885 steht nur noch ein Bogen von der antiken Brücke, die heute „Ponte rotto" genannt wird.) Vgl. Christian HÜLSEN, Art. Pons Aemilius, in: Pauly I,1 (1893), 593. Zu dieser und den anderen damals vorhandenen Brücken vgl. Sergio DELLI, I ponti di Roma – storia, e aneddoti, arte e folklore sulle due rive del Tevere e dell'Aniene, Roma 1984; Giuliano MALIZIA, I ponti di Roma antichi e moderni, esistenti e scomparsi, Roma 1994.

587 WA.TR 3, Nr. 3700.

588 WA.TR 4, Nr. 3478.

der Kurie bekannt.[589] Schilderungen und bildliche Darstellungen finden
sich etwa in Ulrich Richentals Chronik des Konstanzer Konzils;[590] eine
weitere Abbildung eines solchen „Hostienpferdes" bietet J.N. Hogen-
bergs Kupferstich des Krönungszugs Karls V.[591]

Gerade diese Tischrede erweckt den Anschein, dass ihr eigene Eindrücke zugrundeliegen. Leider ist nicht sicher zu ermitteln, bei welchem
Anlass Luther eine derartige päpstliche Prozession mit Hostienpferd im
Winterhalbjahr 1511/12 gesehen haben könnte. Die Possessio eines
neugewählten Papstes in Rom konnte Luther nicht erleben. Zur Zeit
der Fronleichnamsprozession war er noch nicht in Rom. Ob bei den
Feierlichkeiten am 5. Oktober 1511, als Julius II. in der Augustinerere-
miten-Kirche Santa Maria del Popolo den Abschluß der Heiligen Liga
mit Spanien und Venedig verkündete,[592] eine Prozession stattfand, ist
ungewiss. Zum andern liegt das Datum des 5. Oktober für Luthers Ankunft in Rom etwas früh, wenn sich unsere chronologische Einordnung
der Romreise in den Ablauf des Ordensstreits als zutreffend erweist.
Eine Gelegenheit, einen prächtigen Umzug des Papstes zu erleben, bot
die traditionelle Feier der Wiederkehr des Krönungstags Julius' II. am
26. November 1511, als dessen neuntes Pontifikatsjahr begann. An diesem Tag kehrte der Papst, der sich 20 Tage in Ostia und Civitavecchia
aufgehalten hatte, in festlichem Zug nach Rom zurück und wohnte
dem Hochamt in St. Peter bei.[593] Dies erscheint als ein Datum, an dem
sich Luther in Rom aufhielt, sehr wahrscheinlich.[594] Der päpstliche
Großzeremoniar Paris de Grassis notiert: *Mercurii 26. Novembris fuit anni-
versarium coronationis S[anctissi]mi D[omini] N[ostri], ut moris est fieri*

589 Vgl. Bernhard SCHIMMELPFENNIG, Die Zeremonienbücher der römischen
 Kurie im Mittelalter, Tübingen 1973, s.v. equus, equitare.
590 Ulrich RICHENTAL, Das Konzil zu Konstanz [nach der Konstanzer Hand-
 schrift], hg. v. Otto FEGER, I, Konstanz 1964, fol. 10r.109v; Darstellungen fol.
 8v.12r.104r.
591 Vgl. dazu Jörg TRAEGER, Der reitende Papst. Ein Beitrag zur Ikonographie des
 Papsttums, München 1970, Abb. 45 u. 46. Bernhard SCHIMMELPFENNIG, Historische Einführung, in: Das Krönungszeremonial Kaiser Karls V., Zürich
 1989.
592 Vgl. dazu die Eintragungen im Register des Ordensgenerals (Resgestae I, Nr.
 862) sowie die Bemerkungen im Tagebuch des Großzeremoniars Paris de
 Grassis; vgl. Das Pontificat Julius' II. Auszug aus dem Tagebuch des
 Großceremoniars Paris de Grassis (Cod. lat. Monac. 139-141), in: Johann Joseph Ignaz von DÖLLINGER, Beiträge zur politischen, kirchlichen und Cultur-
 Geschichte der sechs letzten Jahrhunderte, III, Wien 1882, 363–433, hier 412.
593 Paris DE GRASSIS 415.
594 S.o. S. 115.

solemnissimum.[595] Ob allerdings in diesem Aufzug ein geschmücktes Hostienpferd dem Papst vorausgeführt wurde, bleibt ebenfalls ungewiss.

Das wohl aufschlussreichste, aber auch umstrittenste Zeugnis, dass Luther den Papst in Rom gesehen hat, ist folgendes: Mehrfach erzählt Luther in den Tischreden von der Prophezeigung eines Barfüßermönchs, die Staupitz in Rom gehört habe, dass ein Eremit unter Papst Leo aufstehen und das Papsttum angreifen werde.[596] In einer Tischrede fährt Luther dann fort: *Solches haben wir t z u R o m nicht konnen erkennen; w i r s a h e n d e m b a p s t i n s a n g e s i c h t, nunc vero extra maiestatem videmus ei in culum.*[597]

Ist der ganze Satz metaphorisch zu verstehen? Das meinen Elze und Kawerau meint, es sei „der vordere Satz so wenig eigentlich zu verstehen, als der folgende, und der Sinn der Worte ist nicht vom persönlichen Sehen gemeint".[598] Nach Kawerau stehe hier „Papst" für „Papsttum", und Luther wolle sagen: „damals sahen wir verehrungsvoll nur die glänzende Lichtseite des Papsttums, jetzt sind uns die Augen auch für die dunkle Kehrseite geöffnet"![599] Doch diese Deutung lässt sich schwer halten. Einen metaphorischen Gebrauch von „ins Gesicht sehen" gibt es nur in der Verbindung „den Dingen ins Gesicht sehen", d.h., sich den wahren Sachverhalt bewusst machen, oder „einer Gefahr ins Angesicht sehen", d.h., ihr mutig entgegen treten.[600] Beides ist hier aber nicht gemeint. Vor allem aber ist die Verknüpfung des vorhergehenden *Solches haben wir tzu Rom nicht konnen erkennen* mit dem unmittelbar folgenden *wir sahen dem bapst ins angesicht* eindeutig. Der „Witz" wirkt doch gerade durch den Wechsel von der realen zur metaphorischen Perspektive.

2. Wer herrschte in Bologna?

Auf eine andere Beobachtung haben schon Hausrath und Kawerau hingewiesen.[601] Bei der Unterredung mit dem Nuntius Vergerio im Jahre

---

595 Ebd.

596 WA.TR 1, Nr. 147; 3, Nr. 3593 und 5, Nr. 6059.

597 WA.TR 5, 6059; dt.: 3, 3478: *jtzund sehen wir ihm in Ars, außer der Majestät. Und ich, Doctor Martinus Luther, habe nicht damals gedacht, daß ich derselbe Eremit sein sollte; denn Augustiner werden auch Eremiten genannt.*

598 ELZE, Reise 48, Anm. 3.

599 KAWERAU, Romfahrt 87.

600 GRIMM 1, 350.

601 HAUSRATH, Romfahrt 23; KAWERAU, Romfahrt 87f.

1535[602] war Luther überrascht, als er erfuhr, dass Bologna zum Kirchenstaat gehöre.[603] Wenn er aber auf seiner Reise 1510/11 durch Bologna gekommen war, hätte ihm die Zugehörigkeit zum Kirchenstaat kaum verborgen bleiben können, denn damals hielten sich ja sogar Papst und Kurie in der Stadt auf. Doch trifft das nicht für das Winterhalbjahr 1511/12 zu, da im Mai 1511 die Stadt dem Papst verloren gegangen war; erst im Juni 1512 konnte er sie wieder in Besitz nehmen.[604] Wenn also Luther 1511/12 durch Bologna reiste, kam er in eine Stadt, die damals nicht unter päpstlicher Herrschaft stand, sondern in der die Herren von Bentivoglio das Regiment führten.[605] Luther hatte allerdings später von der Rückeroberung Bolognas durch Julius II. erfahren, denn in der Adelsschrift zählt er *Bononien* zu den Orten und Gebieten, die der Papst *mit gewalt eingenommen, unnd mit unrecht besitzt.*[606] Diese Information hatte er aber 1535 offenbar wieder vergessen.

3. Wo wohnte Luther in Rom?

Wie das Jahr unbekannt sei, in dem Luther nach Rom kam, so habe sich auch keine Erinnerung an den Ort erhalten, wo er während seines Aufenthalts untergebracht gewesen sei, schrieb Ignazio Ciampi 1878, der dieser Frage nachgespürt hatte.[607] Zur Zeit von Luthers Romreise besaß der Augustinereremitenorden in Rom drei Konvente: Unmittelbar an der Porta Flaminia gelegen, durch die alle von Norden kommenden Reisenden die Stadt betraten, befanden sich Kirche und Kloster S. Maria del Popolo.[608] Der Konvent gehörte zu der lombardischen Reformkongregation, die mit den Observanten der deutschen Kongregation seit

---

602 Walter FRIEDENSBURG (Hg.), Nuntiaturberichte aus Deutschland, 1. Abt., I: Nuntiaturen des Vergerio 1533-1536, Gotha 1892 [Ndr. Frankfurt /M. 1968], 539–547.

603 WA.TR 5, Nr. 6384,25–28: *Martinus Lutherus: Sub cuius imperio est Bononia? – Legatus: Papae. – Martinus Lutherus: Deus bone, rapuit et hanc civitatem papa?*

604 Mario FANTI, Bologna nell'età moderna (1506-1796), in: Antonio FERRI / Giancarlo ROVERSI (edd.), Storia di Bologna, Bologna 1978 [²1984], 206–208.

605 Vgl. FANTI, ebd.; Cecilia M. ADY, The Bentivoglio of Bologna. A Study in Despotism, London [1937] Repr. 1969, 202–206.

606 WA 6, 435,11–14.

607 „Come è incerto l'anno, in cui Martin Lutero venne a Roma, così non ci rimane memoria del luogo in cui egli albergò durante il suo soggiorno nella città" (Ignazio CIAMPI, Lutero a Roma, in: Nuova Antologia di scienze, lettere ed arti, 2. ser., 8 (1878) 197–227, hier 200.

608 Enzo BENTIVOGLIO/Simonetta VALTIERI, Santa Maria del Popolo (con una appendice di documenti inediti sulla chiesa e su Roma), Roma 1976.

1506 eng verbunden war.[609] Nikolaus Besler hatte bei seinem Romaufenthalt hier gewohnt.[610] Hauptkonvent und Sitz des Generalpriors und
der Ordenskurie (vor allem des Generalprokurators) war S. Agostino im
Campo Marzo.[611] Schließlich gab es noch einen wenig bedeutenden
Konvent S. Susanna.[612] Kolde,[613] Hausrath,[614] Boehmer,[615] Scheel[616] und
seither nahezu alle Lutherbiographen nehmen an, dass Luther während
seines Romaufenthalts im Augustiner-Kloster S. Maria del Popolo gewohnt habe. Diese Auffassung legte sich wegen der Verbindung
zwischer der deutschen und lombardischen Kongregation nahe. Kolde
hat überdies auf die Bestimmungen hingewiesen, die auch von Staupitz
in die Konstitutionen der Kongregation übernommen worden waren:
Danach hatten sich in S. Maria del Popolo diejenigen auswärtigen Ordensbrüder aufzuhalten, die bei der Kurie Geschäfte zu erledigen hatten.[617] Doch die Dinge sind komplizierter.[618] Zwar hatte das Generalkapitel von Rom 1497 bestimmt, dass alle Mitglieder von Reform-
kongregationen, die nach Rom kamen, in S. Maria del Popolo Aufnahme finden sollten, während die Konventualen in S. Agostino oder
einem anderen geeigneten Kloster beherbergt werden sollten, doch die
lombardische Kongregation hatte sich durch eine Appellation beim
Papst erfolgreich gegen dieses Ansinnen gewehrt.[619]

    Voßberg hat die Argumente für S. Maria del Popolo durch ein
Quellenzeugnis Luthers abzusichern versucht. Es sei „gar kein Zweifel
möglich", dass Luther in S. Maria del Popolo gewohnt habe. „Er hat es
ja selber erzählt, man habe ihm in einer Kirche Roms bei seiner andäch-
tigen Weise des Messelesens ärgerlich zugerufen, er solle unserer Frauen
(!) ihren Sohn, d.h. den ihn begleitenden Bruder von Santa Maria del
Popolo, bald wieder heimschicken."[620] In Luthers Schrift ›Von der

609 Vgl. SCHNEIDER, Intervention.
610 Vgl. SCHNEIDER, Ein Franke in Rom, passim.
611 Vgl. Johann P. KIRSCH, La chiesa di S. Agostino in Roma, in: Rivista di Ar-
     cheologia Cristiana 9 (1932) 257–277; Margherita Maria BRECCIA FRATA-
     DOCCHI, S. Agostino in Roma. Arte, storia, documenti, Roma 1979.
612 Vgl. Christian HUELSEN, Le chiese di Roma nel medio evo, Firenze 1927
     [Reprint Roma 2000], 486f.
613 KOLDE, Augustiner-Congregation 35.
614 HAUSRATH, Romfahrt 28.
615 BOEHMER, Romfahrt 81, vgl. 117.128.
616 SCHEEL, Luther II, 302.
617 KOLDE, Augustiner-Congregation 35. Vgl. jetzt Constitutiones, cap. 51.
618 Vgl. GÜNTER in Constitutiones 315, Anm. 2.
619 Vgl. die bei Günter angegebenen Belege in AAug 8, 53 und 55f.
620 VOSSBERG 40.

Winkelmesse und Pfaffenweihe‹, die Voßberg als Beleg anführt[621], erzählt er zwar – wie auch bei anderen Gelegenheiten[622] –, dass er von Priestern beim Messelesen zu größerer Eile gedrängt worden sei, doch es fehlt der Satz *schicke vnser Frawen jren Son bald wider heim*. Dieser stammt vielmehr aus den Luther-Predigten von Mathesius.[623] Doch vor allem ist die Erläuterung, die Voßberg gibt, nicht stimmig. Mathesius lässt nicht erkennen, dass mit ‚unser Frauen‘ das Kloster „zu unserer lieben frauen del popolo"[624] gemeint sei, und auch von einem Luther begleitenden Bruder ist nicht die Rede. Wie hätten er und seine Leser das ohne Erläuterungen verstehen können? Und wieso sollte denn Luther einen Begleiter von Santa Maria del Popolo bald wieder heimschicken? Die wartenden Priester wollten doch Luther selbst vom Altar weghaben. Wenn man *unser Frauen* wirklich auf S. Maria del Popolo beziehen wollte, müsste Luther selbst als *Sohn* dieses Klosters gemeint sein. Aber Luther war gewiss als Nicht-Italiener erkennbar, der nicht zum dortigen Konvent gehörte. Oder wie sollten die nachdrängenden Priester wissen, dass der zelebrierende Augustinermönch dort wohnte? Eher ist die Stelle zu deuten als „schickt der Mama ihren Jungen nach Hause".[625] Als Beweis für Luthers Aufenthalt in S. Maria del Popolo lässt sich das Dictum also keineswegs auswerten.

Gegenüber der allgemeinen Annahme, dass Luther in S. Maria del Popolo wohnte, hat Hubert Jedin[626] Argumente für den Konvent S. Agostino geltend gemacht. Er weist auf eine von Fulgentius Achisius Casalensis in seinem *Chronicon I congregationis S. Augustini de observantia Lombardie* (1655) benutzte Streitschrift des Generalprokurators der Kongregation aus dem Jahre 1550 hin, in der gegen die Konventsmitglieder von S. Agostino der Vorwurf erhoben wurde, sie seien es doch gewesen, die einst Luther in Rom ernährt hätten.[627] Diese Überlieferung passt

---

621 WA 38; 212,9–12 (VOSSBERG 142, Anm. 12). vgl. WA 45,17,16

622 Vgl. WA 46,292,8f.28f. und WA.TR 3,313 Nr. 3428; 5,181 Nr. 5484; 5,451 Nr. 6036. Vgl. MAIER 283.

623 SCHEEL, Dokumente 208: „Dann als er allda [...] sehr andechtig vnd langsam seine Meß hielte [...] / sagten jm die Römischen Meßknechte / passa, passa, fort / fort / schicke vnser Frawen jren Son bald wider heim."

624 Mirabilia (zitiert bei HAUSRATH 29).

625 Bernd Moeller schlägt mir vor, es könne sich auch um eine blasphemische Rede handeln: Beende die Messe schnell, damit der im Sakrament anwesende Christus wieder zu Maria in den Himmel kommt.

626 Hubert JEDIN, Die römischen Augustinerquellen zu Luthers Frühzeit, ARG 25 (1928) 256–270, hier: 265–270.

627 JEDIN 267; *educavere* im Sinne von *alere* (sie haben ernährt) oder *sustentavere* (sie haben unterhalten).

zwar nicht mit dem – auch von Jedin vertretenen – Ansatz der Romreise 1510/11 zusammen. Denn eine Delegation, die sich anschickte, *gegen* Staupitz und g e g e n den General an der päpstlichen Kurie zu appellieren, hätte es keinesfalls wagen können, ausgerechnet im Konvent S. Agostino Wohnung zu nehmen, wo General und Generalprokurator residierten. Hingegen fügt sich die Nachricht sehr gut in das Gesamtbild einer Romreise ein, die im Auftrag von Staupitz zum Ordensgeneral führte.

4. Luther und Aegidius von Viterbo

Wenn Johann von Mecheln und Luther von Staupitz zum Ordensgeneral geschickt wurden, stellt sich die Frage, ob die Begegnung mit dem Ordensgeneral ihren Nachhall in Bemerkungen Luthers gefunden hat, oder ob sich der Generalprior irgendwo über Luther geäußert hat. Luther erwähnt Aegidius zweimal in den Tischreden. Er nennt ihn einen *virum valde doctum*, der gegen die Mißstände im Papsttum gepredigt habe.[628] Dass Luther ihm persönlich begegnet sei, wird nicht gesagt. In den Registern des Aegidius findet sich Luthers Name nicht,[629] doch sind diese, wie wir sahen, für den fraglichen Zeitraum nur fragmentarisch erhalten. Jedoch ist eine spätere Äußerung im Zusammenhang des Luther-Prozesses bemerkenswert. Aegidius, seit Juli 1517 Kardinal und seit Juli 1521 Kardinalprotektor des Ordens,[630] hat 1521 ein Gutachten in der Luthersache verfasst.[631] Darin verurteilt er die Loslösung Luthers aus dem Ordensgehorsam: *Martinus [...] omnia renuit et contempnit atque ideo a suorum oboedientia superiorum se eximi procuravit.*[632] Wäre Luther 1510/11 im Auftrag der Opposition gegen Staupitz und gegen Aegidius nach Rom gereist, so hätte es für Aegidius 1521 nahegelegen, auf die schon

---

628 WA.TR 2, Nr. 2174; WA.TR 3, Nr. 3478.

629 Die von KAWERAU aus dem Berliner Registerauszug angeführte Stelle: *Fratrem Martinum Wittenberg lectorem facimus*, beruht auf einem Abschreib- oder Lesefehler. Sie betrifft einen Augustiner Martinus de Wissemburgo (Wissembourg); vgl. Resgestae I, 981, 1180.

630 Vgl. Bullarium Ordinis Sancti Augustini. Regesta, IV, ed. Carolus ALONSO, Rom 1999, Nrr. 291f. 363.

631 Vgl. dazu Hermann TÜCHLE, Des Papstes und seiner Jünger Bücher. Eine römische Verteidigung und Antwort auf Luthers Schrift „Warum des Papstes und seiner Jünger Bücher von D. M. Luther verbrannt sind" aus dem Jahre 1521, in: Remigius BÄUMER (Hg.), Lutherprozeß und Lutherbann. Vorgeschichte, Ergebnis, Nachwirkung, Münster 1972 (KLK 32), 49-68; zur Verfasserfrage: 51f.

632 Zitiert bei TÜCHLE 52, Anm. 12.

früher erkennbare Rebellion des Ketzers gegen die Oberen hinzuweisen. Ein solcher Vorwurf, der die Karriere von einem einstigen Rebellen zum Häretikers beschworen hätte, wird jedoch gerade nicht erhoben. Und wäre Luther wirklich als jener *litis procurator* nach Rom gezogen, als den ihn Cochläus (in seinem späten Werk) beschreibt, *acer ingenio et ad contradicendum audax ac vehemens*, hätte der Kardinal es wohl kaum unterlassen, dies rückblickend zu erwähnen. Hingegen beklagt er in seinem Gutachten, dass *ex religioso* nunmehr ein *vir sanguinis* und *ex viro caelestis* jetzt ein *militiae miles armatus et secutor diaboli* geworden sei. Hermann Tüchle, der das Gutachten entdeckt und ediert hat, hält es zwar für „nicht sicher, aber doch wahrscheinlich", dass Aegidius Luther in Rom kennengelernt habe. Doch: „Der bittere Ton und die Ausfälle gegen die Person Luthers würden für die tiefe Enttäuschung des Ordensgenerals sprechen."[633] Enttäuscht konnte er in der Tat sein, wenn er den einstigen Vertrauten und Abgesandten von Staupitz als einen vielversprechenden jungen Ordensbruder kennengelernt hatte, der nun auf die ketzerische Bahn gekommen war.

5. Luther über Observanz und Gehorsam in den frühen Vorlesungen

Schon bald nach der Entdeckung der frühen Vorlesungen Luthers ist bemerkt worden, dass in der ersten Vorlesung über die Psalmen und der Römerbriefvorlesung, ja sogar schon in seinen Annotationen zu den Sentenzen des Lombarden, die Stichwörter *observare*, *observatio*, *observantia, observantes* in theologisch relevanten Zusammenhängen begegnen. Vor allem der Jesuit Hartmann Grisar hat in seiner Luther-Darstellung[634] eine Diskussion darüber angestoßen, ob Luther dabei die Observanten seines Ordens und den Ordensstreit im Blick habe. Grisar spricht in polemischer Zuspitzung von einem „Kampf Luthers gegen die Observanten" und zeichnet ihn als Gegner der ihren „Beruf in seiner überkommenen Gestalt ernst nehmenden Mönche", er trete als „Parteimann" auf und rede einer laxeren Auffassung das Wort, die schon seine künftige grundsätzliche Kritik am Mönchtum am Horizont erah-

---

633 Tüchle 53.
634 Hartmann Grisar, Luther, I–III, Freiburg/Br. 1911–1912. Vgl. dazu Martin Brecht, Die Erforschung des Jungen Luther. Katholischer Anstoß und evangelische Erwiderung, in: Rainer Vincke, Lutherforschung im 20. Jahrhundert. Rückblick – Bilanz – Ausblick, Mainz 2004, 1–17, hier 13–15.

nen lasse.[635] Grisar hat auch bereits die drei wichtigsten Belegstellen genannt, an denen Kritik an „Observanz" begegnet.[636] Es ist verständlich, dass diese Polemik heftige Reaktionen hervorrief. Otto Scheel hat die Darlegungen Grisars einer scharfen Kritik unterzogen. Nach seiner Meinung bezieht sich keine der Äußerungen Luthers auf die Ordensobservanz, sondern sie charakterisierten eine allgemeine religiöse Haltung.[637]. „Die Anspielung auf irgendeinen Ordensstreit liegt so fern wie nur möglich."[638] Seit dem Kölner Kapitel habe Luther den „Observantenstreit mit seinen alten Problemen" hinter sich gelassen.[639] Sehr viel differenzierter hat Karl Holl geurteilt. Zwar gibt es auch ihm zufolge „keinen einzigen Beleg dafür," dass sich Luther in seinen frühen Vorlesungen „gegen die Observanten als gegen eine p a r t e i m ä ß i g e Gruppe und gegen die Observanzen als etwas in S t a t u t e n Festgelegtes gewendet" habe.[640] Allerdings bestreitet er nicht, dass „Luther aus dem Gegensatz in seinem Orden Anregung entnommen" habe.[641] „Für ihn hat sich die Frage erweitert zu einer r e l i g i ö s e n Frage, bei der es ihm nicht mehr um Staupitzianer und Nichtstaupitzianer, sondern um etwas viel Tieferes ging."[642] Observanz bezeichne „eine r e l i g i ö s e D e n k w e i s e, die sich in Wittenberg ebensogut finden kann wie in Erfurt, bei den Anhängern von Staupitz so gut wie bei den ihm Widerstrebenden, ja bei Laien ebensogut wie bei Mönchen."[643] Holl hat darüber hinaus als erster auf eine Stelle in Luthers Annotationen zum Lombarden hingewiesen, in der von einer *stulta et vana observatio* die Rede ist.[644] Holl kommentiert dies folgendermaßen: „Der Zwiespalt in der Kongregation hat ihm den Anstoß gegeben – und zwar schon 1509, als

---

635 GRISAR, Luther I, 50–56 und in Auseiandersetzung mit seinen Kritikern III, 961–969.

636 Es handelt sich um (ich füge in Klammern die Stellen nach der Neuedition in WA 55 hinzu): WA 3, 60,37–61,18 (WA 55 II, 87,3–88,1); WA 3, 155,8–15 (WA 55 II, 157,17–24); WA 4, 83,23–25 (WA 55 II, 721,102–104).

637 Otto SCHEEL, Luther und der angebliche Ausklang des „Observantenstreits" im Augustinereremitenorden, in: Festgabe für Karl Müller, Tübingen 1922, 118–131.

638 SCHEEL, Ausklang 128.

639 SCHEEL, Ausklang 131.

640 Karl HOLL, Der Neubau der Sittlichkeit [1919], mit ergänzender Erörterung der seither erschienenen Literatur wieder abgedruckt in: DERS., Gesammelte Aufsätze, I: Luther, Tübingen ⁷1948, 155–287, hier 198, Anm. 1.

641 Ebd.

642 Ebd.

643 HOLL, Aufsätze I, 200f. Alle Hervorhebungen von Holl.

644 WA 9, 30,23–32 (AWA 9, 263,1-9).

er wiederum in Erfurt war –, sich über Recht und Wert von ›Observanzen‹ und ›Singularitäten‹, von Frömmigkeitsübungen, die einen Vorzug
begründen sollten, g r u n d s ä t z l i c h zu besinnen. Er ist dabei in der
Überzeugung gestärkt worden, daß der e i n f a c h G e h o r s a m gegen
den Befehl des Oberen, die Befolgung d e r f ü r a l l e v e r b i n d l i
c h e n R e g e l sittlich wertvoller ist, als eine noch so gleißende, auf
eigene Faust unternommene Übung. Das selbsterdachte Werk, findet er,
ist zumeist nur der Vorwand, um sich dem vermeintlich geringeren, oft
sinnlos scheinenden, a l s o schwereren Gebot des Vorgesetzten zu entziehen."[645]

Bernhard Lohses gründliche Untersuchung der frühen Äußerungen
Luthers über das Mönchtum[646] haben die ältere Sicht, dass mit „Observanz" nicht die Observantenrichtung innerhalb des Ordens gemeint sei,
deutlich relativiert.[647] Schon die Terminologie, derer sich Luther bediene, lege es nahe, dass es sich doch um eine Ordensrichtung handele,[648]
und die sorgfältige Analyse der einzelnen Stellen bestätigt ihm dieses
Urteil. Lohse beklagt, dass aufgrund „unserer noch immer ungenügenden Kenntnis der Einzelheiten des Observantenstreites" manche Details
der Kritik Luthers aber nicht auf konkrete Vorgänge gedeutet werden
könnten.[649]

Ohne die Aussagen Luthers hier ausführlich diskutieren zu können,
sollen doch die besonders relevanten kurz behandelt werden. Die Randglosse zu dem Sentenzen-Prolog, auf die schon Holl hingewiesen hatte,
ist in unserem Zusammenhang von besonderem Interesse. Luther wirft
gewissen Leuten vor, dass sie die Weisheit im Aberglauben haben, d.h.
in der dummen und eitlen *observatio* oder in der überflüssigen, ja falschen
religio, so dass sie sich verrückt aufführen wie alte Weiber. Während sie
allzu *religiose* sein wollen, werden sie abergläubisch, wie bei dem Sakrament der Letzten Ölung deutlich werde. So verschlucken diese Verkehrten und Häretischen ein Kamel [Mt 23,24].[650] Ulrich Mauser hat
gemeint, dass hier gar keine Anspielung auf den Observantenstreit vor

---

645 HOLL, Aufsätze I, 201. Hervorhebungen von Holl.
646 Bernhard LOHSE, Mönchtum und Reformation. Luthers Auseinandersetzung
    mit dem Mönchsideal des Mittelalters, Göttingen 1963, Teile B–D.
647 Vgl. LOHSE, Mönchtum 221ff. 267ff. 294ff.
648 LOHSE, Mönchtum 221.
649 LOHSE, Mönchtum 271, Anm. 175.
650 '*Habentes rationem sapientie*' i. e. *ipsam sapientiam in superstitione* i. e. *stulta et vana
    observatione vel superflua* [darüber geschrieben: *falsa*] *religione, vt delyrantes vetule,
    dum nimium volunt esse religiose, fiunt superstitiose, vt patet in sacramento vnctionis,
    Sic isti peruersi et heretici 'Glutientes camelum' &c.* AWA 9, 262,1–5.

liegen könne, da dieser erst im Herbst 1510 begonnen habe.[651] Das ist allerdings, wie wir heute wissen, unzutreffend. Lohse hingegen will die Aussagen konkret verstanden wissen; er verweist auf die dem monastischen Leben entstammenden Begriffe *observatio* und *religio* und erinnert daran, dass es bei Augustinereremiten kritische Äußerungen über die Observantenrichtung schon lange vor dem Beginn des Ordensstreites gab.[652] Es stehe somit „nichts der Vermutung im Wege, hier auch an die ordenspolitische Richtung der Observanten zu denken".[653] Die Deutung der Stelle bleibt allerdings bei der Knappheit solcher Glossen schwierig.[654] Hat Luther tatsächlich (auch) die Ordensobservanz im Blick, wofür nicht nur die Terminologie spricht, sondern auch ähnliche Aussagen in der ersten Psalmenvorlesung,[655] so ist das ein brisantes Zeugnis und wirft ein bezeichnendes Schlaglicht auf seine Einstellung. Denn diese Glosse gehört nach der Analyse Matsuuras in die zeitlich älteste Schicht der Annotationen Luthers nach seiner Rückberufung nach Erfurt, und auch eine anschließende zweite Glosse mit ähnlichem Inhalt,[656] nach Matsuura zur zweiten Schicht gehörig, entstammt noch der frühen Erfurter Zeit.[657] Derartig scharfe Kritik – also schon bald nach seiner Rückkehr – entsprach ganz und gar nicht der Haltung Erfurts und der anderen renitenten Klöster, die doch die Hochschätzung der observanten Lebensweise so sehr auf die Spitze trieben, dass sie darüber ein Schisma in der Kongregation in Kauf nahmen. Einen solchen Kritiker einer übersteigerten Observanz hätten die Renitenten unmöglich als ihren Abgesandten nach Rom schicken können! Die Nachricht des Cochläus, dass Luther den Oppositionsklöstern „angehangen" habe, bevor er zu seinem Staupitz abgefallen sei, relativiert sich noch einmal

---

651 Ulrich MAUSER, Der junge Luther und die Häresie, Gütersloh 1968, 48, vgl. 88.

652 LOHSE, Mönchtum 221–223; Hinweis auf Gottschak Hollen († 1481) und Jordan von Sachsen († 1370/80).

653 LOHSE, Mönchtum und Reformation 223.

654 Die Bemerkung über die Letzte Ölung ist eine schwer zu entschlüsselnde Anspielung. Spätere kritische Äußerungen Luthers darf man nicht ohne weiteres hier eintragen.

655 Zu *stulta et vana observatione* vgl. z.B. *Iste enim zelus eorum s t u l t u s est* […] *certant pro suis ceremoniis et zelant pro v a n i t a t e observantie exterioris* (WA 3, 61,13f.16f. = WA 55 II, 87,20f.24f.).

656 *'Habentes rationem sapientie' i. e. teutonice 'achtung', estimationem, reputationem, vt 'habeo rationem vite mee.' Sicut illi non habent rationem sapientie nisi in superstitione i. e. reputant sapientiam in superstitione esse siue obseruant vel querunt sapientiam in superstitione.* AWA 9, 262,6–9.

657 Vgl. die unterschiedlichen Drucktypen in der Edition und ihre Zuordnung.

auf die Feststellung, dass er eine Zeitlang zu einem renitenten Kloster gehörte. Es wird aber verständlicher, dass der Konflikt innerhalb des Erfurter Konvents schon länger angelegt war, bevor er schließlich eskalierte und zum Wechsel von Lang und Luther nach Wittenberg führte.

Deutlicher sind Luthers Aussagen in der ersten Psalmenvorlesung.[658] Selbst Boehmer hat eingeräumt, dass Luther hier an zwei Stellen das Verhalten der renitenten Klöster in dem Streit mit Staupitz kritisiere.[659] Lohse hat drei Kritikpunkte Luthers gegenüber Observanten herausgestellt: die Eigengerechtigkeit, die Vernachlässigung des Gehorsams und Absonderung von der Gemeinschaft mit anderen Christen oder Mitmönchen.[660] Zwar sei deutlich, dass Luther unter Observanz eine religiöse Haltung verstehe, das Streben nach eigener Gerechtigkeit vor Gott, doch könne kein Zweifel bestehen, dass seine Vorwürfe „vielfach einen konkreten Hintergrund" hätten, wenngleich man sie nicht nur auf die Erfurter Observanten einschränken dürfe.[661] Zu Recht betont Lohse, dass an einer Reihe von Stellen der Psalmenvorlesung „ein übertragenes Verständnis der Observanz einfach ausgeschlossen" sei.[662] Wenn Luther das Bemühen der Observanten um besondere Privilegien erwähne, die sie in gewisser Hinsicht vom Gehorsam befreien, und ihnen die geistliche Verletzung des Gehorsamsgelübde vorwerfe,[663] liege hier „ein unmittelbarer Bezug auf die Streitkeiten im Augustinerorden" vor. Gleiches gelte, wenn Luther von *nostri observantes* spreche, die unter dem Schein eines regeltreuen Lebens in Ungehorsam und Rebellion verfallen.[664] Diese Stelle erscheint mir als besonders klarer Beleg dafür, dass Luther den Ordensstreit, und zwar die renitente Partei, im Blick hat. Das trifft auch für die letzte von Lohse angeführte Stelle zu, an der Luther davon spricht, dass *secta contra sectam*[665] und *observantia* contra

---

658 Die Bemerkungen in der Römerbriefvorlesung lassen wir hier unbeachtet. Vgl. dazu LOHSE, Mönchtum 278–311, bes. 295–299.

659 WA 3, 155 (WA 55 II, 157,17–24) und WA 4, 83 (WA 55 II, 721,102–104). Vgl. BOEHMER, Romfahrt 67, Anm. 1.

660 LOHSE, Mönchtum 268f.

661 LOHSE, Mönchtum 270. Mausers Vermutung, dass Luther mit den Observanten zunächst eine religiöse Richtung und erst in späteren Bemerkungen die ordenspolitische Richtung gemeint habe, überzeuge nicht.

662 LOHSE, Mönchtum 271.

663 WA 3, 155,8ff. (WA 55 II, 157,17–24).

664 WA 4, 83,23ff. (WA 55 II, 721,102–104).

665 Zur Bedeutung von *secta* vgl. Luther in der Unterschrift eines Briefes vom 27. Januar 1517 (WA.B 1, Nr. 33), mit der er sich zur *portio Eremitanae sectae S. Augustini* gehörig bezeichnet. Auch Christoph Scheurl spricht im vorausgehen-

observantiam streite.[666] In dem Ordenskonflikt standen ja zwei Observanzen, die von Staupitz geführte Mehrheit und die Gruppe der sieben
oppositionellen Konvente, einander gegenüber. Und wenn Luther von
besonderen Versammlungen (*conventicula*) spricht, die *consultam rebellio-
nem et resistentiam* bedeuten,[667] liegt der Gedanke an die Absonderung
der Renitenten und ihren vereinbarten Widerstand nahe.

In unserem Zusammenhang sind besonders Luthers Feststellungen
zur Gehorsamsfrage aufschlussreich. Holl hatte schon darauf aufmerksam
gemacht[668] und Lohse hat diesem Aspekt besondere Beachtung geschenkt.[669] In einer Untersuchung zur Frage, ob man bei dem jungen
Luther von Antiklerikalismus spreche könne, hat Martin Brecht hervorgehoben, dass der junge Luther den Gehorsam gegenüber den kirchlichen Oberen betont:[670] Kritik an der Gehorsamsforderung gegenüber
den Vorgesetzten weist Luther ab.[671] Die Prälaten sollen ihre Leitungs-
aufgaben wahrnehmen.[672] Sie repräsentieren die Einheit der Kirche und
wehren deren Zerfall in Sekten und Häresien.[673] Gegen Rebellen und
Rebellion[674] sollen sie hart vorgehen.[675]
Bei der Lektüre drängt sich der unabweisbare Eindruck auf, dass sich in
diesen Äußerungen Luthers seine Erfahrungen aus dem erst kurze Zeit
zurückliegenden Ordensstreit widerspiegeln. Die hier formulierten
Grundsätze widersprechen der Theorie und Praxis der renitenten Klöster, die ihrem Oberen Staupitz den Gehorsam aufgekündigt und somit
den Zerfall des Ordensverbandes in einander bekämpfende *sectae* und

---

den Brief an Luther vom 2. Januar 1517 von den Augustinern als *secta vestra*
(WA.B 1, Nr. 32).
666 WA 4, 312,7ff. (WA 55 II, 1003,3235f.). Lohse, Mönchtum 272.
667 WA 55/I, 119,16. *Consultus* meint hier wohl „beratschlagt", „beschlossen" und
     kann an die Beratung der Opposition über ihren Widerstand gegen Staupitz er-
     innern.
668 S. das oben angeführte Zitat sowie folgende von Holl angeführten Belege:
     WA 3, 19,2ff.; 22,33ff.; 573,34ff.; WA 4, 211,15ff.
669 Lohse, Mönchtum 231ff. Auch Heinz-Meinolf Stamm, Luthers Stellung zum
     Ordensleben, Wiesbaden 1980, 17f., verweist anhand der Stelle WA 55 II,
     157[,17–22] (WA 3, 155,8–15) auf die Gehorsamsfrage und Luthers Kritik an
     den Observanten.
670 Vgl. Martin Brecht, Antiklerikalismus beim jungen Luther?, in: Peter A.
     Dykema / Heiko A. Oberman (edd.), Anticlericalism in Late Medieval and
     Early Modern Europe, Leiden 1993, 343-351, besonders 344.
671 WA 3, 572,1–5 (WA 55 II, 472,477–481).
672 WA 3, 405,23–29 (WA 55 II, 1023, 240–245).
673 WA 4, 186,23–25 (WA 55 II, 819,580f.).
674 Beide Begriffe kommen in der ersten Psalmenvorlesung häufig vor.
675 WA 4, 573,8–10 (Vorlesung über das Richterbuch 1516).

Observanzen heraufbeschworen hatten. Ein hartes Durchgreifen gegen
rebelles et inobedientes – wie es der Ordensgeneral angedroht und verwirk-
licht hatte! – wird von Luther nachdrücklich gefordert und gutgehei-
ßen.[676] Redet so ein ehemaliger Wortführer der Opposition (selbst nach
einem Wechsel der Fronten)? Eher hört man hier in der Forderung des
undispensierbaren Gehorsams das Hauptargument, das Luther den Erfur-
tern entgegengehalten und das nach dem Jenaer Rezess zum Bruch mit
dem Heimatkonvent geführt haben wird.

6. Zwischenbilanz

Bei der Untersuchung der Detail- oder Nebenaspekte mussten manche
Antworten offen oder in der Schwebe bleiben, weil auch hier die Quellenlage für viele Fragestellungen unergiebig ist. Es handelt sich bei den
erörterten Problemen um Mosaikstücke von unterschiedlichem Ausmaß
und Gewicht, die natürlich nicht die Hauptlast der Argumentation tragen können, sondern Beiwerk sind. Immerhin zeigte sich, dass die betrachteten Puzzleteile in die bisher entworfene Rekonstruktion gut eingefügt werden können und sich an keiner Stelle dazu als sperrig
erweisen. Als besonders erhellend für die Einschätzung der Haltung
Luthers im Ordensstreit und die Einordnung seiner Romreise erweisen
sich seine Äußerungen zu Observanz und Observanten in der ersten
Psalmenvorlesung und die damit verbundene Erörterung der Gehorsamsfrage. Diese Bemerkungen sind im Munde eines ehemaligen Partei-
gängers der renitenten Klöster schwer vorstellbar.

VI. Ergebnisse

Das Hauptergebnis unserer Untersuchung ist eine neue Gesamtdarstel-
lung der heftigen Auseinandersetzungen, die in den Jahren 1508 bis
1512 die Reformkongregation der deutschen Augustinereremiten be-
wegten. Luther hat sie nicht unzutreffend als *contentio Staupitii* charakte-

---

676 Dass Luther ein entschiedener Verfechter der Autorität des Generals war, hat
A.V. MÜLLER, Augustiner-Observantismus 33f., zutreffend erkannt. Indessen
ist seine These, dass Luther für eine „reguläre" Observanz innerhalb der Or-
densfamilie eingetreten sei, Staupitz hingegen für eine „privillegierte", d.h.
vom Gehorsam gegenüber dem Generalprior dispensierte, unhaltbar. Sie ent-
springt einer Unkenntnis des Sprachgebrauchs, in dem beide Begriffe wechsel-
weise gebraucht werden und nur zwei verschiedene Aspekte (Regeltreue bzw.
päpstlich privilegierte Organisationsform) bezeichnen (SCHULZE, Fürsten und
Reformation 167, Anm. 205).

risiert. Doch wenn auch Johann von Staupitz mit seinen weitgespannten Plänen und konkreten Initiativen den Streit ausgelöst hat und zur Zielscheibe der Angriffe der Opposition wurde, ging es um mehr als nur um die Ordenspolitik und die Ambitionen einer einzelnen Person. Der Konflikt kann als ein Beispiel gelten für Streitigkeiten, wie sie auch andere Bettelorden in jenen Jahrzehnten erschütterten. Es zeigt sich auch hier, dass das Bemühen um Kloster- und Ordensreformen in das Geflecht von kirchenpolitischen und politischen Interessen verwoben war, in dem die verschiedenen Akteure von den lokalen Konventen bis zur römischen Ordensleitung ihre Rollen spielten, aber auch Fürsten und eine machtvollen Reichstadt, ja sogar der Hof des Kaisers und die päpstliche Kurie involviert wurden. Die erweiterte Quellenbasis und eine neue Interpretation so mancher Zusammenhänge ermöglichte es, ein umfassenderes und differenzierteres Bild der Vorgänge zu entwerfen, als dies bisher der Fall war. Dieses Hauptergebnis ist unabhängig von der Einordnung der Romreise Luthers in die dargestellten Zusammenhänge.

Das zweite Ergebnis ist zunächst ein nur negatives: die Destruktion der vor allem mit dem Namen Heinrich Boehmer verknüpften Forschungsmeinung, dass Luther seine Romreise im Jahre 1510 von Erfurt aus und im Auftrag der sieben opponierenden Klöster angetreten habe, um zusammen mit einem Ordensbruder in Rom eine Appellation gegen Staupitz vorzubringen. Diese Sicht der Vorgänge, die fast einhundert Jahre lang unangefochten die Lutherdarstellungen beherrscht hat, kann so nicht mehr aufrecht erhalten werden und muss dem Versuch, eine neue Gesamtschau zu entwerfen, weichen. Wie auch immer ein solcher Entwurf im Einzelnen aussieht, muss er von einer Reise von Wittenberg aus im Winterhalbjahr 1511/12 ausgehen.

Die Umdatierung ist mehr als bloß eine biographische Detailkorrektur, denn die Chronologie hat weitreichende Konsequenzen für die Beurteilung des Staupitz-Streits unter den observanten Augustinereremiten und vor allem der Rolle Luthers. Schon Otto Scheel hatte im Blick auf die – von ihm abgelehnte – Datierung auf 1511/1512 festgestellt: „Dadurch würde Luthers Romreise einen ganz anderen Rahmen erhalten."[677]

Man hat in der Romreise Luthers, w e n n er denn als Abgesandter der Opposition gezogen w ä r e , einen ersten Autoritätskonflikt sehen wollen, den man je nach Standpunkt entweder polemisch als erste Regungen eines angehenden Ketzers oder aber anerkennend als Probelauf des künftigen Reformators werten konnte.

---

677 SCHEEL, Luther II,

Die erste Variante ist schon bei Cochläus ausgeprägt. Luther erscheint bei der Romreise erstmals als ungehorsamer Rebell, der gegen seinen Oberen handelt. Die Eigenschaften des keineswegs friedfertigen Streitführers – Scharfsinn gepaart mit frechem und heftigem Widerspruchsgeist (*acer ingenio et ad contradicendum audax ac vehemens*) – lassen schon die Unfrieden stiftende Rebellion des späteren Häretikers ahnen. Diese polemische Sicht des Cochläus in seinen ›Lutherkommentaren‹ war außerordentlich einflussreich und hat das Lutherbild in den katholischen Darstellungen der Kirchengeschichte bis weit in das 20. Jahrhundert hinein beeinflusst.[678] Von Polemik ist auch noch die Darstellung des Franziskaners Weijenborg bestimmt.[679] Die deutsche Reformkongregation des Augustinerordens wird von ihm als ein heruntergekommenes Milieu von Ordensungehorsam und Mißachtung der Autoritäten gezeichnet. Bei einem, der in einem solchen Umfeld gelebt hat, nimmt es dann nicht wunder, dass er auf die ketzerische Bahn gekommen ist.

Die andere, protestantische Variante will bei dem Romfahrer Luther schon typische Charakterzüge des Reformators ausgeprägt sehen. Sein Gerechtigkeitssinn habe sich gegen die als unrechtmäßig empfundene Ordenspolitik seines Oberen aufgelehnt und um der Wahrheit willen den Konflikt nicht gescheut. Aus der neueren Literatur sei die Charakteristik Luthers durch Oberman zitiert: „Luther hat sich im Observantenstreit alles andere als servil und karrierebewußt verhalten. Getreu der Erfurter Linie verwarf er den Unionsplan und wendete sich damit gegen die Ordenspolitik des Generalvikars, obwohl der ihn zum theologischen Doktor promovieren wollte. Erst nachdem der Rechtsweg ausgeschöpft und die Appellation der Opponenten in Rom abgewiesen war, hatte er sich Staupitz angeschlossen und ihm damit jenen Gehorsam entgegengebracht, den der Generalvikar nun auch verlangen mußte. Diese Neudeutung von Luthers Verhalten entspricht dem Bild, das wir vom Charakter des Reformators haben. Zeitlebens war er unbestechlich und ohne Rücksicht auf Personen oder eigene Interessen bereit, auch Freundschaften aufs Spiel zu setzen, wenn es um Grundsätze ging."[680]

Mit der Destruktion der Gesamtschau Boehmers fallen auch alle diese Erwägungen in sich zusammen. 1511/12 war Luther ein getreuer Sohn seines geistlichen Vaters Staupitz und ein gehorsamer Mönch seines Ordens.

---

678 Vgl. Adolf HERTE, Das katholische Lutherbild im Bann der Lutherkommentare des Cochläus, I–III, Münster 1943.

679 Vgl. die oben Anm. 134 genannte kritische Auseinandersetzung von Franz LAU mit Weijenborg.

680 OBERMAN, Luther 154f.

Versuchen wir, die bisherigen Beobachtungen zusammenzufassen und mit Blick auf die Biographie Luthers zuzuspitzen, so ergibt sich ein neues, in sich stimmiges Gesamtbild.

Auf Vorschlag von Staupitz beschloss das Kapitel der deutschen Kongregation in München am 18. Oktober 1508, Luther nach Wittenberg zu versetzen. Dort sollte er an die Stelle seines Ordensbruders Wolfgang Ostermayr treten und in der Artistenfakultät Moralphilosophie lehren, wie es satzungsgemäß den Augustinern zustand. Es handelte sich wohl nicht um eine vorübergehende „Lehrstuhlvertretung", sondern Luther sollte nach den Plänen von Staupitz, der auf die Qualitätsförderung und -sicherung an „seiner" Universität stets bedacht war, eher dauerhaft in Wittenberg bleiben, dort das in Erfurt begonnene Theologiestudium bis zum Grad eines Doktors der Theologie fortsetzen. Luthers Übersiedlung von Erfurt nach Wittenberg ist etwa Anfang November 1508 erfolgt, so dass er seine Lehrtätigkeit in der Fakultät der *artes* und sein Studium der Theologie rechtzeitig zum Wittenberger Semesterbeginn am 4. November aufnehmen konnte. Schon nach einem Semester am neuen Hochschulort erlangte er am 9. März 1509 den Grad eines baccalaureus biblicus. Nach einem weiteren Semester, in dem er neben den Vorlesungen in den *artes* auch einen Kursus *in biblia* durchführte, disputierte er für den nächsten Grad, den eines Sententiars. Bevor er seine Antrittsvorlesung halten konnte, erreichte ihn der plötzliche Rückruf seines Erfurter Klosters. Dieser Schritt war weder mit Staupitz abgesprochen, geschweige denn von ihm genehmigt. Vielmehr stellte er einen frühen Akt des Protestes der Erfurter gegen Staupitz' Wahl zum sächsischen Provinzial dar. Die offenbare Eile der Aktion erklärt sich aus dem Bemühen, vor der Rückkehr des Generalvikars aus Süddeutschland vollendete Tatsachen zu schaffen, damit Staupitz die Abberufung nicht verhindern konnte. Das Vorgehen der Erfurter geschah ohne Schonung Luthers, der dadurch die Promotion zum Sententiar nicht in Wittenberg vollenden konnte und deren Abschluss aufschieben musste, und ohne Rücksicht auf die Wittenberger Universität, die kurz vor Semesterbeginn des Ethik-Magisters beraubt wurde, und auf die Wittenberger Augustiner, die diese Stelle zu besetzen hatten. Auf der gleichen Linie lag der Boykott der Wittenberger Hochschule durch den Nürnberger Konvent und die anderen renitenten Klöster. Mit diesen Maßnahmen sollte Staupitz und „seine" Wittenberger Universitätsgründung getroffen werden. Die überstürzte Maßnahme der Erfurter erfolgte aber auch ohne vorherige Absprache mit der dortigen theologische Fakultät, wie die erheblichen Schwierigkeiten zeigten, mit denen Luther nach seiner Rückkehr konfrontiert wurde. Erst nach Behebung der Probleme konnte Luther im Frühjahr 1510 seine Lehrtätigkeit als Sententiar aufnehmen, die er dann in Erfurt anderthalb Jahre lang ausübte.

Wie seine späteren Äußerungen zur Observanz und zur Gehorsamfrage vermuten lassen, hat Luther den rigiden Kurs der Opposition gegen Staupitz, den der Erfurter Konvent und dessen observante Verbündeten eingeschlagen hatten und unbeirrt weiter verfolgten, wohl von Anfang an kritisch beobachtet, da er darin eine gefährliche Missachtung des Ordensgehorsams sah. Er war zwar Mitglied einer renitenten Gemeinschaft, aber kein Anhänger (Cochläus: *adhaeserat*) der oppositionellen Ordenspolitik. Als dann die Erfurter sogar die eindringlichen Weisungen des Ordensgenerals ignorierten und auf Kompromissvorschläge Staupitz' nicht eingingen, hat Luther mit seinem Freund Johann Lang den Erfurter Konvent verlassen und ist im August nach Wittenberg gewechselt. Aus der Sicht der Renitenten war das ein „Abfall" zu Staupitz (Cochläus).

Nach dem gescheiterten Vermittlungsversuch von Jena sandte Staupitz nach dem 4. Oktober Johann von Mecheln als Verhandlungsführer und Luther als seinen Begleiter zur Ordensleitung nach Rom, um in der verfahren erscheinenden Situation Instruktionen für das weitere Vorgehen einzuholen. Beide kamen vor Ende November in Rom an. Nach einem Aufenthalt von etwa vier Wochen im Kloster Sant'Agostino, den Luther dazu nutzte, eine Generalbeichte abzulegen sowie möglichst viele geistliche Gnaden in der Heiligen Stadt zu erwerben, verließen Johann von Mecheln und Luther Rom wieder. Johann von Mecheln traf Ende Februar 1512 bei dem in Salzburg weilenden Staupitz ein und wurde von diesem am 24. Februar zusammen mit Nikolaus Besler, der sich ebenfalls in Salzburg aufhielt, zur Vorbereitung des nächsten Kapitels, das Anfang Mai in Köln stattfinden sollte, dorthin weitergeschickt.

Luther und Johann von Mecheln haben sich wahrscheinlich auf der Rückreise, vielleicht aus „Sicherheitsgründen", getrennt, da Oberitalien Kriegsschauplatz war und gewährleistet sein sollte, dass mindestens einer der beiden Abgesandten die Nachrichten aus Rom sicher an Staupitz überbrächte. Für Luthers Rückweg steht nur die Reisestation Augsburg fest, so dass sich die Route über den Brenner nahelegen würde. Angesichts von mehreren Lokaltraditionen in französischen Orten über einen Aufenthalt Luthers und Hinweise in den Tischreden erscheint jedoch für ihn auch ein Rückweg durch Frankreich, die Schweiz und das Allgäu nach Augsburg ernstlich diskutabel.

Sowohl Johann von Mecheln als auch Luther nahmen Anfang Mai als Berichterstatter an dem Kapitel in Köln teil, das den Observantenstreit beilegte.

Freilich: Solange nicht ein Dokument auftaucht, in dem der Name Martin Luthers (Luder, wie er sich damals noch nannte) im Zusammenhang mit seiner Romreise genannt wird, bleibt auch die hier vorgetragene neue Gesamtsicht eine Hypothese, die bislang nur durch eine Beweiskette von Indizien untermauert wird. Nicht alle Darlegungen (etwa mit Blick auf die Reiseroute) besitzen die gleiche Stringenz, manche sind durchaus korrekturfähig. „Aber das ist das Schicksal aller Forscher, die wenig und ungenügendes Quellenmaterial zur Verfügung haben und doch die Probleme so weit zu klären suchen müssen, wie es nur möglich erscheint."[681] Die einzelnen Beweismittel je für sich vermögen auch nicht die ganze Beweislast zu tragen, sondern nur das Ensemble der durchaus verschieden gewichtigen Argumente in ihrem wechselseitigen Zusammenspiel. Allerdings bin ich der Meinung, dass diese Indizienkette genügend stark ist, um die neue Gesamtsicht als plausibel und gegenüber der bisherigen *opinio communis* der Forschung als überlegen zu erweisen.

Quellen und Literatur in Auswahl

Das Verzeichnis enthält nur grundlegende und häufiger zitierte Werke sowie Literatur, die sich ausführlicher mit der Romreise beschäftigt. Abkürzungen nach dem Abkürzungsverzeichnis der Theologischen Realenzyklopädie, Berlin / New York ²1994.

Aegidii Viterbiensis O.S.A. Resgestae Generalatus. 1506–1514, ed. Albericus de Meijer, Rom 1988.

Battafarano, Italo Michele: Luthers Romreise in den erinnernden „Tischreden", in: Stephan Füssel und Klaus A. Vogel (Hgg.), Deutsche Handwerker, Künstler und Gelehrte im Rom der Renaissance. Akten des interdisziplinären Symposions vom 27. und 28. Mai 1999 im Deutschen Historischen Instutut in Rom, Wiesbaden 2001 (Pirckheimer Jahrbuch 15/16 [2000/01]), 214–237.

Battafarano, Italo Michele: Mit Luther oder Goethe in Italien. Irritation und Sehnsucht der Deutschen, Trento 2007.

Beutel, Albrecht: Martin Luther. Eine Einführung in Leben, Werk und Wirkung, Leipzig 2006.

Boehmer, Heinrich: Der junge Luther [1925], hg. und mit einem Nachwort versehen v. Heinrich Bornkamm, Stuttgart ⁶1971.

Boehmer, Heinrich: Luthers Romfahrt, Leipzig 1914.

Brandenburgisches Klosterbuch s. Heimann, Heinz-Dieter.

Brecht, Martin: Martin Luther. Sein Weg zur Reformation 1483–1521, I, Stuttgart ³1990.

---

681 LAU, Père Reinoud und Luther 106.

Brieger, Theodor: Zu Luther's Romreise (1511/12), in: ZKG 3 (1878) 197f.

Buddensieg, Rudolf: Zu Luthers römischem Aufenthalt, in: ThStKr 1879, 335–346.

Burger, Christoph: Der Augustinereremit Martin Luther in Kloster und Universität bis zum Jahre 1512, in: Gerhard Ruhbach / Kurt Schmidt-Clausen, Kloster Amelungsborn 1135–1985, 161–186.

Bürger, Johann Quodvultdeus: Historische Nachricht von des Seligen Herrn D. Martini Lutheri Münchs-Stand und Kloster-Leben, Leipzig 1717, ²1719.

Ciaconius, Alphonsus: VITAE ET RES GESTAE PONTIFICUM ROMANORUM ET S.R.E. CARDINALIUM Ab initio nascentis Ecclesiae vsque ad CLEMENTEM IX. P.O.M., III, Rom 1677.

Ciampi, Ignazio: Lutero a Roma, in: Nuova Antologia di scienze, lettere ed arti, 2. ser., 8 (1878) 197–227.

Comba, Emilio: Lutero pellegrino a Roma, in: La Rivista cristiana, N.s. 2 (1900) 21–29. 52–58. 94–99.

Constitutiones fratrum Eremitarum sancti Augustini ad Apostolicorum privilegiorum formam pro reformatione Alemanniae, ed. v. Wolfgang Günter, in: Lothar Graf zu Dohna et al. (Hgg.), Johann von Staupitz. Sämtliche Schriften, 5, Berlin/New York 2001, 103–360.

De Romanis, Alfonso Camillo: L'Ordine Agostiniano, Florenz 1935.

Denecke, Dietrich: Wege und Städte zwischen Wittenberg und Rom um 1510. Eine historisch-geographische Studie zur Romreise Martin Luthers, in: Wolfgang Pinkwart (Hg.), Genetische Ansätze in der Kulturlandschaftsforschung. Festschrift für Helmut Jäger, Würzburg 1983, 77–106.

Dohna, Lothar Graf zu: Staupitz und Luther. Kontinuität und Umbruch in den Anfängen der Reformation, in: Pastoraltheologie 74 (1985) 452–465.

Dohna, Von der Ordensreform zur Reformation: Johann von Staupitz, in: Kaspar Elm (Hg.), Reformbemühungen und Observanzbestrebungen im spätmittelalterlichen Ordenswesen, Berlin 1989, 571–584.

Duijnstee, Franciscus Dominicus Xaverius Petrus: Maarten Luther en zijn orde: bijdrage tot de geschiedenis der Reformatie naar oudere en nieuwere bronnen en handschriften bewerkt; I: Aegidius Viterb., Staupitz, Palts, Usingen; II: Hieronymus Seripandus, III: Marteen Luther in de kritiek, Leiden 1924.

Eckermann, Willigis: Neue Dokumente zur Auseinandersetzung zwischen Johann von Staupitz und der sächsischen Reformkongregation, in: AAug 40 (1977) 279–296.

Eckermann, Willigis: Augustiner-Eremiten, in: Peter Dinzelbacher / James Lester Hogg (Hgg.), Kulturgeschichte der christlichen Orden in Einzeldarstellungen, Stuttgart 1997, 55–66.

Egidio da Viterbo OSA. Lettere familiari, II, ed. Anna Maria Voci-Roth, Roma 1990.

Eirich, Stefan Bernhard: „Ich wolt nich gros geldt nemen, das ich zu Roma nicht gewesen war". Martin Luther und seine römischen Erinnerungen, in:

Korrespondenzblatt. Collegium Germanicum et Hungaricum 101 (1992), 77–97.

Elm, Kaspar: Zur Geschichte deutscher Augustiner-Eremitenklöster, in: ThRv 61 (1965) 361–370.

Elze, Theodor: Luthers Reise nach Rom, Leipzig 1899.

Esch, Arnold: Deutsche Pilger unterwegs ins mittelalterliche Rom. Der Weg und das Ziel, in: ders., Wege nach Rom. Annäherungen aus zehn Jahrhunderten, München 2003, 9–29.

Förstemann, Carl Eduard: Album Academiae Vitebergensis ab anno 1502 usque ad annum 1560, Leipzig 1841 Nachdruck Halle 1906. Aalen 1976

Förstemann, Carl Eduard: Liber Decanorum Facultatis Theologicae Academiae Vitebergensis, Leipzig 1838.

Gess, Felician (Hg.), Akten und Briefe zur Kirchenpolitik des Herzogs Georg von Sachsen, I, Leipzig 1905 [Ndr. 1985].

Gindele, Egon: Bibliographie zur Geschichte und Theologie des Augustiner-Eremitenordens bis zum Beginn der Reformation, Berlin 1977.

Goez, Werner: Geschichte Italiens in Mittelalter und Renaissance, Darmstadt ³1988.

Grisar, Hartmann: Lutheranalekten, HJ 39 (1918/19) 487-515, [Teil I: Zu Luthers Romfahrt. Neues über den Reiseweg, 487–496].

Günter, Wolfgang: Johann von Staupitz (ca. 1468–1524), in: Erwin Iserloh (Hg.), Katholische Theologen der Reformationszeit 5, Münster 1988, 11–31.

Gutiérrez, David: Geschichte des Augustinerordens. I/1: Die Augustiner im Mittelalter; I/2: Die Augustiner im Spätmittelalter 1357–1517; II: Die Augustiner vom Beginn der Reformation bis zur katholischen Restauration 1518–1648, Würzburg 1975–1988.

Hamm, Berndt: Staupitz, Johann von, in: TRE 32 (2000), 119–127.

Hausrath, Adolf: Martin Luthers Romfahrt nach einem gleichzeitigen Pilgerbuche erläutert, Berlin 1894.

Heimann, Heinz-Dieter (Hg.): Brandenburgisches Klosterbuch. Handbuch der Klöster, Stifte und Kommenden bis zur Mitte des 16. Jahrhunderts, Berlin 2007.

Hemmerle, Josef: Archiv des ehemaligen Augustinerklosters München, München 1956.

Hemmerle, Josef: Die Klöster der Augustiner-Eremiten in Bayern, München-Pasing 1958.

Hemmerle, Josef: Geschichte des Augustinerklosters in München, München 1956.

Herrmann, Horst: Martin Luther. Eine Biographie, Berlin ⁵2009.

Höhn, Antonius: Chronologia Provinciae Rheno-Sueviae F.F. S.P. Augustini, [Würzburg] 1744.

Hotzel, Siegfried: Luther im Augustinerkloster zu Erfurt 1505–1511, Berlin ²1971.

Hümpfner, Winfried: Äußere Geschichte der Augustiner-Eremiten in Deutsch-land. (Von den Anfängen bis zur Säkularisation), in: St. Augustin 430-1930. Zur Jahrhundertfeier dargeboten von der Deutschen Provinz der Augusti-ner-Eremiten, Würzburg 1930, 147–196.

Jedin, Hubert: Die römischen Augustinerquellen zu Luthers Frühzeit, in: ARG 25 (1928) 256–270.

Jung-Inglessis, Eva-Maria: Martin Lutero a Roma, in: Strenna dei Romanisti, Natale di Roma, Rom 1983, 251–262.

Jung-Inglessis, Eva-Maria: Auf den Spuren Luthers in Rom, St. Ottilien 2006.

Jürgens, Karl: Luthers Leben. Von der Geburt bis zum Ablaßstreite 1483–1517, I,2, Leipzig 1846.

Kaufmann, Thomas: Martin Luther, München 2006.

Kawerau, Gustav: Von Luthers Romfahrt, DEBl 26 (1901) 79–102.

Kawerau, Gustav: Aus den Actis generalatus Aegidii Viterbiensis, in ZKG 32 (1911) 603f.

Keil, Friedrich Siegemund: Des seligen Zeugen Gottes, D. Martin Luthers, merkwürdige Lebens-Umstände bey seiner medicinalischen Leibesconstitution, Krankheiten, geistlichen und leiblichen Anfechtungen und anderen Zufällen, von dem Jahre seiner Geburt 1483 bis an seinen Tod 1546 [...], I, Leipzig 1764.

Kienzler, Klaus: Staupitz, Johann von, in: BBKL 10 (1995), 1250–1253.

Kleineidam, Erich: Universitas studii Erfordensis. Überblick über die Geschich-te der Universität Erfurt, I: 1392–1460, Leipzig 1964; II: 1460–1521, Leip-zig ²1983.

Kolde, Theodor: Innere Bewegungen unter den deutschen Augustinern und Luthers Romreise, in: ZKG 2 (1878) 460-472.

Kolde, Theodor: Die deutsche Augustiner-Congregation und Johann von Staupitz, Gotha 1879.

Kolde, Theodor: Martin Luther. Eine Biographie, I, Gotha 1884.

Köpf, Ulrich: Martin Luthers Lebensgang als Mönch, in: Gerhard Ruhbach / Kurt Schmidt-Clausen, Kloster Amelungsborn 1135 - 1985, Hermannsburg 1985, 187–208.

Köstlin, Julius: Martin Luther. Sein Leben und seine Schriften, hg.v. Gustav Kawerau, I, Berlin ⁵1903.

Kraus, Josef: Die Stadt Nürnberg in ihren Beziehungen zur römischen Kurie während des Mittelalters, in: MVGN 41 (1950) 1–154.

Kunzelmann, Adalbero: Geschichte der deutschen Augustiner-Eremiten. I–VII, Würzburg 1970–1976.

Kutscher, Franz Jacob: Martin Luthers Reisen und merkwürdige Schicksale, Schleswig 1802.

Lau, Franz: Luther, Berlin ²1966.

Lau, Franz: Père Reinoud und Luther. Bemerkungen zu Reinhold Weijenborgs Lutherstudien, in: LuJ 27 (1960) 64–122.

Lazcano, Rafael: Generales de la Orden de San Agustín. Biografias - Documentación - Retratos, Rom 1995.

Leppin, Volker: Martin Luther, Darmstadt 2006.

Liber Decanorum s. Förstemann.

Lingke, Johann Theodor: D. Martin Luthers merkwürdige Reisegeschichte zu Ergaenzung seiner Lebensumstaende und Erlaeuterung der Reformationsgeschichte aus bewaehrten Schriften und zum Theil ungedruckten Nachrichten beschrieben, Leipzig 1769.

Lubin, Augustin: Orbis Augustinianus sive conventuum OESA chorographia et topographia descriptio, Paris 1659 [Faks. Louvain 1974].

Maier, Peter: Aussagen Luthers über die Stadt Rom seiner Zeit, in: AWA 5 (1984) 281–290.

Markwald, Rudolf K. / Franz Posset, 125 Years of Staupitz Research (since 1867). An Annotated Bibliography of Studies on Johannes von Staupitz (ca. 1468–1524), St. Louis, Mo. 1995.

Martin, Francis Xavier: The registers of Giles of Viterbo. A source on the reform before the Reformation, 1506–1518, in: Aug(L) 12 (1962) 142-160.

Martin, Francis Xavier: The registers of Giles of Viterbo. Their recovery, reconstruction and editing, in: Egidio da Viterbo e il suo tempo, Rom 1983, 43–52.

Martin, Francis Xavier: The Augustinian Observant Movement, in: Kaspar Elm (Hg.), Reformbemühungen und Observanzbestrebungen im spätmittelalterlichen Ordenswesen, Berlin 1989, 325–346.

Martin, Francis Xavier: Friar, Reformer, and Renaissance Scholar. Life and Work of Giles of Viterbo, 1469–1518, Villanova, Pa. 1992.

Matsuura, Jan: Einleitung, in: Martin Luther, Erfurter Annotationen 1509 - 1510/11, AWA 9 (2009) XV–CXLIX.

Meier, Ludger (Hg.): Die Statuten der theologischen Faultät der Universität Erfurt, in: Scholastica ratione historico-critica instauranda. Acta congressus scholastici internationalis Romae anno sancto MCML celebrati, Rom 1951, 79–130.

Meneghini, Gino: Martin Lutero ospite agli Eremitani, in: Padova 8 (1960) 23–24.

Müller, Alphons Viktor: Der Augustinerobservantismus und die Kritik und Psychologie Luthers, in: ARG 18 (1921) 1–35.

Oergel, Georg: Vom jungen Luther. Beiträge zur Lutherforschung, Erfurt 1899.

O'Malley, John W.: Giles of Viterbo and Church Reform, Leiden 1968.

Overmann, Alfred (Bearb.): Urkundenbuch der Erfurter Stifter und Klöster, III: Die Urkunden des Augustinereremitenklosters, Magdeburg 1934.

Pastor, Ludwig von: Geschichte der Päpste seit dem Ausgang des Mittelalters, III/2, Freiburg [11]1956.

Paulus, Nikolaus: Zu Luthers Romreise, in: HJ 12 (1891) 68-75.

Paulus, Nikolaus: Zu Luthers Romreise, in: HPBl 142 (1908) 738-752.

Pellikan, Konrad. Das Chronikon, hg. v.Bernhard Riggenbach, Basel 1877.

Posset, Franz: The Front-Runner of the Catholic Reformation: The Life and Works of Johann von Staupitz, Aldershot 2003.

Roßbach, Hugo: Das Leben und die politisch-kirchliche Wirksamkeit des Bernardino Lopez de Carvajal, Cardinals von S. Croce in Gierusalemme in Rom, und das schismatische Concilium Pisanum, Erster Theil, Diss. Breslau 1892 [Teildruck].

Sanuto, Marino: I diarii, XI–XIII, ed. Federico Stefani / Guiglielmo Berchet / Nicolò Barozzi Venedig 1886 [Ndr. 1970].

Scheel, Otto: Dokumente zu Luthers Entwicklung (Bis 1519), Tübingen ²1929.

Scheel, Otto: Luther und der angebliche Ausklang des „Observantenstreites" im Augustinerorden, in: Festgabe von Fachgenossen und Freunden Karl Müller zum 70. Geburtstag dargebracht, Tübingen 1922, 118–131.

Scheel, Otto: Martin Luther. Vom Katholizismus zur Reformation, I–II, Tübingen ³/⁴1921–1930.

Schneider, Hans: Ein Franke in Rom. Römische Wanderungen des Nürnberger Augustinereremiten Nikolaus Besler im Jahre 1507, in: Prüft alles, und das Gute behaltet. Zum Wechselspiel von Kirchen, Religionen und säkularer Welt. Festschrift für Hans-Martin Barth zum 65. Geburtstag, Frankfurt a.M. 2004, 239–270.

Schneider, Hans: Eine hessische Intervention in Rom für Johannes von Staupitz und die deutschen Augustinerobservanten (1506), in: ZKG 115 (2004) 295–317.

Schneider, Hans: Contentio Staupitii. Der „Staupitz-Streit" in der Observanz der deutschen Augustinereremiten 1507-1512, in: ZKG 118 (2007) 1–44.

Schneider, Hans: Neue Quellen zum Konflikt in der deutschen Reformkongregation der Augustinereremiten zu Beginn des 16. Jahrhunderts, in: AAug 71 (2008) 9–37.

Schneider, Hans: Luther en France, in: Positions Luthériennes 58 (2010) 231-250.

Schneider, Hans: Episoden aus Luthers Zeit als Erfurter Mönch, in: Luther 81 (2010) 133-148.

Schwarz, Reinhard: Luther, Göttingen 1986.

Signorelli, Giuseppe: Il Cardinale Egidio da Viterbo. Agostiniano, umanista e riformatore 1469–1532, Florenz 1929.

Teeuwen, Norbert: / Albéric de Meijer, Documents pour servir à l'histoire médiévale de la province augustinienne de Cologne. Extraits des registres des prieurs généraux 1357–1551, I–II, Löwen 1961–1970.

Tüchle, Hermann: Des Papstes und seiner Jünger Bücher. Eine römische Verteidigung und Antwort auf Luthers Schrift „Warum des Papstes und seiner Jünger Bücher von D. M. Luther verbrannt sind" aus dem Jahre 1521, in: Remigius Bäumer (Hg.), Lutherprozeß und Lutherbann. Vorgeschichte, Ergebnis, Nachwirkung, Münster 1972 (KLK 32), 49–68.

Türk, Gustav: Luthers Romfahrt in ihrer Bedeutung für seine innere Entwicklung, Jahresbericht der Fürsten- und Landesschule St. Afra in Meissen vom Juli 1896 bis Juni 1897, Meissen 1897, 1–39.

Ukert, Georg Heinrich Albrecht: Dr. Martin Luther's Leben. Mit einer kurzen Reformationsgeschichte Deutschlands und der Litteratur, I, Gotha 1817.

van Luijk, Benignus: Le monde augustinien du XIIIe au XIXe siècle, Assen 1972.

van Luijk, Benignus: L'ordine agostiniano e la riforma monastica dal cinquecento alla vigilia della revoluzione francese, Löwen 1973.

Voci-Roth, Anna Maria: Aegidius von Viterbo als Ordens- und Kirchenreformer, in. Hartmut Boockmann / Bernd Moeller / Karl Stackmann (Hg.), Lebenslehren und Weltentwürfe im Übergang vom Mittelalter zur Neuzeit, Göttingen 1989, 520–538.

Voßberg, Herbert: Im Heiligen Rom. Luthers Reiseeindrücke 1510–11, Berlin-Ost 1966.

Walsh, Katherine: The Observance. Sources for a History of the Observant Reform Movement in the Order of Augustinian Friars in the Fourteenth and Fifteenth Centuries, in: RSCI 31 (1977) 40–67.

Waltz, Otto: Zur Kritik der Lutherlegende, in: ZKG 2 (1877) 622–632.

Weijenborg, Reinhold: Neuentdeckte Dokumente im Zusammenhang mit Luthers Romreise, in: Anton. 33 (1957) 147–202.

Weijenborg, Reinhold: Luther et les cinquante et un Augustins d'Erfurt, in: RHE 55 (1960) 819–875.

Weinbrenner, Ralph: Klosterreform im 15. Jahrhundert zwischen Ideal und Praxis. Der Augustinereremit Andreas Proles (1429–1503) und die privilegierte Observanz, Tübingen 1996.

Weissenborn, Hermann (Hg.), Acten der Erfurter Universität 1392-1636, I–III, Halle 1881–1891.

Wentz, Gottfried: Das Augustinereremitenkloster in Wittenberg, in: Gustav Abb / Gottfried Wentz (Bearb.), Das Bistum Brandenburg, II, Berlin 1941, 440–499.

Wernicke, Michael: Die deutschen Augustiner von 1500 bis 1520, in: Egidio da Viterbo, O.S.A. e il suo tempo. Atti del V Convegno dell'Istituto Storico Agostiniano, Roma–Viterbo, 20–23 ottobre 1982, Rom 1983, 9–25.

Willibald Pirckheimers Briefwechsel, II, hg. v. Emil Reicke, Berlin 1956.

Winterhager, Wilhelm Ernst: Martin Luther und das Amt des Provinzialvikars in der Reformkongregation der deutschen Augustiner-Eremiten, in: Vita Religiosa im Mittelalter. Festschrift für Kaspar Elm, hg. v. Franz J. Felten und Nikolaus Jaspert, Berlin 1999, 707–738.

Wolf, Ernst: Die Augustiner-Eremiten in Deutschland bis zur Reformation, in: Mittelalterliches Erbe – evangelische Verantwortung. Vorträge und Ansprachen zum Gedenken der Gründung des Tübinger Augustinerklosters 1292, hg. vom Evangelischen Stift Tübingen, Tübingen 1962, 25–44.

Wolf, Ernst: Staupitz und Luther, Leipzig 1927.

Württembergisches Klosterbuch s. Zimmermann, Wolfgang.

Zimmermann, Wolfgang / Nicole Priesching (Hgg.): Württembergisches Klosterbuch. Klöster, Stifte und Ordensgemeinschaften von den Anfängen bis in die Gegenwart, Ostfildern 2003.

Zumkeller, Adolar: Martin Luther und sein Orden, in: AAug 25 (1962) 254–290.

Zumkeller, Adolar: Manuskripte von Werken des Augustiner-Eremitenordens in mitteleuropäischen Bibliotheken, Würzburg 1966.

Zumkeller, Adolar: Augustiner-Eremiten, in: TRE 4 (1979) 728–739.

Zumkeller, Adolar: Johann von Staupitz und die klösterliche Reformbewegung, in: AAug 52 (1989) 29–49.

Zumkeller, Adolar: Geschichte des Erfurter Augustinerklosters vom Ausgang des Mittelalters bis zur Säkularisation im Jahre 1828, in Aug(L) 55 (2005) 321–355.

Hominis historia naturalis –
Georg Forsters Vorlesung von 1786/87
im Zusammenhang seiner Anthropologie

LUDWIG UHLIG

Vorgestellt von Günter Arnold
in der Sitzung vom 23. Oktober 2009

Das Corpus der Werke Georg Forsters wird von dem zuletzt erschienenen Band der Berliner Akademieausgabe beträchtlich erweitert um einen Bereich, der bisher nur selten in Rechnung gezogen wurde: das umfangreiche naturhistorische Werk des Gelehrten, das ein lange vermißtes Gegengewicht gegen seine bekannteren Zeitschriftenessays bildet.[1] Diese, bereits zu Forsters Lebzeiten publiziert und seither in jeder Hinsicht leicht zugänglich, bestimmten auf höchst einseitige Weise das immer noch verbreitete Bild ihres Verfassers, der selbst in ihnen nur seine „kleinen Erholungen an eigner Composition" sah.[2] Eine wissenschaftliche Verbindlichkeit, die ihnen oft zugeschrieben wird, kommt ihnen nur in beschränktem Maße zu.

Einer angemessenen Rezeption der neu gewonnenen Quellen steht allerdings ein Hindernis im Wege, das, so trivial es zu sein scheint, doch eine kaum auflösbare kognitive Dissonanz hervorruft und damit die meisten neuerlichen Bemühungen um Forsters Arbeiten zur Naturgeschichte, zumal zur Anthropologie, der dilettantischen Unzulänglichkeit

---

1   Georg Forsters Werke. Sämtliche Schriften, Tagebücher, Briefe, hrsg. v. d. Berlin-Brandenburgischen Akad. d. Wissensch. Bd 6, Teil 1 und 2. Berlin 2003; Klaus-Georg Popp hat diese (wie schon frühere) Texte mit mustergültiger Handschriftenkenntnis und Sachkompetenz herausgegeben, und es ist zu hoffen, daß bald seine Erläuterungen im dritten Teilband folgen werden. Diese Gesamtausgabe Forsters, begonnen unter der Ägide der Deutschen Akademie der Wissenschaften zu Berlin, später der Akademie der Wissenschaften der DDR, wird weiterhin unter der Sigle AA zitiert, mit römischen Ziffern für die Bände und arabischen Ziffern für die Seitenzahlen. Ich danke Klaus-Georg Popp für hilfreiche Hinweise und Korrekturen sowie dafür, daß er mir einige der hier behandelten Texte bereits vor ihrer Publikation mitgeteilt hat. Eine knappe Zusammenfassung der hier vorgelegten Studie erschien bereits unter dem Titel: Hominis historia naturalis. Georg Forsters Vorlesung von 1786/87 im Zusammenhang seiner Anthropologie. Zwanzig Thesen. In: Philippia. Abhandlungen und Berichte aus dem Naturkundemuseum im Ottoneum zu Kassel. 13/4. 2008. S. 335-338. Mittlerweile sind zwei weitere Arbeiten verwandter Thematik erschienen: Ludwig Uhlig: Erkenntnisfortschritt und Traditionsbindung in Georg Forsters naturwissenschaftlichem Werk. In: Georg-Forster-Studien, hrsg. im Auftr. d. Georg-Forster-Gesellschaft v. Stefan Greif u. Michael Ewert. Kassel: Kassel Univ. Pr. Bd. 15. (2010). S. 55-75; sowie: ders.: Die Südseevölker und Georg Forsters Rassenbegriff. Ebenda. S. 137-172.

2   AA XV 356; vgl. Ludwig Uhlig: Mitbürger unserer Gelehrtenrepublik. Georg Forsters Beiträge zu den zeitgenössischen deutschen Zeitschriften. In: Zeitschrift für deutsche Philologie. 121, 2002. S. 161-186, bes. S. 162, sowie ders.: Georg Forster. Lebensabenteuer eines gelehrten Weltbürgers (1754-1794). (Göttingen): Vandenhoeck & Ruprecht (2004) [weiterhin zitiert als: Uhlig 2004]. S. 13.

überführt: die verbreitete Unkenntnis der lateinischen Sprache ver-
schließt den Zugang zu ihnen so hermetisch, daß sogar ihre Existenz
geleugnet werden kann. Nach einer vorgeblichen „Sichtung" von Forsters Schriften zur Naturkunde wurde unlängst behauptet: „eine medizinische Anthropologie, eine Anatomie und Physiologie des menschlichen
Körpers sucht man bei ihm also vergeblich".[3] Das Gegenteil ist der Fall,
wie die hier vorgelegte Studie zeigt. Diese ist ein erster Ansatz, das na-
turwissenschaftliche Werk Forsters mit strenger Konzentration auf die
vorliegenden Zeugnisse und ihre nachweisbaren Bezüge zu erschließen.
Da hier ausgedehnte Bereiche noch unerforscht sind und unentbehrliche
Aufschlüsse nur aus Zusammenhängen zwischen verschiedenen getrennt
überlieferten Schriften zu gewinnen sind, ist es unvermeidlich, gelegentlich mit weiter ausholenden Exkursen vom eigentlichen Gegenstand der
Untersuchung abzuschweifen und diesen so in seinen Kontext einzu-
binden. Um heutigen Lesern die Quellen so nahe wie möglich zu bringen, übersetze ich lateinische Texte, darunter einige größeren Umfangs,
ins Deutsche.

Als Lehrling und Gehilfe seines Vaters von klein auf zum Gelehrten
in der Tradition der Botanik und Natursystematik Linnés erzogen, hatte
Forster sich das Lateinische schon früh angeeignet und benutzte es seit
der Weltreise in seinen Pflanzenbeschreibungen.[4] Vor die Wahl gestellt,

---

3   Tanja van Hoorn: Das anthropologische Feld der Aufklärung. Ein heuristisches
    Modell und ein exemplarischer Situierungsversuch (Georg Forster). In: Natur –
    Mensch – Kultur. Georg Forster im Wissenschaftsfeld seiner Zeit. Hrsg. v. Jörn
    Garber u. Tanja van Hoorn. (Hannover-Laatzen:) Wehrhahn Verl. (2006). S.
    125-141, Zitat S. 138. Ein sprachlich bedingtes Unverständnis der Texte und
    ihrer Zusammenhänge verraten auch Rezensionen des betreffenden Bandes der
    Akademieausgabe, die wortreich ablenkend vor genauen Angaben zu seinen la-
    teinischen Bestandteilen ausweichen und damit ein völlig verzerrtes Bild zeich-
    nen: Horst Dippel (Georg Forsters Schriften zur Naturkunde. In: Georg-
    Forster-Studien. Hrsg. im Auftr. d. Georg-Forster-Gesellschaft v. Horst Dippel
    u. Helmut Scheuer. IX. Kassel: Univ. Press 2004. S. 263-268, Zitat S. 265)
    bemängelt das Ausbleiben des Kommentars, der dem noch ausstehenden dritten
    Teilband vorbehalten ist, aber damit allein kann er unmöglich rechtfertigen,
    daß ihm „vieles unklar und unerschlossen" bleibt; die Einleitung zu einem spä-
    ten Fragment verdankt es offenbar nur ihrer deutschen Sprachform, daß Dippel
    sie als einzigen Text vor allen anderen, substanzielleren, hervorhebt. Dies tut
    auch Petra Feuerstein-Herz (NTM. Zeitschrift für Geschichte der Wissenschaf-
    ten, Technik und Medizin. Basel: Birkhäuser Verl. N. S. 14, 2006. S. 189-191)
    und verschleiert im übrigen ihre Unkenntnis, indem sie einige periphere Ein-
    zelheiten anführt, die sie offensichtlich andernorts vorgefunden hat (vgl. Uhlig
    2004 S. 181, 198-200).
4   Vgl. Uhlig 2004 S. 11, 26, 30, 35, 58, 76, 199-201.

in Wilna polnisch oder lateinisch zu dozieren,[5] entschied er sich selbst-verständlich für die internationale Gelehrtensprache, obwohl ihm die Ausarbeitung längerer Vorträge zunächst „horribel schwer" fiel.[6] Aber seine polyglotte Sprachfertigkeit bewährte sich auch hier, und indem er sich durch Lektüre der Klassiker schulte, erwarb er Sicherheit und Ge-wandtheit in Idiomatik und Periodenbau und erreichte Höhepunkte kraftvoller Prägnanz. Noch 1793, in seinem vermutlich letzten Ansatz zu einer naturwissenschaftlichen Arbeit, bezeichnete Forster den Ge-brauch des Lateinischen als unumgänglich für ein Kompendium der Naturgeschichte zum Schulgebrauch.[7]

Bei der Vorbereitung seiner Wilnaer Vorlesungen suchte er im stil-len seine Fachkenntnis zu erweitern und Lücken aufzufüllen, die sein unmethodischer Bildungsgang gelassen hatte. Schon mit der mineralogi-schen Vorlesung im Winter 1785/86 glaubte er, „docendo viel gelernt" zu haben, und er hoffte dies ebenso in der Zoologie und der Botanik zu erreichen.[8] So stellen diese Vorlesungen auch keine völlig originellen Leistungen dar, da Forster hier, der üblichen Praxis des akademischen Lehrvortrags entsprechend, ausgiebig auf andere Autoren zurückgreift. Ähnlich bestand bereits seine Kasseler Vorlesung *Ein Blick in das Ganze der Natur* großenteils aus Übersetzungen und Paraphrasen von zwei Ka-piteln aus Buffons *Histoire naturelle*,[9] und sein Vortrag *De hominis in omni climate vivendi facultate* vom 8. Dezember 1785 macht sich zahlreiche von Eberhard August Wilhelm Zimmermann aufgeführte Beispiele zunut-ze.[10]

---

5   Vgl. den Brief von Jan Baptysta Czempińsky an Forster vom 28. Januar 1784, AA XVIII 128, sowie Uhlig 2004 S. 155, 157.

6   Vgl. AA XIV 252, 260, 264.

7   „Libellum latine conscribendum esse suadebant nomina rerum naturalium generica et specifica, termini artis, systematis membra et definitiones, quae omnia latinis vocabulis propter linguae concinnitatem designari solent. Neque hoc in prima historiae naturalis institutione levioris esse momenti arbitratus sum, effecturum me scilicet interpretatione latini compendii, ut auditores *Linnaeum* intelligant, cuius scripta et nomina systematica corporibus naturalibus imposita, per universam fere Europam civitate donata, etiam in cathedris jure meritòque principatum obtinuerunt." Rudimentum Naturalis Historiae. in usum scholarum congessit Georgius Forster, M. D. Moguntiae, 1793. Praefatio. AA VI 1769.

8   AA XIV 487, vgl. auch AA XIV 493, 501.

9   Vgl. Ludwig Uhlig: Georg Forster. Einheit und Mannigfaltigkeit in seiner geistigen Welt. Tübingen: Niemeyer 1965 [weiterhin zitiert als: Uhlig 1965]. S. 48-50, 267f., sowie Uhlig 2004 S. 127f.

10 AA VI 1045-1060, vgl. E[berhard] A[ugust] W[ilhelm] Zimmermann: Ueber die Verbreitung und Ausartung des Menschengeschlechts. Leipzig: Weygand

Auch in der zoologischen Vorlesung vom Jahr 1786/87, um die es
uns hier geht, zitiert Forster weithin wortwörtlich namentlich genannte
Quellen; an wichtigen Punkten allerdings trennt er sich von ihnen und
verfolgt eigene Wege. Damit ordnet er sich in den wissenschaftlichen
Diskurs seiner Zeit ein und markiert zugleich seinen wohlbedachten
eigenen Standort darin. Dieser wird noch klarer sichtbar, wenn die Beziehungen aufgedeckt werden, die den Text mit Forsters früheren und
späteren Werken und dem zeitgenössischen Kontext verbinden. Der
Mensch nimmt in dieser Vorlesung eine hervorragende Stellung ein, so
daß hier Forsters ausführlichste und gründlichste Arbeit zur Anthropologie vorliegt.[11] Der betreffende Teil des Kollegs kam im Dezember 1786
zum Vortrag.[12] In der Chronologie der Werke Forsters folgt er also einerseits den beiden botanischen Arbeiten *De plantis esculentis insularum
oceani australis* und *Florulae insularum australium prodromus* vom Frühjahr
sowie den Aufsätzen *Noch etwas über die Menschenraßen* vom Juli und
Neuholland und die brittische Colonie in Botany-Bay vom November 1786,
während er andererseits dem Ende März 1787 abgeschlossenen Essay
Cook der Entdecker vorausgeht, den Forster seiner Übersetzung der Beschreibung von Cooks letzter Reise beigab. Dieser Text allein liefert die
Rechtfertigung dafür, daß Forster wenig später in der Vorrede zur
Sammlung seiner frühen Schriften behaupten konnte:

> Die Naturwissenschaft im weitesten Verstande, und insbesondere die Anth-
> ropologie war bisher meine Beschäftigung. Was ich seit meiner Weltum-
> schiffung geschrieben habe, steht damit großenteils in enger Beziehung.[13]

Die Vorlesung fand ihren Niederschlag in drei überlieferten Manuskripten: Eine Eröffnungsansprache, *Adlocutio*,[14] begrüßt die Studenten mit
einem Rückblick auf Forsters Vorlesungen der vergangenen Jahre, wobei auch die Hindernisse zur Sprache kommen, die eine vollständige
Ausführung seiner Pläne vereitelten: seine schwere Krankheit im Sommer 1785 und der Mangel an Hilfsmitteln zu anschaulichen Demonstra-

---

1778. S. 31-53. Der Hinweis auf Zimmermann als Quelle der Vorlesung Forsters ergänzt und korrigiert die betreffenden Ausführungen in Uhlig 2004 S.
198f.

11 Vgl. Uhlig 2004 S. 180-182. Was dort allgemein über Forsters Wilnaer Vorlesungen gesagt wird, soll der hier vorgelegte Beitrag vertiefen und stellenweise
korrigieren.

12 Vgl. die Datumsangaben in AA VI 1670 und 1712.

13 Kleine Schriften. Ein Beytrag zur Völker- und Länderkunde, Naturgeschichte
und Philosophie des Lebens, gesammlet von Georg Forster. Erster Theil. Leipzig: Kummer 1789. Vorrede Bl. 3 v; abgedruckt in: AA V 345.

14 AA VI 1061-1064.

tionen und Experimenten. Eine methodische Vorschau verspricht, zum besseren Verständnis der „Lebensfunktionen, aus denen sozusagen die *Tierheit* selbst besteht", der systematischen Übersicht über die Tierwelt eine kurzgefaßte Lehre vom inneren Bau der Tiere vorauszuschicken.[15] Das zweite Manuskript, ein Kompendium unter dem Titel *Rudimenta Zoologica*,[16] gliedert den Stoff in numerierte Paragraphen „als bloßer Leitfaden zur Classification der natürlichen Körper", wie Forster zu Beginn seiner Arbeit daran im März 1786 an Christian Gottlob Heyne schrieb;[17] Forster diktierte es seinen Studenten in eigens dazu bestimmten Stunden nach und nach in die Feder.[18] Dieser Gliederung folgt im großen Ganzen das dritte Manuskript, die *Praelectiones Zoologicae*, also der eigentliche Vorlesungstext.[19] Der einleitende Hauptteil bietet, der Ankündigung in der *Adlocutio* gemäß, Darlegungen zu allgemeinen physiologischen und anatomischen Themen wie Körperbau, Ernährung, Atmung, Blutkreislauf, Sinnesorganen und Fortpflanzung; eingeflochten sind prinzipielle methodische und erkenntniskritische Erörterungen zu Blumenbachs Bildungstrieb, zum Seelenbegriff, zur Präformations- und zur Epigenesistheorie sowie zur Taxonomie, eine Bibliographie und ein historischer Rückblick mit einer vergleichenden Würdigung Linnés und Buffons und dergleichen. Bei alldem wird der Mensch ausdrücklich

---

15   „Quippe illum mancam sane et imperfectam animalium cognitionem habere oportet, qui functionum vitalium, in quibus ut ita dicam, ipsa consistit *animalitas*, ignarus esset; ast qualem, quaeso, functionum vobis notionem abstrahere poteritis, nisi cognita vasculorum et partium internarum varia structura, in quibus hae functiones aut peraguntur, aut quorum auxilio fiunt? Necessitas inde potissimum elucet, praemittendae alicuius circa internam structuram animalium, quanquam brevissima epitome correptae doctrinae." AA VI 1063.

16   AA VI 1477–1509.

17   AA XIV 446.

18   Vgl. AA VI 1712.

19   AA VI 1511–1719. Dieses Manuskript wird erwähnt von Ilse Jahn: „Scientia Naturae - Naturbetrachtung oder Naturwissenschaft?" Georg Forsters Erkenntnisfragen zu biologischen Phänomenen in Vorlesungs-Manuskripten aus Wilna und Mainz (1786-1793). In: Georg Forster in interdisziplinärer Perspektive. Beiträge des Internationalen Georg Forster-Symposions in Kassel, 1. bis 4. April 1993. Hrsg. im Auftr. d. Georg Forster-Ges. v. Claus-Volker Klenke in Zusammenarb. m. Jörn Garber u. Dieter Heintze. Berlin: Akademie Verl. 1994. S. 159–177. Offensichtlich hat sie jedoch lediglich das erste Drittel des Manuskripts eingesehen (§§ 1–17), wozu der Abschnitt über den Menschen nicht gehört. Der Druck der *Praelectiones* enthält Schreib-, Lese- oder Druckfehler, die beim Vergleich der auf Blumenbach beruhenden Partien mit ihrer Vorlage besonders deutlich hervortreten. In meinen Zitaten emendiere ich solche Stellen und biete die jeweilige Druckversion in eckigen Klammern.

einbezogen, oft schon mit Betonung seiner Sonderstellung unter den Tieren, etwa bei der Tastfähigkeit der Finger, bei Gehirn und Nerven, Instinkten und Gedächtnis, den Anlagen zu Lachen, Weinen und zur Sprache. Der darauf folgende klassifizierende Abschnitt bedenkt die Ordnungen der Säugetiere nur mit Stichworten, während dem Menschen, im Kompendium wie in der Vorlesung, mit dem unverhältnismäßig eingehend ausgearbeiteten Paragraphen 50 ein überaus umfangreicherer Anteil eingeräumt wird, so daß die spezielle Naturgeschichte des Menschen mit mehr als 50 Druckseiten ein ganzes Viertel der gesamten Vorlesung ausmacht.[20] Schon dieses quantitative Verhältnis zeigt, daß die Anthropologie zu dieser Zeit Forsters Interesse überwiegend in Anspruch nahm. Derart prominent über seinen Kontext hinausragend, verdient der Paragraph die gesonderte eingehende Untersuchung, die hier folgt.

In der Untergliederung des Paragraphen klaffen Kompendium und Vorlesung an einigen Punkten auseinander, worin sich zwei verschiedene Vorlagen bemerkbar machen. Dem Kompendium liegt anfangs das Kapitel über den Menschen in Linnés *Systema naturae* zugrunde, das sich, stichworthaft knapp gefaßt, dazu am besten eignete, wenn Forster auch bemerkt, es müsse „hier und da verbessert" werden.[21] Tatsächlich erfährt Linnés Text unter Forsters Händen schwerwiegende, auch methodisch abweichende Eingriffe: während Linné die Arten gewöhnlich nur durch rein äußerlich erkennbare Merkmale unterschied, fügt Forster charakterisierende Angaben hinzu, die wesentliche Eigenheiten des Menschen betreffen, wie die Zweihändigkeit, den aufrechten Gang und die anatomischen Voraussetzungen dazu, das Fehlen des Zwischenkieferknochens sowie Sprache und Vernunft in enger Verbindung miteinander.[22] Dies

---

20   Im Kompendium: „§. 50. I. *Homo.*" AA VI 1503-1507; in der Vorlesung: „ad §. 50. *Homo.*" AA VI 1660-1712. Nach Auskunft von Klaus-Georg Popp ist der Paragraph 50 als selbständiges Manuskript überliefert.

21   „Nobis Linnaeana dispositio, quae facilitate se commendat, hinc inde emendata, prae ceteris arridet." AA VI 1499. Forster benutzt: Caroli a Linné Systema naturae per regna tria naturae, Secundum Classes, Ordines, Genera, Species, cum characteribus, differentiis, synonymis, locis. Ed. duodecima, reformata. T. I. Stockholm: Salvius 1766. Dort beginnt das Kapitel über den Menschen auf S. 28, was Forster AA VI 1503 angibt.

22   „*Manus* in palmis pedum anteriorum. *Incessus* erectus, in calcaneis pedum posteriorum. *Os* intermaxillare nullum! *Loquela* ratiocinio conjuncta." „Corpus (ipsa sua conformatione) erectum"; „Differt itaque a reliquis mammalibus: Corporis situ erecto, manibusque duabus; at interna structura Cerebri, ossis intermaxillaris defectu et pluribus aliis notis physicis; inprimis vero *Loquela*, cum *Ratione* coniunctissima." AA VI 1503, 1505.

weist voraus auf die thematischen Schwerpunkte der Vorlesung, von der hier eine vorläufige Gliederung angehängt wird.[23]

Andererseits läßt Forster ohne ein Wort der Erklärung große Teile von Linnés Beschreibung des Menschen kurzerhand aus: so fehlen bei ihm alle von Linné erwähnten Unter- und Nebenarten, wie die aus fragwürdigen Quellen übernommenen sagenhaften Monstrosa und Anthropomorpha, auch die sechs bekannten in der Wildnis aufgewachsenen Kinder, die Linné einzeln aufzählt, als vierfüßig, stumm und behaart kennzeichnet und mit dem Namen „Homo ferus" belegt, als ob sich die zivilisierten Menschen von ihnen unterschieden wie die gezähmten Haustiere von ihren Wildformen. Linnés vier auf die klassischen Kontinente verteilte Rassen ersetzt Forster durch seine eigenen sieben „Exempla", von denen noch zu reden ist. Bedeutsamer ist, daß Forster hier auch die zweite Art des Menschen unterdrückt, die Linné neben den Homo sapiens stellt, den Homo troglodytes oder nocturnus. Unter dieser Rubrik führt Linné auch den „Homo sylvestris Orang Outang" auf. Diesen versetzte Forster, anderen Zoologen folgend, bereits in seiner Kasseler Vorlesung über die Säugetiere als *„Simia Satyrus"* ins Geschlecht der Affen, während er dort allerdings auch noch behauptete: „Der Troglodytes ist ein wahrer Mensch und kein Affe."[24] Diese fiktive Menschenart läßt er erst in der Wilnaer Vorlesung endgültig fallen und schränkt nun mit seiner radikalen Kürzung der Linnéschen Vorlage die Gattung (genus) Mensch auf eine einzige Art (species) ein,[25] die von den Affen streng getrennt ist. Damit verwirft er stillschweigend den gesamten „fabelhaften Wust", mit dem, wie Johann Friedrich Blumenbach um diese Zeit unwillig befand, „die Menschen die N[atur] G[eschichte] ihres Geschlechts verunreinigt haben".[26]

---

23 AA VI 1505–1507.

24 AA VI 971.

25 Dem heutigen Sprachgebrauch entsprechend übersetze ich konsequent „genus" mit „Gattung" und „species" mit „Art". Wie sich im Folgenden wiederholt zeigen wird, benutzen Forster und seine Zeitgenossen dagegen oft das Wort „Gattung" für den systematischen Terminus „species" sowie „Geschlecht" für „genus".

26 „Alle den fabelhaften Wust herzuzählen, womit die Menschen die N[atur] G[eschichte] ihres Geschlechts verunreinigt haben, lohnt sich kaum mehr der Mühe: Die vermeintlichen Patagonischen *Riesen* z. B. sind, von *Magalhaens* Zeiten bis auf die unsrigen, in den Erzählungen der Reisenden, von zwölf Fuß zu sechs bis siebenthalb eingekrochen, und bleiben also wenig größer als jeder andre Mensch von guter Statur. Und daß *Commersons* Quimos und andre Zwergnationen auch nichts als abgeschmackte Erdichtungen waren, ist jetzt nun allgemein bekannt. Die *Kackerlacken*, Blafards, Albinos oder *weiße Mohren* sind nicht einmal eine Spielart, geschweige eine besondere Gattung, sondern Pa-

So verfolgt Forster konsequent die Richtung weiter, die er bereits bei der Beschreibung seiner Weltumseglung einschlug. Diese ist leider in Deutschland meist in der nur teilweise von ihrem Autor selbst stammenden, höchst unzuverlässigen und lückenhaften deutschen Übersetzung bekannt. Der eigentlich wissenschaftliche Charakter des Werkes tritt dagegen wesentlich markanter hervor in den ausführlicheren Darlegungen und präziseren Formulierungen der authentischen englischen Originalfassung, und diese wird daher unseren folgenden Erörterungen zu Grunde gelegt.[27]

Das Thema, um das es hier geht, beschäftigte die damalige physische Anthropologie als irritierendes Problem, seit Linné 1746 hatte gestehen müssen, er habe als Naturhistoriker nach den Prinzipien seiner Wissenschaft bisher noch kein Kennzeichen finden können, wodurch der Mensch vom Affen zu unterscheiden sei. Er hatte sich damit begnügen müssen, den Menschen durch die unsichtbaren Merkmale Sprache und Vernunft vor den Tieren auszuzeichnen.[28] Diese Verlegenheit stellte die Aufgabe, eine wissenschaftlich wohlfundierte Abgrenzung zwischen dem Menschen und dem Affen zu finden und damit die Stellung zu bestimmen, die der Mensch im Tierreich einnimmt.

Mit dieser Problematik verquickte sich die Debatte um Rousseaus Konzept eines „homme naturel", dem als reinem Naturwesen keinerlei

tienten, deren Geschichte mehr in die Pathologie als in die Naturhistorie gehört. Linnés Homo troglodytes ist ein unbegreifliches Gemische aus der Geschichte jener preßhaften kränklichen Menschen, und des Orangutangs: sein Homo lar hingegen ein wahrer Affe. Die in *Wildnis* unter Thieren erwachsenen Kinder sind klägliche sittliche Monstra, die man eben so wenig, als andre durch Krankheit oder Zufall entstellte Menschen, zum Muster des Meisterstücks der Schöpfung anführen darf. *Geschwänzte* Völker, von Natur *geschürzte Hottentottinnen, Syrenen, Centauren,* und alle Fabeln von gleichem Schrot und Korn, verzeihen wir der gutherzigen Leichtgläubigkeit unsrer lieben Alten." Johann Friedrich Blumenbach: Handbuch der Naturgeschichte. 3. sehr verb. Ausg. Göttingen: Dieterich 1788. S. 62f.

27 Den Unterschied zwischen den beiden Fassungen demonstrieren etwa die Beispiele in den Anmerkungen 32, 37 und 104; vgl. Ludwig Uhlig: Theoretical or Conjectural History. Georg Forsters *Voyage Round the World* im zeitgenössischen Kontext. In: Germanisch-Romanische Monatsschrift. 53, 2003. S. 399-414, bes. S. 413f.; Uhlig 2004 S. 85-95, 107.

28 „[...] & certe si vera fatebor, qua Historicus Naturalis ex scientiae principiis, nullum characterem hactenus eruere potui, unde Homo a Simia internoscatur; [...] Loquela quidem Hominem a reliquis animalibus distinguere videtur; [...] Ast in nobis quidquam inest, quod visum non subit, unde nostri ipsorum cognitio pendet, utpote nobilissima *Ratio*, qua Homo cunctis animalibus immane quantum praecellit." In: Carolus Linnaeus: Fauna Svecica Sistens Animalia Sveciae Regni. Stockholmiae: Laurentius Salvius 1746. Praefatio.

Kultur zuzuschreiben sei. Dem hatte Adam Ferguson als Exponent der schottischen „Theoretical or Conjectural History" den Satz entgegengestellt, die Kunst, das heißt also die Kultur, gehöre dem Menschen von Natur aus zu: „We speak of art as distinguished from nature; but art itself is natural to man."[29] In Forsters *Voyage Round the World*, die von der Gedankenwelt der Schotten bestimmt ist, erscheint dementsprechend der Mensch vor allem als Kulturwesen.[30] Beide Themen wurden ausdrücklich miteinander verknüpft durch einen kurios exzentrischen Außenseiter unter den Schotten: James Burnet, Lord Monboddo, hatte, gerade während der Weltumseglung Forsters, von einem Hinweis Rousseaus angeregt, in seinem Buch *Of the Origin and Progress of Language* die Hypothese vertreten, die Orang-Utans seien in Wirklichkeit eine barbarische Nation, die nur noch nicht den Gebrauch der Sprache gelernt habe.[31]

In seiner *Voyage Round the World* bestimmte Forster eindeutig den Standpunkt, den er in diesen Fragen bezogen hatte: Mit gereizter Aggressivität nahm er Partei sowohl gegen jegliche Verwischung der Grenze zwischen Menschen und Affen wie auch gegen die Idealisierung eines kulturlosen Naturzustandes des Menschen und brandmarkte beide gleichermaßen als „bösartig" („ill-natured"). Die erste Begegnung der Expedition Cooks mit Vertretern der melanesischen Rasse auf der Insel Mallicolo, an denen die Reisenden eine gewisse Affenähnlichkeit bemerkten, nahm er zum Anlaß für einen heftigen Angriff auf das sogenannte „Orang-outang system":

> They [scil. the natives] continued about the ship, talking with great vociferation, but at the same time in such a good-humoured manner, that we were much entertained. We had no sooner looked at one of them, that he began to chatter without reserve, and grinned almost like Milton's

---

29 Adam Ferguson: An Essay on the History of Civil Society. Ed. by Fania Oz-Salzberger. Cambridge: University Press (1995). S. 12. Vgl. dort S. 14 die eingehendere Auseinandersetzung mit Rousseau.

30 Vgl. Ludwig Uhlig: Theoretical or Conjectural History. Georg Forsters *Voyage Round the World* im zeitgenössischen Kontext. In: Germanisch-Romanische Monatsschrift. 53, 2003. S. 399-414; Uhlig 2004 S. 86-94.

31 „As I have so often mentioned this race of animals, I think it proper to give here a more particular account of them than I have hitherto done; being, according to my hypothesis, a barbarous nation, which has not yet learned the use of speech." James Burnet, Lord Monboddo: Of the Origin and Progress of Language. Vol. 1. 2nd ed. With large Additions and Corrections. Edinburgh: Balfour; London: Cadell 1774. S. 270; die erste Auflage des Werks erschien 1773; vgl. Arthur O. Lovejoy: Monboddo and Rousseau. In: Ders.: Essays on the History of Ideas. Baltimore: Johns Hopkins Press 1948. S. 38-61.

Death. This circumstance, together with their slender form, their ugly features, and their black colour, often provoked us to make an ill-natured comparison between them and monkies. We should be sorry, however, to supply Rousseau, or the superficial philosophers who re-echo his maxims, with the shadow of an argument in favour of the Orang-outang system. We rather pity than despise these men, who can so far forget and abuse their own intellectual faculties, as to degrade themselves to the rank of baboons.[32]

Mit dieser Polemik stand Forster nicht allein. Genau so empört wandte sich fast zur gleichen Zeit Johann Friedrich Blumenbach in seiner Dissertation *De generis humani varietate nativa* gegen die Behauptungen Monboddos und „gewisser berühmter, aber in Naturgeschichte und Anatomie schlecht unterrichteter Zeitgenossen, die sich nicht schämten, den Orang-Utan als dem Menschen nahe verwandt und als Artgenossen

---

32 AA I 456, vgl. AA III 163f. Dieser Text Forsters wird auf bedenkliche Weise manipuliert von Tanja van Hoorn: Dem Leibe abgelesen. Georg Forster im Kontext der physischen Anthropologie des 18. Jahrhunderts. Tübingen: Niemeyer (2004) [weiterhin zitiert als: van Hoorn 2004]. S. 54, 74f. Entgegen ihrem Versprechen, im Zweifelsfall auch die englische Originalfassung heranzuziehen (van Hoorn 2004 S. 23), zitiert sie davon nur die an dieser Stelle wie so oft äußerst freie deutsche Übersetzung, die vor allem in dem folgenden Satz keinerlei Äquivalent für das scharf verurteilende Epitheton „ill-natured" enthält: „Dieser Umstand, nebst ihrer schlanken Gestalt, Häßlichkeit und schwarzen Farbe, machte, daß sie uns beynahe als ein Affen-Geschlecht vorkamen." (AA III 163, van Hoorn 2004 S. 54.) An diesem Punkt bricht sie ihr Zitat ab und behauptet, Forster gestehe hier, „daß sich ihm und den anderen Europäern die Frage gestellt habe, ob es sich bei diesen Lebewesen vielleicht gar nicht um Menschen, sondern vielmehr um Affen handeln könne." Van Hoorn verschweigt, daß der zitierten Episode freundliche gegenseitige Annäherungen unter symbolischen Gesten, Geschenkaustausch und Verständigungsversuchen vorangegangen waren, die den Gedanken, es könne sich um Affen handeln, überhaupt nicht zuließen (AA I 454f., vgl. AA III 161-163). Schon dieser Kontext entwertet den „ill-natured comparison between them and monkeys" zu einer bloßen überheblichen Verspottung, die unter den Reisenden aufkam und von der Forster sich sofort heftig distanziert mit den folgenden Sätzen. Diese aber trägt van Hoorn erst in ihrem nächsten Kapitel nach mit der Bemerkung, daß Forster damit die „Bewohner Malekulas sehr wohl und sehr schnell eindeutig den Menschen zuordnen" konnte (van Hoorn 2004 S. 74f.). Indem sie den Text aus seinem Zusammenhang löst und auseinanderreißt, suggeriert sie, daß Forster „die Bewohner Malekulas einen Moment lang (beinahe) für Affen hält" (van Hoorn 2004 S. 74), womit sie einen Exkurs über die seinerzeit schon überholte Anthropomorphendiskussion rechtfertigt, die gerade für Forster völlig irrelevant ist.

zu bezeichnen".[33] Blumenbachs Buch erschien kurz bevor Forster seine *Voyage Round the World* niederschrieb, und die Ähnlichkeit der beiden Invektiven erlaubt die Vermutung, daß Forster hier einer Anregung Blumenbachs folgt. Dieser konnte umgekehrt schon Forsters Beschreibung der Mallicolesen zitieren, mitsamt dem Hinweis auf die Affenähnlichkeit ihrer Schädel. Diese Einzelheit hatte Lichtenberg 1775 in London im Gespräch mit Forster erfahren und nach Göttingen überbracht, wo sie den Weg in Blumenbachs Abhandlung fand; diese bietet damit wahrscheinlich den frühesten wissenschaftlichen Niederschlag von Forsters Südsee-Erfahrungen.[34] Auch Georg Forsters Vater machte sich in seinen *Observations Made during a Voyage round the World* derb lustig über Monboddos Orang-Utan-These: wer auf dieser Meinung bestehe, solle sich ausschließlich mit Affen paaren dürfen; er berief sich auf Blumenbachs Dissertation und die Untersuchungen früherer Anatomen zu den anatomischen Voraussetzungen des aufrechten Gangs beim Menschen.[35] Wie sich zeigen wird, gewann Blumenbachs Arbeit bald größere Bedeutung für Georg Forster.

---

33 „Ad hoc praesertim incitarunt nuperorum quorundam Cl. quidem Virorum, rei autem naturalis et anatomicae male doctorum sententiae qui hanc simiam [scil. oran-utan] homini satis cognatam et cospeciem dicere haud erubuerunt." In: Johann Friedrich Blumenbach: De generis humani varietate nativa liber. Göttingen: Vandenhoeck 1776 [weiterhin zitiert als: Blumenbach 1776]. S. 36.

34 „Gratum fore lectoribus speramus si breuem horum hominum descriptionem apponimus, quam ex Cl. FORSTERI jun. relatione depromtam, Exc. LICHTENBERG nobiscum communicauit. *Praeter omnem nostram expectationem,* inquit, *incolas in totum ab omnibus ceteris gentibus, quas adhuc in oceano australi videramus, differentes reperiebamus. Statura parua sunt, raro 5 ped. cum 4. pollicibus excedentes. Artus eorum graciles sunt maleque formati, colore ex nigro fusco, quem cum in facie, tum in magna reliqui corporis parte nigro pigmento magis adhuc intensum reddunt. Caput eorum singularis structurae est, cum a nasi radice retro magis depressum sit quam in aliis hominibus, tantamque cum simiarum capite similitudinem prae se ferat, vt vno ore omnes admirationem nostram super ea testaremur. Nasus vero labiaque eorum non magis deformes quam in ceteris oceani australis gentibus, existunt. Capillitium nigrum, crispum et lanuginosum, barbam autem densam et bene crinitam, minus tamen lanuginosam habent. Fune tam arcte cingunt ventrem, vt hic fere in duas partes diuisus appareat. Nullo cetera tegmine quod videremus vtebantur, vnica excepta machina* (virilis membri operculo) *quae tamen vt illud tegeret quod pleraque gentes occultare student, tantum aberat, vt magis adhuc illud conspicuum redderet."* In: Blumenbach 1776 S. 66, Anm. z; die Anmerkung steht nur in der ersten Auflage des Werks.

35 Johann Reinhold Forster: Observations Made during a Voyage round the World. Ed. by Nicholas Thomas, Harriet Guest, and Michael Dettelbach, with a linguistic appendix by Karl H. Rensch. Honolulu: University of Hawai'i Press (1996) [weiterhin zitiert als: J. R. Forster 1996]. S. 172-174.

Ein gefangener Orang-Utan am Kap der Guten Hoffnung gab Forster die Gelegenheit, seine Verachtung für Monboddos These mit einem Witz auf dessen Kosten zu bezeugen: diese Tierart habe die Ehre, von einigen Philosophen als naher Verwandter adoptiert worden zu sein.[36] Die kümmerliche Existenz der Feuerländer, die, auf einer sehr niedrigen Kulturstufe stehend, dem Bild des vernunftlosen Naturmenschen nahe kamen, nahm Forster zum Anlaß, die Vorzüge der Zivilisation zu preisen gegen Rousseaus „ill-natured system of philosophy", das er auf Senecas Stoizismus zurückführte.[37] Die Polemik gegen Rousseaus Naturmenschen zieht sich wie ein roter Faden durch Forsters weitere Schriften, von der Kasseler Rede *De la Félicité des Êtres physiques* bis hin zu den späteren Essays,[38] und verrät ihre Herkunft aus der schottischen Philosophie am deutlichsten im einleitenden Absatz des Artikels *Neuholland und die brittische Colonie in Botany-Bay* mit seinem Protest gegen den erdichteten „Widerspruch zwischen Natur und Cultur" beim Menschen.[39]

So lag es nahe, daß Forsters Vorlesung den Paragraphen 50 eröffnet mit der Frage nach der Stellung des Menschen unter den Tieren. Dessen Geistesgaben erheben ihn weit über das Tierreich, seine Leiblichkeit setzt ihn mitten hinein. Das Dilemma, das hier vorliegt, führte zu unterschiedlichen Einordnungen der Systematiker, die Forster im Vorübergehen aufzählt. Er selbst versucht, der delphischen Mahnung „Erkenne dich selbst", die Linné an den Anfang seiner Kennzeichnung des Menschen stellt und die zahlreichen wissenschaftlichen Disziplinen ihre Aufgabe vorschreibt, für seinen Teil mit einer Naturgeschichte des Menschen („hominis historia naturalis") zu gehorchen. Bereits in der Ankündigung seiner Vorlesung des Jahres 1786/87 hatte er versprochen, dieses Thema bevorzugt zu behandeln; die vorwegnehmende Überschau, die dort gegeben wird, stimmt allerdings nicht ganz mit der endgültigen Anlage der Vorlesung überein.[40] Daran wie an gewissen Diffe-

---

36   AA I 645, vgl. AA III 418.
37   AA I 618, Anm.; in der deutschen Übersetzung, AA III 384, fehlt wiederum jegliche Entsprechung des Adjektivs „ill-natured".
38   AA VIII 100; vgl. Uhlig 2004 S. 133, 209, 228, 245.
39   AA V 161f.; vgl. Uhlig 2004 S. 204.
40   „In priore parte singulares generis humani varietates, colore, forma, habitu dissimiles recensebit, postremo vero, de generatione hominis, de instinctu, de alimentorum genere, de climatis in corpus humanum potentia, de hominum per orbem distributione et numero, de eorum ad reliquas animalium species proportione, nec non denique de mirabili, quae homines inter et bestias intercedit differentia physica, nempe de loquelae organo, et cum eodem conjunctó ratiocinio, nonnulla pertractabit. Postquam disserendo de hominis

renzen zwischen den drei Manuskripten der Vorlesung zeigt sich, daß Forster bis zuletzt an deren Text arbeitete und änderte.

Forster zitiert nun über lange Strecken hin aus der Abhandlung *De generis humani varietate nativa* von Johann Friedrich Blumenbach. Die zunächst wortgetreue Wiedergabe wird nach einigen Seiten unmerklich durchbrochen von Umformulierungen, raffenden Paraphrasen, Auslassungen und Umordnungen des Materials, bis sich die Vorlesung schließlich entschieden von dieser Vorlage entfernt. So bestimmt Blumenbachs Werk Forsters prinzipiellen Ansatz und bietet andererseits den Ausgangspunkt, an dem sich dessen eigener Beitrag zum Thema deutlich abhebt.

Hier ist der Ort, die Beziehungen zwischen den beiden Männern zu rekapitulieren. Die erste Berührung war, wie gesagt, durch Lichtenberg vermittelt worden, und bei diesem lernten sie sich Ende 1778 kennen, als er die prominentesten Göttinger Professoren zu einem Gastmahl zu Forsters Ehren lud. Der erste Jahrgang des von Lichtenberg zusammen mit Forster herausgegebenen *Göttingischen Magazins der Wissenschaften und Litteratur* enthielt Blumenbachs ersten Entwurf zu seiner Theorie des Bildungstriebs.[41] Weitere Konstellationen differenzierten die Beziehungen zwischen ihnen: Forster nahm für seinen Freund Samuel Thomas Soemmerring Partei, als sich zwischen diesem und seinem Fachgenossen Blumenbach Spannungen ergaben. Andererseits war Forsters Mentor und Schwiegervater Christian Gottlob Heyne mit Blumenbach verschwägert, und dessen Nichte Therese Heyne, Forsters spätere Frau, war ihm durch eine gemeinsame Familienreise in die Schweiz verbunden. Nach seiner Abkehr vom positiven Christentum in Wilna[42] reagierte Forster heftig auf die Zugeständnisse an die kirchliche Autorität, die er in Blumenbachs wissenschaftlichen Aussagen wahrnehmen mußte (darauf wird hier noch näher eingegangen). Beschäftigt mit seinen Vorlesungen und den daraus hervorgehenden Projekten für verschiedene Lehr- und Handbücher zur Naturgeschichte, hielt Forster die fortschreitenden naturhistorischen Arbeiten Blumenbachs mit eifersüchtigem Interesse im Auge, um, vergleichend und kontrastierend, seine eigenen

---

natura, celeberrimo illi ηγνωτι δε αυτον (seu *nosce te ipsum!*) vetustatis apollinari placito fecerit satis, ad enumerationem singulorum animalium quae classem mammalium constituunt, transibit:" In: Prospectus Lectionum in Alma Academia et Universitate Vilnensi ex Anno 1786. in 1787. propositus. Demnächst in AA VI/3. Vgl. Uhlig 2004 S. 181.

41   Prof. Blumenbach über den Bildungstrieb (Nisus formativus) und seinen Einfluß auf die Generation und Reproduction. In: Göttingisches Magazin der Wissenschaften und Litteratur. I. St. 5. S. 247-266.

42   Vgl. Uhlig 2004 S. 179f., 196, 205.

Vorhaben daran zu messen. Noch in Mainz blieb er mit Blumenbach in Verbindung und wurde von dessen anwachsender Sammlung von Menschenschädeln zu dem nie wirklich ausgeführten Vorhaben angeregt, selbst eine solche Sammlung anzulegen.

Es war die 1781 überarbeitete zweite Auflage von Blumenbachs Dissertation, die Forster in seiner Wilnaer Vorlesung benutzte.[43] Sein Zitat beginnt mit der Erörterung der Instinkte: Im Vergleich zu den Tieren hat der Mensch nur wenige Instinkte, vor allem fehlt ihm jederlei „Kunstinstinkt" („instinctus artificialis"), der die Tiere je nach ihrer Art zur Anfertigung von Nestern, Waben, Spinnennetzen und dergleichen antreibt. Stattdessen besitzt der Mensch die Vernunft, die ihm allerdings nicht direkt angeboren, sondern als bloße Möglichkeit gegeben ist und nur unter der Förderung des geselligen Umgangs, des Unterrichts und der Übung heranwächst. Sind die Instinkthandlungen der Tiere notgedrungen, so entspringen die Handlungen der Menschen meist dem freien Willen. Die Tiere sind durch ihre Instinkte jeweils auf ein voraus bestimmtes Klima, eine Nahrungs- und Lebensweise genau und unabänderlich angewiesen. Der Mensch dagegen, der Herr der Schöpfung, muß sich allen Klimaten der Erde und allen Lebensweisen anpassen und darf nicht auf eine einzige Umweltsituation eingeschränkt werden; da ihm alles zur Nahrung dienen soll, wäre ihm auch mit einem spezifischen Kunstinstinkt nicht geholfen. Die unbeschränkte Anpassungsfähigkeit des Menschen an alle auf der Erde vorhandenen Lebensbedingungen hatte Forster schon 1785 in seiner Vorlesung *De hominis in omni climate vivendi facultate* demonstriert.[44]

Mit der Vernunft untrennbar verbunden ist die Sprachfähigkeit, beide sind zu ihrer Entwicklung auf Unterricht und Geselligkeit angewiesen. Wenn viele „wilde" und entlegene Völkerschaften auch keine Schrift kennen, so haben sie doch alle ihre eigentümliche Sprache mit bestimmtem Vokabular. Dies hatten Forster und sein Vater während der Weltreise selbst erfahren, und da die Sprachfähigkeit als menschliches Privileg galt, verlieh ihr Interesse an diesen Sprachen ihren anthropologischen Studien insgesamt von vornherein einen prinzipiell anderen

---

43 Johann Friedrich Blumenbach: De generis hvmani varietate nativa liber. Göttingen: Vandenhoek [sic!] 1781 [weiterhin zitiert als: Blumenbach 1781]. Forsters Zitat beginnt auf S. 19, wie er selbst angibt (AA VI 1661). Hier ist zu bemerken, daß die dritte Auflage von Blumenbachs Werk von 1795, die durch ihre deutsche Übersetzung von Johann Friedrich Gruber (Leipzig: Breitkopf und Härtel 1798) weitere Verbreitung fand, eine völlig neue Bearbeitung darstellt, in der gerade die für Forster relevanten Abschnitte kaum wiederzufinden sind.
44 AA VI 1045-1060; vgl. Uhlig 2004 S. 198f.

Charakter als ihren Naturforschungen: Indem sie die Sprachen der neuentdeckten Völker zu erlernen und sich mit diesen zu verständigen
suchten, erkannten sie die fremden Menschen ohne Zögern als ihres-
gleichen an. Das Ethos, allen Menschen die gleichen Rechte wie sich
selbst zuzuteilen, formulierte Georg Forster im Vorwort zur *Voyage
Round the World* programmatisch in naturrechtlicher Terminologie.[45]
Auch die scheinbar affenähnlichen Mallicolesen hatten sich schon bei
der ersten Begegnung mit belustigender Geschwätzigkeit als sprechende
Menschen vorgestellt, und dies allein disqualifizierte die Vermutung, es
handle sich vielleicht um Affen, als absurd und „ill-natured". Wenn die
Reisenden ihre Sprache zunächst nicht verstanden, so mußten sie ihnen
bei näherer Bekanntschaft besonders erstaunliche Sprachtalente zuspre-
chen.

Wie Blumenbach weiter ausführt, haben im Gegensatz zum Menschen gerade die Tiere, die ihm mit ihrem Körperbau am nächsten stehen, keine zum Sprechen geeignete Stimmorgane. Petrus Camper hatte
nachgewiesen, daß die Affen, zumal der Orang-Utan, durch den Bau
ihres Kehlkopfs daran gehindert werden, artikulierte Laute hervorzu-
bringen und eine Sprache zu entwickeln, und Samuel Thomas
Soemmerring hatte dies mit einem Artikel in Lichtenbergs *Göttinger
Taschen Kalender* für 1781 bekanntgemacht. Darauf hatte sich Forster
bereits in seiner Vorlesung von 1785 berufen.[46]

Blumenbachs Darlegungen unterbrechend, schärft Forster mit eigenen Worten in nachdrücklichen Wiederholungen die unlösbare Verbindung zwischen Sprache, Vernunft und Gesellschaft ein:

Und die Sprache ist ja mit der Ausbildung der Vernunft durch einen un-
trennbaren Zusammenhang verbunden und sprießt zusammen mit der
Vernunft hervor; niemals ist beim Menschen Vernunft ohne Sprache oder
Sprache ohne Vernunftgebrauch zu finden. Beide aber wachsen gleichsam

---

45 „Accustomed to look on all the various tribes of men, as entitled to an equal
    share of my good will, and conscious, at the same time, of the rights which I
    possess in common with every individual among them, I have endeavoured to
    make my remarks with a retrospect to our general improvement and welfare;
    and neither attachment nor aversion to particular nations have influenced my
    praise or censure." AA I 14, vgl. AA II 13f.; vgl. Uhlig 2004 S. 93-95.

46 AA VI 1107-1109; vgl. [Samuel Thomas] S[oemmerrin]g: Etwas vernünftiges
    vom Orang Utang. In: Göttinger Taschen Kalender 1781. 40-64, bes. 43f., 63f.
    Fälschlich schreibt van Hoorn 2004 S. 62f., diesen Aufsatz Lichtenberg zu; vgl.
    Uhlig 2004 S. 181f. Noch in seiner Kasseler Vorlesung über die Säugetiere hat-
    te Forster allerdings behauptet, die Organe im Hals der Affen seien „so wie die
    unsrigen zur Sprache geschickt, und ist daher zu bewundern daß sie nicht auch
    die Sprache nachahmen." AA VI 969.

unter der Kinderpflege des Gesellschaftslebens auf, insofern nämlich, daß zwar die Fähigkeit, die Sprache zu erwerben und die Vernunft auszubilden, dem Menschen eingeboren ist, die Sprache selbst aber, ebenso wie die Vernunft, nur durch die Schulung und die Erfordernisse des Gesellschaftslebens voll entwickelt wird.[47]

Mit dem Begründungszusammenhang zwischen dem Mangel an Kunsttrieben einerseits und der Fähigkeit zu Vernunft und Sprache andererseits beim Menschen griff Blumenbach zurück auf Herders *Abhandlung über den Ursprung der Sprache*, wo den mit ihren Instinkten auf eine enge Sphäre angewiesenen Tieren der Mensch gegenübergestellt wird, der mit seiner eigentümlichen Besonnenheit frei wirkend in die Welt ausgreift und selbst seine Sprache erfindet. Blumenbach erwähnt Herder nicht direkt, aber er verweist auf einen anonymen Artikel im *Teutschen Merkur*, der „diese *Herderische* Erklärung der thierischen Kunsttriebe" diskutiert, und wendet sich wie Herder gegen die These Johann Peter Süßmilchs, die Sprache sei durch göttliche Inspiration entstanden.[48]

Was Forster angeht, so hatte er noch in seiner Vorlesung vom Frühjahr 1785 das Verhältnis zwischen Vernunft und Sprache eher im Sinne von John Lockes *Essay Concerning Human Understanding* bestimmt und zur selben Zeit scherzhaft bemerkt, daß Blumenbach den Menschen den

---

47 „Et ea [scil. loquela] quidem cum rationis cultura inseparabili quodam nexu coniuncta, simul cum ratione progerminat; neque rationem absque loquela, neque loquelam absque rationis usu, unquam in homine reperies. Utraque autem Vitae socialis quasi filia cura prodit, ita quidem ut facultas loquelam adipiscendi et rationem excolendi homini innata sit, ipsa vero loquela pariter ac ratio nonnisi institutione et socialis vitae necessitudine perficiatur." AA VI 1664; Forsters Zutat ersetzt Blumenbachs Ablehnung der These Süßmilchs, die Sprache sei den Menschen durch göttliche Inspiration verliehen worden: „Et ea [scil. loquela] quidem primam excultae rationis germinationem necessario sequitur, ita vt non ad divinam quandam linguae reuelationem cum SÜSSMILCHIO refugere, sed eandem pro absolute necessaria cultae rationis consequentia habere, opus sit." Blumenbach 1781 S. 24. Der Nachdruck, mit dem Forster hier die unlösliche Verknüpfung zwischen Sprache und Vernunft betont, könnte darauf hindeuten, daß er, unabhängig von Blumenbach, direkt auf Herders Abhandlung *Über den Ursprung der Sprache* zurückgeht.

48 Vgl. Johann Gottfried Herder: Werke in zehn Bänden. Hrsg. v. Günter Arnold u.a. (Frankfurt am Main): Deutscher Klassiker Verl. (1958-2000) [weiterhin zitiert als: Herder]. Bd I S. 711-733, sowie: [Anon.]: Anmerkungen zu einer Stelle in Reimarus Betrachtungen über die Triebe der Thiere, den Unterschied der menschlichen und thierischen Seelen betreffend. In: Der Teutsche Merkur. 1775. 3. Viertelj. S. 196-213, 4. Viertelj. S. 16-32, Zitat S. 20; auf diesen Artikel verweist nur Blumenbach 1776 S. 20, Anm. f), auf Süßmilch nur Blumenbach 1781 S. 24.

Instinkt „gern abdisputirte".[49] Aber er verfolgte mit wachsender Anteilnahme den Fortgang von Herders *Ideen zur Philosophie der Geschichte der
Menschheit* und stand seit seinem Besuch bei Herder im September 1785
unter dem starken Eindruck von dessen Persönlichkeit.[50] Daß er dabei
auch mit Herders Abhandlung über die Sprache bekannt wurde, bezeugt
spätestens seine Lobschrift auf Cook. Dort schreibt Forster dem Menschen als hervorragenden Charakterzug die „Besonnenheit" zu; dieses
Wort hatte Herder in seiner Abhandlung mit terminologischem Nachdruck eingeführt, um die „ganze Disposition" der menschlichen Natur
zu kennzeichnen.[51] Wenn Forster die „Perfectibilität" als „die angewandte Besonnenheit" bezeichnet,[52] so verschmelzen hier die Gedanken
Herders mit dem Menschenbild der schottischen „Theoretical or
Conjectural History". Diese Vereinigung fiel Forster um so leichter, als
auch in Herders Argumentation Rousseaus „Phantom, der Naturmensch; dieses entartete Geschöpf", eine scharfe Ablehnung erfährt.[53]
Alldem entspricht der thesenhaft prägnant formulierte Satz, den Forster
als eines der zwanzig Resultate der Reisen Cooks aufstellt:

> 19. daß, so wie es kein Volk ohne Sprache, und keine Sprache ohne Ver
> nunft giebt, so auch keinen blos thierischen Stand der Natur.[54]

Herausgefordert von Linnés Unfähigkeit, zwischen Menschen und
Affen zu unterscheiden, unternimmt es Blumenbach nun, die Eigenheiten des menschlichen Körperbaus herauszuarbeiten, die ihn unbezweifelbar von den Affen und überhaupt von allen anderen Tieren unterscheiden.[55] Das hervorstechendste Merkmal ist der aufrechte Gang, zu
dem der Mensch durch die Gestaltung seiner Gliedmaßen, aber auch des
inneren Körperbaus vorausbestimmt scheint. Auf seinen flachen Fußsohlen, wie sie kein anderes Tier besitzt, kann der Mensch aufrecht stehen
und gehen und hat dabei seine Hände mit ihren Fingern frei zum Gebrauch als Werkzeuge. Es war leicht, Pietro Moscati zu widerlegen, der,
von Rousseau angeregt, behauptet hatte, der Gang auf allen Vieren sei
auch für den Menschen natürlich und die aufrechte Haltung sei ungesund; auch die oft angeführten in der Wildnis aufgewachsenen Kinder

---

49   AA VI 1107f., XIV 285; vgl. Uhlig 2004 S. 181f.
50   Vgl. Ludwig Uhlig: Georg Forster und Herder. In: Euphorion. 84, 1990. S.
     339-366 und Uhlig 2004 S. 186f.
51   Herder Bd I S. 719-722. Das Wort „Besonnenheit" findet sich auch in Herders
     Ideen (Herder Bd VI S. 159), aber nur beiläufig.
52   AA V 195.
53   Herder Bd I S. 730.
54   AA V 280; vgl. Uhlig 2004 S. 208f.
55   Blumenbach 1781 S. 26-42.

boten keinen Gegenbeweis. Im Gegensatz zu dem zweihändigen Menschen ist der Affe eigentlich ein Vierhänder, der seine hinteren Hände beim Klettern braucht, um sich an Ästen festzuhalten wie ein Eichhörnchen. Forster, der in allen diesen Punkten weiterhin Blumenbach folgt, kann hier zur Bestätigung seine eigene Beobachtung des Orang-Utans vom Kap beitragen, der nur mühsam und möglichst auf einen Stock gestützt aufrecht gehen konnte.[56]

Blumenbach betont das Fehlen jeglicher natürlicher Waffen beim Menschen, der nackt und bloß, ohne stoßende Hörner, reißende Klauen oder Zähne in die Welt gesetzt wird und während seiner langen Kindheit besonders hilflos ist. Diesen Umstand hatte Blumenbach bereits 1775 zum Anlaß genommen, für den Menschen im System der Tiere eine eigene Ordnung der „Unbewaffneten" (Inermes) aufzustellen.[57] Diese Einordnung übernimmt Forster nicht, wenn er auch Blumenbachs Schilderung der Waffenlosigkeit bekräftigt, vor allem im Zusammenhang mit der Erörterung des Zwischenkieferknochens (os intermaxillare). Dieser Knochen trägt bei den Säugetieren die oberen Schneidezähne und bildet ein nach vorn ausragendes Maul, das sie befähigt, kräftig zuzubeißen. Dem Menschen dagegen fehlt dieser Knochen, daher ist sein Gebiß kürzer und als Waffe ungeeignet, es dient dafür besser zum Kauen und zum Sprechen. Vor allem durch die Untersuchungen Campers galt seinerzeit der Zwischenkieferknochen als ausschlaggebendes anatomisches Merkmal zur Unterscheidung zwischen den Säugetieren und dem Menschen, und gegen diese herrschende Meinung konnte sich Goethe nicht durchsetzen, als er 1785 auch beim Menschen Spuren dieses Knochens feststellte und zu seiner Enttäuschung keine Anerkennung für seine Entdeckung fand.[58]

Gestützt auf Blumenbach und andere, hatte Herder in seinen *Ideen zur Philosophie der Geschichte der Menschheit* den aufrechten Gang als vorzügliche Auszeichnung des Menschen vor den Tieren bezeichnet und

---

56 AA VI 1667.

57 Blumenbach 1781 S. 33; vgl. Johann Friedrich Blumenbach: Handbuch der Naturgeschichte. 3. sehr verb. Ausg. Göttingen: Dieterich 1788. S. 58.

58 Vgl. Manfred Wenzel: Johann Wolfgang von Goethe und Samuel Thomas Soemmerring: Morphologie und Farbenlehre. In: Samuel Thomas Soemmerring und die Gelehrten der Goethezeit. Beiträge eines Symposions in Mainz vom 19. bis 21. Mai 1983. Stuttgart, New York: Gustav Fischer 1985. = Soemmerring-Forschungen I. S. 11-33; ders.: Der gescheiterte Dilettant: Goethe, Soemmerring und das Os intermaxillare beim Menschen. In: Gehirn – Nerven – Seele. Anatomie und Physiologie im Umfeld S. Th. Soemmerrings. Stuttgart, New York: Gustav Fischer 1988. = Soemmerring-Forschungen III. S. 289-329.

begeistert erklärt, dadurch werde der Mensch eine „erhabne Göttergestalt und künstlichste Hauptschönheit der Erde".[59] Forster rügte diese überschwengliche Bildlichkeit, die der rein zweckmäßig bildenden Natur die Absicht unterstelle, den anthropomorphen Maßstäben von Adel und Schönheit Genüge zu leisten.[60] Blumenbachs Argumentation für den aufrechten Gang jedoch übernimmt Forster nahezu unverändert in seiner Vorlesung und trägt ihr sogar mit einer neuen Bezeichnung der Menschenart Rechnung: „Homo (Sapiens) *erectus*", der denkende, aufrechte Mensch.[61]

Auch im weiteren Verlauf der Darstellung hält Forster sich an Blumenbachs Text, aber er verfügt doch freier über Wortlaut und Anordnung und trägt eigene Ergänzungen bei: Das Lachen etwa gilt ihm nicht nur als Ausdruck der Freude oder eines physischen Affekts, sondern es entsteht aus einem unvermuteten Zusammentreffen kontrastierender Ideen und ist in dieser Hinsicht nur dem Menschen eigentümlich.[62] Häufiger geht Forster „sozusagen trockenen Fußes",[63] mit knappen Zusammenfassungen über eingehendere Ausführungen Blumenbachs hinweg. Auf dessen spezifizierte Abgrenzungen des Menschen gegen einzelne Affenarten verzichtet Forster gänzlich, womit er diesmal die bereits erwähnte Invektive gegen Monboddo übergeht, die sich ja schon in der ersten Auflage von Blumenbachs Schrift und ähnlich in seiner eigenen *Voyage Round the World* fand.[64]

Forsters soeben neu errungene Emanzipation vom dogmatischen Christentum findet Ausdruck in einigen unauffälligen Änderungen, mit denen er Blumenbachs Text gelegentlich gewissermaßen säkularisiert, indem er religiöse Wendungen, zumal Erwähnungen Gottes, entweder wegläßt oder durch andere Worte ersetzt. Wo Blumenbach etwa einen zweckdienlichen Umstand in der Entwicklung des Kleinkindskeletts der „höchsten Fürsorge Gottes" („summa Dei prouidentia") zuschreibt, ändert Forster dies in die „höchste Weisheit der Natur" („summa naturae sapientia").[65] Dies tastete allerdings die Intention der betreffen-

---

59 Herder Bd VI S. 110-115.

60 AA XIV 327f.

61 AA VI 1693.

62 „Sed risus verus hominis, ut alio jam loco dixi, non est unice gaudii interpres, aut physicae adfectionis, verùm ex concursu inopinato idearum dissimilium nascitur; et hoc respectu certe homini proprius est." AA VI 1668.

63 „[...] sicco ut aiunt pede praeterimus." AA VI 1669.

64 Blumenbach 1781 S. 42f., vgl. Blumenbach 1776 S. 36 und AA I 456.

65 Blumenbach 1781 S. 29, Forster AA VI 1666; vgl. Blumenbach 1781 S. 21: „nisi indemne seruaretur diuinae illa particula aurae, *ratione* inquam, quae sanctiori huic animali, vt OVIDII verba mea faciam, mentisque capaciori altae

den Formulierungen Blumenbachs kaum an. Ein grundlegendes Axiom
der damaligen Naturwissenschaft war die Annahme eines zweckmäßigen
Gesamtzusammenhangs der Natur, der mit voraussehender Weisheit so
angeordnet sei, daß jede Einzelheit eine unentbehrliche Funktion erfülle
und keine überflüssig sei. Für diese Weltvorstellung, die bis in die Antike zurückging, war es gleichgültig, ob als Urheber des Ganzen Gott
oder ein mehr oder weniger explizit pantheistischer Naturbegriff postuliert wird. Diese Indifferenz gegenüber der metaphyischen Begründung
ist deutlich erkennbar in Forsters Kasseler Vorlesung *Ein Blick in das
Ganze der Natur*. Diese folgt weithin wörtlich den beiden kosmologi-
schen Überblickskapiteln *De la Nature* in Buffons *Histoire naturelle*, auch
in deren unentschiedenem Schwanken zwischen Deismus und Panthe-
ismus.[66] Ganz im Sinne Buffons erkannte Forster dort die Natur einerseits pantheistisch als „natura naturans" an, als „thätige, lebendige Kraft,
die alles in der uns bekannten Schöpfung wirkt", und beschränkte andererseits ihre Macht auf die eines Demiurgen, da sie „als eine Dienerin
der unwiderruflichen Befehle Gottes, und als Bewahrerin seiner unwan-
delbaren Rathschlüsse," nur Gottes Entwürfe ausführe und „das Siegel
des Höchsten allen ihren Werken" aufdrücke; obendrein nötigte Forsters eigener damals noch ungebrochener Kirchenglauben ihn auch noch
zu dem theistischen Vorbehalt, die Natur sei nur eine „Vorbereitung
unseres Geistes zu Wundern anderer Art, zum Glauben an jene nachfolgenden Offenbarungen, welche das Heil des Menschengeschlechtes
näher betrafen, und die Hoffnungen der Vorwelt erfüllten".[67] All diese
mühsamen Qualifikationen führten jedoch zu keinerlei Konsequenzen
in dem großen Entwurf einer genau abgewogenen Gesamtordnung der
Naturkräfte und Lebewesen, der damit eingeleitet wurde.

Religiöse Meinungsverschiedenheiten bestimmten nun dagegen den
Punkt, an dem Forsters Vorlesung die Vorlage Blumenbachs entschieden
hinter sich läßt und ihren eigenen Weg einschlägt. Abgestoßen wurde
Forster offenbar davon, daß es Blumenbach bei der Frage, ob alle Men-

---

[...] concessa", dagegen bei Forster: „nisi indemne servaretur ratione quae illi
[...] concessa" (AA VI 1662); Blumenbach 1781 S. 22: „demumque in diuinam
illam et limitum et extinctionis expertem flammam erumpat" wird von Forster
weggelassen; Blumenbach 1781 S. 26: „Summi Numinis summum opificium
ne dicam" wird von Forster schlicht ersetzt durch „hominem" (AA VI 1665).

66 De la Nature. Première Vue. In: [Georges Louis Leclerc, Comte de Buffon:]
Histoire naturelle, générale et particulière, avec la description du Cabinet du
Roi. Tome 12ème. Paris: Imprimerie Royale 1764, S. iij-xvj; und: De la Nature. Seconde Vue. Ebenda Tome 13ème. 1765, S. j-xx; vgl. Uhlig 1965 S.
48-50, 267f. und Uhlig 2004 S. 127f.

67 AA VIII 81f.

schen zu einer einzigen oder zu verschiedenen Arten gehören, nicht nur um naturhistorische Aufschlüsse geht, sondern vor allem um die „Sicherstellung des Glaubens an die Heilige Schrift".[68] Nur böswillige und leichtfertige Neuerungssucht sieht Blumenbach in jedem Zweifel an der Wahrheit der biblischen Schöpfungsgeschichte. Dies stellte damals durchaus die allgemein verbreitete herrschende Meinung dar. Ganz ähnlich hatte sich auch Johann Reinhold Forster in seinen *Observations* zu dieser Frage geäußert, und sein Sohn Georg, noch in der exaltierten Frömmigkeit der Kasseler Rosenkreuzer befangen, gab sicher mit vollem Einverständnis die entsprechende Passage in seiner deutschen Übersetzung wie folgt wieder:

> Ohne Vorurtheil, ohne eingewurzelte hämische Feindschaft gegen die Offenbarung, wird man also hier allemal entscheiden müssen, daß die so sehr abstechenden Spielarten des Menschengeschlechts alle von *einer* Gattung sind. Sollte man auch das Ansehen der Schrift, welches Christen nicht in Zweifel ziehen können, dahin gestellt seyn lassen, so würde sie noch immer als die älteste historische Urkunde ihren Werth behaupten, und das obige philosophische Resultat durch ihr Zeugnis bestätigen.[69]

Auf diese „ältesten Urkunden über den Ursprung des Menschengeschlechts" berief sich sogar Georg Forster selbst noch in seiner Vorlesung vom Frühjahr 1785, als er den ersten Wohnsitz der Menschen im südlichen Asien lokalisierte, wo ein freundliches Klima und eine fruchtbare Umwelt diese schwachen und wehrlosen Lebewesen beschützt habe, bevor sich deren Geisteskräfte besser entwickelt hätten.[70]

---

68 „*Quaestio de vnica pluribusue generis humani* Speciebus. Ardua quidem, sed cum ad vindicandam Sacri codicis fidem, tum ob lucem quam vniuersae generis humani imo et reliquae naturali historiae impertit, vtilissima et dignissima disquisitio." Bumenbach 1781 S. 47.

69 Johann Reinhold Forster: Bemerkungen über Gegenstände der physischen Erdbeschreibung, Naturgeschichte und sittlichen Philosophie auf seiner Reise um die Welt gesammlet. Uebersetzt und mit Anmerkungen vermehrt von dessen Sohn und Reisegefährten Georg Forster. Berlin: Haude und Spener 1783 [weiterhin zitiert als: J. R. Forster 1783]. S. 232. Vgl. Uhlig 2004 S. 135, 139-144.

70 „Quod enim ex monumentis vetustissimis de generis humani primordiis intelligitur, Asiae partem meridionalem primam hominum sedem fuisse, ut in hac potissimum orbis regione, ubi clima humano corpori aptissimum est, et naturae divitiae ad vitae necessitates sponte et abunde profluunt, ab interitu servaretur genus debile, et priusquam crebra exercitatione ratiocinandi facultatis vires acquireret, natura sua contra animalium majorum rabiem vix tutum; id etiam plurimum videtur ad inventionem astronomiae naturalis, atque ceterarum omnium scientiarum contulisse." AA VI 1117.

Blumenbachs Entrüstung hatte vor allem ein Einfall des Theophras-
tus Paracelsus erregt, der angesichts der Einwohner des neuentdeckten
Amerika meinte, Gott habe zwei Adams geschaffen. Auch Soemmerring
war an einem Punkt seiner Forschungen zur Anatomie der Afrikaner
und Europäer versucht, „sozusagen zwei Adams"[71] anzunehmen, und
hellhörig hatte Blumenbach im Februar 1786 in seiner Rezension der
revidierten Fassung von Soemmerrings Abhandlung bemängelt, einige
Wendungen der ursprünglichen Fassung hätten die Mißdeutung veranlaßt, daß er sich „beykommen ließ, noch jetzt mehrere Gattungen (Species) im Menschengeschlecht anzunehmen, oder die gemeinschaftliche
Abkunft aller uns bekannten Menschen-Racen von einem einzigen
Stamm-Paare zu bezweifeln".[72]

An dieser fraglosen Unterwerfung unter die Autorität der biblischen
Schöpfungsgeschichte nahm Forster nun Anstoß, nachdem er sich vom
positiven Christentum abgewandt hatte; und in seinem Aufsatz *Noch
etwas über die Menschenraßen* prangerte er Blumenbachs auftrumpfende
Rechtgläubigkeit an, indem er dessen zensorische Redeweise sarkastisch
pointiert aufgriff:

> [...] das Urtheil derer, die sichs *beykommen lassen* in diesem Punkt vom ge-
> wöhnlichen Wege abzuweichen, ist schon gesprochen. Obschon ein altes
> Buch, wogegen niemand schreiben darf, mit keiner Sylbe des Negers er-
> wähnt; obschon der große Mann, der angebliche Verfasser desselben,
> vermuthlich keinen Neger je gesehen: so ist es doch ein Angrif auf dieses
> alte Buch, wenn man von mehr als Einem Menschenstamme sich eine
> Möglichkeit vorstellt, und dieser Streich, der niemand verwundet, heißt ei-
> ne Ketzerey. Die Ketzer aber sind boshafte Leute; sie treibt die Neuerungs-
> sucht, sie führt die blinde Unwissenheit.[73]

Dieser Seitenhieb verrät die grundlegende Wendung, die sich mittlerweile in Forsters Denken vollzogen hatte und die ihn schließlich auch
dahin führte, daß er bei der Frage nach der Abstammung der Menschen
die traditionelle Antwort, die Blumenbachs Abhandlung *De generis
humani varietate nativa* ihm bot, verwarf und in der weiteren Fortsetzung
seiner Vorlesung völlig unabhängige eigene Gedankengänge verfolgte.

---

71 „In dies magis magisque persuadeor, aethiopum et Europaeum non varietate
    sed specie differre, et duos fuisse ut ita dicam Adamos." In: Samuel Thomas
    Soemmerring: Briefwechsel. 1761/65 - Oktober 1784. Hrsg. u. erl. v. Franz
    Dumont. Stuttgart, Jena, New York: Gustav Fischer 1996. = Soemmerring:
    Werke. Bd 18. S. 479.
72 Zitiert nach AA XIV 810.
73 AA VIII 156, vgl. AA XIV 515.

Unsere Untersuchung dieser Vorlesung muß hier jedoch vorerst einhalten, um zunächst den Artikel über die Menschenrassen als deren Vorgänger zu bedenken. Forster hatte ihn beschlossen mit der Ankündigung, er werde vielleicht einmal auf dessen Thema zurückkommen, und tatsächlich führt seine Vorlesung gewisse Überlegungen fort, die er kurz vorher dort angesponnen hatte. Aber die komplexen Zusammenhänge und Fragestellungen, von denen die Gesamtheit dieser Erörterungen bestimmt wurde, sind nur mit einem weiter ausgreifenden Rückblick angemessen zu würdigen, der, so sehr er gelegentlich von unserem Gegenstand abzuschweifen scheint, doch die unentbehrlichen Voraussetzungen zum Verständnis der anschließenden Argumentation in Forsters Vorlesung aufarbeitet.

Mit dem Aufsatz *Noch etwas über die Menschenraßen* hatte Forster auf Immanuel Kants *Bestimmung des Begriffs einer Menschenrace* entgegnet, die im November 1785 in der *Berlinischen Monatsschrift* erschienen war, jedoch auf einen älteren Artikel aus dem Jahr 1775 zurückgriff, den Kant in leichter Überarbeitung 1777 nochmals veröffentlicht hatte. Diese Schriften stammten also noch aus dem Jahrzehnt, in dem Kant sich in stillschweigender Anstrengung um die Ausarbeitung seiner *Kritik der reinen Vernunft* bemühte,[74] aber sie waren von den Gedankengängen der kritischen Philosophie völlig unberührt geblieben, und dies gilt auch noch für den Artikel von 1785, der das ursprüngliche Konzept der früheren Arbeiten fast unverändert übernahm. Kant nimmt vier Menschenrassen an: die „der *Weißen*, der *gelben* Indianer, der *Neger*, und der *kupferfarbig-roten* Amerikaner".[75] Die jeweils verschiedene Hautfarbe erklärt er nicht, wie seinerzeit üblich, kausal, als eine Folge von Einwirkungen von außen her. Vielmehr findet Kant darin „eine von der Natur sehr weislich getroffene Anstalt",[76] wodurch die Haut, das Organ der „Absonderung durch Ausdünstung",[77] mit einer gewissen „Zweckmäßigkeit der Organisation"[78] den klimatischen Bedingungen der verschiedenen Wohnorte „genau angemessen"[79] gefärbt ist: so sind die Weißen der

---

74 Vgl. Ernst Cassirer: Kants Leben und Lehre. Darmstadt: Wissenschaftliche Buchgesellschaft (1994). S. 129–148; Manfred Kühn: Kant. Eine Biographie. A. d. Engl. v. Martin Pfeiffer. (2. Aufl.) (München): Beck (2004). S. 267-274, 279f. Was Kühn hier S. 397f. über die Kontroverse zwischen Kant und Forster bemerkt, geht völlig an deren eigentlicher Thematik vorbei.

75 Immanuel Kant: Werke in sechs Bänden. Hrsg. v. Wilhelm Weischedel. (Wiesbaden): Insel-Verl.(1956–64) [weiterhin zitiert als: Kant]. Bd VI S. 67.

76 Kant Bd VI S. 79.

77 Kant Bd VI S. 68.

78 Kant Bd VI S. 79.

79 Kant Bd VI S. 73.

feuchten Kälte, die Gelben der trockenen Hitze, die Schwarzen der feuchten Hitze und die Roten der trockenen Kälte angepaßt.[80] Zwar vermag Kant, wie er selbst gesteht, die physiologischen Zusammenhänge, die er hier postuliert, nicht genau nachzuweisen,[81] aber ihm genügt die „Vermutung der Zweckmäßigkeit".[82] So sehr läßt er sich von der Annahme eines teleologisch angeordneten Plans der Natur leiten. Den teleologischen Gottesbeweis, der auf dieser Annahme beruhte, hatte er zwar selbst widerlegt, er schrieb ihm jedoch sogar noch in der *Kritik der reinen Vernunft* ausdrücklich eine nützliche heuristische Funktion in der Naturforschung zu.[83]

Kant muß sich nun bemühen, diese These mit einem weiteren Axiom zu vereinbaren, nämlich dem von der Einheit der Menschenart. Diese versteht er genetisch als „*Realgattung*, als zu welcher durchaus wenigstens die Möglichkeit der Abstammung von einem einzigen Paar erfordert wird".[84] Hier steht nicht so sehr die Tradition der Naturgeschichte im Hintergrund als vielmehr, wie seinerzeit üblich, die Autorität der biblischen Schöpfungsgeschichte. Kant behauptet, nach Buffon, die Stammesgemeinschaft aller Menschenrassen werde damit bewiesen, daß diese sich miteinander vermischen könnten, wobei aus der „halbschlächtigen Zeugung" unausbleiblich ein „Mittelschlag oder Bastard" hervorgeht.[85] Schließlich muß Kant sich doch noch der peinlichen Frage stellen, wie aus dem gemeinsamen Ursprung so stark unterschiedliche Rassen entspringen konnten, und er ist sich bewußt, daß er dieser Frage nicht ausweichen darf, da er sonst „die Einheit der Gattung einbüßete".[86]

Dabei erhebt sich ein unüberwindlicher Konflikt zwischen den Grundprinzipien der damaligen Naturgeschichte. Diese stellten absolute,

---

80 Kant Bd VI S. 28.

81 Kant Bd VI S. 79.

82 Kant Bd VI S. 80.

83 „Dieser Beweis verdient jederzeit mit Achtung genannt zu werden. Er ist der älteste, kläreste und der gemeinen Menschenvernunft am meisten angemessene. Er belebt das Studium der Natur, so wie er selbst von diesem sein Dasein hat und dadurch immer neue Kraft bekommt. Er bringt Zwecke und Absichten dahin, wo sie unsere Beobachtung nicht von selbst entdeckt hätte, und erweitert unsere Naturkenntnisse durch den Leitfaden einer besonderen Einheit, deren Prinzip außer der Natur ist." Kant Bd II S. 550f. Vgl. Holm Tetens: Kants „Kritik der reinen Vernunft". Ein systematischer Kommentar. Stuttgart: Reclam (2006). S. 19f., bes. Anm. 6.

84 Kant Bd VI S. 78.

85 Kant Bd VI S. 70.

86 Kant Bd VI S. 78.

nicht hinterfragbare Prämissen dar,[87] die dem Bewußtsein der Zeit un-
überwindliche Schranken setzten. Neben der bereits erwähnten
providentiell zweckmäßigen Einordnung jedes Einzelphänomens an die
ihm zukommende Stelle im Gesamtplan des Weltganzen steht das Axiom, nach dem die gesamte rezente Pflanzen- und Tierwelt bei der ursprünglichen Weltschöpfung entstanden sei, und als Folgerung daraus
das Axiom einer Konstanz der seitdem existierenden Arten. Die all dem
zugrundeliegende Prämisse, Gott habe bei der Schöpfung die gesamte
Naturordnung auf alle Zeiten hin unwandelbar fest bestimmt, bildete
den Angelpunkt des „großen deistischen Kompromisses", der seit dem
ausgehenden 17. Jahrhundert die relativ konfliktfreie Koexistenz der
rationalen Naturforschung einerseits und der christlichen Theologie
andererseits ermöglichte.[88] Diese Axiome herrschten noch bis hin zu
Darwin in kaum angefochtener Selbstverständlichkeit. Über diese abso-
luten Grundvoraussetzungen konnte seinerzeit niemand hinaussehen, sie
bildeten den festen Rahmen jeglicher Erörterungen gerade über die
Menschenrassen. Unsere Perspektive des Rückblicks aus der Nach-
Darwinschen Naturanschauung macht es uns schwer, diese Vorstel-
lungsweise nachzuvollziehen, aber wir müssen uns klar vor Augen halten, daß es in diesem Denken keinen Platz für eine weltimmanente
Evolution der Lebewesen gab, geschweige denn für eine phylogeneti-
sche Verwandtschaft der Arten.

Diese selten im vollen Umfang ausdrücklich ausgesprochene, aber
selbstverständlich feststehende Grundkonzeption, von der alles Nach-
denken und Argumentieren ausging, ließ kaum eine plausible Erklärung
des Tatbestands zu, um den es hier ging: die Existenz verschiedener
Rassen, deren geographische Verteilung über die Erdoberfläche und die
Möglichkeit ihrer Vermischung. In dieser Aporie findet Kant seine Zuflucht bei einer äußerst gezwungenen Erklärung: auf Vorstellungen der
Präformationstheorie zurückgreifend, nimmt er „gewisse ursprüngliche
in dem ersten und gemeinschaftlichen Menschenstamm auf die jetzt
vorhandenen Rassenunterschiede ganz eigentlich *angelegte Keime*" an,[89]
die sich erst später bei der Ausbreitung der Menschen über die verschie-

---

87 „Absolute presuppositions" im Sinne von R. G. Collingwood: An Essay on
Metaphysics. Ed. w. an Introduction by Rex Martin. Oxford: Oxford Univ.
Press 1998. S. 21–33.

88 Die Formulierung „the great Deist compromise" findet sich bei Stuart
Hampshire: Spinoza and Spinozism. Oxford: Clarendon Press (2005), S. 44, wo
auch die historischen Zusammenhänge näher erläutert werden. Vgl. Ernst
Troeltsch: Der Deismus. In: Ernst Troeltsch: Gesammelte Schriften. Neudruck.
Bd 4. Aalen: Scientia Verl. 1966. S. 429–487, bes. S. 440–442.

89 Kant Bd VI S. 77.

denen Klimazonen „gelegentlich, und diesem gemäß auch verschiedent-
lich, auswickelten".[90] Hier erreicht also die „Zurüstung"[91] der Natur
ihre Verwirklichung erst nach einer Wanderung und im Verlauf mehrerer Generationen, und zwar auf verschiedene, dem jeweiligen Klima
angemessene Weise. Sobald sich die vier Rassen in ihren ersten Wohn-
sitzen voll entwickelt hatten, haben weitere Verpflanzungen in andere
Regionen den ursprünglichen Rassencharakter nicht weiter verändern
können. Mit einigen beiläufigen Bemerkungen verrät Kant, daß ihm
sehr wohl bewußt ist, auf welch gewagtes „Hypothesenspiel"[92] er sich
hier eingelassen hat. Vor allem sieht er die von ihm postulierten Anlagen
bedroht von Ockhams Rasiermesser, dem Verbot einer ungerechtfertig-
ten Begriffsvermehrung.[93]

Was Forster an erster Stelle zum Widerspruch gegen Kant heraus-
forderte, war dessen mit der offenkundigen Mißdeutung eines Reisebe-
richts begründete falsche Behauptung, „daß die Bewohner der meisten
Inseln [der Südsee] Weiße sein müssen".[94] Kants Artikel kam Forster im
entlegenen Wilna erst mit großer Verspätung zur Hand,[95] aber als er ihn
schließlich las, hatte er selbst gerade wenige Wochen zuvor im Vorwort
seiner Halleschen Dissertation *De plantis esculentis insularum oceani australis*
eine eingehende und umfassende, auf der eigenen direkten Erfahrung
beruhende Gesamtcharakteristik der beiden Rassen des Pazifik geliefert
(von diesem Text wird hier noch ausführlicher zu reden sein).[96] So kann
Forster mit Recht behaupten, „daß in Absicht der Südseeinsulaner alles
geleistet worden ist, was man billiger Weise von den Beobachtern for-
dern konnte,"[97] und ist nur zu bescheiden, dabei auch auf seine eigene
Leistung hinzuweisen; immerhin faßt er hier noch einmal seine Beschreibung dieser Rassen knapp zusammen.[98] Jedenfalls hat er Grund zu
der pikierten Umständlichkeit, mit der er den Philosophen über die
gehörige Anerkennung unzweifelhaft bezeugter Erfahrungsdaten be-
lehrt, und es lag auch nahe, daß er sich zur Widerlegung von Kants rein

---

90 Kant Bd VI S. 74.
91 Kant Bd VI S. 78.
92 Kant Bd VI S. 81.
93 Kant Bd VI S. 71 und 77; vgl. H. J. Cloeren: Ockham's razor. In: Historisches
    Wörterbuch der Philosophie. Hrsg. v. Joachim Ritter u. Karlfried Gründer. Bd
    6. Basel/Stuttgart: Schwabe (1984). Sp. 1094–1096.
94 Kant Bd VI S. 67.
95 Vgl. AA VIII 130f., Uhlig 2004 S. 197, 201.
96 AA VI 95–103; zur Datierung vgl. die Briefzeugnisse in AA XIV 466, 472,
    479, 482–484, 486.
97 AA VIII 136.
98 AA VIII 134f.

spekulativer schematischer Einteilung der Rassen nach vier Farben vor allem auf die damals bereits wesentlich differenzierteren Erkenntnisse der völkerkundlichen Feldforschung in den verschiedenen Weltteilen beruft. Forster konstruiert zwar eine klimatisch bedingte, von Norden nach Süden hin fortschreitende „Farbenleiter"[99] der Hautfärbung; aber diese bietet ihm mit ihren lokalen Variationen kein Kriterium zur Unterscheidung der Rassen. Dagegen findet er, auf Campers und Soemmerrings Untersuchungen gestützt, die wirklich charakteristischen Kennzeichen der Rassen vielmehr in anatomischen Zügen zumal des Schädelbaus wie dem Camperschen Gesichtswinkel. Auf Kants These von der Zweckdienlichkeit der Hautfarben unter verschiedenen Klimabedingungen geht Forster gar nicht ein. So mußte Kant in seiner Replik, die er 1788 unter dem Titel *Über den Gebrauch teleologischer Prinzipien in der Philosophie* veröffentlichte, bedauernd feststellen, er sei wider Erwarten nicht verstanden worden.[100]

Es wäre jedoch falsch, die Kontroverse zwischen den beiden auf den Gegensatz zwischen Empirie und Theorie zu reduzieren. Auch Forster war sich darüber klar, daß Erfahrungsdaten den Zusammenhang eines begrifflichen Rahmens erfordern. Aber er setzte diese beiden Komponenten des Wissens in eine historische Dimension und bemerkte eine vom Erkenntnisfortschritt bewirkte dialektische Spannung zwischen ihnen. Von klein auf hatte ihm sein unplanmäßiges Studium in der Gelehrtenwerkstatt seines Vaters vor Augen geführt, wie Entdeckungen und neue Forschungsergebnisse die Wissenschaften zur Revision ihrer Prinzipien zwangen, und im Verein mit Lichtenberg, Soemmerring, Camper und anderen lernte er später weitere Umwälzungen dieser Art in der Chemie der Gase, in der Elektrizitäts- und Wärmelehre, in der vergleichenden Anatomie und in anderen Disziplinen kennen. So konnte er fast die Thesen Thomas S. Kuhns über die Struktur wissenschaftlicher Revolutionen als Paradigmenwechsel[101] vorwegnehmen, wenn er schrieb:

Nach gewissen angenommenen Sätzen, die er [Linné] aus seiner Erfahrung abstrahirt hatte, entwarf er sein Fachwerk, und paßte nun die Wesen der Natur hinein. Allein so lange unsere Erkenntniß mangelhaft bleibt, scheinen wir von einer Infallibilität der Principien noch weit entfernt zu seyn. Bestimmungen, die sich auf eingeschränkte Erkenntnis gründen, können zwar innerhalb dieser Schranken brauchbar seyn; aber sobald sich der Ge-

---

99 AA VIII 138.

100 Kant Bd V S. 140.

101 Thomas S. Kuhn: The Structure of Scientific Revolutions. Chicago: University of Chicago Press 1962.

sichtskreis erweitert, der Sehepunkt verrückt, werden sie da nicht einseitig
und halbwahr erscheinen? In der Litterargeschichte der Naturkunde giebt
es hievon auffallende Beyspiele. Die Botanik, die Chymie und die Physik
sind lediglich aus diesem Grunde jetzt ganz etwas anderes als vor funfzig
Jahren. Vielleicht wird unser jetziges Schema der Wissenschaften ein halbes
Jahrhundert weiter hinaus, eben so wie das vorige, veralten und mangelhaft
werden. Sogar die spekulative Philosophie dürfte diesem allgemeinen
Schicksal unterworfen seyn. Wer denkt hiebey nicht gleich an die *Kritik
der reinen Vernunft*?[102]

Im Bewußtsein der ständig fortschreitenden Erforschung der Natur hatte
Forster bereits die geologischen, geographischen, botanischen, zoologischen und anthropologischen Einsichten seiner Weltreise durchweg als
rein tentative, vorläufige, ergänzungs- und korrekturbedürftige Beiträge
vorgebracht, die nur als Bausteine für spätere umfassendere Theorien
dienen sollten; er hütete sich ängstlich davor, sich voreilig auf unbewiesene „Systeme" festzulegen oder gar selbst solche zu entwerfen. Schon
in den methodischen Vorüberlegungen seiner *Voyage Round the World*
hatte er gegen die Philosophen seiner Zeit polemisiert, die über willkürlich ausgewählten und verzerrten Erfahrungsdaten traumhaft-illusionäre
theoretische Superstrukturen errichteten. Wenn er sich selbst auch ausdrücklich das Recht vorbehielt, aus seinen eigenen Beobachtungen jeweils allgemeine Schlüsse zu ziehen, die ihn wie ein Ariadnefaden zu
weiteren Entdeckungen anleiten könnten,[103] so sind doch seine Versuche, seine Erfahrungen zu deuten, oft begleitet von Vorbehalten wie
dem folgenden:

These hints are submitted to the learned, whose province it is to confirm or
refute them; but on which side soever the truth may fall, I shall rest equally
contented, as I have adopted no particular system.[104]

---

102 AA VIII 132. Mit dem letzten Satz spielt Forster vielleicht auf die Vorrede zur
    1. Auflage der *Kritik der reinen Vernunft* an, vgl. Kant Bd II S. 11-13.
103 AA I 13f., vgl. AA II 12f.
104 AA I 577, in der deutschen Übersetzung, AA III 326, fehlt diese Bemerkung
    ebenso wie die vorangehenden Vermutungen, auf die sie sich beziehт; weitere
    Beispiele: „Future observations [...] might perhaps lead to some more
    determinate conclusions;" AA I 69, vgl. AA II 99; „Our experience should
    seem in some measure to contradict, and in some degree to confirm, this supposition." AA I 75, vgl. AA II 107; „Upon the whole, we were not fortunate
    enough to make any remarkable discoveries in regard to this phaenomenon; all
    our observations only tend to confirm the facts already noticed by others, and
    which are so largely commented upon by the learned Dr. Benjamin Franklin,
    F. R. S. His ingenious hypothesis, that whirlwinds and water-spouts have a
    common origin, has not been invalidated by our observations." AA I 123, vgl.

In diesem Sinne räumte er später grundsätzlich der Hypothesenbildung eine eng begrenzte heuristische Funktion ein: als richtungweisende Anregungen für weitere Versuche und Beobachtungen können Hypothesen fruchtbar sein. Wenn der Naturforscher jedoch solche „Ausflüge in imaginäre Regionen" übereilt und zu leichtgläubig ohne die Bestätigung durch empirisch bewiesene Forschungsergebnisse als evidente Wahrheit ansieht, wird er oft unter Zeitverlust und unter Aufgabe seiner vermeintlichen Erkenntnisse zur Rückkehr an seinen Ausgangspunkt gezwungen.[105] Mit diesem Mißtrauen gegen ungeprüfte Hypothesen und der vorsichtig abwartenden Zurückhaltung gegenüber wissenschaftlichen

---

AA II 173; „The singular custom, which forces the sexes to shun each others company at their meals, is already mentioned by former voyagers, who have been equally unsuccessful with ourselves in discovering its cause." AA I 171, vgl. AA II 240; „What I have here said is sufficient to prove, that men in a similar state of civilization resemble each other more than we are aware of, even in the most opposite extremes of the world. I should be sorry to have made these slight remarks, if they should unfortunately lead some learned schemer on a wrong scent." AA I 402, vgl. AA III 85; „[...] the custom must have some other origin among them, which a connected series of accurate observations may perhaps in time lead us to discover." AA I 423, vgl. AA III 116; „I have only ventured out into the great field of probabilities, and I am ready to quit my opinion as soon as another more just and more rational is offered." AA I 467, vgl. AA III 179.

105 „Physicus autem verus, idemque philosophus, licet aliquando excursionem sibi permittat in imaginarios regiones, licet hypotheses excogitet, easque conetur plausibiles et verisimillimas reddere, factisque, et experimentis congruas; tamen cavet sibi semper, ne pro veritate evidente, hypothesin habeat; et enim tantum *scire* et pro vero accipere profitetur, quantum cum summa evidentia sensibus suis demonstrari potest; supra ea, nihil omnino pro certo, et vero in physicis accipit, de cuius indole, experimenta nihil perdocent. Sic enim securo et certo in scientiis passu quamvis lento progreditur; e contra vero, si imaginariae hypothesi nimium confidat, saepe referre gradum, et redire unde processerit, compellitur, cum temporis et cognitionis jactura. Quid igitur est usus hypothesium, et num in totum forte rejiciendae? Non ego profecto is sum, qui humanum ingenium tam arctis camellis includat, ut nunquam ausit Verisimilia et possibilia sibi animo fingere; e contrario, hae hypotheses saepe physicos ad experimenta varii generis in corporibus naturalibus instituenda stimulant, qualia nunquam instituissent, nisi de veritate aut inanitate huius vel illius problematis soliciti fuissent. Hypothesis usus et finis ille debet esse, quod ad nova experimenta cum omni sollertia et ingenii acumine instituenda nos incitet, quod conciliat nobis habitum phaenomena, et observationes comparandi, combinandi, et ex iisdem proxima et evidentissima scholia, sive veras consequentias deducendi, quibus omnibus scientia indies magis magis firmetur, eiusque utilitas et ad humanae vitae necessitates adplicatio in universum multiplicetur." AA VI 1205.

Theorien steht Forster fest in der methodischen Tradition der Londoner *Royal Society*,[106] mit deren Arbeitsweise er bereits vor der Weltreise vertraut war und deren Mitglied er Anfang 1777 wurde. Ihren skeptischen Wahlspruch *„Nullius in Verba"* stellte er seinem Essay *Cook der Entdecker* voran, wohl um hervorzuheben, daß Cooks Entdeckungen allgemein anerkannte aber ungegründete Theorien widerlegt hatten. Noch in den *Ansichten vom Niederrhein* mahnte er angesichts des Streits zwischen Plutonismus und Neptunismus, „daß das *nullius in verba* nirgends unentbehrlicher ist, als im hypothetischen Theile der Naturgeschichte".[107]

Die allerletzten Sätze seiner *Voyage Round the World* setzten deren Neuentdeckungen einerseits selbstbewußt dem vorherigen Wissensstand entgegen, bezeichneten sie andererseits aber als unbedeutend angesichts der unermeßlichen Menge noch unbekannter Tatsachen, an denen der menschliche Geist sich in künftigen Zeitaltern mit weiteren Forschungen bewähren könne.[108] In seiner Abhandlung über den Brotbaum bekannte Forster sich zur Rolle des Vorläufers eines „weiterschauenden Weltweisen", der

> mit den Materialien, die wir sammeln, das große kaum noch gegründete Lehrgebäude der Physik vollendet haben wird. Ein Zaubernetz von unzähligen Fäden und durcheinandergeschürzten Knoten, wo Eins mit Allen und Alles mit Einem zusammenhängt, ein System voll himmlischer Uebereinstimmung wird er einst in der Mannigfaltigkeit der Schöpfung finden, wo unser begränzter Blick jetzt nur das Gaukeln einer unerschöpflichen Phantasie wahrzunehmen glaubt, die ihr Füllhorn auf gerathewohl ausgeschüttet hat. Wie frohen Muthes können wir da nicht künftigen Zeitaltern vorarbeiten, und auf die Früchte unsrer Bemühungen Verzicht thun, indem wir bereits so glücklich im Genuß der reichen Erndte sind, die eben so durch unserer Vorgänger Aussaat, uns bereitet ward. Wohlan! laßt uns willig die voreiligen Entstehungshypothesen in das enge Zimmer zurück bannen, wo sie vielleicht in finstern Rauchgewölken entstanden. Laßt uns die Natur in ihren entferntesten und verborgensten Werkstätten, wie in den nahen und zugänglichen, belauschen, nur Thatsachen aufzeichnen und denn behutsame Folgerungen ziehn.[109]

Forster relativierte so bescheiden sein eigenes Forschen historisch und stellte es in den Dienst eines künftigen Lehrgebäudes einer Biogeographie, das er selbst aus seiner beschränkten Perspektive noch nicht erah-

---

106 Vgl. John Gribbin: The Fellowship: Gilbert, Bacon, Harvey, Wren, Newton, and the Story of a Scientific Revolution. Woodstock & New York: Overlook Press (2007). Bes. S. 183–189, 260, 267.

107 Vgl. Uhlig 2004 S. 28, 44, 75; AA V 191 und AA IX 16.

108 AA I 675, vgl. AA III 452.

109 AA VI 69f.

nen konnte. Tatsächlich bot er damit eine prophetische Vorschau auf die Deszendenztheorie.

Aber diese zuversichtliche Erwartung fundamentaler Erweiterungen der Naturerkenntnis ließ ihn doch nicht die Schranken erkennen, mit denen sein „jetziges Schema der Wissenschaften" seinen eigenen Blick noch einengte. Vielmehr war auch er ausweglos befangen in derselben epistemischen Situation[110] wie Kant, und seine Denkmöglichkeiten waren unentrinnbar begrenzt durch die erwähnten drei seinerzeit noch unhintergehbaren Suppositionen der Naturgeschichte: die Annahmen eines teleologisch geordneten Weltgefüges, der anfänglichen Schöpfung der gegenwärtig existierenden Lebewesen und der Konstanz der Arten.

In seiner *Voyage Round the World* hatte Forster wiederholt die genau ausgeklügelte Zweckmäßigkeit bestimmter Naturphänomene bewundert und entweder darin, in der physikotheologischen Tradition,[111] „the true ways of Divine Providence in the wonderful works of the creation" erkannt oder kurzerhand die Natur als Ursache dieser Ordnung bezeichnet.[112] Auch in seinen Wilnaer Vorlesungen bedachte Forster wie-

---

110 Zu diesem Begriff vgl. Jürgen Habermas: Wahrheit und Rechtfertigung. Philosophische Aufsätze. Erw. Ausg. (Frankfurt am Main): Suhrkamp (2004). S. 45-47, 50f.; vgl. Uhlig 2004 S. 202f.

111 Vgl. Stefan Lorenz: Physikotheologie. In: Historisches Wörterbuch der Philosophie. Hrsg. v. Joachim Ritter u. Karlfried Gründer. Bd 7. Basel: Schwabe (1989). Sp. 948-955.

112 Hier nur einige Beispiele: Zur Anpassung der Pinguine an ihren Lebensraum: „Their very thick skin and their fat seem wisely appropriated to them by nature, to resist the perpetual winter of these unhospitable climates; their broad belly, the situation of their feet far behind, and their fins, which supply the place of wings, are constructed with equal wisdom to facilitate the progress of their otherwise lumpish bodies through the water." AA I 75, vgl. AA II 107. Zu Hunden als Schlachttieren: „Nature seems expressly to have intended them for this use". AA I 145, vgl. AA II 204. Zur geographischen Verbreitung der Albatrosse: „[...] so carefully has nature allotted to each animal its proper place of abode." AAI 278, vgl. AA II 382. Zur Entstehung der Südsee-Atolle aus den Kalkabscheidungen von Korallen: „Thus Providence, in its wise dispensations, made even these insignificant narrow ledges rich enough in the productions of nature, to supply a whole race of men with the necessaries of life. And here we cannot but express our admiration, that the minutest agents are subservient to the purposes of the Almighty Creator." AA I 368f., vgl. AA III 39. Zur Erklärung des geschlechtsspezifischen Unterschieds in der Färbung von Gänsen: „It should seem that nature hath very wisely ordered this disparity; [...] perhaps our understanding is much too short-sighted to assign, on such slight grounds, the true ways of Divine Providence in the wonderful works of the creation." AA I 614, vgl. AA III 378; in demselbem Sinne zitiert Forster angesichts eines Meeresleuchtens, das ihn zur Bewunderung des allmächtigen Schöpfers bewegte,

derholt die harmonische Naturordnung, in der jeder Teil unentbehrlich ist.[113]

Kant hatte, um seine genetische Artbestimmung gegen Linnés morphologische Klassifizierung abzusetzen, dessen Naturbeschreibung eine Naturgeschichte im engeren Sinn gegenübergestellt, „in der es nur um die Erzeugung und den Abstamm zu tun ist".[114] Aber dem hielt Forster entgegen, dies dürfte „wohl nur eine Wissenschaft für Götter und nicht für Menschen seyn", da menschliche Erfahrung nicht bis zum Beginn des Lebens zurückreiche. Er suchte die Unmöglichkeit solcher Erkenntnisse zu verdeutlichen durch eine Reihe von rhetorischen Fragen. Aber paradoxerweise verraten gerade diese Fragen mit ihren lebhaft anschaulichen Formulierungen, daß für Forster vor aller Erfahrung ein ganz bestimmtes Bild von der Entstehung des Lebens fraglos selbstverständlich feststeht: eine massenhafte Urzeugung, die alle Lebewesen aus dem schlammigen Erdboden hervorgehen läßt; seine Phantasie wird hier offenbar geleitet von der Analogie zum Pflanzenwuchs und von der Etymologie des Wortes „autochthon":

> Wer hat die kreißende Erde betrachtet in jenem entfernten und ganz in Unbegreiflichkeit verschleyerten Zeitpunkt, da Thiere und Pflanzen ihrem Schoße in vieler Myriaden Mannigfaltigkeit entsproßen, ohne Zeugung von ihres Gleichen, ohne Samengehäuse, ohne Gebärmutter? Wer hat die Zahl ihrer ursprünglichen Gattungen, ihrer Autochthonen, gezählt? Wer

---

eine Stelle aus der *Historia Naturalis* von Plinius (AA I 49, vgl. AA II 74), mit der auch Linné programmatisch die Einleitung seiner *Fauna svecica* beschlossen hatte (Carolus Linnaeus: Fauna Svecica Sistens Animalia Svecicae Regni. Stockholmiae: Laurentius Salvius 1746. Praefatio). Von all dem sind die zahlreichen Gelegenheiten zu unterscheiden, wo Forsters persönliche Frömmigkeit das Gelingen der Expedition Cooks dankbar der „tutelar guidance of Divine Providence" zuschreibt, z. B. AA I 20f., vgl. AA II 38f., AA I 73, vgl. AA II 104, AA I 84f., vgl. AA II 120f., AA I 124, vgl. AA II 174.

113 „Quod si a rerum necessitudine forte quis argutaretur, hominem ad mundi harmoniam necessarium, hoc ipso argumento pro fine creationis haberi posse: illi quidem libenter concedam, hominem ad perfectionem mundi necessarium fuisse, eadem lege qua muscas, et reliqua insecta, et minutissima animalcula infusoria non fortuitò sata, sed necessitate naturae exsistentia, certisque legibus cum ceteris rebus coniuncta, nihil autem in rerum natura supervacaneum esse, inficias iri nequit. At vero, hinc si colligere velim, mundum alicuius atomi caussa creatum fuisse, risum teneatis, auditores?" AA VI 1039; „Ces deux usages des feuilles nous démontrent bien que la Nature s'est servi des plantes pour maintenir une liaison très étroite entre tout ce qui existe dans la Nature; et que tout se tient reciproquement dans ce monde, tellement qu'il n'y a pas un seul objet dont on puisse se passer, sans qu'il ait un défaut très sensible dans l'harmonie de l'univers." AA VI 1404.

114 Kant Bd VI S. 75, Anm., ausführlicher Kant Bd V S. 142-144.

kann uns berichten, wie viele Einzelne von jeder Gestalt, in ganz verschiedenen Weltgegenden sich aus der gebärenden Mutter weichem, vom Mee-
re befruchteten Schlamm organisirten? Wer ist so weise, der uns lehren
könne, ob nur einmal, an einem Orte nur, oder zu ganz verschiedenen
Zeiten, in ganz getrennten Welttheilen, so wie sie allmälig aus des Oceans
Umarmung hervorgiengen, organische Kräfte sich regten?[115]

Von herkömmlichen Vorstellungen weicht dies höchstens dadurch ab,
daß die Möglichkeit einer zeitlichen und örtlichen Ausdehnung des
Schöpfungsvorgangs zugegeben wird und dieser selbst nicht als außer-
weltlicher Zugriff, sondern als immanenter Geburtsprozeß konzipiert ist.

Jedenfalls gilt auch für Forster die immerwährende Konstanz der Arten mit dogmatischer Strenge: in seinem Vortrag *Ein Blick in das Ganze
der Natur* bekräftigt er sie, indem er die Arten (auch er spricht hier wie
andernorts von „Gattungen“) mit Buffons Worten als die „einzigen
Wesen der Natur, der Natur an Alter und Dauer gleiche Kräfte“ bezeichnet.[116] Freilich wurde dieses Bild der Schöpfung in Frage gestellt
durch die fossilen Reste ausgestorbener Tierarten, die damals allenthalben zutage gefördert wurden.[117] Solche Funde wurden Forster persönlich nahegebracht durch zwei gelehrte Sendschreiben, die Christian
Friedrich Michaelis und Johann Heinrich Merck an ihn richteten.[118]

---

115 AA VIII 143.

116 AA VIII 89; vgl.: „[...] les espèces sont les seuls êtres da la Nature; êtres
perpétuels, aussi anciens, aussi permanens qu'elle;“ De la Nature. Seconde Vue.
In: [Georges Louis Leclerc, Comte de Buffon]: Histoire naturelle, générale et
particulière, avec la description du Cabinet du Roi. Tome 13ème. Paris:
Imprimerie Royale 1765. S. j.

117 Vgl. Forsters Rezension des Sendschreibens von Alberto Fortis über versteiner-
te Knochen von Elefanten und andere Petrefakten (AA XI 109-111); der Autor
nimmt, wie damals üblich, das Alter dieser Fossilien viel zu niedrig an und bestreitet überdies, daß die betreffenden Tierarten wirklich ausgestorben seien,
was Forster bezweifelt und der Prüfung durch weitere Forschung anheimstellt.

118 Herr Stabsmedicus Michaelis an Herrn Prof. Forster, über das große unbekann-
te Thier in Nordamerika. In: Göttingisches Magazin der Wissenschaften und
Litteratur. Jg 3, 1783, St. 6, S. 871-874, abgedruckt in AA XVIII 119f.; Johann
Heinrich Merck: Troisième Lettre sur les Os Fossiles d'Éléphans et de
Rhinocéros qui se trouvent en Allemagne et particulièrement dans le Pays de
Hesse-Darmstadt. Adressée à Monsieur Forster. Darmstadt 1786. Titel nach
Heinz Tobien: Johann Heinrich Merck und Samuel Thomas Soemmerring als
Paläontologen im ausgehenden 18. Jahrhundert. In: Samuel Thomas
Soemmerring und die Gelehrten der Goethezeit. Beiträge eines Symposions in
Mainz vom 19. bis 21. Mai 1983. Hrsg. v. Gunter Mann, Franz Dumont.
Stuttgart, New York: Gustav Fischer 1985. = Soemmerring-Forschungen I. S.
119-148, bes. 147. Leider hat Mercks schwer zugängliches Sendschreiben nicht
seinen verdienten Platz unter den Briefen an Forster im 18. Band der Akade-

Aber statt nach innerweltlichen Ursachen dieser Phänomene zu suchen, verstieg Forster sich zu einer höchst gekünstelten metaphysischen Konstruktion: ausgestorbene Tierarten waren für ihn Wirkungen von Formen oder Ideen, die „in der Urkraft (Natur)" ruhen und „nach gewissen vom Schöpfer bestimmten Gesetzen zu ihrer Zeit in Wirksamkeit gerathen" konnten, aber „jetzt auf unserer Erde sich nicht mehr *individualiter* wirksam erzeigen".[119]

Nur aus dem Zusammenhang der genannten drei Grundaxiome konnte sich das Postulat erheben, daß bei der Weltschöpfung notwendigerweise eine größere Anzahl von Individuen pflanzenfressender Tiere geschaffen worden sein mußte als von fleischfressenden, damit die ersteren nicht sofort von den Raubtieren ausgerottet wurden. Dies gibt Forster in seinem Aufsatz über die Menschenrassen zu bedenken, und er beruft sich dabei auf E. A. W. Zimmermann.[120] Implizit ist dieser Gedanke jedoch bereits enthalten in dem Weltbild, das Forster im Geiste Buffons in seinem Vortrag *Ein Blick in das Ganze der Natur* zeichnet. Dort wird dem teleologisch geordneten Weltplan ein dynamisch bewegter Charakter verliehen, indem die Kräfte und Wesen der Natur in eine antagonistische Spannung zueinander gesetzt werden. Nach dem Prinzip des dritten Newtonschen Gesetzes, das jeder Wirkung eine Gegenwirkung gleicher Stärke zuordnet,[121] erhält sich die harmonische Ordnung des Ganzen gerade dadurch, daß seine Elemente einander feindlich widerstreiten, dabei aber ein genau abgestimmtes Gleichgewicht zueinander einhalten. So besteht im Tierreich zwar ein Kriegszustand zwischen den Raubtieren und ihren Beutetieren, aber deren Arten werden trotz allen Verlusten durch kompensierende Vorkehrungen der Natur jeweils in einer überwiegenden Anzahl von Individuen am Leben erhalten.[122] Aus solchen Überlegungen zieht Forster den Schluß, daß am Ursprung

---

mie-Ausgabe gefunden; ein Fragment von Forsters Dankbrief an Merck steht in AA XIV 542f.

119 AA VI 1763f.

120 AA VIII 150, vgl. E[berhard] A[ugust] W[ilhelm] Zimmermann: Geographische Geschichte des Menschen, und der allgemein verbreiteten vierfüßigen Thiere, mit einer hiezu gehörigen Zoologischen Weltcharte. Leipzig: Weygand 1783. Bd 3, S. 202f.

121 AA VIII 82–85; vgl.: „Actioni contrariam semper & aequalem esse reactionem: sive corporum duorum actiones in se mutuo semper esse aequales & in partes contrarias dirigi." In: Isaac Newton: Philosophiae naturalis principia mathematica. The 3rd ed. (1726) with variant readings, assembled and ed. by Alexandre Koyré and I. Bernard Cohen, with the assistance of Anne Whitman. Vol. 1. Harvard Univ. Press 1972. S. 55.

122 AA VIII 93f.

der Welt keineswegs nur ein einziges Paar von jeder Art erschaffen wurde. Dies steht nicht einmal im Widerspruch zur Bibel, die lediglich beim Menschen ein einziges Stammpaar festsetzt. Noch in seiner Göttinger Akademierede vom 18. September 1787 konnte sich Forster ausdrücklich auf die mosaische Erzählung von der Schöpfung der Pflanzen berufen, als er behauptete, „die gesamte Erdoberfläche habe einst, nach dem Willen des Schöpfers der Natur, von selbst überall gleichzeitig mehrere Individuen vom Stamm jeder Art hervorgebracht".[123]

Ketzerei kam in solche Erwägungen erst, wenn man diese Vorstellung so generalisierte, daß auch beim Menschen eine Schöpfung mehrerer Paare angenommen wurde. Innerhalb der Schranken der oben umrissenen Axiome war auf diese Weise die Entstehung verschiedener Menschenrassen einigermaßen widerspruchsfrei zu erklären. Mit einer ausführlichen Darlegung dieses Gedankens, allerdings zugleich auch mit den religiösen Bedenken, die sich dagegen erhoben, wurde Forster bereits bekannt, als er von seiner Weltreise zurückkehrte und in England die *Sketches of the History of Man* von Henry Home, Lord Kames, kennenlernte, die dort 1774 erschienen waren und weithin Beachtung und Kritik gefunden hatten. Forsters intensive Lektüre dieses Werkes hinterließ deutlich sichtbare Spuren in seiner *Voyage Round the World.*[124] Homes erster „Sketch" behandelt die Rassenunterschiede und deren Ursachen. Dabei widerlegt er die Behauptungen Buffons und Montesquieus, die Eigenheiten der Rassen seien auf Einwirkungen des Klimas zurückzuführen, und sieht als einzige sinnvolle Alternative die Annahme einer Schöpfung mehrerer verschiedener, an jeweils bestimmte Klimate angepaßter Menschenpaare. Er beschließt jedoch seine Erörterung folgendermaßen:

Upon summing up the whole particulars mentioned above, would one hesitate a moment to adopt the following opinion, were there no counterbalancing evidence, namely, „That God created many pairs of the

---

123 „Quae cum ita sint, in eorum castra lubens me recipio, qui vetustissima traditione acceptam sententiam, experientiae consentaneam tuentur, cuncta, scilicet, cum staminum organicorum plena essent, superficiem telluris, nullo non in loco, stirpium vniuscuiusque speciei plurima simul indiuidua, moliente id naturae numine, olim sponte peperisse." Hier verweist eine Anmerkung auf 1. Mose 1, 11: „Und Gott sprach: Es lasse die Erde aufgehen Gras und Kraut, das sich besame, und fruchtbare Bäume, da ein jeglicher nach seiner Art Frucht trage und habe seinen eigenen Samen bei sich selbst auf Erden. Und es geschah also." AA VI 205.

124 Vgl. Ludwig Uhlig: Theoretical or Conjectural History. Georg Forsters *Voyage Round the World* im zeitgenössischen Kontext. In: Germanisch-Romanische Monatsschrift. 53, 2003. S. 399-414; Uhlig 2004 S. 86-93.

human race, differing from each other both externally and internally; that
he fitted these pairs for different climates, and placed each pair in its proper
climate; that the peculiarities of the original pairs were preserved entire in
their descendents; who, having no assistance but their natural talents, were
left to gather knowledge from experience, and in particular were left (each
tribe) to form a language for itself; that signs were sufficient for the original
pairs, without any language but what nature suggests; and that a language
was formed gradually, as a tribe increased in numbers and in different
occupations, to make speech necessary"? But this opinion, however plausible, we are not permitted to adopt; being taught a different lesson by re-
velation, namely, That God created but a single pair of the human species.
Though we cannot doubt of the authority of Moses, yet his account of the
creation of man is not a little puzzling, as it seems to contradict every one
of the facts mentioned above.

Aus Respekt vor der Autorität der biblischen Offenbarung verbietet sich
Home also, die logische Konsequenz aus seinen Erwägungen zu ziehen.
Einen Ausweg aus diesem Dilemma findet Home in einer anderen Epi-
sode der biblischen Geschichte: die Zerstreuung der Völker nach dem
Turmbau zu Babel habe eine Entartung und Verwilderung bewirkt, in
der sich die Menschen jeweils an ihre verschiedenen Wohnorte und
Klimate anpaßten.[125]

---

125 Henry Home, Lord Kames: Sketches of the History of Man. Considerably
    Enlarged by the Last Additions and Corrections of the Author. Ed. and with an
    Introduction by James A. Harris. Book I-III. Indianapolis: Liberty Fund (2007).
    Bd I S. 47f. Mit einer Inkonsequenz, in die Home nicht selten verfällt, erwähnt
    er an einer anderen Stelle seines Buchs allerdings doch die „local creation" als
    unvermeidliche Annahme (ebda. Bd II S. 560). Van Hoorn 2004 S. 93-96,
    166f., 175, nennt Home als Vorgänger Forsters mit seiner Annahme einer ur-
    sprünglichen Schöpfung verschiedener klimatisch angepaßter Rassen, sie ver-
    schweigt jedoch, daß Homes religiöse Skrupel ihn vor diesem Konzept zurück-
    schrecken ließen. Erst recht unbegreiflich ist es, daß van Hoorn es unterläßt, im
    Zusammenhang mit Forsters Beschreibung seiner Weltreise Homes *Sketches*
    überhaupt nur zu erwähnen. Allein die gebührende Berücksichtigung des Ver-
    hältnisses zwischen diesen beiden Werken widerlegt van Hoorns These, Forster
    habe seine Reise „noch ganz im Banne Buffons" angetreten und „sich im Ver-
    laufe seiner Weltumseglung und ihrem schriftlichen Nachvollzug von einer un-
    reflektierten Anwendung der Klimatheorie entfernt" (van Hoorn 2004 S. 39).
    Diese These stützt van Hoorn auf wenige willkürlich herausgegriffene und
    künstlich isolierte Aussagen über Hautfarbe und körperliche Merkmale der
    Eingeborenen, während sie Forsters Erörterung von Völkerwanderungen und
    Sprachverwandtschaften beiseite schiebt (van Hoorn 2004 S. 80 und 81, Anm.
    214) und überhaupt die Fülle von Zeugnissen sowohl in Georg Forsters *Voyage*
    wie auch in J. R. Forsters *Observations* außer acht läßt, in denen sich die we-
    sentlich umsichtigeren und differenzierteren Bemühungen der beiden um Cha-
    rakterisierung und Vergleich der Inselvölker niederschlagen. Zu bemerken ist

Offenbar unter dem Eindruck von Homes Argumentation hält Forster in seiner *Voyage Round the World* betont skeptischen Abstand gegenüber Buffons Erklärung der Hautfarbe durch das Klima.[126] Was die Schöpfung mehrerer Menschenpaare anging, so teilte Forster, dessen traditioneller Glaube an die biblische Offenbarung damals noch unangefochten war,[127] sicher Homes Bedenken dagegen. Diese Frage kommt allerdings in der *Voyage* gar nicht auf; hier werden nämlich nicht etwa uranfängliche Rassenunterschiede und ihre Ursachen erörtert, vielmehr werden nur von Fall zu Fall die Eigenheiten einzelner Völker beschrieben und miteinander verglichen. Die physische Erscheinung wird dabei wohl einbezogen, jedoch nur als Teilaspekt. Viel wichtigere Elemente der Gesamtcharakteristik eines Volksstamms sind dessen Lebenskultur und vor allem dessen Sprache. Ähnlichkeiten in diesen Bereichen beweisen eine gemeinsame Herkunft der verschiedenen und weit verstreuten Völker.[128] Das aus weiter Ferne und ohne Aussicht auf baldigen

---

überhaupt, daß Forsters *Voyage Round the World* nicht einen „schriftlichen Nachvollzug" der Weltreise bietet, sondern eine Darstellung aus der Perspektive des rückblickenden Teilnehmers, der seine Erfahrungen nachträglich zu verarbeiten und im Lichte der zeitgenössischen Literatur zu deuten sucht.

126 „But whether, according to his and the Abbé de Manet's opinion, this change of complexion was effected merely by the heat of the torrid zone, or whether they have acquired their sable colour by intermarriages with negroes from the adjacent coast of Africa, is a question which I do not venture to decide, though so able and judicious an investigator of nature as Count Buffon, asserts, that 'the colours of the human species depend principally on the climate.'" AAI 37, vgl. AA II 59; „If the influence of climate be admitted, which is so strongly defended by Count Buffon, it offers another proof that Mallicollo has been but lately peopled, since the interval of time has not been sufficient to work a change in the colour and hair of the inhabitants. But I am far from being convinced of this general and powerful influence of climates." AA I 467, vgl. AA III 179.

127 Vgl. Uhlig 2004 S. 92.

128 Hier nur einige Beispiele: „The language of these people, and their customs, are therefore still unknown, and these are the only circumstances from which the origin of nations, who have no records among them, can be traced." AA I 153, vgl. AA II 215; „It appeared, upon the whole, that the customs and language of these islanders have a great affinity with those of the Taheitians, and that it would not therefore be very singular to find a coincidence even in their amusements. The greatest differences between these two tribes, who must have originated from the same stock, seem to be owing to the different nature of their islands." AA I 274, vgl. AA II 376; „Be this as it may, so much seems to be certain, that their systems of politics and religion, from their similarity with the Taheitians, as far as we could judge, must have had one common origin, perhaps in the mother country, from whence both these colonies issued. [...] The affinity of their languages is still more decisive." AA I 276, vgl. AA II

Erfolg anvisierte Ziel dieser Forschungen ist eine Rekonstruktion der Siedlungsgeschichte der Südsee. Forster ist sich der Vorläufigkeit und Unvollständigkeit seiner Bemühungen vollauf bewußt, er muß zugeben, „that the history of the human species in the South Seas cannot yet be unravelled with any degree of precision".[129] Er hütet sich auch ängstlich vor der Versuchung, spekulative Stammbäume zwischen verschiedenen Völkern zu konstruieren, wofür John Needham und Joseph de Guignes abschreckende Beispiele boten.[130] Aber sowohl seine eigenen Beobachtungen auf den Inseln wie die Berichte früherer Forscher lassen ihn eindeutig eine Verwandtschaft aller Völker zwischen Neuseeland, den Freundschafts- und den Gesellschaftsinseln, den Marquesas und der Osterinsel erkennen.[131] Für den davon grundverschiedenen Menschenstamm der Neuen Hebriden, zumal die hier bereits erwähnten Einwohner von Mallicolo mit ihren affenähnlichen Schädeln, erschließt Forster aus Gestalt, Sprache und Sitten eine Abstammung aus Neuguinea und

---

378f.; „In this, as in numberless other circumstances, they agree with the tribes who inhabit New Zealand, the Friendly and the Society Islands, and who seem to have had one common origin with them." AA I 342, vgl. AA II 462; „The natives of these different islands [the Marquesas], we have great reason to believe, are all of one and the same tribe, like the people of Taheitee and the Society Isles;" AA I 362, vgl. AA III 31; „This behaviour, their manners, their beautiful forms, their dresses, provisions, embarkations, and their language, prove that they have the same origin with the Taheitians, and only differ from them in a few respects, which the nature of their country required." AA I 363, vgl. AA III 31; „It appears, from the accounts of former voyagers, that between the meridians of 170° east from Greenwich, and 180°, there is a great number of islands, from the 10th to the 22d degree of latitude; all which, as far as they are known, seem to be inhabited by one race of people, who speak the same dialect of the South Sea tongue, and have the same social and mercantile disposition. All these then might be added to the Friendly Islands." AA I 447, vgl. AA III 151.

129 AA I 549, vgl. AA III 292.

130 „The itch of tracing the pedigree of nations has lately made such havock in history, by endeavouring to combine the Egyptians and Chinese, that the learned must sincerely wish, it may never become a contagious distemper." AA I 402, vgl. AA III 85.

131 Vgl. AA I 276, 342-344, 358-363, vgl. AA II 379, 462-464, AA III 26-31 .

Papua,[132] wenn er auch angesichts der mangelnden Kenntnis dieser Länder und ihrer Einwohner seine Unsicherheit eingesteht.[133]

Das Hauptkriterium für alle diese Vermutungen lieferten die jeweiligen Sprachen, die Georg Forster und sein Vater aufmerksam untersuchten. Georg Forster gibt davon in seiner *Voyage* nur einzelne Beispiele mit summarischen Hinweisen,[134] und dies entspricht wohl seiner untergeordneten Rolle in diesen Beobachtungen bei der Arbeitsteilung mit seinem Vater. Johann Reinhold Forster war offenbar federführend in der methodischen linguistischen Forschung, und er behielt auch sich selbst die Veröffentlichung des eindrucksvollen Gesamtergebnisses dieser Arbeiten vor: in seinen *Observations* bietet er eine große Tafel mit Listen des Grundwortschatzes der besuchten Völker im Pazifik und anderer bereits bekannter Sprachen aus benachbarten Weltteilen zum Vergleich. Trotz aller Zurückhaltung angesichts der Lücken und Unsicherheiten seiner Daten findet er in ihnen das Zeugnis von zwei deutlich verschiedenen Sprachfamilien, und dies gibt ihm den endgültigen Beweis dafür, daß die Südsee von zwei Seiten her besiedelt wurde, einerseits von Nordwesten her durch die hellhäutigen Polynesier und andererseits von Westen her durch die dunkleren heute als Melanesier bekannten Stämme:

> Allein ich kann mich hier des Gedankens nicht erwehren, daß jene in allen ebengenannten Sprachen vorkommende gemeinschaftliche Wörter, die Ueberbleibsel einer älteren und allgemeinern Sprache seyn können, welche, erst in der Folge der Zeiten, in so weit abweichende Mundarten zerfallen ist. Dem sey nun wie ihm wolle, so beweiset die Verwandtschaft der Sprachen hier wenigstens zur Genüge, daß die östlicheren Inseln im Südmeere von den östlich-asiatischen Eilanden her, sind bevölkert worden, die westwärts gelegenen Südseeinseln hingegen, ihre ersten Bewohner aus der Nähe von Neuguinea erhalten haben. Wären die Wörterbücher, aller der verschiedenen hieher gehörigen Sprachen vollständiger, so hätte man vielleicht den Ursprung der beyden südländischen Rassen, noch bestimmter von einzelnen asiatischen Stämmen herleiten können. Allein, gerade in diesem Fache findet man die größten Lücken. In der angehängten Tabelle

---

132 „So much is certain, that they appear to be of a race totally distinct from these. Their form, their language, and their manners strongly and completely mark the difference. The natives on some parts of New Guinea and Papua seem to correspond in many particulars with what we have observed among the Mallicollese." AA I 467, vgl. AA III 179.

133 „New Guinea and the islands adjacent, the only countries from whence we can expect some light on this subject, still remain unknown to us, not only in regard to their geographical situation, but more especially as to their inhabitants." AA I 467, vgl. AA III 179f.

134 Z. B. AA I 276, vgl. AA II 379; AA I 457, vgl. AA III 165 .

habe ich die verschiedenen Sprachen, sowohl der von uns besuchten Inseln, als der gegen Osten und Westen angränzenden Völker mitgetheilt, um
dem Leser die allgemeine Uebersicht zu erleichtern.[135]

Mit Hilfe dieser Vorstellung von der Besiedlung der Südsee erklärt auch
Georg Forsters Monographie über den Brotbaum dessen Ausbreitung
und Veredlung von der wilden Urform auf den Großen Sunda-Inseln
bis zur samenlosen Kulturform Polynesiens: Analog zu den westasiati-
schen und den europäischen Völkerwanderungen setzt Forster „bey dem
asiatischen Stammvolke unserer Insulaner eine Wanderungsepoche"
voraus, in der „ein vorhergefaßter Entschluß ostwärts zu wandern, Zu-
rüstungen zur Reise möglich und nothwendig" machte und der Brotbaum „als das kostbarste, was wandernde Völker mit sich führen konnten, auf diese Art nach den östlichen Inselgruppen" kam.[136]

Auch Georg Forsters bereits erwähnter Überblick über die Völker
der Südsee in seiner Halleschen Dissertation *De plantis esculentis insularum
oceani australis* geht aus von Johann Reinhold Forsters Unterscheidung
der beiden Südsee-Rassen und ihrer Herkunft von den malaiischen Inseln einerseits und Papua und Neuguinea andererseits. Beide Rassen
werden hier als distinkte und historisch wie geographisch fest umrissene
Gesamtphänomene vorgestellt, wenn auch ihre verstreuten Stämme
jeweils besondere Eigenheiten zeigen, die auf verschiedene Nahrungs-
und Lebensweisen zurückzuführen sind.[137] Wie schon gesagt, rekapitu-
lierte Forster diesen Befund, mit polemischer Wendung gegen Kants
falsche Bezeichnung der Südsee-Insulaner als Weiße, in seinem Aufsatz
Noch etwas über die Menschenraßen.[138] Aber in der Dissertation fixiert er
seinen Blick auf den physischen Unterschied zwischen den Rassen und

---

135 Hier wird Georg Forsters Übersetzung angeführt (J. R. Forster 1783 S. 253f.),
    die den englischen Originaltext (J. R. Forster 1996. S. 190) durch leichte Kür-
    zungen deutlicher macht; vgl. Karl H. Rensch: Forster's Polynesian Linguistics.
    In: J. R. Forster 1996 S. 383-400; sowie Karl H. Rensch: Wegbereiter der his-
    torisch-vergleichenden Sprachwissenschaft: Reinhold und Georg Forster als Er-
    forscher der Sprachen des Pazifiks auf der zweiten Reise von Cook 1772-1775.
    In: Georg-Forster-Studien, hrsg. im Auftr. d. Georg-Forster-Gesellschaft v.
    Horst Dippel u. Helmut Scheuer. Kassel: Kassel Univ. Pr. Bd. 3. (1999). S.
    221-243; Renschs eingehende Arbeiten werden ignoriert von dem weit hinter
    ihnen zurückbleibenden Artikel von Yves Gilli: Der linguistische Beitrag in
    Georg Forster *Reise um die Welt*. In: Georg-Forster-Studien, hrsg. im Auftr. d.
    Georg-Forster-Gesellschaft v. Horst Dippel u. Helmut Scheuer. Kassel: Kassel
    Univ. Pr. Bd. 11. (2006). S. 89-110.
136 AA VI 66f., vgl. Uhlig 2004 S. 156f.
137 Vgl. Uhlig 1965 S. 58 und Uhlig 2004 S. 198-200.
138 AA VIII 134.

leitet diesen aus einer „ursprünglichen Verschiedenheit autochthoner Urvölker" ab, „da diesen Menschenstämmen eine eigene unzerstörbare und gleichsam eingebrannte Form anhaftet, erkennbar an mehreren charakteristischen Kennzeichen," die weder durch das Klima noch durch die Nahrung beeinflußt werden kann und sich, so lange keine Rassenmischung eintritt, in der Generationenfolge völlig unverändert bis auf die äußersten Nachkommen fortpflanzt.[139] Er faßt seine Meinung so zusammen:

> Die größte organische Verschiedenheit zwischen den Menschenstämmen ist aus einer eigenen Prägung der Erzeugung abzuleiten; die eigentümlichen Sitten und beständigen Gewohnheiten entstehen aus der Nachahmung der Vorfahren; ein gewisser Einfluß des Klimas auf die Mentalität ist aber nicht ganz auszuschließen.[140]

Damit deutete Forster zum ersten Mal die Vorstellung einer polyphyletischen Herkunft der Menschheit an. Dazu hatte ihn die Abhandlung *Ueber die körperliche Verschiedenheit des Negers vom Europäer* ermutigt, die sein Freund Soemmerring ihm soeben gewidmet hatte und deren Ergebnisse er nun als Analogie zur Bestätigung seiner eigenen Annahme einer getrennten Abstammung der Südseerassen anführen konnte. Hatte Soemmerring allerdings noch an „einem gemeinschaftlichen Stammvater" aller Menschen festgehalten,[141] so behauptete Forster dagegen, die Entstehung der Rassen entziehe sich der menschlichen Erkenntnis, zumal da sie aller historischen Überlieferung vorausliege. Mit distanzierender Ironie schob er ausdrücklich die „jüdischen Orakel, denen die Europäer aus Gewohnheit fromm anhängen", beiseite, da auch diese nichts

---

139 „Singularem hanc diversitatem inter Austrasiae vel Polynesiae populos, cum iam neque aëris, qui omnibus idem propemodum est, neque alimentorum, quibus omnes fere iisdem vescuntur, diversae qualitati tribuenda sit, originem ducere a primitiva autochthonum varietate arbitror. Indelebilis enim et tanquam inusta species, diversis hominum familiis inhaeret, plurimis notis characteristicis insignis, quae et climati omnimodo resistit, et ciborum commutatione non frangitur, nec non perpetua successione, nisi contaminatae fuerint generationes aliqua mixtela, a parentibus ad ultimam prolem integra meracissimaque descendit." AA VI 96.

140 „Equidem mihi videor illorum opinionem recte amplexum [!] esse, qui maximam inter hominum familias diversitatem organicam, ab ipso generationis typo derivandam, morumque notas characteristicas, et consuetudinum perpetuitatem imitatione maiorum oriundam existimant; climati tamen aliquid virium inesse ad inflectendos animos non omnino recusant." AA VI 102.

141 S. Th. Sömmerring [sic!]: Ueber die körperliche Verschiedenheit des Negers vom Europäer. Frankfurt, Mainz 1785. S. XX.

über Rassenunterschiede aussagen.[142] Daß Forster hier ausdrücklich die jüdische Herkunft des Alten Testaments betonte, ist wohl ein Nachhall der religionskritischen *Philosophischen Betrachtung über Theologie und Religion überhaupt, und über die jüdische insonderheit* von Johann Heinrich Schulz, die Forster gerade im März 1786 mit Beifall las; das Werk des märkischen „Zopfpredigers" bestärkte ihn endgültig in seiner Abkehr vom Kirchenglauben.[143] Dieser erste öffentliche Angriff Forsters auf die Autorität der Bibel war seiner Sprache und Publikationsweise halber nur einem eng begrenzten akademischen Publikum zugänglich; immerhin nahm Blumenbach daran Anstoß, wie Forster verspätet und auf Umwegen erfahren sollte.[144]

Kurz darauf kam Forster der Gedanke der polyphyletischen Abstammung in seiner Auseinandersetzung mit Kant zustatten, als es darum ging, das offenbar schwächste Argument für dessen Rassentheorie anzugreifen. Dies war die Annahme einer Wanderung und Ausbreitung der Menschen, bevor sich in ihnen, dem jeweiligen Klima gemäß, die verschiedenen keimhaft angelegten Rasseneigenheiten entwickelten, die danach von keiner weiteren Klimaveränderung abgewandelt werden konnten. Es machte Forster sichtlich Vergnügen, die Widersprüche aufzuweisen, in denen sich der Philosoph hier „seiner Theorie zu Gefallen" verfing.[145] Demgegenüber schien Forster eine „lokale Entstehung" der Rassen immerhin eine plausiblere Lösung zu sein:

> Die Natur hat vielmehr, wie Herr K[ant] selbst behauptet, einem jeden Stamme seinen Charakter, seine besondere Organisation, ursprünglich in Beziehung auf sein Klima und zur Angemessenheit mit demselben, gegeben. Unstreitig läßt sich dieses genaue Verhältniß zwischen dem Lande und seinen Bewohnern am leichtesten und kürzesten durch die lokale Entstehung der letztern erklären.[146]

Freilich ging es Forster bei diesem Vorschlag nicht bloß darum, die Theorie Kants mit ihren Widersprüchen und Komplikationen durch ein einleuchtendes Argument schlagend zu widerlegen. Vielmehr hatte dieser Gedanke für Forster den besonderen Reiz, daß er damit seine eigene Befreiung von der religiösen Bevormundung seines Denkens provozie-

---

142 „Attamen de origine harum in genere humano varietatum aliquid certi vel ea ratione constitui nequit, quod in universum historica traditione antiquiores sint, et Iudaeorum oracula, quibus Europaei e consuetudine piè assentiuntur, de iisdem sileant." AA VI 97.
143 Vgl. AA XIV 447, 454, und Uhlig 2004 S. 196.
144 Vgl. Uhlig 2004 S. 204f.; AA XIV 582f., 588, 635.
145 AA VIII 150.
146 AA VIII 151.

rend an die Öffentlichkeit bringen konnte. Mit dieser Absicht richtete er seine Polemik auch noch gegen einen weiteren Artikel Kants, den *Mutmaßlichen Anfang der Menschengeschichte*. Ähnliche Überlegungen hatte Voltaire dazu benutzt, die biblische Schöpfungsgeschichte der Absurdität zu überführen, und Forster machte sich nun lustig über die verbreitete Berührungsangst vor diesem Ketzer. War er sich auch der Gefahr bewußt, daß diese These zur Rechtfertigung der Rassendiskriminierung und Versklavung der Afrikaner mißbraucht werden konnte, so konnte er darauf hinweisen, daß bisher die gegenteilige Annahme einer gemeinsamen Abstammung eine solche Erniedrigung, wie überhaupt Blutvergießen und Kriege auch nicht verhindert habe.

Von all dem abgesehen, gab die Debatte über die Menschenrassen Forster einen Anlaß zur prinzipiellen Erörterung der Taxonomie. Dies war kein neues Thema für ihn. Vom Anfang seiner botanischen Arbeiten an mit dem Linnéschen System vertraut, hatte er auch dessen Grenzen und Schwächen bemerkt, und gerade bevor er seinen Aufsatz schrieb, hatten ihn Campers vergleichende Anatomie und Herders *Ideen zur Philosophie der Geschichte der Menschheit* mit der Vorstellung einer nicht-systematischen Naturordnung bekannt gemacht. Aber Kant griff das Linnésche System von einer ganz anderen Seite her an, indem er diesem bloß nach Ähnlichkeiten klassifizierenden Schulsystem eine „Natureinteilung" entgegensetzte, „welche die Tiere nach *Verwandtschaften* in Ansehung der Erzeugung einteilt". Für ihn war eine Gattung (so gab auch Kant hier, wie oben bemerkt, den systematischen Terminus „species" wieder) eine Gruppe von Lebewesen gemeinsamer Abstammung, und, einer Regel Buffons folgend, sah er den Beweis für diese Gemeinsamkeit in dem Vermögen, „mit einander fruchtbare *Jungen* zu erzeugen".[147] Diese genetische Definition einer Art forderte Forsters heftigen Widerspruch heraus: einerseits hielt er die gemeinsame Abstammung für prinzipiell unbeweisbar, und andererseits konnte er zahlreiche Beispiele von Bastardbildungen anführen, mit denen die Fortpflanzungsfähigkeit nachweislich die Grenzen einzelner Arten überschritt. Hier besann sich Forster auf den eingestanden künstlichen, nominalistischen Charakter von Linnés System, das die Naturwesen rein morphologisch zu beschreiben und zu klassifizieren suchte, ohne den Anspruch zu erheben, damit genetische Zusammenhänge festzustellen. Allerdings fand Forster dabei keine befriedigende Antwort auf die Frage, ob die verschiedenen Menschenrassen als Varietäten oder Arten anzusehen waren, wenn er nämlich nach Linnés Vorschrift eine Varietät „blos durch die Unbeständigkeit ihrer Merkmale" bestimmte, was auf die Rassen offensichtlich

---

147 Kant Bd VI S. 11, vgl. Kant Bd VI S. 78.

nicht zutraf.[148] Das Wort Rasse erschien Forster überhaupt im Sprachgebrauch zu unbestimmt und vieldeutig,[149] so daß er meinte, man könne „es füglich entbehren".[150]

Über diesen scheinbar untergeordneten Einzelpunkt muß Forster nach Abschluß seines Menschenrassenartikels weiter nachgedacht haben, denn schon im Kompendium seiner zoologischen Vorlesung führt er nun eine völlig neue taxonomische Kategorie in die Systematik ein: das „exemplum", das eigens mit der Absicht konzipiert zu sein scheint, den Rassen eine angemessene Stelle im Natursystem einzuräumen, nämlich innerhalb der Art und neben der Varietät. Als „exempla" definiert Forster Gruppen von Tieren, die zu geringfügig von anderen abweichen, um eine eigene Art zu bilden, die sich aber von Varietäten in zwei Punkten unterscheiden: sie pflanzen ihre Eigenart unverändert fort, und es steht nicht fest, ob sie mit der übergeordneten Art einen gemeinsamen Ursprung haben.[151] Das ungewöhnliche Wort „exemplum" wählt Forster offenbar mit Bedacht, um die Unbestimmtheit des Wortes „Rasse" und seiner naheliegenden lateinischen Äquivalente, wie „gens", „stirps" oder „indoles", zu vermeiden.

Damit sind wir, nach weit ausholenden Präliminarien, endlich zu unserem Text zurückgekehrt. In diesem läßt Forster die Auseinandersetzung mit Kant und die meisten ihrer Streitpunkte, wie die Erörterung der Hautfarbe, hinter sich; er verschweigt sogar Kants Namen und geht auch mit keinem Wort auf die biblische Schöpfungsgeschichte ein. Aber er zieht aus dieser Debatte nun eine nüchterne Bilanz, die seine eigene Position richtigstellt und klärt. Noch entschiedener als in dem Aufsatz über die Menschenrassen schließt er jetzt von der Definition einer Art jede genetische Begründung aus, wie die Annahme der gemeinsamen Abstammung oder Fortpflanzungsfähigkeit, und erkennt ausschließlich die Kriterien der deskriptiven Morphologie Linnés an, die eine Art rein durch die Gemeinsamkeit der charakteristischen Kennzeichen be-

---

148 AA VIII 146.
149 Diese Mehrdeutigkeit bestätigt übrigens sein eigener Gebrauch des Wortes „race" und seiner Synonyme wie „nation", „people", „tribe", „stock" und dergl. in seiner *Voyage Round the World*.
150 AA VIII 152.
151 „Minoris notae differentiae, quales coloris, magnitudinis, pubescentiae, cet. ad species distinguendas non valent. *Exempla* tamen specierum his notis ab invicem discrepantia [im Druck: discrepantium], quae in generatione continua persistunt, et de quibus non constat, quin communem ab unica specie [im Druck: species] originem trahant, a *Varietatibus* (§. 10) inconstantibus, et procul dubio derivativis, cauté distinguenda sunt." AA VI 1480f.

stimmt.[152] So unterscheidet er den Menschen vom Affen im Hinblick auf seine Anatomie als eine eigene Art („species"), und auf Grund seiner geistigen Fähigkeiten trennt er ihn noch weiter von den Säugetieren insgesamt, indem er ihm sogar eine Gattung („genus") für sich allein zuteilt. Für die Argumentationen, die dabei ins Spiel kommen, sollten gerade die hier vorausgeschickten, scheinbar weit abschweifenden Exkurse einleuchtende Erklärungen bieten, und so kann nun ohne weiteren Kommentar Forster selbst zu Worte kommen, beginnend an dem Punkt, wo sich seine Vorlesung grundsätzlich von Blumenbachs Abhandlung entfernt:

> Nun glaube ich, die Frage nach dem Unterschied zwischen den Menschen und den übrigen Tieren zur Genüge beantwortet zu haben. Die andere Frage ist, ob die Menschengattung (genus humanum) aus mehreren Arten (pluribus speciebus) besteht oder ob es nur eine Art ist, die diese Gattung bildet.
>
> Wenn wir uns nicht um des Kaisers Bart streiten wollen, müssen wir von einer Definition ausgehen. Es ist nämlich offensichtlich, daß in den verschiedenen Weltteilen vielfältige *Exempla* von Menschen zu finden sind, und deshalb bietet sich uns ein weiter Bereich, in dem man verschiedener Meinung sein kann, je nachdem, welchen Begriff man sich davon gebildet hat, was eine Art und was eine Gattung ausmacht.
>
> Einige definieren eine Art so, daß sie behaupten, alle Tiere, die von einem einzigen Tierpaar abstammen, bilden eine Art. Dies wäre die beste Definition, wenn sie zu beweisen wäre. Aber ich frage, auf welchen Grund man sich stützen kann, um zu wissen, ob z. B. alle die zahlreichen Hunderassen von einem einzigen Paar abstammen? Wer bietet uns einen glaubwürdigen historischen Bericht, sei er geschrieben oder durch Tradition überliefert, mit dem, ich will gar nicht sagen nachgewiesen, aber wenigstens wahrscheinlich gemacht wird, daß die Individuen einer jeden Art von einem einzigen Paar abstammen? Dies gibt es nicht und kann es nicht geben. Das Zahlenverhältnis zwischen den Tieren können wir uns gar nicht anders vorstellen, als es jetzt besteht. Gesetzt, es habe am Anfang nur ein einziges Paar von Löwen, Tigern, Panthern, Luchsen, Bären, Wölfen, Hyänen und anderen fleischfressenden Tieren gegeben, dies wenigstens mag sich nicht widersprechen. Aber da sich nun die Löwen, Tiger, Panther und anderen fleischfressenden Arten von den wehrlosen und schwächeren pflanzenfressenden Arten ernähren, wie etwa Schafen, Ziegen, Hasen, Antilopen, Hirschen und anderen dergleichen, sieht man da nicht ein, daß diese schon bei ihrem ersten Auftreten auf der Stelle ausgerottet worden wären, wenn man annähme, daß von diesen Tieren ebenfalls nur ein Paar vorhanden gewesen sei? Ein Löwe hätte eine ganze Art oder sogar mehrere

---

152 Forster greift hier auf eine Argumentationskette zurück, die er bereits in den methodischen Vorüberlegungen der Vorlesung vorbringt (AA VI 1570f.).

vernichtet, wenn er nur einmal und zum ersten Mal seinen Magen gefüllt hätte. Deshalb ist es höchst wahrscheinlich, daß wenigstens einige Arten, wenn nicht alle, auch von mehreren Paaren am Anfang der Welt abstammen. Da jene Regel nicht für alle Arten zutrifft, kann sie nicht zu einer allgemeinen Definition dienen.

Es ist also nötig, seine Zuflucht bei einer anderen Definition einer Art zu suchen, die stimmiger ist und für alle Arten zutrifft. Diese Definition rühmen sich diejenigen gefunden zu haben, die überzeugt sind, das Ganze beruhe völlig auf der fruchtbaren Paarung der Tiere.

Nach ihrer Meinung nämlich gehören diejenigen Tiere zur selben Art, aus deren Vermischung vollkommen ausgebildete Sprößlinge hervorgehen. [am Rand:] (Corp. Org. 37.d.)[153] „Aber wir wissen, daß ein Esel mit einer Pferdestute einen Maulesel und ein Pferdehengst mit einer Eselin ein Maultier erzeugen. Danach würden Esel und Pferd nur eine Art darstellen, obwohl sie sich doch durch offensichtliche charakteristische Kennzeichen voneinander unterscheiden." Darauf antworten die Gegner, es sei nicht genug, wenn aus der Paarung verschiedener Individuen Nachkommen entspringen, es sei nötig, daß diese fruchtbar sind, um ihre Art fortpflanzen zu können; Maulesel und Maultiere seien aber unfruchtbar. „Ich würde schweigen, da es doch Beispiele gibt, wenn auch seltene, wo Mauleselinnen Junge haben. Tatsächlich scheint mir mehr gegen diese Definition zu sprechen, daß der Kanarienvogel mit dem Stieglitz, der doch ein ganz verschiedener Vogel ist, mit dem Fink, mit dem Hänfling und anderen eine fruchtbare Begattung ausübt, und daß auch die Mischlinge, die daraus hervorgehen, fruchtbare Nachkommen erzeugen können. Deshalb finde ich diese Fortpflanzungsregel unzulänglich zur korrekten Begründung einer Artdefiniton. Zur Zeugung von Nachkommen genügt es nämlich, daß die Genitalien beider Gatten zueinander passen und daß die Schwangerschaftsperioden der beiden Arten nicht allzu sehr verschieden sind, wenn auch in der übrigen Körpergestalt größere Unterschiede bestehen können. Es ist nicht durch genügend Experimente bewiesen, welche Tierarten sich durch fruchtbare Begattung untereinander fortpflanzen können und welche nicht.["] Schließlich könnte es zufällig eintreten, daß sogar eine Begattung zwischen Menschen und Affen fruchtbar ist, wenn ein derartiges Experiment auch schlechthin zu verabscheuen ist; sollen wir dann glauben, daß die Menschen mit den Affen bis zur Artgemeinschaft verbunden sind? Tatsächlich mißfällt mir diese ganze Art der Definition. Denn angenommen, wir hätten zwei verschiedene aber einander ähnliche Tiere, und es sei die Frage, ob sie zur selben Art oder zu zwei verschiedenen gehören. Wie

---

153 Dies verweist auf Charles Bonnet: Considérations sur les corps organisés, où l'on traite de leur origine, de leur développement, de leur réproduction, &c. & où l'on a rassemblé en abrégé tout ce que l'histoire naturelle offre de plus certain & de plus intéressant sur ce sujet. Amsterdam: Ray 1762 u. weitere Auflagen, Neudruck [Paris]: Fayard 1985. Ich danke Klaus-Georg Popp für den Hinweis auf Bonnet.

kann man die Sache mit Sicherheit entscheiden? Sie müssen sich paaren. Aber zufällig sind sie nicht verschiedenen Geschlechts, beides sind Männchen oder Weibchen. Immerhin will ich dir zu Gefallen zugestehen, daß eines ein Männchen ist und das andere ein Weibchen; sie mögen sich paaren, und sogar ein Junges soll geboren werden; dieses Junge soll heranwachsen und sich mit einem anderen dritten Tier paaren, das entweder aus der mütterlichen oder der väterlichen Art herbeizubringen ist, damit du schließlich erkennen kannst, ob es zur Fortpflanzung geeignet ist. Inzwischen sind vielleicht viele Jahre vergangen; der Beobachter selbst ist gestorben oder anderswohin gezogen. Kurzum, ich glaube nicht, daß die Naturgeschichte vernünftigerweise so zu betreiben ist, daß ein Naturforscher viele Jahre dafür aufwenden muß, die Art von Tieren zu bestimmen. Vielmehr muß einem jeden Tier auf der Stelle, gleich nach dem ersten Anblick, in Anbetracht seiner natürlichen äußeren Kennzeichen sein Platz im künstlichen System zugeteilt werden. Was ist nun die wahre Definition einer Art? Ich jedenfalls kann keine andere angeben als die eine, die hier folgt:

Alle Individuen, die in Anzahl, Gestalt, Stellung und Proportion der äußeren Körperteile übereinstimmen, machen eine einzige Art aus; zu verschiedenen Arten gehören aber diejenigen, die sich in Anzahl, Gestalt, Stellung und Proportion der Körperteile voneinander unterscheiden. Hier muß keine Zuflucht bei Fortpflanzung und Abstammung gesucht werden, denn die Natur täuscht uns nicht, und aus Gleichem geht nichts Ungleiches hervor, sondern die Nachkommen sind immer den Eltern gleich.

Nun müssen wir uns nur noch auf die Definition einer *Gattung* (*genus*) besinnen: Eine *Gattung* in unserem Sinn faßt solche Arten, die ein gewisses einzelnes Kennzeichen besitzen, zu einer Gruppe zusammen. Es gibt aber Gattungen, die nur eine einzige Art umfassen; d.h. es gibt Tiere, die so vereinzelt gebildet sind, daß sie nicht mit anderen Tieren in eine Gattung zusammengezwängt werden können; daher sind sie gesondert in das System einzuordnen.

Um diese Definitionen auf den Menschen anzuwenden, fragen wir zuerst, ob sich bei ihm Charakteristika oder bestimmte körperliche Kennzeichen finden, die eine Trennung des Menschen von den Affen als einer besonderen Gattung (genus) erlauben. *Linnè*, gewiß die große Autorität in der Naturgeschichte, war darüber im Zweifel und gestand,

1) er habe noch keine solchen Kennzeichen gefunden, die den Menschen *als eine Gattung* von den Affen unterschieden. Dennoch hat er selbst diese Unterscheidung getroffen, damit man ihm nicht vorwerfen könnte, widersinnig zu sein. Diese Richtung schlagen auch wir am liebsten ein. Denn sonst genügen die Merkmale, die den Menschen von den Affen unterscheiden, sicher zur Bestimmung einer Art (species), aber nicht einer Gattung. Die Zahl der Zähne ist nämlich dieselbe, auch ihre Stellung ist ungefähr gleich; die Zahl der Finger ist gleich, der Daumen ist genau so abgesetzt; die Brustwarzen sind ähnlich in der Brust gelagert, der übrige Körper stimmt außerordentlich überein. Dagegen vermögen der Gang auf

zwei Beinen, die abstehende Richtung der Fußsohlen, das Fehlen des Zwischenkieferknochens und so weiter wohl eine Art zu bestimmen, nicht aber
eine besondere Gattung aufzustellen. Trotzdem, mag uns auch unsere
Verwandtschaft mit den häßlichsten Tieren immer an unsere Eitelkeit erinnern und dazu dienen, Hochmut und Anmaßung der Menschen niederzu-
halten, so wollen wir dennoch, um nicht unseren Vorrang zu vergessen,
der im Gebrauch der Vernunft besteht, den Menschen für sich in eine besondere Gattung (genus) setzen.

2) Die zweite Frage sollte leicht zu entscheiden sein: ob nur eine Menschenart anzunehmen ist oder mehrere. Ganz sicher kann man nämlich
antworten, daß nach unserer Definition an allen Orten, wohin wir gelangt
sind, keine anderen Menschen gefunden worden sind, als solche, die nach
Zahl, Stellung, Gestalt und Proportion der Körperteile gleich sind, und daß
daher alle in eine Art einzuordnen sind.

Trotzdem gibt es gewisse Unterschiede geringerer Art, nämlich in Farbe, Größe und Behaarung, ja auch geringfügige Verschiedenheiten in der
Gestalt unter den Einwohnern der verschiedenen Erdteile, die ebensoviele
fortdauernde *Exempla* von Menschen darstellen. Ich nenne sie Exempla,
nicht etwa *Varietäten* (*varietates*), denn Varietäten sind nicht fest bleibend,
sondern sie kehren zu den ursprünglich angeborenen Anlagen der Vorfah-
ren zurück, von denen sie abstammen, und müssen für zufällig oder äußerlich gehalten werden. Das Merkmal der *Exempla* dagegen ist unauslösch-
lich, es bleibt immer in der Nachkommenschaft und ist ihr gleichsam
eingebrannt bis auf die letzten Generationen. Der Unterschied zwischen
den Varietäten und den Exempla liegt darin, daß wir bei den Varietäten
wissen, welche Art sie ursprünglich gemeinsam hatten; den Ursprung der
Exempla jedoch kennen wir schlechterdings nicht. Denn wer kann uns sagen, ob die Äthiopier, oder die Afrikaner vom Niger, d. h. jene schwarzen
Menschen mit plattgedrückter Nase, geschwollenen Lippen und wolligem
krausem Haar, mit uns einen gemeinsamen Ursprung haben oder nicht?
Wer kann behaupten, ob die Völker Amerikas dieselbe Abstammung haben
wie die Europäer und Asiaten, oder ob sie eine getrennte Herkunft haben?
Ich jedenfalls habe, so viele Bücher ich bisher nachschlagen konnte, bei
keinem Autor einen solchen Beweis gefunden, und ich gestehe, daß ich
nur immer unsicherer geworden bin als vorher. Deshalb werde ich zunächst die wohlgeordnete und vorzügliche Beschreibung der menschlichen
Art vortragen, die Linné mit männlicher Hand gezeichnet hat, und dann
die *Exempla* aufzählen, die bisher auf dem Erdkreis gefunden worden sind.

Es folgt die Beschreibung Linnés.[154]

Dieser letzte Satz gibt wahrscheinlich dem dozierenden Forster selbst das
Stichwort dafür, an dieser Stelle den von ihm verbesserten Linnéschen
Text aus seinem Kompendium vorzutragen.

---

154 Übersetzt aus dem Lateinischen in AA VI 1670–1673.

Nach dieser allgemeinen Bestimmung der menschlichen Art behandelt Forster die „Exempla und Varietäten, die in der menschlichen Art beobachtet worden sind".[155] Zunächst bietet er lange Aufzählungen von Extrem- und Sonderformen, wie Riesen und Zwergen, Hautverfärbungen, Mißbildungen, künstlichen Verunstaltungen, verwilderten Kindern und fälschlich als Abartungen ausgegebenen Erkrankungen, darunter kuriosen Einzelfällen und Fabelwesen aus kolportagehaften Schilderungen der historischen Überlieferung. Neben anderen Quellen folgt Forster auch hier hauptsächlich Blumenbach. Wie dieser zählt Forster alle auffindbaren Fälle auf und entlarvt mit nüchterner Kritik viele als Übertreibungen und phantastische Fabeln. So rekapituliert er seine eigene Kasseler Rede über die Pygmäen mit ihrer rein allegorischen Deutung dieser aus der antiken Literatur bekannten Zwerge.[156] Forsters eigener Sinn für Sprache und seine polyglotte Sprachfähigkeit bezeugen sich darin, daß er unter den Varietäten auch die Verschiedenheit der Sprachen und die phonetischen Beschränkungen bestimmter Nationalsprachen bedenkt und zu begründen sucht.[157] So weit es bei der bunten Sammlung oft fragwürdiger Zeugnisse auszumachen ist, handelt es sich dabei hauptsächlich, nach Forsters Definition, um Varietäten.[158] Wenn er hier gelegentlich das Wort „exemplum" benutzt, so bezeichnet er damit, dem üblichen Sprachgebrauch folgend, rein individuelle Einzelfälle.[159]

---

155 „Exempla et Varietates in Specie Humana observatae" AA VI 1674.

156 AA VI 1675f., vgl. VIII 108–121 und Uhlig 2004 S. 132.

157 „*Loquelae* maximae sunt diversitates in hominum variis gentibus, quae neutiquam omnes a Climatis, coelive potentia derivari possunt; licet verum sit in genere, gutturalem esse pronunciationem monticularum, diducto autem ore et in longum tractis vocabulis maritimos populos loqui. Caeterum, dissimillimo sermone saepius gaudent populi vicini, quibus eadem coeli temperies est, et fere vitae genus idem. Singulares autem defectus nonnulli observantur in loquela diversorum populorum quorum caussa nondum satis in aperto est. Cur enim Hispani litteram *m* finalem pronunciare nesciunt? Sinenses *r* et *d* proferre non possunt. Groenlandiis molestum est *x* et *tsch* enunciare. Taheitenses *s* litteram et omne sibilum pronunciare non valent; neque Vocem proferunt, cuius non omnes syllabae in vocales exeant?" AA VI 1682.

158 Im Kompendium wird dieser Abschnitt folgendermaßen zusammengefaßt: „*Varietates* speciei humanae plures, loco, victû, *Exemplorum* commixtione, cultura, arte diversae." AA VI 1507.

159 Zum Beispiel: „Sed eiusmodi exempla solitaria sunt et infrequentia," AA VI 1674, „6.° *artificialium diversitatum exempla.*" AA VI 1682, „Hominum nonnulla exstant exempla, miserorum, qui inter feras expositi vel casu oberrantes, harum forte pietate enutriti sunt et educati." AA VI 1685, „Recentioris aevi exempla e diversissimis et maxime dissitis orbis nostri partibus vidimus. Ex Germania cel.

Die nächsten zwei Abschnitte dagegen beziehen sich auf Exempla genau und ausschließlich in dem terminologischen Sinne der Definition in dem Kompendium. Unter dem Titel: *Hauptsächliche Exempla in der einen Menschenart*[160] begründet Forster seine Einteilung der Menschenrassen folgendermaßen:

> Da heutzutage fast alle Regionen des ganzen Erdkreises von Menschen besiedelt sind, da diese sich durch Handel, Schifffahrt, Krieg und viele andere Ereignisse miteinander vermischen, scheint es völlig unmöglich zu sein, den Übergang von einer Menschenform in eine andere zu beobachten, und es ist schon an sich offenbar, daß keine festen und bestimmten Grenzen zwischen ihnen bestehen. Es kann auch gar nicht anders sein, da doch die meisten Einteilungen der menschlichen Gattung in bestimmte Varietäten, die wiederholt von berühmten Männern versucht worden sind, sich nur als höchst willkürlich und unbestimmt erweisen mußten. Zweifellos könnten wir, wenn ältere Zeugnisse über die verschiedenen menschlichen Exempla existierten, darauf gestützt deren ursprüngliche Anzahl vollständiger und besser erforschen. Tatsächlich haben in den Urzeiten fast alle Völker gleichsam abgesondert und beinahe vom ganzen Erdkreis voneinander getrennt gelebt. Der Antike ganz und gar unbekannt erstreckte sich mehr als die Hälfte der ganzen Erde, obwohl sie doch ihre eigenen Einwohner hatte; die Römer nämlich hatten vom chinesischen Reich, von Japan, von ganz Sibirien und ganz Amerika nicht die geringste Kenntnis, und die Autoren dieser Zeit haben ihre Aufmerksamkeit nicht sorgfältig genug auf die Dinge gerichtet, die am meisten zur Bestimmung der Unterschiede zwischen den Exempla beitragen.
>
> Daher bleiben uns nur Vermutungen, wenn wir über die ursprünglichen Verschiedenheiten urteilen wollen. Wenn wir uns aber nicht auf Hypothesen verlassen wollen, müssen wir die heute bekannten *Exempla* aufzählen, so weit sie erkennbar sind, und dabei auch die offensichtlicheren Verschiedenheiten ihrer Gestalt und ihre eigentümlichen und charakteristischen Kennzeichen. Diese Regel habe ich mir bei der folgenden Aufzählung von Exempla vorgeschrieben, und ich habe mich vor allem bemüht, jeweils einen gewissen Punkt auf dem Erdkreis anzunehmen, wo die Menschenform insgesamt möglichst unverkennbar von den übrigen Exempeln abweicht; jeden einzelnen dieser Punkte nehme ich gleichsam als Zentrum eines einzelnen Exempels an; aber die Peripherie des Kreises, den diese oder jene Menschengruppe einnimmt, habe ich nicht immer zu umschreiben gewagt, da ich sehr wohl erkennen muß, daß diese Peripherien einan-

---

Blumenbach exemplum iuvenis cuiusdam sibi amici adduxit, [...] in Malabarico regno exempla bene multa exstant." AA VI 1691; in einem Fall wird die Klassifizierung als Exemplum ausdrücklich abgelehnt: *„de morbis perperam inter Exempla humanae speciei recensitis."* AA VI 1687.

160 *„Exempla praecipua in Hominis Specie unica"* AA VI 1692.

der überschneiden und gerade in den Überschneidungen unvermeidliche Mischungen unter den Exempeln entstehen.

Ich nehme sieben Punkte dieser Art an: 1) in Nordamerika jenseits des 60. nördlichen Breitengrads, 2) in Amerika um die nördlichen Teile des Königreichs Mexiko, 3) im Altaigebirge von Asien, 4) in Indien am Ganges, 5) im Kaukasusgebirge, 6) in Guinea in Afrika, 7) in den ostindischen Inseln von Neuguinea.[161]

Darauf teilt Forster die Art „Homo (Sapiens) *erectus*" insgesamt in die folgenden sieben „Exempla Hominum", d. h. also Rassen, ein: 1. die Grönländer und Eskimos, 2. die amerikanischen Indianer, 3. die Skythen, Mongolen, Kalmücken und Chinesen, 4. die Inder, zu denen er auch die alten Ägypter zählt,[162] 5. die Kaukasier, 6. die Afrikaner und 7. die Australier.[163] Die ausführlichen Beschreibungen der einzelnen Rassen enthalten sowohl physische Charakterisierungen wie Bemerkungen zur Lebenskultur, in denen sich neben eigenen Erfahrungen Forsters auch viele seinerzeit geläufige Vorurteile niederschlagen. Forster weist nicht ganz von der Hand, daß es weitere Rassen geben könne; andererseits gibt er die Möglichkeit zu, daß einige der von ihm als gesondert bezeichneten Rassen durch den Beweis eines gemeinsamen Ursprungs miteinander zu vereinigen sind. So lasse sich etwa eine größere Ähnlichkeit und damit Verwandtschaft zwischen den amerikanischen und den altaischen Völkern erweisen, und die Kaukasier könnten mit den Indern verbunden werden. Zur Verdeutlichung seiner Unterscheidung der Begriffe „Varietät" und „Exemplum" weist Forster darauf hin, daß innerhalb der so bestimmten Exempla alle möglichen Varietäten auftreten können.[164]

Diese Aufstellung ist wesentlich differenzierter als die damals gängigen Rasseneinteilungen von Linné, Buffon, Kant und Blumenbach. Am nächsten stehen ihr die Beschreibungen, die Herder im 6. Buch seiner *Ideen zur Philosophie der Geschichte der Menschheit* bietet, wo allerdings

---

161 Übersetzt aus dem Lateinischen in AA VI 1692.

162 „Equidem Aegyptiorum populum, cui antiquitus [im Druck: antiquitas] non solum Mores, verum et corporis notae hodiernis Indis simillimae competebant, ad hocce hominum exemplar accensendum esse nullus dubito." AA VI 1697. Im dritten Teil seiner *Ideen* bemerkte 1787 auch Herder, die Ägypter seien „wahrscheinlich ein Südasiatisches Volk, das Westwärts über das rote Meer oder gar weiterhin herkam und sich von Aethiopien aus allmählich über Aegypten verbreitete." (Herder Bd VI S. 501).

163 „*(Arcticus) Groenlandius*" AA VI 1693f., „*Americanus*" AA VI 1694f., „*(Scytha.) Mogolus (Kalmyccus) Sinensis*" AA VI 1695f., „*Indus*" AAVI 1696f., „*Caucasius*" AA VI 1697f., „*afer*" AA VI 1698f., „*australis*" AA VI 1699f.

164 AA VI 1700f.

nicht distinkt getrennte Rassen bezeichnet werden, sondern vielmehr
„ein fortgehendes Gemälde klimatischer Nationalbildungen" geliefert
wird.[165] Blumenbach hatte in seiner Dissertation ursprünglich vier Rassen angenommen. In der zweiten Fassung dieses Werks, die Forsters
Vorlesung zugrundelag, hatte er einer fünften Rasse den Pazifik, einschließlich der Sunda-Inseln, Molukken und Philippinen, eingeräumt,
wozu ihn J. R. Forsters *Observations* angeregt hatten.[166] Dort waren freilich, wie hier bereits bemerkt, die Bewohner dieses Gebiets als Einwan-
derer aus zwei verschiedenen Herkunftsbereichen bezeichnet worden.
Dem entspricht Georg Forsters Vorlesung insofern, als sie die Polynesier
nicht eigens erwähnt, sondern implizit der über China hinaus nach Süden hin ausgebreiteten mongolischen Rasse zuordnet,[167] während sie die
Melanesier zum „homo australis" zählt, dessen Zentralpunkt sie auf
Neuguinea ansetzt.[168] In seiner Lobschrift auf Cook führt Forster unter
den thesenhaften Resultaten der Reisen Cooks die beiden Südseerassen
an, ohne auf deren Herkunft einzugehen.[169]

   Indem Forster auch bei der Definition eines Exemplum, d. h. nach
seiner Bestimmung: einer Rasse, betont von der Frage der Herkunft
absah und sich auf die deskriptive Morphologie beschränkte, nahm er

---

165 Herder Bd VI S. 209-250, Zitat S. 390.

166 „QVINTAM [scil. varietatem] demum constituit *nouus orbis australis*, cui ni
   fallor quoque insulae Sundaicae, Moluccae, Philippinae etc. commode
   accenseri possent, hominibus in vniversum coloris intense fusci, naso lato, et
   denso capillo. Illos qui archipelagum pacificum inhabitant Cel. IO. REINH.
   FORSTER iterum in binas diuidit Tribus. Altera quam Utahittenses,
   Nouozeelandi et incolae insularum amicarum (*Friendly Isles*), Societatis,
   Paschatis, Marquesas etc. constituunt, homines elegantioris figurae et placidi
   magis ingenii complectitur: cum reliqui qui nempe nouam Caledoniam,
   Tannam, Nouas Hebrides etc. incolunt, magis nigri, crispi, et quod ad ingenium magis diffidentes et feroces sint." Blumenbach 1781. S. 52. Eine Anmer-
   kung verweist auf J. R. Forsters *Observations*.

167 „Tertium humanae formae exemplum in Altaico monte Asiae reperio, atque
   huc refero Mogolicas, ut vocantur, Gentes, immo Kalmyccos, Tibetanos,
   Koreanos, Japonenses et Sinenses, nec non in universum Sibiriae plurimas gentes, multasque alias, quae a Sinae imperio versus austrum inhabitant." AA VI
   1695.

168 „Ii Novam Hollandiam, vastissimam terram, quae Europae superficiem
   exaequare Videtur, tum proxime adjacentem Novam Guineam, nec non aliquot insulas oceani pacifici, orientem versus positas, et alias in Moluccarum, et
   Philippinarum Archipelago, inhabitant. Princeps tamen eorum Sedes in Nova
   Guinea videtur positas [im Druck: posita] esse, quamquam et in N. Hollandia,
   absque omni commixtura cum aliis hominum exemplaribus reperiantur." AA
   VI 1699f.

169 AA V 280.

ausdrücklich den Vorschlag einer polyphyletischen Abstammung zurück, den er in seinem Essay über die Menschenrassen vorgebracht hatte. Andererseits beließ er damit den Rassen immer noch eine stärker ausgeprägte eigenständige Identität, als wenn er ihre Existenz kurzerhand, wie seinerzeit üblich (und logisch fast unumgänglich), durch eine Degeneration von einem gemeinsamen Stamm erklärt hätte. Dies ist nur das früheste von weiteren Zeugnissen dafür, daß er sich nun mit skeptischem Agnostizismus bei der Frage der menschlichen Herkunft ausdrücklich seiner Stimme enthielt. So schrieb er am 21. Januar 1787 an Herder, er sei weit entfernt,

> zu glauben, daß das Menschengeschlecht wirklich mehrere Stammväter gehabt habe, sei erwiesen. Ich denke nur, die Sache hat gewonnen, daß man sie einmal von einer andern Seite ansieht, und daß man zeigt, wie wenig die bisherigen Beweise das leisteten, was man von ihnen behauptete.[170]

Ein undatiertes Fragment, das unter dem Titel *Menschen-Racen* überliefert ist, rekapituliert den Standpunkt der Vorlesung von 1786/87, indem es erklärt, daß „die Menschen Einer Gattung sind, ist wohl ausgemacht, sobald man den Begrif von Gattung so bestimmt, daß es sich ausmachen läßt," und daran die skeptische Einschränkung anschließt:

> Ob sie aber alle Eines Stammes sind, folgt *daraus* noch lange nicht; im Gegentheil, soweit ich jezt zu beurtheilen im Stande bin, wird dies immer *Glaubenssache* bleiben, d. i. eine Sache, wovon man höchstens nur Muthmaßungen haben, und eine der andern vorziehen kann.[171]

In seiner Liste der Resultate von Cooks Reisen behauptet Forster,

> daß die Natur des Menschen zwar überall klimatisch verschieden, aber im Ganzen, sowohl der Organisation nach, als in Beziehung auf die Triebe und den Gang ihrer Entwickelung, specifisch dieselbe ist.[172]

Das Wort „specifisch" deutet auf den naturhistorischen Begriff der Species, deren Einheit hier betont wird, ohne daß von der Abstammung die Rede wäre.

Als Forster 1789 die gewichtigsten seiner früheren *Kleinen Schriften* in einem Sammelband erneut herausgab, schloß er davon den Artikel *Noch etwas über die Menschenraßen* aus, ohne ihn überhaupt zu erwähnen.[173] Dies fällt um so mehr auf, als Forster in der Vorrede zu diesem

---

170 AA XIV 621.

171 AA VIII 157.

172 AA V 280.

173 Kleine Schriften. Ein Beytrag zur Völker- und Länderkunde, Naturgeschichte und Philosophie des Lebens, gesammlet von Georg Forster. Erster Theil. Leip-

Band, wie oben bereits bemerkt, ausdrücklich die Anthropologie zum
Zentralthema seiner bisherigen Forschungen erklärt und einleitend die
fünf abgedruckten Arbeiten mit ihren jeweiligen Anlässen in ihrer chronologischen Reihenfolge vorstellt, die von 1780 bis 1789 reicht. Hier
hätte auch der Menschenrassen-Artikel seinen angemessenen Platz gehabt, den Forster polemisch erregt und mit provozierendem Nachdruck
im Sommer 1786 verfaßt hatte. Wenn er diese Schrift nun jedoch mit
völligem Stillschweigen übergeht und damit eine spürbare Lücke in der
Dokumentation seines Werks zuläßt, so kann dies nur bedeuten, daß
Forster sich mit Absicht davon distanziert. Die zoologische Vorlesung ist
freilich in dem Band auch nicht vertreten. Mit ihrer akademischen
Form, zumal ihrer lateinischen Sprache, paßte sie nicht in eine Sammlung kleiner deutscher Schriften, die alle bereits anderwärts publiziert
waren. Aber mit ihr hatte Forster doch den Artikel über die Menschenrassen weit hinter sich gelassen, und von dem höheren Standpunkt aus,
den er damit erreicht hatte, mochte er sich wohl nicht noch einmal mit
einem autorisierten Neudruck zu dieser überholten Äußerung beken-
nen. In diesem Sinn änderte er auch in dem Sammelband bei der Schrift
über den Brotbaum einen Passus derart, daß die Afrikaner nicht mehr
mit selbstverständlicher Überzeugung als „unsere Brüder" bezeichnet
werden, sondern zurückhaltend als vernunftbegabte Menschen, „ihr
Abstamm sey so ungewis wie man will".[174] Vielleicht war Forster auch
tatsächlich mit dem „Anstrich von polemisierender übler Laune" des
Artikels über die Menschenrassen unzufrieden, wie er im Herbst 1790
an Kant ausrichten ließ, als er respektvolle Grüße mit diesem tauschte
und sich für die polemische Schärfe seines Angriffs entschuldigte, die er
auf seine damalige körperliche Indisposition zurückführte.[175] Es ist sehr
gut möglich, daß Forster später dazu ansetzte, den Artikel nachträglich
umzuarbeiten; das oben erwähnte Fragment *Menschen-Racen* könnte als
Teil einer geplanten Neufassung entstanden sein. Diese Vermutung legt
eine Bemerkung L. F. Hubers nahe, der, wohl ohne genaue Kenntnis

---

zig: Kummer 1789. Der Band enthält Forsters Vorrede, datiert „Mainz den 31.
März, 1789." (7 unpag. S.), sowie (ausdrücklich nicht chronologisch angeordnet): *Cook, der Entdecker* (S. 1-232), *Neuholland und die brittische Colonie in
Botany-Bay* (S. 233-274), *O-Taheiti* (S. 275-354), *Ueber Leckereyen* (S. 355-392)
und *Der Brodbaum* (S. 393-464). Vgl. Uhlig 2004 S. 243.

174 Georg Forster: Vom Brodbaum. [Cassel]: 1784. S. 3, vgl. dagegen AA VI 64.
175 AA XVI 185, 459f. Ohne Begründung oder Beweis behauptet Siegfried Schei-
be, der Herausgeber des Artikels in der Akademie-Ausgabe, Forster gebe hier
„nicht die wirkliche Einschätzung seines Aufsatzes über die 'Menschenraßen'"
wieder (AA VIII 407f.).

der Zusammenhänge, den Artikel in den von ihm posthum herausgegebenen zweiten Band der *Kleinen Schriften* Forsters aufnahm.[176]

1791 mokierte sich Forster noch einmal, diesmal jedoch vom Standpunkt der prinzipiellen Skepsis aus, über den Versuch, den biblischen Adam zum Stammvater der amerikanischen Indianer zu machen,

> Adam, das Geschöpf irgend einer Orientalischen Phantasie, die sich zur Erklärung des Überganges aus dem Unbegreiflichen ins Begreifliche, so gut wie jeder andere endliche Geist, eine Hypothese schaffen mußte.

Dies trug ihm die indignierte Denunziation eines Mainzer Klerikers ein.[177] Die Fragen der Schöpfung und Abstammung ließ Forster auch beiseite, als er, von Herder angeregt, in dem Essay *Über lokale und allgemeine Bildung* ein anderes „Gesetz der Mannichfaltigkeit" für die Differenzierung der „lokalen Bildungen" entwarf: diese bieten jeweils eine Auswahl aus den Zügen, die allesamt im Prototyp des Menschen angelegt sind, aber nur distributiv gesondert, auf die einzelnen Volkscharaktere auseinandergefächert, tatsächlich zur Entwicklung kommen.[178]

Nach dieser Abschweifung ist nun zum weiteren Verlauf von Forsters Vorlesung von 1786 zurückzukehren, wo eine „kurze Darstellung des physischen Lebens des Menschen" geboten wird.[179] Gestützt auf die medizinische Fachliteratur (er nennt einige Autoren, darunter Albrecht von Haller), verfolgt Forster den Lebenslauf eines Individuums durch alle Stadien der Entwicklung mit eingehenden anatomischen und physiologischen Beschreibungen. Einsetzend mit der Zeugung, verfolgt er das embryonale Wachstum bis zur Geburt, die weitere Entwicklung vom Säuglingsalter zur Entwöhnung und dem Zahnen bis zur Pubertät und dem Ende des Wachstums, das mit der Verhärtung der Knochen zu-

---

176 Georg Forster: Kleine Schriften. Ein Beytrag zur Völker- und Länderkunde, Naturgeschichte und Philosophie des Lebens. Zweyter Theil. Berlin: Voß 1794. S. 287-346. Huber leitete den Band mit der Bemerkung ein, Forster habe die Absicht gehabt, „einen Theil seiner ältern wissenschaftlichen Abhandlungen mit wesentlichen Veränderungen dieser Sammlung einzuverleiben; aber seine Vorarbeiten dazu sind noch zu unförmlich, als daß ein andrer als er, sie hätte brauchen können; und es wird ohne Zweifel mehreren Lesern angenehm seyn, einige von diesen Aufsätzen, auch in ihrer unveränderten Gestalt, hier wieder zu finden" (unpag. „Vorrede des Herausgebers"). So ging der Artikel auch unverändert in Forsters *Sämmtliche Schriften* (Leipzig: Brockhaus 1843. Bd 4. S. 280-306) und von da in die späteren Forster-Editionen über.

177 AA V 569f., 671-674.

178 Vgl. Ludwig Uhlig: Über lokale und allgemeine Bildung. Georg Forsters abschließender Beitrag zur Anthropologie. In: Herder Jahrbuch/Herder Yearbook. IX/2008. Heidelberg: Synchron Verl. 2008. S. 109-130.

179 „Vita Hominis physica breviter adumbrata" AA VI 1701-1706.

sammenfällt. Die besondere Aufmerksamkeit, die Forster dem Embryo und dem Säugling widmet, hat ihren Grund wahrscheinlich in einer persönlichen Erfahrung: kurz vorher war seine erste Tochter Therese geboren worden, an deren Entwicklung er liebevollen Anteil nahm. Wie seine Frau gegen die Landessitte darauf bestand, ihr Kind selbst zu stillen, so rät er in seiner Vorlesung dringend davon ab, eine Amme zuzuziehen, die schon einige Monate gesäugt hat, da deren Milch durch ihren übermäßigen Fettgehalt den Magen des Säuglings schwäche.[180]

Der Lebenslauf wird geschildert als ein Aufstieg zur „Blüte der Jahre" („flos aetatis") und ein darauf folgender Abfall der körperlichen Kräfte; die einzelnen Geisteskräfte treten in bestimmten Stadien in den Vordergrund:

> Das Menschenleben hat zwei Stufen, die erste ist das Wachstum, die zweite die Abnahme; in jener gedeiht das Gedächtnis, in dieser die Urteilskraft. [...]
> Die Geisteskräfte blühen in verschiedenen Lebensstadien. Das Gedächtnis hat die größte Fassungskraft zwischen dem 7. und dem 15. Jahr. Danach verhärtet sich die Gehirnmasse mehr, und je mehr sie erstarrt, umso mühsamer faßt sie die Sinneseindrücke auf. Dann entfaltet die Phantasie ihre größten Kräfte, vor allem in der Blüte der Jahre. Zuletzt aber gewinnt die Urteilskraft die Oberhand, nachdem die Abnahme eingesetzt hat. Diese Wechselfälle beschreibt Haller schön. [...]
> *Die Blüte der Jahre* beginnt, sobald der Mensch seine richtige Größe erreicht hat, und dauert gewöhnlich vom 20. bis zum 40. Jahr. Dies ist der schönste und angenehmste Teil des Lebens, denn das Gedächtnis ist kaum geschwächt, aber die Phantasie steht in voller Kraft, und die Urteilskraft beginnt sich hervorzutun.[181]

Nach der männlichen Geschlechtsreife und dem Stimmwechsel wird, in der damaligen Ausdrucksweise, das *„Schwächere Geschlecht"* (*„Sexus*

---

180 „Hinc male neonatis consulunt, qui nutricem accergunt jam per aliquot menses lactantem. Nimia enim huius lacteis pinguedine stomachus infantis debilitatur, etc." AA VI 1703; vgl. Uhlig 2004 S. 201.

181 „Vitae humanae duo sunt gradus, prior incrementi, alter decrementi; illo memoria viget, hoc autem judicium." AA VI 1702; „Animi vires variis vitae stadiis vigent. Memoriae maxima facilitas inter annum 7mum et 15tum. Deinde Cerebri massa magis induratur, quae magis rigens, impressiones sensitivas aegrius accipit. Tum Phantasia suos vires maximas exserit, praeprimis in flore aetatis. Iudicium [im Druck: Indicium] tandem ultimo succedit, postquam incepit decrementum. Has vicissitudines pulchre depinxit Hallerus." AA VI 1703; „*Flos aetatis* incipit, quum justam longitudinem homo nactus sit, et ab anno 20 ad 40 perdurare solet. Pulcherrima ea est vitae portio, ac jucundissima, nam Memoria parum debilitata est, Phantasia autem viget, et Judicium incipit se exserere." AA VI 1703.

sequior"), also das weibliche Geschlecht mit seiner Körperstruktur und seinen Geschlechtseigenheiten bedacht. Für die Eheschließung wird ein mittleres Alter empfohlen, die Geburtenstatistik lege in Europa die Monogamie nahe, in Afrika und Indien dagegen die Polygamie, die in der Türkei allerdings eine Folge sozialer Ungleichheit sei.

Ein beständiger Verschleiß zehre den Körper allmählich aus, dem wirke zunächst die Regeneration durch die Nahrung entgegen; aber die Versteifung der Glieder und Gelenke, Runzeln und die Abstumpfung von Phantasie, Gedächtnis und Sinnen bezeichneten den abschüssigen Weg zur Abnahme, die im Greisenalter zu Ende gehe. Eine Verjüngung im Alter, die Bacon nicht für unmöglich hielt, sei kaum wahrscheinlich; das Greisenalter bringe höchstens die Schwäche der Kindheit zurück. Nach einem Blick auf die Statistik der Sterbefälle und einzelne erstaunlich langlebige Menschen beschreibt Forster den Vorgang des Sterbens mit klinischer Exaktheit. Beiläufig gibt er die Gesamtbevölkerung der Erde mit einer Milliarde an, wovon alljährlich 30 Millionen sterben, aber 36 Millionen neu geboren werden.

Bekanntlich nahm Forster später mit seinem Essay *Leitfaden zu einer künftigen Geschichte der Menschheit* das Thema des Lebenslaufs wieder auf und wiederholte dabei auch einige Einzelzüge in der physischen Entwicklung, die in der Vorlesung vorkamen, freilich mit Überformungen und Umdeutungen; vor allem werden den physischen Abläufen gewisse Zwecke unterstellt. Aber ein Vergleich der beiden Texte zeigt größere und wesentlichere Unterschiede. So wird die ursprüngliche Kontur des Lebenslaufs als einer auf- und absteigenden Entwicklung mit einem Höhepunkt in der Mitte von dem Essay zu einem Vierstufenschema verwandelt. Dies ergibt sich daraus, daß Forster nun, angeregt von Matthew Priors komischem Lehrgedicht *Alma, or the Progress of the Mind*, die Abfolge der Impulse von vier verschiedenen Organen zum gliedernden Prinzip des Lebenslaufs macht; im Hintergrund steht dabei die Konvention der traditionellen Lebensaltermetaphorik. Beides aber sind Strukturen, die von vornherein als bildhaft konzipiert und verstanden werden, und dem entspricht es, daß der Lebenslauf in dem Essay gar nicht der direkte Gegenstand der Rede ist, sondern nur zum Gleichnis für historische Abläufe dient.[182]

Schon dies impliziert, daß hier zwei prinzipiell verschiedene Textsorten vorliegen und daß der Essay in einer ganz anderen Redeweise gehalten ist als die Vorlesung. Diese spricht und argumentiert mit einem direkten und ernsthaften Sachbezug und beansprucht für ihre Aussagen wissenschaftliche Geltung. Der Essay dagegen gibt schon am Anfang zu,

---

182 Vgl. Uhlig 2004 S. 244f.

daß er nur, einem augenblicklichen Einfall folgend, spielerisch einen
geläufigen Tropus verwende:

> Kaum hatte ich jenes Gedicht wieder gelesen, so reihte sich in meinem
> Kopf ein ganzes Sistem der sogenanten Geschichte der Menschheit daran.
> Das Bindungsglied war jener so bekante, als gemißbrauchte Vergleich der
> verschiedenen Lebensepochen des einzelnen Menschen mit den Stufen der
> Kultur bei ganzen Familien und Völkern. Ich weis wieviel ich wage, indem
> ich diese Ähnlichkeit des Allgemeinen mit dem Besondern wieder hervor-
> suche.[183]

Wenn er am Ende des Essays mit unverhohlener Ironie verspricht, das
so begründete „Sistem" weiter auszuarbeiten nach einer Methode, mit
deren Beschreibung er die bedenkenlos voreingenommenen Kompilati-
onen des Göttinger Historikers Christoph Meiners persifliert, entzieht
Forster seinem ganzen Gedankenspiel vollends den Anspruch darauf, als
wissenschaftliche Aussage ernst genommen zu werden:

> Ich verspare die Ausführung meines Sistems für ein dickes Buch, wozu ein
> Ozean von Citaten in Bereitschaft liegt, der bei seiner Überschwemmung
> alle Einwürfe, wie unsichere Dämme zu durchbrechen und zu vertilgen
> droht. Mit Citaten kämpft man ja gegen Citaten, und wie die Erfahrung
> lehrt, auch nicht selten sehr glücklich gegen den Menschenverstand.[184]

In der wissenschaftlichen Redeweise genau so zu Hause wie in der
phantasievollen und oft humoristischen Bildlichkeit seiner Essays, kennt
Forster auch den Unterschied zwischen beiden Diskursarten und ver-
wahrt sich heftig gegen ihre Vermischung:

> Daß die Gleichnisse h i n k e n , hätte man nie bemerkt, wenn man nicht
> versucht hätte, sie g e h e n zu machen; das heißt, wenn man sie nicht aus
> ihrer natürlichen Lage gerissen und durch fortgesetztes Allegorisieren ihre
> wahre Bestimmung, als bloß erläuternde Bilder zu dienen, vereitelt hätte.
> Kein Mensch hat das R e c h t , mit einem Gleichnisse so widersinnig umzu-
> gehen, und ich darf hier wohl das meinige in Schutz nehmen.[185]

In der Vorlesung schließt sich an die Beschreibung des Lebenslaufs
ein Überblick über die vielfältigen und oft absonderlichen Lebensweisen
der über alle Bereiche der Welt verbreiteten Menschen: sie finden sich
in den verschiedensten Weltteilen; außer dem Feuer sind ihnen alle
Elemente zugänglich, sie dringen ins Erdinnere ein und tauchen unter

---

183 AA VIII 186.

184 AA VIII 192f.

185 AA X/1 595. Tanja van Hoorn verfällt in ihrer Interpretation des *Leitfadens*
      genau dem Irrtum, gegen den Forster sich hier verwahrt (van Hoorn 2004 S.
      177-233).

Wasser, neuerdings können sie sogar mit Ballons in die Luft steigen. Forster mustert ihre Wohnsitze und ihre Ernährung, wobei er neben den gewöhnlichen tierischen und pflanzlichen Nahrungsmitteln auch allerlei ungewöhnliche und ekelerregende Speisen und Rauschmittel aufzählt und erwähnt, daß er selbst auf Neuseeland einen Fall von Menschenfresserei bezeugt hat. Hier greift er zurück auf Einzelheiten aus seiner Vorlesung *De hominis in omni climate vivendi facultate* und zitiert fast wörtlich eine Seite aus seiner Dissertation *De plantis esculentis insularum oceani australis* über die Neuseeländer.[186]

Zum Abschluß überschaut Forster die Gesamtheit der Menschen auf deren verschiedenen Kulturstufen, die er nach den Vorstellungen der schottischen Kulturphilosophie faßt, wenn er etwa den Erwerb des Lebensunterhalts als bestimmende Grundlage der Gesellschaftsform bezeichnet[187] und die Stellung der Frauen in der Gesellschaft als Indiz für deren Entwicklungsstufe wertet:[188]

> Über die Unterschiede zwischen den verschiedenen Menschen läßt sich fast unendlich viel sagen. Einige Völker, denen Prometheus Herzen aus feinerem Ton gebildet hat,[189] überragen durch gewisse angeborene Vorzüge die übrigen; andere sind gleichsam wertlosere Wesen ohne jeglichen Sinn für das Rechte und Gute. Die Geisteskultur ist verschiedenartig und reicht über fast zahllose Zwischenschritte von der Barbarei und geradezu tierischer Wildheit bis zur höchsten europäischen Weisheit und Lebensart. So unterscheiden sich die Völker als Fischer, Jäger, Hirten und Ackerbauern voneinander. Es ist erstaunlich, wie die Menschen in der Kleidung voneinander abweichen; in dem einen Punkt kommen alle, auch die ärmlichsten und wildesten miteinander überein, daß sie Schmuckstücke brauchen, da ihnen die Gaben der Natur nicht genügen. Auch die nackten Völker, denen überhaupt keinerlei Kleidung bekannt ist, sammeln oder bereiten mit

---

186 Vgl. AA VI 1710 mit AA VI 99f.

187 Vgl. Adam Smith: Lectures on Jurisprudence. Ed. R. L. Meek, D. D. Raphael and P. G. Stein. Oxford: Clarendon Press (1978). S. 14; Adam Ferguson: Institutes of Moral Philosophy. 3rd ed. Edinburgh: Bell & Creech; London: Cadell and Robinson 1785. S. 30-38.

188 Vgl. John Millar: The Origin of the Distinction of Ranks: or, An Inquiry into the Circumstances which Give Rise to Influence and Authority, in the Different Members of Society. ed. and with an Introduction by Aaron Garrett. Indianapolis: Liberty Fund (2006). S. 93-156: Rank and Condition of Women; Henry Home, Lord Kames: Sketches of the History of Man. Considerably Enlarged by the Last Additions and Corrections of the Author. Book 1. Progress of Men Independent of Society. Ed. and with an Introduction by James A. Harris. Indianapolis: Liberty Fund (2007). S. 259-305: Sketch VI. Progress of the Female Sex.

189 Forster zitiert hier Juvenal, Sat. 14, 34.

eigener Hand doch allerlei Schmuckstücke, die sie am Körper befestigen oder auch in ihn einfügen, wie ich bei früheren Gelegenheiten ausführlich berichtet habe. Alle Barbaren benutzen häufig Öle oder Farben. Fast alle wenden besondere Sorgfalt auf die Haare.

Abgesehen von den Unterschieden in Nahrung und Kleidung, hängen die jeweiligen Stufen der verschiedenen Kulturen direkt zusammen mit der Stellung des schwachen Geschlechts und der Kindererziehung. Das nämlich ist allen Barbaren gemeinsam, daß sie wie Tyrannen gegen ihre armen und verachteten Frauen wüten, die Kinder aber frei herumlungern lassen, ohne jede Erziehung.[190] Die Völker, die gewohnt sind, Herden zu halten und zu besorgen, werden von herkömmlichen Sitten beherrscht; die Völker aber, die Ackerbau treiben, haben Gesetze und Vorschriften und dauerhafte Ordnungen. Zu erwähnen sind ferner die mannigfaltigen Vergnügungen der Menschen, nebst ihren vielfach verschiedenen Geistesarten und äußeren Gestalten, sowie den Regierungsarten und vieles andere dergleichen, was alles seine Grundlage in den physischen Anlagen des Menschen zu haben scheint. Aber von diesem Punkt an wird alles Weitere vollständiger und besser von anderen Wissenschaften behandelt.[191]

Der letzte Satz weist voraus auf eine grundlegende Wende in Forsters eigener schriftstellerischer Laufbahn. Zwar ermutigte ihn die Arbeit an der Vorlesung dazu, in den Briefen dieser Zeit Entwürfe zu umfassenden Darstellungen der Naturgeschichte vorzulegen,[192] aber diese blieben sämtlich in ihren Anfangsstadien stecken. Das gilt auch für die den Brüdern Humboldt zugedachten *Vorlesungen über allgemeine Naturkenntnis* von 1792, deren Entwurfsskizzen noch einmal Stichworte aus der Anthropologie der Vorlesung von 1786/87 aufnehmen.[193] Die auf diese folgenden veröffentlichten Schriften Forsters dagegen, seit dem Essay *Cook der Entdecker*, lassen die Naturgeschichte im Hintergrund, während sie Kultur, Geschichte und Politik, später auch Kunst und Dichtung ins Zentrum rücken.

Die Alltagspraxis der Vorlesung tritt in den letzten Sätzen dieses überlängten Paragraphen 50 hervor: da seinen Hörern an diesem Punkt ein völlig neues Thema bevorsteht (nämlich die Gattung der Affen), möchte Forster damit erst nach den Weihnachtsferien beginnen und die nächsten beiden Kollegstunden, am Mittwoch dem 20. und Donnerstag dem 21. Dezember 1786, dazu verwenden, sein Kompendium weiter zu diktieren. Er glaubt seine Studenten, die diese Zusammenfassung von

190 Drastisch demonstriert Forster solche Verhältnisse auf Neuseeland mit einer Episode in seiner *Voyage Round the World* (AA I 294); vgl. auch AA VI 100.
191 Übersetzt aus dem Lateinischen in AA VI 1711f.
192 AA XIV 593, 599–601.
193 AA VI 1757.

Anfang an mitgeschrieben haben, nicht eigens ermahnen zu müssen, dieses Angebot wahrzunehmen,

> da ihr ja selbst schon gut genug wißt, wie wichtig es für euch ist, einen Leitfaden der Vorlesungen zu haben, an den ihr die Einzelheiten anknüpfen könnt, von denen in den Vorträgen ausführlicher und weitläufiger die Rede ist.[194]

Man hätte gern erfahren, wer diese Studenten waren und wie sie Forsters Vorlesung aufnahmen, aber darüber sind wohl kaum noch Zeugnisse zugänglich.

Die Bezüge dieser „Naturgeschichte des Menschen" erstrecken sich weithin in verschiedene Richtungen: zurück zu Forsters eigener Beschreibung der Weltreise und deren wissenschaftlicher Auswertung, zu dem Artikel über die Menschenrassen, in die Gedankenkreise seiner gelehrten Vorgänger und Zeitgenossen und schließlich voraus zu seinen eigenen späteren Essays. Umgekehrt erschließt sich die volle Bedeutung dieses für Forsters Anthropologie zentralen Texts erst einer umfassenden Umschau in diesem weitgespannten Horizont. Bei Forster, dessen Leben und Wirken leider nur selten in der ganzen Breite ihres Gesamtumfangs zur Kenntnis genommen werden und von dessen Werk zu oft nur isolierte Einzelstücke unter eine meist stark verzerrende Lupe genommen werden, ist immer wieder auf die Beachtung des hermeneutischen Zirkels zu dringen, der den Teil aus seiner Verankerung im Ganzen versteht und zugleich das Ganze als das Gefüge seiner Teile begreift.[195]

---

194 „[...] siquidem et ipsi probe novistis, quantum intersit vestra, ut filum lectionum habeatis, cui adnectere singula poteritis, quae in lectionibus uberius atque fusius dicuntur." AA VI 1712.

195 Während der Korrekturarbeiten erhielt ich Horst Dippels Artikel: „Revolutionäre Anthropologie? Oder der Versuch, Georg Forster neu zu lesen" (Historische Zeitschrift 291, 2010, S. 23-40). Herr Dippel geht darin auf die vorliegende Abhandlung ein, deren Manuskript ich ihm auf seine Bitte überlassen hatte. Ich stelle es dem Leser anheim zu beurteilen, ob Dippels Bemerkungen (zumal in seiner Anmerkung 4) zutreffen oder nicht. Jedenfalls fühle ich mich durch seinen Artikel bestärkt in meinem eingangs ausgesprochenen Urteil über die neuerlichen Bemühungen um Forsters Anthropologie.

Ein neues Blatt in Eulers Lorbeerkranz, durch Carl Friedrich Gauß eingeflochten

KARIN REICH

Vorgelegt von Karin Reich
in der Sitzung vom 8. Januar 2010

Inhaltsverzeichnis

Abstract/Zusammenfassung

Im Jahre 1844 hatte Carl Friedrich Gauß in Göttingen eigenhändig eine Abschrift einer seltenen und in St. Petersburg nicht vorhandenen Schrift Leonhard Eulers angefertigt. Davon wusste zunächst nur der Empfänger dieser Abschrift, nämlich der Ständige Sekretär der Akademie der Wissenschaften in St. Petersburg, Paul Heinrich Fuß, ein Urenkel Eulers. Bereits im Jahre 1849 informierte Paul Heinrich Fuß in seiner Edition von Eulers zahlentheoretischen Schriften seine Leser über diese Gaußsche Abschrift (Euler 1849, Bd. 1, S. XXIV). Auch der Mathematiker und Mathematikhistoriker Paul Stäckel erwähnte sie in einem Aufsatz (Stäckel 1907/8, S. 38), doch zu Gesicht bekommen hatte er sie nicht. Trotz intensiver Suche blieb diese Abschrift verschollen. Auch in den folgenden hundert Jahren tauchte sie trotz intensiver Suche nicht mehr auf: Der berühmte russische Eulerforscher und -kenner Gleb K. Michajlov (*1929) suchte sie vergeblich, ebenso wie der amerikanische Eulerexperte Edward Sandifer. Im Februar 2009 gelang es Elena Roussanova, in der St. Petersburger Filiale des Archivs der Russländischen Akademie der Wissenschaften das gesuchte Dokument an einer Stelle aufzuspüren, an der es bislang keiner vermutet hatte: inmitten eines Konvolutes von gedruckten Arbeiten von Euler (Roussanova 2009). Damit wurde Gauß' Abschrift zu einem Fundstück der besonderen Art.

1. Verzeichnisse von Eulers Werken

1.1. Verzeichnis von Nikolaus Fuß 1783, 1786

Als Leonhard Euler am 7./18.9.1783 in St. Petersburg verstorben war, blieb es seinem Sekretär, jungen Freund und Mitarbeiter Nikolaus Fuß vorbehalten, einen Nachruf auf den großen Gelehrten zu verfassen. Nikolaus Fuß (1755–1826) war im Jahre 1773 von Basel nach St. Petersburg ausgewandert, um dort den bereits erblindeten Leonhard Euler zu unterstützen. Er war es, der ein erstes Verzeichnis der gesammelten Werke Eulers erstellte; er veröffentlichte dieses Verzeichnis unter dem Titel „Vollständiges Verzeichniß der Schriften des Herrn Leonhard Euler" als Anhang zu seinem Nachruf (Fuß N. 1783, S. 74–124 und 1786, S. 123–181). Zwar wurde Nikolaus Fuß' Eloge bzw. sein Nachruf u.a. auch 1787 in den „Nova acta" (Euler 1787) und 1911 in den „Opera omnia" von Euler veröffentlicht[1], doch verzichtete man dort auf die Wiedergabe der Liste von Eulers Werken.

In Nikolaus Fuß' „Vollständigem Verzeichniß der Schriften des Herrn Leonhard Euler" wurden diese in drei Abteilungen eingeteilt, in „Besonders gedruckte Werke", in ein „Verzeichniß der Abhandlungen in den akademischen Sammlungen" sowie in „Ungedruckte Abhandlungen". Nikolaus Fuß erwähnte 32 Monographien, 485 Abhandlungen, die in Zeitschriften erschienen waren und die nunmehr, nach den Titeln der einzelnen Zeitschriften geordnet, in chronologischer Reihenfolge vorgeführt wurden, sowie 183 Arbeiten, die noch als Manuskripte vorlagen[2], also insgesamt 700 Werke, von denen kurz nach Eulers Tod 517 gedruckt vorlagen. Das bedeutet, dass damals etwa zwei Drittel von

1   Fuss, Nikolaus. Lobrede auf Herrn Leonhard Euler. In: Opera omnia (1) 1, Leipzig und Berlin 1911, S. XLIII–XCV.
2   Es gab noch eine weitaus größere Anzahl von ungedruckten Manuskripten, die damals aber noch nicht bekannt waren bzw. erst später aufgefunden wurden.

Eulers Werken bereits erschienen waren, während ein Drittel unpubliziert nur als Manuskript vorhanden war.

In der Folgezeit unternahm die Akademie der Wissenschaften in St. Petersburg große Anstrengungen, um diese ungedruckten Arbeiten von Euler nach und nach in den Petersburger Akademieschriften zu veröffentlichen.

1.2. Verzeichnis von Paul Heinrich Fuß 1843, 1908

Paul Heinrich Fuß (1798–1855), Sohn von Nikolaus Fuß und Enkel von Johann Albrecht Euler (1734–1800), war der Nächste, der eine verbesserte Version des Schriftenverzeichnisses von Leonhard Euler erstellte. Diese Version wurde im Jahre 1843 unter dem Titel „Liste systématique des ouvrages de Léonard Euler" veröffentlicht (Fuß P. H. 1843, Bd. 1, S. LI–CXXI). Sie umfasste 756 Nummern und war in 19 Themen gegliedert. Dieses Verzeichnis erlebte im Jahre 1908 durch Paul Stäckel und Wilhelm Ahrens eine neue Auflage. Es wurde zwar in derselben Weise gegliedert und nummeriert, aber es wurde um Berichtigungen und Zusätze aus dem Fußschen Handexemplar erweitert. Es war als eine „Vorarbeit zu einem Verzeichnis" gedacht (Stäckel/Ahrens 1908, S. VIf, S. 79–169).

1.3. Verzeichnis von Johann Georg Hagen 1896

In der Zwischenzeit hatte Johann Georg Hagen (1847–1930) ein weiteres Verzeichnis von Eulers Schriften vorgestellt (Hagen 1896). Dieses Verzeichnis war grob in vier Serien eingeteilt: Series I: Opera Mathematica; Series II: Opera Physica; Series III: Opera Astronomica und schließlich Series IV: Opera Varii Argomenti. Diese Einteilung in Serien übernahm man auch in den ab 1911 herausgegebenen „Opera omnia". Hagens Schriftenverzeichnis umfasste 774 Nummern gedruckter Schriften, sowie einen Appendix, der sieben Nummern unedierter Schriften, sechs Nummern unedierter Schriften, die nicht hatten aufgefunden werden können, und acht Nummern mit Schriften enthielt, die fälschlicherweise Euler zugeschrieben wurden.

1.4. Verzeichnis von Gustaf Eneström 1910–1913

Das bisher letzte Verzeichnis der Schriften Leonhard Eulers ist Gustaf Eneström (1852–1923) zu verdanken. Es umfasst 388 Seiten und erschien in den Jahren 1910 bis 1913. Eneström teilte die Werke Eulers in drei Abteilungen ein, in eine erste Abteilung: „Die Schriften Eulers chronologisch nach den Druckjahren geordnet", beginnend mit dem Jahr 1726 (Eneström 1910–1913, S. 1–217), hier wurden 866 Nummern vergeben; diese sind die nunmehr von allen Eulerforschern verwendeten sog. Eneströmnummern, die eine eindeutige Zuordnung der einzelnen Arbeiten Eulers ermöglichen. Ferner veröffentlichte Eneström in dieser ersten Abteilung „Nachträge" (S. 210–217) und als Anhang die „Schriften Johann Albrecht Eulers" (S. 218–222). Die zweite Abteilung war „Eulers Schriften nach der Abfassungszeit geordnet" gewidmet (S. 223–268) sowie den „Nachgelassenen Schriften Eulers, deren Abfassungszeit noch nicht näher ermittelt wurde" (S. 269–270). In der dritten Abteilung wurden Eulers Schriften in einer systematischen Ordnung aufgelistet: „Eulers Schriften nach dem Inhalt geordnet" (S. 271–340). Am Ende des Werkes befindet sich ein umfangreiches „Register" (S. 341–388). In den seit 1911 bis heute erscheinenden Bänden der „Opera omnia" Leonhard Eulers entschied man sich für eine systematische Gliederung in drei Serien, die aber nicht immer strikt eingehalten wurde. Es soll, wenn das Unternehmen abgeschlossen sein wird, alle im Eneström-Verzeichnis sowie alle erst später identifizierten Schriften Eulers enthalten, die veröffentlicht worden sind. Ergänzt werden diese drei Serien der „Opera omnia" um nach Personen geordnete Briefwechsel, die in der „Series IV A" vorgestellt werden; eine vollständige Veröffentlichung aller vorhandenen Briefe von bzw. an Euler wird nicht angestrebt.

Exkurs: Carl Friedrich Gauß' Leiste-Notizen 1794–1796

Wenig bekannt ist, dass auch Carl Friedrich Gauß ein handschriftliches Verzeichnis der Schriften Eulers hinterlassen hat. Für dieses fungierte das von Nikolaus Fuß edierte Verzeichnis als Vorbild. Dieses Gaußsche Verzeichnis befindet sich auf den ersten drei Blättern, insgesamt fünf Seiten, der sog. Leiste-Notizen[3]. Schon früh war Christian Leistes „Arithmetik und Algebra" (Leiste 1790) in Gauß' Besitz gekommen, ein genaues Datum bzw. Jahr dafür ist leider nicht bekannt. Gauß ließ dieses Werk mit weißen, leeren Blättern durchschießen, die er dann als Notizblätter verwendete. Es ist nicht genau bekannt, wann er diese Notizen angefertigt hat, wohl gegen Ende seines Studiums am Collegium Carolinum in Braunschweig oder zu Anfang seines Studiums an der Universität Göttingen (Fuchs 1978).

---

3   SUB Göttingen, Gauß-Nachlass, Handbuch 1: zwei Blätter vor S. 1 sowie ein
    Blatt zwischen S. 4 und 5.

Auf dem ersten der eingeschossenen Blätter befindet sich eine „Vollständige Liste von Eulers Werken", d.h. von den 32 Monographien
Eulers; es sind dies dieselben wie bei Nikolaus Fuß, sie stimmen auch in
der Reihenfolge überein. In den Titeln und in den bibliographischen
Angaben jedoch gibt es einige Abweichungen. Nikolaus Fuß verwendete gelegentlich andere Abkürzungen, als Gauß dies tat. Auf dem zweiten
und dem dritten Blatt (Seite 3, 4 und 5) mit der Überschrift „Aca-
demische Schriften" befindet sich eine Liste mit Eulers Zeitschriftenbei-
trägen.

Die Seite 3 beginnt mit einer Übersicht:

„In den
Commentariis Acad. Sc. Petropol. v. II–XIV   74.
Novis Commentariis   179.
Novis Actis   bis T. IV p II a. 1780.   66.
                                                   319".

Die Anzahlen stimmen mit den Anzahlen der bei Nikolaus Fuß erwähnten Beiträge genau überein. Warum im Falle der „Novae Actae" Eulers
Beiträge nur bis zum Jahr 1780, einschließlich Teil II, gezählt wurden,
wurde nicht begründet. Bei Nikolaus Fuß nämlich wurden noch 12
weitere Beiträge Eulers aus dem Jahr 1781 angeführt. Sodann folgen in
Gauß' Verzeichnis, wie bei Nikolaus Fuß, die zwei Beiträge aus den
„Memoires de l'Académie Royale des Sciences à Paris"[*], elf Beiträge in
den Ausgaben des „Recueil des pieces qui ont remporté les prix de
l'Acad. royale des Sc. a Paris", fünf Beiträge in den „Miscellanea
Berolinensia" ohne Titelangabe, 120 Beiträge in den „Memoires de
l'Académie royale des Sciences à Berlin" ohne Titelangabe, zwei Beiträ-
ge in den „nouv. Mem."[4], drei Beiträge in den „Acta Eruditorum
Lipsiensia", ein Beitrag im „Journal litéraire de l'Allemagne" sowie sechs
Beiträge in den „Miscellanea Taurinensia". Auf der letzten Seite seines
Verzeichnisses erwähnt Gauß ferner drei Beiträge, die Euler in den
„Memoires de la Société de Vlissingue", in den „Ephemerides de Ber-
lin" sowie in den „Memoires de la Societe économique" veröffentlicht

---

[*]   Hier wie auch im Folgenden wurde die Schreibweise des Originals beibehal-
      ten, gerade auch im Hinblick auf Gebrauch bzw. Nichtgebrauch der Akzent-
      zeichen.

[4]   Gemeint sind die „Nouveaux Mémoires de l'académie des sciences et belles
      lettres de Berlin".

hat[5]. Was die große Zahl der von Nikolaus Fuß aufgelisteten „Unge-druckten Abhandlungen" anbelangt[6], so berichtet Gauß interessanter-weise den damals aktuellen Stand: „dazu 208 Abh. in Manuscript wovon indeß 13 schon im zweiten Bande der Opuscula[7] u. sehr viele in den Nouis actis abgedruckt sind". Man kann mit Recht behaupten, dass sich Gauß bereits in jungen Jahren einen vollständigen Überblick über das gesamte Werk Eulers, soweit es damals bekannt war, verschafft hatte.

2. Carl Friedrich Gauß und Leonhard Euler

Die „Leiste-Notizen" enden mit zwei Zitaten aus Werken von Euler[8]:

„Ideal

Speculationes mathematicae si ad earum utilitatem respicimus ad duas classes reduci debere videntur: ad priorem referendae sunt eae quae cum ad vitam communem tum ad alias artes insigne aliquod commodum afferunt, quarum propterea pretium ex magnitudine huius commodi statui solet. Altera autem classis eas complectitur speculationes, quae etsi cum nullo insigni commodo sunt coniunctae, tamen ita sunt comparatae ut ad fines analyseos promovendos viresque ingenii acuendas occasionem praebeant. Cum enim plurimas speculationes, unde maxima utilitas exspectari posset, ob solum analyseos defectum, deserere cogamur, non minus pretium iis speculationibus statuendum videtur quae haud contemnenda analyseos incrementa pollicentur.

Euler . Comm. Nov. Petrop. VI. p. 58

Il y a des verités generales que notre esprit est prêt d'embrasser aussitôt qu'il en reconnoit la justesse dans quelques cas particuliers.

Euler. Histoire de l'Ac. de Berlin 1748. p. 204."[9]

---

5   Siehe (Fuß N. 1786, S. 165); gemeint sind dabei die „Verhandelingen uitgegeven door het zeeuwsch Genootschap der Wetenschappen te Vlissingen" (E 530), das in Berlin erschienene „Astronomische Jahrbuch oder Ephemeri-den" (E 529a) und die „Abhandlungen der freyen ökonomischen Gesellschaft zu St. Petersburg" (E 341).

6   Siehe (Fuß N. 1786, S. 165–181).

7   (Euler 1862).

8   Handbuch 1, letzte Seite.

9   Aus Euler, Leonhard: Observationes de comparatione arcuum curvarum irrectificabilium. (E 252). In: Novi commentarii academiae scientiarum Petro-politanae 6 (1756/7) 1761, S. 58–84, hier S. 58. In: Opera omnia (1) 20, Leip-zig und Berlin 1912, S. 80–107, hier S. 81. Gauß hat den Text an zwei Stellen

So machen bereits die Leiste-Notizen klar, welch überaus große Bedeutung Euler für den jungen Gauß hatte. Es ist daher nicht weiter verwunderlich, dass Gauß, als er in Göttingen 1795 sein Studium begann, auch zahlreiche Werke Eulers in der dortigen Universitätsbibliothek auslieh und danach trachtete, für seine eigene Bibliothek möglichst viele der Werke Eulers erwerben zu können. Manche dieser Euleriana in der Gauß-Bibliothek enthalten Einträge, Anmerkungen usw. von Gauß, über die bislang leider noch keine genaueren Untersuchungen vorliegen. Auch fand sich in einem dieser Werke Eulers ein Portrait Eulers, das Gauß gezeichnet hat (Reich 2005, S. 108–111).

Da die Zahlentheorie eines der Gebiete war, denen sich Euler in besonderem Maße gewidmet hatte, war Euler der allerwichtigste Autor für Gauß, als er sein zahlentheoretisches Hauptwerk, seine „Disquisitiones arithmeticae", schrieb. Gauß zitiert dort 28 Werke von Euler, dagegen nur acht Werke von Joseph Louis Lagrange (1736–1813) sowie drei Werke von Adrien Marie Legendre (1752–1833). In diesem Werk würdigte Gauß Euler als „summus Euler", „vir immortalis", „vir sagacissimus", „vir summus" usw. (Reich 2005, S. 112).

---

verändert. Im Eulerschen Original steht „viresque ingenii nostri" und „investigationes" anstelle von „speculationes".
In deutscher Übersetzung, die Eberhard Knobloch zu verdanken ist:
„Ideal. Wenn wir auf ihre Nützlichkeit blicken, scheinen mathematische Überlegungen auf zwei Klassen zurückgeführt werden zu müssen; in die erste sind diejenigen aufzunehmen, die sowohl für das tägliche Leben wie für die anderen Künste irgendeinen bedeutenden Vorteil bringen, weshalb ihr Wert nach der Größe dieses Vorteils festgelegt zu werden pflegt. Die zweite Klasse aber umfasst diejenigen Überlegungen, die, auch wenn sie mit keinem bedeutenden Vorteil verbunden sind, dennoch so beschaffen sind, dass sie Gelegenheit bieten, die Grenzen der Analysis hinauszuschieben und die Kräfte des Geistes zu schärfen. Da wir nämlich gezwungen werden, die meisten Spekulationen, von denen der größte Nutzen erwartet werden könnte, allein wegen des mangelhaften Zustandes der Analysis aufzugeben, scheint diesen Überlegungen kein geringerer Wert zuzuordnen zu sein, die keine verachtenswerten Zuwächse der Analysis versprechen".
Ferner aus: Euler, Leonard: Démonstration sur le nombre des points, où deux lignes des ordres quelconques peuvent se couper. (E 148). In: Mémoires de l'académie des sciences de Berlin (1748) 1750, S. 234–248, hier S. 234. In: Opera omnia (1) 26, S. 46–59, hier S. 46.

3. Paul Heinrich Fuß

Am 21.5./2.6.1798 wurde Paul Heinrich Fuß als achtes von 13 Kindern und als zweiter von sieben Söhnen in St. Petersburg geboren. Seine Eltern waren Nikolaus Fuß und Albertine Euler (1766–1822), die eine Enkelin von Leonhard Euler und eine Tochter von Johann Albrecht Euler war. Schon früh zeigte sich bei Paul Heinrich Fuß eine große mathematische Begabung; bereits am 23.4./5.5.1817 konnte er der Akademie der Wissenschaften eine erste Arbeit vorlegen (Fuß P. H. 1822). Im Jahre 1818 wurde er Adjunkt an der Akademie, wo er bis 1822 noch drei weitere mathematische Arbeiten einreichen sollte. Daraufhin wurde er 1823 Außerordentliches Mitglied der Akademie. Nach dem Tode seines Vaters am 23.12.1825/4.1.1826 wurde er zum Ständigen Sekretär der Akademie der Wissenschaften in St. Petersburg und kurze Zeit später zum Ordentlichen Mitglied gewählt. Noch in diesem Jahr konnte die Akademie ihr 100-jähriges Bestehen feiern. Im Jahre 1835 wurde Paul Heinrich Fuß Auswärtiges Mitglied der Societät der Wissenschaften in Göttingen. Der Vorschlag dazu war nicht von Gauß gekommen, sondern von dem Mediziner und Biologen Johannes Friedrich Blumenbach (1752–1840)[10]. In der Folgezeit beschäftigte sich Paul Heinrich Fuß insbesondere mit dem Briefwechsel Leonhard Eulers. Über diese Beschäftigung trug er am 24.9./6.10.1841 in der Akademie der Wissenschaften in St. Petersburg vor. Dieser Beitrag wurde auch in dem von Leopold Crelle (1780–1855) herausgegebenen „Journal für die reine und angewandte Mathematik" veröffentlicht (Fuß P. H. 1842) und dort um eine Nachricht über die geplante Publikation einer Sammlung von Briefen an und von Leonhard Euler ergänzt[11]. Im Crelle-Nachlass befindet sich sowohl ein Sonderdruck des „Extrait du procès verbal" aus St. Petersburg als auch eine handgeschriebene Seite zu der erwähnten Nachricht[12]. Ferner wurden in demselben Band des „Journals für die reine und angewandte Mathematik" eine Faksimile-Seite einer Handschrift von Leonhard Euler sowie Faksimiles von zwei Briefen Daniel Bernoullis an Leonhard Euler vom 18.12.1734 und an Nikolaus Fuß vom 7.6.1777 veröffentlicht[13]. Im folgenden Band des „Journal für die reine und angewandte Mathematik" wurde ferner das Faksimile

---

10 Archiv der Akademie der Wissenschaften in Göttingen: Pers.19, Bl. 182.
11 Journal für die reine und angewandte Mathematik 23, 1842, S. 287–288.
12 Archiv der Berlin-Brandenburgischen Akademie der Wissenschaften, Crelle-Nachlass, Nr. 23.
13 Journal für die reine und angewandte Mathematik 23, 1842, am Ende des Bandes.

einer Handschrift von Paul Heinrich Fuß wiedergegeben, wobei es um
die Summierung der Reihe

$$S = \frac{z^3}{1\cdot 3} - \frac{z^7}{1\cdot 3\cdot 5\cdot 7} + \frac{z^{11}}{1\cdot\ldots\cdot 11} - \frac{z^{15}}{1\cdot\ldots\cdot 15} + \text{etc.}$$

ging[14].

In St. Petersburg erschien im Jahre 1843 die von Paul Heinrich Fuß
herausgegebene „Correspondance mathématique et physique de
quelques célèbres géomètres du XVIIIème siècle", und zwar der Euler-
Goldbach-Briefwechsel mit 177 Briefen (Bd. 1) sowie die Briefwechsel
Johann I Bernoulli – Euler, Nikolaus II Bernoulli – Goldbach, Daniel
Bernoulli – Goldbach, Daniel Bernoulli – Euler, Daniel Bernoulli –
Nikolaus Fuß sowie Nikolaus I Bernoulli – Euler im Band 2 (Fuß P. H.
1843). Es waren dies überhaupt die ersten Briefe bzw. Briefwechsel
Eulers, die veröffentlicht wurden. Die noch 1841 ebenfalls in Erwägung
gezogenen Briefe an Euler von Philipp Naudé (1684–1745), Alexis
Clairaut (1713–1765), Gabriel Cramer (1704–1752) und Johann Hein-
rich Lambert (1728–1777)[15] wurden jedoch nicht in diese Bände aufgenommen.

Im Jahre 1843 unternahm Paul Heinrich Fuß zusammen mit seinem
jüngeren Bruder Nikolaus (1810–1867) eine Reise nach Paris und in die
Schweiz, um nach weiteren Materialien von und zu Euler Ausschau zu
halten. In Bern trafen sich die Brüder schließlich mit dem Mathematiker
Carl Gustav Jacob Jacobi (1804–1851), mit dem sie gemeinsam ins Ber-
ner Oberland reisten. Jacobi erwies sich bald als einer der wichtigsten
Partner, was die Veröffentlichung von Eulers Werken anbelangt. Es
existiert darüber ein umfangreicher Briefwechsel zwischen ihm und Paul
Heinrich Fuß (Stäckel/Ahrens 1908). Ebenfalls 1843 stattete Paul Heinrich Fuß Gauß in Göttingen einen Besuch ab[16]. 1844 gelang es Paul
Heinrich Fuß, weitere unveröffentlichte Eulermanuskripte aufzuspüren,
die sich in Familienbesitz befanden. So kam der Plan einer Gesamtausgabe der Schriften von Euler auf, der aber nur kurze Zeit, bis 1846,
aufrechterhalten wurde. Was zukünftige Publikationen anbelangt, so
genossen von nun an die zahlentheoretischen Schriften Eulers die absolute Priorität, wenn auch Jacobi und Paul Heinrich Fuß in ihrem Briefwechsel im Jahre 1848 weitere Bände, so zur Geometrie, zur Algebra

---

14 Journal für die reine und angewandte Mathematik 24, 1842, zwischen S. 188
    und 189.

15 Nachricht von der in Nr. 6 des vorigen Hefts dieses Journals gedachten Samm-
    lung von Briefen an und von L. Euler. In: Journal für die reine und angewand-
    te Mathematik 23, 1842, S. 287–288.

16 SUB Göttingen, Gauß-Nachlass, Briefe A: Paul Heinrich Fuß 3 (2 S.).

und zur Analysis erörterten (Stäckel/Ahrens 1908, S. 50–53). 1849 gelang den Brüdern Paul Heinrich und Nikolaus Fuß endlich die Edition von zwei Bänden mit Eulers zahlentheoretischen Schriften „Commentationes arithmeticae collectae" (Euler 1849). Der erste Band enthielt einen Plan für sechs weitere Bände Eulerscher Schriften, die folgen sollten, nämlich ein Band „Geometria", ein Band „Analysis algebraica" und „Calculus probabilium", ein Band „Analysis trigonometrica. Series" sowie drei Bände „Calculi integralis"[17]. Leider kam es zu keinen weiteren Publikationen von Eulers Schriften zu den anderen hier angeführten Sachgebieten.

Die beiden Bände mit Eulers zahlentheoretischen Schriften ließ Paul Heinrich Fuß auch Gauß zukommen und machte sie ihm anläßlich von Gauß' 50-jährigem Doktorjubiläum zum Geschenk[18].

Im Jahre 1851 konnte Paul Heinrich Fuß sein 25-jähriges Dienstjubiläum an der Akademie in St. Petersburg feiern. Er starb am 10./22.1.1855 in St. Petersburg, etwa einen Monat, bevor auch Carl Friedrich Gauß am 23.2.1855 in Göttingen verschied. Otto Struve (1819–1905), der Sohn des berühmten Astronomen Wilhelm Struve (1793–1864), war es, der ein Jahr später einen umfangreichen Nachruf auf Paul Heinrich Fuß veröffentlichte (Struve 1856). Es existiert kein vollständiges Schriftenverzeichnis von Paul Heinrich Fuß. Der Grund hierfür mag darin liegen, dass Fuß jährlich einen oder mehrere Berichte in den Akademiebänden veröffentlicht hat, so sowohl in den bis 1849 existierenden „Recueils des Actes de l'Académie impériale des sciences de St. Pétersbourg" als auch in den bis 1857 existierenden „Comptes rendus", wobei Fuß' Name als Autor nicht in Erscheinung trat. Manche seiner Akademieberichte erschienen als Sonderdrucke, ohne dass der Autor genannt wurde.

Schließlich wurden noch die 1844 neu gefundenen Schriften Eulers 1862 in zwei Bänden ediert, als Herausgeber wurden Paul Heinrich Fuß und Nikolaus Fuß genannt (Euler 1862).

---

17 „Conspectus sex tomorum subsequentium", in: Euler (1849, Bd. 1, S. XXII–XXIII).
   Einen weiteren Plan erörterten C. G. J. Jacobi und Paul Heinrich Fuß in ihrem Briefwechsel, wo von einem Band mit Eulers Werken zur Geometrie sowie je einem Band zur Algebra und zur Analysis die Rede ist (Stäckel/Ahrens 1908, S. 50–53).

18 Siehe den letzten Brief von Paul Heinrich Fuß an Gauß vom 25.7./6.8.1849. SUB Göttingen, Gauß-Nachlass, Briefe A: Paul Heinrich Fuß 6 (2 S.).

3.1. Paul Heinrich Fuß und Carl Friedrich Gauß

Paul Heinrich Fuß und Carl Friedrich Gauß kannten sich persönlich und standen miteinander in Briefkontakt. Es sind elf Briefe bekannt, die Gauß und Paul Heinrich Fuß gewechselt haben. Sie stammen aus der Zeit von 1835 bis 1849. Themen, die in den Briefen erörtert wurden, waren die in St. Petersburg fehlenden Schriften der Göttinger Societät, die Beschaffung literarischer und wissenschaftlicher Literatur für Gauß, Fuß' Besuch bei Gauß im Jahre 1843, Gauß' Beobachtungen des Mauvaisschen Kometen im Jahre 1844 sowie die Suche nach zwei in St. Petersburg nicht vorhandenen Schriften Eulers. Es handelte sich dabei um die beiden Abhandlungen

1) Découverte d'une loi extraordinaire des nombres im „Journal litté- raire de l'Allemagne", janvier et fevrier 1751, und um
2) „Die Vertheidigung der Offenbarung gegen die Einwürfe der Frei- geister".

Beide Schriften hatte Paul Heinrich Fuß bis dahin nicht zu Gesicht be- kommen, wie er Gauß in einem Brief vom 7./19.4.1844 berichtete. Ferner ließ Paul Heinrich Fuß Gauß wissen[19]: „Meine beste Hoffnung beruht noch auf der so reichen u[nd] vollständigen Göttinger Biblio- thek. Dürfte ich Sie nun ersuchen, darüber Erkundigungen einzuziehen u[nd] wenn, woran ich fast nicht zweifle, das Journal u[nd] die Abhand- lung sich finden, von letzterer eine getreue Copie für meine Rechnung besorgen lassen u[nd] mir diese durch die Voß'sche Buchhandlung zu- schicken zu wollen, die auch den Kostenbetrag fürs Abschreiben ent- richten wird".

Im zweiten Fall ließ sich leicht feststellen, dass nur der Titel nicht ganz korrekt wiedergegeben war. Gauß meldete in seinem Brief vom 15.5.1844 den richtigen Titel „Rettung der göttlichen Offenbarung gegen die Einwürfe der Freygeister" und teilte Fuß mit, dass dieses Werk gerade eben eine Neuauflage erlebt habe (Euler 1747/1844)[20]. Es soll hier nicht unerwähnt bleiben, dass Gauß diese Schrift wahrschein- lich früher selbst gelesen hatte, denn am 8.5.1844 ließ er Paul Heinrich Fuß wissen: „Gleichwohl ist mir so in Sinne, als hätte ich vor vielen vielen Jahren jene Schrift einmahl gelesen"[21].

Sehr viel schwieriger gestaltete sich der erste Fall. Hier stimmten weder der Titel noch das Erscheinungsjahr, wenn man die Angabe der

19 SUB Göttingen, Gauß-Nachlass, Briefe A: Paul Heinrich Fuß 4 (2 S.).
20 Dieses Werk „Eulers Rettung der göttlichen Offenbarung gegen die Einwürfe der Freigeister" (E 92) hatte 1844 Karl Dielitz in Berlin neu herausgegeben.
21 SUB Göttingen, Gauß-Nachlass, Briefe B: Paul Heinrich Fuß 2 (2 S.).

Zeitschrift „Journal littéraire d'Allemagne" als korrekt betrachtete. Sowohl in dem Verzeichnis von Nikolaus Fuß als auch in dem von Paul Heinrich Fuß standen diese nicht stimmigen Angaben (Fuß N. 1783, S. 108 und 1786, S. 164; Fuß P. H. 1843, S. LVII, Nr. 3).

Gauß konnte in relativ kurzer Zeit in der Göttinger Bibliothek die Zeitschrift „Journal littéraire d'Allemagne, de Suisse et du Nord" finden[22] und in einem dieser Bände ein bis dahin völlig unbekanntes Werk Eulers ausfindig machen. Dessen richtiger Titel lautete: „Démonstration De la somme de cette Suite. $1 + \frac{1}{4} + \frac{1}{9} + \frac{1}{16} + \frac{1}{25} + \frac{1}{36} + $ etc.", und der Beitrag war nicht im Jahre 1751, sondern bereits 1743 erschienen (Euler 1743). Über diesen Fund und die die Zeitschrift betreffenden Details berichtete Gauß in einem Brief vom 8.5.1844 Paul Heinrich Fuß in aller Ausführlichkeit[23]. Eulers Beitrag war anonym erschienen, auch im Inhaltsverzeichnis wurde der Name des Autors nicht genannt. Damit ist klar: Gauß hatte eine publizierte Arbeit von Euler aufgefunden, die bislang völlig unbekannt geblieben war – welch ein Triumph!

Paul Heinrich Fuß fügte nunmehr in seinem Handexemplar des Verzeichnisses der Eulerschen Schriften folgende Verbesserung hinzu: „N. 3 existiert gar nicht unter diesem Titel; dagegen aber befindet sich im Journal littéraire de l'Allemagne T. 2 part. 1e pag. 115–127 eine Abh. von Euler: Démonstration de la somme de cette Suite $1 + \frac{1}{4} + \frac{1}{9} + \frac{1}{16} + \frac{1}{25} + \frac{1}{36} + $ etc. welche Gauss die Gefälligkeit gehabt hat, für mich eigenhändig abzuschreiben. Ich habe sie mit N. 174a bezeichnet u. sie gehörigen Orts eingeschaltet". In der Tat wurde im Nachdruck des Verzeichnisses von Paul Heinrich Fuß, welches im Jahre 1908 erschien, diese Schrift Eulers an der richtigen Stelle mit den richtigen Angaben unter Nr. 174a eingefügt (Stäckel/Ahrens 1908, S. 101). Die richtigen Angaben erschienen erstmals bereits 1849; Paul Heinrich Fuß nämlich teilte sie in der Einleitung zu Eulers zahlentheoretischen Schriften seinen Lesern mit, wobei er auch Gauß' Anteil daran würdigte (Euler 1849, Bd. 1, S. XXIV). So stehen sowohl im Hagenschen Verzeichnis (Hagen 1896, S. 11, Nr. 117) wie im Eneströmschen Verzeichnis (Eneström 1910–1913. S. 15, E 63) die richtigen Angaben.

---

22 SUB Göttingen, Sign. 8 EPH LIT 172/13.
23 SUB Göttingen, Gauß-Nachlass, Briefe B: Paul Heinrich Fuß 2 (2 S.).

Eulers „Découverte d'une loi tout extraordinaire des nombres" von 1751 (E 175)

Nebenbei sei hier bemerkt, dass es in der Tat eine Arbeit Eulers mit dem Titel „Découverte d'une loi tout extraordinaire des nombres par rapport à la somme de leurs diviseurs" (E 175) gibt, nur war diese nicht im „Journal littéraire" veröffentlicht worden, sondern in der „Bibliothèque impartiale"; die Jahresangabe 1751 aber war richtig (Euler 1751). Diese Abhandlung wurde von Euler am 22.6.1747 der Berliner Akademie vorgestellt (Winter 1957, S. 113): „Mr Euler a lu un Mémoire intitulé ‚Découverte d'une proprieté extraordinaire des nombres par rapport à la somme de leurs diviseurs'". Das Manuskript der gedruckten Abhandlung befindet sich noch heute im Archiv der Berliner Akademie, und zwar in einem Bande, in dem Abschriften von der Akademie vorgestellten Beiträgen gesammelt wurden. Am Rande von Eulers Schrift befindet sich ein mit Bleistift geschriebener Vermerk: „Journal littéraire de l'Allemagne 1751 Janv. et Févr. Euler"[24]. Wann und von wem dieser Vermerk hinzugefügt wurde, läßt sich nicht mehr rekonstruieren.

In der Tat wurde die Zeitschrift „Bibliothèque impartiale" in Leiden herausgegeben, und zwar von Samuel Formey. Was Euler anbelangt, so wurden in dieser Zeitschrift eine Rezension sowie zwei Werke von ihm veröffentlicht[25]. Der Name dieser Zeitschrift fehlt in Nikolaus Fuß' Verzeichnis der Schriften Eulers. Die „Bibliothèque impartiale", deren erster Band 1750 herauskam, war insbesondere literarischen, aber auch sozialen und politischen Themen gewidmet, nur gelegentlich wurden in ihr auch naturgeschichtliche Beiträge veröffentlicht, so von Georges Buffon oder von Albrecht von Haller. Mathematische Beiträge aber sind in dieser Zeitschrift eine Ausnahme. Interessant ist ferner, dass dieser spezielle in der Staatsbibliothek zu Berlin vorhandene Band, der Eulers Beitrag „Découverte d'une loi tout extraordinaire des nombres" enthält[26], aus der Bibliothek Friedrichs des Großen (1712–1786, reg. ab 1740) stammt, denn der Band besitzt einen eingeklebten Vermerk: „Dieses Buch besaß einen Einband Friedrich des Großen, ersetzt am 13.12.1982". Eingeklebt wurde ferner ein mit einem geprägten Wappen versehenes Lederstück des alten Einbandes. Die anderen Bände dieser Zeitschrift enthalten keine derartigen Vermerke; es kann also durchaus sein, dass Euler diesen Band, der seinen Beitrag „Découverte" enthielt,

---

24 Archiv der Berlin-Brandenburgischen Akademie der Wissenschaften, Sign.: I-M 84, Bl. 143–149.

25 Veröffentlicht wurden dort E 175 und E 176 sowie eine Rezension von E 144.

26 Vorhanden in der Preußischen Staatsbibliothek, Potsdamer Straße, Sign. Ad 3080.

Friedrich dem Großen als Geschenk überreicht hatte, der ihn dann mit einem speziellen Einband versehen ließ.

Dieses Werk Eulers „Découverte d'une loi tout extraordinaire des nombres" wurde gleich zweimal, sowohl 1849 unter den zahlentheoretischen Schriften als auch 1862, von Paul Heinrich und Nikolaus Fuß jun., veröffentlicht (Euler 1849 Bd. 2, S. 639–647, und Euler 1862, Bd. 1, S. 76–84). Paul Heinrich Fuß hatte ebenso wie sein Briefpartner C. G. J. Jacobi diese Schrift Eulers für eine noch unveröffentlichte Arbeit gehalten, weswegen Jacobi eine Abschrift aus dem Berliner Manuskript in Auftrag gab, die er Paul Heinrich Fuß am 23.1.1849 zusandte (Stäckel/Ahrens 1908, S. VI und 73–75)[27].

Im Verzeichnis der Eulerschen Schriften, die Paul Heinrich Fuß herausgegeben hatte, stand dieser Titel „Découverte d'une loi extraordinaire des nombres", wie bereits berichtet, unter Nr. 3, Paul Stäckel verbesserte die Angaben, indem er „Exhib. Berl. 1747. Juni 22. Bibliothèque impartiale 3 (1751), p. 10. Comm. ar. 2 (1849). p. 639. Op post. 1 (1862). p. 76" hinzufügte (Stäckel/Ahrens 1908, S. 84). Eulers Werk „Découverte" taucht in Hagens Verzeichnis von Eulers Schriften nicht auf.

Resumée

Wie Paul Stäckel mit Recht ausführte, „hatte Gauß statt der gesuchten eine bis dahin unbekannte Abhandlung Eulers entdeckt" (Stäckel 1907/8, S. 38). Die gesuchte Arbeit war die „Découverte d'une loi tout extraordinaire des nombres par rapport à la somme de leurs diviseurs" (E 175), die gefundene die „Démonstration De la somme de cette Suite. $1 + \frac{1}{4} + \frac{1}{9} + \frac{1}{16} + \frac{1}{25} + \frac{1}{36} +$ etc." Während erstere eine zahlentheoretische Schrift ist, gehört die neu gefundene in den Bereich Analysis, speziell zu den Reihen.

3.2. Gauß' Abschrift

Wie bereits berichtet, schrieb Gauß am 8.5. und am 15.5.1844 an Paul Heinrich Fuß. Diese beiden Briefe waren bislang bereits bekannt, die Originale befinden sich, dank besonderen Umständen, in Göttingen. Ein Neffe von Paul Heinrich Fuß nämlich, Viktor Fuß (1839–1915), hat sie zusammen mit zwei anderen Briefen dem Gauß-Archiv, d.h. der

---

27 Siehe hierzu auch Leonhard Euler, Opera omnia (1) 2, S. XXII–XXIII (Ferdinand Rudio).

Handschriftenabteilung der Göttinger Staats- und Universitätsbibliothek, zukommen lassen (Stäckel 1907).

Völlig unbekannt war aber bislang, dass Gauß sich nur einen Tag später, am 16.5.1844, abermals bei Paul Heinrich Fuß gemeldet hat. Dieser Brief wurde zusammen mit der Gaußschen Abschrift im Jahre 2009 in der St. Petersburger Filiale des Archivs der Russländischen Akademie der Wissenschaften zusammen mit der Abschrift neu entdeckt[28]: Gauß hatte die Abschrift also in nur einem Tag angefertigt!

Hier sei der vollständige Text des Briefes wiedergegeben:

„Verehrtester Herr Staatsrath

Angeschlossen erhalten Sie die Abschrift des in meinen beiden letzten Briefen besprochenen Eulerschen Aufsatzes. Da sie sich so compendiös hat einrichten lassen, so habe[29] ich den Umweg durch die Vossische Buchhandlung für unnöthig gehalten.

Sie ist vollkommen treu, bis auf die offenbaren Druckfehler und Monstruositäten in den Formeln welche ich verbessert habe. Sogar an die Eulersche Orthographie habe ich mich im Allgemeinen treu gehalten, also j'avois geschrieben anstatt des mir sonst gewohnten j'avais. Nur wo das Original sich selbst nicht treu bleibt worin z. B. moyen und moïen, employer und emploier, nous sommes parvenu und nous sommes parvenus und vielleicht noch in ein Paar andern ähnlichen Fällen, habe ich gleichförmig die mir gewohnte (letzere) Art beibehalten.

Nur über die 13 untersten Zeilen der dritten Seite (welche im Original auf einem besondern herauszuschlagenden breitern Blatte stehen) muß ich noch eine Bemerkung machen (oder wiederhohlen, da sie mit roth schon am Schluß der Copie angedeutet ist). Die letzten Bruchcoefficienten vor den Potenzen von π sind im Original mit gröbern Zifern gesetzt, was ich während des Abschreibens übersehen hatte. Es sieht also z.B. die letzte Zeile so aus[30]

$$1 + \tfrac{1}{2^{26}} + \tfrac{1}{3^{26}} + \tfrac{1}{4^{26}} + \tfrac{1}{5^{26}} + \&c. = \tfrac{2^{25}}{1\cdot2\cdot3\cdots27} \; \tfrac{76977927}{2} \; \pi^{26}$$

Bei einem Wiederabdruck müßte aber dieser Umstand gehörig beachtet werden, weil sonst die nachher folgenden von mir roth unterstrichenen Worte unverständlich sein würden.

---

28 St. Petersburger Filiale des Archivs der Russländischen Akademie der Wissenschaften, f. 136 op. 3, Nr. 13, l. 59–61.

29 Original: habe habe.

30 Darstellung im „Journal littéraire d'Allemagne":

$$1 + \tfrac{1}{2^{26}} + \tfrac{1}{3^{26}} + \tfrac{1}{4^{26}} + \tfrac{1}{5^{26}} + \&c. = \tfrac{2^{25}}{1\cdot2\cdot3\cdots27} \; \tfrac{76977927}{2} \; \pi^{26}$$

Es gereicht mir zu besonderem Vergnügen, durch diese Copienahme eine Pietätspflicht gegen meinen grossen Lehrer zu entledigen, dessen verehrtem Urenkel ich mich zu freundlichem Andenken bestens empfehle.

Göttingen den 16 Mai 1844.   C. F. Gauß"

Es war also die Pietätspflicht gegen den großen Lehrer Euler, die Gauß veranlasst hatte, eigenhändig eine Abschrift anzufertigen. Paul Heinrich Fuß hatte, wie ein Vermerk auf dem Brief zeigt, diesen Brief von Gauß am 12./24.5.1844 erhalten und antwortete noch am selben Tag:

„Verehrtester Herr Hofrath

Wo finde ich Worte, um Ihnen zu danken für die große Gefälligkeit, mit der Sie sich nicht allein der Mühe des Nachforschens nach jener Abhandlung Eulers unterzogen, u[nd] mir über deßen Erfolg so ausführlichen u[nd] genügenden Bericht abstatteten, sondern sogar, – ich erröthe, in der That, wenn ich nur daran denke, daß ich die Veranlassung dazu gab, – Ihre kostbare Zeit zur Abschrift jener Abhandlung opferten. Dieser Zug gehört der Geschichte der Wißenschaft an, u[nd] die Abschrift will ich in Ehren halten, als ein frisches Blatt in Eulers Verdienstkrone, 60 Jahre nach seinem Tode hineingeflochten. […] Da erhielt ich Ihr erstes Schreiben vom 8ten Mai, u[nd] ehe ich noch Zeit gefunden Ihnen für Alles darin Enthaltene zu danken, u[nd] Sie zu bitten, mir die Abschrift durch irgend einen zuverläßigen Copisten treu besorgen zu laßen, mir die Correctionen selbst vorbehaltend, erhalte ich am heutigen Tage Ihre Zeilen vom 16ten mit der mich zugleich beschämenden, erfreuenden u[nd] rührenden Beilage. Nochmals also meinen aufrichtigen Dank dafür"[31].

Paul Heinrich Fuß fügte am Ende von Gauß' Abschrift noch folgende Bemerkung hinzu:

„Diese Abhandlung Eulers ist dieselbe die in dem Verzeichniß seiner Schriften (Lobrede) u[nd] daraus in meinem Verzeichniß Nro irrthümlich unter dem Titel „Découverte d'une loi extraordinaire des nombres (Journ[al] Littér[aire] de l'Allem[agne] 1751. Jan[vier] et février) angeführt ist. Diese Abschrift ist auf meine Veranlassung von Gauß eigenhändig gemacht, weil der Abdruck so fehlerhaft ist, daß er von keinem gewöhnlichen Abschreiber hat gemacht werden können.

12 Mai 1844

Fuss"

Wie Gauß bereits in seinem Brief an Paul Heinrich Fuß geschrieben hatte, hatte er in seiner Abschrift Druckfehler im Text und Monstrositäten in den Formeln beseitigt. In der Tat war das „Journal littéraire

---

31 SUB Göttingen, Gauß-Nachlass, Briefe A: Paul Heinrich Fuß 5 (2 S.).

d'Allemagne" eine Zeitschrift, in der normalerweise keine mathematischen Beiträge veröffentlicht wurden. Demzufolge war auch nicht die Möglichkeit gegeben, eine korrekte Drucklegung zu gewährleisten. Diese mangelhafte Darstellung der mathematischen Inhalte entstellte die Aussagen doch in erheblichem Maße und machte es einem fachlich nicht genügend informierten Leser unmöglich, die Inhalte zu verstehen. Im Folgenden wird versucht, in Form von zwei Tabellen einen Eindruck von Gauß' Korrekturen zu vermitteln. Als Grundlage diente dabei der Text im „Journal littéraire" (= Original); die genaue Stelle wurde mit Hilfe der Seitenangabe und der Anzahl der Zeilen, von oben gerechnet, festgehalten. Die Tabellen erlauben somit einen Vergleich zwischen Originaldruck und Gauß' Abschrift.

Im Text gestattete sich Gauß kleine Veränderungen in der Orthographie und in der Zeichensetzung.

Tafel 1: Gauß' Änderungen in der Orthographie und in der Zeichensetzung

Seite	Zeile von oben	Original	Gauß' Korrektur
115	7	De la somme	de la somme
	7	Suite	suite
	16	parce qu'elle	parcequ'elle
	22	Suites	suites
116	9	connoissance	connaissance
	10	Suites	suites
	14	Suites	suites
	14	Géomètres	géomètres
	21	quarré	carré
	25	Feu	feu
	26	long tems	longtems
	26	en vain	envain
	28	Théorie	théorie
	31	différente	differente
117	1	moyen	moïen
	2	dite	ditte
	3	employée	emploiée
	6	aparence	apparence
	16	quelconq	quelconque
	17	Théorie	théorie
	20	rayon	raion
	21	quelconq	quelconque
	26	c'est-à-dire si	c'est-à-dire, si
	27	circonférence	circonference
	27	$1 : \pi$	$1 : \pi,$
	29	emploie	emploïe
118	8	&	et
	11	ch.	&c.
	20	s'évanouïsse	s'évanouisse

119	3f	intégrable	integrable
	7	précedent	précedant
	8	réfléxion qu'il	réflexion, qu'il
	8/9	generalement	généralement
	19	Delà	Dela
120	3	&	et
	4f	sds, nous	sds nous
	5	achevée,	achevée
	10	vû	vu
	12	cœfficient	coëfficient
	15	dénominateur	denominateur
	17	par tout	partout
	21	De là	Dela
121	5	&	et
	14	ainsi, que	ainsi que
	18	parvenu	parvenus
	20	impairs	impaires
	22	dabord	d'abord
122	10	vuë	vue
	11/12	dont jobtiens	, dont j'obtiens
	13	qui	, qui
	19	procède	procede
	20	series	serie
	23	ou	où
	24	parce que	parceque
	25	voions	voïons
	26	que	, que
123	1	&	, et
	3	croitre	croître
	3	par tout	partout
	4	parce que	parceque
	7	&	et
	7	par tout	partout
	10	&	et
124	6	&c.	fehlt
	15	&	et
	17	&	et
	19	generale	générale
125	1	qui dans le cas = 1	, qui dans le cas x = 1
	2	&	et
	6	par son coefficient	fehlt
	12	&	et
	12	&	et
126	1	methodes, toutes	méthodes toutes
	4	employer	emploïer
	5	Hautes Puissances	hautes puissances
	13	&c. je n'ai	&c., je n'ai
	16	connue laquelle	connue, laquelle
	20	paires. que	paires que
127	1	deja	déja
	2	différentes	differentes

Die Monstrositäten in den Formeln dagegen konnten nur verbessert werden, wenn man die mathematischen Inhalte im Eulerschen Aufsatz auch verstand, was für Gauß natürlich kein Problem war. Im Original-text im „Journal littéraire" hatte man des Öfteren auf Bruchstriche ver-zichtet und Zähler und Nenner in verschiedenen Zeilen wiedergegeben. Die Vorzeichen waren verwechselt, falsche Buchstaben eingefügt und die Exponenten öfters wie Faktoren wiedergegeben worden. Auch hat-ten sich einige falsche Zahlenangaben eingeschlichen usw. Vor allem aber waren die Formeln vielfach nicht in einer Zeile wiedergegeben, sondern erst in der folgenden Zeile beendet worden. Auf Seite 124, Zeile 8/9, ist sowohl die Formel im Original wie auch die von Gauß vorgenommene Verbesserung fehlerhaft. Auf die Seite 126 folgte ein größeres, extra eingeheftetes, nicht paginiertes als „(*Pag. 126)" be-zeichnetes Blatt, auf dem in 13 Zeilen 13 Reihen aufgelistet waren, mit jeweils steigenden Potenzen. Der letzte Absatz lautete im „Journal litté-raire" (S. 126/7): „La loi que ces expressions tiennent, est en partie si connuë qu'elle n'a pas besoin d'explication. La seule difficulté qui se trouve, est dans les fractions, qui sont representées en des caractères dif-ferens; $\frac{1}{2}$ $\frac{1}{6}$ $\frac{1}{6}$ $\frac{3}{10}$ $\frac{5}{6}$ $\frac{691}{210}$ $\frac{35}{2}$ &c. mais j'ai déja [sic] donné deux méthodes differentes pour pousser ces fractions encore plus loin". Gauß unterstrich „en des caractères differens" mit roter Tinte und verbesserte die Schreibweise der Brüche in: $\frac{1}{2}$, $\frac{1}{6}$, $\frac{1}{6}$, $\frac{3}{10}$, $\frac{5}{6}$, $\frac{691}{210}$, $\frac{35}{2}$ &c. Ebenfalls mit roter Tinte fügte er folgende Fußnote hinzu: „Ceci se rapporte à l'original; dans cette copie on avait negligé de se conformer à cette cir-constance" (l. 61v).

Tafel 2: Gauß' Änderungen in den Formeln

Seite	Zeile	Original	Gauß' Änderungen bzw. Korrekturen
117	23/24	$= \frac{dx}{\sqrt{(1-xx)}}$ & $s = \int \frac{dx}{\sqrt{(1-xx)}}$	$ds = \frac{dx}{\sqrt{(1-xx)}}$ & $s = \int \frac{dx}{\sqrt{(1-xx)}}$
118	10/11	$\frac{1\cdot3}{2\cdot4\cdot5}x^5 + \frac{1\cdot2\cdot5}{2\cdot4\cdot6\cdot7}x^{} + \frac{1\cdot3\cdot5\cdot6}{2\cdot4\cdot6\cdot8\cdot9}x^{9}$ + ch.	$\frac{1\cdot3}{2\cdot4\cdot5}x^5 + \frac{1\cdot3\cdot5}{2\cdot4\cdot6\cdot7}x^7 + \frac{1\cdot3\cdot5\cdot7}{2\cdot4\cdot6\cdot8\cdot9}x^9$ + &c.
	13–15	$sds = \frac{x\,dx}{\sqrt{(1-xx)}} + \frac{1}{2\cdot3}\frac{x^3\,dx}{\sqrt{(1-xx)}}$ $+ \frac{1\cdot3}{2\cdot4\cdot5}\frac{x^5\,dx}{\sqrt{(1-xx)}} + \frac{1\cdot3\cdot5}{2\cdot4\cdot6\cdot7}$ $+ \frac{x^7\,dx}{\sqrt{(1-xx)}} + \frac{1\cdot3\cdot5\cdot7}{2\cdot4\cdot6\cdot8\cdot9}\frac{x^9\,dx}{\sqrt{(1-xx)}}$ + &c.	$sds = \frac{x\,dx}{\sqrt{(1-xx)}} + \frac{1}{2\cdot3}\frac{x^3\,dx}{\sqrt{(1-xx)}}$ $+ \frac{1\cdot3}{2\cdot4\cdot5}\frac{x^5\,dx}{\sqrt{(1-xx)}} + \frac{1\cdot3\cdot5}{2\cdot4\cdot6\cdot7}\frac{x^7\,dx}{\sqrt{(1-xx)}}$ $+ \frac{1\cdot3\cdot5\cdot7}{2\cdot4\cdot6\cdot8\cdot9}\frac{x^9\,dx}{\sqrt{(1-xx)}}$
	16		+ &c.

119	10	$\frac{n+1}{n+2}\int\frac{x^n dx}{\sqrt{(1-xx)}}$
	11	$\frac{x^{n+1}}{n+2}\sqrt{1-xx}.$
	14/15	$-\frac{x^{n+1}}{n+2}\sqrt{1-xx}.$
	18	$\int\frac{x^{n+2}dx}{\sqrt{(1-xx)}}=\frac{n+1}{n+2}\int\frac{x^n dx}{\sqrt{(1-xx)}}$
	26	$\int\frac{x^5 dx}{\sqrt{(1-xx)}}$
120	1	$\int\frac{x^7 dx}{\sqrt{(1-xx)}}=\frac{6}{7}\frac{x^5 dx}{\sqrt{(1-xx)}}$
	2	$\frac{x^9 dx}{\sqrt{(1-xx)}}=\frac{8}{9}\int\frac{x^7 dx}{\sqrt{(1-xx)}}$
122	½	$\frac{\pi\pi}{6}=1+\frac{1}{4}+\frac{1}{9}+\frac{1}{16}+\frac{1}{25}+\frac{1}{36}+\frac{1}{49}$ $+\&c$
	15	dx^2
	22/23	$y=\alpha xx+\beta x^4+\gamma x^6+\delta x^8+\varepsilon x^{10}+\&c.$
123	6	dx^2
	9/10	$\frac{dy}{dx}=2\alpha x+4\beta x^3+6\gamma x^5+8\delta x^7+\&c,$
	12/13	$\frac{ddy}{dx^2}=2\alpha+3\cdot4\beta xx$ $+5\cdot6\gamma x^4+7\cdot8\delta x^6+\&c.$
	16	$\frac{ddy}{dx^2}-\frac{xxddy}{dx^2}-\frac{xdy}{dx}-1=0$
	19–21	$\left.\begin{array}{l}2\alpha+3\cdot4\beta+5\cdot6\gamma x^4+7\cdot8\delta x^6\&c.\\-2\alpha xx-3\cdot4\beta x^4-5\cdot6\gamma x^6-\&c.\\-2\alpha xx-4\beta x^4-6\gamma x^6-\&c.\end{array}\right\}=0$ -1 [32]
124	1	$=\frac{1}{2}$
	6	fehlt
	8	$y=\frac{ss}{2}=\frac{xx}{2}+\frac{2}{3}\cdot\frac{xx}{4}+\frac{2\cdot4}{3\cdot5}\cdot\frac{x^4}{6}$
	9	$+\frac{2\cdot4\cdot6}{3\cdot5\cdot7}\cdot\frac{x^6}{8}+\frac{2\cdot4\cdot6\cdot8}{3\cdot5\cdot7\cdot9}\cdot\frac{x^8}{10}+\&c.$ [33]
	13	$\frac{s^3}{6}=\frac{1}{2}\int\frac{xxdx}{\sqrt{(1-xx)}}+\frac{2}{3\cdot4}\int\frac{x^4dx}{\sqrt{(1-xx)}}$
	14	$+\frac{2\cdot4}{3\cdot5\cdot6}\int\frac{x^6dx}{\sqrt{(1-xx)}}+\frac{2\cdot4\cdot6}{3\cdot5\cdot7\cdot8}\int\frac{x^8dx}{\sqrt{(1-xx)}}$

32 Es sei hier noch eigens vermerkt, dass im Original die „– 1" fehlt und durch Gauß ergänzt wurde (siehe die vierzeilige Gleichung!).

33 Gauß hat sich, was die Exponenten von x anbelangt, geirrt; richtig ist:
$$y=\frac{ss}{2}=\frac{xx}{2}+\frac{2}{3}\cdot\frac{x^4}{4}+\frac{2\cdot4}{3\cdot5}\cdot\frac{x^6}{6}+\frac{2\cdot4\cdot6}{3\cdot5\cdot7}\cdot\frac{x^8}{8}+\frac{2\cdot4\cdot6\cdot8}{3\cdot5\cdot7\cdot9}\cdot\frac{x^{10}}{10}\&c.$$

	17	$s = \frac{\pi}{2}$ & $\frac{s^3}{6} = \frac{\pi^3}{49}$	$s = \frac{\pi}{2}$ et $\frac{s^3}{6} = \frac{\pi^3}{48}$
125	1	dans le cas $= 1$	dans le cas $x = 1$
	5	$\int \frac{x^6\,dx}{\sqrt{(1-xx)}}$	$\int \frac{x^6\,dx}{\sqrt{(1-xx)}}$
	7/8	par son coefficient	fehlt
	9	$\frac{s^3}{6}$	$\frac{s^3}{6}$
	10	$\frac{\pi^3}{48}$	$\frac{\pi^3}{48}$
	19	$\frac{1}{49}$&c.	$\frac{1}{49}$ + &c
126	12/13	quarrés $\frac{1}{1^4} + \frac{1}{2^4} + \frac{1}{3^4} + \frac{1}{4^4} + \frac{1}{5} + $ &c.	biquarrés $1 + \frac{1}{2^4} + \frac{1}{3^4} + \frac{1}{4^4} + \frac{1}{5^4} + $ &c.,

Da Eulers Beitrag „Démonstration De la somme de cette Suite. $1 + \frac{1}{4} + \frac{1}{9} + \frac{1}{16} + \frac{1}{25} + \frac{1}{36} + $ etc." in einer bei Mathematikern ziemlich unbekannten Zeitschrift veröffentlicht worden war, blieb er von der Fachwelt unberücksichtigt. Daran änderte leider auch die Gaußsche Abschrift nichts, da Paul Heinrich Fuß diese Arbeit nicht veröffentlichte, denn Eulers Schriften zur Analysis standen in der näheren Zukunft noch nicht zur Drucklegung an. So blieb Eulers Beitrag der Fachwelt auch weiterhin unbekannt.

3.3. Das „Journal littéraire d'Allemagne"

Vorläufer des „Journal littéraire d'Allemagne" war die Zeitschrift „Bibliothèque germanique ou Histoire littéraire de l'Allemagne de la Suisse et des Pays du Nord", die in Amsterdam erschien und von der in den Jahren zwischen 1720 und 1741 insgesamt 50 Bände herauskamen. Es gab zunächst mehrere Herausgeber, ab 1734 gehörte auch Samuel Formey (1711–1797) dazu. Ab 1738 war Formey sogar Alleinherausgeber der „Bibliothèque germanique" (Stäckel/Ahrens 1908, S. 71f). Es waren einige Gelehrte aus Berlin und anderen Orten des Königreichs Preußen, die sich zusammengefunden hatten, um in französischer Sprache über eine große Anzahl von wichtigen und bemerkenswerten Veröffentlichungen aus dem deutschen Sprachraum sowie aus dem Norden, vor allem aus Dänemark und Schweden, aber auch aus Rußland, Rechenschaft abzulegen[34]. In der Zeitschrift wurden bisweilen sehr umfangreiche Besprechungen einzelner Beiträge vorgestellt, aber es wurde auch über die Inhalte ganzer Zeitschriftenbände berichtet. Die „Biblio-

---

34 Bibliothèque germanique 1, 1720, S. III.

thèque germanique" war also in erster Linie ein Referatenorgan. Bereits ab 1736 erschienen in ihr auch Rezensionen mehrerer Werke von Euler, also zu einer Zeit, als Euler noch in St. Petersburg wirkte.

Nach 50 Bänden wurde der Titel der Zeitschrift in „Journal littéraire d'Allemagne du Suisse et du Nord" geändert; ferner wurde diese nun nicht mehr in Amsterdam, sondern in La Haye, Den Haag, herausgegeben. Wie im Vorwort des ersten Bandes vermerkt wurde, war nur der Titel verändert worden, nicht aber die angestrebten Inhalte der Zeitschrift: „Ce titre est presque tout ce qu'il aura de nouveau. Nous nous conformerons au plan de la Bibliothèque Germanique, sur lequel il suffit de renvoyer à la Préface qui est à la tête de cette Bibliothèque, et à l'Avertissement du Tome III" (fol.★2r). Auch jetzt zählte wiederum Samuel Formey zu den Herausgebern.

Nachdem Euler 1741 von der Petersburger an die Berliner Akademie gewechselt war, lernten sich er und Samuel Formey persönlich kennen. Formey, in Berlin geboren, entstammte einer Hugenottenfamilie. Er wirkte zunächst als reformierter Prediger in Brandenburg, bevor er eine Stelle an der französischen Kirche in Berlin-Friedrichshain erhielt. 1737 wurde er Lehrer für Rhetorik am Collège français, am französischen Gymnasium in Berlin, wo er 1739 eine Professur für Philosophie erhielt. Am 23.1.1744 wurde Formey Ordentliches Mitglied der Berliner Akademie. Er war Herausgeber zahlreicher Zeitschriften, im Zusammenhang mit Euler sind vor allem die „Bibliothèque germanique", das „Journal littéraire d'Allemagne", die „Nouvelle bibliothèque germanique" sowie die „Bibliothèque impartiale" von Bedeutung.

Vom „Journal littéraire" erschienen insgesamt nur zwei Bände, die aus vier Teilbänden bestanden, nämlich die ersten zwei Teile in den Jahren 1741 und 1742 sowie der dritte und der vierte Teil im Jahre 1743. Hier erschien u.a. eine Inhaltsangabe des sechsten Bandes der „Mémoires de l'Académie des sciences de Petersbourg", der auch mehrere Beiträge Eulers enthielt. Eine ausführliche Besprechung wurde sodann im Falle von Eulers Arbeit „Solutio singularis casus circa tautochonismum"[35] vorgestellt. In demselben Band wurde auch Eulers „Démonstration" veröffentlicht. Im Register, d.h. in der „Table des matières", taucht in der Tat der Name Euler auf, und zwar mit einem Hinweis auf die Seiten 38 und 115.

---

35 Euler, Leonhard: Solutio singularis casus circa tautochronismum. Comment. acad. sc. Petropol. 6 (1732/3) 1738, S. 28–36. In: Opera omnia (2) 6, S. 65–74. (E 24). Eine Besprechung dieser Arbeit im „Journal littéraire d'Allemagne" 2: 1, 1743, S. 36–47.

Nachfolger des „Journal littéraire d'Allemagne" wurde die Zeitschrift „Nouvelle Bibliothèque germanique", von der in den Jahren 1746–1760 insgesamt 26 Bände erscheinen sollten, und zwar wiederum in Amsterdam. Formey wirkte zunächst mit anderen als Herausgeber, ab 1750 aber war er der alleinige Herausgeber auch dieser Zeitschrift. Hier erschienen ebenfalls wieder zahlreiche Rezensionen Eulerscher Werke und zwar mehr als 30, die hier nicht einzeln aufgeführt werden sollen.

In Jahr 1746 war Formey Assistent des Beständigen Sekretärs der Berliner Akademie geworden. 1748 wurde er selbst Beständiger Sekretär; darüber hinaus übernahm er 1788 noch das Amt des Direktors der philosophischen Klasse der Akademie. Im Jahre 1760 heiratete Eulers ältester Sohn Johann Albrecht Anna Hagemeister, die mit der Familie Formey verwandt war. Johann Albrecht Euler bezeichnete Samuel Formey als „Onkel". In der Tat waren Johann Albrechts Schwiegermutter und Formeys erste Ehefrau Schwestern.

3.4. Die Edition von Stäckel (1907/8) und die Edition in den „Opera omnia" (1925)

Paul Stäckel (1862–1919) hatte in Berlin Mathematik studiert, wo er 1885 promoviert wurde. 1899 wurde er Ordentlicher Professor in Kiel, 1905 wechselte er an die TH Hannover, 1908 an die TH Karlsruhe und 1913 an die Universität Heidelberg. Es war das Studium des in Göttingen vorhandenen Briefwechsels zwischen Paul Heinrich Fuß und Gauß, das Stäckel veranlasste, sich mit Eulers Arbeit „Démonstration De la somme de cette Suite. $1 + \frac{1}{4} + \frac{1}{9} + \frac{1}{16} + \frac{1}{25} + \frac{1}{36} +$ etc." zu beschäftigen. Stäckel kannte jedoch nur die in Göttingen befindlichen Briefe, nicht aber, wie bereits erwähnt, Gauß' Schreiben vom 16.5.1844, das erst kürzlich aufgespürt wurde. So war ihm zwar bekannt, dass Gauß eine Abschrift angefertigt und in dieser sowohl sprachliche Änderungen vorgenommen als auch mathematische Monstrositäten beseitigt hatte, aber die Gaußsche Abschrift selbst stand ihm nicht zur Verfügung. Daher war Stäckels Quelle Eulers Originalpublikation im „Journal littéraire d'Allemagne". Endlich, im Jahre 1907/8, erfuhr Eulers Beitrag eine weitere Veröffentlichung, begleitet von Stäckels Aufsatz unter dem Titel: „Eine vergessene Abhandlung Leonhard Eulers über die Summe der reziproken Quadrate der natürlichen Zahlen" (Stäckel 1907/8). Was die Orthographie und die Zeichensetzung anbelangt, so hielt sich Stäckel in stärkerem Maße als Gauß an das Original. Im Falle der mathematischen Monstrositäten aber verbesserte er diese, ohne seine Änderungen im

Detail darzulegen. Stäckels Änderungen und Gauß' Verbesserungen stimmen im Großen und Ganzen miteinander überein, was nicht verwundert, weil beide die in Eulers Beitrag vorgestellten mathematischen Sachverhalte voll und ganz beherrschten.

Im Jahre 1911 erschien unter der Ägide der Schweizerischen Naturforschenden Gesellschaft der erste Band von Eulers „Opera omnia". Alsbald standen auch Eulers Beiträge zur Theorie der Reihen auf dem Programm, so dass Eulers Schrift „Démonstration De la somme de cette Suite. $1 + \frac{1}{4} + \frac{1}{9} + \frac{1}{16} + \frac{1}{25} + \frac{1}{36} +$ etc." in den 1925 erschienenen Band 14 der ersten Serie Eingang fand; Grundlage hierfür war Stäckels Aufsatz, der, was ziemlich ungewöhnlich ist, ebenfalls in die „Opera omnia" aufgenommen wurde. So erfährt der Leser der „Opera omnia" weder hier noch aus dem Nachbericht (Faber 1935, S. XXXVI–XXXVIII), dass der vorgestellte Text nicht überall mit dem im „Journal littéraire d'Allemagne" veröffentlichten Originaltext übereinstimmt, sondern vorher durch Stäckel einer gründlichen Korrektur unterzogen worden war.

4. Vorgeschichte, Umfeld und Eulers Theorie der Reihe der reziproken Quadratzahlen

4.1. Euler und die Theorie der Reihen

Unendliche Reihen traten bereits in der Antike auf. Mit der Entwicklung des „Calculus" kam der Theorie der unendlichen Reihen eine besondere Bedeutung zu. Gottfried Wilhelm Leibniz (1646–1716) gelang es, für die alternierende Reihe der ungeraden reziproken Zahlen folgende Summe abzuleiten (Leibniz 1682):

$$\frac{1}{1} - \frac{1}{3} + \frac{1}{5} - \frac{1}{7} + \frac{1}{9} - \frac{1}{11} + \frac{1}{13} - \frac{1}{15} + \frac{1}{17} - \frac{1}{19} \text{ etc.} = \frac{\pi}{4}.$$

Es war dies ein völlig unerwartetes, sensationelles Ergebnis.

Leonhard Euler hat sich sein ganzes Leben lang mit der Theorie der unendlichen Reihen beschäftigt (Faber 1935; Hofmann 1959; Pengelley 2007; Sandifer 2004; Sandifer 2005; Sandifer 2007b; Sandifer 2008). Wie Georg Faber (1877–1966) mit Recht festgestellt hat, bilden diese Arbeiten „zusammen mit dem ersten Band von Eulers ,Introductio in analysin infinitorum' (Lausanne 1748, Opera (1) 8) einen der wichtigsten Ausschnitte aus Eulers Gesamtwerk" (Faber 1935, S. VII). Im Einzelfalle kann man Eulers Arbeiten nicht unbedingt eindeutig dem The-

ma Reihen zuordnen; es gibt daher unterschiedliche Angaben, wie viele
Arbeiten er über Reihen verfasst hat. So erwähnt Paul Heinrich Fuß in
seinem Verzeichnis von Eulers Schriften unter dem Thema „Series"
insgesamt 72 Arbeiten (Fuß P. H. 1843, S. LXVII–LXXII, Nr. 120–
192). Hagen teilt in seinem Verzeichnis das Kapitel „Reihen" in drei
Kapitel, nämlich „Series in genere", „Series in specie" und „Series par-
ticulares", ein und zählt insgesamt 77 Beiträge auf (Hagen 1896, S. 10–
15, Nr. 98–175).

In den Bänden der „Opera omnia" sind innerhalb der ersten Serie
die vier Bände 14, 15, 16,1 und 16,2 mit insgesamt 82 Abhandlungen
den unendlichen Reihen, Produkten und Kettenbrüchen gewidmet.
Diese Bände sind zwischen 1925–1935 erschienen. Mit nur ganz wenigen Ausnahmen waren fast alle diese Beiträge Eulers in lateinischer
Sprache verfasst und in St. Petersburg gedruckt worden.

4.2. Das sogenannte Basler Problem

Ein besonderes zum Thema Reihen gehörendes Problem betrifft die
Frage nach der Summe der reziproken Quadratzahlen, also die Frage
nach der Summe von

$$1 + \tfrac{1}{4} + \tfrac{1}{9} + \tfrac{1}{16} + \tfrac{1}{25} + \tfrac{1}{36} + \text{etc.}$$

Diese Reihe hat wohl als Erster Pietro Mengoli (1626–1686) im Jahre
1650 erwähnt[36], später noch weitere Mathematiker. Die eigentliche
Diskussion setzte aber erst 1689 ein, als Jakob I Bernoulli (1654–1705),
der seit 1687 an der Universität Basel eine Professur für Mathematik
bekleidete, eingestand, dass er zu keiner Lösung gekommen sei[37].

Otto Spiess (1878–1966) beginnt seinen 1945 erschienenen Aufsatz
„Die Summe der reziproken Quadratzahlen" mit der Feststellung: „Die
Geschichte der Mathematik kennt eine Florentiner Aufgabe, ein Petersburger und ein Königsberger Problem – mit weit besserem Recht könnte man von einem Basler Problem reden, wenn man darunter die Aufgabe versteht, die Summe der reziproken ganzen Quadratzahlen zu
bestimmen" (Spiess 1945, S. 66). Als Grund für diese Auffassung gibt er
an, dass es aus Basel stammende Mathematiker gewesen seien, die die
wesentlichen Beiträge zu diesem Problem geliefert hätten. Seit Spiess hat
sich daher auch die Bezeichnung „Basler Problem"[38] eingebürgert. In
der Tat haben zu diesem Problem Leonhard Euler, Johann I Bernoulli,

---

36 Pietro Mengoli: Novae quadraturae geometricae. Bologna 1650; die erwähnte
    Reihe steht auf der vorletzten Seite der Vorrede.
37 Opera omnia (4) A 2, S. 45 und S. 160, Anm. 13, ferner Spiess 1945, S. 66.
38 Englisch: Basel Problem.

Nikolaus I Bernoulli und Daniel Bernoulli Beiträge geliefert, Gelehrte also, die alle gebürtige Basler waren[39]. „Den Vogel abgeschossen hat aber Euler, der [das Problem] zuerst und von verschiedenen Seiten bezwang und dadurch die andern Lösungen erst hervorrief", so Otto Spiess (Spiess 1945, S. 86). Ed Sandifer, der eine Liste der „Top Ten Theorems" aufgestellt hat, die von Euler gelöst worden sind, nennt unter Nr. 1 Eulers Lösung des Basler Problems (Sandifer 2007c).

Im Folgenden sollen lediglich zwei Arbeiten von Euler näher beleuchtet werden, in denen es um das Basler Problem geht, nämlich „De summis serierum reciprocarum" (Euler 1740), die aber bereits aus dem Jahr 1735 stammt, sowie die „Démonstration De la somme de cette Suite. $1 + \frac{1}{4} + \frac{1}{9} + \frac{1}{16} + \frac{1}{25} + \frac{1}{36} +$ etc." (Euler 1743). Paul Heinrich Fuß hatte den engen Zusammenhang zwischen diesen beiden Arbeiten erkannt, trägt doch die erste Arbeit in seinem Verzeichnis der Eulerschen Schriften die Nummer 174, während er der zweiten, wie bereits erwähnt, die neue Nummer 174a zugeordnet hat (Stäckel/Ahrens 1908, S. 101).

4.2.1. Euler: De summis serierum reciprocarum (E 41)

Leonhard Eulers Arbeit „De summis serierum reciprocarum" erschien zwar erst im Jahre 1740 und zwar in Band VII der „Commentarii academiae scientiarum Petropolitanae", in dem die Beiträge aus den Jahren 1734 und 1735 veröffentlicht wurden. Tatsächlich hatte Euler diese Arbeit bereits am 5./16.12.1735 der akademischen Konferenz in St. Petersburg vorgelesen. Im Protokoll heißt es dazu: „Hr. Prof. Euler producirte und verlas eine Dissertation de summis serierum reciprocarum, und nachdem er sie absolviret, hat er sie wieder mit sich nach Haus genommen"[40]. Es ist besonders diese Arbeit, die mit Eulers Lösung des Basler Problems in Verbindung gebracht wird. Daher gibt es hierzu auch eine Fülle von Literatur, so (Spiess 1945, S. 67–70; Hofmann 1959, S. 185; Dunham 1999, S. 45–48; Havil 2007, S. 50–52; Sandifer 2007a, S. 157–165, Knobloch 2008, S. 13f). Sandifer zeichnete darüber hinaus diesen Beitrag Eulers (E 41) mit der höchsten Bewertung, drei Sternen, aus (Sandifer 2007a, S. XI), was soviel wie „Glanzleistung" bedeutet.

---

39 Was die Beiträge von Nikolaus I Bernoulli und Daniel Bernoulli zum Basler Problem anbelangt, so wird im Folgenden auf sie nicht eingegangen werden; es sei hierfür auf die Literatur verwiesen (Spiess 1945, S. 70–85).

40 Procès-verbaux des séances de l'Académie Impériale des Sciences 1 (1725–1743), St. Petersburg 1897, S. 229, 5. December.

Euler selbst berichtete über die Genese seines 1740 publizierten Ergebnisses: „Ich bin aber neulich völlig unerwartet auf einen eleganten Ausdruck für die Summe dieser Reihe $1 + \frac{1}{4} + \frac{1}{9} + \frac{1}{16}$ + etc. geführt worden, der von der Kreisquadratur abhängt, so dass wenn man die wahre Summe dieser Reihe hätte, daraus zugleich die Kreisquadratur folgte. Ich fand nämlich, dass das Sechsfache der Summe dieser Reihe dem Quadrat des Umfangs des Kreises gleich ist, dessen Durchmesser 1 ist oder wenn man die Summe jener Reihe gleich s setzt, $\sqrt{6s}$ zu 1 das Verhältnis des Umfanges zum Durchmesser erhalten wird"[41] (Euler 1740, § 2), d.h. wenn $\frac{\pi^2}{6} = s$, so ist $\pi = \sqrt{s \cdot 6}$.

In der Gleichung sin x = 0 ersetzt Euler die Sinusfunktion durch die Reihe:

$$x - \frac{x^3}{3!} + \frac{x^5}{5!} - \frac{x^7}{7!} + \ldots = 0,$$ diese Gleichung hat die Nullstellen 0,
$\pm\pi, \pm 2\pi, \pm 3\pi, \ldots$.

Die Nullstelle x = 0 wird ausgeschaltet, so dass man durch x teilen kann:

$$(\star) \quad 1 - \frac{x^2}{3!} + \frac{x^4}{5!} - \frac{x^6}{7!} + \ldots = 0 = \frac{\sin x}{x}$$ mit den Nullstellen $\pm\pi, \pm 2\pi, \pm 3\pi, \ldots$

Nun gilt

$$(\star\star) \quad \frac{\sin x}{x} = (1 - \frac{x^2}{\pi^2})(1 - \frac{x^2}{4\pi^2})(1 - \frac{x^2}{9\pi^2})(\ldots)\ldots$$

Jetzt wird eine Überlegung zwischengeschaltet. Euler betrachtet nunmehr die Gleichung

$1 - \sin x = 0$ mit den Wurzeln $\frac{\pi}{2}, -\frac{3\pi}{2}, \frac{5\pi}{2}, -\frac{7\pi}{2}, \ldots$; alle diese Wurzeln sind Doppelwurzeln, weil die Gerade $y = 1$ die Sinusfunktion berührt und nicht schneidet. Also sind die Nullstellen

$$\frac{\pi}{2}, \frac{\pi}{2}, -\frac{3\pi}{2}, -\frac{3\pi}{2}, \frac{5\pi}{2}, \frac{5\pi}{2}, -\frac{7\pi}{2} \ldots .$$

Da $1 - \sin x = 1 - x + \frac{x^3}{3!} - \frac{x^5}{5!} + \ldots$

---

41 Diese Übersetzung des lateinischen Textes stammt von Eberhard Knobloch, dem hierfür sehr herzlich gedankt sei.

$$= \left(1 - \frac{2x}{\pi}\right)^2 \left(1 + \frac{2x}{3\pi}\right)^2 \left(1 - \frac{2x}{5\pi}\right)^2 \left(1 + \frac{2x}{7\pi}\right)^2 \ldots; \text{ es gilt.}$$

$$-1 = -\frac{4}{\pi} + \frac{4}{3\pi} - \frac{4}{5\pi} + \ldots,$$

d.h. $\frac{\pi}{4} = 1 - \frac{1}{3} + \frac{1}{5} - \frac{1}{7} + - \ldots$; das Ergebnis ist also ein bekanntes Resultat, nämlich die Leibnizreihe.

Euler kommt zu dem Schluss (§ 10): „Hieraus leuchtet eine große Bekräftigung dieser Methode hervor, wenn diese etwa jemandem nicht hinreichend sicher erscheinen sollte, so dass es in keiner Weise gestattet ist, an dem übrigen, was aus dieser Methode abgeleitet wurde, zu zweifeln"[42]. Das heißt, Euler kann bei dem oben unterbrochenen Problem getrost fortfahren. Aus den Gleichungen (⋆) und (⋆⋆) folgt:

$$\frac{1}{3!} = \frac{1}{\pi^2} + \frac{1}{4\pi^2} + \frac{1}{9\pi^2} + \ldots, \text{ d.h. } 1 + \frac{1}{4} + \frac{1}{9} + \frac{1}{16} + \ldots \ldots = \frac{\pi^2}{6} = S_2.$$

Mittels eines Analogieschlusses, der natürlich kein strenger Beweis ist, ist es ihm also gelungen, die Behauptung zu beweisen.

Im Folgenden beschäftigt sich Euler u.a. mit höheren Potenzreihen und zeigt, dass

$$S_4 = \frac{\pi^4}{90}, S_6 = \frac{\pi^6}{945}, S_8 = \frac{\pi^8}{9450}, S_{10} = \frac{\pi^{10}}{93555}, S_{12} = \frac{691 \cdot \pi^{12}}{6825 \cdot 93555}, \text{ usw.}$$

d.h. die Summe der reziproken Werte der geraden Potenzen aller natürlichen Zahlen läßt sich stets in einfacher Weise durch die Bernoulli-Zahlen ausdrücken[43].

4.2.2. Das Basler Problem in Eulers Briefwechsel mit Johann I Bernoulli

Die Entdeckung der Summen $S_2 = \frac{\pi^2}{6}$ und $S_4 = \frac{\pi^4}{90}$ hatte Euler vor der Drucklegung seiner oben erwähnten Abhandlung am 8.6.1736 James Stirling[44] und kurze Zeit später, in einem nicht mehr auffindbaren

42   Die Übersetzung ist abermals Eberhard Knobloch zu verdanken.
43   Siehe Opera omnia (4) A 2, S. 160, Anm. 13.
44   Ebenda.

Brief, vermutlich im August 1736, auch Daniel Bernoulli mitgeteilt (Stäckel 1907/8, S. 42). Daniel Bernoulli antwortete am 12.9.1736:

„Das theorema summationis seriei

$$1 + \tfrac{1}{4} + \tfrac{1}{9} \text{ etc.} = \tfrac{pp}{6} \text{ und } 1 + \tfrac{1}{2^4} + \tfrac{1}{3^4} + \tfrac{1}{4^4} \text{ etc.} = \tfrac{p^4}{90}$$

ist sehr merkwürdig[45]. Sie werden ohne Zweifel a posteriori darauf gekommen seyn. Ich möchte die Solution gern von Ihnen sehen" (Fuß P. H. 1843, Bd. 2, S. 433–435, Lettre VIII, hier S. 435).

Da seit 1998 der Briefwechsel zwischen Euler und Johann I Bernoulli, der ganz in lateinischer Sprache geführt wurde, in deutscher Übersetzung vorliegt, sollen aus ihm hier einige der für unser Thema relevanten Abschnitte vorgestellt werden.

Durch Daniel erfuhr Johann I Bernoulli von Eulers Lösung des Problems und versuchte nun seinerseits, die Lösung selbst zu finden, was ihm auch gelang. In dem Brief vom 2.4.1737 nämlich ließ er Euler wissen[46]:

„Ferner habe ich vernommen, dass Sie eine Methode gefunden haben, die Reihe der Brüche

$$1 + \tfrac{1}{4} + \tfrac{1}{9} + \tfrac{1}{16} + \text{ etc., d.h. } 1 + \tfrac{1}{2^2} + \tfrac{1}{3^2} + \tfrac{1}{4^2} + \text{ etc.}$$

zu summieren, deren Nenner nämlich wie die Quadrate der natürlichen Zahlen 1, 2, 3, 4 etc. fortlaufen, was meinem Bruder Jakob ehemals unergründlich blieb, wie er selbst […] eingesteht. Sie fanden als Summe dieser Reihe cc/6,[47] wobei c der Umfang eines Kreises mit dem Durchmesser gleich 1 bezeichnet wird. Mein Daniel versuchte, die Quelle dieses Sachverhalts aufzuspüren, jedoch erfolglos, obwohl Sie ihm in Ihrem letzten Brief – wenn ich nicht irre – einen grundlegenden Hinweis gegeben haben. Sobald er mir aber die von Ihnen gefundene Summe cc/6 – und sonst nichts – genannt hatte, sah ich ein, dass die Reihensumme auf die Kreisquadratur zurückgeführt werden kann. Neugierig, woraus der analytische Ansatz zu gewinnen wäre, entdeckte ich bald selbst aus eigener Kraft das ganze Geheimnis unter Zuhilfenahme eines eleganten Satzes von Newton, der ohne Beweis in seiner ‚Algebra', p. 251, London 1707, steht. Den Beweis dieses Theorems aber habe ich auch gefunden. Dort wird angegeben, wie aus den Koeffizienten einer beliebigen gegebenen Gleichung die Summe nicht nur der Wurzeln, sondern auch aus den Wurzeln die Summe der Quadrate, der Kuben, der Biquadrate etc. bestimmt werden kann. Da-

---

45 Daniel Bernoulli schreibt p anstelle von π.
46 Brief Nr. 12, in: Opera omnia (4) A 2, S. 151–161, hier S. 156f.
47 Johann I Bernoulli schreibt c (circumferentia) anstelle von π.

mit Sie also beurteilen können, ob ich das Wesen der Sache berührt habe, drücke ich hier die Summen der Reihen aus, in denen die Nenner die vierten, dann auch die sechsten Potenzen der natürlichen Zahlen 2, 3, 4, 5, etc. durchlaufen. Ich fand nämlich (indem ich für jede einzelne eine neue Rechnung aufstellte)

$$1 + \frac{1}{2^4} + \frac{1}{3^4} + \frac{1}{4^4} + \text{etc.} = \frac{c^4}{90}$$

und ebenso

$$1 + \frac{1}{2^6} + \frac{1}{3^6} + \frac{1}{4^6} + \text{etc.} = \frac{c^6}{940}.$$

Aus diesen Reihen wird man weiter die Summe

$$1 + \frac{1}{2^8} + \frac{1}{3^8} + \frac{1}{4^8} + \text{etc.}$$

herausfinden, und so kann man beliebig zu höheren Exponenten weitergehen. Doch die Rechnung wird Schritt für Schritt mühsamer, und sie erstreckt sich nur auf geradzahlige Exponenten. Wenn diese jedoch ungerade sind, so gestehe ich, die Sache noch nicht im Griff zu haben. Wenn Sie im Besitz einer Methode für ungeradzahlige Potenzen sein sollten, etwa um diese Reihe

$$1 + \frac{1}{2^3} + \frac{1}{3^3} + \frac{1}{4^3} + \text{etc.}$$

zu summieren, so würde ich mich dankbar von Ihnen belehren lassen. Übrigens bleibt bei diesem Unterfangen ein gewisser Skrupel, der daher rührt, dass man als Hypothese annimmt, die Bestimmung der Wurzeln hänge von den Koeffizienten der Glieder einer beliebigen, auch unendlichen Gleichung ab. Dies trifft zwar im allgemeinen zu, doch kommt es sehr oft vor, dass in einer vorliegenden Gleichung ausser den brauchbaren Wurzeln (die das Problem lösen) auch unbrauchbare oder fremde drin stecken, ja sogar auch unmögliche oder imaginäre."

Am 27.8./7.9.1737 antwortete Euler, dass die geäußerten Bedenken gerechtfertigt seien[48]:

„Die Summierung der Reihen der reziproken geraden Potenzen, die Sie mir beschrieben haben, stimmt fast ganz mit meiner Methode überein. Indessen, was die Resultate über die Beschaffenheit der Koeffizienten betrifft, so glaube ich, ist es wegen eines Schreibfehlers geschehen, dass Sie die Summe der Reihe

$$1 + \frac{1}{2^6} + \frac{1}{3^6} + \frac{1}{4^6} + \text{etc.}$$

---

48   Brief Nr. 13, in: Opera omnia (4) A 2, S. 161–175, hier S. 168f.

$c^6/940$ gesetzt haben, da diese doch $c^6/945$ beträgt. Für die übrigen geraden Potenzen wird die Rechnung nicht nur länger, sondern die Resultate werden auch ungeheuer kompliziert: so wird

$$1 + \frac{1}{2^8} + \frac{1}{3^8} + \frac{1}{4^8} + etc. = \frac{c^8}{9450}$$

und

$$1 + \frac{1}{2^{10}} + \frac{1}{3^{10}} + etc. = \frac{c^{10}}{93555}$$

Auch wenn die Nenner einem gewissen Gesetz zu folgen scheinen, so waren die Zähler bis dahin nur zufällig 1, denn die Summe von

$$1 + \frac{1}{2^{12}} + \frac{1}{3^{12}} + etc.$$

hat 691 im Zähler. Die ungeraden Potenzen kann ich nicht summieren, und ich glaube nicht, dass ihre Summe von der Kreisquadratur abhängt. […] Der Einwand, den Sie gegen diese Methode anbringen, wiegt schwer, jedoch glaube ich aber nicht daran, einen leichten Beweis dafür erbringen zu können, dass jene Gleichung keine komplexen Wurzeln besitzt. So weist ja die Newtonsche Regel auf keine komplexen Wurzeln hin, woraus man vielleicht vollständigere Gewissheit ableiten könnte. Da aber dieselbe Methode die Leibnizsche Reihe $1 - \frac{1}{3} + \frac{1}{5} - etc.$ liefert und da die Summen der übrigen Reihen mit denen, welche ich schon längst durch Approximation bestimmt habe, sehr genau übereinstimmen, wird man diese Tatsache gleichsam für eine Bestätigung der Methode halten können."

Im Folgenden schilderte Euler im Detail eine weitere Beweismethode, die auf Integrationen beruht, und die er dann 1743 (siehe Abschnitt 4.2.3) veröffentlichen sollte.

Johann I Bernoulli war sehr angetan und antworte Euler am 26.10.1737[49]:

„Was Sie zu den Reihen sagen, ist ganz prächtig und Ihres Scharfsinnes wirklich würdig. Geradezu wunderbar dünkt mich Ihre zweite Methode die Reihe $1 + \frac{1}{4} + \frac{1}{9} + \frac{1}{16} + etc.$ zu summieren",

die er im weiteren Verlauf des Briefes erläuterte.

Und Euler freute sich darüber, dass sich Johann I freute, denn am 10./21.12.1737 antwortete er diesem[50]:

„Dass meine zweite, rein analytische Methode, womit ich die Summe der Reihe $1 + \frac{1}{4} + \frac{1}{9} + \frac{1}{16} + etc.$ herausgefunden habe, in so hohem Masse Ihren Beifall findet, freut mich sehr. Ich selbst zöge sie der anderen weitaus vor, wenn es möglich wäre, sie gleich wie jene an die höheren Potenzen

---

49 Brief Nr. 14, in: Opera omnia (4) A 2, S. 175–191, hier S. 185.
50 Brief Nr. 15, in: Opera omnia (4) A 2, S. 191–198, hier S. 195.

anzupassen, was ich allerdings bis heute nicht fertig bringen konnte, auch wenn ich nicht daran zweifle, dass sie ebenso allgemein ist. Alle Bedenken aber, die gegen die andere vorgebracht werden können, werden jedenfalls durch die Übereinstimmung dieser Methode mit der früheren behoben".

Auch in später zwischen Euler und Johann I Bernoulli gewechselten Briefen spielt die Reihe der reziproken Quadratzahlen noch eine wichtige Rolle, doch können diese Details hier übergangen werden. Für das Folgende ist es wesentlich, festzuhalten, dass Johann I Bernoulli die von Euler 1740 veröffentlichte Methode auch selbst gefunden hat. Dass er diese Methode später, ohne Euler auch nur zu erwähnen, als seine eigene veröffentlichte, ist typisch für ihn[51]. Des Weiteren ist von Bedeutung, dass Euler über seine 1743 veröffentlichte Methode bereits im Jahre 1737 verfügt hatte. Er selbst zog diese zweite Methode seiner ersten Methode, die er 1740 publiziert hatte (E 41), im Prinzip zwar vor, bedauerte aber gleichzeitig, dass sich das Verfahren nicht auf höhere Potenzen ausdehnen lasse.

4.2.3. Euler: Démonstration De la somme de cette Suite.
$$1 + \tfrac{1}{4} + \tfrac{1}{9} + \tfrac{1}{16} + \tfrac{1}{25} + \tfrac{1}{36} + \&c. \ (\text{E } 63)$$

Euler schrieb sein Werk „Démonstration De la somme de cette Suite […]" zwischen 1740 und 1742, denn er zitierte dort sein 1740 veröffentlichtes Werk „De summis serierum reciprocarum" (E 41), und 1743 wurde die Abhandlung veröffentlicht (Stäckel 1907/8, S. 52). Dieses Werk (E 63) stellt unter den Beiträgen Eulers zur Theorie der Reihen eine von nur wenigen Ausnahmen dar: es ist nicht in St. Petersburg publiziert worden, und es war nicht in Latein, sondern auf Französisch geschrieben. Es war dies auch die einzige Arbeit, die Euler im „Journal littéraire" veröffentlicht hat. Euler hatte 1741 St. Petersburg verlassen und war nach Berlin übergesiedelt, wo er die nächsten 25 Jahre an der dortigen Akademie wirken sollte. Vielleicht war der Umzug der Grund dafür, dass er seinen Beitrag nicht mehr in St. Petersburg und noch nicht in den Berliner Akademieschriften veröffentlichte. In der Berliner Akademie stellte er sich am 6.9.1742 vor, indem er eine Liste mit sieben Problemen vorlegte, die er für wichtig hielt[52], darunter Nr. 4: „De

---

51 Siehe Opera omnia (4) A 2, S. 46: „[Johann I Bernoulli] nahm seine Nachentdeckung in den vierten Band seiner Werke (JB 152) auf, ohne über die Priorität seines Lieblings- und Meisterschülers Euler auch nur eine Silbe zu verlieren!"

52 Archiv der Berlin-Brandenburgischen Akademie der Wissenschaften, PAW 1700–1811, I: IV, 37, S. 148.

summis serierum reciprocarum ex potestatibus numerorum naturalium ortarum" („Über die Summation reziproker Reihen, die aus Potenzen natürlicher Zahlen hervorgehen") (Stäckel/Ahrens 1908, S. 21, Havil 2007, S. 52f).

An Namen erwähnte Euler lediglich „Ludolf a Keulen"[53] als den Schöpfer eines möglichst genauen Wertes von π und Jacques Bernoulli (Jakob I Bernoulli), der sich vergeblich um eine Lösung des später so genannten Basler Problems bemüht hatte (Euler 1743, Opera S. 178).

Eigentlich geht es Euler um die Summe der allgemeinen Reihe

$$1+\frac{1}{2^n}+\frac{1}{3^n}+\frac{1}{4^n}+\frac{1}{5^n}+\frac{1}{6^n}+etc.$$

Er liefert zwei verschiedene Beweise, die beide ganz anders verlaufen als sein 1740 veröffentlichter erster Beweis (siehe Abschnitt 4.2.1). Beide Beweise basieren auf Integrationsmethoden und gliedweise durchgeführter Integration, sind aber nur für n = 2 praktikabel, für Potenzen mit n > 2 funktionieren beide Verfahren nicht mehr (Euler 1743, Opera S. 178).

Im Folgenden sollen beide Beweismethoden nur kurz skizziert werden.

In dem Kreis mit r = 1 gilt x = sin s,

d.h., s = arc sin x = $x+\frac{1}{2}\frac{x^3}{3}+\frac{1\cdot 3}{2\cdot 4}\frac{x^5}{5}+\frac{1\cdot 3\cdot 5}{2\cdot 4\cdot 6}\frac{x^7}{7}+\frac{1\cdot 3\cdot 5\cdot 7}{2\cdot 4\cdot 6\cdot 8}\frac{x^9}{9}+...$ mit

$s=\dfrac{\pi}{2}$ für x = 1.

$\dfrac{1}{2}$ (arc sin x)^2 =

$$\int_0^x \frac{\arcsin x}{\sqrt{1-x^2}}dx=\int_0^x (x+\frac{1}{2}\frac{x^3}{3}+\frac{1\cdot 3}{2\cdot 4}\frac{x^5}{5}+\frac{1\cdot 3\cdot 5}{2\cdot 4\cdot 6}\frac{x^7}{7}+...)\frac{dx}{\sqrt{1-x^2}}.$$

Setzt man x = 1 und integriert gliedweise, so kommt man zu

$$\frac{\pi\pi}{8}=1+\frac{1}{3\cdot 3}+\frac{1}{5\cdot 5}+\frac{1}{7\cdot 7}+\frac{1}{9\cdot 9}+etc. \quad \text{(Faber 1935, S. XXXVI)}.$$

---

53 Ludolph van Ceulen (1540–1610) veröffentlichte 1596 in Delft sein Werk „Van den Circkel".

Bildet man nun $S_2 - \dfrac{1}{4}\, S_2$, so erhält man $1 + \dfrac{1}{9} + \dfrac{1}{25} + \dfrac{1}{49} + \dfrac{1}{81} + etc. =$

$\dfrac{3}{4}\, S_2$, d.h. $= \dfrac{3}{4}\dfrac{\pi\pi}{6} = \dfrac{\pi\pi}{8}$.

Ed Sandifer hat diesen ersten Beweis Eulers in aller Ausführlichkeit und mit allen Zwischenschritten vorgestellt, die hier nicht wiederholt werden sollen (Sandifer 2007a, S. 368f).

Genau diese Beweismethode hatte Euler in seinem Brief vom 27.8./7.9.1737 auch Johann I Bernoulli geschildert. Ferner erwähnte er am 10./21.12.1737 gegenüber Bernoulli auch, dass sich dieses Verfahren nicht auf höhere Potenzen ausweiten lasse (siehe Abschnitt 4.2.2).

Dagegen hat Sandifer auf eine Beschreibung des zweiten Beweises verzichtet, in dem Euler von der Differentialgleichung

$(1 - x^2)\dfrac{d^2 y}{dx^2} - x\dfrac{dy}{dx} - 1 = 0$ ausgeht, die die Lösung

$\dfrac{1}{2}(\arcsin x)^2 = \dfrac{xx}{2} + \dfrac{2}{3}\dfrac{x^4}{4} + \dfrac{2\cdot 4}{3\cdot 5}\dfrac{x^6}{6} + \dfrac{2\cdot 4\cdot 6}{3\cdot 5\cdot 7}\dfrac{x^8}{8} + \dfrac{2\cdot 4\cdot 6\cdot 8}{3\cdot 5\cdot 7\cdot 9}\dfrac{x^{10}}{10} + etc.$ hat.

Daraus folgt:

$\dfrac{1}{6}(\text{arc sin } x)^3 = \displaystyle\int_0^x (\dfrac{x^2}{2} + \dfrac{2}{3}\dfrac{x^4}{4} + \dfrac{2\cdot 4}{3\cdot 5}\dfrac{x^6}{6} + \dfrac{2\cdot 4\cdot 6}{3\cdot 5\cdot 7}\dfrac{x^8}{8} + ...)\dfrac{dx}{\sqrt{(1 - x^2)}}$.

Gliedweise durchgeführte Integration für x = 1 ergibt

$\dfrac{\pi^3}{48} = \dfrac{1}{2\cdot 2}\dfrac{\pi}{2} + \dfrac{1}{4\cdot 4}\dfrac{\pi}{2} + \dfrac{1}{6\cdot 6}\dfrac{\pi}{2} + \dfrac{1}{8\cdot 8}\dfrac{\pi}{2} + etc.$, woraus folgt:

$\dfrac{\pi^2}{6} = 1 + \dfrac{1}{4} + \dfrac{1}{9} + \dfrac{1}{16} + \dfrac{1}{25} + \dfrac{1}{36} + etc.$ (siehe Faber 1935, S. XXXVIf).

Den Schluss der vorliegenden Arbeit bildet eine Zusammenstellung der Summe der Reihen S_2, S_4, S_6, ..., S_{26}, wobei die Faktoren von π^{2n} die später so genannten Bernoullizahlen darstellen. Hier erwähnt Euler jedoch nicht den Namen Jakob I Bernoullis, der als erster im Jahre 1713 in seiner „Ars conjectandi" diese – rationalen – Zahlen vorgestellt hatte.

Im Gegensatz zu Eulers Arbeit „De summis serierum reciprocarum" (E 41) zeichnet Ed Sandifer Eulers „Démonstration De la somme de cette Suite. $1 + \frac{1}{4} + \frac{1}{9} + \frac{1}{16} + \frac{1}{25} + \frac{1}{36} + \&c.$" nicht mit drei Sternen, sondern nur mit einem Stern aus und lässt seine Leser überdies noch wissen: „A correct, but rather boring, solution to the problem" (Sandifer

2007a, S. XIII). Man muss sich dieser Meinung wahrhaftig nicht anschließen, wird doch in der ersten dieser beiden Arbeiten von Euler vielmehr eine Analogiebetrachtung und kein einwandfreier Beweis geboten. Dies geschah erst in der zweiten Arbeit aus dem Jahre 1743; in der ersten Arbeit wurde zwar dank einer genialen Idee die exakte Summe der Reihe abgeleitet, in der zweiten Arbeit jedoch wird die Aussage streng bewiesen: „Démonstration" ist das erste Wort im Titel! Paul Stäckel hingegen beurteilt Eulers 1743 veröffentlichte Arbeit wie folgt (Stäckel 1907/8, S. 54): „So hat Euler nicht nur zuerst die Summen der reziproken geraden Potenzen der natürlichen Zahlen bestimmt, sondern auch den Zusammenhang der dabei auftretenden Koeffizienten mit anderen wichtigen Formeln der Analysis nachgewiesen. Seine Untersuchungen über diesen Gegenstand gehören zu den schönsten und tiefsten, mit denen uns sein Genius beschenkt hat."

Auf seine 1743 veröffentlichten Beweise kam Euler in späteren Arbeiten nicht mehr zu sprechen. Wohl aber beschäftigte er sich auch weiterhin mit der Summe der reziproken Quadratzahlen und gelangte dabei auch noch zu wesentlich weiter reichenden Ergebnissen (Spiess 1945, S. 70–86; Faber 1935, S. XVI–XXXIX).

4.2.4. Reihen bzw. das Basler Problem in Eulers Nachlass

Nachdem Leonhard Euler am 7./18.9.1783 in St. Petersburg verstorben war, blieb sein Nachlass in der dortigen Akademie; er befindet sich heute in der St. Petersburger Filiale des Archivs der Russländischen Akademie der Wissenschaften. Der Nachlass enthält zahlreiche Arbeiten Eulers zu Mathematik, Mechanik, Astronomie, Geodäsie und Physik sowie wissenschaftliche und technische Gutachten, ferner Notizbücher. Dazu kommen eine Beschreibung der dienstlichen und der persönlichen Dokumente, Annotationen zu Protokollnotizen der akademischen Versammlung und Eulers Korrespondenz (Kopelevič u.a. 1962, S. 17–24). Eine detaillierte Beschreibung des handschriftlichen wissenschaftlichen Nachlasses findet sich auf den folgenden Seiten (ebenda 1962, S. 27–119).

Was die mathematischen Manuskripte anbelangt, so werden in ihnen auch zahlreiche Arbeiten genannt, die unter den Titel „Reihen, Produkte und Kettenbrüche" fallen (ebenda 1962, S. 37–40, Nr. 57–80). Dieser Bestand konnte hier gar nicht in Betracht gezogen werden, es bleibt zukünftigen Eulerforschern vorbehalten, diesen Schatz auszubeuten.

Doch zu den bereits erwähnten Notizbüchern lässt sich bereits jetzt etwas mehr sagen. Der Inhalt dieser Notizbücher sollte eigentlich in der

4. Serie von Eulers Opera omnia, Reihe B, veröffentlicht werden; aber leider wurde dieses Projekt fallengelassen. Euler hinterließ zwölf Notiz-bücher, russisch: записные книжки, die chronologisch geordnet sind und mehr als 3000 Seiten umfassen (Kopelevič u.a. 1962, S. 114–119, Nr. 129–140). Die Inhalte der einzelnen Bücher sind heterogen, da Euler stets gleichzeitig über mehrere Themen gearbeitet hat. Doch sind diese Notizbücher in jüngerer Zeit durch eine detailliertere Inhaltsanga-be besser erschlossen worden. Eine erste verbesserte Inhaltsangabe wur-de 1988 in russischer Sprache veröffentlicht. Sie wurde 2007 in einer englischen Übersetzung einer größeren Allgemeinheit zugänglich ge-macht (Knobloch 1988/2007). Bereits aus ihr geht hervor, dass es vor allem die Notizbücher Nr. 131 und 132 sind, in denen u.a. auch das Thema „Reihen, Produkte und Kettenbüche" behandelt wird (Knob-loch 1988/2007, §1.4.) Das Notizbuch Nr. 131 umfasst die Jahre von 1736 bis 1740 und das Notizbuch Nr. 132 die Jahre von 1740 bis 1744. Daher verwundert es nicht, dass es hier auch zahlreiche Notizen Eulers gibt, die das Basler Problem betreffen. Einen noch detaillierteren Blick auf diese Notizbücher gestattet eine 1999 in russischer Sprache erschie-nene Beschreibung; hier wird das Thema Reihen noch ausführlicher vorgestellt (Matvievskaja/ Gorlova 1999, S. 330–338). Die Auswertung dieser Notizen würde es erlauben, einen noch wesentlich tieferen Ein-blick in Eulers Gedankenentwicklung zu bekommen. Doch auch diese Arbeit kann hier nicht geleistet werden und muss künftigen Eulerfor-schern überlassen bleiben.

Die Notizbücher sowie zahlreiche weitere wissenschaftliche Manu-skripte Eulers befinden sich in der St. Petersburger Filiale des Archivs der Russländischen Akademie im sogenannten Eulerfond, das ist der fond 136. Das handschriftliche Material wird unter der Signatur fond 136, opis' 1, die Eulersche Korrespondenz unter fond 136, opis' 2, auf-bewahrt.[54]

5. Der Fundort: fond 136, opis' 3, Nr. 13

Um hier gleich die Pointe vorwegzunehmen: Gauß' Abschrift befindet sich in der St. Petersburger Filiale des Archivs der Russländischen Aka-demie der Wissenschaften in einem Band unter der Signatur fond 136, opis' 3, Nr. 13 (Roussanova 2009). Dieser 460 Blätter umfassende Band wurde, wie die Archivaufzeichnungen zeigen, in jüngerer Zeit nur

---

54 Üblicherweise werden in russischen Archiven Archivalien mit „fond" bezeich-net und in „opis'" untergliedert.

zweimal ausgeliehen bzw. eingesehen, nämlich am 14.3.1997 von Herrn Kopylov und am 26.2.2009 von Elena Roussanova.

Dieser Band ist ein Konvolut, das bis auf eine Ausnahme bereits veröffentlichte Arbeiten von Euler enthält, sozusagen zusammengebundene Sonderdrucke der einzelnen Arbeiten. Der Band beginnt mit drei Seiten, die von Hand geschrieben sind, und zwar dem sog. „Index" (l. 2r und 2v) sowie einem Blatt mit der Überschrift „Trigonom. Analysis und Reihensummirung" (l. 3r)[55]. Der „Index" (l. 2r und 2v) gibt den Inhalt des Konvoluts wieder; es handelt sich um die Titel von insgesamt 38 Arbeiten Eulers, oftmals in Kurzzversion, ohne bibliographische Angaben, die von 1 bis 38 durchnummeriert sind. In diesem „Index" wurde zwischen Titel Nr. 5 und Titel Nr. 6 mit anderer Tinte eingefügt, „Nr. 5a „Littera Gaussi":

Es folgt die Nr. 6 mit dem Titel „Démonstration de la somme de cette Suite. $1 + \frac{1}{4} + \frac{1}{9} + \frac{1}{16} + \frac{1}{25} + \frac{1}{36} +$ etc." Ab Nr. 7 geht es wieder mit den gedruckten Arbeiten Eulers weiter. Der Band ist vielleicht deshalb von den Eulerforschern nicht beachtet worden, weil er ansonsten nur bereits veröffentlichte Beiträge und keinerlei Manuskripte von Euler enthält.

Hier sei der Inhalt des „Index" (l. 2r und 2v) wiedergegeben, wobei soweit wie nötig die Titel der Eulerschen Arbeiten, die bibliographischen Angaben, der Publikationsort in den „Opera omnia" sowie die Eneströmnummern ergänzt wurden. Diese Ergänzungen sind durch [] gekennzeichnet:

1. De summatione innumerabilium progressionum. [Comment. acad. sc. Petrop. 5 (1730/1), 1738, S. 91–105, in Opera omnia (1) 14, S. 25–41. **(E 20)**]

2. De progressionibus transcendentibus etc [seu quarum termini generales algebraice dari nequeunt. Comment. acad. sc. Petrop. 5 (1730/1), 1738, in Opera omnia (1) 14, S. 1–24. **(E 19)**]

---

55   Im Russischen wird Blatt mit „list" bezeichnet, hier abgekürzt durch l.; im Folgenden wurde den gezählten Blättern, um Vorder- bzw. Rückseite zu kennzeichnen, die lateinischen Bezeichnungen recto (abgekürzt r) und verso (abgekürzt v) beigegeben.

3. Methodus generalis summandi progressiones. [Comment. acad. sc. Petrop. 6 (1732/3), 1738, S. 68–97, in Opera omnia (1) 14, S. 42–72. **(E 25)**]

4. De linea celerrimi descensus in medio quocunque resistente. [Comment. acad. sc. Petrop. 7 (1734/5), 1740, S. 135–149, in Opera omnia (1) 25, S. 41–53. **(E 42)**]

5. De progressionibus harmonicis observationes. [Comment. acad. sc. Petrop. 7 (1734/5), 1740, S. 150–161, in Opera omnia (1) 14, S. 87–100. **(E 43)**]

5a Littera Gaussi

6. Démonstration de la somme de cette Suite. $1 + \frac{1}{4} + \frac{1}{9} + \frac{1}{16} + \frac{1}{25} + \frac{1}{36}$ + etc. [Abschrift von Gauß aus dem „Journal littéraire d'Allemagne, de Suisse et du Nord" (La Haye) 2 : 1, 1743, S. 115–127, in Opera omnia (1) 14, S. 177–186. **(E 63)**]

7. Methodus universalis Serierum convergentium summas [quam proxime inveniendi. Comment. acad. sc. Petrop. 8 (1736), 1741, S. 3–9, in Opera omnia (1) 14, S. 101–107. **(E 46)**]

8. Inventio summae cujusque seriei ex dato termino generali. [Comment. acad. sc. Petrop. 8 (1736), 1741, S. 9–22, in Opera omnia (1) 14, S. 108–123. **(E 47)**]

9. Theorematum quorundam ad numeros primos spectantium demonstratio. [Comment. acad. sc. Petrop. 8 (1736), 1741, S. 141–146, in Opera omnia (1) 2, S. 33–37. **(E 54)**]

10. Methodus universalis series summandi ulterius promota. [Comment. acad. sc. Petrop. 8 (1736), 1741, S. 147–158, in Opera omnia (1) 14, S. 124–137. **(E 55)**]

11. Variae observationes circa series infinitas. [Comment. acad. sc. Petrop. 9 (1737), 1744, S. 160–188, in Opera omnia (1) 14, S. 216–244. **(E 72)**]

12. De seriebus quibusdam considerationes. [Comment. acad. sc. Petrop.12 (1740), 1750, S. 53–96, in Opera omnia (1) 14, S. 407–462. **(E 130)**]

13. De minimis oscillationibus corporum tam rigidorum quam flexibilium [Methodus nova et facilis. Comment. acad. sc. Petrop. 7 (1734/5), 1740, S. 99–122, in Opera omnia (2) 10, S. 17–34. **(E 40)**]

14. De summis serierum reciprocarum. [Comment. acad. sc. Petrop. 7 (1734/5), 1740, S. 123–134, in Opera omnia (1) 14, S. 73–86. **(E 41)**]

15. De seriebus divergentibus. [Novi Comment. acad. sc. Petrop. 5 (1754/5), 1760, S. 205–237, in Opera omnia (1) 14, S. 585–617. **(E 247)**]

16. Methodus aequationes differentiales altiorum graduum integrandi ulterius promota. [Novi Comment. acad. sc. Petrop. 3 (1750/1), 1753, S. 3–35, in Opera omnia (1) 22, S. 181–213. **(E 188)**]

17. De serierum determinatione [seu nova methodus inveniendi terminos generales serierum. Novi Comment. acad. sc. Petrop. 3 (1750/1), 1753, S. 36–85, in Opera omnia (1) 14, S. 463–515. **(E 189)**]

18. Consideratio quarumdam serierum, [quae singularibus proprietatibus sunt praeditae. Novi Comment. acad. sc. Petrop. 3 (1750/1), 1753, S. 86–108, in Opera omnia (1) 14, S. 516–541. **(E 190)**]

19. Observationes circa novum et singulare progressionum genus. [Novi Comment. acad. sc. Petrop. 20 (1775), 1776, S. 123–139, in Opera omnia (1) 7, S. 246–261. **(E 476)**]

20. Meditationes circa singulare Serierum genus. [Novi Comment. acad. sc. Petrop. 20 (1775), 1776, S. 140–186, in Opera omnia (1) 15, S. 217–267. **(E 477)**]

21. De seriebus, in quibus producta ex binis terminis contiguis datam constituunt progressionem. [Opuscula analytica 1, 1783, S. 3–47, in Opera omnia (1) 15, S. 338–382. **(E 550)**]

22. Exercitationes analyticae. [Novi Comment. acad. sc. Petrop. 17 (1772), 1773, S. 173–204, in Opera omnia (1) 15, S. 131–167. **(E 432)**]

23. De eximio usu methodi interpolationum [in serierum doctrina. Opuscula analytica 1, 1783, S. 157–210, in Opera omnia (1) 15, S. 435–497. **(E 555)**]

24. De relatione inter ternas pluresve quantitates instituenda. [Opuscula analytica 2, 1785, S. 91–101, in Opera omnia (1) 4, S. 136–145. **(E 591)**]

25. Evolutio producti infiniti $[(1-x)(1-xx)(1-x^3)(1-x^4)(1-x^5)(1-x^6)\, etc.]$ in seriem simplicem. [Acta acad. sc. Petrop. (1780: I), 1783, S. 47–55, in Opera omnia (1) 3, S. 472–479. **(E 541)**]

26. De mirabilibus proprietatibus numerorum pentagonalium. [Acta acad. sc. Petrop. (1780: I), 1783, S. 56–75, in Opera omnia (1) 3, S. 480–496. **(E 542)**]

27. De transformatione serierum in fractiones continuas, [ubi simul haec theoria non mediocriter amplificatur. Opuscula analytica 2, 1785, S. 138–177, in Opera omnia (1) 15, S. 661–700. **(E 593)**]

28. De seriebus potestatum reciprocis methodo nova et facillima summandis. [Opuscula analytica 2, 1785, S. 257–274, in Opera omnia (1) 15, S. 701–721. **(E 597)**]

29. De summa seriei ex numeris primis formatae $[\frac{1}{3}-\frac{1}{5}+\frac{1}{7}+\frac{1}{11}-\frac{1}{13}-\frac{1}{17}+\frac{1}{19}+\frac{1}{23}-\frac{1}{29}+\frac{1}{31}-\, etc.$ ubi numeri primi formae $4n-1$ habent signum positivum formae autem $4n+1$ signum negativum. Opuscula analytica 2, 1785, S. 240–256, in Opera omnia (1) 4, S. 146–162. **(E 596)**]

30. De plurimis quantitatibus transcendentibus, quas nullo modo per formulas integrales exprimere licet. [Acta acad. sc. Petrop. 4 (1780: II), 1784, S. 31–37, in Opera omnia (1) 15, S. 522–527. **(E 565)**]

31. De inductione ad plenam certitudinem evehenda. [Acta acad. sc. Petrop. 4 (1780: II), 1784, S. 38–48, in Opera omnia (1) 4, S. 116–124. **(E 566)**]

32. De serie Lambertina, [plurimisque eius insignibus proprietatibus. Acta acad. sc. Petrop. (1779: II), 1783, S. 29–51, in Opera omnia (1) 6, S. 350–369. **(E 532)**]

33. Variae considerationes circa series hypergeometricas. [Nova acta acad. sc. Petrop. 8 (1790), 1794, S. 3–14, in Opera omnia (1) 16,1, S. 178–192. **(E 661)**]

34. De formulis exponentialibus replicatis. [Acta acad. sc. Petrop. 1 (1777: I), 1778, S. 38–60, in Opera omnia (1) 15, S. 268–297. **(E 489)**]

35. Integratio aequationis differentialis huius [$dy + yydx = \dfrac{Adx}{(a+2bx+cxx)^2}$.

Mém. acad. sc. St. Pétersbourg 3 (1809/10), 1811, S. 3–15, in Opera omnia (1) 23, S. 379–392. **(E 734)**]

36. De insigni paradoxo, quod in analysi maximorum et minimorum occurit. [Mém. acad. sc. St. Pétersbourg 3 (1809/10), 1811, S. 16–25, in Opera omnia (1) 25, S. 286–292. **(E 735)**]

37. De summatione serierum [in hac forma contentarum:

$$\frac{a}{1} + \frac{a^2}{4} + \frac{a^3}{9} + \frac{a^4}{16} + \frac{a^5}{25} + \frac{a^6}{36} + etc.$$

Mém. acad. sc. St. Pétersbourg 3 (1809/10), 1811, S. 26–42, in Opera omnia (1) 16,2, S. 117–138. **(E 736)**]

38. Methodus succincta summas serierum infinitarum per formulas differentiales investigandi. [Mém. acad. sc. St. Pétersbourg 5 (1812), 1815, S. 45–56, in Opera omnia (1) 16,2, S. 200–213. **(E 746)**]

Man kann davon ausgehen, dass diese Zusammenstellung auf Paul Heinrich Fuß zurückgeht. Die Handschrift, in der l. 2r und 2v sowie 3r geschrieben wurden, stimmt mit der Handschrift von Paul Heinrich Fuß überein. Dieser wollte wohl die Inhalte eines dem Thema „Reihen" gewidmeten Bandes von Eulers Werken zusammenstellen. Dabei rechnete er hier auch einige Arbeiten dazu, die nach seinem eigenen Verzeichnis von Eulers Schriften nicht unbedingt dem Kapitel „Reihen" zugeordnet waren, denn nur 28 der hier vorgestellten 38 Arbeiten Eulers kommen auch in Fuß' Verzeichnis der Eulerschen Schriften im Kapitel „Reihen" vor.

Ferner wurde links, neben der Spalte mit den Zahlen 1 bis 38, von anderer Hand noch eine weitere Spalte mit Zahlen hinzugefügt: 98, 110, 99 usw. Wie eine Analyse ergab, handelt es sich dabei um die Nummern, die Eulers Arbeiten gemäß dem Verzeichnis von Johann Georg Hagen haben. Das bedeutet, diese Nummern können nur in der Zeit zwischen 1896 und 1913 hinzugefügt worden sein, da Hagens Verzeichnis 1896 erschienen ist und man nach 1913 wohl den Eneströmnummern den Vorzug gegeben hätte.

Angehängt an dieses Inhaltsverzeichnis mit dem Titel „Index" gibt es, wie bereits erwähnt, noch ein weiteres handgeschriebenes Blatt 3r, mit der Überschrift „Trigonom. Analysis und Reihensummirung. 2. Summation und Transformation der unendlichen Reihen. Unendliche Producte".

Auch dieses Blatt enthält eine Liste Eulerscher Arbeiten. Dort sind allerdings nur 38 Nummern ohne Titel und ohne bibliographische Angaben genannt, wobei sich die Nummern auf das von Paul Heinrich Fuß 1843 herausgegebene Verzeichnis der Eulerschen Schriften beziehen. Diese Nummern sollen hier unerwähnt bleiben, damit sie nicht etwa zu weiteren Verwirrungen beitragen. Unter diesen Nummern befindet sich auch die Nr. 174a, d.h. Eulers „Démonstration De la somme de cette Suite [...]", die Fuß erst nachträglich und handschriftlich in sein Verzeichnis der Eulerschriften eingefügt hat.

Wie eine Überprüfung der Nummern in dem Verzeichnis von Paul Heinrich Fuß und der Titel aus der oben angeführten Tabelle ergab, wurden 30 dieser 38 Titel auch in die neue Liste aufgenommen. Acht Titel der ersten Liste wurden weggelassen, und zwar die Titel mit den laufenden Nummern **4 (E 42), 9 (E 54), 13 (E 40), 16 (E 188), 26 (E 542), 31 (E 566), 35 (E 734)** und **36 (E 735)**. Alle diese Titel finden sich auch nicht unter „Reihen" in dem Verzeichnis von Paul Heinrich Fuß aufgelistet. Es haben also inhaltliche Gründe dafür gesprochen, auf diese Titel zu verzichten. Dafür kamen folgende acht Titel neu hinzu, die allesamt unter „Reihen" fielen.

De termino generali serierum hypergeometricarum. Nova acta acad. sc. Petrop. 7 (1789), 1793, S. 42–63, in Opera omnia (1) 16,1, S. 139–162. **(E 652)**

Dilucidationes in capita postrema Calculi mei differentialis de functionibus inexplicabilibus. In: Institutiones calculi differentialis, Pavia 1787, S. 705–732. Wiederabgedruckt in Mém. acad. sc. St. Pétersbourg 4, 1813, S. 88–119, in Opera omnia (1) 16,1, S. 1–33. **(E 613)**

Specimen transformationis singularis serierum. Nova acta acad. sc. Petrop. 12 (1794), 1801, S. 58–70, in Opera omnia (1) 16,2, S. 41–55. **(E 710)**

De singulari ratione differentiandi et integrandi, quae in summis serierum occurrit. Nova acta acad. sc. Petrop. 6, (1788), 1790, S. 3–15, in Opera omnia (1) 16,1, 122–138. **(E 642)**

De summatione serierum in quibus terminorum signa alternantur. Nova acta acad. sc. Petrop. 2 (1784), 1788, S. 46–69, in Opera omnia (1) 16,1, 47–78. **(E 617)**

De numero memorabili in summatione progressionis harmonicae naturalis occurrente. Acta acad. sc. Petrop. 5 (1781: II), 1785, S. 45–75, in Opera omnia (1) 15, S. 569–603. **(E 583)**

De summis serierum numeros Bernoullianos involventium. Novi Comment. acad. sc. Petrop. 14 (1769), 1770, S. 129–167, in Opera omnia (1) 15, S. 91–130. **(E 393)**

Exercitatio analytica; ubi imprimis seriei maxime generalis summatio traditur. Nova acta acad. sc. Petrop. 9 (1791), 1795, S. 41–53, in Opera omnia (1) 16,1, S. 266–281. **(E 685)**

Es war dies also eine verbesserte Liste für einen möglicherweise geplanten Band von Eulers Schriften über Reihen. Hier auf Blatt 3r wurden ferner zwei Spalten mit je zwei Zahlenreihen aufgeschrieben, einerseits die Nummern der Eulerschen Arbeit in dem Verzeichnis von Paul Heinrich Fuß und andererseits die Anzahl der Seiten des Beitrages von Euler. Diese Seitenzahlen wurden aufsummiert und ergaben eine Summe von 876 Seiten – es hätte dies also ein stattlicher Band werden können. Paul Heinrich Fuß hat ja 1848 in dem Briefwechsel mit C. G. J. Jacobi einen geplanten Band über Reihen mit dem Titel „Analytische Trigonometrie und Summation der Reihen" erwähnt, der sogar 47 Schriften Eulers enthalten sollte (Stäckel/Ahrens 1907/8, S. 53). Aber leider kam es nicht zur Realisierung eines solchen Bandes.

Der Vollständigkeit halber sei erwähnt, dass auf dem Blatt 1v des Konvoluts noch ein Nachtrag erwähnt wird, nämlich die Nr. 12a mit dem Titel „Solutio problematum quorundam astronomicorum" (E 39)[56]; die Seite 1r ist leer. Das offizielle, von Archivaren in jüngerer Zeit erstellte Inhaltsverzeichnis des gesamten Konvolutes fond 136, opis' 3, Nr. 13 weist insgesamt 40 Nummern aus, erstens, weil der Brief von Gauß mitgezählt, und zweitens, weil noch die Nr. 12a, hier als Nr. 14, hinzugezählt wurde.

In dem Konvolut befindet sich der Brief von Gauß, den dieser am 16.5.1844 an Paul Heinrich Fuß geschrieben hat, auf der Seite 59r. Da Paul Heinrich Fuß über keine Kopie von Eulers Aufsatz „Démonstration De la somme de cette Suite. $1 + \frac{1}{4} + \frac{1}{9} + \frac{1}{16} + \frac{1}{25} + \frac{1}{36} +$ etc." verfügte, folgt nun konsequenterweise die von Gauß angefertigte Abschrift auf den Blättern 60 und 61, d.h. l. 60r, 60v, 61r und 61v.

---

56 Leonhard Euler: Solutio problematum quorundam astronomicorum. Comment. acad. sc. Petrop. 7 (1734/5), 1740, S. 97–98, in Opera omnia (2) 28, S. 26–27 (E 39).

Den Abschluss bildet das Couvert von Gauß' Brief an Paul Heinrich
Fuß (l. 62v). Siehe die Faksimiles im folgenden Beitrag.

Schlusswort: Gauß und die Theorie der Reihen

Zum Schluss soll noch kurz das Thema Gauß und die Theorie der Reihen gestreift werden. In der Mathematik des 19. Jahrhunderts spielte die
Theorie der unendlichen Reihen nicht mehr die gleiche Rolle wie im
18. Jahrhundert. So verwundert es auch nicht, dass Gauß nichts zu den
Arbeiten der Klassiker des 18. Jahrhunderts über die Theorie der unendlichen Reihen beigetragen, sondern im Jahre 1813 lediglich eine auf
einem anderen Niveau befindliche Arbeit über die hypergeometrische
Reihe vorgelegt hat (Gauß 1813). Dieser liegen zwar auch Arbeiten von
Euler zugrunde, wie Recherchen ergaben (Schlesinger 1912, S. 136f,
139), aber Gauß zitiert hier keinerlei Beiträge von anderen Gelehrten,
auch die von Euler nicht.

Dennoch gibt es direkte Hinweise darauf, dass sich Gauß in jungen
Jahren mit der Theorie der unendlichen Reihen beschäftigt hat. Im
Jahre 1793 nämlich gelangte Johann Friedrich Pfaffs „Versuch einer
neuen Summationsmethode" in Gauß' private Bibliothek. Das Werk
befindet sich noch heute unter der Nummer 588 in der in Göttingen
vorhandenen Gauß-Bibliothek (Pfaff 1788). Es enthält den handschriftlichen Vermerk „C. F. Gauß 1793". Es war Paul Heinrich Fuß, dem
Gauß sehr viel später seine Beweggründe für den Kauf dieses Werkes
schildern sollte:

> „Vielleicht hat eine kleine Anekdote in Beziehung auf diese Schrift einiges
> Interesse für Sie. Sie ist autentisch, da ich sie aus Pfaffs eignem Munde ha-
> be. Pfaff hatte ihr in der Handschrift den Titel gegeben, Versuch einer
> neuen Methode die reciproken Reihen zu summiren, wodurch wirklich
> der Inhalt gut bezeichnet wird. Durch Vermittlung eines Gönners fand die
> Schrift in dem Buchhändler Himburg in Berlin einen Verleger, welcher
> ohne Pfaffs Vorwissen beim Druck den Titel eigenmächtig in ‚Versuch ei-
> ner neuen Summationsmethode' abänderte. Pfaff war damit selbst unzufrie-
> den, da die Schrift gar nicht die Praetension machen konnte noch sollte,

eine neue Summationsmethode (schlechthin) zu geben. Richtig gerechnet hatte aber der Buchhändler gewiß, denn mancher kaufte das Buch, worin er eine neue allgemeine Summationsmethode zu finden erwartete, der wohl eine Monographie über einen so ganz speciellen Gegenstand nicht gekauft hätte. Ich darf mich, als einen damals noch sehr jungen Knaben, als Beispiel eines solchen Käufers wenige Jahre nach der Erscheinung des Buches anführen"[57].

Das Exemplar in der Gauß-Bibliothek enthält zahlreiche Anmerkungen und Eintragungen von Gauß' eigener Hand, was bedeutet, dass dieser das Werk auch gelesen hat. Am Ende, auf der letzten Seite, vermerkt Gauß wiederum ein Zitat aus einem Werk von Euler:

„On sait par l'experience que lorsqu'une recherche est fort épineuse les premiers efforts nous en eclairoissent ordinairement fort peu; et ce n'est que par des efforts reiterés et en envisageant la chose sous plusieurs points de vue qu'on parvient à une connoisance accomplie",

wobei er auch die Quelle nennt[58]. Gleich darunter befinden sich zahlreiche mathematische Formeln aus dem Bereich der Reihen, worunter auch $\frac{\pi^2}{6}$ vorkommt. Ferner machen die bereits erwähnten Leiste-Notizen sogar noch etwas deutlicher, dass sich auch Gauß mit der von Euler so erfolgreich untersuchten Reihe $1 + \frac{1}{4} + \frac{1}{9} + \frac{1}{16} + \frac{1}{25} + \frac{1}{36} +$ usw. beschäftigt hat. Dort nämlich notierte Gauß auf der leeren Seite links vom Titelblatt u.a. folgende Reihen (Leiste 1790):

$$1 - \frac{1}{9} + \frac{1}{25} - \frac{1}{49} \ldots = 0.916$$

$$1 + \frac{1}{4} + \frac{1}{9} + \frac{1}{16} \ldots = \frac{\pi\pi}{6} = 1,6$$

$$1 + \frac{1}{9} + \frac{1}{25} + \frac{1}{49} \ldots = \frac{\pi\pi}{8} = 1,2$$

$$\frac{1}{4} + \frac{1}{16} + \frac{1}{36} + \frac{1}{64} \ldots = \frac{\pi\pi}{24} = 0,4$$

$$1 + \frac{1}{16} + \frac{1}{49} + \frac{1}{100} \ldots =$$

57 SUB Göttingen, Gauß-Nachlass, Briefe B: Paul Heinrich Fuß 2 (2 S.).

58 Euler, Leonhard: Du mouvement d'un corps solide quelconque lorsqu'il tourne autour d'un axe mobile. Mémoires Académie des sciences de Berlin 16 (1760) 1767, S. 176–227 (E 336), hier S. 178. In: Opera omnia (2) 8, S. 313–356, hier S. 315.

$$\frac{1}{4}+\frac{1}{25}+\frac{1}{64}+\frac{1}{121}... =$$

$$\frac{1}{9}+\frac{1}{36}+\frac{1}{81}+\frac{1}{144}... =\frac{\pi\pi}{54}=0.18$$

$$1+\frac{1}{25}+\frac{1}{81}+\frac{1}{169}... =1{,}074833$$

$$\frac{1}{4}+\frac{1}{36}+\frac{1}{100}+\frac{1}{196}... =\frac{1}{32}\pi\pi$$

$$\frac{1}{9}+\frac{1}{49}+\frac{1}{121}+\frac{1}{225}... =0{,}15886$$

$$\frac{1}{16}+\frac{1}{64}+\frac{1}{144}+\frac{1}{256}... =\frac{1}{96}\pi\pi\ .$$

Literaturverzeichnis

Dunham 1999 Dunham, William: Euler: the master of us all. Washington 1999.

Eneström 1910–1913 Eneström, Gustaf: Verzeichnis der Schriften Leonhard Eulers. Jahresberichte der Deutschen Mathematikervereinigung. Ergänzungsband 4, Leipzig 1910–1913.

Euler 1740 Euler, Leonhard: De summis serierum reciprocarum. Commentarii academiae scientiarum Petropolitanae 7 (1734/5), 1740, S. 123–134. In: Opera omnia (1) 14, Leipzig, Berlin 1925, S. 73–86. (E 41).

Euler 1743 Euler, Leonhard: Démonstration De la somme de cette Suite. $1 + \frac{1}{4} + \frac{1}{9} + \frac{1}{16} + \frac{1}{25} + \frac{1}{36} +$ etc. Journal littéraire d'Allemagne, de Suisse et du Nord (La Haye) 2 : 1, 1743, S. 115–127. Ferner in: Bibliotheca Mathematica (3) 8, 1907/8, S. 54–60. In: Opera omnia (1) 14, Leipzig, Berlin 1925, S. 177–186. (E 63)

Euler 1747/1844 Euler, Leonhard: Rettung der Göttlichen Offenbarung gegen die Einwürfe der Freygeister. Berlin 1747, 2. Aufl. Berlin 1844. In: Opera omnia (3) 12, Zürich 1960, S. 269–286. (E 92)

Euler 1751 Euler, Leonhard: Découverte d'une loi tout extraordinaire des nombres par rapport à la somme de leurs diviseurs. Bibliothèque impartiale 3, 1751, S. 10–31. In: Opera omnia (1) 2, Leipzig, Berlin 1915, S. 241–253. (E 175)

Euler 1849 Euler, Leonhard: Commentationes arithmeticae collectae. Auspiciis academiae imperialis scientiarum Petropolitanae ediderunt auctoris pronepotes P. H. Fuss et Nicolaus Fuss. 2 Bde, St. Petersburg 1849. (E 791)

Euler 1862 Euler, Leonhard: Opera posthuma mathematica et physica anno MDCCCXLIV detecta quae academiae scientiarum Petropolitanae obtulerunt ejusque auspiciis ediderunt auctoris pronepotes Paulus Henricus Fuss et Nicolaus Fuss. 2 Bde, St. Petersburg 1862. (E 805)

Faber 1935 Faber, Georg: Übersicht über die Bände 14, 15, 16, 16★ der ersten Serie [der Euler-Edition]. In: Leonhard Euler: Opera omnia (1) 16,2, Leipzig, Berlin 1935, S. VII–CXII.

Fuchs 1978 Fuchs, Werner: Die Leiste-Notizen des jungen Gauß. Mitteilungen der Gauß-Gesellschaft 15, 1978, S. 19–38.

Fuß N. 1783 Fuß, Nikolaus: Eloge de Monsieur Léonard Euler, lu à l'académie impériale des sciences de Saint-Pétersbourg le 23 octobre 1783. Avec une liste complette des ouvrages de M. Euler. St. Petersbourg 1783.

Fuß N. 1786 Fuß, Nikolaus: Lobrede auf Herrn Leonhard Euler; von dem Verfasser selbst aus dem französischen übersetzt und mit verschiedenen Zusätzen vermehrt, nebst einem vollständigen Verzeichnis der Eulerschen Schriften. Basel 1786. In: Euler Opera omnia (1) 1, Leipzig und Berlin 1911, S. XLIII–XCV (ohne Schriftenverzeichnis).

Fuß N. 1787 Fuß, Nikolaus: Eloge de Léonard Euler, lu à l'académie impériale des sciences de Saint-Pétersbourg le 23 octobre 1783. In: Nova Acta Academiae Scientiarum imperialis Petropolitanae, Saint-Petersbourg 1, (1783), 1787, S. 159–212.

Fuß P. H. 1822 Fuß, Paul Heinrich: De curva quadam transcendente, ejusque proprietatibus. Mémoires de l'Académie impériale des sciences de St. Pétersbourg 8 (1817, 1818), 1822, S. 147–160 (vorgelegt am 23.4.1817).

Fuß P. H. 1842 Fuß, Paul Heinrich: Extrait du procès verbal de l'académie impériale des sciences de St. Pétersbourg du 24 Septembre (6 Octobre). Journal für die reine und angewandte Mathematik 23, 1842, S. 196–198.

Fuß P. H. 1843 Fuß, Paul Heinrich (Hrsg.): Correspondance mathématique et physique de quelques célèbres géomètres du XVIIIème siècle, précédée d'une notice sur les travaux de Léonard Euler. 2 Bde, St. Petersburg 1843.

Fuß, Paul Heinrich: Systematische Liste der Schriften Leonhard Eulers, siehe Stäckel/Ahrens 1907/8, S. 79–163.

Gauß 1813 Gauß, Carl Friedrich: Disquisitiones generales circa seriem infinitam

$$1+\frac{\alpha\cdot\beta}{1\cdot\gamma}x+\frac{\alpha\cdot(\alpha+1)\cdot\beta\cdot(\beta+1)}{1\cdot 2\cdot\gamma\cdot(\gamma+1)}xx+\frac{\alpha\cdot(\alpha+1)\cdot(\alpha+2)\cdot\beta\cdot(\beta+1)\cdot(\beta+2)}{1\cdot 2\cdot 3\cdot\gamma\cdot(\gamma+1)\cdot(\gamma+2)}x^{3}+etc.$$

Commentationes societatis regiae scientiarum Gottingensis recentiores 2 (1811–1813) 1813, commentationes classis mathematicae, 46 S. In: Werke 3, Göttingen 1866, S. 123–162.

Hagen 1896 Hagen, Johann Georg: Index operum Leonardi Euleri. Berlin 1896.

Havil 2007 Havil, Julian: Gamma. Eulers Konstante, Primzahlstrände und die Riemannsche Vermutung. Aus dem Englischen übs. von M. Stern. Berlin, Heidelberg 2007.

Hofmann 1959 Hofmann, Joseph Ehrenfried: Um Eulers erste Reihenstudien. In: Sammelband, der zu Ehren des 250. Geburtstages Leonhard Eulers der Deutschen Akademie der Wissenschaften zu Berlin vorgelegten Abhandlungen. Hrsg. von Kurt Schröder, Berlin 1959, S. 139–208.

Knobloch 1988/2007. Knobloch, Eberhard: Matematičeskie zapisnye knižki Leonarda Ėjlera. In: Razvitie idej Leonarda Ėjlera i sovremennaja nauka, hrsg. von N. N. Bogoljubov, G. K. Michajlov und A. P. Juškevič, Moskau 1988. S. 102–121.

Englische Übersetzung: Euler's Mathematical Notebooks. In: Euler and Modern Science, hrsg. von N. N. Bogolyubov, G. K. Mikhajlov, and A. P. Yushkevich. Translated from Russian by Robert Burns. The MAA Tercentenary Euler Celebration 4, 2007, S. 97–118.

Knobloch 2008 Knobloch, Eberhard: Euler transgressing limits: The infinite and music theory. In: Quaderns d'Història de l'Enginyeria 9, 2008, S. 9–24.

Kopelevič u.a. 1962 Kopelevič, Ju. Ch.; Krutikova, M. V.; Michajlov, G. K.; Raskin, N. M. (Hrsg.): Rukopisnye materialy L. Ėjlera v archive akademii nauk SSSR. Bd. 1, Moskau 1962.

Leiste 1790 Leiste, Christian: Die Arithmetik und Algebra zum Gebrauch bey dem Unterrichte. Wolfenbüttel 1790.

Leibniz 1682 Leibniz, Gottfried Wilhelm: De Vera Proportione Circuli ad Quadratum Circumscriptum in Numeris rationalibus expressa. Acta Eruditorum 1682, S. 41–46. In: C. I. Gerhardt (Hrsg): G. W. Leibniz Mathematische Schriften 5, Halle 1858, Nachdruck Hildesheim 1962, S. 118–122.

Matvievskaja/Gorlova 1999 Matvievskaja, G. P.; Gorlova, V. D.: Zapisnye knižki Ėjlera: Zametki, otnosjaščiesja k analitičeskoj teorii čisel, rjadam i zepnym drobjam. Istoriko-matematičeskie issledovanija 3 (38), 1999, S. 315–361.

Pengelley 2007 Pengelley, David J.: Dances between continous and discrete: Euler's summation formula. In: Bradley, Robert (Hrsg.) et al., Euler at 300. An Appreciation. The MAA Tercentenary Euler Celebration 5, 2007, S. 169–189.

Pfaff 1788 Pfaff, Johann Friedrich: Versuch einer neuen Summationsmethode nebst andern damit zusammenhängenden Bemerkungen. Berlin 1788.

Reich 2005 Reich, Karin: Gauß' geistige Väter: nicht nur „summus Newton",
     sondern auch „summus Euler". In: „Wie der Blitz einschlägt, hat sich das
     Räthsel gelöst". Hrsg. von E. Mittler, Göttingen 2005, S. 105–117.

Roussanova 2009 Roussanova, Elena: Ein wertvoller Fund im Archiv der
     Akademie der Wissenschaften in St. Petersburg. Mitteilungen der Gauß-
     Gesellschaft 46, 2009, S. 77–80.

Sandifer 2004 Sandifer, Ed: Basel Problem with integrals. In: How Euler Did
     It. MAA Online, März 2004.

Sandifer 2005 Sandifer, Ed: Bernoulli numbers. In: How Euler Did It. MAA
     Online, September 2005.

Sandifer 2007a Sandifer, Edward: The Early Mathematics of Leonhard Euler.
     The MAA Tercentenary Euler Celebration 1, 2007.

Sandifer 2007b Sandifer, Edward: Some Facets of Euler's Work on Series. In:
     Leonhard Euler: Life, Work and Legacy, hrsg. Robert E. Bradley, C. Ed-
     ward Sandifer, Amsterdam u.a. 2007 (= Studies in the History and Philoso-
     phy of Mathematics 5), S. 279–302.

Sandifer 2007c Sandifer, Ed: Euler's Greatest Hits. In: How Euler Did It.
     MAA Online, Februar 2007.

Sandifer 2008 Sandifer, Ed: Multi-zeta functions. In: How Euler Did It. MAA
     Online, January 2008.

Schlesinger 1922–1933 Schlesinger, Ludwig: Über Gauss' Arbeiten zur Funk-
     tionentheorie. In: Gauß Werke 10,2, Göttingen 1922–1933, 2. Aufsatz.

Spiess 1945 Spiess, Otto: Die Summe der reziproken Quadratzahlen. In: Fest-
     schrift zum 60. Geburtstag von Prof. Dr. Andreas Speiser. Zürich 1945,
     S. 66–86.

Stäckel 1907 Stäckel, Paul: Vier neue Briefe von Gauß. Nachrichten von der
     Königlichen Gesellschaft der Wissenschaften zu Göttingen. Mathematisch-
     physikalische Klasse 1907, S. 372–373.

Stäckel 1907/8 Stäckel, Paul: Eine vergessene Abhandlung Leonhard Eulers
     über die Summe der reziproken Quadrate der natürlichen Zahlen.
     Bibliotheca Mathematica (3) 8, 1907/8, S. 37–60. Ebenso in Euler, Opera
     omnia (1) 14, Leipzig und Berlin 1925, S. 156–176 bzw. 186.

Stäckel/Ahrens 1908 Stäckel, Paul; Ahrens, Wilhelm (Hrsg.): Der Briefwechsel
     zwischen C. G. J. Jacobi und P. H. von Fuss. Herausgegeben, erläutert und
     durch einen Abdruck der Fussschen Liste der Eulerschen Werke ergänzt.
     Leipzig 1908.

Struve 1856 Struve, Otto: Éloge de P. H. Fuss. Compte-rendu de l'Académie
     impériale des sciences de St.-Pétersbourg 1856, S. 89–122. Sonderdruck
     St. Pétersbourg 1857, 18 S.

Winter 1957 Winter Eduard: Die Registres der Berliner Akademie der Wis-
     senschaften 1746–1766. Berlin 1957.

Danksagung:
An dieser Stelle sei der St. Petersburger Filiale des Archivs der Russländischen Akademie der Wissenschaften, insbesondere Frau Dr. I. V. Tunkina, ganz herzlich gedankt, sowohl für die Verfügungstellung der Archivalien als auch für die Publikationserlaubnis.

Carl Friedrich Gauß und die russische Sprache[*]

WERNER LEHFELDT

Volker Bockholt (1959 – 2010) zum Gedächtnis

[*] Für vielfältige, äußerst wertvolle Unterstützung bei den Recherchen zu der
    vorliegenden Abhandlung danke ich sehr herzlich Prof. Dr. Menso Folkerts
    (München), Prof. Dr. Helmut Keipert (Bonn), Prof. Dr. Karin Reich (Ham-
    burg/Berlin), Dr. Elena Roussanova (Hamburg) sowie Dr. Helmut Rohlfing,
    dem Leiter der Abteilung Handschriften und Seltene Drucke der Staats- und
    Universitätsbibliothek Göttingen, und seinen Mitarbeitern. Der SUB Göttin-
    gen gilt darüber hinaus mein Dank für die Erlaubnis, die von ihr aufbewahrten
    Aufzeichnungen von Carl Friedrich Gauß zur russischen Sprache im Anhang
    zu dieser Arbeit als Faksimile zu veröffentlichen. Herzlich danken möchte ich
    auch meinen Mitarbeitern Eugen Klein und Alexander Strakhov für zahlreiche
    Recherchen und für die Erstellung der Druckvorlage.

Vorgelegt von Werner Lehfeldt
in der Sitzung vom 16. Juli 2010

1. Gauß' Beschäftigung mit der russischen Sprache

Aus Carl Friedrich Gauß' schriftlicher Hinterlassenschaft, d.h. aus den von Gauß selbst und aus den nach seinem Tod von anderen zum Druck beförderten wissenschaftlichen Abhandlungen sowie aus seiner umfangreichen Korrespondenz mit zahlreichen Briefpartnern, läßt sich deutlich erkennen, daß der große Gelehrte überaus gründliche Kenntnisse der klassischen Sprachen besaß und sich auch in den Feinheiten der französischen und der englischen Sprache auskannte. Wolfgang Sartorius von Waltershausen (1856, S. 91), Gauß' erster Biograph, schreibt über seinen Protagonisten, es sei „wohl ausserhalb der Mathematik das Talent hervorzuheben, welches Gauss für die Erlernung der verschiedensten Sprachen zeigte. Mit den alten war er von Jugend auf vertraut, aber auch fast alle andern europäischen Sprachen verstand er so weit um sie zu lesen, die hauptsächlichsten derselben sprach und schrieb er vollkommen correct".

Es ist ferner bekannt, daß Gauß zu Beginn seines im Herbst 1795 aufgenommenen Studiums in Göttingen bei Christian Gottlob Heyne Vorlesungen im Fach Klassische Philologie hörte und eine Zeitlang schwankend war, ob er sich für das Studium der Alten Sprachen oder für das der Mathematik entscheiden sollte. Obgleich bereits im Frühjahr 1796 die Entdeckung der Konstruierbarkeit des regelmäßigen 17-Ecks mit Zirkel und Lineal (über diese Entdeckung vgl. Vollmayr 2005) den Ausschlag dafür gab, daß nunmehr die Entscheidung endgültig zugunsten der Mathematik getroffen wurde, hat Gauß sein Leben lang nicht aufgehört, sich mit sprachlichen und mit philologischen Problemen zu beschäftigen. Das wohl eindrucksvollste Zeugnis für dieses anhaltende Interesse findet man in dem umfangreichen, über Jahrzehnte hinweg geführten Briefwechsel zwischen Gauß und dem Altonaer Astronomen Heinrich Christian Schumacher, in dem man immer wieder auf Erörterungen von Feinheiten der lateinischen, der englischen und der französischen Sprache stößt, Erörterungen, die belegen, in welch hohem Maße es Gauß darum zu tun war, die von ihm gelesenen Texte in diesen Sprachen so genau wie möglich zu verstehen bzw. sich in ihnen selbst so exakt wie nur möglich auszudrücken (vgl. dazu Lehfeldt 2005).

Zu Beginn seines siebten Lebensjahrzehnts, zu dem Zeitpunkt, da durch die Amtsenthebung seines Kollegen, Mitarbeiters und Freundes Wilhelm Weber Gauß' physikalische Schaffensperiode wenngleich nicht ihr Ende, so doch eine einschneidende Abschwächung fand, erfuhren die sprachlichen Interessen des princeps mathematicorum eine Belebung. Dies äußerte sich in der Weise, daß sich Gauß dazu entschloß, die russische Sprache zu erlernen, die Sprache des Landes, mit dem er seit

dem Beginn seiner wissenschaftlichen Laufbahn durch vielfältige persönliche und institutionelle Beziehungen eng verbunden war (vgl. dazu im
einzelnen Reich 2003; Reich, Roussanova i. V.). Über den Verlauf
dieses Studiums, über die dabei erzielten Fortschritte sowie über einige
der von Gauß gelesenen russischen Autoren finden sich insbesondere in
dem mit Schumacher geführten Briefwechsel sowie in Gauß' Korrespondenz mit anderen Briefpartnern – darunter v.a. mit Paul Heinrich
Fuß, dem Ständigen Sekretär der Petersburger Akademie, mit den Astronomen Christian Ludwig Gerling, Wilhelm Struve und Johann Franz
Encke sowie mit dem Petersburger Physiker Adolph Theodor Kupffer –
zahlreiche Hinweise. Nicht wenige von ihnen sind in der Gauß-Lite-
ratur bereits publiziert und kommentiert worden (vgl. z.B. Gauß 1900,
S. 232-239; Biermann 1964; 1990, S. 26 f.; Küssner 1979, S. 84; Reich
1977, S. 44; 2003). Wenn an dieser Stelle noch einmal die Geschichte
von Gauß' Russischstudium nachgezeichnet werden soll, so geschieht
das nicht zuletzt deshalb, weil in Gauß' privater Bibliothek etliche früher unbeachtete Äußerungen des Gelehrten über seine Beschäftigung
mit dem Russischen zum Vorschein gekommen sind und dort auch ein
bisher ebenfalls weitgehend unbeachtet gebliebenes russischsprachiges
Zeugnis von Gauß' Interesse an den Schriften des Mathematikers N. I.
Lobačevskij wieder aufgetaucht ist. Ferner haben sich in dem Nachlaß
von Gauß umfangreiche russische Wörterverzeichnisse und gramma-
tische Tabellen gefunden, die eindrucksvoll belegen, wie intensiv und
systematisch sich der Gelehrte mit der Erlernung und mit dem Studium
der Grammatik des Russischen beschäftigt hat.

Soweit bekannt, findet sich der erste Hinweis auf Gauß' Beschäftigung mit dem Russischen im Postscriptum eines an Schumacher gerichteten Briefes vom 17. August 1839: „Im Anfange des vorigen Frühjahrs
hatte ich, Aneignung irgend einer neuen Fertigkeit als eine Art Verjüngung betrachtend, angefangen, mich mit der russischen Sprache zu beschäftigen (ich hatte früher es einmahl mit dem Sanskrit versucht dem
ich aber gar keinen Geschmack abgewinnen konnte), und fand schon
viel Interesse daran". Durch den Wunsch der Regierung in Hannover,
Gauß möge die Regulierung von Maß und Gewicht beschleunigt ab-
schließen, sei diese Beschäftigung jedoch unterbrochen worden, „so dass
ich das Wenige, was ich gelernt, wol jetzt grossentheils wieder vergessen
haben werde. Demungeachtet denke ich künftig einmahl wieder anzu-
fangen" (Briefwechsel Gauß–Schumacher Nr. 641, Bd. 3, S. 242). Aus
dieser Bemerkung wird deutlich, daß Gauß sich nicht primär deshalb
dem Studium des Russischen zuwandte, um russischsprachige wissenschaftliche Arbeiten lesen zu können. Dennoch sollte er die einmal er-

worbenen Russischkenntnisse sehr früh auch zu diesem Zweck einsetzen, wovon noch im einzelnen die Rede sein wird.

Schumacher, den Gauß in dem erwähnten Brief um Hilfe bei der Beschaffung russischer Bücher gebeten hatte, reagierte umgehend und sandte seinem „theuersten Freund" am 22. August 1839 einen „russischen astronomischen Kalender", weil ihm schien, daß „einem Astronomen auch ein astronomischer Kalender gute Dienste leisten" (Briefwechsel Gauß–Schumacher Nr. 645, Bd. 3, S. 248) müsse beim Erlernen fremder Sprachen. Auf seine in demselben Brief vorsichtig geäußerte Anregung, Gauß möge zum Zwecke der Zerstreuung vielleicht „vortheilhafter das Schachspiel" (das.) wählen, erhielt Schumacher unter dem Datum des 8. September 1839 aus Göttingen folgende Antwort: „Das Schachspiel ist mir keinesweges fremd, sondern in frühern Zeiten sehr familiär gewesen. Es ist aber meinen sonstigen Beschäftigungen zu sehr analog um als eine E r h o h l u n g betrachtet werden zu können, dazu ist etwas von jenen Heterogeneres nöthig" (Briefwechsel Gauß–Schumacher Nr. 650, Bd. 3, S. 269).

Ganz ähnlich wie gegenüber Schumacher wird sich Gauß um die gleiche Zeit gegenüber dem Petersburger Physiker und Direktor des Magnetischen Observatoriums, Adolf Theodor Kupffer, geäußert haben, der ihm im August und im Oktober in Göttingen einen Besuch abstattete. In einem von Kupffer an den General K. V. Čevkin gerichteten Brief aus Bern vom 1. September 1839 heißt es u.a.: „Mr. Gauss, qui a besoin de temps en temps d'une occupation hétérogène pour se distraire de ses méditations mathématiques, étudie en ce moment la langue russe. Vous en rirez, mon général, comme j'en ai ri moi-même; cependant, il est vrai que le génie pressent l'avenir, on pourrait voir, dans cette circonstance, un bon augure pour la littérature russe. Pour rendre ses études plus fortes, Mr. Gauss désira avoir un dictionnaire étymologique de la langue russe et comme j'en ai un dans ma bibliothèque (celui de Mr. Reiff), je voudrais bien, qu'il lui soit envoyé. J'ai donc écrit à St.-Pétersbourg, qu'on vous envoie ce dictionnaire, et j'ose vous prier de le faire parvenir à Mr. Gauss à Goettingue. Je ne voudrais différer cet envoi jusqu'à mon retour, parcequ'alors la navigation sera close.

On pourrait peut-être à cette occasion envoyer quelques ouvrages russes à la Bibliothèque de l'Université de Goettingue, p. e. l'histoire de Karamsin, les oeuvres du Pouchkin etc., et surtout quelques bonnes grammaires et de bons dictionnaires; tant de russes doivent à l'Université de Goettingue une grande partie de leur instruction, que ce serait un acte de reconnaissance. Rien ne pourrait tant contribuer à répandre en Allemagne le goût de la littérature russe, qui a déjà commencé à gagner

quelques esprits cultivés" (Rykatchew 1900, S. 52 f.; vgl. die russische
Übersetzung dieses Briefes bei Рыкачевъ 1899, S. 72-75).

Einige Jahre später sollte Gauß einem weiteren Gast gegenüber, der
aus Rußland zu ihm gereist war, ein anderes Motiv nennen, das ihn be-
wogen habe, die russische Sprache zu erlernen. Zu Otto Struve, dem
Sohn des Astronomen Wilhelm Struve, sagte er im Jahre 1844, er habe
diese Sprache „zunächst zur Prüfung seiner geistigen Capacität nach überstandener schwerer Krankheit, zu studieren angefangen" (Dick 1992, S.
46). Bereits 1842 hatte er dem russischen Astronomen I. M. Simonov
gegenüber nach dessen Zeugnis erklärt, daß sein Wunsch, russische Werke im Original zu lesen, eine Folge des Wunsches gewesen sei, sein sech-
zigjähriges Gedächtnis zu erproben (vgl. Симоновъ 1844, S. 321; s.u.
Titel Nr. 26).

Diese Äußerungen stimmen mit dem überein, was W. Sartorius von
Waltershausen (1856, S. 91) über die Motive berichtet, die Gauß veranlaßt hätten, sich der Erlernung des Russischen zuzuwenden: „Schon in
seinem vorgerücktern Alter, etwa in seinem 62sten Jahre glaubte er neben
seinen regelmässig fortlaufenden Studien in der Mathematik auf ein neues
Mittel Bedacht nehmen zu müssen, um seinen Geist frisch lebendig und
für neue Eindrücke empfänglich zu erhalten; [...], dann aber begann er
mit unglaublicher Energie die Russische Sprache zu erlernen".

In den Monaten, die auf die gegenüber Schumacher und Kupffer
getanenen Äußerungen folgten, muß Gauß recht intensiv dem Studium
des Russischen obgelegen haben. Dies dürfen wir aus mehreren schriftlichen Bekundungen des Gelehrten schließen. Am 8. August 1840 bedankte er sich bei Schumacher für die Übersendung der Beschreibung
der Kasaner Sternwarte und fügte diesem Dank folgende Bemerkung an:
„Mit meinem Russischen bin ich so weit, dass ich mit einem Wörterbuche, ohne übermässig vieles Aufschlagen, dergleichen wohl verstehen
kann. Kupffer's Rukowodstwo (Anleitung magnetische und meteorologische Beobachtungen zu machen) lese ich mit einer gewissen Fertigkeit, so dass ich für Eine Seite zuweilen kaum ein halb Dutzend mahl
das Wörterbuch zu befragen habe" (Briefwechsel Gauß-Schumacher Nr.
706, Bd. 3, S. 394). Ganz ähnlich äußerte sich Gauß wenige Tage später
in einem Brief an Adolph Theodor Kupffer selbst, den Verfasser der
besagten „Anleitung". Am 13. August 1840 schrieb er ihm: „Mit dem
Russischen schreite ich wenn auch langsam, doch immer etwas fort, und
nehme an dieser reichen und bildsamen Sprache recht viel Interesse. Ihr
Руководство lese ich mit einiger Fertigkeit, und mit vielem Vergnügen"
(SUB Göttingen, Gauß-Nachlaß, Briefe B: Kupffer, 4 (Kopie); Huntington Library in San Marino (CA), Smithsonian Institution, Dibner
Collection (Original)). Wir erkennen aus diesen Äußerungen, daß Gauß

beinahe von Anfang an das Russische nicht nur zum Zwecke der Erholung betrieben hat, sondern auch, um wissenschaftliche Literatur in dieser Sprache lesen zu können. Dennoch stand der Wunsch nach etwas seinen sonstigen Beschäftigungen Heterogenerem weiterhin im Vordergrund, wenngleich hier größere Schwierigkeiten auf den Autodidakten warteten. Letzteres bezeugt der schon erwähnte Brief von Gauß an Schumacher vom 8. August 1840: „Mit Dichtern geht es schwerer. Ich besitze drei Bände von Puschkin's Werken, wo ich aber immer mehr unbekannte Wörter als bekannte finde, und also nur sehr langsam etwas lesen kann. Sein Boris Godunow spricht mich sehr an. Lieber wäre es mir aber prosaische Unterhaltungslectüre zu besitzen, z. B. Russische Originalromane oder auch Uebersetzungen, z. B. von Walter Scott" (Briefwechsel Gauß-Schumacher Nr. 706, Bd. 3, S. 394). Schumacher versäumte es nicht, Gauß' Bitte zu erfüllen, er möge „demnächst derartiges aus Petersburg mir einiges mitbringen wollen" (das.). Am 7. Oktober 1840, „nach einer langen (6 Tage) und stürmischen Seefahrt aus Petersburg zurückgekommen" (Briefwechsel Gauß-Schumacher Nr. 711, Bd. 3, S. 402), meldete er nach Göttingen: „Ihre Commission in Bezug auf gute Russische Romane hat Schubert besorgt. Er hat für Sie Bestúscheff's Werke gekauft, die zu den besten prosaischen Schriften gehören, und das Russische Volksleben treu darstellen" (Briefwechsel Gauß-Schumacher Nr. 711, Bd. 3, S. 403). Von sich aus fügte Schumacher der angekündigten Büchersendung „noch Gretsch's grosse Russische Grammatik (französisch geschrieben) hinzu, die nach dem einstimmigen Urtheil in Petersburg das Beste seyn soll, was über Russische Grammatik existirt. Der Verfasser hat sie mir geschenkt, sie ist aber in Ihren Händen besser als bei mir, wo sie nie gebraucht werden würde" (das.).

Tatsächlich spricht alles dafür, daß Gauß sämtliche sechs Bände der 1828 erschienenen Ausgabe der Werke des Puschkin-Zeitgenossen Aleksandr Aleksandrovič Bestužev-Marlinskij (1797-1837) unter Zuhilfenahme von N. Grečs „Grammaire raisonnée de la langue russe" (Gretsch 1837) und von Ch. Ph. Reiffs russisch-französischem Wörterbuch (Reiff 1835-36) – Gauß bezeichnet letzteres in einem Brief an A. Th. Kupffer vom 18. Februar 1840 als „ein höchst vortreffliches Beförderungsmittel" (SUB Göttingen, Gauß-Nachlaß: Briefe B: Kupffer, 2 (Kopie); Huntington Library in San Marino (CA), Smithsonian Institution, Dibner Collection (Original)) – intensiv durchgelesen hat; denn alle diese Bände weisen vielfältige Gebrauchsspuren von Gauß' Hand auf, die uns einen Einblick in die Art von Gauß' Russischlektüre gewähren. Wir finden hier Anmerkungen grammatikalischer Art, nicht selten mit Verweisen auf die entsprechenden Paragraphen der Gramma-

tik von N. Greč, Anmerkungen zur Bedeutung von Lexemen, unge-
zählte Druckfehlerberichtigungen und an zwei Stellen sogar sachliche
Korrekturen – dies alles zusammen ein eindrückliches Zeugnis der Sorg-
falt, mit der Gauß russische Schriften gelesen hat (vgl. die detaillierte
Analyse im zweiten Teil dieser Abhandlung unter Titel Nr. 15). Wir
finden hier bestätigt, was der russische Astronom I. M. Simonov, der
Gauß 1842 besucht hatte, über den Gebrauch berichtet, den der große
Gelehrte von seiner Kenntnis der russischen Sprache gemacht habe.
Simonov schreibt, daß Gauß „es bis zum Verständnis von Dichtern und
Schriftstellern brachte. Beim Lesen russischer Bücher studierte er die in
ihnen vorkommenden Ausdrücke bis zur letzten Feinheit" (zitiert nach
Biermann 1964, S. 46).

Vom Anfang der 1840er Jahre ist uns eine explizite Äußerung von
Gauß über seinen Umgang mit russischsprachigen mathematischen
Schriften überliefert. Der Anlaß zu dieser Äußerung geht auf den russischen Major K. Janiš zurück, der Gauß am 30. Juni 1841 von Altona
aus sein Werk „О началахъ равновѣсія и движенія" („Über die Grundlagen von Gleichgewicht und Bewegung") übersandte und Gauß um eine
Beurteilung dieser Schrift bat. Offenbar deshalb, weil Gauß auf diese
Bitte nicht reagiert hatte, schrieb Schumacher am 26. Dezember 1841
an seinen vertrauten Göttinger Korrespondenzpartner: „Der Major v.
Jaenisch, der Ihnen, mein theuerster Freund, sein Buch über Mechanik
(in russischer Sprache) gesandt, wünscht sehr Ihr Urtheil darüber zu
wissen" (Briefwechsel Gauß-Schumacher Nr. 757, Bd. 4, S. 44). Gauß
antwortete auf diese dringende Bitte bereits drei Tage später: „Es gibt
zweierlei Arten, ein mathematisches Buch zu lesen, eine, wo man Zeile
für Zeile &c. durchgeht, eine andere, wo man viel überspringt und nur
das Wichtigere genau betrachtet. Zu dem erstern hätte meine Kenntnis
der russischen Sprache wohl ausgereicht, aber ein Buch von 413 S. auf
diese Art zu lesen, würde einen enormen Zeitaufwand kosten. Für die
zweite Art zu lesen, wo man schnell einen summarischen Ueberblick
muss fassen können, ist meine Sprachkenntnis noch viel zu unvollkommen, auch haben mancherlei Geschäfte mich seit einem halben Jahre
kaum einen russischen Buchstaben anzusehen gestattet" (Briefwechsel
Gauß-Schumacher Nr. 758, Bd. 4, S. 45 f.). Offenbar hat sich Gauß
nicht die Mühe gemacht, das Buch von K. Janiš durchzuarbeiten, obwohl sich dieser am 12./24. Dezember 1845 von St. Petersburg aus
noch einmal mit einem Brief an ihn gewandt und um eine Beurteilung
seines Werks gebeten hat (SUB Göttingen, Gauß-Nachlaß: Briefe A:
Jaenisch, 2).

Von größerem Interesse als das Buch von K. Janiš, der als Repetitor
für Mechanik am Institut für die Verkehrswege tätig war, mußten für

Gauß die Schriften von N. I. Lobačevskij sein, der unabhängig von ihm die nichteuklidische Geometrie entwickelt hatte. Höchstwahrscheinlich auf Lobačevskijs Schrift „Примѣненіе Воображаемой Геометріи къ нѣ-которымъ интеграламъ" („Anwendung der Imaginären Geometrie auf einige Integrale"), Kasan 1836, bezieht sich Gauß in einem an Johann Franz Encke gerichteten Brief vom 1. Februar 1841: „Ich fange an das Russische mit einiger Fertigkeit zu lesen, u. finde dabei viel Vergnügen. H. Knorre hat mir eine kleine in russischer Sprache geschriebene Abhandlg v. Lobatschefski (in Kasan) geschickt und dadurch so wie durch eine kleine Schrift in deutscher Sprache über Parallellinien (wovon eine höchst alberne Anzeige in Gersdorfs Repertorium steht) bin ich recht begierig geworden, mehr von diesem scharfsinnigen Mathematiker zu lesen. Wie mir Knorre sagte enthalten die (in russischer Sprache geschriebenen) Abhandlungen der Universität Kasan eine Menge Aufsätze von ihm" (SUB Göttingen, Gauß-Nachlaß: Briefe B: Encke 61; eine unvollständige und nicht ganz genaue Wiedergabe dieses Zitats vgl. in Gauß 1900, S. 232). Offenbar hat sich Gauß in der Folge darum bemüht, Lobačevskijs Arbeiten zur nichteuklidischen Geometrie in die Hände zu bekommen. Am 4. Februar 1844 erwähnte er in einem an Chr. L. Gerling gerichteten Brief, Lobačevskij habe über die nichteuklidische Geometrie „in russischer Sprache viele sehr ausgedehnte Abhandlungen gegeben (meistens in den Записки казанзкаго универсітѣта [sic], Memoiren der Kasanschen Universität z. Theil auch in besondern Brochuren, die ich, glaube ich alle besitze, aber ihre genaue Lecture noch verschoben habe, bis ich mich einmahl mit Musse wieder in dies Fach werfen kann, und das Lesen russischer Bücher mir noch geläufiger ist als jetzt" (SUB Göttingen, Gauß-Nachlaß: Briefe B: Gerling 140; nicht exakt bei Gauß 1900, S. 235 f.; vgl. auch Biermann 1990, S. 136).

Bei dem Hinweis auf die „Ученыя Записки" („Gelehrte Denkschriften") der Universität Kasan hat Gauß vermutlich an Lobačevskijs „Новыя начала геометріи съ полною теоріей параллельныхъ" („Neue Anfangsgründe der Geometrie mit einer vollständigen Theorie der Parallelen") gedacht, die 1835-1837 in dieser Zeitschrift erschienen waren. Die fraglichen Bände der „Ученыя Записки" befinden sich sämtlich in der Gauß-Bibliothek (vgl. im zweiten Teil dieser Arbeit den Titel Nr. 28).

Lobačevskijs berühmtes Vorgängerwerk „О началахъ Геометріи" („Über die Anfangsgründe der Geometrie") ist nicht in den „Gelehrten Denkschriften" erschienen, sondern bereits 1829-1830 im „Казанскій Вѣстникъ" („Kasaner Bote"). Diese Zeitschrift hat Gauß Anfang 1844 offenbar noch nicht besessen; denn in einem Brief an Gerling vom 8. Februar 1844 heißt es, daß „in Deutschland schwerlich ein Exemplar des Kasanschen Boten von 1828.1829 zu finden sein möchte" (SUB

Göttingen, Gauß-Nachlaß: Briefe B: Gerling 141; Gauß 1900, S. 236 f.) –
ein Hinweis darauf, daß Gauß daran interessiert gewesen ist, die Abhandlung „О началахъ Геометріи" zu studieren.

In der Tat finden sich in Gauß' privater Bibliothek, die in der Niedersächsischen Staats- und Universitätsbibliothek zu Göttingen (SUB) aufbewahrt wird, zwei Nummern des „Kasaner Boten" von 1830 mit dem vorletzten und dem letzten Teil dieser Abhandlung (vgl. im zweiten Teil dieses Beitrags die Titel Nr. 9 und 10). Vermutlich hat Lobačevskij von Gauß' Interesse an seiner Schrift erfahren und dem Göttinger Gelehrten diese beiden Zeitschriftennummern zukommen lassen. Allerdings fehlen die ersten Teile der Abhandlung, möglicherweise hat Lobačevskij fünfzehn Jahre nach ihrem Erscheinen von ihnen keine Druckexemplare mehr besessen. Die dadurch entstandene Lücke wird aber durch eine im Gauß-Nachlaß (Signatur: Gauß-Bibl. 87 Gauß Ausz. 37) vorhandene zwanzig Seiten umfassende russischsprachige Handschrift geschlossen, die die ersten Teile von Lobačevskijs „О началахъ Геометріи" enthält. Diese Teile sind im „Kasaner Boten" in den Februar-, März-, April-, November- und Dezemberheften des Jahrgangs 1829 sowie in den März-, April-, Juli- und Augustheften des Jahrganges 1830 veröffentlicht worden, wie es in der dem eigentlichen Text vorangestellten Einleitung heißt. Zusammen mit den gedruckten Teilen aus Gauß' Bibliothek ergeben sie den gesamten Text von Lobačevskijs Abhandlung. Ein Sternchen rechts von dem Titel verweist auf eine Fußnote am unteren Ende der ersten Seite: „Извлечено самимъ Сочинителемъ изъ разсужденія, подъ названіемъ: Exposition succinte des principes de la Géometrie etc., читаннаго имъ въ засѣданіи Отдѣленія физико-математическихъ наукъ, въ февралѣ 1826 года" („Ausgezogen vom Verfasser selbst aus einer Abhandlung unter dem Titel: Exposition succinte des principes de la Géometrie etc., von ihm vorgelesen auf der Sitzung der Abteilung der physikalisch-mathematischen Wissenschaften im Februar 1826"). Gauß hatte also Gelegenheit, Lobačevskijs „Anfangsgründe" zur Gänze im russischen Original zu studieren. Es ist bekannt, daß Gauß Lobačevskij, der die nichteuklidische Geometrie „auf eine meisterhafte Art in ächt geometrischem Geiste" (Briefwechsel Gauß-Schumacher Nr. 1118 (28. November 1846), Bd. 5, S. 247; Biermann 1990, S. 51) entwickelt habe, hoch geschätzt und 1842 für die Aufnahme des russischen Gelehrten in die Königliche Societät der Wissenschaften zu Göttingen gesorgt hat.

Daß Gauß die Schriften Lobačevskijs zur nichteuklidischen Geometrie studiert hat, wird auch von Otto Struve bezeugt, der den Gelehrten, wie bereits erwähnt, im Jahre 1844 besucht hat: „Theils um der Sprache, umso mehr wohl um des Gegenstands willen beschäftigte er sich damals mit der Lectüre von ein Paar Abhandlungen von Lobatschewsky über imaginäre Geometrie, über welchen Gegenstand er selbst sich (vielleicht schon früher) analogen Speculationen ergeben hatte. Es war mir eine besondere Freude, dass ich ihm, nach Rückkehr nach St. Petersburg, seine Zahl der Lobatschewskyschen Abhandlungen erheblich vermehren konnte" (Dick 1992, S. 46).

In Gauß' Bibliothek finden sich noch weitere russischsprachige mathematische Werke – meistens Geschenke ihrer Verfasser –, von denen sich jedoch nicht eindeutig feststellen läßt, ob Gauß sie studiert hat. Lediglich über das „Lexikon der reinen und der angewandten Mathematik" des Zahlentheoretikers V. Ja. Bunjakovskij gibt es einen entsprechenden Hinweis. Am 13. August 1840 schrieb Gauß an A. Th. Kupffer: „Vor einigen Monaten erhielt ich über Berlin den ersten Theil von Hrn. Bunjakovski's mathematischem Wörterbuche; ich bitte bei Gelegenheit demselben für dies angenehme Geschenk meinen verbindlichsten Dank zu bezeugen; ich habe bereits mehrere Artikel desselben mit Vergnügen durchgelesen" (SUB Göttingen, Gauß-Nachlaß: Briefe B: Kupffer, 4 (Kopie); Huntington Library in San Marino (CA), Smithsonian Institution, Dibner Collection (Original)). Möglicherweise ist der letzte Satz lediglich eine Höflichkeitsfloskel, denn Gauß' Exemplar von Bunjakovskijs „Lexikon" ist bis heute unaufgeschnitten geblieben.

Wenn wir danach fragen, wie Gauß die russische Sprache erlernt hat, so ist zunächst festzuhalten, daß er auch hier wie auf so vielen anderen Gebieten Autodidakt gewesen ist, daß er also ohne jeglichen Lehrer ausgekommen ist. Das bezeugt schon W. Sartorius von Waltershausen (1856, S. 91): „Es dauerte kaum zwei Jahre, dass er ohne alle fremde Hülfe dieselbe so vollständig in seine Gewalt bekam, [...]". Ferner besitzen wir darüber ein Zeugnis in einem Bericht von Otto Struve, dem Sohn Wilhelm Struves, des Leiters der in der Nähe von St. Petersburg gelegenen Sternwarte von Pulkovo. Otto Struve, der des Russischen natürlich kundig war, besuchte Gauß – nach einer ersten Begegnung zusammen mit seinem Vater im September 1838 – im Spätsommer des Jahres 1844. In seinen „Erinnerungen" heißt es über diesen Besuch u.a.: „Damals interessirte er sich besonders für die Russische Sprache, welche er, wie er sagte, zunächst zur Prüfung seiner geistigen Capacität nach überstandener schwerer Krankheit zu studieren angefangen hatte, und zwar ohne einen Lehrer und nur nach Büchern. Das Lesen Russischer Bücher hatte er in der That sehr befriedigend erreicht, aber wenn er russisch zu sprechen oder auch nur laut zu lesen versuchte, machte das in der That einen sehr komischen Eindruck" (Dick 1992, S. 46). Dieses Urteil widerstreitet dem, was Sartorius von Waltershausen, Gauß' erster Biograph, über dessen russische Aussprache schreibt: „Eines Tages als er

von einem Russischen Staatsrath besucht wurde unterhielt er sich mit
diesem auf Russisch und zwar nach jenes Urtheil in vollkommen richtiger Aussprache" (Sartorius von Waltershausen 1856, S. 91 f.). Schon
Biermann (1986) hat Zweifel an der Richtigkeit dieser Einschätzung
geäußert (vgl. dazu auch Dick 1992, S. 48).

Gauß' Autodidaktentum vorausgesetzt, stellt sich die Frage, welche
Lehrwerke, Grammatiken und Wörterbücher der Gelehrte benutzt und
wie er sich dieser Hilfsmittel bedient hat. Bei der Suche nach einer
Antwort auf diese Frage sind uns zahlreiche Dokumente aus dem Nachlaß von Gauß von Nutzen, der in der Göttinger Staats- und Universitätsbibliothek aufbewahrt wird. Die Analyse dieser Dokumente erlaubt
es uns, die uns interessierende Frage wenn nicht vollständig, so doch in
beträchtlichem Umfang zu beantworten. An erster Stelle sind die Lehrwerke, Grammatiken und Lexika zu nennen, die Gauß besessen hat und
die in dem zweiten Teil der vorliegenden Abhandlung aufgeführt und
näher beschrieben werden. Wir haben schon gesehen, daß Gauß bei der
Lektüre der Werke von A. A. Bestužev-Marlinskij des öfteren in N.
Grečs „Grammaire raisonnée de la langue russe" (1837) nachgeschlagen
hat. In dem Verzeichnis seiner Rossica wird im einzelnen und an zahlreichen Beispielen gezeigt, auf welche grammatischen Probleme sich
Gauß' Interesse dabei vornehmlich konzentrierte.

Da Gauß nach eigenem Bekunden seine Beschäftigung mit der
russischen Sprache im Frühjahr 1839 aufgenommen hat, ihm aber die
Grammatik von N. Greč erst im Herbst 1840 von Schumacher zum
Geschenk gemacht wurde, dürfen und müssen wir annehmen, daß er
seine Grundkenntnisse der Grammatik des Russischen aus anderen
Quellen bezogen hat. Dies ist um so wahrscheinlicher, als das Werk von
N. Greč keine Lehr-, sondern eine wissenschaftliche Grammatik ist.

Wenn wir unter Berücksichtigung dieser Umstände die Liste der
Russischgrammatiken aus der Gauß-Bibliothek durchmustern, so stoßen
wir auf zwei Lehrwerke, die vor 1840 erschienen sind und die Gauß
daher zu Beginn seiner Beschäftigung mit der russischen Sprache benutzt haben kann: Johann Heyms „Russische Sprachlehre für Deutsche"
aus dem Jahre 1804 (s.u. Nr. 36) und August Wilhelm Tappes „Neue
theoretisch=praktische Russische Sprachlehre für Deutsche" von 1815
(„Vierte verbesserte und vermehrte Auflage", s.u. Nr. 45). Die „Sprachlehre" von J. Heym weist allerdings auf dem Vorsatzblatt einen datierten
Besitzvermerk „Gauß. 1844." auf, ist also offenbar erst zu einem Zeitpunkt in den Besitz von Gauß gelangt, als dieser mit dem Studium des
Russischen bereits weit vorangeschritten war.

Was das Lehrbuch von Au. W. Tappe betrifft, so mag Gauß' Interesse an ihm durch eine Besprechung der 4. Auflage geweckt worden

sein, die 1819 in den „Göttingischen gelehrten Anzeigen" erschienen
war (S. 542-544). Dort wird Tappes „Sprachlehre" als „vorzüglich zum
Selbstunterrichte im Russischen auch ohne Lehrer" (S. 542) bezeichnet
– eine Eigenschaft, die Gauß' ausgeprägter Neigung zum Selbststudium
entgegenkommen mußte. Bereits 1814 war die 2. Auflage der „Sprachlehre" in dieser Rezensionszeitschrift bezeichnet worden als „das Beste,
was wir ihnen [i.e. „den Deutschen, die Russisch lernen wollen"] empfehlen können, um sich einer Sprache zu bemächtigen, welche von
mehr als 34 Millionen Menschen geredet wird" (S. 1879) (zu Tappe
und dessen „Sprachlehre" vgl. die Angaben bei Basler 1977, S. 53, und
in dem biographischen Lexikon „Slawistik in Deutschland", S. 396-
397).

Allerdings weist das in der Gauß-Bibliothek der Göttinger SUB aufbewahrte Exemplar eben der 4. Auflage keinerlei sichtbare Gebrauchsspuren wie etwa Randbemerkungen, Korrekturen o.ä. auf. Dennoch
kann nicht bezweifelt werden, daß es von Gauß konsultiert worden ist.
Ganz abgesehen davon, daß Gauß selbst in einem an Schumacher gerichteten Brief vom 26. Dezember 1847 Tappes Grammatik erwähnt
(Briefwechsel Gauß-Schumacher Nr. 1214, Bd. 5, S. 413), spricht für
diese Behauptung insbesondere folgender Umstand: Im Gauß-Nachlaß
(Signatur: Varia 20) befindet sich u.a. eine sorgfältig ausgeführte Tabelle
mit einer Klassifikation der Verben des Russischen. Diese Tabelle ist,
wie die Schrift erweist, ohne jeden Zweifel von Gauß selbst angefertigt
worden (vgl. Abbildung 1). Die Vorlage zu der hier vorgenommenen
Verbeinteilung findet sich in Au. W. Tappes „Sprachlehre" auf den
Seiten 194-198 (vgl. Abbildung 2). Sie stammt allerdings nicht von dem
Verfasser selbst, sondern von Johann Severin Vater, von dem Tappe
schreibt, dieser habe „in seiner gelehrten russischen Grammatik [...] die
schwere Lehre der russischen Verba durch eine eigene Ansicht und
Klassifikation derselben in 6 Formen des Präsens, und in 17 verschiedenen Branchen aller Verba mit ihren Ausnahmen, regulärer zu machen
gesucht" (Tappe 1815, S. 194), weshalb er, Tappe, „dieselben auch in
dieser Sprachlehre, mit einigen Modificationen, in einer gedrängten Uebersicht" (das.) mitteile, wohlgemerkt zusätzlich zu seiner eigenen Einteilung und Beschreibung der russischen Verben.

Die bei Vater, Tappe und dann eben auch bei Gauß zu findende
Klassifikation der russischen Verben „Der Form nach" (Vater 1808, S.
54; 1814, S. 85) beruht auf einem Verfahren, bei dem die Verben zunächst in zwei Klassen und diese beiden Klassen dann weiter in Unterklassen zerlegt werden, bis die endgültige Einteilung „in 17 verschiedenen Branchen" (Tappe 1815, S. 194) erreicht ist. Sämtliche Einteilungs-
kriterien beziehen sich auf die finiten Präsensformen, und zwar auf de-

ren Flexionsendungen bzw. deren Stammauslaut. Dabei wird – man darf
wohl für diese frühe Zeit sagen: selbstverständlich – nicht unterschieden
zwischen der lautlichen Ebene und derjenigen der Schrift. Dies erkennt
man bereits bei dem ersten, zu zwei großen Klassen führenden Zerle-
gungskriterium: „Der Form nach theilen sich die Verba in solche, die in
der ersten Person des Präsens ю, und solche die y haben" (Vater 1808, S.
54; 1814, S. 85); vgl. die Tabellen III. bzw. IV. bei Vater (1808), die
Tabellen XII. bzw. XIII. bei Vater (1814), die Kolumnen 1-10 bzw.
11-17 bei Tappe und bei Gauß. Aus moderner, phonologischer Sicht
sind -ю und -y lediglich unterschiedliche Verschriftungen einer und
derselben Endung {-u}, wobei die Wahl zwischen diesen beiden Möglichkeiten davon abhängt, ob der dieser Endung vorangehende stamm-
auslautende Konsonant palatal oder nichtpalatal ist. Anders formuliert:
Aus heutiger Sicht ist es gänzlich undenkbar, bei der Klassifikation der
russischen Verben „Der Form nach" das von Vater gewählte Kriterium
zu berücksichtigen, schon gar nicht als oberstes Kriterium.

Die eine seiner beiden Hauptklassen unterteilt Vater sodann in zwei
Unterklassen, wobei jetzt der Stammauslaut das Einteilungskriterium
abgibt: „Eine wichtige Unterabtheilung derer auf ю ist, daß vor dem ю
entweder ein Vocal, oder ein Consonant vorhergeht" (Vater 1808, S.
54; 1814, S. 85); vgl. die Kolumnen 1-3, 6, 7, 9, 10 bzw. 4, 5, 8. Aus
heutiger Sicht erweist sich auch dieses Kriterium als obsolet, weil der
Endung {-u} immer ein Konsonant vorangeht. Eine „wichtige Unterabtheilung" der Verben auf -y ist, „daß vor dem y entweder ж, ч, ш, щ,
oder daß andere Consonanten vorhergehen" (Vater 1808, S. 54; 1814,
S. 85). So ergeben sich insgesamt „4 Hauptklassen" (Vater 1808, S. 54,
1814, S. 85). Von diesen „Hauptklassen" wird diejenige, bei der vor
dem -y einer der Stammauslaute ж, ч, ш, щ steht, in drei Unterklassen
zerlegt: (a) „ohne Consonant=Veränderung" (Vater 1808, Tab. IV.;
1814, Tab. IX.), „wenn 2. Person ишь hat" (Tabelle von Gauß; vgl.
Abb. 1); vgl. учу, учишь, учитъ usw.; (b) „mit Consonanten=Verände-
rung schon im Praesens" (Vater 1808, Tab. IV.; 1814, Tab. IX.) „und
im Inf. дить[,] тить, сить, стить" (Tappe 1815, S. 198); vgl. шучу,
шутишь, шутитъ usw., Inf. шутить; (c) „mit Consonanten=Veränderung
erst im Praeter." (Vater 1808, Tab. IV.; 1814, Tab. IX.) und „im Infin.
зать[,] кать, сать[,] скать" (Tappe 1815, S. 198); vgl. кличу, кличешь,
кличетъ usw., Inf. кликать. – Die Hinweise auf die Form des Infinitivs
verweisen indirekt auf den Unterschied der Präsensendungen -ишь ~
-ешь, -итъ ~ -етъ usw., so daß ihnen keine für die Klassifikation konsti-
tutive Bedeutung zukommt.

Auf die beschriebene Weise gelangt Vater zu dem, was er „Die
sechserley Formen der Endung der Praesentia" (Vater 1808, Tab. III.)

bzw. „Paradigmen der sechserley Formen der Präsentia" (Vater 1814, S. 88) nennt und mit den römischen Ziffern I bis VI bezeichnet. Diese Einteilung reproduziert auch Tappe (vgl. Tappe 1815, S. 194; vgl. Abbildung 2). In der von Gauß nach der Vorlage von Tappe angefertigten Tabelle steht diese Einteilung in der oberen rechten Spalte (vgl. Abbildung 1).

Vaters weitere Einteilung „der Verba, die in der 1. Sing. Person des Praesens auf ю endigen" (Vater 1808, Tab. III.; 1814, Tab. VIII.), in vier Konjugationen und die „der Verba, die in der 1. Sing. Person des Praesens auf y endigen" (Vater 1808, Tab. IV.; 1814, Tab. IX.), in drei Konjugationen wird von Tappe nicht unmittelbar berücksichtigt. Vielmehr zergliedert dieser die „sechserley Formen der Endung der Praesentia" ohne eine solche Gruppierung weiter, wobei er freilich wieder den Vorgaben von Vater folgt. So teilt er etwa die Verben der „I. Form", „welche vor ю einen Vocal haben" (Tappe 1815, S. 194), danach ein, um welchen Vokal es sich dabei jeweils handelt; vgl. in seiner Tabelle Spalte „1) ю mit vorhergehendem a", Spalte „2) ю mit vorhergehendem я", Spalte „3) ю mit vorhergehendem ѣ", Spalte „7) ю mit vorhergehendem o und im Infi. ыть", Spalte „9) ю mit vorhergeh. y und im Infin. овать", Spalte „10) ю mit vorhergeh. ю u. im Inf. евать oder овать". Wenn Tappe in der Vorbemerkung zu seiner Tabelle von „einigen Modificationen" spricht, mit denen er die Klassifikation von Vater „in einer gedrängten Uebersicht" (Tappe 1815, S. 194) mitteile, dann mag er hierbei daran gedacht haben, daß er das Verb владѣю, das bei Vater zusammen mit валю (1808) bzw. палю (1814) und люблю aus reichlich unklaren Gründen die „Zweite Conjugation" repräsentiert, wohingegen двигаю, воюю und мѣряю die „Erste Conjugation" exemplifizieren, in seiner eigenen Tabelle in Spalte 3 unmittelbar auf двигаю (Spalte 1) und мѣряю (Spalte 2) folgen und sie derart mit diesen eine Gruppe bilden läßt.

Insgesamt gelangt Tappe zu „17 verschiedenen Branchen", die wir sämtlich bereits in den Tabellen III. bzw. VIII. und IV. bzw. IX. von Vater finden, die er aber, anders als Vater, nicht weiter in Gruppen von insgesamt sieben Konjugationen zusammenfaßt, sondern, in auch etwas anderer Anordnung als bei Vater, mit den Ziffern 1 bis 17 durchnumeriert, denen in den entsprechenden Tabellen – VIII. und IX. – der zweiten Auflage von Vaters Grammatik (1814) die Buchstaben A bis R entsprechen.

Die 100 „Verba mit mehr oder weniger irregulären Formen, die von einem der Tab. III. und IV. gegebenen Paradigmen abweichen" und die Vater „in alphabetischer Ordnung" in einer großen Tabelle (Vater 1808, Tab. V.) zusammengestellt hat, bleiben in der „gedrängten

Uebersicht", die Tappe von Vaters Verbklassifikation bietet, unberücksichtigt, welche „Auslassung der Ausnahmen" „ein wahrer Verlust für
die Gründlichkeit ist", wie der Rezensent von Tappes „Sprachlehre" in
der „Allgemeinen Literatur-Zeitung" (Num. 319, 23. December 1812,
S. 862) tadelnd vermerkt.

Wollte sich Gauß über diese Verben informieren, so mußte er entweder unmittelbar in Vaters Grammatik nachschlagen oder sich auf
Tappes eigene Darstellung verlassen. Offenbar hat er die zweite Möglichkeit gewählt. Wir finden unter seinen Notizen zur russischen Sprache (Signatur: Varia 20) zwei Listen, die in ihrem Verbbestand mit dem
von zwei analogen Tabellen von Tappe übereinstimmen (vgl. Abbildung 3, fol. 15r bzw. fol. 15v). Sie sind allerdings weniger sorgfältig
ausgeführt als die Tabelle der sogenannten regelmäßigen Verben und
weisen im wesentlichen nur die Infinitivformen auf, in der ersten Liste
daneben vielfach auch die Form der 1. Pers. Sg. Prs., manchmal noch
die der 2. Pers. Sg. Prs. und mehrfach die Infinitivform von „Frequenta-
tiva", wie sie von Tappe bezeichnet werden. In der zweiten Liste beschränkt sich Gauß auf die Angabe der Infinitivform und führt nur in
wenigen Fällen noch eine andere Form an.

Die erste von Gauß' Listen enthält diejenigen „irregulären Verba",
die bei Tappe in dessen Tabelle A. (Tappe 1815, S. 203) zu finden sind
und zu denen – angeblich – „alle einsylbigen Verba" (Tappe 1815, S.
202) gehören. Auffällig sind zwei Versehen, die als Flüchtigkeitsfehler
einzustufen sind: Bei der Infinitivform мчать fehlt das Schluß-ь, und
beim Abschreiben von дѣть, дѣну ‘verstecken' hat Gauß das anlautende
д mit л verwechselt, wodurch das Pseudoverb лѣть, лѣну entstanden ist.
Die zu diesem ursprünglich vermerkte Bedeutungsangabe ‘gießen', die
Gauß dann zugunsten der für дѣть zutreffenden Bedeutung ‘verstecken'
durchgestrichen hat, dürfte ihren Grund in der formalen Ähnlichkeit
zwischen лѣть und лить ‘gießen' gehabt haben.

Die zweite von Gauß angefertigte Liste entspricht Tappes Tabelle
„B. Die irregulären Verba auf чь oder ть mit vorhergehendem Consonant" (Tappe 1815, S. 204) bzw. – in etwas genauerer Formulierung –
„B. alle Verba auf чь, сть, зть, (oder сти, зти)" (Tappe 1815, S. 202).
Gauß nimmt in seine Tabelle auch diejenigen Verben auf, die Tappe
(1815, S. 204 f.) in einer Anmerkung aufführt und dort jeweils einem
der tabellarisch verzeichneten Verben als ihrem Konjugationsmuster
zuordnet. Die fehlerhafte Infinitivform дити von Tappe hat Gauß in
идти verbessert.

Vergleichen wir die von Gauß nach der Vorlage von Tappe angefertigte Tabelle zur Klassifikation der russischen Verben (Abbildung 1) mit
seinen beiden Listen, in denen die „irregulären Verba" zusammengestellt

sind, so fällt folgender Unterschied ins Auge: Während erstere Tabelle mit aller Sorgfalt ausgeführt ist und in jeder Spalte jeweils sämtliche Formen zu finden sind, die das am Anfang stehende Ordnungsschema verlangt, scheint es sich bei den Listen der „irregulären Verba" lediglich um eine Vorstufe zu einer erst noch anzufertigenden, ähnlich sorgfältig und vollständig auszuführenden Tabelle zu handeln. Anders als im Falle ersterer Tabelle, die Gauß im wesentlichen einfach bei Tappe abge-schrieben hat, ist er mit Tappes unstrukturierten Tabellen der „irregu-lären Verba" anders verfahren, indem er die dort einfach alphabetisch rubrizierten und zusätzlich die in einer Fußnote versammelten Verben zu Gruppen ordnete und innerhalb einer jeden dieser Gruppen das Prinzip der rückläufigen alphabetischen Ordnung befolgte, um in Tappes Material Ordnung hineinzubringen. Eben dieses Stadium spiegeln seine beiden Listen der „irregulären Verba" wider, in denen außer der obligatorischen Infinitivform manchmal noch die Form der 1. Pers. Sg. Prs., selten auch noch die Form der 2. Pers. Sg. Prs. und bisweilen sogar noch die Infinitivform des jeweils entsprechenden „Frequentativs" ange-geben sind. Ob Gauß auf der Grundlage dieser nun bereits geordneten Listen eine vollständige Tabelle mit allen jeweils zu berücksichtigenden Verbformen angefertigt hat, erscheint zweifelhaft. Jedenfalls läßt sich unter seinen Aufzeichnungen zur russischen Sprache eine solche Tabelle nicht nachweisen.

Die Wahrscheinlichkeit, daß es sich bei den beiden Listen „irregu-lärer Verba" lediglich um die Vorstufe zu einem geplanten sorgfältigen Verzeichnis dieser Verben handelt, erhöht sich durch folgende Beob-achtung: Unter den von Gauß angefertigten Aufzeichnungen zur russi-schen Sprache finden sich u.a. sieben Verzeichnisse russischer Substantive samt Übersetzung ins Deutsche. Diese Verzeichnisse enthalten jeweils zu einer bestimmten Deklinationsklasse gehörende Substantive, wobei in jedem von ihnen das uns schon bekannte Prinzip der rückläufigen alphabetischen Ordnung begegnet. Daß Gauß selbst es war, der dieses Ordnungsprinzip in das von ihm zusammengestellte Material eingeführt hat, zeigt besonders deutlich die Liste der im Nom. Sg. auf –ь endenden Maskulina. Diese Liste (vgl. Abbildung 3, fol. 2r, 2v) ist in Bestand und Übersetzung weitestgehend identisch mit dem alphabetisch geordneten Verzeichnis der fraglichen Substantive in der „Sprachlehre" von Tappe (1815, S. 68-70). Bei der Übertragung der Substantive dieser Liste in seine eigene Tabelle hat sie Gauß gemäß seinem eigenen Ordnungs-prinzip umgestellt.

In unserem Zusammenhang ist nun besonders aussagekräftig der Umstand, daß es zu fünf der Verzeichnisse russischer Substantive unter Gauß' Aufzeichnungen Vorstufen in Form von Listen gibt, in denen zwar

auch bereits das Prinzip der rückläufigen alphabetischen Ordnung befolgt wird, in denen jedoch zahlreiche, offenbar auf einer zweiten Be-
arbeitungsstufe angebrachte Zusätze und Einschübe zu sehen sind, die
dann in den entsprechenden endgültigen, in sorgfältiger Schrift ausgeführten Listen an der ihnen jeweils zukommenden Position stehen; vgl.
Neutra in o: vorläufige Liste fol. 5r, endgültige Liste fol. 4v, 13r; Neutra
in e: vorläufige Liste fol. 5r, endgültige Liste fol. 13r; Feminina in а:
vorläufige Liste fol. 5v, 6v, endgültige Liste fol. 3v, 4r, 4v; Feminina in
я: vorläufige Liste fol. 5r, endgültige Liste fol. 3r; Feminina in ь: vorläufige Liste fol. 5v, endgültige Liste fol. 3r. Für die Maskulina in ъ (vgl.
Tabelle fol. 16r, 16v, 17r, 17v) und die Maskulina in ь (vgl. Tabelle fol.
2r, 2v) sind unter Gauß' Notizen keine analogen vorläufigen Listen
nachzuweisen. – Rückläufig alphabetisch geordnet ist auch ein Vezeich-
nis von Adjektiven (fol. 7r-7v).

Möglicherweise ist für das Nichtvorhandensein einer über die Vorstufe hinausgehenden Tabelle „irregulärer Verba" folgender Umstand
(mit)verantwortlich: Wie gezeigt, geht Gauß' Tabelle zur Klassifikation
der russischen Verben über Tappe auf Vater zurück, wohingegen er sich
bei seinen Listen der „irregulären Verba" unmittelbar auf Tappe bezieht.
Nun legt aber Tappe in seiner „Sprachlehre" der Klassifikation der Verben des Russischen ein anderes Prinzip zugrunde als Vater, dessen Einteilung er ja nur zusätzlich zu seiner eigenen anführt. Während, wie wir
gesehen haben, das oberste Einteilungskriterium bei Vater die Unterscheidung zwischen den – nur in der Schrift verschiedenen – Endungen
-ю bzw. -у der Form der 1. Pers. Sg. Prs. ist, orientiert sich Tappe an
der Form des Infinitivs: „Alle Formen in der Conjugation der russischen
Verba werden vom Infinitiv abgeleitet, [...]" (Tappe 1815, S. 159). Die
für Vater primäre Endungsunterscheidung spielt bei Tappe nur eine
untergeordnete Rolle (vgl. Tappe 1815, S. 161).

Da für beide Autoren der Bezugspunkt für die Einstufung eines
Verbs als regulär bzw. als irregulär natürlich ihre jeweilige Klassifikation
ist, diese Klassifikationen sich aber, wie angedeutet, prinzipiell unterscheiden, dürfen wir von vornherein vermuten, daß Vaters Verzeichnis
der „Verba mit mehr oder weniger irregulären Formen, die von einem
der Tab. III. und IV. gegebenen Paradigmen abweichen" (Vater 1808,
Tab. V.), nicht mit dem entsprechenden Verzeichnis von Tappe (1815,
S. 203-205) deckungsgleich sein wird. Tatsächlich enthält Vaters (1808)
Tabelle V. 100 Verben, während es bei Tappe lediglich 75 sind. Tappe
selbst kommentiert diesen Unterschied wie folgt: „Alle übrigen Anoma-
lien der in der Vaterschen und auch in unserer Sprachlehre der ersten
Auflage aufgezählten 144 irregulären Verba erklären sich jetzt aus den

Regeln §. 107, oder sie gehören zu den dort angeführten Ausnahmen" (Tappe 1815, S. 205).

Betrachten wir einige Beispiele, die den Unterschied zwischen Vater und Tappe, was die Einstufung von Verben als irregulär betrifft, deutlich erkennen lassen:

— In Gauß' zweiter, auf Tappe zurückgehender Liste irregulärer Verben steht unter der Positionszahl 30 das Verb печь 'backen'. Als irregulär gilt dieses Verb deshalb, weil sein Infinitiv anders beschaffen ist als derjenige, „welcher, bei allen **regelmäßigen Verbis** auf *mь*, mit vorhergehenden *a, я, rь, (e), u, ы, o, y*, endet. — Die Verba auf *чь*, oder *mь* und (*mu*), weichen dagegen in manchen Stücken von der allgemeinen Regel ab, und sind **irregulär**" (Tappe 1815, S. 159). Es dürfte der Aufmerksamkeit von Gauß kaum entgangen sein, daß печь für Vater keineswegs zu den „Verba mit mehr oder weniger irregulären Formen, die von einem der Tab. III. und IV. gegebenen Paradigmen abweichen", gerechnet wird, sondern, ganz im Gegenteil, dort selbst ein Paradigma repräsentiert (vgl. Vater 1808, Tab. IV; 1814, Tab. IX., Spalte O.), das folglich auch in der von Gauß angefertigten Klassifikationstabelle auftaucht (vgl. Spalte 14. III.).

— Irregulär ist für Tappe gemäß dem zitierten Kriterium auch das Verb mit dem Infinitiv грестъ 'rudern', das in Gauß' zweiter Liste irregulärer Verben unter der Position 13 steht. Für Vater hingegen weist грестъ keinerlei Irregularitäten auf, sondern entspricht in seiner Klassifikation einer der dort unterschiedenen 17 „Branchen" (vgl. Vater 1808, Tab. IV., 2. Spalte; 1814, Tab. IX., Spalte M.; Tabelle von Gauß Spalte 13. II.).

Gewissermaßen spiegelbildlich zu den beiden betrachteten Fällen stuft Vater zahlreiche Verben als irregulär ein, die für Tappe regulär sind. Auch hierfür einige wenige Beispiele:

— „брыžжу spritze Infin. брызГать" (Vater 1808, Tab. V., Nr. 9), „1. Брыžжу: ich spritze (Paradigm R) Infin. брызГать" (Vater 1814, Tab. XII.). Gemäß Vater ist dieses Verb eine Ausnahme von demjenigen Paradigma, das durch das Verb шучу 'ich scherze' repräsentiert wird (vgl. Vater 1808, Tab. IV, Spalte 6.; 1814, Tab. IX., Spalte Q.; Tabelle von Gauß Spalte 16. VI.). Und zwar gilt es deshalb als Ausnahme, weil es nicht der folgenden Bedingung genügt, die die Verben dieses Paradigmas erfüllen müssen: „und so alle Verba auf ЖУ, ЧУ, ШУ, ЩУ, die im Infinitive ИТь u. Consonanten=Veränderung haben" (Vater 1808, Tab. IV.). Für Tappe hingegen ist брызгать regelmäßig, weil es dem oben zitierten Kriterium der Infinitivform regelmäßiger Verben entspricht.

— „бѣгу́ laufe 2. Pers. бѣжИшь Infin. бѣжАть" (Vater 1808, Tab. V., Spalte 11; 1814, Tab. XII., Spalte 3). Nach Vater ist dieses Verb eine Ausnahme von demjenigen Paradigma, das durch das Verb пеку 'ich backe' repräsentiert wird (vgl. Vater 1808, Tab. IV., Spalte 4; 1814, Tab. IX., Spalte O.). Eine Ausnahme von diesem Paradigma ist es u.a. deshalb, weil die Form der 2. Pers. Sg. Prs. nicht *бѣжешь lautet; vgl. печешь. Für Tappe liegt natürlich bei einem Verb mit dem Infinitiv бѣжать keine Irregularität vor.

Die Beharrlichkeit von Gauß' Bemühen, Klarheit über die schwierigen Probleme der Formenbildung der russischen Verben zu erlangen, tritt durch folgenden Umstand in ein helles Licht. Außer der sorgfältig ausgeführten, auf Vater und Tappe zurückgehenden Verbtabelle und den beiden Listen „irregulärer Verba", die der „Sprachlehre" von Tappe entstammen, findet sich unter Gauß' Aufzeichnungen zur russischen Sprache eine weitere Einteilung der russischen Verben gemäß ihrer Formenbildung samt einem dazugehörigen Verzeichnis unter der Überschrift „Unregelmässige" (vgl. Abbildung 3, fol. 9r-11r). In dieser Einteilung führt Gauß zu jeder Klasse zahlreiche Infinitivformen als Belege an, wobei er auch hier wieder das uns bereits bekannte Prinzip der rückläufigen alphabetischen Anordnung befolgt. Es ist offensichtlich, daß Gauß seine Belegsammlung nicht als abgeschlossen betrachtet hat; denn in jeder Klasse finden sich neben durch Pfeile angezeigten Korrekturen bei der Positionierung von Verben der linken Ausgangsliste am rechten Rand mehr oder weniger zahlreiche Ergänzungen, die Gauß bei der Anfertigung einer endgültigen Reinschrift gewiß auf den ihnen jeweils zukommenden Positionen verzeichnet hätte. Bei dieser Gelegenheit hätte er sicherlich auch die Zahlenangaben am Ende einer jeden Verbliste korrigiert.

Wenn wir uns auf die Suche nach der Quelle für diese zweite Verbeinteilung machen, so stoßen wir zunächst auf die in der Gauß-Bibliothek aufbewahrte „Praktische russische Sprachlehre für Schulen und zum Selbstunterricht" von J. A. E. Schmidt aus dem Jahre 1843, die auf der Seite links vom Titelblatt die Signatur „Gauss. 4354" trägt, d.h. die laufende Nummer aus dem Verzeichnis von Gauß' Büchern, das nach dessen Tod 1855 angefertigt wurde (GB 206; s.u. Titel Nr. 42). Wie im zweiten Teil dieses Beitrags gezeigt wird, weist dieses Lehrwerk Spuren seines Gebrauchs durch Gauß auf. Zusätzlich zu seiner eigenen „Eintheilung der Conjugationen" führt Schmidt auf den Seiten 299-300 eine „**Uebersichtstabelle der drei Conjugationen.** (Nach andern Sprachforschern.)" auf, die in der Numerierung der Konjugationen und deren „Abtheilungen" sowie in deren Charakterisierung mit Gauß' Verbtabelle identisch ist.

J. A. E. Schmidt teilt seinen Lesern nicht mit, wer die „andern Sprachforscher" sind, auf die die „Uebersichtstabelle der drei Conjugationen" zurückgeht. Weitere Nachforschungen in der Gauß-Bibliothek führen uns aber zu einer Antwort auf diese Frage und lassen erkennen, daß sich Gauß mit größter Wahrscheinlichkeit bereits vor dem Erscheinen der „Sprachlehre" von J. A. E. Schmidt mit der fraglichen Verbklassifikation beschäftigt hat.

In dem bereits zitierten Schreiben von Gauß an Schumacher vom 29. Dezember 1841 heißt es nach dem Hinweis, Gauß habe „seit einem halben Jahre kaum einen russischen Buchstaben" (Briefwechsel Gauß-Schumacher Nr. 758, Bd. 4, S. 45) ansehen können: „Erst ganz seit Kurzem habe ich wieder etwas Russisches vorgenommen, da ich ein neues Wörterbuch gekauft, welches zwar lange nicht so vollkommen ist, wie das Reiff'sche etymologische (welches ich seit 2 Jahren besitze), aber, alphabetisch, von viel bequemeren Gebrauch" (das., S. 46).

Mit dem Hinweis auf „das Reiff'sche etymologische" Wörterbuch bezieht sich Gauß auf das „Dictionnaire russe-français" von Charles-Philippe (Karl Philipp) Reiff, das 1835 und 1836 in zwei Bänden in St. Petersburg erschienen ist (vgl. die näheren Angaben im zweiten Teil unter Titel Nr. 39). Der Gelehrte hatte es 1839 von Adolph Theodor Kupffer als Geschenk erhalten und in seinem Dankesschreiben als „ein höchst vortreffliches Beförderungsmittel" bezeichnet.

In unserem Zusammenhang ist es von besonderer Bedeutung, daß das Werk von Ch. Ph. Reiff außer dem Wörterbuchteil u.a. auch „Un abrégé de la *Grammaire russe* avec des tableaux synoptiques de déclinaisons et de conjugaisons" enthält, wie es auf dem Titelblatt heißt. Das „Tableau synoptique des trois conjugaisons" (Reiff 1835, S. XL-XLI) entspricht der „Uebersichtstabelle der drei Conjugationen" von J. A. E. Schmidt, wenngleich diese weniger detailliert ist als Reiffs „Tableau", indem beispielsweise die Bildung der Präteritalformen unberücksichtigt bleibt.

Ein Druckfehler in Reiffs „Tableau" erweist sich für uns als glückliche Fügung: In der ersten Spalte der 1. Konjugation steht für die 1. Pers. Sg. Prs. vor der Endung -ю der für diese Konjugation nicht zutreffende Stammauslaut -я-, also яю statt des richtigen аю. Das я ist mit einem Bleistift durchgestrichen und durch а ersetzt worden. Wenn wir Gauß' Gewohnheit bedenken, Druckfehler zu korrigieren − vgl. im zweiten Teil dieser Abhandlung insbesondere die Beispiele unter Titel Nr. 15 −, dann haben wir hier höchstwahrscheinlich einen Beleg dafür, daß Gauß die Konjugationstabelle von Reiff studiert hat. Die in dieser Tabelle dargestellte Verbklassifikation ist allerdings nicht von Reiff selbst ersonnen worden. Seine Quelle macht Reiff jedoch nicht namhaft.

Indessen ist es nicht schwer, sie ausfindig zu machen. Wir brauchen nur einer Angabe auf dem Titelblatt des Wörterbuchs nachzugehen, mit der sich Reiff als „Traducteur de la **Grammaire Raisonnée** de la langue russe de N. Gretsch" bezeichnet. Auch von diesem, 1837 in St. Petersburg erschienenen Werk befindet sich ein Exemplar in der Gauß-Bibliothek (vgl. im zweiten Teil dieser Abhandlung die Anhaben zu Titel Nr. 35). Wie wir bereits gesehen haben, handelt es sich bei diesem Exemplar um ein Geschenk von Schumacher, das dieser im Herbst 1840 aus St. Petersburg mitgebracht hatte. Wie die detaillierte Analyse von Titel Nr. 15 im zweiten Teil erweist, hat Gauß die Grammatik von N. Greč mehrfach konsultiert. Wir haben es hier mit der Übersetzung der 1834 in zweiter Auflage in St. Petersburg auf russisch erschienenen „Praktischen russischen Grammatik" von N. Greč zu tun (Гречъ 1834).

Es leidet keinen Zweifel, daß die in dem Wörterbuch von Reiff zu findende Verbklassifikation der Grammatik von N. Greč (1787-1867) entstammt, wo wir sie auf den Seiten 285-300 ausführlich beschrieben finden (vgl. dazu auch Гречъ 1834, S. 132-148). Anders als Vater und, diesem folgend, Tappe geht Greč bei seiner Einteilung der regelmäßigen Verben des Russischen („verbes réguliers") von deren Infinitivform aus und gelangt dabei zu drei Konjugationen. Es mag hier genügen, die Grundzüge dieser Klassifikation in der Formulierung von Reiff (1835, S. XXXVIII) vorzustellen: „Les verbes réguliers se divisent en trois *conjugaisons*: la *première* comprend les verbes terminés à l'infinitif en *ть* précédé d'une des voyelles *a*, *я* ou *ѣ*, et à la première personne du présent en *ю* précédé d'une voyelle; la *deuxième* comprend les verbes terminés à l'infinitif en *ть* précédé de *u* ou *o* et aussi d'autres voyelles avec une consonne commuable, et au présent en *ю* précédé d'une consonne, quelquefois d'une voyelle, ou, d'après la propriété des chuintantes, en *у*; la *troisième* comprend les verbes terminés à l'infinitif en *нуть* et ceux en *ть* précédé de *e*, et au présent en *у* précédé d'une pala-tale. La Ire conjugaison se subdivise en 4 branches, la IIme en 7 branches et la IIIme en 2 branches" (vgl. dazu Гречъ 1832, S. 134-137; Gretsch 1837, S. 286-289).

Unmittelbar im Anschluß an das Verzeichnis russischer regelmäßiger Verben, die gemäß der Einteilung von Greč bzw. Reiff nach drei Konjugationen und deren insgesamt 13 „branches" zu Gruppen zusammengefaßt sind, läßt Gauß in seinen Aufzeichnungen auf fol. 9r und 9v unter der Überschrift „Unregelmässige" ein Verzeichnis der „verbes irréguliers" folgen, und zwar auch hier – bei zwei Ausnahmen – lediglich deren Infinitivformen samt deutscher Übersetzung. In ihrem Bestand ist dieses Verzeichnis weitestgehend mit den entsprechenden Verzeichnissen von Greč (1837, S. 302-305) bzw. Reiff (1835, S. XLII-XLIV) identisch. Durch zwei der deutschen Übersetzung folgende Sternchen hebt Gauß genau wie Greč und Reiff eine Anzahl von Verben hervor, über die es bei Reiff (1835, S. XLIV) heißt: „Les verbes notés d'un astérisque (стать, дѣть, дать, сѣсть, лечь) étant des aspects *parfaits*, les formes *стáну, дѣ́ну, дáмъ, ся́ду, падý, ля́гу* sont des *futurs*." Bei дѣть läßt Gauß allerdings diese Hervorhebung fort. Durch ein vorangestelltes Sternchen kennzeichnet er diejenigen Verben, die Reiff (1835, S. XLIV) folgendermaßen erläutert: „Les verbes en caractères italiques *(уть, чить, прать, чать, пять, ять, шибúть, верзтú, рѣстú, честь, свѣтётъ, прячь, стичь)* sont inusités dans la figure simple, et ne s'emploient que joints à une préposition, comme: обýть, почúть, попрáть, начáть, распя́ть, ушибúть, отверзтú, обрѣстú, счесть, разсвѣтётъ, запря́чь, достúчь." Aus dieser Liste fehlt bei Gauß das Verb прать.

Auf die Beschreibung und Einteilung der Verben des Russischen durch N. Greč und, diesem folgend, Ch. Ph. Reiff bezieht sich auch das Verbverzeichnis auf fol. 11r von Gauß' Aufzeichnungen zur russischen Sprache. Die dort zu lesenden abgekürzten Bezeichnungen „unipl.", „unip." und „mult." sind aufzulösen als „uniple" bzw. „multiple" und wie folgt zu verstehen: „3. L'aspect *multiple* ou *itératif*, qui exprime que l'action s'est faite plusieurs fois; ex. онъ ѣзжáлъ верхóмъ, *il a monté plusieurs fois à cheval*; ты хáживалъ пѣ́шкомъ, *tu es allé souvent à pied*; онъ живáлъ въ Петергóфѣ, *il demeurait ordinairement à Péterhof*.

4. L'aspect *uniple* ou *d'une fois*, qui exprime que l'action s'est faite ou se fera une seule fois; ex. мóлнія блеснýла, *il a fait un éclair*; громъ гря́нетъ, *il y aura un coup de tonnerre*" (Gretsch 1837, S. 252).

Neben den beiden genannten Abweichungen fällt noch folgender Umstand auf: Dem Infinitiv прясть von Greč und Reiff entspricht bei Gauß die Form прястú. Der Infinitiv гресть findet sich so auch in dem Verzeichnis von Gauß wieder. Allerdings wird durch einen bei Greč und Reiff fehlenden vorangesetzten Klammerausdruck „(и)" angedeutet, daß es auch die Variante грести gibt. Es kann also nicht gänzlich ausgeschlossen werden, daß Gauß bei der Zusammenstellung seines Verzeichnisses unregelmäßiger Verben außer dem Wörterbuch von Reiff und/oder der Grammatik von Greč noch irgendein anderes Werk konsultiert hat. Die deutschen Übersetzungen konnte er ohnehin nicht bei diesen beiden Autoren finden. Unter den Russischlehrwerken bzw. -grammatiken der Gauß-Bibliothek findet sich allerdings keine solche mögliche Zusatzquelle. Es gilt jedoch zu bedenken, daß Gauß möglicherweise auch Lehrwerke benutzt hat, die ihm nicht selbst gehörten. Immerhin schreibt er am 8. 8. 1840 an Schumacher: „[…], Grammatiken kann ich von der Bibliothek haben" (Briefwechsel Gauß-Schumacher Nr. 706, Bd. 3, S. 394).

Betrachten wir die übrigen Spuren von Gauß' Beschäftigung mit der russischen Sprache, die in seinen Aufzeichnungen zu dieser Sprache an verschiedenen Stellen zu finden sind:

fol. 2v: Am Ende des Verzeichnisses der „Masculina in ь." wird am Beispiel von кора́бль 'Schiff' die Deklination der Substantive dieser Klasse demonstriert.

fol. 5v: Am Ende des Verzeichnisses der im Nom. Sg. auf -ь endenden femininen Substantive findet sich eine kleine Tabelle mit den Deklinationsendungen der Substantive dieser Klasse.

fol. 8v: Am linken Rand eine Schönschreibübung: съ соловьями пѣть по соловьиному 'mit den Nachtigallen auf Nachtigallenart singen'. Schräg darunter zweimal in Schönschrift der Buchstabe Я, und darunter, gleichfalls in Schönschrift: шумахеромъ ромъ, d.h. der Instr. Sg. des Namens von Gauß' vertrautem Korrespondenzpartner Heinrich Christian Schumacher, mit Wiederholung der letzten vier Buchstaben.

fol. 14v: Auf einem gesonderten kleinen Zettel die imperfektive und die perfektive Infinitivform

остава́тся⎫
⎬ bleiben
оста́тся⎭

Korrekt ist остава́ться bzw. оста́ться.

fol. 18r: Dieser Zettel zeigt die Spuren verschiedener Schreibübungen. In der linken oberen Ecke: тсиммерманнъ, d.h. der Name von Gauß' einstigem Lehrer und Förderer am Braunschweiger Collegium Carolinum, Eberhard August Wilhelm von Zimmermann (1743–1815). Bemerkenswert ist hier, daß Gauß den Anfangsbuchstaben dieses Namens durch die Buchstabenkombination тс wiedergibt, die im Russischen in dieser Position nicht vorkommt. Besser wäre zweifellos die Schreibung циммерманъ – mit einfachem н – gewesen. – Rechts neben diesem Namen und etwas tiefer der Beginn einer Briefadresse: статскому сов[ѣтнику], d.h. 'dem Staatsrat'. Das Substantiv ist nicht zu Ende geschrieben. Möglicherweise war sich Gauß nicht sicher, wie der folgende Buchstaben – ѣ – zu schreiben sei, in der Druckform ѣ oder in der Kursivform ѣ. Im rechten unteren Viertel des Blatts stehen beide Formen dieses Buchstabens isoliert untereinander. – Neben der Adressenzeile die Buchstabenfolge ѢЧ, rechts davon und etwas tiefer: Чо. Unter letzterem: Достаино, wohl anstelle von Достойно 'würdig, gebührend'. – Unter der Adressenzeile: слава Богу 'Gott sei Dank'; darunter: бываетъ иногда довольно 'bisweilen kommt es vor, daß es ausreicht';

darunter значительно 'bedeutsam'; links darunter: дождевое 'regnerisch', Adj. Nom./Akk. Sg. n.; unter der Form Достаино zweimal in Großbuchstaben die Folge МЯ, wie sie etwa im Auslaut der „Neutra auf Я" vorkommt (vgl. deren Verzeichnis auf fol. 5v). – Unterhalb des isoliert geschriebenen Buchstabens ѣ: что сначитъ statt что значитъ 'was bedeutet'; darunter der Buchstabe ч, darunter unter Rechtsdrehung des Zettels: Да Д; unterhalb von дождевое: ч und die Buchstabenfolge чевое. – Am linken unteren Rand unter Rechtsdrehung des Zettels: Санктъ, d.h. der erste Bestandteil des Stadtnamens Санктъ Петербургъ; darunter Имѣніем, statt nach damaliger Orthographie korrekt Имѣніемъ, d.h. der Instr. Sg. des Substantivs имѣніе 'Vermögen, Besitz'. – Auf der Rückseite des Zettels: Лиза скончалась., d.h. 'Lisa war verschieden'; vgl. dazu im zweiten Teil dieser Arbeit die Bemerkung am Ende von Titel Nr. 11.

Auf die Frage, welchen Gebrauch Gauß von seinen einmal erworbenen Russischkenntnissen gemacht hat, soll im wesentlichen der zweite Teil des vorliegenden Beitrags eine Antwort geben. In diesem Verzeichnis der Rossica der Gauß-Bibliothek wird der Versuch unternommen, zu zeigen, wie Gauß die dort aufgeführten Lehrwerke, Grammatiken, wissenschaftlichen und belletristischen Druckerzeugnisse gelesen, wie er sie studiert hat. Dieser Versuch kann natürlich nur in dem Maße erfolgreich sein, in dem uns die von Gauß hinterlassenen Lesespuren einen Einblick in seinen Umgang mit russischen Büchern gestatten. Darüber hinaus sei bereits hier auf einen zu Vorsicht mahnenden Umstand hingewiesen: Es ist keineswegs sicher, daß uns der überlieferte Bestand an Rossica der Gauß-Bibliothek, wie er in der Göttinger Staats- und Universitätsbibliothek aufbewahrt wird, einen vollständigen Überblick über Gauß' einstige Sammlung russischer Bücher ermöglicht. Dies scheint sogar recht fraglich zu sein. Diese Einschätzung legen uns die in Abbildung 3 im Faksimile reproduzierten Aufzeichnungen und Notizen von Gauß zur russischen Sprache nahe. Das letzte Blatt dieser Aufzeichnungen, fol. 19r, umfaßt eine umfangreiche Zusammenstellung von Werken russischer Dichter und Schriftsteller der ersten Hälfte des 19. Jahrhunderts. Wir finden hier die bedeutendsten Namen der zeitgenössischen russischen Literatur vertreten: Puškin, Žukovskij, Deržavin, Gogol', Lermontov, Krylov, Odoevskij u.a.

Wir wissen nicht, wann und zu welchem Behufe dieses Bücherverzeichnis angefertigt worden ist. Es ist ziemlich sicher, daß nicht Gauß selbst die in lateinischer Transkription angeführten Autorennamen und Buchtitel niedergeschrieben hat. Die Form zahlreicher Buchstaben weicht jedenfalls deutlich von derjenigen Form ab, die uns aus eindeutig von Gauß stammenden handschriftlichen Dokumenten bekannt ist, darunter gerade auch aus den übrigen lateinschriftlichen Notizen zur russischen Sprache. Die Schrift ist auch nicht mit derjenigen von Gauß' ältestem Sohn Joseph identisch.

Aufschlußreich ist nun aber folgende Beobachtung: Unbezweifelbar von Gauß' Hand stammen die Angaben zu Zeit und Ort des Todes von Žukovskij bzw. Gogol': „† 1852 April 24 in Baden Baden"; „† 1852 in Moskau". Diese Angaben zeigen, daß sich Gauß noch in seinen letzten Lebensjahren für die russische Literatur interessiert hat, von der es bei W. Sartorius von Waltershausen (1856, S. 92) heißt, daß Gauß über sie „in der letzten Zeit" „voll Achtung" gesprochen habe. Und sie lassen eben auch erkennen, daß Gauß das Bücherverzeichnis wenn auch nicht unbedingt selbst angefertigt, so doch jedenfalls in Händen gehabt hat.

Im Hinblick auf den Versuch, herauszufinden, was es mit dem uns interessierenden Verzeichnis auf sich hat, ist es wichtig, festzuhalten, daß sich, mit der – möglichen – Ausnahme von „Krüloff's Fabeln." (vgl. unten Titel Nr. 12), keiner der hier aufgeführten Titel – mehr? – in der heutigen Gauß-Bibliothek befindet. Auch in dem Nachlaßkatalog, der nach Gauß' Tod 1855/56 aufgestellt wurde und der heute im Nachlaß des Gauß-Biographen Waldo Dunnington an der Northwestern State University of Louisiana in Natchitoches/USA aufbewahrt wird (vgl. zu ihm Folkerts 2007), sind sie bereits nicht mehr nachzuweisen. Die Möglichkeit, daß wir es mit einem Verzeichnis russischer Bücher nicht aus dem Besitz von Gauß, sondern aus der damaligen Göttinger Universitätsbibliothek zu tun haben, ist mit einiger Sicherheit auszuschließen, da sich die verzeichneten Werke für die Zeit vor Gauß' Tod nicht im Bestandskatalog der Bibliothek nachweisen lassen. Gegen diese Möglichkeit spricht m.E. auch der Vermerk „(verliehen und ausgeblieben.)" hinter der Angabe der Werke von Gogol'. Dieser Vermerk widerstreitet auch der Möglichkeit, daß uns lediglich eine Zusammenstellung von Desiderata o.ä. vorliegt.

Es hat also, wie ich meine, den Anschein, daß die auf fol. 19r der Aufzeichnungen und Notizen zur russischen Sprache zu findende Zusammenstellung von Werken russischer Dichter und Schriftsteller einen Teilbestand von Gauß' russischer Bibliothek verzeichnet, einen Bestand, der bei irgendeiner, uns unbekannten Gelegenheit aus dieser Bibliothek entfernt worden ist und über dessen Verbleib sich gegenwärtig nichts Bestimmtes sagen läßt.

Auch in seinem letzten Lebensjahrzehnt hat sich Gauß allem Anschein nach immer wieder, wenngleich nicht kontinuierlich, mit der russischen Sprache und der russischen Literatur beschäftigt. Daß der große Gelehrte zumindest bis in das Jahr 1844 hinein bisweilen Zeit für das Studium des Russischen gefunden hat, belegt ein von ihm am 9. August 1844 an Paul Heinrich Fuß gerichteter Brief. Dort heißt es u.a.:

„Das Vergnügen welches mir die Beschäftigung mit der russischen Sprache und Literatur gewährt, ist nicht erkaltet, und wird mir wohl stets
treu bleiben" (SUB Göttingen, Gauß-Nachlaß: Briefe B: Fuß 3). In
demselben Brief bittet Gauß den Ständigen Sekretär der Petersburger
Akademie, ihm „ein Paar belletristischer Sachen mitzuschicken" (das.),
etwa Puškins „Капитанская дочка" („Die Hauptmannstochter"). Zwei
Jahre später, am 11. Dezember 1846, läßt Gauß allerdings Wilhelm Struve, den Direktor der Sternwarte von Pulkovo, wissen: „Mit meiner russischen Sprachkenntniß werde ich wohl etwas zurückgekommen sein, da
ich seit länger als einem Jahre nicht dazu habe kommen können, auch
nur einen russischen Buchstaben anzusehen, ich hoffe jedoch in der
ersten freien Zeit das Versäumte schnell nachzuholen" (SUB Göttingen,
Gauß-Nachlaß: Briefe B: Fuß). Offenbar sollte sich diese Hoffnung
tatsächlich erfüllen. Davon zeugt der Entwurf eines Rechenschaftsbericht, den der an der St. Petersburger Akademie tätige Physiker Moritz
Hermann von Jacobi (1801–1874) im Jahre 1851 über seinen im selben
Jahr absolvierten Auslandsaufenthalt angefertigt hat und der in der St.
Petersburger Filiale des Archivs der Rußländischen Akademie der Wissenschaften aufbewahrt wird (f. 187, op. 1, Nr. 1). Dort schreibt Jacobi
über seinen Aufenthalt in Göttingen u.a. folgendes: „Il s'entend que je
n'ai pas manqué de témoigner mes respects à l'illustre professeur Gauss,
doyen des Astronomes et de Mathématiciens. Quoique d'un age fort
avancé, je l'ai encore trouvé en parfaite santé et tout vert d'esprit. Il m'a
dit employer tous ses loisirs à etudier la langue et la litterature russe qui
l'intéressaient au plus haut degré. Les russes qui de temps en temps
avaient fait leurs études à Gottingue avaient été ses précepteurs, dans leur
idiome, que M. Gauss écrit et parle même assez bien" (fol. 699r, 699v).
Dieses Zeugnis ist nicht zuletzt deshalb wertvoll, weil es erkennen läßt,
daß sich Gauß beim Erlernen der russischen Sprache durchaus auch der
Hilfe von Muttersprachlern bedient hat

Es unterliegt keinem Zweifel, daß Gauß' Interesse für die russische
Sprache und die russische Literatur sowie seine zeitweise intensive,
gründliche Beschäftigung mit diesen Gegenständen eine unbedingt zu
beachtende Facette der geistigen Physiognomie des princeps mathematicorum ausmachen.

2. Verzeichnis der Rossica der Gauß-Bibliothek

Bekanntlich haben Gauß' Kinder nach dem Tod ihres Vaters dessen
private Bibliothek zum größten Teil der Universität Göttingen verkauft.
Derjenige Teil aus dieser Büchersammlung, der heutzutage in der Nie

dersächsischen Staats- und Universitätsbibliothek zu Göttingen (SUB)
aufbewahrt wird und dort die Signatur „GB ..." trägt, soll von uns im
folgenden als „Gauß-Bibliothek" bezeichnet werden. Er ist es, der uns
die Möglichkeit bietet, uns ein – wenngleich wohl nicht ganz vollständiges – Bild von den Rossica zu machen, die Gauß in seiner Büchersammlung aufbewahrt hat. Dies soll hier geschehen. Der Suche nach
den Rossica der Gauß-Bibliothek lag der handschriftliche alphabetische
Katalog zugrunde, in dem der heutige Bestand dieser Büchersammlung
verzeichnet ist (Signatur: System. Kat. Band 802).

Zunächst ist zu erläutern, was unter dem Ausdruck „Rossica" verstanden werden soll. Selbstverständlich fallen hierunter sämtliche Druck-
werke in russischer Sprache, welcher wissenschaftlichen Disziplin oder
welcher literarischen Gattung sie auch angehören mögen. Außerdem
sollen zu den Rossica auch solche Werke zählen, die sich auf das Russische beziehen, also Grammatiken, Wörterbücher, Verzeichnisse von
Redewendungen u. dgl. Es sind dies die Hilfsmittel, derer sich Gauß
beim Studium der russischen Sprache und bei der Lektüre russischer
Texte bedient hat. Aufgenommen wurde auch die Ausgabe eines alt-
kirchenslavischen Textes (vgl. u. Titel Nr. 38).

Gemäß unserer Aufgabenstellung ist der Kern unseres Verzeichnisses
eine Zusammenstellung der Rossica aus Gauß' privater Bibliothek, so
wie sich diese aus dem Standortkatalog der Gauß-Bibliothek (= Systematischer Katalog, Bd. 801) haben ermitteln lassen. Diese Zusammenstellung ist nach Verfassernamen bzw. – bei Zeitschriften, Sammelbän-
den u. dgl. – Werktiteln alphabetisch geordnet. Den Anfang jeder
Eintragung bilden die grundlegenden bibliographischen Angaben in der
jeweiligen Originalsprache und unter Bewahrung der Originalorthogra-
phie. Letzteres bedeutet bei den russischen Titeln, daß die vorrevolutio-
näre Schrift und Orthographie getreulich beibehalten und nicht, wie es
in Rußland zumeist geschieht, modernisiert wurde. Für den der russischen Sprache unkundigen Leser sind alle russischen Werktitel ins Deutsche übersetzt worden. Ferner wird jeweils die Signatur der Gauß-
Bibliothek angegeben. Ergänzt werden diese Angaben – soweit möglich
– um einen Kommentar mit Angaben zu dem jeweiligen Autor, zu
Gauß' Verhältnis zu diesem und über den allfälligen Gebrauch, den
Gauß von den Büchern gemacht hat, soweit sich das rekonstruieren läßt.

1. Болотовъ, А.: 1845, Курсъ высшей и низшей геодезіи. А. Болотова,
Генеральнаго Штаба Полковника, И м п е р а т о р с к о й Военной
Академіи Профессора. Часть I. Ст.-Петербургъ. Печатано въ типографіи
Конрада Вингебера. Signatur: GB 295. [Bolotov, A.: Kursus der höhe-
ren und der niederen Geodäsie]

Auf dem Vorsatzblatt handschriftliche Widmung: „Знаменитѣйшему Геометру XIX столѣтія Господину Гауссу, отъ глубоко его уважающаго Автора" [„Dem berühmtesten Geometer des XIX. Jahrhunderts, Herrn Gauß, von dem ihn hochverehrenden Autor"] – Keine Gebrauchsspuren erkennbar.

Aleksej Pavlovič Bolotov (1803-1853) war seit 1832 Professor für Geodäsie an der Kaiserlichen Militärakademie in St. Petersburg. Auf einer 1845 unternommenen Reise durch Deutschland, Frankreich und die Schweiz besuchte er auch Gauß, dem sein Besuch durch Wilhelm (Vasilij Jakovlevič) Struve, den Direktor der Sternwarte in Pulkovo, und durch Heinrich Christian Schumacher, den Direktor der Sternwarte in Altona, angekündigt worden war (Reich 2003, S. 373, und Briefwechsel Gauß-Schumacher Nr. 994, Nr. 995, Nr. 997, Bd. 5). In seinem Empfehlungsschreiben vom 13. Juni 1845 schreibt Schumacher im Postscriptum: „N. S. [?] Bolotoff kann Ihnen über die Aussprache des Russischen manche Aufklärung geben" (Briefwechsel Gauß-Schumacher Nr. 995, Bd. 5, S. 12). In seiner Antwort vom 18. 6. 1845 läßt Gauß Schumacher wissen, Bolotov habe ihm „recht wohl" gefallen, äußert aber gleichzeitig seine Verwunderung über die „etwas sehr" mangelhaften geographischen Kenntnisse seines Besuchers (vgl. Briefwechsel Gauß-Schumacher Nr. 997, Bd. 5, S. 15 f.).

2. Буняковскій, В. Я.: 1839, Лексиконъ чистой и прикладной математики, составленный Императорской Академіи наукъ экстраординарнымъ академикомъ и докторомъ наукъ Парижской академіи В. Я. Буняковскимъ. Томъ I. А–Д. Санктпетербургъ. Signatur: GB 986. [Bunjakovskij, V. Ja.: Lexikon der reinen und der angewandten Mathematik]

Auf dem Titelblatt oben rechts Widmung: „A Monsieur Gauss, hommage de l'auteur". – Keine Gebrauchsspuren erkennbar. Nicht aufgeschnitten.

Der Mathematiker Viktor Jakovlevič Bunjakovskij (1804-1889) war seit 1836 Ordentliches Mitglied, von 1864 bis kurz vor seinem Tod Vizepräsident der Rußländischen Akademie der Wissenschaften. Von ihm stammen Arbeiten zur Zahlen- und zur Wahrscheinlichkeitstheorie (vgl. den biographischen Abriß von Grzybek 2003). Das „Lexikon" ist ein Geschenk Bunjakovskijs an Gauß. In einem an Adolph Theodor Kupffer gerichteten Brief von Gauß vom 13. August 1840 heißt es: „Vor einigen Monaten erhielt ich über Berlin den ersten Theil von Hrn. Bunjakovski's mathematischem Wörterbuche; ich bitte bei Gelegenheit demselben für dies angenehme Geschenk meinen verbindlichsten Dank zu bezeugen; ich habe bereits mehrere Artikel desselben mit Vergnügen durchgelesen" (SUB Göttingen, Gauß-Nachlaß: Briefe B: Kupffer, 4 (Kopie); Huntington Library in San Marino (CA), Smithsonian Institution, Dibner Collection (Original)).

3. Вѣстникъ Императорскаго Русскаго Географическаго Общества на 1852 годъ. Книжка III. Санктпетербургъ 1852, und weitere Hefte. Signatur: GB 1037. [Bote der Kaiserlich-Russischen Geographischen Gesellschaft]

Insgesamt sind folgende Hefte vorhanden: I, II, III, IV, V für das Jahr 1852; I, II, III, IV, V, VI für das Jahr 1853; I, II, III, IV für das Jahr 1854. – Nicht aufgeschnitten.

4. Геймовъ карманный россійско-французско-нѣмецкій словарь вновь изданный съ поправками и дополненіями старшимъ учителемъ въ Ревельской гимназіи титулярнымъ совѣтникомъ Ф. Святнымъ. Часть россійская. Въ Лейпцигѣ у книгопродавца Карла Таухница 1835. Signatur: GB 212. [Heyms russisch-französisch-deutsches Taschenwörterbuch, mit Verbesserungen und Ergänzungen neu herausgegeben [...]]

Auf dem letzten Nachsatzblatt handschriftliche Eintragung:
„S. 297. Мелю́ verweist auf Моло́тъ, welches Wort aber fehlt.
S. 271. Крути́ть und Крути́тся fehlen."
Auf S. 305 neben „Моло́тъ, (*sl.* Мля́тъ, та), а, *m.* **marteau**, *m.* Hammer, *m.*" ein kleines rotes Kreuz, das auf S. 297 verweist, wo neben Моло́тъ die Eintragung Моло́тъ stehen müßte. – Sonst keine Gebrauchsspuren erkennbar.

Im „Real-Catalog der Bibliothek" der ehemaligen Göttinger Sternwarte, der heute unter der Signatur „Sternwarte 37" in der Handschriftenabteilung der Göttinger SUB aufbewahrt wird, findet sich auf S. 559 von Band 2 unter den Signaturnummern 4794 und 4821 ein weiteres, einstmals Gauß gehöriges Wörterbuch aus der Feder von J. Heym verzeichnet: Deutsch-russisch-französisches Wörterbuch. Herausgegeben von F. Swätnoi. Dict[i]onnaire russe-français-allemand, Leipzig 1835. Dieses Lexikon befindet sich aber nicht in der heutigen Gauß-Bibliothek und konnte auch sonst nicht in den Beständen der Göttinger SUB nachgewiesen werden. Sein Verbleib muß gegenwärtig als ungeklärt gelten.

5. Записки Военно-Топографическаго Депо, по Высочайшему Его Императорскаго Величества повелѣнію изданныя директоромъ онаго депо Генералъ-Лейтенантомъ Шубертомъ. Часть I. Санктпетербургъ, въ типографіи Экспедиціи заготовленія Государственныхъ бумагъ. 1837. Signatur: GB 1054. [Denkschriften des Militärtopographischen Depôts]

Insgesamt sind folgende Bände vorhanden: Teil I, 1837; Teil II, 1838; Teil III, 1838; Teil IV, 1840; Teil V, 1840. – Nicht aufgeschnitten. Keine Gebrauchsspuren erkennbar.

Die „Denkschriften" sind von Theodor (Fedor Fedorovič) Schubert (1798-1865), dem Direktor des Militärgeographischen Depôts, herausgegeben worden. Schubert hat diese Bände im Herbst 1840 Schumacher als Geschenk für Gauß mitgegeben, als sich Schumann aus Anlaß der Eröffnung der neuen Sternwarte in Pulkovo in St. Petersburg aufhielt (vgl. Briefwechsel Gauß-Schumacher Nr. 711, Bd. 3, S. 403). Gauß erwähnt die „Denkschriften" in einem Brief an Paul Heinrich (Pavel Nikolaevič) Fuß, den Ständigen Sekretär der Petersburger Akademie der Wissenschaften, vom 29. Juli 1844 (vgl. Кольман 1955, S. 388).

6. Записки Гидрографическаго Депо. Изданныя Директоромъ онаго Депо Генералъ-Лейтенантомъ Шубертомъ. Часть III. С. Петербургъ. Въ Морской Типографіи. 1836 года. Signatur: GB 1053. [Denkschriften des Hydrographischen Depôts]

Insgesamt sind folgende Bände vorhanden: Teil III, 1836; Teil IV, 1836. – Nicht aufgeschnitten. Keine Gebrauchsspuren erkennbar.

7. Записки Императорскаго Русскаго Географическаго Общества. Книжка VI, изданная подъ редакціею А. Н. Попова, дѣйств. члена Имп. Русск. Геогр. Общества. Санктпетербургъ. Въ Типографіи II отд. Собственной Его Императорскаго Величества Канцеляріи. 1852, und weitere Bände. Signatur: GB 1055. [Denkschriften der Kaiserlich-Russischen Geographischen Gesellschaft]

Insgesamt sind folgende Bände vorhanden: Bd. VI, 1852 (Herausgeber A. N. Popov); Bd. VII, 1853 (Herausgeber A. V. Nikitenko); Bd. VIII, 1853 (Herausgeber K. A. Nevolin); Bd. IX, 1853 (Herausgeber D. A. Miljutin) – Nicht aufgeschnitten. Keine Gebrauchsspuren erkennbar.

8. Зерновъ. Н.: 1837, Разсужденіе объ интеграціи уравненій съ частными дифференціалами, сочиненное Н. Зерновымъ. Москва. Въ Университетской Типографіи. Signatur: GB 1058. [Zernov, N.: Abhandlung über die Integration von partiellen Differentialgleichungen]

Auf dem Titelblatt folgende Widmung:
    „À Monsieur
        Monsieur de Jacobi
            de la part de l'auteur"
Keine Gebrauchsspuren erkennbar.

Nikolaj Efimovič Zernov (1804–1862) war seit 1835 Professor der Reinen Mathematik an der Universität Moskau. Die Widmung gilt vermutlich dem Königsberger bzw. Berliner Mathematiker Carl Gustav Jacobi (1804–1851), von dem U. C. Merzbach (1984, S. 420) sechs an Gauß gerichtete Briefe verzeichnet und der von Gauß in seiner Korrespondenz zwischen 1826 und 1851 des öfteren erwähnt wird (vgl. Merzbach 1984, S. 420 f.).

9. Казанскій Вѣстникъ, издаваемый при Императорскомъ Казанскомъ Университетѣ. Часть XXVIII. Книжка III. За мѣсяцы мартъ и апрѣль. 1830 года. Печатано въ Университетской Типографіи. Signatur: GB 103. [Kasaner Bote, herausgegeben bei der Kaiserlich-Kasanschen Universität]

Enthält u.a. die Fortsetzung von N. I. Lobačevskijs Arbeit „О началахъ Геометріи" [„Über die Grundlagen der Geometrie"]. – Keine Gebrauchsspuren erkennbar.

10. Казанскій Вѣстникъ, издаваемый при Императорскомъ Казанскомъ Университетѣ. Часть XXVIII. Книжка III. За мѣсяцы іюль и августъ. 1830 года. Печатано въ Университетской Типографіи. Signatur: GB 103. [Kasaner Bote, herausgegeben bei der Kaiserlich-Kasanschen Universität]

Enthält u.a. den Abschluß von N. I. Lobačevskijs Arbeit „О началахъ Геометріи" [„Über die Grundlagen der Geometrie"]. – Keine Gebrauchsspuren erkennbar.

Im Gauß-Nachlaß, der in der SUB Göttingen aufbewahrt wird, befindet sich eine zwanzigseitige russischsprachige Handschrift der ersten Teile von Lobačevskijs Abhandlung „О началахъ Геометріи" [„Über die Grundlagen der Geometrie"] (Signatur: Gauß-Bibl. 887 Gauß Ausz. 37), die von Friedrich Engel in seiner Biographie Lobačevskijs erwähnt wird (vgl. Lobatschefskij 1899, S. 435). Diese Teile sind im „Kasaner Boten" in den Februar-, März-, April-, November- und Dezemberheften des Jahrgangs 1829 sowie in den März-, April-, Juli- und Augustheften des Jahrgangs 1830 veröffentlicht worden, wie es in der dem eigentlichen Text vorangehenden Einleitung heißt. Zusammen mit den hier verzeichneten gedruckten Teilen ergeben sie den Gesamttext von Lobačevskijs berühmter Abhandlung. Ein Sternchen rechts von dem Titel verweist auf eine Fußnote am unteren Ende der ersten Seite: „Извлечено самимъ Сочинителемъ изъ разсужденія, подъ названіемъ: Exposition succinte des principes de la Géometrie etc., читаннаго имъ въ засѣданіи Отдѣленія физико-математическихъ наукъ, въ февралѣ 1826 года" [„Ausgezogen vom Verfasser selbst aus einer Abhandlung unter

dem Titel: Exposition succinte de la Géometrie etc., von ihm vorgelesen auf der Sitzung der Abteilung der physikalisch-mathematischen Wissenschaften im Februar 1826"]. Ein Vergleich der Göttinger Handschrift
mit einer Reihe von Schriftzeugnissen aus der Feder Lobačevskijs, die in
dem Buch Лобачевский (1976) im Faksimile veröffentlicht worden sind,
erweist, daß erstere mit großer Wahrscheinlichkeit nicht von
Lobačevskij selbst geschrieben worden ist. Vermutlich ist sie im Auftrag
des Verfassers für Gauß erstellt worden. Gauß hatte also die Möglichkeit, Lobačevskijs „Anfangsgründe" zur Gänze im russischen Original zu
studieren. Am 4. Februar 1844 erwähnt Gauß in einem an Chr. L. Gerling gerichteten Brief Lobačevskijs „viele sehr ausgedehnte Abhandlungen" über die nichteuklidische Geometrie (vgl. das ausführliche Zitat im
ersten Teil dieser Abhandlung). Vgl. auch Gauß' Brief an Gerling vom
8. Februar 1844, aus dem hervorgeht, daß sich Gauß damals zumindest
kursorisch bereits mit einigen russischen Schriften Lobačevskijs beschäftigt hat. Hier schreibt Gauß auch, daß „in Deutschland schwerlich ein
Exemplar des Kasanschen Boten von 1828.1829 zu finden sein möchte"
(SUB Göttingen, Gauß-Nachlaß: Briefe B: Gerling 141; vgl. dieses Zitat
auch bei Lobatschefskij 1899, S. 433; Gauß 1900, S. 236 f., und im
Briefwechsel Gauß-Gerling Nr. 338, S. 668), „und ich werde mich
daher wohl entschließen müssen, einmahl deswegen an H. Lobatschefsky selbst zu schreiben, dessen Aufnahme als Correspondent unserer Societät ich vor einem Jahre veranlaßt habe. Vielleicht schickt er mir
dann den Kasanschen Boten" (SUB Göttingen, Gauß-Nachlaß: Briefe B:
Gerling 141; vgl. dieses Zitat auch bei Lobatschefskij 1899, S. 433, und
im Briefwechsel Gauß-Gerling Nr. 338, S. 668). Wie Gauß schließlich
in den Besitz der Abhandlung „О началахъ Геометрiи" gelangt ist, ist
nicht bekannt. „Sollte er den Gedanken, an Lobatschefskij selbst zu
schreiben, ausgeführt und von diesem den Kasaner Boten und die er-
gänzende Abschrift bekommen haben? Vielleicht wird sich mit der Zeit
auch dieser Punkt noch aufklären" (Friedrich Engel in Lobatschefskij
1899, S. 435). Gauß hat auch Lobačevskijs 1840 in deutscher Sprache
erschienenen „Geometrischen Untersuchungen zur Theorie der Parallellinien" gekannt, von der sich ein Exemplar in der Gauß-Bibliothek
der SUB Göttingen befindet. Auf dem Titelblatt sowie auf den Seiten 4,
16, 18, 32, 36 und 60 sind handschriftliche Bemerkungen zu finden,
darunter einige Korrekturen. Zwischen den Seiten 14 und 15 findet sich
eine dreiseitige mathematische Ausarbeitung zur nichteuklidischen Geometrie von Gauß' Hand, die sich offenbar auf Lobačevskijs Darlegungen bezieht. In seinem an Gerling gerichteten Brief vom 8. Februar
1844 schreibt Gauß über dieses Werk: „Seitdem ich Gelegenheit gehabt
habe diese kleine Schrift selbst einzusehen, muß ich ein <u>sehr vortheil-</u>

<u>haftes</u> Urtheil darüber fällen. Namentlich hat sie viel mehr Concinnität und Präcision, als die größern Aufsätze des Lobatsch., die mehr einem verworrenen Walde gleichen, durch den es, ohne alle Bäume erst einzeln kennen gelernt zu haben, schwer ist, einen Durchgang und Übersicht zu finden" (SUB Göttingen, Gauß-Nachlaß: Briefe B: Gerling 141; vgl. dieses Zitat auch bei Lobatschefskij 1899, S. 433; Gauß 1900, S. 237, und im Briefwechsel Gauß-Gerling Nr. 338, S. 668). Am 28. November 1846 schreibt Gauß an Schumacher u.a.: „Materiell für mich Neues habe ich also im Lobatschefsky'schen Werke nicht gefunden, aber die Entwickelung ist auf anderem Wege gemacht, als ich selbst eingeschlagen habe, und zwar von Lobatschefsky auf eine meisterhafte Art in ächt geometrischem Geiste. Ich glaube Sie auf das Buch aufmerksam machen zu müssen, welches Ihnen gewiss ganz exquisiten Genuss gewähren wird" (Briefwechsel Gauß-Schumacher Nr. 1118, Bd. 5, S. 247; Biermann 1990, S. 51). In einem an seinen alten Freund Wolfgang Bolyai gerichteten Brief vom 20. April 1848 bezeichnet Gauß Lobačevskijs „Geometrische Untersuchungen" als „kleine treffliche Schrift" (Briefwechsel Gauß-Bolyai, S. 134). Vgl. auch Gauß' Bemerkung zu dem unter Nr. 14 aufgeführten Werk von Lobačevskij. – Der von Gauß erwähnte Vorschlag, Lobačevskij zum Korrespondierenden Mitglied der Göttinger Societät zu wählen, wird im Archiv der Akademie der Wissenschaften zu Göttingen aufbewahrt (<u>Pers</u> 20). Er lautet wie folgt: „Der Königlichen Societät erlaube ich mir zum Correspondenten unserer Gesellschaft vorzuschlagen den Kaiserl. Russischen Staatsrath <u>Lobatschef</u>ᵂ<u>ski</u> Professor in Kasan einen der ausgezeichnetsten Mathematiker des russischen Reichs.

Göttingen den 23 November 1842   gehorsamst
                                                                            Gauß"

Unter der Zeile „Mit Vergnügen beistimmend" finden sich die Namen von elf weiteren Mitgliedern der Societät, darunter diejenigen von Hausmann, Weber und Wöhler. Links neben diesen untereinander stehenden Unterschriften lesen wir folgende Notiz von Gauß' Hand: „Den Vornamen habe ich bisher nirgends anders als mit dem Anfangsbuchstaben N. (vermuthlich Nicolaus) bezeichnet finden können.
                                                        G."

Dem Wahlvorschlag beigefügt ist ein Blatt mit einem Text, der wiederum von Gauß' Hand stammt: „Nachträglich muß ich Ihnen, mein verehrtester Freund, doch noch anzeigen, dass unser Kasanscher Correspondent wirklich den Vornamen Nicolaus führt, obwohl Sie aller Wahrscheinlichkeit nach, das Diplom bereits fortgeschikt haben, und also die Ergänzung post festum kommt. Eine kleine Schrift, die den ausgeschriebenen Vornamen angibt, und die ich früher vergeblich suchte, ist mir erst heute zufällig wieder in die Hände gefallen.

T. T.

Den 19 Dezember 1842.

Gauß"

Zweifellos handelt es sich bei der „kleinen Schrift" um die Monographie „Geometrische Untersuchungen zur Theorie der Parallellinien", die sich in der Gauß-Bibliothek befindet und auf deren Titelblatt der Name des Verfassers als „Nicolaus Lobatschewsky" angegeben ist. Zu Lobačevskijs Wahl in die Göttinger Societät vgl. die Arbeit Бирман (1973). – Im Postscriptum eines an I. M. Simonov gerichteten Briefes vom 2. September 1848 schreibt Gauß: „Hrn. Staatsrath Lobatschefsky bitte ich gelegentlich mich bestens zu empfehlen." (Universitätsbibliothek Kasan).

11. Карамзинъ, Н. М.: 1842-44, Исторія Государства Россійскаго, сочиненіе Н. М. Карамзина. Изданіе пятое въ трехъ книгахъ заключающихъ въ себѣ двѣнадцать томовъ, съ полными примѣчаніями, украшенное портретомъ автора, гравированнымъ на стали въ Лондонѣ. Изданіе И. Ейнерлинга.
Книга I. (Томы I, II, III и IV). Санктпетербургъ. Въ типографіи Эдуарда Праца. 1842.
Книга II. (Томы V, VI, VII и VIII). 1843.
Книга III. (Томы IX, X, XI и XII). 1844.
[Karamzin, N. M.: Geschichte des Rußländischen Staates]

Ключъ или алфавитный указатель къ Исторіи Государства Россійскаго, Н. М. Карамзина, составленный и нынѣ дополненный, исправленный и приспособленный къ пятому ея изданію П. Строевымъ, и двадцать четыре составленныя Карамзинымъ и Строевымъ родословныя таблицы князей россійскихъ. Изданіе И. Эйнерлинга. Санктпетербургъ 1844. Signatur: GB 873. [Schlüssel oder alphabetisches Register zur Geschichte des Rußländischen Staates von N. M. Karamzin].

Keine Gebrauchsspuren erkennbar.

Diese Ausgabe von Karamzins berühmtem Geschichtswerk hat Paul Heinrich (Pavel Nikolaevič) Fuß (1797-1855), der Ständige Sekretär der Petersburger Akademie, Gauß auf dessen Bitte hin besorgt und über den Leipziger Buchhändler Voss zukommen lassen. Dies geht aus einem Brief von Fuß an Gauß vom 26. November/8. Dezember 1843 hervor (SUB Göttingen, Gauß-Nachlaß: Gauß, Briefe A: Fuß, Paul Heinrich, 3). In einem Brief vom 8. Mai 1844 bedankt sich Gauß bei Fuß für die Übersendung des „Schlüssels": „Indem ich eben diesen Brief schliessen will, erhalte ich ein Päckchen, worin sich der Ключъ или алфавитны [sic] указатель къ исторіи государства россійскаго Карамзина befindet, und wodurch ich von neuem Ihr Schuldner geworden bin. Vorläufig meinen verbindlichen Dank" (SUB Göttingen, Gauß-Nachlaß: Briefe B: Fuß 2). Auf diese Mitteilung kommt Fuß am 12./24. Mai 1844 mit folgenden Worten zurück: „Für das Register zum Karamsin sind Sie mir nichts schuldig, da Sie bereits den ganzen Subscriptionspreis entrichtet, wo dieser Band mit inbegriffen war" (SUB Göttingen, Gauß-Nachlaß: Gauß, Briefe A: Fuß, Paul Heinrich, 5). – In Gauß' Aufzeichnungen und Notizen findet sich auf fol. 18v (vgl. Abbildung 3) in Gaußscher Schönschrift der Satz: Лиза скончалась., d.h. „Lisa war verschieden." – offenbar eine Anspielung auf Karamzins berühmte Novelle „Бедная Лиза", d.h. „Arme Lisa".

12. Крыловъ. И.: 1825, Басни Ивана Крылова. Въ семи книгахъ. Новое, исправленное и пополненное изданіе. Въ Санктпетербургѣ, у книгопродавца Ивана Сленина. Signatur: GB 487. [Die Fabeln Ivan Krylovs]

Auf dem Vorsatzblatt oben folgende Widmung: „Sr. Hochwohlgeboren Herrn Hofrath Gauß von Alex: Draschushoff". – Keine Gebrauchsspuren erkennbar.

Der junge russische Astronom Aleksandr Nikolaevič Drašusov (1816-1890), der Gauß diese Ausgabe von Krylovs Fabeln verehrt hat, hat sich im Frühjahr 1839 in Göttingen aufgehalten und sich, wie Gauß am 2. April 1839 an Schumacher schreibt, „sehr fleissig, besonders unter Weber's Leitung, mit magnetischen Beobachtungen beschäftigt" (Briefwechsel Gauß-Schumacher Nr. 631, Bd. 3, S. 226). Seit 1851 war Drašusov Professor für Astronomie an der Universität Moskau. In einem an Johann Franz Encke gerichteten Brief vom 23. Dezember 1840 vermerkt Gauß, daß er die Werke von Krylov besitze (SUB Göttingen, Gauß-Nachlaß: Briefe B: Encke, 60). Ferner erwähnt er die Krylov-Ausgabe in einem an P. H. L. Prus von Boguslawski gerichteten Brief vom 6. Januar 1848 (vgl. Biermann 1990, S. 194).

13. Купферъ, А.: 1835, Руководство къ дѣланію метеорологическихъ и магнитныхъ наблюденій, составленное для горныхъ офицеровъ академикомъ А. Т. Купферомъ, Переведено съ Французскаго Манускрипта Студентомъ Главнаго Педагогическаго Института М. Спасскимъ. С. Петербургъ, Печатано въ типографіи Императорской Академіи Наукъ. Signatur: GB 489. [Kupffer, A. T.: Anleitung zur Durchführung meteorologischer und magnetischer Beobachtungen]

Teilweise nicht aufgeschnitten. Keine Gebrauchsspuren erkennbar.

Adolph Theodor Kupffer (Adol'f Jakovlevič Kupfer) (1798–1865) studierte Chemie in Göttingen und erwarb hier 1821 den Doktorgrad. Seit
1824 war er Professor für Physik in Kasan. 1828, nach der Wahl in die
Akademie der Wissenschaften, siedelte er nach St. Petersburg über und
war auch dort als Physikprofessor sowie als Direktor des Magnetischen
Observatoriums der Akademie tätig. – Gauß ist mit Kupffer persönlich
bekannt gewesen und hat mit ihm korrespondiert (vgl. die Angaben bei
Merzbach 1984, S. 430). Während eines Besuchs von Kupffer in Göttingen im Juli und August 1839 hat Gauß diesem gegenüber sein Interesse an der russischen Sprache bekundet, woraufhin Kupffer seinem
Gastgeber das Wörterbuch von Ch. Ph. Reiff (s.u. Titel Nr. 39)
übersenden ließ.

Gauß erwähnt Kupffer auch öfter in seinem Briefwechsel mit anderen
Personen. Das hier verzeichnete Werk hat Gauß gelesen; denn am 8.
August 1840 schreibt er an Schumacher: „Kupffer's Rukowodstwo (Anleitung magnetische und meteorologische Beobachtungen zu machen)
lese ich mit einer gewissen Fertigkeit, so dass ich für Eine Seite zuweilen
kaum ein halb Dutzend mahl das Wörterbuch zu befragen habe"
(Briefwechsel Gauß-Schumacher Nr. 706, Bd. 3, S. 394). Am 13.
August 1840 heißt es in einem an Kupffer selbst gerichteten Brief: „Mit
dem Russischen schreite ich wenn auch langsam, doch immer etwas
fort, und nehme an dieser reichen und bildsamen Sprache recht viel
Interesse. Ihr Руководство lese ich mit einiger Fertigkeit, und mit vielem
Vergnügen; die Einrichtung Ihrer Barometer hat mich besonders
interessiert" (SUB Göttingen, Gauß-Nachlaß: Briefe B: Kupffer, 4 (Kopie); Huntington Library in San Marino (CA), Smithsonian Institution,
Dibner Collection (Original)). Wir haben hier einen deutlichen Beleg
dafür, daß das Fehlen von Gebrauchsspuren in einem Buch nicht bedeuten muß, daß sich Gauß mit dem fraglichen Werk nicht beschäftigt
habe.

14. Лобачевскій, Н. И.: 1836, Примѣненіе Воображаемой Геометріи къ
нѣкоторымъ интеграламъ. (Н. Лобачевскаго.) Казань. Въ Университетской типографіи. Signatur: GB 913. [Lobačevskij, N. I.: Anwendung der
imaginären Geometrie auf einige Integrale]

S. 5 unterer Rand Bleistifteintragung von Gauß:

$$„\cos ip. = \frac{1}{\sin p'}$$
$$\sin ip = i \cot g \, p'$$
$$tg \, ip = i \cos p'"$$

Sonst keine Gebrauchsspuren erkennbar.

Höchstwahrscheinlich auf diese Arbeit von N. I. Lobačevskij bezieht sich Gauß in einem an Johann Franz Encke gerichteten Brief vom 1. Februar 1841, aus dem wir im ersten Teil dieses Beitrags zitiert haben und in dem Gauß schreibt, „H. Knorre" habe ihm eine russische Abhandlung von Lobačevskij geschickt. „Statt KNORRE muß es höchst wahrscheinlich KNORR heissen, denn der mit LOBATSCHEFSKIJ engbefreundete Physiker ERNST KNORR war von 1832 bis 1846 Professor in Kasan und hat im Jahre 1840 eine längere Reise nach Westeuropa gemacht, während der Astronom K. F. KNORRE in Nikolajew keine Beziehungen zu LOBATSCHEFSKIJ hatte und vor 1841 nur einmal in Deutschland gewesen ist, ohne jedoch GAUSS in Göttingen anzutreffen" (Stäckel in Gauß 1900, S. 233; vgl. hierzu auch Friedrich Engel in Lobatschefskij 1899, S. 400 f., S. 437-441). In der Gauß-Bibliothek befindet sich folgendes Werk von E. Knorr: Meteorologische Beobachtungen aus dem Lehrbezirk der Kaiserlich Russischen Universitaet Kasan. Auf Kosten der Universitaet herausgegeben von Ernest Knorr. Heft I. 1835-1836. Kasan, in der Universitaets-Buchdruckerey, 1841. Auf dem Vorsatzblatt steht folgende handschriftliche Widmung: „Sr. Hochwohlgeboren Herrn Hofrath und Ritter Dr. Gauß aus inniger Verehrung von E. Knorr". Angebunden ist eine 48 Seiten umfassende Abhandlung von N. I. Lobačevskij: Ueber die Convergenz der unendlichen Reihen, von *Nicol. Lobatschewsky*, Prof. ord. der Mathematik an der Universitaet Kasan. Gebrauchsspuren sind nicht erkennbar.

15. Марлинскій, А.: 1838, Полное собраніе сочиненій А. Марлинскаго. Часть I. Русскіе повѣсти и разсказы А. Марлинскаго. Изданіе третіе. Часть первая. Санктпетербургъ. Типографія III. Отдѣленія собственной Е. И. В. канцеляріи. [Gesamtausgabe der Werke A. Marlinskijs]

Insgesamt umfaßt die Ausgabe folgende Bände:

1. Часть I: Русскіе повѣсти и разсказы А. Марлинскаго. Часть II: Русскіе повѣсти и разсказы А. Марлинскаго. Signatur: GB 530 [Teil I und Teil II (jeweils mit gesonderter Paginierung): Russische Novellen und Erzählungen A. Marlinskijs]
2. Часть III: Русскіе повѣсти и разсказы А. Марлинскаго. Часть IV: Русскіе повѣсти и разсказы А. Марлинскаго. Signatur: GB 565 [Teil III und Teil IV (jeweils mit gesonderter Paginierung): Russische Novellen und Erzählungen A. Marlinskijs]
3. Часть V: Русскіе повѣсти и разсказы А. Марлинскаго. Часть VI: Русскіе повѣсти и разсказы А. Марлинскаго. Signatur: GB 530 [Teil V

und Teil VI (jeweils mit gesonderter Paginierung): Russische Novellen
und Erzählungen A. Marlinskijs]

4. Часть VII: Русскіе повѣсти и разсказы А. Марлинскаго. Часть VIII:
Русскіе повѣсти и разсказы А. Марлинскаго. Signatur: GB 530 [Teil VII
und Teil VIII (jeweils mit gesonderter Paginierung): Russische Novellen
und Erzählungen A. Marlinskijs]

5. Часть IX: Кавказкіе очерки. Часть X: Кавказкіе очерки. Signatur: GB
530 [Teil IX und Teil X (jeweils mit gesonderter Paginierung): Kaukasi-
sche Skizzen]

6. Часть XI: Стихотворенія и полемическія статьи. Часть XII: Повѣсти и
прозаическіе отрывки, оставшіеся послѣ смерти автора. Signatur: GB
530 [Teil XI und Teil XII (jeweils mit gesonderter Paginierung): Teil
XI: Gedichte und polemische Artikel. Teil XII: Novellen und nachge-
lassene prosaische Fragmente]

Sämtliche sechs Bände dieser Ausgabe der Werke des zu Lebzeiten außerordentlich populären und geschätzten Puškin-Zeitgenossen und De-
kabristen Aleksandr Aleksandrovič Bestužev-Marlinskij (1797-1837)
(vgl. zu diesem Autor: Histoire de la littérature russe, S. 579-598; Lauer
2000, S. 225) weisen vielfältige Gebrausspuren von der Hand Gauß' auf.
Diese sollen im folgenden dokumentiert werden. Dabei kann es nicht
darum gehen, sämtliche Anmerkungen von Gauß aufzuführen, etwa die
zahlreichen Druckfehlerverbesserungen u.ä. Vielmehr sollen diese Anmerkungen zu Gruppen geordnet und diese jeweils durch ausgewählte
Beispiele konkretisiert werden. Damit soll die Art und Weise von Gauß'
Beschäftigung mit den Werken A. A. Bestužev-Marlinskijs veranschau-
licht werden, soweit sie in schriftlicher Form ihren Niederschlag gefunden hat.

(1) Anmerkungen grammatikalischer Art

a. Auf dem letzten Nachsatzblatt von Bd. 1 findet sich u.a. folgende
bleistiftliche Eintragung: „Радехонекъ II. p. 12 I 26 Одинехонекъ II.
196 Gretsch p. 199". Diese Eintragung zeigt, daß sich Gauß über den
durch die angeführten Lexeme exemplifizierten Typ augmentativer Ad-
jektive informiert hat, und zwar in der weiter unten verzeichneten Russischgrammatik von N. Greč (Signatur: GB 47). Dort wird in § 156 der
fragliche Adjektivtyp wie folgt erläutert: „§ 156. Les Adjectifs
augmentatifs expriment l'abondance, la superfluité d'une qualité dans
l'objet, et sont ainsi l'opposé des diminutifs de la première classe. Ils se
forment en changeant la terminaison de l'Adjectif primaire en *ехонекъ* et
ешенекъ, ou, après une gutturale, en *охонекъ* et *ошенекъ* (n. *нько*, f.
нька, pl. *ньки*); ex. ма́лый, *petit*, малёхонекъ et мале́шенекъ, *tout petit*;
лёгкія, *léger*, легохонекъ et лего́шенекъ, *tout-à-fait léger*. Ces Adjectifs

s'emploient toujours par attribution, dans la désinence apocopée" (S. 199).

b. Gleichfalls auf dem letzten Nachsatzblatt von Bd. 1 zeugt die bleistiftliche Eintragung: „стало быть, [...] II. 196 vielleicht: es war fast dahingekommen, daß" davon, daß Gauß versucht hat, sich die Bedeutung der umgangssprachlichen adverbialen Wendung стáло быть 'also, folglich' zu erschließen. Offenbar ist er in den ihm zur Verfügung stehenden Grammatiken und Nachschlagewerken nicht fündig geworden. Anders lassen sich das „vielleicht" und die inkorrekte Bedeutungsangabe kaum verstehen. – Die Wendung стало быть steht unter Hinweis auf die Seiten 170 und 172 von Teil V ohne Erläuterungen auch auf dem letzten Nachsatzblatt von Bd. 3 verzeichnet.

c. Ebenfalls auf dem letzten Nachsatzblatt von Bd. 1 steht folgender bleistiftlicher Vermerk: „уже отставилъ <u>было</u> ногу er zog schon zurück – es [sic] war daran – den Fuß i.e. er wollte schon den Fuß zurückziehen – I. 19". Diese Eintragung zeigt, daß sich Gauß – erfolgreich – bemüht hat, Klarheit über die Bedeutung der Kombination der Präteritalform eines Verbs – hier отставилъ '(er) setzte ab' – mit der neutralen Singularpräteritalform было von быть 'sein' zu erlangen.

d. Wiederum auf dem letzten Nachsatzblatt von Bd. 1 zeigt die handschriftliche Eintragung: „не то II. 213. 13 sonst?", daß Gauß sich nicht sicher war, ob er die Bedeutung der Konjuktion не то 'sonst' in dem fraglichen Satz „ – Отдайте мнѣ его, не то и всѣмъ не сдобровать. –" 'Geben sie ihn mir zurück, sonst werden alle Ärger bekommen' richtig verstanden hatte. – Auf Verständnisprobleme im Zusammenhang mit не то verweist auch folgender Vermerk auf dem letzten Nachsatzblatt von Bd. 2: „не то что IV 34, 32.11".

e. Auf dem letzten Nachsatzblatt von Bd. 4 steht ohne erläuternde Hinweise: „125. коли быть не быть свадьбу" 'wenn die Hochzeit nicht zustandekommen sollte'. Diese Anmerkung bezieht sich offensichtlich auf folgenden, auf S. 125 von Teil VIII stehenden Satz: „[...], а ужъ коли быть не сбыть сговору, [...]" 'wenn aber schon die Vereinbarung nicht eingehalten werden sollte'. Gauß muß also Schwierigkeiten gehabt haben, die fragliche Konstruktion zu verstehen.

(2) Anmerkungen zur Bedeutung von Lexemen

Nicht selten hat Gauß im Text die Bedeutung von Lexemen festgehalten. Hierfür nur einige Belege: Bd. 1, T. I, S. 26: Über der Gen.-Pl.-Form разнощиковъ steht: „Hausirer". S. 119: Über der Instr.-Sg.-Form чихоткою steht: „Nieswurz". S. 119: Über der Instr.-Sg.-N.-Adjektivform крапивнымъ steht: „Nessel=". T. II, S. 194: Unter Bezug auf die beiden letzten Formen von со своими пряничными сердцами steht am rechten Seitenrand: „Marzipan Herz". S. 196: Unter Bezug auf unter-

strichenes <u>въ курной хатѣ</u> steht am rechten Seitenrand: „Hühnerhaus".
Bd. 2, T. II, S. 89: Unter Bezug auf die unterstrichene Nom.-Sg.-N.-
Adjektiv-form <u>изношенное</u> steht am rechten Seitenrand: „abgenutzt".
Bd. 3, T. VI, S. 77: Über der Lok.-Pl.-Partizipialform заплывшихъ
steht: „verschlammt". Bd. 4, T. VIII, S. 57: Über der Sg.-F.-
Präteritalform сторожила steht: „auflauern".

(3) Verbesserungen von Druckfehlern

An ungezählten Textstellen hat Gauß Druckfehler korrigiert – ein
besonders deutlicher Hinweis auf die Sorgfalt seiner Lektüre. Zur
Exemplifizierung mögen folgende Beispiele genügen: Bd. 1, T. II, S.
175: Über dem durchgestrichenen т von нѣкотда steht г für die richtige
Form нѣкогда 'einst'. Bd. 2: Auf dem letzten Nachsatzblatt steht der
bleistiftliche Vermerk: „щрескъ III. 244". An der entsprechenden Text-
stelle steht diese fehlerhafte Form mit unterstrichenem щ, also щрескъ,
die Gauß am Rande mit „т ?" kommentiert. Bd. 2, T. IV, S. 76: Die
fehlerhafte Form Ру́зсудокъ ist durch ein а über dem ersten, von Gauß
durchgestrichenen у zu Разсудокъ korrigiert worden. Bd. 2: Auf dem
letzten Nachsatzblatt steht folgender bleistiftlicher Vermerk: „грѣза IV.
76 = Грѣза". Diese Eintragung bezeugt, daß Gauß bei der Lektüre des
auf der fraglichen Seite stehenden Satzes: „[...], чтобъ увѣриться, не
грѣза ли это; [...]" die Form грѣза vergeblich in einem Wörterbuch
gesucht und anschließend die richtige Form греза 'Traum' nachgeschlagen hat.

(4) Sachliche Bemerkungen

Bd. 2, T. III, S. 221: Vor dem Beginn des „Письмо къ доктору
Эрману" [„Brief an Doktor Erman"] steht folgender bleistiftlicher Vermerk: „Erman war in Jakutsk 1829 Apr 9–20 Ostern nach Altem Kalender war $\frac{26}{14}$ April".

Der deutsche Physiker Georg-Adolf Erman (1806-1877) unternahm
1828-1830 eine Weltreise zur Beobachtung des Erdmagnetismus. Anfang 1829 besuchte er die sibirische Stadt Jakutsk, wo sich damals A. A.
Bestužev-Marlinskij als Verbannter aufhielt. – Bd. 2, T. IV, S. 94: Hier
kommentiert Gauß am unteren Rand eine Passage aus der Erzählung
„Латникъ, разсказъ Партизанскаго офицера" [„Latnik, Erzählung eines
Partisanenoffiziers"]: „Die Vorgänge in Oschmäny sind hier nicht ganz
richtig erzählt. Napoleon kam in der Nacht vom $\frac{24\text{-}25\,Nov}{6\text{-}7\,Dec}$ durch diesen
Ort, welcher von der Division Loison besetzt war, während das Caval-
lerie-Detachement unter Seslawin in Tabarischky, 10 Werste von Oschmäny sich befand. Hierher hatte es sich zurückziehen müssen, nachdem es
am $\frac{23\,Nov}{5\,Dec}$ auf kurze Zeit die Franzosen aus Oschmäny verdrängt hatte.

S. Danilefsky, IV. S. 201 der deutschen Übers.". Mit dieser Bemerkung bezieht sich Gauß auf M. Danilevskijs „Geschichte des vaterländischen Krieges im Jahre 1812" (Danilewsky 1840), in der an der angegebenen Stelle die Vorgänge in Oschmäny während Napoleons Flucht aus Rußland beschrieben werden.

Gauß hat die Ausgabe von A. A. Bestužev-Marlinskijs Werken über Theodor Schubert erhalten. Schumacher empfiehlt sie Gauß in einem Brief vom 7. Oktober 1840, da sie „zu den besten prosaischen Schriften gehören, und das Russische Volksleben treu darstellen" (Briefwechsel Gauß-Schumacher Nr. 711, Bd. 3, S. 403; vgl. auch Reich 2003, S. 383). In einem an Johann Franz Encke gerichteten Brief vom 23. Dezember 1840 erwähnt Gauß, daß er die Werke von Bestužev-Marlinskij besitze, ferner mehrere „Bände von Puschkin und Krylof." (SUB Göttingen, Gauß-Nachlaß: Briefe B: Encke, 60).

16. Морской мѣсяцесловъ на 1834 годъ. Изданный при Гидрографическомъ Депо Главнаго Морскаго Штаба ЕГО ИМПЕРАТОРСКАГО ВЕЛИЧЕСТВА. Санктпетербургъ, въ Морской Типографіи. 1834 года. Signatur: GB 934. [Seekalender für das Jahr 1834]

Keine Gebrauchsspuren erkennbar. Nicht aufgeschnitten.

Mit großer Wahrscheinlichkeit handelt es sich bei dieser Schrift um den „russischen astronomischen Kalender", den Schumacher am 22. August 1839 an Gauß geschickt hat, als erste Reaktion auf Gauß' Bitte vom 17. August 1839, Schumacher möge ihm bei der Beschaffung russischer Bücher behilflich sein. In Schumachers Begleitbrief heißt es zu diesem Geschenk: „Schlözer bemerkt in seinem Leben, er habe das Russische in einem Staatskalender gelernt, ein Mittel, das er überhaupt für fremde Sprachen empfiehlt. Ist es würklich probat, so scheint es, müsse einem Astronomen auch ein astronomischer Kalender gute Dienste leisten" (Briefwechsel Gauß-Schumacher Nr. 645, Bd. 3, S. 248). Schumachers Hinweis auf Schlözers Methode zur Erlernung der russischen Sprache trifft in dieser Form nicht zu und geht wohl auf ungenaues Erinnern zurück. Tatsächlich heißt es in Schlözers Autobiographie: „Bei andern lebenden Sprachen ist meine Regel, das erste Lesen und Uebersetzen aus **StatsKalendern** zu lernen: wie herrlich diese dazu dienen, wissen wenige SprachMeister. Aber einen russischen StatsKalender gabs damals noch nicht; also mußt ich gleich zum Schwereren schreiten" (Schlözer 1802, S. 39).

17. Остроградскій, Г.: 1837, Лекціи алгебрическаго и трансцендентаго анализа. Читанныя въ Морскомъ Кадетскомъ Корпусѣ Академикомъ

Остроградскимъ. Составлены Корп. Кораб. Инж. Кап. С. Бурачкомъ и
Лейтенантомъ С. Зеленымъ. Первый годъ (начаты 16 октября 1836). С.
Петербургъ. Печатано въ Типографіи Конрада Вингебера. Signatur: GB
565. [Ostrogradskij, G.: Lektionen über algebraische und transzendente
Analyse]

Keine Gebrauchsspuren erkennbar.

Der Mathematiker Michail Vasil'evič Ostrogradskij (1801–1861) war seit
1831 Ordentliches Mitglied der Rußländischen Akademie der Wissenschaften. In seinem Brief vom 26. November/8. Dezember 1843, in
dem er Gauß das Geschichtswerk von Karamzin ankündigt (vgl. o. die
Anmerkungen zu Titel Nr. 11), schreibt Fuß weiter: „Ich habe mir erlaubt ein Paar Dupletten aus meiner eigenen Bibliothek hinzuzufügen,
die für Sie vielleicht einiges Interesse haben möchten. Es sind die von
zwei jungen Officiren der 3 Floten redigirten Vorlesungen Ostrogradskys über algebraische Analysis u. ein neues belletristisches Werk, da Sie
auch dergleichen nicht verschmähen. Darf ich für diese unbedeutende
Gabe um freundliche Entgegennahme bitten?" (SUB Göttingen; Gauß–
Nachlaß: Briefe A: Fuß 3). – M. V. Ostrogradskij gehörte zu den schärfsten Kritikern der von N. I. Lobačevskij entwickelten nichteuklidischen
Geometrie. Im November 1832 erstattete er der Akademie der Wissenschaften über Lobačevskijs Abhandlung „О началахъ Геометріи" [„Über
die Anfangsgründe der Geometrie"] einen Bericht, in dem er dieses
Werk als fehlerhaft und unsorgfältig ausgearbeitet bezeichnete und zu
dem Schluß kam, es verdiene nicht die Aufmerksamkeit der Akademie
(vgl. Лаптев 2001, S. 22 f.). Zu Gauß' überaus positiver Einschätzung
von Lobačevskijs Entdeckung vgl. die Anmerkungen zu den Titeln Nr.
9, 10 und 14.

18. Пушкинъ, А. С.: 1828, Русланъ и Людмила. Поэма Александра
Пушкина. Изданіе второе, исправленное и умноженное. Санктпетербургъ, въ типографіи Департам. народнаго просвѣщенія. Signatur: GB
605. [Puškin, A. S.: Ruslan und Ljudmila]. Angebunden: Борисъ Годуновъ. Санктпетербургъ. Въ типографіи Департамента народнаго просвѣщенія 1831. [Boris Godunov]

Keine Gebrauchsspuren erkennbar.

19. Пушкинъ, А. С.: 1827–1830, Братья разбойники. А. Пушкина.
(писано въ 1822 году.) Москва. Въ типографіи Августа Семена, при
Императорской Мед.-Хирургической Академіи. 1827. Signatur: GB
604. [Puškin, A. S.: Die Räuberbrüder]

Auf dem Vorsatzblatt folgende Widmung: „Sr. Hochwohlgeboren Herrn Hofrath Gauß von Alex. Draschoushoff“. Auf der Rückseiten des Titelblatts Bleistiftvermerk: „Die Räuberbrüderschaft 8° P. v. nat. p. 5130“.

Кавказскій плѣнникъ. Повѣсть Александра Пушкина. Второе исправленное изданіе. Санктпетербургъ, въ типографіи Департам. Народнаго Просвѣщенія. 1828. [Der Gefangene im Kaukasus]

Auf der Rückseite des Titelblatts Bleistiftvermerk: „Der Gefangene im Kaukasus“.

Полтава, поэма Александра Пушкина. Санктпетербургъ, въ типографіи Департам. Народнаго Просвѣщенія. 1829. [Poltava]

Бахчисарайскій фонтанъ. Сочиненіе Александра Пушкина. Санктпетербургъ. Въ типографіи Департам. Народн. Просвѣщенія. 1830. [Die Fontäne von Bachčisaraj]

Auf der Rückseite des Titelblatts Bleistiftvermerk: „Der Springbrunnen von B.“

Am 8. August 1840, also ca. anderthalb Jahre nach Beginn seiner Russischstudien, schreibt Gauß an Schumacher unter Bezugnahme auf astronomische, magnetologische und meteorologische Schriften: „Mit meinem Russischen bin ich so weit, dass ich mit einem Wörterbuche, ohne übermässig vieles Aufschlagen, dergleichen wohl verstehen kann. [...] Mit Dichtern geht es schwerer. Ich besitze drei Bände von Puschkin's Werken, wo ich aber immer mehr unbekannte Wörter als bekannte finde, und also nur sehr langsam etwas lesen kann. Sein Boris Godunow spricht mich sehr an. Lieber wäre es mir aber prosaische Unterhaltungslectüre zu besitzen, z. B. Russische Originalromane oder auch Uebersetzungen, z. B. von Walter Scott“ (Briefwechsel Gauß-Schumacher Nr. 706, Bd. 3, 394). Auch in einem an Johann Franz Encke gerichteten Brief vom 23. Dezember 1840 erwähnt Gauß, daß er Werke von Puškin besitze (SUB Göttingen, Gauß-Nachlaß: Briefe B: Encke, 60). – Allem Anschein nach hat Gauß' Interesse an dem Schaffen Puškins Bestand gehabt. Dafür spricht, daß er in einem Brief vom 9. August 1844 an Paul Heinrich Fuß diesen u.a. darum bittet, ihm die Erzählung „Die Hauptmannstochter“ im russischen Original zu senden (vgl. Reich 2003, 382).

20. Пушкинъ, А. С.: 1829, Стихотворенія Александра Пушкина. Первая часть. Санктпетербургъ. Въ типографіи Департамента народнаго просвѣщенія. – Стихотворенія Александра Пушкина. Вторая часть. Санктпетербургъ. Въ типографіи Департамента народнаго просвѣщенія. Signatur: GB 606. [Gedichte von Aleksandr Puškin]

Auf dem Vorsatzblatt von Teil 1 folgende handschriftliche Widmung: „Sr. Hochwohlgeboren Herrn Hofrath Gauß von Alex. Draschoussoff."

Keine Gebrauchsspuren.

21. Русская бесѣда. Собраніе сочиненій русскихъ литераторовъ, издаваемое въ пользу А. Ф. Смирдина. Томъ I. Санктпетербургъ. 1841. Signatur: GB 101. [Russische Unterhaltung. Sammlung von Werken russischer Literaten, herausgegeben zugunsten von A. F. Smirdin, Bd. I.]

Keine Gebrauchsspuren erkennbar.

22. Русская бесѣда. Собраніе сочиненій русскихъ литераторовъ, издаваемое въ пользу А. Ф. Смирдина. Томъ II. Санктпетербургъ. 1841. Signatur: GB 101. [Russische Unterhaltung. Sammlung von Werken russischer Literaten, herausgegeben zugunsten von A. F. Smirdin, Bd. II.]

23. Савичъ, А. Н.: 1845, Приложеніе практической астрономіи къ географическому опредѣленію мѣстъ. Доктора А. Савича. Напечатано иждивеніемъ Императорскаго С. Петербургскаго Университета. Санктпетербургъ. Signatur: GB 637. [Savič, A. N.: Anwendung der praktischen Astronomie zur geographischen Ortsbestimmung]

Auf dem Vorsatzblatt folgende Widmung: „Sʳ Hochgeboren dem Herrn Geheimen Hofrath und Ritter C. F. Gauss in tiefster Verehrung vom Verfasser". – Keine Gebrauchsspuren erkennbar.

Aleksandr Nikolaevič Savič (1810–1883) war seit 1839 Professor für Astronomie und Höhere Geodäsie an der Universität St. Petersburg. Gauß erwähnt ihn in drei an Schumacher gerichteten Briefen vom 2. August 1847, vom 1. Oktober 1847 und vom 12. März 1848.

24. Сборникъ статистическихъ свѣдѣній о Россіи, издаваемый Статистическимъ Отдѣленіемъ Императорскаго Русскаго Географическаго Общества. Книжка II, изданная подъ редакціею Е. И. Ламанскаго, Д. Чл. Импер. Рус. Геогр. общ. Санктпетербургъ. Въ типографіи Императорской Академіи наукъ. 1854. Signatur: GB 996. [Sammlung statistischer Angaben über Rußland, herausgegeben von der Statistischen Abteilung der Kaiserlich-Russischen Geographischen Gesellschaft]

Nicht aufgeschnitten. Keine Gebrauchsspuren erkennbar.

25. Симоновъ. И. М.: 1838, Описаніе Астрономической Обсерваторіи Императорскаго Казанскаго Университета. Профессора И. Симонова. С. Петербургъ, въ типографіи Императорской Академіи Наукъ. Signatur:

GB 1351. [Simonov, I. M.: Beschreibung des Observatoriums der Kaiserlich-Kasanschen Universität]

Keine Gebrauchsspuren erkennbar.

26. Симоновъ. И. М.: 1844, Записки и воспоминанія о путешествіи по Англіи, Франціи, Бельгіи и Германіи въ 1842 году профессора Симонова. Казань. Печатано въ Университетской Типографіи. Signatur: GB 1060. [Simonov, I. M.: Aufzeichnungen und Erinnerungen über eine Reise Professor Simonovs durch England, Frankreich, Belgien und Deutschland im Jahre 1842]

Keine Gebrauchsspuren erkennbar.

Ivan Michajlovič Simonov (1785-1855), Professor für Astronomie in Kasan, besuchte Gauß vom 28. bis zum 30. September 1842 in Göttingen, bei welcher Gelegenheit er seinem Gastgeber ein Exemplar seiner zusammen mit M. V. Ljapunov verfaßten „Observations astronomiques faites à l'observatoire de Kazan" schenkte (Signatur: GB 1350). In seinen Reiseerinnerungen beschreibt er (S. 315-321) den Aufenthalt in Göttingen, insbesondere seine sich über drei Tage erstreckende Unterhaltung mit Gauß. Vgl. die deutsche Übersetzung von Simonovs Bericht über diese Begegnung bei Biermann (1990, S. 175). Am 2. September 1848 bedankte sich Gauß in einem an Simonov gerichteten Brief für die Übersendung des sich heute in Gauß' russischer Büchersammlung befindlichen Exemplars der Reiseerinnerungen (vgl. Biermann 1990, S. 196). In diesem Brief schreibt Gauß, man betrachte ihn „als den einzigen der in Göttingen etwas Russisch versteht". Im Zusammenhang mit Gauß' Russischstudium ist interessant, daß Simonov am 13. Oktober 1842 an Gauß einen Brief gerichtet hat, dessen erster Abschnitt auf russisch geschrieben ist: „Милостивый Государь Имѣю честь принести Вамъ живѣйшую благодарность за благосклонность оказанную мнѣ Вами во время пребыванія моего въ Геттингенѣ. По желанію Вашему, весьма для меня лестному, поспѣшаю препроводить къ Вамъ описаніе магнитнаго инструмента, и поручаю въ Вашу благосклонность какъ статью мою, наскоро написанную, такъ и себя лично" [„Gnädiger Herr Ich habe die Ehre, Ihnen meinen lebhaftesten Dank abzustatten für die mir von Ihnen während meines Aufenthalts in Göttingen erwiesene Wohlgeneigtheit. Auf Ihren, für mich sehr schmeichelhaften, Wunsch hin beeile ich mich, Ihnen die Beschreibung des magnetischen Instruments zukommen zu lassen, und empfehle Ihrer Wohlgeneigtheit sowohl meinen in Eile geschriebenen Artikel wie auch mich selbst persön-

lich"] (SUB Göttingen, Gauß-Nachlaß: Briefe A: Simonoff, 1). Der
weitere Text des Briefes und der beigefügte Artikel sind auf französisch
geschrieben. – In der Göttinger Gauß-Bibliothek befindet sich ein weiteres Werk von I. Simonov: Recherches sur l'action magnétique de la
terre, Kazan 1840 (Signatur: GB 660). Auf dem ersten Titelblatt steht
folgende Widmung: „Милостивому Государю Господину Надворному
Совѣтнику, Профессору и Кавалеру Гаусу въ знакъ глубочайшаго
почтенія отъ сочинителя." [„Dem gnädigen Herrn, Herrn Hofrat und
Ritter Gauß zum Zeichen höchster Ehrerbietung vom Verfasser"]. Und
weiter unten rechts: „Геттингенъ 1842 сентября $\frac{18.}{30.}$ дня" [„Göttingen,
$\frac{18.}{30.}$ September 1842"]. Offenbar hat Simonov dieses Werk Gauß bei
seinem Abschied aus Göttingen überreicht. Es sind keine Gebrauchsspuren erkennbar.

27. Труды Императорскаго Вольнаго Экономическаго Общества за 1844
годъ. Треть послѣдняя. Санктпетербургъ. Въ Типографіи Министерства
Государственныхъ имуществ. 1844. Signatur: GB 1027. [Schriften der
Kaiserlichen Freien Ökonomischen Gesellschaft für das Jahr 1844]

Auf dem Umschlag rechts oben von Gauß' Hand: „empfangen 1847,
März 30." – Keine Gebrauchsspuren erkennbar.

28. Ученыя Записки, издаваемыя Императорскимъ Казанскимъ Универ-
ситетомъ. Казань. Въ Университетской Типографіи. Signatur: GB 1056.
[Gelehrte Denkschriften, herausgegeben von der Kaiserlich-Kasanschen
Universität]

Insgesamt sind folgende Bände vorhanden: 1835, Buch (книжка) I-IV;
1836, Buch I-IV; 1837, Buch I-IV; 1839, Buch I-IV; 1840, Buch I-III;
1841, Buch I; 1848, Buch IV. – Die Bände für die Jahre 1835 bis 1837
enthalten u.a. vier umfangreiche Abhandlungen von N. I. Lobačevskij.
Im einzelnen handelt es sich um folgende Werke: Воображаемая Геоме-
трія [Imaginäre Geometrie], 1835, Buch I, S. 3-88 + Beilage; Способъ
увѣряться въ изчезаніи безконечныхъ строкъ и приближаться къ значе-
нію функцій отъ весьма большихъ чиселъ [Verfahren, um sich des Ver-
schwindens unendlicher Linien zu vergewissern und sich der Bedeutung
der Funktionen sehr großer Zahlen anzunähern], 1835, Buch II, S. 211-
342; Новыя начала геометріи съ полной теоріей паралельныхъ [Neue
Anfangsgründe der Geometrie mit einer vollständigen Theorie der Par-
allelen], Kap. I, 1835, Buch III, S. 3-48; Kap. II-IV, 1836, Buch II, S.
3-98; Kap. VI-VII, Buch III, S. 3-50; Kap. VIII-XI, 1837, Buch I, S. 3-
97; Примѣненіе Воображаемой Геометріи къ нѣкоторымъ интеграламъ

[Anwendung der Imaginären Geometrie auf einige Integrale], 1836, Buch I, S. 3-166. – Es hat den Anschein, daß Gauß keine dieser Arbeiten studiert hat; denn zahlreiche Blätter sind bis heute unaufgeschnitten, und es finden sich keinerlei Lektürespuren.

Erwähnenswert sind noch folgende Abhandlungen: Ходъ температуры въ Казани изъ наблюденій 1833 года [Der Temperaturverlauf in Kasan aus den Beobachtungen des Jahres 1833], 1835, Buch I, S. 89-110. Der Verfasser dieser Arbeit, Ernst Knorr, hat mit Gauß in Verbindung gestanden; vgl. den Kommentar zu den Titeln Nr. 14 und Nr. 29. – Опытъ Математической Теоріи земнаго Магнетизма [Versuch einer Mathematischen Theorie des Erdmagnetismus], 1835, Buch III, S. 49-68; Recherches sur l'action magnétique de la terre, 1840, Buch III, S. 65-112. Zu I. M. Simonov, dem Verfasser der beiden zuletzt genannten Arbeiten, und dessen Beziehungen zu Gauß vgl. den Kommentar zu Titel Nr. 26. Gleich zu Anfang der französischen Abhandlung über den Erdmagnetismus erwähnt Simonov „les méthodes de Borda, de Poisson et de Gauss" (S. 65).

Gauß hat selbstverständlich das Vorhandensein von Lobačevskijs in den „Gelehrten Denkschriften" erschienenen Abhandlungen zur Kenntnis genommen, wie wir bereits im ersten Teil der vorliegenden Arbeit haben sehen können. Er erwähnt diese Abhandlungen auch in einem an seinen Jugendfreund Wolfgang Bolyai gerichteten Brief vom 20. April 1848: „Die Arbeiten des russischen Geometers stehen grösstentheils in den russischen Denkschriften der Universität *Kasan*" (Briefwechsel Gauß-Bolyai, S. 134). Es scheint aber kaum zweifelhaft, daß er sie nicht von der ersten bis zur letzten Seite studiert hat. Für diese Vermutung spricht allein schon die Beobachtung, daß zahlreiche Bögen bis heute unaufgeschnitten geblieben sind und sich auf keiner Seite irgendwelche Lesespuren finden, wie sie sonst in den von Gauß studierten Schriften so oft begegnen. Dennoch hat sich Gauß – wahrscheinlich aufgrund einer nur kursorischen Lektüre – ein Urteil über Lobačevskijs Abhandlungen aus den „Gelehrten Denkschriften" gebildet. Unter Bezug auf Lobačevskijs von ihm hoch gelobte Schrift „Geometrische Untersuchungen zur Theorie der Parallellinien" schreibt er am 8. Februar 1844 an Gerling: „Namentlich hat sie viel mehr Concinnität und Präcision, als die größern Aufsätze des Lobatsch., die mehr einem verworrenen Walde gleichen, durch den es, ohne alle Bäume erst einzeln kennen gelernt zu haben, schwer ist, einen Durchgang und Übersicht zu finden" (SUB Göttingen, Gauß-Nachlaß: Briefe B: Gerling 141; vgl. dieses Zitat auch bei Lobatschefskij 1899, S. 433; Gauß 1900, S. 237, und im Briefwechsel Gauß-Gerling Nr. 338, S. 668).

Bemerkenswerterweise ist in der Gauß-Bibliothek der erste, 1834 erschienene Band der Kasaner „Gelehrten Denkschriften" nicht vorhanden. Bemerkenswert ist dies deshalb, weil auch dieser Band mit einer Abhandlung aus der Feder Lobačevskijs eröffnet wird: Пониженіе степени въ двучленномъ уравненіи, когда показатель безъ единицы дѣлится на 8. [Erniedrigung des Grades in einer zweigliedrigen Gleichung, wenn der um eins verringerte Exponent durch 8 geteilt wird]. Gleich im ersten Satz bezieht sich Lobačevskij auf Gauß' „Disquisitiones arithmeticae", und zwar auf den der Kreisteilung gewidmeten Abschnitt.

„Die einzelnen Hefte aus den Kasaner Gelehrten Schriften, die Gauss besass, hat ihm O. Struve verschafft." (Friedrich Engel in: Lobatschefskij 1899, S. 435). Vgl. dazu auch einen von Gauß an Wilhelm Struve gerichteten Brief vom 11. Dezember 1846, in dem es heißt: „Gleichermassen bin ich für die übrigen Zusendungen zu dem verbindlichsten Danke verpflichtet; für die russischen Sachen von LOBATSCHEWSKY wahrscheinlich zunächst Ihrem Herrn Sohne, gegen den ich vor einigen Jahren bei seinem Hiersein meinen Wunsch ausgesprochen hatte; ich lasse mich seinem freundlichen Andenken angelegentlich empfehlen" (Gauß 1900, S. 239).

29. Ходъ температуры въ Казани изъ наблюденій 1833 года. (Проф. Кнорра.) Казань. Въ Университетской Типографіи. 1835. Signatur: GB 1229. [Der Temperaturverlauf in Kasan gemäß den Beobachtungen für das Jahr 1833]

Keine Gebrauchsspuren erkennbar.

Ernst Knorr (Ėrnest Avgustovič Knor) (1805–1879) war von 1832 bis 1846 Professor für Physik und Physische Geographie an der Universität Kasan. Vgl. zu ihm auch die Anmerkung zu Titel Nr. 14.

30. Шубертъ. Ф. Ф.: Тригонометрическая съемка губерній: С. Петербургской, Псковской, Витебской и части Новгородской. По Высочайшему повелѣнію произведенная Генералъ Лейтенантомъ Шубертомъ. Съ 1820 по 1832 годъ. Часть I. Санктпетербургъ, Въ типографіи Карла Крайя. 1842. Signatur: GB 1003. [Trigonometrische Aufnahme der Gouvernements St. Petersburg, Pleskau, Vitebsk und eines Teils des Gouvernements Novgorod].

Insgesamt sind folgende Bände vorhanden: Teil I, 1842; Teil II, 1842; Teil III, 1842. – Nicht aufgeschnitten. Keine Gebrauchsspuren erkennbar.

Im Postscriptum eines an Paul Heinrich Fuß gerichteten Briefes schreibt Gauß am 15. Mai 1844: „In denselben Blättern für literarische Unterhaltung, Nro 122 vom 1 Mai finde ich auch eine Notiz: trigonometrische Vermessung Rußlands, worüber 1843 ein eigenes Werk von General Schubert in 3 Quartbänden erschienen sein soll. Darf man nicht hoffen, daß Gelegenheit dargeboten werde, dieses wichtige Werk durch den deutschen Buchhandel zu beziehen?" (SUB Göttingen, Gauß-Nachlaß: Briefe B: Fuß, Paul Heinrich von, 3). In Fuß' Antwort vom 12./24. Mai 1844 heißt es zu dieser Anfrage: „Es freut mich Ihnen die Schubertsche Тригонометрическая съемка sogleich schicken zu können. Ich bitte Sie das Exemplar als Geschenk von mir freundlich entgegenzunehmen, da ich das Buch doppelt besitze, u. kaum einfach brauche. Ich hätte es Ihnen längst schicken sollen, da ja der Gegenstand Sie interessieren muß" (SUB Göttingen, Gauß-Nachlaß: Briefe A: Fuß, Paul Heinrich von, 5). Am 29. Juli 1844 bedankt sich Gauß mit folgenden Worten bei Fuß für dessen Geschenk: „Schon ist fast ein Monat verflossen, daß ich über Hamburg Ihr gütiges Geschenk, die trigonometrische Aufnahme des Petersb. u. a. Gouvernements erhalten habe, und es wird daher meine dringende Pflicht, Ihnen zu bezeugen wie sehr Sie mich dadurch verpflichtet haben. Ich habe mich bereits ziemlich hineinstudiert. Seit einem viertel Jahrhundert selbst mit ähnlichen Arbeiten, selbst ausführend oder leitend, beschäftigt, nehme ich daran ein sehr lebhaftes Interesse" (Кольман 1955, S. 388). In einem Brief vom 7. Juli 1844 bittet Gauß Schumacher, ihm vertraulich „den Eindruck seiner [d.h. Schuberts] Persönlichkeit" mitzuteilen. „Mit seinem Vater [Friedrich Theodor bzw. russ. Fedor Ivanovič Schubert (1758-1825)] habe ich viel correspondirt. Ich habe vor Kurzem seine (Trigonometrische Aufnahme mehrerer russischen Gouvernements, in drei starken Folio-Bänden) zu erhalten, Gelegenheit gehabt, und würde vielleicht nicht abgeneigt sein, ihm einige Bemerkungen darüber zu schreiben, wenn ich wüsste, dass er seinem Vater, der ein Mann von sehr liebenswürdigem Charakter war, gliche" (Briefwechsel Gauß-Schumacher Nr. 908, Bd. 4, S. 266).

31. Этнографическій сборникъ, издаваемый Императорскимъ Русскимъ Географическимъ Обществомъ. Выпускъ 1. Санктпетербургъ. Въ типографіи Министерства Внутреннихъ дѣлъ. 1853. Signatur: GB 995. [Ethnographischer Sammelband, herausgegeben von der Kaiserlich-Russischen Geographischen Gesellschaft]

Insgesamt sind folgende Bände vorhanden: Lieferung I, 1853; Lieferung II, 1854. – Nicht aufgeschnitten. Keine Gebrauchshinweise erkennbar.

32. Якоби, М. Г.: 1840, Гальванопластика или способъ, по даннымъ образцамъ производить мѣдныя издѣлія изъ мѣдныхъ растворовъ, помощію гальванизма М. Г. Якоби. Доктора Философіи, Надворнаго

Совѣтника и члена ИМПЕРАТОРСКОЙ Академіи Наукъ. Съ однимъ чертежемъ. Въ типографіи И. Глазунова и K°. Signatur: GB 102. [Jacobi, M. H.: Galvanoplastik oder Methode, nach gegebenen Mustern aus Kupferlösungen mit Hilfe des Galvanismus Kupferfabrikate herzustellen]

Auf dem Vorsatzblatt handschriftliche Widmung: „Herrn Hofrath und Professor D= Gauß in Göttingen vom Verfasser". – Keine Gebrauchsspuren erkennbar.

Verfasser dieses Werkes ist der Techniker und Physiker Moritz Hermann von Jacobi (1801-1871), der Erfinder der Galvanoplastik. M. H. Jacobi wurde 1835 als Professor der Zivilbaukunst nach Dorpat und 1837 nach St. Petersburg berufen, wo er 1842 Mitglied der Akademie der Wissenschaften und später geadelt wurde.

33. Якоби, Я.: 1846, Декартъ. Біографическій очеркъ, сочиненіе профессора Берлинскаго Университета Я. Якоби. (Изъ «Отечественныхъ Записокъ» 1846 года.) Санктпетербургъ. Въ типографіи И. Глазунова и Комп. 1846. Signatur: 1232 [Descartes. Biographische Skizze, ein Werk des Professors der Berliner Universität Ja. Jacobi]

Bei dieser 16 Seiten umfassenden Arbeit, einem Separatum aus der Zeitschrift „Отечественные Записки" [„Vaterländische Denkschriften"] für das Jahr 1846, handelt es sich um einen Aufsatz des Berliner Mathematikers Karl Gustav Jakob Jacobi (1804-1851), eines Bruders von Moritz Hermann von Jacobi (vgl. hierzu Titel Nr. 32). Daß Gauß diesen Aufsatz offenbar gelesen hat, bezeugt folgende Beobachtung: Auf S. 3 ist zu lesen: „Онъ [...] переѣзжаетъ моремъ въ Восточную-Фрисландію на кораблѣ, При переѣздѣ изъ Эмбдена въ Западную-Фрисландію, [...], подвергается онъ опасности быть убиту буйными матросами". Beim Lesen dieser Passage muß Gauß aufgefallen sein, daß das nach einem Komma stehende Wort При mit einem Groß- und nicht, wie zu erwarten, mit einem Kleinbuchstaben beginnt. Diese Beobachtung wird ihn dazu veranlaßt haben, die Struktur der gesamten Passage zu analysieren, die er schließlich mit einem Bleistift wie folgt änderte: Nach „въ Восточную-Фрисландію" setzte er einen Punkt und beendete damit einen Satz. Folgerichtig strich er den kleinen Anfangsbuchstaben der folgenden Präposition на durch und ersetzte ihn am Rand durch den entsprechenden Großbuchstaben, während das П von При in gleicher Weise durch п ersetzt wurde. In Übersetzung lautet die auf diese – zweifellos korrekte – Weise verändere Passage wie folgt: „Er [...] fährt übers Meer nach Ost-Friesland. Auf dem Schiff, bei der Überfahrt von

Emden nach West-Friesland, [...], ist er der Gefahr ausgesetzt, von gewalttätigen Matrosen erschlagen zu werden."

34. Янишъ, К.: 1838, О началахъ равновѣсія и движенія. Сочиненіе К. Яниша, Репититора Механики при Институтѣ Путей Сообщенія. Часть первая. Содержащая начала теоретическія. Санктпетербургъ. Въ типографіи Конрада Вингебера. 413 S. Signatur: GB 455. [Janiš, K.: Über die Grundlagen von Gleichgewicht und Bewegung]

Auf dem Vorsatzblatt handschriftliche Widmung: „Monsieur Ch. F. Gauss, professeur à Goettingue hommage de l'auteur. Карлъ Янишъ." – Keine Gebrauchsspuren erkennbar.

Im Postscriptum eines Briefes von Schumacher an Gauß vom 30. Juni 1841 heißt es: „Ein russischer Major Jaenisch, der jetzt hier ist, wird Ihnen in diesen Tagen ein Werk über mechanische Gegenstände übersenden. Es ist russisch geschrieben, und er glaubt etwas Neues gefunden zu haben. Was daran ist, können Sie aus doppeltem Grunde am besten beurtheilen, als höchstes mathematisches Tribunal und als das einzige solcher Tribunale, wo Russisch plaidirt werden darf" (Briefwechsel Gauß-Schumacher Nr. 753, Bd. 4, S. 40). In einem vom selben Tag datierten Brief wendet sich der Autor selbst an Gauß unter Berufung auf „les conseils d'un de Vos amis de la bienveillance duquel je m'honore également du vénérable astronome Schumacher à Altona. Il m'afirmé que Vous Vous intéressiez à ce qui se publie en Russie, au point d'avoir, par un rare tour de force, appris la langue de ce pays par la seule lecture de ses auteurs. Le livre "О началахъ равновѣсія и движенія" que je publiai en langue russe uniquement dans un but patriotique fut présenté dans le temps (1838-1839) à l'Académie des Sciences de St. Pétersbourg. J'ai su depuis qu'il y a eu résolution préméditée de condamner ou déprecier entièrement mon ouvrage, car l'Académicien auteur de cette résolution et avec lequel j'avais été très lié me l'a plus tard franchement avoué à moi-même" (SUB Göttingen, Gauß-Nachlaß: Briefe A: Jaenisch, 1). Am 26. Dezember 1841 läßt Schumacher Gauß wissen: „Der Major v. Jaenisch, der Ihnen, mein theuerster Freund, sein Buch über Mechanik (in russischer Sprache) gesandt hat, wünscht sehr Ihr Urtheil darüber zu wissen" (Briefwechsel Gauß-Schumacher Nr. 757, Bd. 4, S. 44). Aus Schumachers weiteren Ausführungen wird, wie schon aus dem Brief des Verfassers selbst, das Motiv ersichtlich, dessentwegen K. Janiš so sehr an Gauß' Urteil gelegen war: „Er beklagte sich, als er hier war, über Ostrogradski, der in Petersburg eine Art von Dictatur in mathematischen Sachen auszuüben scheint, und von Jaenisch's Arbeit keine Notiz nimmt, ob mit Recht oder Unrecht werden Sie am besten beurtheilen können" (Briefwechsel Gauß-Schumacher Nr. 757, Bd. 4,

S. 44). Der Name Ostrogradski ist aufgrund einer Einsichtnahme in
Schumachers Brief, der im Göttinger Gauß-Nachlaß (Briefe A: Schumacher 447) aufbewahrt wird, eingefügt worden. In der Ausgabe des
Briefwechsels zwischen Gauß und Schumacher stehen an der entsprechenden Stelle sechs Punkte. Bei Gerardy (1969) ist dieser Name nicht
aufgenommen worden. Gauß' Antwort vom 29. Dezember 1841 ist
aufschlußreich im Hinblick auf den Umgang des Gelehrten mit russischen mathematischen Schriften: „Es gibt zweierlei Arten, ein mathematisches Buch zu lesen, eine, wo man Zeile für Zeile &c. durchgeht, eine
andere, wo man viel überspringt und nur das Wichtigere genau betrachtet. Zu dem erstern hätte meine Kenntnis der russischen Sprache wohl
ausgereicht, aber ein Buch von 413 S. auf diese Art zu lesen, würde
einen enormen Zeitaufwand kosten. Für die zweite Art zu lesen, wo
man schnell einen summarischen Ueberblick muss fassen können, ist
meine Sprachkenntnis noch viel zu unvollkommen, [...]" (Briefwechsel
Gauß-Schumacher Nr. 758, Bd. 4, S. 45). Offenbar hat Gauß sich nicht
die Mühe gemacht, das Buch von K. Janiš durchzuarbeiten, obwohl sich
dieser am 12./24. Dezember 1845 noch einmal mit einem Brief an den
Göttinger Gelehrten gewandt und um eine Beurteilung seines Werks
gebeten hat (SUB Göttingen, Gauß-Nachlaß: Briefe A: Jaenisch, 2).

35. Gretsch, N.: 1837, Grammaire raisonnée de la langue russe, précédée d'une introduction sur l'histoire de cet idiome, de son alphabet et
de sa grammaire, par *N. Gretsch*, […] Ouvrage traduit du russe et
arrangé pour la langue française, avec l'accent tonique sur tous les mots
cités, par **Ch. Ph. Reiff**, Chevalier de l'ordre de Ste-Anne, Auteur de la
Grammaire Russe à l'usage des étrangers et du Dictionnaire étymologique de la Langue Russe. Saint-Pétersbourg. 855 S. Signatur: GB 47.

In der „Table des matières" hat Gauß Auf S. 849 unter der Kolumne
„N." dem ersten Eintrag „Neutre" bleistiftlich das nicht verzeichnete
Stichwort „Negations" hinzugefügt.

Gauß hat die Grammatik von N. Greč, „die nach dem einstimmigen
Urtheil in Petersburg das Beste seyn soll, was über Russische Grammatik
existirt" (Briefwechsel Gauß-Schumacher Nr. 711, Bd. 3, S. 403), 1840
von Schumacher als Geschenk erhalten. Davon, daß Gauß dieses Geschenk tatsächlich benutzt hat, zeugen insbesondere die Auszüge, die
sich in der Ausgabe der Werke von A. A. Bestužev-Marlinskij finden
(vgl. oben Titel Nr. 15).

36. Heym, J.: 1804, **Russische Sprachlehre für Deutsche, von Johann Heym,**
Russisch-Kaiserlichem Collegien-Rathe, Professor bey der Moskowischen Universität,
Inspektor und öffentlichem Lehrer bey dem Kaiserlichen Fräuleinstifte des Ordens der

heil. Catharina. Neue völlig umgearbeitete und vermehrte Auflage. Riga, bei Carl Johann Gottfried Hartmann, 213 S. Signatur: GB 104.

Auf der Vorderseite des Vorsatzblattes unten rechts handschriftliche Eintragung: „Gauß. 1844." – Keine Gebrauchsspuren erkennbar.

37. Kaestner, Chr. Au., Kralitzky, L.: 1813, Russischer Dolmetscher von Kästner und Kralitzky. – Trucheman Russien par Kaestner et Kralitzky. Нѣмецкій и французскій переводчикъ. Leipzig, bey Gerhard Fleischer dem Jüngern. Signatur: GB 1224.

Ein nach Sachgebieten geordnetes Verzeichnis von Wörtern und Redensarten: deutsch-russisch-französisch. Die russischen Partien in lateinischer Umschrift und in kyrillischer Schrift. Die Akzentstelle ist häufig, aber nicht immer angegeben. S. 5: високóсный годъ bleistiftlich in вísокосный verschlimmbessert. S. 11 Плáтье bleistiftlich verändert in Плáтье – Sonst keine Gebrauchsspuren erkennbar.

38. Miklosich, F.: 1851, Monumenta linguae palaeoslovenicae e Codice Suprasliensi edidit F. Miklosich. Sumtibus Caesareae scientiarum academiae. Vindobonae 1851. Apud Guilelmum Braumüller, Bibliopolam Caes. Reg. Aulicum atque Caes. scientiarum academiae. Signatur: GB 537. – Keine Gebrauchsspuren erkennbar. Nicht aufgeschnitten.

39. Reiff, Ch. Ph.: 1835-36, Русско-французскій **словарь**, въ которомъ русскія слова расположены по происхожденію или Этимологическій лексиконъ русскаго языка, удостоенный Императорскою Академіею наукъ полной преміи Демидова. Составленный *Филиппомъ Рейфомъ*, Сочинителемъ Русской Грамматики для иностранцевъ, и Переводчикомъ Пространной Русской Грамматики Н. И. Греча. Томъ первый. А–О. Санктпетербургъ. 1835. Томъ второй. П–V. Санктпетербургъ. 1836. Signatur: GB 608. [Reiff, Ch. Ph.: Dictionnaire russe-français, dans lequel les mots russes sont classés par familles; ou Dictionnaire étymologique de la langue russe]

Bei dem Wörterbuch von Reiff handelt es sich um ein Geschenk von Adolph Theodor Kupffer an Gauß. Am 18. Februar 1840 schreibt Gauß an Kupffer: „Recht sehr muß ich Sie, mein hochgeschätzter Freund, um Verzeihung bitten, daß ich so spät erst meinen herzlichen Dank abstatte für die gütige Übersendung des Reiffschen etymologischen Wörterbuchs, welches mir schon vor einigen Monaten richtig zugekommen ist. Erst vor kurzem habe ich etwas wieder zu der Beschäftigung mit der Russischen Sprache kommen können, die aber immer mehr Reiz für mich gewinnt, und da habe ich mich dann überzeugt, daß jenes Wörterbuch ein höchst vortreffliches Beförderungsmittel ist. Sie würden

meine Dankbarkeit, ~~und meinen Mut~~ noch mehr erhöhen, und mich
ermutigen, Sie um Vermittelung Russische Lectüre zu bekommen zu
bitten, wenn Sie mir den Betrag Ihrer Auslage oder noch besser wenn
Sie etwa Hrn. Meierstein darauf an mich anweisen wollten" (SUB Göttingen, Gauß-Nachlaß: Briefe B: Kupffer, 2 (Kopie); Huntington Library in San Marino (CA), Smithsonian Institution, Dibner Collection
(Original)). In Kupffers Antwort an Gauß vom 12./24. April 1840 lesen
wir: „Das Reifsche Wörterbuch ist ein Geschenk, das ich vom Verfasser
erhalten habe" (SUB Göttingen, Gauß-Nachlaß: Briefe A: Kupffer, A.
Th., 11). Gauß erwähnt das Wörterbuch schon zu Beginn seiner Beschäftigung mit dem Russischen in einem an Schumacher gerichteten
Brief vom 8. August 1840: „Ein gutes Wörterbuch (von Reiff) habe ich
selbst, [...]" (Briefwechsel Gauß-Schumacher Nr. 706, Bd. 3, S. 394). In
einem weiteren Brief an Schumacher vom 29. Dezember 1841 geht
Gauß noch einmal auf dieses Werk ein: „Erst ganz seit Kurzem habe ich
wieder etwas Russisches vorgenommen, da ich ein neues Wörterbuch
gekauft, welches zwar lange nicht so vollkommen ist, wie das Reiff'sche
etymologische (welches ich seit 2 Jahren besitze), aber, alphabetisch, von
viel bequemerm Gebrauch" (Briefwechsel Gauß-Schumacher Nr. 758,
Bd. 4, S. 46). Bei dem „neuen Wörterbuch" könnte es sich um das hier
unter Titel Nr. 43 verzeichnete Handwörterbuch von J. A. E. Schmidt
handeln. – Im ersten Teil der vorliegenden Abhandlung ist gezeigt worden, daß Gauß offenbar die Darlegungen zur russischen Grammatik
studiert hat, die dem Wörterbuchteil des Werkes von Ch. Ph. Reiff
vorangestellt sind. Darüber hinaus hat der Gelehrte in diesem Wörterbuch etliche Gebrauchsspuren hinterlassen, die wir im folgenden in der
Abfolge ihres Auftretens verzeichnen und gegebenenfalls kommentieren
wollen. – Bd. 1: Auf S. LIV von Bd. 1 geht Reiff ganz kurz auf das
Problem „Ordre des mots" ein und führt hierbei drei von Karamzin
stammende russische Sätze zusammen mit ihrer französischen Übersetzung an. Der zweite dieser Sätze lautet:

Побѣ́ды, завоева́нія и вели́чіе госу-
да́рственное, возвы́сивъ духъ наро́-
да Россі́йскаго, имѣ́ли счастли́вое
дѣ́йствіе и на са́мый язы́къ его,
кото́рый, бу́дучи управля́емъ даро-
ва́ніемъ и вку́сомъ Писа́теля у́м-
наго, мо́жетъ равня́ться ны́нѣ въ
си́лѣ, красотѣ́ и пріятности съ лу́ч-
шими языка́ми дре́вности и на́-
шихъ време́нъ.

Les victoires, les conquêtes et la
grandeur de l'empire, en élevant
l'esprit du peuple russe, eurent
une heureuse influence sur la langue elle-même, qui, maniée par le
talent et le goût d'un homme de
génie, peut aujourd'hui égaler en
force, en beauté et en délicatesse
les plus beaux idiomes, tant anciens que modernes.

Am linken Seitenrand ist der mit dem Relativpronomen „который"
'welcher' beginnende Nebensatz, in dem Karamzin auf Lomonosov
anspielt, mit einem Bleistift angestrichen. Ein Teil dieses Zitats,
beginnend mit „который", steht auch auf S. XV des Vorworts und ist
auch hier von Gauß angestrichen worden, desgleichen noch einmal in
einer Tabelle „Caractères calligraphiques" (page II), wo er durch die
Angabe „p. XV" am rechten Seitenrand auf die entsprechende Seite des
Vorworts verweist. Wir finden das Zitat auch in der Grammatik von
Greč, und zwar im Original auf S. 27 sowie in französischer Übersetzung auf S. XI der Einleitung. – Auf der drittletzten, nichtnumerierten
Seite der Einleitung findet sich ein „Tableau des poids, mesures et
monnaies". Hier hat Gauß neun Maßangaben berechnet und handschriftlich eingefügt. Hierfür ein Beispiel: Angegeben ist in der Tabelle,
daß eine Klafter – „La *sagène*, ou la *toise* (сажéнь)" – 3 Arschinen bzw. 7
Fuß = 2,1136 m entspricht. In den Spalten für die Längeneinheiten „Le
verchok (вершóкъ)", „Le *pouce* (дюймъ)" und „La *ligne* (лíнiя)" fehlen
hingegen die entsprechenden Angaben. Da aber angegeben ist, daß ein
дюймъ (Zoll, Daumen) 0,0254 m und eine лíнiя 0,0021 m entsprechen,
ergibt sich durch Division 2,1136 : 0,0254 = 83,21259843 bzw. 2,1136
: 0,0021 = 1006,47619. So erklären sich Gauß' gerundete Ergänzungen
84 in der дюймъ- und 1006 (die letzte Ziffer ist allerdings nicht
eindeutig auszumachen) in der лíнiя-Spalte. – S. 53: Am Ende der
linken Spalte hat Gauß unterhalb des Eintrags „Бéрежность, *sf.* Circon-
spection, prudence, précaution, prévoyance." das Adjektiv „Безбрéжный" 'uferlos' hinzugefügt. Anders als von Gauß bei dieser Ergänzung
gewiß vorausgesetzt, gehört безбрéжный allerdings nicht zu бéрежность
und den übrigen Einträgen des fraglichen Wörterbuchartikels. Das hier
in südslavischer Gestalt vorliegende Morph -бреж- – vgl. die „echt" ost-
slavische Lautung in einem Wort wie etwa russ. бережнíк 'Uferweg,
Uferstrich' – geht auf ursl. *berg-ъ 'Ufer' zurück, das Morph -береж-
von бéрежность hingegen auf ursl. *berg-, wie wir es etwa in dem Verb
ursl. *berg-t'i 'behüten, bewahren' finden, dem im Altrussischen die
Infinitivform беречи, 1. Ps. Sg. Prs. берегоу entspricht, im heutigen
Russischen берéчь, берегý. – S. 526: In der rechten Spalte hat Gauß vor
dem letzten Eintrag zu dem Artikel „ЛЮБи́ТЬ" das Verb „разлюби́ть
cesser d'aimer" hinzugefügt. – S. 545: In der rechten Spalte hat Gauß
am Seitenrand neben dem Adjektiv „Масóнскiй" 'freimaurerisch' das
Substantiv „Масонство maçonnerie" hinzugesetzt. – S. 610: Am rechten
Seitenrand hat Gauß am Ende des Eintrags zu dem Adjektiv „Замѣ́т-
ный" dessen negiertes Pendant „незамѣтный imperceptible" hinzugefügt. – S. 617: Am rechten Seitenrand, neben dem Eintrag „Ненáст-
ливый, ая, ое, *adj.* pluvieux, neigeux, mauvais (du temps)." hat Gauß

das gleichbedeutende Wort „ненáстный" eingetragen. Dieses Wort hatte er etwa in dem Wörterbuch von J. A. E. Schmidt (s. unten Titel Nr. 43, S. 195) finden können. – Bd. 2: S. 659: In dem Artikel zu dem Verb „ПАХÁТЬ" ‘pflügen’ hat Gauß den klassifikatorischen Hinweis „II.1," unterstrichen und am rechten Seitenrand durch „II.6" ersetzt. Ein Blick in Reiffs „Tableau synoptique des trois conjugaisons." (Bd. 1, S. XL-XLI der Einleitung) zeigt, daß Gauß hier tatsächlich einen Einordnungsfehler zutreffend korrigiert hat. Die Konjugationsklasse II.1 bezieht sich auf Verben, die im Infinitiv auf ить, ѣть oder оть auslauten, kann also nicht auf пахáть zutreffen. – S. 759: Am Ende der linken Spalte, unterhalb des Eintrags „Разъ, *dim.* разóкъ, зкá […]" hat Gauß die Wendung „не разъ plus d'une fois, pas rarement." angefügt. – S. 775: Unterhalb des Eintrags „Обрекáние, обречéние, *sn.v.* promesse, vœu, dévouement." hat Gauß das Substantiv „Обреченецъ s.m. devoué" (sic) angefügt. – S. 775: Am rechten Seitenrand hat Gauß neben dem Eintrag zu dem Substantiv „Óтрокъ" ‘ein Knabe im Alter von 7 bis 15 Jahren’ „*)" vermerkt, welchen Verweis er unterhalb des Endes der rechten Spalte – in kaum noch lesbarer Schrift – wie folgt aufgreift: „*) parait derivé plus naturellement de расти", also von einem Verb mit der Bedeutung ‘wachsen’. Mit dieser Annahme setzt sich Gauß in einen Gegensatz zu Reiff, bei dem der Eintrag zu „Óтрокъ" ein Untereintrag zu „ОТРЕКÁТЬ" ‘absprechen, verneinen’ ist, wodurch óтрок etymologisch mit der Wurzel *rek- ‘sprechen’ in Verbindung gebracht wird. Dieser etymologische Bezug ist durchaus zutreffend; vgl. „Ursl. *ot(ъ)-rokъ ‘wer kein Recht hat zu sprechen, aber nicht sprachlos ist’ (zu *om* und рекú, рок)" (Vasmer 1955, Bd. 2, S. 292). – S. 777: Hier hat Gauß den Eintrag zu dem Substantiv „РѢЧЬ" am Ende ergänzt um „противорѣчïе contrediction". – S. 801: Am rechten Seitenrand hat Gauß neben dem Eintrag „Перерѣзнóй, áя, óе, *adj.* coupé en deux […]" hinzugefügt: „наперерѣзъ à travers". – S. 844: In der rechten Spalte hat Gauß den Eintrag „ЗАСЛУ́ШИВАТЬ, заслу́шать *v.a.* commencer à écouter, prêter l'oreille […]" ergänzt um „незашлушенный (sic) inoui". Dieses Wort existiert im Russischen allerdings nicht. Möglicherweise hat Gauß versucht, das Part. Prät. Pass. von заслу́шать zu bilden, das korrekt заслу́шанный lautet. Der Bedeutung von frz. inoui entspricht im Russischen неслы́ханный. – S. 865: In der rechten Spalte hat Gauß neben dem Verb „Спóрить" den klassifikatorischen Hinweis „II.2" unterstrichen. Offenbar hat er in Reiffs „Tableau synoptique des trois conjugaisons." nachgeschaut und dabei festgestellt, daß die von Reiff angegebene Einordnung dieses Verbs nicht korrekt ist, da dem Themavokal и kein labialer Konsonant vorangeht, wie es die Konjugationsklasse II.2 vorsieht. Richtig ist II.1. – S. 918: In der linken Spalte hat

Gauß den Eintrag „Дóсыта, *adv.* jusqu'à satiété; en abondance, à souhait." um das gleichbedeutende „досыць" ergänzt, das eindeutig auf das westrussische bzw. das weißrussische Sprachgebiet verweist; vgl. die heutige weißrussische standardsprachliche Form досыць. Handelt es sich möglicherweise um eine „Kyrillisierung" von poln. dosyć? In den historischen Wörterbüchern des Russischen und in Arbeiten zu den polnischen Lehnwörtern im Russischen ist ein solcher „Eventualpolonismus" nicht belegt. Bei W. Witkowski (1999, S. 43) und im 4. Band des „Словарь русского языка XI ~ XVII вв." (S. 342) ist lediglich досыть verzeichnet, im „Словарь" daneben auch досыти. – Insbesondere bei diesem Zusatz stellt sich die Frage nach der Quelle, auf die sich Gauß gestützt hat. Ungeachtet vielfältiger Nachforschungen und Nachfragen konnte diese Frage bisher leider nicht beantwortet werden. – S. 979: Hier hat Gauß die fehlende Seitenangabe nachgetragen. – S. 1091: Am rechten Seitenrand hat Gauß den Eintrag „Ущéлie' 'Kluft, Schlucht, Engpaß' um das gleichbedeutende Wort „ущелина s.f." ergänzt, das zu seinen Lebzeiten noch nicht so stark veraltet war wie heute. – Gauß hat auch die „Table alphabétique des mots russes" im Anhang des 2. Bandes konsultiert und hier einige Lesespuren hinterlassen. – S. 12: Hier hat Gauß die aufeinanderfolgenden Wörter „Бирка" und „Бирчiй" mit einer zusammenfassenden Klammer versehen und hinter dieser „fehlen" vermerkt. – S. 78: Die Seitenangabe „820" ist zu „920" korrigiert worden. – S. 207: Die Seitenangabe „753" zu dem Wort „Пять" ist von Gauß um den Hinweis „..696" ergänzt worden. Schlägt man auf dieser Seite des Wörterbuchteils nach, so findet man hier den Eintrag „ПНУ […], пнёшь, *prés.* de Пять, *v.a. irr.* sl. tendre, étendre, bander, tirer.", wohingegen auf der von Reiff selbst angegebenen Seite 753 das Zahlwort „ПЯТЬ […] *numér.* cinq" steht. – S. 220: Das fehlerhaft gedruckte Wort „Рѣевость" ist von Gauß durch Ausstreichung von с und Hinzufügung des Buchstabens з zu „Рѣзвость" korrigiert worden. – S. 235: Dem Wort „Сорочины" hat Gauß die Seitenangabe „861" hinzugefügt. – S. 239: Dem Wort „Стекляки" hat Gauß die Seitenangabe „885" hinzugefügt; vgl. dort: „Стеклякй, *sm. plur.* perdicies, genre de plantes." – S. 263: Hier hat Gauß die unmittelbar vor dem Wort „Фрамуга" stehenden Wörter „Фрачникъ" und „Фрачный" eingekringelt und durch einen Pfeil hinter „Фрахтъ" und vor „Фрегатовый" alphabetisch richtig eingeordnet.

40. Ruſſiſch=Deutſches Handbuch zur nothdürftigen Verſtändigung zwiſchen Perſonen beyder Völkerſchaften nebſt Vergleichung der Ruſſiſchen Maaße, Gewichte, und Münzen mit der unſrigen. Zweite vollſtändigere Auflage. Lüneburg, bei Herold und Wahlſtab. 1813. 72 S. Signatur: GB 413.

Ein thematisch geordnetes Wörterverzeichnis. Die russischen Wörter in lateinschriftlicher Transkription. – Keine Gebrauchsspuren erkennbar.

41. Schmidt, J. A. E.: 1842, Neues Russisch-Deutsches und Deutsch-Russisches Taschenwörterbuch. Von M. *J. A. E. Schmidt*, öffentlichem Lehrer der russischen und neugriechischen Sprache an der Universität zu Leipzig. Stereotypausgabe. Leipzig, Druck und Verlag von Karl Tauchnitz. Signatur: GB 78.

Auf S. 114 steht links neben dem Wörterbucheintrag
„Зорочéкъ, l. Зрачóкъ.
Зоря, Liebſtöckel, *n.* Зóрный, *a.* von L.“
mit Bezug auf „Зоря“ folgende Bleistiftbemerkung von Gauß' Hand: „auch d. Zapfenstreich“. – S. 148: Zwischen die Wörter „Лежмя́“ und „Лейбгва́рдія“ hat Gauß das Zeichen + eingeschoben und unter Bezug darauf am Rande hinzugefügt: „лезвее d. Schneide“. – Auf dem letzten Nachsatzblatt Bleistiftvermerk:
„Fehlen
Sondern (als Adverb.)“.

42. Schmidt, J. A. E.: 1843: Praktiſche ruſſiſche Sprachlehre für Schulen und zum Selbſtunterricht von M. J. A. E. Schmidt, öffentlichem Lehrer der ruſſiſchen und neugriechiſchen Sprache an der Univerſität zu Leipzig. Hamburg und Leipzig, Verlag von Schuberth und Comp. St. Petersburg, bei W. Gräffs Erben. Signatur: GB 206.

S. 13: Rechts neben der Eintragung „звѣрь das (wilde) Thier,“ in Tinte: „зубрь [sic] der Auerochs“; S. 14: Links neben der Eintragung „нóготь der Nagel (am Finger),“, mit Tinte „*)“ und am unteren Rand mit Tinte untereinander „*) нéтопырь die Fledermaus **) сбитень eine Art heisses Getränk“; S. 21: „[...] шéйный платкокъ“ in „[...]шéйный платокъ“ verbessert.

43. Schmidt, J. A. E.: [1823-31], Ruſſiſch-deutſches und deutſch-ruſſiſches Handwörterbuch mit Zuziehung des Wörterbuchs der Ruſſiſchen Akademie in Petersburg bearbeitet von J. A. E. Schmidt [,] öffentl. Lehrer der Ruſſiſchen und Neugriechiſchen Sprache auf der Univerſität zu Leipzig. Stereotypausgabe. Leipzig bei Karl Tauchnitz. [Jahresangabe bleiſtiftl. nachgetragen]. Signatur: GB 205. – Keine Gebrauchsspuren erkennbar.

44. Schmidt, J. A. E.: 1851, M. J. A. E. Schmidt. Hülfsbuch zur Erlernung der Ruſſiſchen Sprache. Zweite gänzlich umgearbeitete Auflage von Julius Cornet. Leipzig, 1851. Verlag von Friedrich Fleiſcher. Signatur: GB 136.

Auf S. 208 links am Rand neben einer Aufzählung verschiedener Geld-
beträge im Muster eines Geschäftsbriefs, in dem es um den Ankauf von
Wechselbriefen geht, steht folgender, offenbar von Gauß stammender
Bleistiftvermerk: „1 Rubel B. A. = $10\frac{3}{8}$ pence sterling".

45. Tappe, Au. W.: 1815, Neue theoretisch-praktische Russische Sprachlehre für
Deutsche mit vielen Beispielen, als Aufgaben zum Uebersetzen aus dem Deutschen in das
Russische und aus dem Russischen in das Deutsche, nach den Hauptlehren der Grammatik, nebst einem Abrisse der Geschichte Rußlands bis 1815, von Dr. August Wilhelm
Tappe. Vierte verbesserte und vermehrte Auflage. St. Petersburg, beim Verfasser, und
in der Buchhandlung der Akademie. Riga und Leipzig, bei Hartmann, Meinshausen,
Deubner und Treuy. 1815. – Neues Russisches Elementar-Lesebuch, für Deutsche, ent-
haltend: Sentenzen und Maximen, Fabeln, Anekdoten, eine geographisch-statistische Uebersicht Rußlands, eine Komedie im Auszuge, und Bruchstücke aus Karamsins Schriften.
Durchaus accentuirt, nebst Uebersetzungen, Wörtern und Phraseologien, als zweite Abtheilung der russischen Sprachlehre, von Dr. August Wilhelm Tappe. Dritte unverän-
derte Auflage. St. Petersburg, beim Verfasser, in der deutschen Hauptschule zu St.
Petri, und Riga, bei Hartmann, Meinshausen, Deubner und Treuy. 1815. Signatur:
GB 124.

Keine Gebrauchsspuren erkennbar.

Gauß erwähnt Tappes Grammatik in einem an Schumacher gerichteten
Brief vom 26. Dezember 1847 (vgl. Briefwechsel Gauß-Schumacher
Nr. 1215, Bd. 5). Im ersten Teil der vorliegenden Abhandlung ist gezeigt worden, daß sich Gauß bei der Anfertigung einer Tabelle zur Klassifikation der russischen Verben weitestgehend auf eine bei Tappe zu
findende und auf Vater zurückgehende Vorlage gestützt hat. – N. Greč,
dessen Russischgrammatik sich gleichfalls in der Gauß-Bibliothek befindet (vgl. oben Titel Nr. 35), bemerkt zu der „Sprachlehre" von Tappe:
„Ce livre a été très-utile aux étrangers et leur a facilité l'étude de la langue russe par l'heureuse disposition de ses principes et de ses examples.
Mr Tappe du reste a suivi les Grammairiens qui l'ont précédé" (Gretsch
1837, S. 38). Unmittelbar vor dieser Charakterisierung von Tappes „Sprachlehre" findet sich eine Bewertung von Vaters „Praktischer Grammatik".

Literatur

Basler, F.: 1987, *Russischunterricht in drei Jahrhunderten. Ein Beitrag zur Geschichte des Russischunterrichts an deutschen Schulen*, Berlin.

Biermann, K.-R.: 1964, 'Einige Episoden aus den russischen Sprachstudien des Mathematikers C. F. Gauß', *Forschungen und Fortschritte* 38, S. 44-46.

Biermann, K.-R.: 1986, 'Verjüngungskur für einen Mathematiker', *spectrum* 17, 8, S. 28.

Biermann, K.-R. (Hrsg.): 1990, *Carl Friedrich Gauss. Der »Fürst der Mathematiker« in Briefen und Gesprächen*, Leipzig, Jena, Berlin.

Briefwechsel Gauß-Bolyai: *Briefwechsel zwischen Carl Friedrich Gauss und Wolfgang Bolyai*. Mit Unterstützung der Ungarischen Akademie der Wissenschaften herausgegeben von Franz Schmidt und Paul Stäckel, Leipzig 1899.

Briefwechsel Gauß-Gerling: Carl Friedrich Gauss – Christian Ludwig Gerling: *Briefwechsel*, Hildesheim, New York 1975.

Briefwechsel Gauß-Schumacher: *Briefwechsel zwischen C. F. Gauss und H. C. Schumacher*. Herausgegeben von C. A. F. Peters. Dritter Band, Altona 1861; Vierter Band, Altona 1862; Fünfter Band, Altona 1863.

Danilewsky, M.: 1840, *Geschichte des vaterländischen Krieges im Jahre 1812,* auf Allerhöchsten Befehl Sr. Majestät des Kaisers von Rußland verfaßt von Michailowsky Danilewsky, Generallieutenant, Senateur und Mitglied des Kriegsraths. Aus dem Russischen übersetzt von Carl. R. Goldhammer. Vierter Theil, Riga und Leipzig.

Dick, W.: 1992, 'Otto Struve über Carl Friedrich Gauß', *Gauß-Gesellschaft e.V. Göttingen, Mitteilungen* Nr. 29, S. 43-51.

Dunnington, G. W.: 1955, *Carl Friedrich Gauss: Titan of Science*. A Study of his Life and Work, New York.

Folkerts, M.: 2007, 'Neues zur Handbibliothek von C. F. Gauß', *Gauß-Gesellschaft e.V. Göttingen, Mitteilungen* Nr. 44, S. 43-57.

Gauß, C. F.: 1900: *Werke*, Achter Band, Leipzig.

Gauß, C. F.: 1934: 'Письма К. Ф. Гаусса в С.-Петербургскую Академию Наук', *Архив истории науки и техники*, Вып. 3, Ленинград, S. 209-238.

Gerardy, Th.: 1969, *Nachträge zum Briefwechsel zwischen Carl Friedrich Gauß und Heinrich Christian Schumacher,* Göttingen.

Gretsch, N.: 1837, *Grammaire raisonnée de la langue russe*, précédée d'une introduction sur l'histoire de cet idiome, de son alphabet et de sa grammaire, par N. Gretsch, [...] Ouvrage traduit du russe et arrangé pour la langue française, avec l'accent tonique sur tous les mots cités, par Ch. Ph. Reiff, Chevalier de l'ordre de Ste-Anne, Auteur de la Grammaire Russe à l'usage des étrangers et du Dictionnaire étymologique de la Langue Russe, Saint-Pétersbourg.

Grzybek, P.: 2003, 'Viktor Jakovlevič Bunjakovskij', *Glottometrics* 6, S. 103-104.

Histoire de la littérature russe: *Histoire de la littérature russe*. Ouvrage dirigé par Efim Etkind, Georges Nivat, Ilya Serman et Vittorio Strada. Le XIXe siècle★ L'époque de Pouchkine et de Gogol, Fayard.

Kluge, F.: 1989, *Etymologisches Wörterbuch der deutschen Sprache*, 22. Auflage unter Mithilfe von Max Bürgisser und Bernd Gregor völlig neu bearbeitet von Elmar Seebold, Berlin, New York.

Küssner, M.: 1979, *Carl Friedrich Gauß und seine Welt der Bücher*, Frankfurt, Zürich.

Lauer, R.: 2000, *Geschichte der russischen Literatur*. Von 1700 bis zur Gegenwart, München.

Lehfeldt, W. 2005a, 'Zwischen Präzision und Rekreation: Die sprachlichen Interessen von Carl Friedrich Gauß', *Jahrbuch der Akademie der Wissenschaften zu Göttingen 2005*, Göttingen, S. 39-47.

Lehfeldt, W. 2005b, 'Carl Friedrich Gauß' Beschäftigung mit der russischen Sprache', *„Wie der Blitz einschlägt, hat sich das Räthsel gelöst". Carl Friedrich Gauß in Göttingen*, Herausgegeben von Elmar Mittler, Göttingen, S. 302-314.

Lehfeldt, W.: 2005c, 'Die Rossica der Gauß-Bibliothek', *Gauß-Gesellschaft e.V. Göttingen, Mitteilungen* Nr. 42, S. 55-72.

Lobatschefskij, N. I.: 1899, *Zwei geometrische Abhandlungen*. Aus dem Russischen uebersetzt, mit Anmerkungen und mit einer Biographie des Verfassers von Friedrich Engel. Zweiter Theil: Anmerkungen. Lobatschefskijs Leben und Schriften. Register. Mit 67 Figuren im Text, Leipzig.

Merzbach, U. C.: 1984, *Carl Friedrich Gauss: A Bibliography*, Wilmington, Delaware.

Michling, H.: 1979, 'Aus der Bücherei des Gymnasiasten Johann Friedrich Gauß', *Gauß-Gesellschaft e.V. Göttingen, Mitteilungen* Nr. 16, S. 5-16.

Reich, K.: 1977, *Carl Friedrich Gauß 1777/1977*, München.

Reich, K.: 2003, 'Gauß und Russland, Russland und Gauß', *Russland und die „Göttingische Seele"*, Herausgegeben von Elmar Mittler und Silke Glitsch, Göttingen, S. 365-384

Reiff, Ch. Ph.: 1835–36, *Русско-французскій словарь,* въ которомъ русскія слова расположены по происхожденію; или Этимологическій лексиконъ русскаго языка, удостоенный Императорскою Академіею наукъ полной преміи Демидова. Составленный *Филиппомъ Рейфомъ,* Сочинителемъ Русской Грамматики для иностранцевъ, и Переводчикомъ Пространной Русской Грамматики Н. И. Греча. Томъ первый. А–О. Санктпетербургъ. 1835. Томъ второй. П–V. Санктпетербургъ. 1836.

Rykatchew, M.: 1900, *Histoire de l'observatoire physique central pour les premières 50 années de son existence 1849-1899*. Partie 1, St.-Pétersbourg.

Sartorius v. Waltershausen, W.: 1856, *Gauss zum Gedächtnis*, Leipzig.

Schlözer, Au. L.: 1802, August Ludwig Schlözer's öffentliches und privat-Leben, von ihm selbst beschrieben. Erstes Fragment. Aufenthalt und Dienste in Rußland, vom J. 1761 bis 1765. LitterarNachrichten von Rußland in jenen Jaren, Göttingen.

Slawistik in Deutschland: *Slawistik in Deutschland von den Anfängen bis 1945*. Ein biographisches Lexikon, Bautzen 1993.

Vasmer, M.: 1955, *Russisches etymologisches Wörterbuch*. Zweiter Band: L–Ssuda. Heidelberg.

Vater, J. S.: 1808, 𝔓𝔯𝔞𝔨𝔱𝔦𝔰𝔠𝔥𝔢 𝔊𝔯𝔞𝔪𝔪𝔞𝔱𝔦𝔨 𝔡𝔢𝔯 𝔙ꞎꞎ𝔦𝔰𝔠𝔥𝔢𝔫 𝔖𝔭𝔯𝔞𝔠𝔥𝔢 𝔦𝔫 𝔗𝔞𝔟𝔢𝔩𝔩𝔢𝔫 𝔲𝔫𝔡 𝔙𝔢𝔤𝔢𝔩𝔫, nebſt Uebungsſtücken zur grammatiſchen Analyſe, einer Einleitung über Geſchichte der Ruſſiſchen Sprache und die Anordnung ihrer Grammatik und Berichtigungen der H e y m iſchen Sprachlehre. Leipzig.

Vater, J. S.: 1814, *Praktische Grammatik der Russischen Sprache* in bequemen und vollständigen Tabellen und Regeln mit Uebungsstücken zur grammatischen Analyse und zum Uebersetzen ins Russische. Zweyte vermehrte und umgearbeitete Auflage. Leipzig, Petersburg.

Vollmayr, H.: 2005, '17 gleiche Ecken und Kanten mit Zirkel und Lineal', *„Wie der Blitz einschlägt, hat sich das Räthsel gelöst“. Carl Friedrich Gauß in Göttingen*, Herausgegeben von Elmar Mittler, Göttingen, S. 90-104.

Witkowski, W.: 1999, *Słownik zapożyczeń polskich w języku rosyjskim*, Kraków.

Бирман, К. Р.: 1973, 'Об избрании Н. И Лобачевского членом-корреспондентом Геттингенского научного общества', *Историко-математические исследования*, Выпуск XVIII, S. 322-325.

Гречъ, Н.: 1834, *Практическая русская грамматика*, изданная Николаемъ Гречемъ. Второе изданіе, исправленное, Санктпетербургъ.

Кольман, Э.: 1955, 'Неопубликованное письмо К. Ф. Гаусса', *Труды Института истории естествознания и техники* 5, S. 385-394.

Лаптев, Б. Л.: 2001, *Николай Иванович Лобачевский 1792-1856*, Казань.

Лобачевский, Н. И.: 1976, *Научно-педагогическое наследие*. Руководство Казанским Университетом. Фрагменты. Письма. Ответственные редакторы П. С. Александров и Б. Л. Лаптев, Москва.

Норден, А. П.: 1956, 'Гаусс и Лобачевский', *Историко-математические исследования*, вып. 9, Москва, S. 145-168.

Ожигова, Е. П.: 1976, 'О научных связях Гаусса с Петербургской академией наук', *Историко-математические исследования*, Выпуск XXI, S. 273-284.

Рыкачевъ, М.: 1899, *Историческій очеркъ Главной физической обсерваторіи за 50 лѣтъ ея дѣятельности: 1849-1899*. Часть 1, С.-Петербургъ.

Словарь русского языка XI ~ XVII вв., Выпуск 4 (Г–Д), Москва 1977.

Abbildung 1: Von Gauß nach der Vorlage von Au. W. Tappe angefertigte Tabelle zur Klassifikation und Konjugation der Verben des Russischen

	1. I	2. I	3. I	4. IV	5. IV	6. IV	7. I	8. I	9. I	Praesens
	ю ині насход.	я · ю	ѣ · ю	ю ині насход. Conson. nom Inf. ить	бл· вл· мл· пл· ю	о ю inf. ить	о ю inf. ить	ю ні насход. Consон.; inf. ить	ую inf. овать	I. ю, ешь, ютъ Vocal vor ю
Praesens	двигаю	мѣряю	владѣю	валю	люблю	строю	мою	колю	цѣлую	II. у, ешь, утъ alle auf У ausser III. V. VI.
Praeteritum	двигалъ	мѣрялъ	владѣлъ	валилъ	любилъ	строилъ	мылъ	кололъ	цѣловалъ	
Infinitiv	двигать	мѣрять	владѣть	валить	любить	строить	мыть	колоть	цѣловать	III. гу. жешь, гутъ Ку. чешь, Кутъ
Futurum	буду двигать	буду мѣрять	буду владѣть	буду валить	буду любить	буду строить	стану мыть	стану колоть	стану цѣловать	
Imperativ	двигай	мѣряй	владѣй	вали	люби	строй	мой	коли	цѣлуй	IV. ю, ишь, ятъ Conson. vor ю
	двигающій	мѣряющій	владѣющій	валящій	любящій	строящій	моющій	колющій	цѣлующій	
Participien	двигавшій	мѣрявшій	владѣвшій	валившій	любившій	строившій	мывшій	коловшій	цѣловавшій	V. у, ишь, атъ after Zischen ищ hat
	двигаемый	мѣряемый	владаемый	валимый	любимый	строимый	мытый	колимый	цѣлуемый	
	двиганный, на	мѣрянный	владѣнный	валеный	любленный	строенный	мытый	колотый	цѣлованный	
Gerundien	двигая, ючи	мѣря, ючи	владѣ-я, ючи	валя, ючи	любя	строя, ючи	мо-я, ючи	кол-я, ючи	цѣлу-я, ючи	VI. ЧУ, дишь, - ятъ
Frequentativ	двигивать	мѣривать	владѣвшій, въ	валивать	любливать	страивать	мывать	калывать	цѣловывать	Vocal vor Чу, шу, чу, щу mit Consonantänderung
Simplex	двинуть							колнуть		
Perfectum	сдвигать	измѣрять	завладѣть	повалять	возлюбить	выстроить	вымыть	уколоть	поцѣловать	

	10. I	11. II	12. I	13. II	14. III	15. V	16. VI	17. II	
	юю Infinit. евать и.. овать	ну ині Consн. verschw. так ню уть	бу, зу, су Inf. сть (сти) зть (зть)	лу, ту Inf. сть	гу, ку Inf. чь	жу, шу, чу, щу inf. хить, шить, сить, стить	жу, шу, чу, щу ні dith, mith, чить, тить	жу, шу, чу, щу inf. зать, кать, сать, скать	
Praesens	воюю	гну	грызу	плету	пеку	учу	шучу	кличу	
Praeteritum	воевалъ	гнулъ	грызъ	плёлъ	пёкъ	училъ	шутилъ	кликалъ	
Infinitiv	воевать	гнуть	грызть	плесть	печь	учить	шутить	кликать	
Futurum	стану воевать	буду гнуть	стану грызть	стану плести	буду печь	буду учить	стану шутить	буду кликать	
Imperativ	воюй	гни	грызи	плети	пеки	учи	шути	кличь	
	воюющій	гнущій	грызущій	плетущій	пекущій	учащій	шутящій	кличущій	
Participien	воевавшій	гнувшій	грызшій	плетшій	пекшій	учившій	шутившій	кликавшій	
			грызомый	плетомый	пекомый	учимый		кличемый	
		гнутый	грызеный	плетённый	печёный	ученый	шный	....анный	
Gerundien	воюя, ючи	гнучи	грыз-я, учи	плетя. учи	печа	уча	шутя	кличà	
	воевавши, въ	гнувши, въ	грызши	плётши	пёкши	учивши, въ	шутивши. въ	кликавши, въ	
Frequentativ	воёвывать	гибать	грызать	плетать	пекать		шучивать	кликивать	
Simplex			грызнуть					кликнуть	
Perfectum	завоевать	загнуть	изгрысть	сплесть	стечь		подшутить	скликать	

Abbildung 2: Klassifikation der Verben des Russischen in Au. W. Tappes Werk „Neue theoretisch-praktische Russische Sprachenlehre für Deutsche" (1815)

— 195 —

II. Tabelle der 17 verschiedenen Branchen von Verbis.

Tempora und Modi.	1) ю mit vorhergehendem а. wie Form I.	2) ю mit vorhergehendem я. wie Form I.	3) ю mit vorhergehendem ѣ. wie Form I.	4) ю mit vorhergeh. Conſ. und im Zuſin. ить. wie Form IV.
Präſens	двигаю ich bewege.	мѣряю ich meſſe	владѣю ich beherrſche	валю ich werfe
Präteritum	двигалъ	мѣрялъ	владѣлъ	валилъ
Infinitiv	двигать	мѣрять	владѣть	валить
Futurum.	буду двигать	буду мѣрять	буду владѣть	буду валить
Imperativ.	двигай	мѣряй	владѣй	вали
Partic. ac. präſ.	двигающій	мѣряющій	владѣющій	валящій
Partic. act. prät.	двигавшій	мѣрявшій	владѣвшій	валившій
Partic. paſſ. präſ.	двигаемый	мѣряемый	владѣемый	валимый
Partic. paſſ. prät.	двиганный, нъ	мѣряччный, нный	владѣнный, ный	валеный
Gerund.act. präſ.	двига-я, ючи	мѣря-я, ючи	владѣ-я ючи	валя-ючи
Gerund.act. prät.	двигавши, въ	мѣрявши, въ	владѣвши, въ	валивши въ
Infinit. der Verba Freq.	двигивать	мѣривать		валивать
Simplicia	двинуть			
Perfecta	сдвигать	измѣрять	завладѣть	повалить

— 196 —

Tempora und Modi.	5) ю mit vorgergeh. бл вл, мл, пл (wol wegfällt. u. im Inf. ишь wie Form IV.	6) ю mit vorhergeh. о und im Infin. ить. wie Form IV.	7) ю mit vorhergeh. о und im Inf. ыть. wie Form I	8) ю mit verhergehend Consonanten und im Infin. оть. wie Form I.
Präsens	люблю, ich liebe, (любишь, du liebst.)	строю ich baue	мою ich wasche	колю ich steche
Präteritum	любилъ	строилъ	мылъ	кололъ
Infinitiv	любить	строить	мыть	колоть
Futurum	буду любить	буду строить	стану мыть	стану колоть
Imperativ	люби	строй	мой	коли
Partic. act. präs.	любящій	строящій	моющій	колющій
Partic. act. prät.	любившій	строившій	мывшій	коловшій
Partic. paff. präs.	любимый	строимый		колимый
Partic. paff. prät.	любленный	строенный	мытый	колотный
Gerund. act. präs.	любя	строя ючи	мо-я, ючи	кол-я, ючи
Gerund. act. prät.	любивши, въ	строивши, въ	мывши, въ	коловши, въ
Inf. der V. Frequent.	любливать	страивать	мывать	калывать
Simplicia				кольнуть
Perfecta	возлюбить	выстроить	вымыть	уколоть

— 197 —

Tempora und Modi.	9) ю mit vorhergeh. y und im Infin. овать. wie Form I.	10) юmit vorhergeh. юu.im Inf. евать oder овать. wie Form I.	11) ну mit einigen andern Conson. und im Inf. уть. wie Form II.	12) бу, зу, су,u.imInf. сть (сти) зть,зти. wieForm II.
Präsenz	цѣлу́ю ich küsse	воюю ich führe Krieg	гну ich krümme	грызу́ ich nage
Präteritum	цѣлова́лъ	воева́лъ	гнулъ	грызъ
Infinitiv	цѣлова́ть	воева́ть	гнуть	грызть
Futurum	стану цѣлова́ть	стану воева́ть	бу́ду гнуть	стану грызть
Imperativ	цѣлу́й	вою́й	гни	грызи́
Partic. act. präs.	цѣлу́ющій	воюющій	гну́щій	грызу́щій
Partic. act. prät.	цѣлова́вшій	воева́вшій	гнувшій	грызшій
Partic. pass. präs.	цѣлу́емый			грызо́мый
Partic. pass. prät.	цѣло́ванный		гну́тый	грызеный
Gerund. act. präs.	цѣлу́-я, ючи	вою́-я, ючи	гнучи	грыз-я, учи
Gerund. act. prät.	цѣлова́вши, въ	воева́вши въ	гну́вши, въ	грызши
Infin. der V. Frequent.	цѣло́вывать	воёвывать	гиба́ть	грыза́ть
Simplicia				грызнуть
Perfecta	поцѣлова́ть	завоева́ть	загну́ть	изгрызть

— 198 —

Tempora und Modi.	13) ду, ту, und im Infinitiv сть. wie Form II.	14) гу ку, и. im Infinitiv чь. w. F. III	15) жу, шу, чу щу u. im Inf. жить шить чить, щить, nach §. 107, 2. wie Form V.	16) жу, щу, чу, щу, und im Inf. дить пить, сить, стить, §107 w. Form VI.	17) жу, шу, чу, щу u. im Infin. зать кать, сать скать, §. 107. wie Form II.
Präs.	плету ich flechte	пеку ich backe	учу ich lehre	шучу ich scherze	кличу ich rufe
Prät.	плёлъ	пёкъ	училъ	шутилъ	кликалъ
Infin.	плесть	печь	учить	шутить	кликать
Fut.	стану плесть	буду печь	буду учить	стану шутить	буду кликать
Imp.	плети	пеки	учи	шути	кличь
Part. act. präs.	плету- щiй	пеку- щiй	учащiй	шутя- щiй	кличу- щiй
Part. act. prät.	плётшiй	пёк- шiй	учившiй	шутив- шiй	кликав- шiй
Part. pass. präs.	плето- мый	пеко- мый	учимый	. . . auf имый	кличе- мый
Part. pass. prät.	плетён- ный	печё- ный	учёный	. . . auf енный	. . . auf анный
Ger. act. präs.	плетя, учи	печа	уча	шутя	клича
Ger. act. prät.	плётши	пёк- ши	учивши, въ	шутив- ши, въ	кликав- ши, въ
Infin. der V. Freq.	пле- тать	пе- кать		шучи- вать	клики- вать
Simplic.					кликнуть
Perfect.	сплесть	спечь		подшу- тить	скли- кать

Abbildung 3: Gauß' Aufzeichnungen zur russischen Sprache

Anmerkung: die leergebliebenen Seiten fol. 8r, 11v, 12r, 12v, 13v, 19v werden hier nicht reproduziert.

Varia 20   158 e / 4   (1)

МОЛЧУ́	КРА́И ... КРА́И, Я
РА́ВНЫН	КРА́ЙНИИ, ЯЯ, ЕЕ
РАВНО́	~~МѢРА~~
ЛЬШУ́ ... ПОЛЬШУ́	МѢРА, РЫ
ТАКОИ, АЯ, ОЕ	СМѢСЬ, СИ
КОГДА́	ОДЕ́ЖДА, ДЫ
ТОГДА́	ЛИЦЕ́, ЦА
НИКОГДА́	~~НАРѢ~~
ИНОГДА́	НАРѢ́ЧІЕ, ІЯ
ВСЕГДА́	ПЛЕ́МЯ, МЕНИ
РАЗВѢ	СОСТОЮ
	СТЯЖА́Ю
СТАЯ	СТЯЖА́НІЕ, НІЯ
ВОРОНѢ ; ВОРОНЪ	СТЕКА́Ю
СЛЕТА́Ю	СТЕКА́ЮСЬ
ГРУ́ДА	СОСТОЯ́НІЕ, НІЯ
КО́СТЬ	ХА́ТЪ, ТА
ТЛЯ	ТЕ́МНЫЙ
ТЛѢ́Ю	ТЕМНИ́ЦА, ЦЫ
УДА́ЛЬ	КЕ́ЛЬЯ, ЛЬИ
УДАЛЫЙ	ЦѢЛЬ
ША́НКА	ЦѢЛ (ЦѢ́ЛЫЙ)
СОБИРА́Ю	ВЛАСТЬ, И
ВКРУГЪ	
ТОЧУ́	БѢГУ́ (inf БѢЖАТЬ)
	БѢ́ГАЮ
ТОЧУ	БѢГЛЕ́ЦЪ
ИСТОЧА́Ю	ЗРЮ (inf ЗРѢТЬ)
ДА́ЛЬ, И. F.	БЕ́РЕГЪ, А
ДА́ЛЬНІЙ — ДА́ЛЬНЫЙ	
ДАЛЕКІЙ — ДАЛЕК	ЛО́КОНЬ, НА
НИ́ЗКІЙ АЯ, ОЕ	ДИ́КІЙ
НИЗОКЪ, ЗКА, ЗКО	БЕЗОБРА́ЗНЫН
НИ́ЖЕ	РЫ́ЖІЙ
КОЛЬ	ЛѢНЬ, НИ
КОЛИ́КО	

fol. 1r

ПРАЗДНЫИ *müßig*

КОЧУ́Ю *ich ziehe herum*
als Zigeuner

ВЕЗДѢ *überall*

УЗА, Ы *f. die Fessel*

СТРАХЪ, ХА *m. der Schrecken*

СТРА́ШНЫИ *fürchterlich*

СЕМЬЯ́, МЬИ *f. die familia*

СЕМЕНСТВО, а *n. die familia*

ГРОБЪ, ба *m. das Grab*
МОГИ́ЛА, *das Grab*
СОКРЫВА́Ю, КРЫЛЪ *verbergen*

ПИТА́Ю *das nähren, pflegen*
ПИТО́МЕЦ *der Pflegling*
НѢЖНЫИ *zart, zärtlich*
ЗАБА́ВА, ВЫ *f. das Vergnügen*
ГЛУБЬ, БИ *f. die Tiefe*
ГЛУБО́КИЙ *tief*
СО́НЪ, СНА *m. der Schlaf*
БЕЗМЯ́ТЕЖНЫИ *ruhig*
ВЕСНА́, Ы *f. der Frühling*
КРУЖУ́ *ich drehe rum*
СВОБО́ДА *die Freyheit*
ТѢНЬ, НИ *f. der Schatten*
ХОРОВО́ДЪ, Да *m. der Reigen*
~~Рѣзвд[...]~~
РѢЗВЫИ *m. hurtig*
ПРИПѢВЪ, Ва *m. das*
Mitsingen

ПЕЧА́ЛЬ, ЛИ *f. die betrübung*
МО́СТЪ, ТА *m. die Brücke*

рыба *der Fisch*
рыболо́въ *der Fischer*

fol. 1v

39 Masculina in ь.   *Varia 20*   ②   158 e...

		Ремень	der Riemen
		Кремень	der Feuerstein
		Ячмень	die Gerste
Червь	der Wurm	Ильмень	der Ilmensee
Дождь	der Regen	Пень	der Stumpf, Klotz
Гвоздь	der Nagel (am Finger)	Корень	die Wurzel
Груздь	der Pfefferschwamm	Плетень	die Flechte
Жёлудь [медвѣдь]	die Eichel	Сбитень	russischer Thee
Колодезь [Schär]	der Brunnen	Кистень	eiserne Kugel an Riemen
Миндаль	die Mandel	Перстень	der Ring [трутень]
миткаль	der Muslin	Перечень (auch femin)	der Inbegriff [die Hummel]
Хрусталь	der Krystall		
Корабль	das Schiff	Кочень	der Kohlkopf
		Поршень	das Ventil
Рубль	der Rubel	огонь	das Feuer
стебель	der Stengel	Конь	das Roß
Щавель	der Sauerampfer	Кубарь	der Kreisel
Крендель	der Krengel	Букварь	das Abcbuch
комель	der Kamin	словарь	das Wörterbuch
Кисель	der Mehlbrei	календарь	der Kalender
Вексель	der Wechsel	Лѣкарь	der Wundarzt
Туфель	der Pantoffel		
Кашель	der Husten	Ларь	der Mehlkasten
Кошель	das Stricknetz	Фонарь	die Laterne
		Косарь	großes Messer
фитиль	die Lunte	алтарь	der Altar
Кремль	die Innere Festung	Янтарь	der Bernstein
соболь	der Zobel	Лутарь	der Sack
Гоголь	die Quakerente	стихарь	langes Pfaffenkleid
уголь	die kohle	сухарь [зубрь der Auerochs]	der Zwieback
Вопль	das Wehklagen	Лагерь	das Lager
Куль	der Mehlsack	Инвирь	der Ingwer
руль	das Steuerruder		
Костыль	die Krücke	угорь	der Aal
Хмель	der Hopfen; der Rausch	Якорь	der Anker
		Вепрь	wilder Eber
Лань	der Damhirsch	Вихрь	der Wirbelwind
Гребень	der Kamm	Козырь [нетопырь die Fledermaus]	der Trumpf
Щебень	der Schutt	Пузырь	die Blase
Сгибень	eine Art Backwerk	Нашатырь	der Salmiak
ревень	der Rhabarber	Монастырь	das Kloster
Ливень	der Platzregen	Пустырь	ein öder Platz
День	der Tag	Панчырь	der Panzer
Олень	das Rennthier		
Камень	der Stein	Звѣрь	das wilde Thier
Пламень	die Flamme	Лось	das Elendthier

fol. 2r

Гусь	die Gans	
Дёготь	der Birkentheer	
Коготь	die Klaue	
Ноготь	der Nagel (am Finger)	
Локоть	der Ellenbogen	
Лапоть	der Bastelschuh	
Бортъ	wilder Bienenstock.	

Declination

	Sing.	Pl.
Nom.	корабль	корабли́
Gen.	я́	е́й
Dat.	ю́	ям
Accus.	ь	и́
Instr.	ём	я́ми
Praep.	ѣ́	я́хъ

fol. 2v

Feminina in Я. *Vana* 20	ТЕНЬ *der Schatten* 158e/4
	ЦЕПЬ *die Kette*
стезя *der Steig*	ОСЬ *die Achse* (3)
сабля *der Säbel*	РЫСЬ *der Luchs; Trott*
земля *die Erde*	
доля *der Antheil*	спесь *Hochmuth* рать *Kampf*
капля *der Tropfen*	мать *die Mutter*
гля *die Fäulniss*	треть *das Drittel*
петля *die Schlinge* баня *das Bad*	щеть *die Borste*
пеня *die Geldstrafe*	копоть *Lichtqualm*
возня *der Lärmen* рѣзня *das Gemetzel*	смерть *der Tod*
вишня *die Kirsche*	пасть *die Falle, der Rachen*
	часть *der Theil*
заря *die Röthe* (Morgen: Abend:)	известь *der Kalk*
ноздря *das Nasenloch*	жесть *das Blech*
буря *der Sturm* ЧЕШУЯ *die Schuppe*	
13	лесть *die Schmeichelei*
	прелесть *der Reiz*
Feminina in ь	месть *die Rache*
	честь *die Ehre*
дробь *Stück, Trümmer*	трезвость *die Nüchternheit*
скорбь *Betrübniss*	твердость *die Festigkeit*
любовь *die Liebe*	кость *der Knochen*
церковь *die Kirche*	рѣдкость *die Seltenheit*
бровь *die Augenbraue*	жестокость *die Grausamkeit*
кровь *das Blut*	подробность *das Detail*
свекровь *die Schwiegermutter* (2 Frau)	
тетрадь *das Heft (cahier)*	благодарность *die Dankbarkeit*
лошадь *das Pferd*	старость *das Alter*
очередь *die Reihe*	ярость *die Wuth*
	горсть *Handvoll* плеть *Peitsche, Riemen*
жердь *die Stange*	корысть *die Beute, d. Vortheil*
грудь *der Busen*	сѣть *die Schlinge* ртуть *d. Quecksilber*
мѣдь *das Kupfer*	жёлчь *die Galle*
ложь *die Lüge*	дочь *die Tochter*
рожь *Rocken*	сволочь *Gesindel*
грязь *der Koth*	ночь *die Nacht*
щель *die Spalte*	
мысль *der Gedanke*	рѣчь *die Rede*
прибыль *der Vortheil*	вошь *die Laus*
пыль *der Staub*	роскошь *der Luxus*
	мышь *die Maus*
грань *die Facette*	вещь *die Sache*
жизнь *das Leben*	помощь *die Hülfe* 56
болѣзнь *die Krankheit*	
ладонь *die Flache Hand*	
полынь *Wermuth*	
лѣнь *die Trägheit*	

fol. 3r

Feminina in а.

		НУ́ЖДА das Bedürfniss	
		борозда́ die Furche	
ДРУ́ЖБА die Freundschaft	ТЯ́ЖБА der Proceß	УЗДА́ der Zaum	
ПОДО́БА der Gebrauch		ЗВЕЗДА́ der Stern	
ЖА́ЛОБА die Klage		ЛАВЕ́НДА Lavendel	
ЗЛО́БА die Bosheit		СВОБО́ДА die Freiheit	
ГУ́БА die Lippe		ВОДА́ das Wasser	
РЫ́БА der Fisch		ПОГО́ДА die Witterung	
СВА́ДЬБА die Hochzeit		ПРИРО́ДА die Natur	
ЗАБА́ВА das Vergnügen			
ЛА́ВА die Lava		БОРОДА́ der Bart	
СЛА́ВА der Ruhm		МОРДА́ die Schnauze	
		ГРУ́ДА der Haufen	
ТРАВА́ das Gras		БЕДА́ das Elend	
Я́ЗВА die Spalte; Wunde		ПОБЕ́ДА der Sieg ГРЯДА́ Schicht, Beet	
И́ВА die Weide (Baum)		КО́ЖА die Haut	
КРАПИ́ВА die Nessel		РЖА́ der Rost	
ГРИ́ВА die Mähne		ЛУ́ЖА die Pfütze	
МОЛВА́ der Lärmen		СТУ́ЖА der Frost	
ВДОВА́ die Witwe		СЛЕЗА́ die Thräne	
КОРО́ВА die Kuh			
ЖА́ТВА die Ernte		ГРЁЗА der Traum	
ЖЕ́РТВА das Opfer		КОЗА́ die Ziege	
		ЛОЗА́ die Ruthe	
ЛИХВА́ der Wucher		ЗАНО́ЗА ein Splitterchen	
ПОДО́ШВА die Sohle		ГРОЗА́ die Drohung	
ДЕ́ВА die Jungfrau		УЗА́ die Fessel	
БУМА́ГА das Papier		МЫ́ЗА Landhaus; Meierhof	
КНИ́ГА das Buch		ЗОБА́КА der Hund	
ТРЕВО́ГА Bestürzung, Tumult, Lärmen		ПРО́БКА der Pfropfen, Kork	
НОГА́ der Fuß		ЛА́ВКА die Bank; Bude	
ДОРО́ГА der Weg			
ДУГА́ der Bogen		ВЕРЁВКА Schnur; Bindfaden	
РА́ДУГА der Regenbogen		ДЕ́ВКА das Mädchen	
		ЛО́ДКА der Kahn	
СЛУГА́ der Diener		СХО́ДКА der Zusammenlauf	
ЗАСЛУ́ГА das Verdienst		ЩЕКА́ die Wange	
ТУГА́ der Kummer		ЛО́ЖКА der Löffel	
ЛОДЫ́ГА der Knöchel		ЛЯГУ́ШКА der Frosch	
ПРИСЯ́ГА der Eid		ПРЯ́ЖКА die Schnalle	
ЗАСА́ДА der Hinterhalt		ЛА́СКА die Liebkosung	
ДОСА́ДА der Verdruß		ША́ЙКА die Rotte	
ЛА́ВДА die schwimmende Insel			
ПРА́ВДА die Wahrheit		ЛЕ́ЙКА die Gießkanne	
ЖА́ЖДА der Durst		ВИ́ЛКА die Gabel	
		СОРО́КА die Elster	
ОДЕ́ЖДА die Kleidung		ДОСКА́ das Bret	

fol. 3v

④

Тоска́	die Angst	спина́	der Rücken
перча́тка	der Handschuh	ти́на	der Schlamm
ще́тка	die Kleiderbürste	верши́на	der Gipfel
гло́тка	der Schlund		
утка́	die Ente	и́стина	die Wahrheit
нау́ка	die Wissenschaft	причи́на	die Ursache
		волна́	die Wolle
ску́ка	die Langeweile	волна́	die Welle
лука́	die Krümme	борона́	die Krähe
му́ка	die Qual	весна́	der Frühling
рука́	die Hand	сосна́	die Fichte
щу́ка	der Hecht	ресна́	die Franze, Augenwimper
бо́чка	die Tonne	луна́	der Mond
по́чка	die Knospe	струна́	die Saite
Beet бабо́чка	der Schmetterling		
ла́сточка	die Schwalbe	пѣна	der Schaum
лягу́шка	der Frosch	стѣна́	die Wand
		цѣна́	der Preis, Werth
чу́шка	das Ferkel	обезья́на	der Affe
рѣка́	der Fluß	ла́па	die Tatze
хвала́	das Lob	щепа́	der Splitter
игла́	die Nadel	ли́па	die Linde
мгла́	der Nebel	толпа́	der Haufen, die Menge (foule)
пчела́	die Biene	жопа	der Hintere
моги́ла	das Grab	о́спа	die Pockenkrankheit
жи́ла	die Ader		
си́ла	die Stärke	крупа́	Graupen
зола́	die Asche	рѣпа	die Rübe
		шля́па	der Hut
смола́	das Harz	чара	die Schale, Tasse
пола́	der Rockschooß	игра́ das Spiel	бедра́ die Hüfte
хула́	der Tadel	пеще́ра	die Grotte
стрѣла́	der Pfeil	дира́	das Loch
зима́	der ~~Pfeil~~ Winter	и́скра	der Funke
соло́ма	das Stroh	гора́	der Berg
корма́	Hintertheil d. Schiffs	кора́	die Rinde
корчма́ das Wirthshaus	чума́ die Pest		
ра́на	die Wunde	нора́	das Loch
страна́	die Gegend	сестра́	die Schwester
		шку́ра	das Fell
жена́	die Frau	дыра́	das Loch
та́йна	das Geheimniß	вѣра	der Glaube
вина́	die Ursache	мѣра	das Maaß
пружи́на	die (Spring)Feder	сѣра	der Schwefel
мали́на	die Himbeere	краса́	die Zierde
гли́на	der Thon	лиса́	der Fuchs
война́	der Krieg	коса́	die Sichel

fol. 4r

полоса́ Stange, Streif	ро́ща der Hain
роса́ der Thau	я́щица die Linse.
кры́са die Ratte	214
лѣса́ die Angelschnur	
лопа́та die Schaufel	*Neutra in O.*
суета́ die Eitelkeit	
ули́та die Schnecke	не́бо der Himmel
лани́та die Wange	пра́во das Recht
ле́нта das Band	чре́во der Bauch, Uterus
забо́та die Sorge	кру́жево die Spitze (dentelle)
	ди́во das Wunder
рабо́та die Arbeit	пи́во das Bier
нагота́ die Blösse	о́лово das Zinn
хлопота́ die Vorlegenheit, Quälerei	сло́во das Wort
сирота́ die Waise	сре́дство das Mittel
воро́та das Thor	худо́жество die Kunst
охо́та die Jagd	
пѣхо́та die Infanterie	ста́ло die Heerde
черта́ die Linie	гнѣздо́ das Nest
невѣ́ста die Braut	чу́до das Wunder
пята́ die Ferse	блю́до die Schüssel
	желѣ́зо das Eisen
блоха́ der Floh	о́блако die Wolke
па́зуха der Busen	я́блоко der Apfel
му́ха die Fliege	молоко́ die Milch
вѣха́ der Buchstab, Wegweiser	во́йско die Armee
овца́ das Schaaf	жа́ло der Stachel
у́лица die Strasse	
пшени́ца der Waizen	зе́ркало der Spiegel
темни́ца das Gefängniss	са́ло das Talg
у́стрица die Auster	нача́ло der Anfang
ку́рица das Huhn	село́ das Kirchdorf
	чело́ die Stirn (Stau)
пти́ца der Vogel	кади́ло der Weihrauch
горчи́ца der Senf	стекло́ das Glas
~~добы́ча die Beute~~	жерло́ der Schlund
уда́ча das Gelingen	ма́сло das Oel
ту́ча die Gewitterwolke	число́ die Zahl
добы́ча die Beute	
ча́ша der Becher	мы́ло die Seife
но́ша die Bürde	ры́ло der Rüssel
ю́ноша der Jüngling	моты́ло der Mist
поро́ша der erste Herbstschnee	тѣ́ло der Körper
душа́ die Seele	дно der Boden
	су́дно das Gefäss
гру́ша die Birn	звено́ das Kettenglied
пи́ща die Speise	пшено́ die Hirse

fol. 4v

Varia 20   ⑤

нѐбо	der Himmel	
пра́во	das Recht	чре́во der Bauch; Uterus
диво	das Wunder	кру́жево die Spitze (Zwirn)
пиво	das Bier	о́лово das Zinn
сло́во	das Wort	
сре́дство	das Mittel	
худо́жество	die Kunst	
ста́ло	die Heerde	
гнѣздо́	das Nest	
чу́до	das Wunder	блю́до die Schüssel
желѣзо	das Eisen	
о́блако	die Wolke	
я́блоко	der Apfel	
молоко́	die Milch	
во́йско	die Armee	
жа́ло	der Stachel	
зе́ркало	der Spiegel	са́ло Talg
нача́ло	der Anfang	село́ Kirchdorf
стекло́	das Glas	чело́ die Stirn (Slav.)
ма́сло	das Oel	жерло́ der Schlund
число́	die Zahl	
мы́ло	die Seife	
ры́ло	der Rüssel	
тѣ́ло	der Körper	мотыло́ der Mist (slav)
дно	der Boden	
су́дно	das Gefäss	звено́ Kettenglied / Ketten-Ring
ла́йно	der Koth (Slav.)	пшено́ die Hirse
вино́	der Wein	
сукно́	das Tuch	
ло́но	der Schooss (Slav)	пятно́ der Flecken
колѣно	das Knie	
сѣно	das Heu	ребро́ die Rippe
серебро́	das Silber	
нѣдро	der Busen	ядро́ der Kern; e. Kanonenkugel
о́зеро	der See	
перо́	die Feder	
мя́со	das Fleisch	рѣшето́ das Sieb
жи́то	das Getraide	
зо́лото	das Gold	боло́то der Sumpf
мѣ́сто	der Ort	
тѣ́сто	der Teig	

ЛѢто	der Sommer 1580
ли́хо	die Bosheit
у́хо	das Ohr
брю́хо	der Bauch
плечо́	die Schulter
здра́вїе	die Gesundheit
усло́вїе	die Bedingung
наси́лїе	die Gewaltthat
свида́нїе	die Zusammenkunft
наказа́нїе	die Strafe
зна́нїе	die Kenntniss
обѣща́нїе	das Versprechen
владѣ́нїе	die Regierung
мнѣ́нїе	die Meinung
сомнѣ́нїе	der Zweifel — пѣ́нїе d. Gesang
терпѣ́нїе	die Geduld
презрѣ́нїе	die Verachtung
подозрѣ́нїе	der Verdacht — прѣ́нїе der Zank
разка́янїе	die Reue — лицемѣ́рїе Heuchelei
разли́чїе	der Unterschied
по́ле	das Feld
мо́ре	das Meer
лице́	das Gesicht
яйце́	das Ei — кла́дбище Kirchhof
со́лнце	die Sonne — зрѣ́лище das Schauspiel
кольце́	der Ring — зе́лье Gemüse
копье́	die Lanze — ружье́ Gewehr
пла́тье	das Kleid

Feminina я

до́ля	der Antheil — стезя́ der Steig
возня́	der Lärmen — ка́пля der Tropfen
заря́	die Röthe (Morgenröthe) — петля́ die Schlinge
бу́ря	der Sturm — ви́шня die Kirsche
ноздря́	das Nasenloch — са́бля d. Säbel — пѣ́ня Geldstrafe

fol. 5r

скорбь	die Betrübniß	дробь	Bruch (Zahl)
любовь	die Liebe		
церковь	die Kirche	бровь	die Augenbraue
кровь	das Blut		
свекровь	die Schwiegermutter		
лошадь	das Pferd	тетрадь	das Heft
очередь	die Reihe	жердь	die Stange
грудь	der Busen		
медь	das Kupfer		
ложь	die Lüge	рожь	Rocken
грязь	der Koth		
щель	die Spalte		
мысль	der Gedanke	пыль	Staub
прибыль	der Vortheil	грань	Facette
жизнь	das Leben	болезнь	die Krankheit
ладонь	die flache Hand		
тень	der Schatten	лень	die Trägheit
цепь	die Kette	полынь	Wermuth
ось	die Achse	рысь	der Luchs; Trott
мать	die Mutter	спесь	Hochmuth
смерть	der Tod	треть	das Drittel
пасть	die Falle, d. Rachen		
часть	der Theil	щеть	die Borste
известь	der Kalk	копоть	
лесть	die Schmeichelei	жесть	Blech
месть	die Rache	прелесть	(der Reiz)
честь	die Ehre	корысть	
твердость	die Festigkeit		
кость	der Knochen		
редкость	die Seltenheit		
жестокость	die Grausamkeit	подробность	das Detail
благодарность	die Dankbarkeit		
старость	das Alter		
ярость	die Wuth	горсть	Handvoll
сеть	die Schlinge		
дочь	die Tochter	жёлчь	die Galle
ночь	die Nacht	сволочь	Gesindel
речь	die Rede		
вошь	die Laus	роскошь	d. Luxus
мышь	die Maus		
вещь	die Sache		
помощь	die Hülfe		

Declin.

ь	и
и	ей
И	ям
ѣ	ей
ію (ью)	ями
и	ях

Neutra auf Я

знамя	die Fahne
племя	das Geschlecht
бремя	die Last
время	die Zeit
имя	der Name
семя	der Same
темя	der Scheitel

fol. 5v

дру́жба	die Freundschaft	борода́	der Bart
поло́ба	der Gebrauch	мо́рда	die Schnauze
жа́лоба	die Klage	гру́да	der Haufen
зло́ба	die Bosheit	бѣда́	das Elend
гу́ба	die Lippe	побѣда	der Sieg
ры́ба der Fisch — сва́льба Hochzeit		ко́жа die Haut — ржа der Rost	
заба́ва	das Vergnügen	лу́жа	die Pfütze
ла́ва	die Lava	сту́жа	der Frost
сла́ва der Ruhm — я́зва die Spalte, Wunde		слеза́ die Thräne — грёза der Traum	
трава́ das Gras — крапи́ва die Nessel		коза́	die Ziege
гри́ва die Mähne — ива́ die Bachweide		лоза́	die Ruthe
молва́	der Lärmen	зано́за	ein Splitterchen
вдова́	die Witwe	гроза́ die Drohung — мере́жа	
коро́ва die Kuh — жа́тва die Ernte		у́за die Fessel — мы́за Landhaus; Nachhof	
же́ртва	das Opfer	соба́ка der Hund — про́бка Pfropfen Kork	
лихва́ der Wucher — подо́шва die Sohle		ла́вка die Bank, Bude — верёвка Schnur, Bindfaden	
ле́ва	die Jungfrau	дѣ́вка	das Mädchen
бума́га	das Papier	ло́дка	der Kahn
кни́га	das Buch	схо́дка der Zusammenlauf — ло́дка der Kahn	
трево́га	Bestürzung, Tumult, Lärmen	щека́	die Wange
нога́	der Fuß	ло́жка	der Löffel
доро́га der Weg — дуга́ der Bogen		лягу́жка der Frost — пря́жка d. Schnalle	
ра́дуга	der Regenbogen	ла́зка	die Liebkosung
слуга́ der Diener — заслу́га das Verdienst		ша́йка	die Rotte
ту́га	der Kummer	ле́йка	die Gießkanne
лоды́га	der Knöchel	ви́лка	die Gabel
прися́га	der Eid	соро́ка	die Elster
заса́да	der Hinterhalt	доска́ das Brett — тоска́ die Angst	
доса́да	der Verdruß	перча́тка	der Handschuh
ла́вда	schwimmende Insel	щётка	die Kleiderbürste
пра́вда	die Wahrheit	гло́тка	der Schlund
жа́жда	der Durst	у́тка	die Ente
оде́жда die Kleidung — борозда́ die Furche		нау́ка die Wissenschaft — скука die Langeweile	
нужда́ das Bedürfnis — узда́ der Zaum		лука́ die Krümme — му́ка die Qual	
звезда́	der Stern	рука́	die Hand
лаве́нда	Lavendel	щу́ка	der Hecht
свобо́да	die Freiheit	бо́чка die Tonne — по́чка die Knospe	
вода́	das Wasser	ба́бочка	der Schmetterling
пого́да	die Witterung	ла́сточка	die Schwalbe
приро́да	die Natur	рѣка́ der Fluß — лягушка d. Frosch, ушка d. Forkel	

fol. 6r

хвалá *das Lob*
иглá *die Nadel* МГЛА *der Nebel*
пчелá *die Biene*
могила *das Grab*
жила *die Ader*
сила *die Stärke* золá *die Asche*
смола *das Harz* полá *der Rock Schoß*
хула *der Tadel* солома *Stroh*
стрелá *der Pfeil* кормá *Hintertheil d. Schiffs*
зимá *der Winter* рана *die Wunde*
корйна *das W...*
страна *die Gegend*
женá *die Frau*
тайна *das Geheimniß* винá *d. Ursache*
война *der Krieg* пружина *...*
тина *der Schlamm* спинá *der Rücken*
вертина *der Gipfel* малина *...* / глина *Thon*
истина *die Wahrheit*
причина *die Ursache*
волна *die Welle*
волнá *die Welle*

боронá *die Krähe* сосна *Fichte*
веснá *der Frühling* РЯСНА *Franze;*
лунá *der Mond* струнá *die Saite*
пена *der Schaum*
стенá *die Wand* ценá *d. Preis Werth*
обезьяна *der Affe*
лапа *die Tatze* щепá *der Splitter*
липа *die Linde* толпá *...*
жопа *der Hintere* осла *...* крупá *Grützen*
репа *die Rübe*
шляпа *der Hut*
чара *die Schale, Tasse*
игрá *das Spiel* пещера *die Grotte*
дира *das Loch*
искра *der Funke*
гора *der Berg* корá *die Rinde*
нора *das Loch*
сестрá *die Schwester* шкура *das Fell*
дырá *das Loch*
вера *der Glaube*

мера *das Maaß*
сера *der Schwefel*
красá *die Zierde*
лиса *der Fuchs*
косá *die Sichel*
полосá *Stange, Streif, Stab* росá *der Thau*
крыса *Ratte*
леса *die Angelschnur*
лопата *die Schaufel* суета *d. Eitelkeit*
улита *die Schnecke*
ланита *die Wange*
лента *das Band*
забота *die Sorge*
работа *die Arbeit*
наготá *die Blösse* хлопота *...*
сирота *die Waise* ворота *der Thor*
охота *die Jagd* пехота *die Infanterie*
черта *die Linie*
невеста *die Braut* пятá *die Ferse*
блохá *der Floh* пазуха *...*
муха *die Fliege*
вехá *der Buchstab, Wegweiser*
овцá *das Schaaf*
улица *die Straße* пшеница *...*
темница *das Gefängniß* устрица *...*
курица *das Huhn*
птица *der Vogel*
горчица *der Senf*
добыча *die Beute* удача *...*
туча *die Gewitterwolke* добыча *die Beute*
чаша *der Becher*
ноша *die Bürde*
юноша *der Jüngling* порóша *...*
душá *die Seele*
грýша *die Birn*
пища *die Speise*
роща *der Hain*
ляща *die Linse*

158

fol. 6v

Varia 20   158e/7   (7)

ДОЛГІЙ	lang
МНОГІЙ	viel
СТРОГІЙ	streng
СВѢЖІЙ	frisch
ЛЕГКІЙ	leicht
МЯГКІЙ	weich
ГАДКІЙ	häßlich
ГЛАДКІЙ	glatt
СЛАДКІЙ	süß
ЖИДКІЙ	flüssig; dünn
ГИБКІЙ	biegsam
РОБКІЙ	...
ЛОВКІЙ	gewandt
РѢДКІЙ	dünn, selten
НИЗКІЙ	niedrig
ДЕРЗКІЙ	dreist
УЗКІЙ	eng
ДИКІЙ	wild
ВЕЛИКІЙ	groß
ТОНКІЙ	dünn
ГЛУБОКІЙ	tief
ШИРОКІЙ	breit
ХРУПКІЙ	zerbrechlich
РѢЗКІЙ	herb, scharf
МѢЛКІЙ	fein
ЖЕСТОКІЙ	grausam
ЛИПКІЙ	klebrig
ТЯЖКІЙ	schwer
ЖАРКІЙ	heiß
ГОРКІЙ	bitter
ЯРКІЙ	lebhaft
ПЛОСКІЙ	eben, flach
КРАТКІЙ	kurz
КРОТКІЙ	sanft
ЖЕСТКІЙ	hart
ДАВНІЙ	vormalig
ДРЕВНІЙ	alt
СИНІЙ	dunkelblau
РАННІЙ	früh
ИСКРЕННІЙ	offen, innig, aufrichtig
ГОРНІЙ	hoch
ТИХІЙ	still
ХОРОШІЙ	gut
ОБЩІЙ	gemein, faßlich
НИЩІЙ	arm
ТОЩІЙ	mager
СУЩІЙ	vorhanden, existirend
КРИВОЙ	krumm
НАГОЙ	nackt
РЯБОЙ	pockennarbig
ДОРОГОЙ	teuer
ДРУГОЙ	andere
ТУГОЙ	straff
МОЛОДОЙ	jung
ХУДОЙ	schlecht
СѢДОЙ	grau
ЧУЖОЙ	fremd
ТАКОЙ	solch
СЛОЙ	...
ХРОМОЙ	lahm
НѢМОЙ	stumm
ПРЯМОЙ	gerade
ИНОЙ	andere
БОЛЬНОЙ	krank
СКУПОЙ	geizig
ТУПОЙ	stumpf
СЛѢПОЙ	blind
СЫРОЙ	roh, ungekocht
КОСОЙ	schief
ПРОСТОЙ	gemein, einfach
БОСОЙ	barfüßig
ГУСТОЙ	dicht
ПУСТОЙ	leer
КРУТОЙ	...
ЛИХОЙ	...
СВЯТОЙ	heilig
ПЛОХОЙ	schlecht
ГЛУХОЙ	taub
СУХОЙ	trocken
ДЕШЁВЫЙ	wohlfeil
БОЛЬШОЙ	groß
ЛѢНИВЫЙ	faul, träge
СЛАБЫЙ	schwach
ТРѢЗВЫЙ	nüchtern
РѢЗВЫЙ	muthwillig
ЧИВЫЙ	...
НОВЫЙ	neu
ГОТОВЫЙ	fertig
ЛѢВЫЙ	link
ТВЕРДЫЙ	fest
ЧЕРСТВЫЙ	hart
ГОРДЫЙ	stolz
ДЕБЕЛЫЙ	fett
МАЛЫЙ	klein
ТЯЖЁЛЫЙ	schwer
ВЕСЕЛЫЙ	lustig
МИЛЫЙ	hold
ГОЛЫЙ	kahl
ХРИПЛЫЙ	heiser, kratzig
ТЕПЛЫЙ	warm
ЧАХЛЫЙ	...
КИСЛЫЙ	sauer
СВѢТЛЫЙ	hell
ДРЯХЛЫЙ	kraftlos
БѢЛЫЙ	weiß
СМѢЛЫЙ	kühn
ЛАКОМЫЙ	leckerhaft
ЦѢЛЫЙ	ganz
СКОРБНЫЙ	traurig
РАВНЫЙ	gleich, eben
ВРЕДНЫЙ	schädlich
ПРАЗНЫЙ	leer, müßig
ГОДНЫЙ	tüchtig
ХОЛОДНЫЙ	kalt
СКУДНЫЙ	arm
БѢДНЫЙ	arm
БЛѢДНЫЙ	blaß
ЗЕЛЕНЫЙ	grün

fol. 7r

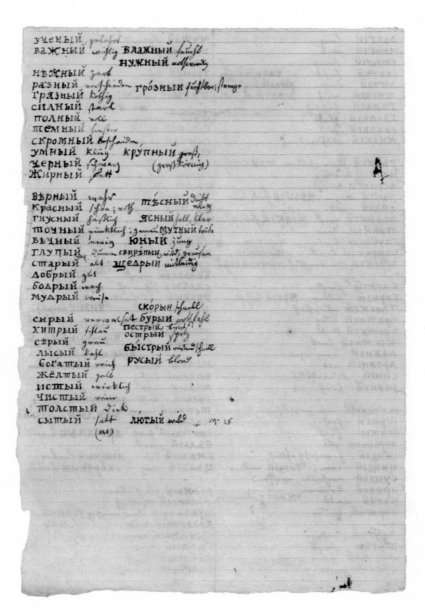

УЧЕНЫЙ *gelehrt*
ВАЖНЫЙ *wichtig* ВЛАЖНЫЙ *feucht*
НУЖНЫЙ *nothwendig*
НѢЖНЫЙ *zart*
РАЗНЫЙ *verschieden* ГРОЗНЫЙ *fürchterlich; finster*
ГРЯЗНЫЙ *koth?g*
СИЛНЫЙ *stark*
ПОЛНЫЙ *voll*
ТЕМНЫЙ *finster*
СКРОМНЫЙ *bescheiden*
УМНЫЙ *klug* КРУПНЫЙ *grob*
ЧЕРНЫЙ *schwarz* (*grobkörnig*)
ЖИРНЫЙ *fett*

ВѢРНЫЙ *wahr* ТѢСНЫЙ *dicht; eng*
КРАСНЫЙ *schön; roth* ЯСНЫЙ *hell, klar*
ГНУСНЫЙ *häßlich*
ТОЧНЫЙ *pünktlich; genau* МУТНЫЙ *trübe*
ВѢЧНЫЙ *ewig* ЮНЫЙ *jung*
ГЛУПЫЙ *dumm* СВИРѢПЫЙ *wild; grausam*
СТАРЫЙ *alt* ЩЕДРЫЙ *wohltätig*
ДОБРЫЙ *gut*
БОДРЫЙ *wach*
МУДРЫЙ *weise*
СКОРЫЙ *schnell*
СИРЫЙ *verwaiset* БУРЫЙ *schwarzbraun*
ХИТРЫЙ *schlau* ПЕСТРЫЙ *bunt*
ОСТРЫЙ *spitz*
СѢРЫЙ *grau*
ЛЫСЫЙ *kahl* БЫСТРЫЙ *reißend/schnell*
БОГАТЫЙ *reich* РУСЫЙ *blond*
ЖЁЛТЫЙ *gelb*
ИСТЫЙ *wirklich*
ЧИСТЫЙ *rein*
ТОЛСТЫЙ *dick*
СЫТЫЙ *satt* ЛЮТЫЙ *wild*
(130)

fol. 7v

fol. 8v

ходи́ть _gehen_   Varia 20   мсти́ть _rächen_
находи́ть _finden_   гости́ть _zu Gaste sein_   прости́ть _vergeben_
суди́ть _urtheilen_   пусти́ть _lassen_
цѣди́ть _zapfen_   9 (116)   ⑨
кази́ть _verstümmeln_ рази́ть _schlagen_
грози́ть _drohen_   СИДѢТЬ _sitzen_   III. 1   158 ∮ 9
ви́дѣть _sehen_
              15

                              жа́ждать _dürsten_   ДРО́ГНУТЬ _schaudern_
                              стона́ть _stöhnen_
    II. 5   соса́ть _saugen_
                              гну́ть _biegen_   МЁРЗНУТЬ
скака́ть _springen_   ки́нуть _werfen_   БЛЕ́КНУТЬ _welken_
пла́кать _weinen_ щебета́ть _zwitschern_ заверну́ть _einwickeln_ СНУ́ТЬ
кли́кать _rufen_ ШЕПТА́ТЬ _flüstern_ па́хнуть _düften, riechen_
топта́ть _nieder treten_ пря́тать _verbergen_ ча́хнуть _verkommen_
кати́ть _wälzen, rollen_   со́хнуть _vertrocknen_ РУ́ХНУТЬ _einfallen_
плати́ть _bezahlen_ по́ртить _verderben_ реве́ть _brüllen_
мути́ть _trüben_ ТРА́ТИТЬ _verthun_ • МО́КНУТЬ _feucht sein_ 10 ДРЯ́ХНУТЬ
шути́ть _scherzen_ ПУ́ХНУТЬ _aufschwellen_ _hinfällig werden_
летѣ́ть _fliegen_   III. 2   ТЯ́НУТЬ
хотѣ́ть _wollen_   _ziehen_
вертѣ́ть _umdrehen_   мере́ть _sterben_
завертѣ́ть _einwickeln_ пере́ть _drängen_
              12   тере́ть _reiben_
                                      3. (12) ((211))

    II. 6   Unregelmässige

писа́ть _schreiben_
паха́ть _ackern_ ПЛЯСА́ТЬ _tanzen_ зва́ть _nennen_   94
чеса́ть _kratzen_   рва́ть _reißen, brechen_ 94
гласи́ть _läuten, ankündigen_ лга́ть _lügen_   131
гаси́ть _auslöschen_   да́ть _geben (**)_
бро́сить _werfen_ КОСИ́ТЬ _mähen_ жда́ть _warten_
проси́ть _bitten_   зда́ть _bauen, errichten (davon)_
спроси́ть _fragen_   жа́ть _drücken (ЖМУ)_
вѣ́сить _wägen_   жа́ть _ernten (ЖНУ)_
висѣ́ть _hangen_   ржа́ть _wiehern_
              10   бѣжа́ть _laufen_
                           тка́ть _weben_
    II. 7   сла́ть _schicken_
                           стла́ть _ausbreiten_
иска́ть _suchen_   гна́ть _jagen_
клевета́ть _verläumden_   спа́ть _schlafen_
скревета́ть _knirschen_   бра́ть _nehmen, fassen_
трепета́ть _zittern_ щекота́ть _kitzeln_ вра́ть _radolisen_
ропта́ть _murren_   дра́ть _zerreißen_
свиста́ть _pfeifen_ ХИТИ́ТЬ жра́ть _verschlingen_
              rauben

              fol. 9r

стать	stoßen, aufstoßen **	гнести	drücken, ...
ѣхать	fahren	брести	schließen
*чать	anfangen	(22) грести	rudern
бить	schlagen	скресть	abschaben
*шибить	schlagen, stoßen	*честь	zählen (slav.)
вить	winden, drehen	бости	stoßen (mit Hörnern, ...)
жить	leben	ѣсть	essen
лить	gießen	*рѣсти	gehen, kommen (slav.)
пить	trinken	цвести	blühen
гнить	faulen	сесть **	sich setzen
брить	rasiren	класть	schwören
чтить	ehren	мясти	...
*чить	fehlt in d.D.b.	грясти	kommen (slav.)
шить	nähen	прясти	spinnen
*уть	Kleiden	трясти	... schütteln
дуть	blasen	блюсти	bewahren 32
быть	sein	жечь	brennen
выть	heulen	лечь **	sich legen
плыть	schwimmen	влечь	schleppen
слыть	heißen, gelten für	печь	backen
мыть	waschen	беречь	in Acht nehmen
ныть	...	стеречь	hüten
рыть	wühlen	течь	fließen, rinnen
крыть	d...	стричь	scheren
пыть (тыти)	fehlt in den slav.	*стичь	...
сныть	...	волочь	ziehen (mit Draht)
дѣть	...	толочь	stampfen
пѣть	singen	мочь	können
хотѣть	wollen	сѣчь	peitschen
*ять	nehmen (slav.)	*прячь	... (...) ...
мять	kneten	речи	reden (slav.) 47
*пять	spannen (slav.) (51)		
пяти	...		
везти	führen (vehere)		
ползти	kriechen		
*верзти	... (slav.)		
грызть	nagen		
лѣзть	klettern		
класть	legen		
пасть **	fallen		
пасти	weiden		
расти	wachsen		
красть	stehlen		
вести	führen		
плесть	flechten		
мести	fegen		
нести	tragen		

fol. 9v

I, 1	ТРОГАТЬ	МИГАТЬ	МЕЦЩАТЬ
прозѣбать		ДЕРГАТЬ	РЕЩАТЬ
спрашивать	ЗЕВАТЬ		ПРОЩАТЬ
уповать		СТЕГАТЬ	ЗАВЕЩАТЬ
двигать		ВЕРГАТЬ	УВѢЩАТЬ
пугать			50 ПОСѢЩАТЬ
ругать		ПРЫГАТЬ	I. 2
раждать			ВОЕВАТЬ
награждать	РЫДАТЬ		ЖЕВАТЬ ОБИЛОВАТЬ
пужать			ТРЕБОВАТЬ
исчезать			ЧУВСТВОВАТЬ КОВАТЬ
ползать			ЦѢЛОВАТЬ
дерзать		ТИСКАТЬ	СОВАТЬ
терзать			ВѢТОВАТЬ РИСОВАТЬ
протекать		СВЕРКАТЬ	7
таскать			I. 3
пускать	СТРЕКАТЬ		ПАЯТЬ
мѣшкать		СМЫКАТЬ	ЛАЯТЬ ТАЯТЬ
дѣлать			ЧАЯТЬ
имать		БРЯКАТЬ	БЛАГОСЛОВЯТЬ
внимать			ПОСЛОБЯТЬ
поднимать			УДАВЛЯТЬ
переломать		КРАПАТЬ	ОТПРАВЛЯТЬ
думать		ЛОПАТЬ	УДИВЛЯТЬ ГУЛЯТЬ
капать			УТОЛЯТЬ ПУТЯТЬ
черпать		КРОПАТЬ	ПЛѢНЯТЬ
ступать			МѢНЯТЬ
играть			ОСѢНЯТЬ
презирать			СМИРЯТЬ
угасать			ЗАТВОРЯТЬ
касатся			МѢРЯТЬ ТЕРЯТЬ
спасать			ЧУЯТЬ
бросать			СМѢЯТСЯ
кусать		ХВАТАТЬ	СѢЯТЬ
летать		ЩАГАТЬ	17
пытать			I. 4
болтать			
глотать			ВЛАДѢТЬ РДѢЬ
кутать	ПУТАТЬ		ТВЕРДѢТЬ
пытать			БОЛѢТЬ
качать			ИМѢТЬ
отвечать			СМѢТЬ
встрѣчать			СПѢТЬ
кушать	ЛИШАТЬ		ГРѢТЬ
слушать			ПОТѢТЬ
вѣшать	МАХАТЬ		8 (82)

fol. 10r

II.1		клонить	
		склонить	
блѣть		цѣнить	РОНИТЬ
велѣть		строить	
болѣть	krank sein	говорить	
звенѣть	klingen	творить	
горѣть		затворить	КОРИТЬ
смотрѣть		спорить	
стоять		спорить	ЖУРИТЬ
	7 (19)	вѣрить	
		морщить	ХМУРИТЬ
II.2		колоть	
		пороть *	БОРОТЬ
колебать	ЗЫБАТЬ	22	* ПОЛОТЬ
дремать			
капать		II.3	
клепать			
трепать		лежать	liegen
щипать		дрожать	zittern
сыпать		держать	halten
губить		бѣжать	laufen
любить	lieben	кричать	schreien
давить	ПЛАВИТЬ	молчать	МЧАТЬ
собить	ПРАВИТЬ	бренчать	
рубить		торчать	ВОРЧАТЬ
ловить	СТРЕМИТЬ	журчать	
топить	ЩЕМИТЬ	слышать	hören
кормить	ВОПИТЬ	пышать	
копить		трещать	krachen
топить		ложить	ЛЕЧИТЬ
купить	ХРАПѢТЬ	служить	dienen МУЧИТЬ
кипѣть	СКРИПѢТЬ	тужить	
шипѣть		мочить	СТРАШИТЬ
терпѣть	СОПѢТЬ	вершить	
	21	сушить	СПѢШИТЬ
		лощить	
		лущить	
II.1 Anfang		20	
таить		II.4	
клеить	СКОЛЬЗИТЬ	присягать	
валить	МѢДЛИТЬ	казать	zeigen
веселить		сказать	sagen
мѣлить	ХОЛИТЬ	мазать	
хулить		рѣзать	schneiden
дѣлить	МНИТЬ	вязать	binden САДИТЬ
помнить		свободить	
хранить	МАНИТЬ	щадить	УРЕДИТЬ
винить		родить	
КОРИТЬ			

fol.10v

Varia 20   158e/ 11

            (11)

Дёргать I.1; *unipl.* Дёрнуть; *mult.* Дёргивать   *tirer, arracher*

Бросать I.1; *unip.* Бросить; *mult.* Брасывать   *jeter, lancer*

Метать I.1 *et* II.3; *unipl.* Метнуть III.1; *mult.* Мётывать   *jeter, lancer, darder*

Реять I.3; *unip.* Ринуть III.1 *pousser avec force, chasser, jetter, lancer.*

Мчать II.3 *emporter, entrainer, mener avec vitesse, transporter rapidement.*

Вергать I.1   *Unip.* Вергнуть III.1 *jeter, lancer, darder*

Швырять I.3; *Unipl.* Швырнуть III.1 *jeter, lancer avec la main*

Шибать I.1; *Unipl.* Шибнуть III.1 *jeter, lancer, frapper en lançant.*

fol. 11r

ЛА́ЙНО der Koth (Slav)   *Varia 20*   158 ef 13
ВИНО́ der Wein   (13)

СУКНО́ das Tuch
ЛОНО der Schooß (Slav) ПЯТНО̀ der Flecken
КОЛѢ́НО das Knie   ПОЛѢ́НО Scheit Holz
СѢ́НО das Heu
ребро́ die Rippe
серебро́ das Silber
НѢ́ДРО der Busen
ЯДРО́ der Kern, die Kanonenkugel
о́зеро der See
перо́ die Feder

МЯ́СО das Fleisch
рѣшето̀ das Sieb .
ЖИ́ТО das Getraide
боло́то der Sumpf
Зо́лото das Gold
МѢ́СТО der Ort
ТѢ́СТО der Teig
ЛѢ́ТО der Sommer
ЛИ́ХО die Bosheit
у́хо das Ohr

брюхо der Bauch
ПЛЕЧО́ die Schulter   62.

Neutra in Е

ЗДРА́ВІЕ die Gesundheit
усло́вїе die Bedingung
НАСИ́ЛІЕ die Gewaltthat
СВИДА́НІЕ die Zusammenkunft
НАКАЗА́НІЕ die Strafe
ЗНА́НІЕ die Kenntniß
обѣща́нїе das Versprechen
ВЛАДѢ́НІЕ die Regierung
МНѢ́НІЕ die Meinung
СОМНѢ́НІЕ der Zweifel

ПѢ́НІЕ der Gesang
ТЕРПѢ́НІЕ die Geduld
ПРЕЗРѢ́НІЕ die Verachtung
ПОДОЗРѢ́НІЕ der Verdacht
прѣ́нїе der Zank

fol. 13r

fol. 14v

Varia, 20

1 Звать, зову, зывать   20 Бить, бью (бешь), бивать
2 рвать, рыву,   21 вить,
3 лгать, лгу,   22 жить, живу,
4 дать, даю, давать   23 лить,
5 ждать, … ждать   24 мнить, мню (мнешь), минать
6 жать, жму, жимать   25 пить,
7 жать, жну, жинать   26 брить, брею,
8 ржать,   27 шить,
9 ткать, з(чешь)   27 чтить, чту, читать
10 слать, шлю   29 дуть,
11 стлать, стелю   30 гнуть, гну, гибать
12 гнать, гоню, гонять   31 плыть, плыву,
13 знать   32 слыть,
14 спать, сплю   33 лёть, лену,
15 брать, беру,   34 петь, пою (пешь)
16 врать,   35 треть,
17 драть   36 зреть, зрю, зирать
18 жрать,   37 зреть,
19 мчать,   28 мять, мну, минать

62–65
78–85

разтлить

fol. 15r

#		#	
1	БѢЖАТЬ ... (БѢГУ, БѢЖИШЬ)	27	ЖЕЧЬ ...
2	СТАТЬ ...	28	ЛЕЧЬ ...
3	ѢХАТЬ ... ѢДУ	29	ВЛЕЧЬ ...
4	ВЕЗТЬ ... ВЕЗУ	30	ПЕЧЬ ...
5	ГРЫЗТЬ ... и	31	БЕРЕЧЬ ...
6	ЛѢЗТЬ ...	32	СТЕРЕЧЬ ...
7	КЛАСТЬ ... КЛАДУ	33	ТЕЧЬ ...
8	КРАСТЬ ...	34	СТРИЧЬ ...
9	ВЕСТЬ ... ВЕДУ	35	ПОЛОЧЬ ...
10	ПЛЕСТЬ ...	36	МОЧЬ ...
11	НЕСТЬ ... НЕСУ	37	СѢЧЬ ... (СѢКАТЬ)
12	ГНЕСТЬ ... брести ...		
13	ГРЕСТЬ ...		
14	СКРЕСТЬ ...		
15	ѢСТЬ ...		
16	ЦВѢСТЬ ...		
17	СѢСТЬ ...		
18	КЛЯСТЬ ...		
19	ПРЯСТЬ ...		
20	ВЗЯТЬ ... БЕРУ		
21	ИДТИ ...		
22	ПАСТИ ...		
23	МЕСТИ ...		
24	РОСТИ ...		
25	БЛЮСТИ ...		
26	ПОЛЗТИ ...		

fol. 15v

Varia 20.

	Ястребъ Geier	16	садъ	der Garten
рабъ	der Leibeigne		ледъ	das Eis — чадъ Dampf
стибъ	die Palm — грибъ der Schwam		вредъ	der Schad... — бредъ
бобъ	die Bohne		передъ	der Vordertheil, die Zukunft
лобъ	die Stirn — столбъ die Säule (Champignon)		ѣздъ	fahrt
гробъ	das Grab		уѣздъ	District
способъ	das Mittel		видъ	das Gesicht заводъ die Fabrik
дубъ	die Eiche		годъ	das Jahr
зубъ	der Zahn		негодъ	(Mißjahr) das Unglück
лубъ	die Rinde		голодъ	der Hunger
хлѣбъ	das Brot		холодъ	die Kälte
			плодъ	die Frucht
нравъ	die Sitte		родъ	die Art, Gattung
левъ	der Löwe		народъ	das Volk
ревъ	das Gebrüll		городъ	die Stadt
проливъ	die Meerenge		огородъ	der Küchengarten
ровъ	der Graben		удъ	das Glied
островъ	die Insel		блудъ	die Unzucht
шовъ	die Naht		прудъ	der Teich
гнѣвъ	der Zorn			
врагъ	der Feind		трудъ	die Mühe
очагъ	der Feuerheerd		судъ	das Gericht (judicium) сосудъ Gefäß
			стыдъ	die Schande
шагъ	der Schritt		обѣдъ	Mittagszeit, Mittagsmahl
берегъ	das Ufer мозгъ das Gehirn		слѣдъ	die Spur
лузгъ	der Augenwinkel		сосѣдъ	der Nachbar
мигъ	der Augenblick		лядъ	das Unglück
долгъ	die Pflicht слогъ die Sylbe		рядъ	die ...
сапогъ	der Stiefel		нарядъ	die ...
рогъ	das Horn		урядъ	die Ordnung
пирогъ	die Pastete			
порогъ	die Schwelle		мятежъ	der Aufruhr
торгъ	der Handel; Markt		ножъ	das Messer ужъ Schlange
	восторгъ das Entzücken		гужъ	der Strick
лугъ	die Wiese		мужъ	der Ehemann
другъ	der Freund		лабазъ	der Speicher
кругъ	der Kreis		глазъ	das Auge
супругъ	der Ehemann		алмазъ	der Diamant
досугъ	die Muße		пазъ	die Fuge, Falz
жемчугъ	die Perle		образъ	die Gestalt
снѣгъ	der Schnee		уразъ	die Wunde
адъ	die Hölle		тазъ	das Becken
ладъ	der Accord наклад		возъ	das Fuder
кладъ	der Schatz складъ		обозъ	der Train, Tross
			союзъ	das Bündnis морозъ Frost
градъ	der Hagel		кулакъ	die Faust грузъ Ladung

fol. 16r

башма́къ	das Schuh		быкъ	der Ochs
знакъ	das Zeichen		языкъ	die Zunge, Sprache
ракъ	der Krebs *бракъ (o. Heirat)*	вѣкъ	das Zeitalter
мракъ	die Finsterniß			
упрёкъ	der Vorwurf		человѣкъ	der Mensch
лишекъ	das Überauß		крюкъ	der Haken
			червякъ	der Wurm
мужикъ	der Bauer *поалинникъ (im Original)*	ужакъ	der Stich
ликъ	der Chor *КУЛИКЪ*	лакъ	der Firnis
голикъ	der Besen		козелъ	der Bock
скóдникъ	der ...		тéпелъ	die Asche
сопéрникъ	der Gegner		орéлъ	der Adler
прóстникъ	das ...		осéлъ	der Esel
крикъ	das Geschrei *Шарикъ Kügel*	котéлъ	der Kessel
шелкъ	die Seide		дятелъ	der Specht
волкъ	der Wolf *Ящикъ*	илъ	der Schlamm
умóлкъ	die Stille		волъ	der Stier
осёлокъ потолокъ оскóлокъ	ýголъ	das Winkel, die Ecke
бокъ	die Seite		долъ	das Thal
желýдокъ	der Magen *порядокъ сйлокъ*	сокóлъ	der Falke
зáмокъ	das Schloß *chateau*	полъ	der Fußboden; ... Hälfte
зáмокъ	das Schloß *serrure*	посóлъ	der Gesandte
потóмокъ	der Nachkomme		стóлъ	der Tisch
ягнёнокъ	das Lamm *жаворонокъ die Lerche*	престóлъ	der Thron
вёнокъ	der Blumenkranz		стулъ	der Stuhl
рокъ	das Schicksal			
порокъ	das Laster		пылъ	die Flamme
прокъ	dauernder Nutzen		тылъ	der Rücken
			предѣлъ	die Grenze
срокъ	der Termin		раздѣлъ	die Abtheilung
сурóкъ	das Murmelthier		мéлъ	die Kreide
песóкъ	der Sand		храмъ	der Tempel
кусóкъ	das Stück		наéмъ	das Miethen
платóкъ	das Tuch *потокъ*	дóмъ	das Haus
горшóкъ	der Topf		грóмъ	der Donner
мѣшóкъ	der Sack		кормъ	das Futter
мескъ	das Maul...			
прóискъ	die Hinterlist		умъ	der Verstand
воскъ	das Wachs		разумъ	die Vernunft
			кумъ	der Gevatter
лоскъ	der Glanz		шумъ	das Geräusch *кабанъ wildschwein*
паýкъ	die Spinne		дымъ	der Rauch
звукъ	der Schall, Ton		чванъ	die Flasche *чемоданъ der Mantelsack*
лукъ	die Armbrust		лозанъ	der Korkstlez
внукъ	der Enkel		стаканъ	... *туманъ*
пукъ	der Bündel		карманъ	die Tasche
сукъ	der Zweig		санъ	die Würde *баранъ*
			овéнъ	der Widder

fol. 16v

(17) 18

ЧЛЕНЪ	das Glied	ЧАСЪ	die Stunde
УЖИНЪ	das Abendessen	ОВЕСЪ	der Hafer
ХОЗЯИНЪ	der Hausherr	ОТКОСЪ	der Abhang
ЗВОНЪ	der Schall	ВОЛОСЪ	das Haar
ЗАКОНЪ	das Gesetz	КОЛОСЪ	die Ähren
ЛОКОНЪ	die Locke	НОСЪ	die Nase; der Schnabel
СЛОНЪ	der Elefant	ДОНОСЪ	die Denunciation
УГОМОНЪ	die Ruhe		ВОПРОСЪ
ВОРОНЪ	das Rabe ВАЛУНЪ	ВОПРОСЪ	die Frage
СОНЪ	der Schlaf ЧУГУНЪ	ВКУСЪ	der Geschmack
ЛГУНЪ	der Lügner КОЛДУКЪ	ПАРУСЪ	das Segel
КАНУНЪ	der Vorabend ЯРУСЪ	БРУСЪ	der Balken
ХВАСТУНЪ	der Prahler КОРШУНЪ	ВѢСЪ	das Gewicht
СЫНЪ	der Sohn	ЛѢСЪ	der Wald
ПЛѢНЪ	Beute, Gefangenschaft	ЗАКАТЪ	das Untergang
ЧЕРЕПЪ	der Schädel	БРАТЪ	der Bruder БУЛАТЪ
ШИПЪ	der Dorn	ЛѢТЪ	der Flug ВИНТЪ
ПОВАРЪ	der Koch СНОПЪ	ХОБОТЪ	der Rüssel ХАЛАТЪ
ТОВАРЪ	die Waare	ЖИВОТЪ	der Magen
ДАРЪ	das Geschenk	ОПЛОТЪ	der Zaun
УДАРЪ	der Schlag	ПОТЪ	der Schweiß РОПОТЪ
ЖАРЪ	die Hitze	РОТЪ	der Mund
КОМАРЪ	die Mücke	КРОТЪ	der Maulwurf
ПАРЪ	der Dunst	РАСТЪ	die Knie
ШАРЪ	die Kugel	КРЕСТЪ	das Kreuz
ЛАВРЪ	der Lorbeer	ЛИСТЪ	das Blatt
ВЕЧЕРЪ	der Abend	ХВОСТЪ	der Schweif
ПИРЪ	der Schmaus ЗАБОРЪ	МОСТЪ	die Brücke ПЕРСТЪ
БОРЪ	der Baum	ШУТЪ	der Narr
РАЗБОРЪ	die Buchwahl	ОПЫТЪ	der Versuch
ПРИБОРЪ	der Apparat	СОВѢТЪ	der Rath, concilium
СОБОРЪ	Versammlung concilium	СВѢТЪ	das Licht; die Welt
ДВОРЪ	der Hof ВЫБОРЪ	ОТВѢТЪ	die Antwort ЗАВѢТЪ
ЗАТВОРЪ	der Riegel	ЦВѢТЪ	die Blume
ВЗОРЪ	der Blick УЗОРЪ	ЗЯТЪ	der Schwager
ТОПОРЪ	die Axt БАГОРЪ	ПРАХЪ	der Staub
УПОРЪ	der Stützpunkt	СТРАХЪ	der Schrecken
СТОРЪ	der Arenit, Debyut	СТИХЪ	der Vers
СМОТРЪ	das Aufsehen	ВЗДОХЪ	der Seufzer
ВѢТРЪ	der Wind	ЛОХЪ	das Lauch МОХЪ
СЫРЪ	der Käse	ГОРОХЪ	die Erbse ПОРОХЪ
		ВЕРХЪ	das Gipfel
ПРИМѢРЪ	das Beispiel	ДУХЪ	der Geist
УЖАСЪ	das Entsetzen	ВОЗДУХЪ	die Luft
ГЛАСЪ	die Stimme	СЛУХЪ	das Gehör; das Gerücht

fol. 17r

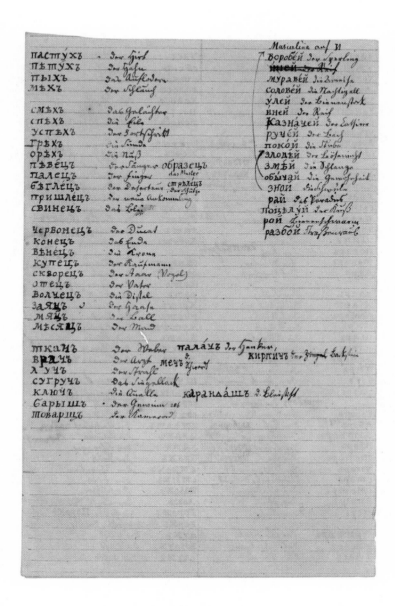

fol. 17v

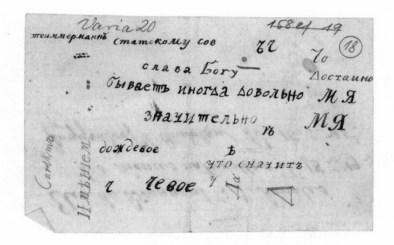

fol. 18r

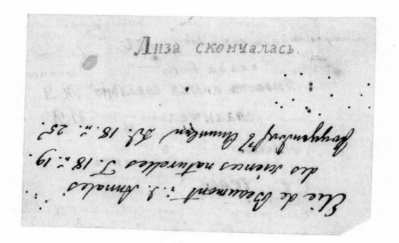

fol. 18v

Varia 20

Polewoi russkaja istoria. 3 Bde. (19) 15 Sep 20

Puschkin's Werke. 8 Bde.

Shukoffskü's —— 8 Bde. † 1852 April 24 in Baden Baden

Derschawin's —— 3 Bde.

Gogol's —— (verliehen und ausgeblieben.) † 1852 in Moska

Schewüreff's teoria poesii.

Lermontoff's geroi naschewo wremeni. 2 Bde.

—— Stichotworenia.

Chomiakoff's Stichotworenia.

Baratinskü's Sumerki.

Glinka, Borodinskowa srashenie. 2 Bde.

Odojeffskü's selskoje tschtenie. 2 Bde.

Basurman, Roman von Lashetschnikoff. 4 Bde.

Knias Kurbskü, Roman von Fedoroff. 3 Bde.

Benediktoff's Stichotworenia. 2 Bde.

Zagoskin's Kusma Petrowitsch Miroscheff. 3 Bde.

Melgunoff's Raskasü. 2 Bde.

Sollogub's na son graduschtschü. 2 Bde.

Krüloff's Fabeln.

Kotlareffskü's Natalka Poltawka.

Baron Rosen, Dotsch Joanna III. Tragedia.

Roskoffschenko's, Son w' Iwanoffskuju notsch.

Drama.

Jakubowitsch's, Stichotworenia.

Otetschestwennaja Sapiski. 12 Bde.

Schewüreff's istoria poesii.

Odojeffskü's Sylphide.

Pawloff's novia powesti.

fol. 19r